U1000307

泰州文獻

第四輯

漁村詩集
漁村鼓盆集
井眉居詩鈔　續鈔
玉峰遺稿
香露軒吟剩
泰州石神童遺詩
少年集稿
螢草文存
玉如意
新編頤光先生詩集　文集　外集
沈山人詩　續集

鳳凰出版社

ISBN 978-7-5506-2271-5
9 787550 622715 >

圖書在版編目（CIP）數據

漁村詩集、漁村鼓盆集、井眉居詩鈔、續鈔等 / (清) 余文海等撰. -- 南京 : 鳳凰出版社, 2015.10
(泰州文獻)
ISBN 978-7-5506-2271-5

Ⅰ. ①漁… Ⅱ. ①余… Ⅲ. ①古典詩歌—詩集—中國—清代 Ⅳ. ①I222.749

中國版本圖書館CIP數據核字(2015)第256390號

責任編輯	王　劍
裝幀設計	姜　嵩
出版發行	鳳凰出版傳媒股份有限公司 鳳凰出版社(原江蘇古籍出版社) 發行部電話025－83223462
出版社地址	南京市中央路165號　郵編:210009
出版社網址	http://www.fhcbs.com
印　　刷	揚州文津閣古籍印務有限公司 揚州市開發區鴻揚路22-2號(6幢)　郵編:225009
開　　本	889毫米×1194毫米　1/16
印　　張	36
版　　次	2015年10月第1版　2015年10月第1次印刷
標準書號	ISBN 978-7-5506-2271-5
定　　價	520.00圓

(本書凡印裝錯誤可向承印廠調換,電話:0514－87969255)

《泰州文獻》工作委員會

主　任

藍紹敏　陸志鵬

常務副主任

盧佩民

副 主 任

戴勝利　王學鋒　張培成　佘江涛

委　員（按姓氏筆畫为序）

丁少華　方標軍　成愛君　季春芳　周興安
查學斌　姜小青　奚愛國　陳士宏　黄林華
曹茂良　曹學賦　許大才　張國祥　萬永良
程榮穩　鄒祥龍　費振鐘　劉　玲　劉仁前
劉宏鳴　潘時常　薛金林　顧維中

《泰州文獻》編纂委員會

主　編

盧佩民

副主編

黄林華　姜小青

執行主編

成愛君　費振鐘

編　委（按姓氏筆畫为序）

王　飛　王　劍　王正奎　卞惠興　朱長順　全　勤

李文華　李明官　吴　迪　吴小晴　吴雙林　汪　政

沈　俊　林世田　莫其康　倪培翔　徐一清　徐同華

高　峰　陳　立　黄　靖　曹學林　常　康　張　定

張永龍　劉仁前　劉春龍　潘浩泉　薛　飛　謝冬榮

竇立成　顧寄南

《泰州文獻》學術指導委員會

（按姓氏筆畫为序）

江慶柏　金良年　茅家琦　華學誠　徐　雁　畢飛宇

程章燦　楊九俊　魯國堯　劉玉才　顧　農

總序

泰州古稱海陵，漢初（公元前一一七年）置縣，晋末（公元四一一年）設郡，南唐（公元九三七年）建州，始稱泰州。

泰州濱江近海，物阜民豐。漢唐以來，糧鹽並舉，商貿繁榮，爲溝通南北的重要港口城市。泰州素爲文教昌明之邦。唐初立州學，北宋建貢院，明清開學政試院，産出大批科舉優秀人才。泰州自古人文薈萃。走進泰州的，從范仲淹、富弼、陸佃，到孔尚任、吴讓之、蔣春霖，都留下深遠影響。走出泰州的，從張懷瓘、胡瑗、施耐庵、王艮，到李清、吴嘉紀、柳敬亭、黄龍士、李鱓、鄭燮、劉熙載、李詳、梅蘭芳、高二適，都在各自領域爲中國文化作出巨大貢獻。

泰州遺存的文獻也很豐富。僅據《江蘇藝文志》所載，便有二千七百餘種，涵蓋經、史、子、集的方方面面。其中，尤以明清時期爲夥，占到百分之九十九以上。這當中不排除由於種種原因，致使元以前的一些著述湮没無聞，但明清兩代，確是泰州文化的繁盛期。在這些文獻中，如《書斷》（張懷瓘）、《水滸傳》（施耐庵）、《王心齋先生遺集》（王艮）、《宗子相集》（宗臣）、《陋軒詩集》（吴嘉紀）、《板橋全集》（鄭燮）、《藝概》（劉熙載）、《李審言文集》（李詳）、《黄龍士先生棋譜》等，在中國文化史上都有重要地位和深遠影響。

與此同時，對鄉邦文獻進行整理的也代不乏人。自宋至清，周氏（周麟之等）、宫氏（宫偉鏐等）、陳氏（陳應芳等）、徐氏（徐嗚柯等）等都曾致力其事，爲泰州留下了許多寶貴的文化財富。清嘉道間，鄉人夏荃編輯《海陵文徵》二十卷、附録十二卷，《海陵詩徵》十卷。民國初年，曾任江蘇省省長的鄉人韓國鈞歷經十餘年編成《海陵叢刻》計二十三種六十六册。

二〇一一年九月召開的中共泰州市第四次代表大會，提出了建設文化名城的任務。爲此，中共泰州市委、泰州市人民政府决定編纂《泰州文獻》。這是泰州有史以來對本土文獻最大規模的整理和彙編。它對於保存、利用、研究和開發泰州的歷史文化，尋繹泰州獨特的地方文化價值，爲泰州文化建設提供歷史人文資源，意義重大。

爲了保證編纂工作的順利進行，市委、市政府專門成立了工作委員會、編纂委員會和學術指導委員會。工作委員會由市委、市政府領導和相關部門負責同志組成，負責對編纂工作的領導和協調。編纂委員會由相關專家、學者組成，具體負責《泰州文獻》的編纂出版工作。學術指導委員會由江慶柏、魯國堯、程章燦、茅家琦、華學誠、徐雁、金良年等國内知名文史專家組成，負責對編纂工作的指導和把關。

編纂工作按如下幾個步驟進行：（一）進行文獻調查，建立文獻檔案；（二）精選有代表性、有學術價值的作品影印出版，選目由編纂委員會和學術指導委員會共同審議確定；（三）編輯出版《泰州文獻總目》。

《泰州文獻》分爲四輯：

第一輯『官修舊志』，收録泰州地區現存所有官修地方志。

第二輯『地方史料文獻』，收録泰州地區歷代重要的筆記和史料。按内容又可分爲史地類：收録有關泰州歷史地理方面的著作，包括小志、專志、雜志等；政情類：收録有關泰州政治、經濟等方面的著作；文教類：收録有關文化、教育、圖書館等方面的著作。

第三輯『家族文獻』，收録泰州地區重要的家譜、家傳、家集與名人年譜。按内容又可分爲家乘傳記類：擇要收録泰州家族譜牒中的譜序、家規、家訓、箴言、族約、族記、祠田記、塋田記、雜記、著述等資料；家族總集類：以家族姓氏筆畫爲序。

第四輯『泰州文存』，收録泰州地區作者的詩文著作及其他代表性著作。按内容又可分爲學術論著類：收録泰州作者的經史雜著；文集類：收録泰州作者的詩文集；地方總集類：收録泰州作者的詩文合集。

考慮到《水滸傳》、《封神演義》（《辭海》云『一説陸西星作』）、《檮杌閑評》（學界多謂李清所作）等小説流傳甚廣，版本豐富，故不再收録。其他如堪輿、術數類著作，泰州人撰泰州地區以外的地方志、地理志類著作，一般性的彙編、摘鈔類著作，亦不予收録。

《泰州文獻》原則上收録現轄區内的作家作品。但從尊重歷史出發，泰州學派創派人物、明代思想家、哲學家王艮，平民詩人吴嘉紀等人，歷史上均屬於泰州地區，對泰州地區具有深遠的文化影響，他們的作品亦予收録。

前人給我們留下了豐厚的文化遺産，我們既要加以珍視和傳承，更要在前人的基礎上，創造出無愧於今天這個偉大時代的新篇章。這是我們更重要的使命，讓我們爲之努力。

《泰州文獻》編纂委員會

二〇一三年十月十八日

凡例

一、《泰州文獻》（以下簡稱《文獻》）分爲《官修舊志》、《地方史料文獻》、《家族文獻》和《泰州文存》四輯。

二、《文獻》收録範圍原則上爲現行政轄區内作者的著述和與泰州有關的重要著述，但考慮到歷史上曾屬於泰州地區的人物，如泰州學派的代表人物王艮、平民詩人吴嘉紀等對泰州文化深具影響，對他們的作品亦予收録。

三、所收著作成書年代限於一九四九年以前。

四、《文獻》所收著作，以學術價值、使用價值較高爲原則，適當兼顧版本價值。

五、《文獻》以影印方式出版。如有蠹損、殘缺、漫漶不清處，原則上以相同版本予以補配，以保證完整、清晰。

六、《文獻》對所收每種著作均撰寫提要，置於該著作前面，以方便讀者瞭解作者生平、主要内容、學術價值等。

七、《文獻》除保留所收著作原有頁碼外，均新編頁碼，每册頁碼自爲起訖。

八、《文獻》最後一册編有書名索引和作者索引，以方便讀者使用。

目録

漁村詩集

（清）余文海　撰

《漁村詩集》不分卷，清余文海撰，據復旦大學圖書館藏民國二十五年泰縣新泰平民印刷局鉛印本影印。

余文海，字仰蘇，別號漁村逸叟。清江蘇泰縣人，祖籍婺源。振行孫，鑒子。工詩文，結吟香詩社。

余文海生前曾自訂其詩集爲《漁村詩稿》，卒後其外甥曹學曾復加編次，補録佚詩，民國二十二年編定成書。集中詩各體俱備，題材多樣，如紀事懷人、送別哀悼、詠物應和等。余文海幼承家學，長於吟詠，集中寄情感懷詩作如《買春》、《留春》、《餞春》、《送春》等讀來清新流麗。亦有詩反映時事政治，如《憂邊》、《憂盜》、《中國舊藩淪亡殆盡朝鮮琉球尤爲切近各賦一律用志悽感》等，感時傷世，頗可誦讀。

（周　忠）

序

詩以言情情之所鍾發爲歌詠在當時借題發揮不過自抒懷抱而閱數十年數十百年後一展卷間有如見其人如聞其聲者吾世叔余公仰蘇固深於情者也其先人翰林鏡湖公與儒先大父哲亭公訂金蘭交儒於弱冠時爲公課子館於其家公幼承家學長耽吟詠花晨月夕時與儒拈題分詠互相唱酬集中如買春留春餞春暨吳陵竹枝詞諸作皆當日與儒分詠者也儒曾親見其脫稿時得意疾書曼聲諷詠一若情不自禁者嗣儒奔走南北宦海浮沈漁村唱和之樂不可復得然猶不時以詩筒相贈答蓋情不以遠近而間也戊辰後儒罷官歸里而公已作古矣每憶公之舊作輒爲之留連不置惜稿多散佚恨當日未能彙錄今年秋其宅相曹君魯南搜集遺稿依次編錄彙爲漁村詩集二卷將以付梓屬儒爲序儒披閱數過見曩日唱和諸作猶彷彿漁村談讌時也蓋其人雖沒其情不沒然後歎情之所託其感人者深矣世有欲知公之多情者乎盍觀是集癸酉秋七月世姪王翌儒序於南村養拙齋

泰縣新泰平民印刷局代印

刊誤表

頁數	行數	正	誤
一	二十	題小樓贈雨人桂先生	贈字落去
二	十八	黃粱	黃梁
三	十二	藜杖	蔾杖
三	十四	迄今又五百年	百字落去
三	二十四	簞瓢	簞瓢
四	十三	方孝標	方孝標
四	十四	劾名世	劾名世
四	二十一	和珅以楮素乞書	和以珅楮素乞書
五	二十三	英煦齋	吳煦齋
六	二十二	公乞休	乞字落去
八	十七	灞橋	壩橋
九	二十	繐帳	繐悵
九	二十二	信手盡	信季盡
十一	七	如邑	邑字空白
十一	十八	枯腸	枯楊
十五	六	一時	一字空白
十五	十九	斜凭	斜憑
十六	四	一道斜	一字空白
十六	五	皇甫冉	三字均落去
十七	十七	西麈	西塵
十九	二	籬下	籬卜
十九	七八	艮由得天厚	艮由得天厚
二十一	三	不知	不如
二十二	十六	笙磬	笙磬
二十九	十三四		白菊一首重複

泰縣新泰平民印刷局代印

漁村詩集

擬王安石寄贈胡安定詩次原韻　安徽婺源余文海仰蘇

東南文星耀斗魁振式浮靡風氣開品望羣推曲阜孔才學獨步東陵崔教授一官尤冷淡齋
厨苜蓿同蒿萊翼之先生晏然樂田蕪不賦歸去來聲聲振聵稱其職手敲木鐸聲殷雷青氈
十載坐終老湖民安樂流亡回令我聞風亦興起翹首驚嘗有是哉孔孟淵源墜餘緒有如大
廈將傾頹異端日起卮言紛維持風教無良材安得斯人作梁棟一木支住千萬壞我欲脩儀
列門下夫子之牆何崔嵬

買春

沽酒人歸緩緩行花村柳陌最關情三春風月原無價好待鶯聲燕語評

留春

綠楊城郭影橫斜有客尋春路不賒底事腰纏需十萬半償酒債半償花

十二闌干手自封好將春色護重重連宵風雨關心甚不許僧樓報曉鐘

風雨連朝太覺狂躊躇無計護羣芳名園恐放春光去夜到通明奏綠章

餞春

繁華損盡舊林園鳥語枝頭靜不喧我欲餞春無餞處一樽清酒酹花魂

連朝祖帳爲誰開春盡長亭酒一杯惟有多情雙燕子筵前啣得落花來

送春

綠意紅情總若癡送春愁作斷腸詩瑤臺小種相思草枉對東皇訴別離

話別殷勤淚暗潸無端春色鎖眉灣臨歧不敢輕攀柳好倩扶持出玉關

題小樓雨人桂先生

書樓高處接青大小小規模只數椽北寺鐘聲飛枕畔西河柳色落簷前莫嫌白屋難容膝一
到丹梯便是仙奇語元龍須自愛出人頭地着鞭先

題四相簪花圖

玉帶何如金帶奇笑看花影壓烏絲大家雨露沾多少開到瑤台第四枝

乙未歲友人贈梅一株移植齋前花葉繁茂晨夕相親今夏風雨摧殘忽爲萎謝蓋屈指
甫二年也嗟乎塵封東閣何遜無詩月冷孤山林逋寡耦未免有情能遣此耶爰作小詩
當花一奠

凌霜傲雪不知秋春色繁華未肯留此日忍拋風月去再來仍得幾生修

月缺花殘恨未伸幽人何事溷紅塵早知籬下終難寄悔不深山獨占春

一坏黃土掩香痕月冷烟荒客閉門怪底鶴聲清唳苦孤山猶有未招魂

南枝開後北枝開絢爛時光得幾回願祝生生老林下軟紅塵世莫輕來

題瀟湘館聽琴圖

譜出深閨薄命詞琴心幽咽有誰知兩行淚灑千行竹神似湘妃鼓瑟時

四圍脩竹影扶疏正是紅樓度曲初三疊琴心聽不盡絳仙才調女相如

瑤琴一曲譜曾諳兒女心情靜裏參莫道一雙人似玉妙香靡處現優曇

吳陵竹枝詞

燒來野火遍天紅忘却元宵月掛空千萬人聲聽不盡聲聲齊說照麻蟲

寒食東風動客吟農家連日喜春陰插禾漫問黃梅雨一寸桃花一寸金

天中佳節說端陽門草裁花樂未央笑問判官判何事爛衫破帽競登場

一番風信到重陽市上斜糕撲鼻香惟有午茶拋未慣杵聲從此夜來忙

九月重陽十月朝家中妝點掌中嬌蓮花步步生纖瓣不惜猩紅六尺綃

守歲家家酒滿斟圍爐歡笑夜沈沈盈門遍印銀圓子誤認蓮花貼地金

白粲黃粱適口同秋風催熟海陵紅年來粒米香珠貴漫說加餐趁歲豐

野鶩家雞味共鮮桃花鵝出更垂涎何如打鴨秋風裏三百青銅買一聯

十瓶海物是蚰螺鰉鼻魚唇旨且多莫作囫圇吞棗樣腹中沙數比恆河

挑戶生涯日日新天然一壩阻河濱勸君莫娶無鹽婦此地都非食淡人

同來市上飲醕醪一盞枯陳慰寂寥借問酒家何處有青帘飄出大東橋

一盞紗燈百種奇光明不數碧琉璃怪他別具新模樣自任人呼沒影兒

讀國朝先正事略雜詠

王士禎字貽上號漁洋謚文簡康熙時人官尚書

玉局齊邱此嗣音漁洋才調冠當今人間絕唱明湖柳天上恩膏翰墨林自信媚權無曲筆可憐冤獄有逋金平山詩酒紅橋月一卷皇華對客吟公司理揚州有欽贓積逋二萬餘金逋繫者衆公至惻然曰此溝中瘠耳悉縱遣之而割俸代輸不足則疏募以逵事公在揚修稧紅橋時名賓客泛舟載酒中山堂吳梅村云貽上在廣陵晝了公事夜接詞人蓋實錄也 公詩如宋之東坡元之道園明之青邱爲一代大宗公之明湖秋柳詩爲生平絕唱 公先官郎中以詩邀眷特改翰林 生平不輕爲人作詩內大臣明珠稱壽有大僚某手金箋請得一詩以佑觴公曰吾筆以媚權貴君子不爲也

張玉書字素存謚文貞官大學士康熙時人

鼎鼐調和二十年京江風度自翩翩敝廬光駐鸞輿影阿母恩邀鹿尾筵道接程朱精入室筆追燕許大如椽居胥拖諾豐碑在聖世文章萬古傳聖主南巡舟次高資港公奏曰前去京江不遠臣之敝廬在焉願留駐上允其請 又賜公母天廚鹿尾供甘旨 公講學以程朱爲本公作狼居胥拖諾一山紀功碑舉推爲燕許大手筆

李光地字晉卿謚文貞福建安谿人

不向安谿守故廬澄清有志快登車荔枝性熱聆大語藜杖光寒校御書五百昌期名世出三年戎馬賊氛除相臣事業鴻儒學性道文章著石渠公告歸後上賜諭曰南方暑熱善自保荔枝性極熱毋多吃也 御纂朱子全書及纂修性理諸編多命公參訂 公進所著文字略言自孔子後五百年而至建武又五百年而至貞觀又五百年而至南宋朱子迄今又五年以堯舜期君而以名世自任 公在籍起義師鄉閭討賊精忠郁彰

陸隴其字稼書謚清獻康熙時人

不受閻閭枉法錢人人爭說陸青天三魚盛德傳先世一鶴清風繼古賢敢爲儲科求上考曾因勸盜作長篇瞻堂從祀君恩重俎豆馨香億萬年公先世作丞舟過采石瀑勢甚危祝天曰舟中一錢非法者願葬魚腹漏忽止旦視之則水荇裹三魚塞之公文集稱三魚堂以此 公宰邑多逋賦不事敲扑追呼巡撫不說劾公非應世事才調簡 公嘗作勸盜文遣吏往獄中爲諸囚申說之聞者多痛哭

宋犖字牧仲號漫堂官巡撫康熙時人

雪園六子共流芳清望誰如宋漫堂圖像許陪蘇學士恩榮直接范平章東南節鉞風霜古江海屏藩日月長莫向騷壇稱獨步棉津詩外有漁洋公少與侯朝宗等立雪園六子社嘗繪蘇文忠像又繪己像侍側公乞賜西陂二字以宋臣范成大得賜石湖二字爲請 上走筆書賜 又賜詩曰地聯江海屏藩重賦甲東南節鉞雄 公有棉津詩集與漁洋山人合刻

姚啓聖字熙之官浙閩總督康熙時人

城頭篝火中軍鼓大將威聲震七閩臥榻共驚雕虎客石文先著滅鷄人一生知己吳興祚千載英名李抱眞莫道捷書遲海上紅旗招展出風塵台灣平施公由海道奏捷公由陸路報後施二日 鄭彩將劉國軒犯漳州公閉城門韜弓臥鼓一日天大霧公吹笳簫者三壯士鍾寶等突出持矛先登遂破敵 公少客松江干睡大街僕覘之則雕虎也 厦門有石文曰生女滅雞兆相倚解者謂十億兆也加女姚也雞從酉雞也滅雞滅鄭也 公以家財募兵先命其友吳興祚說康親王大說遂以兵事屬公與興祚 嘗單騎入精忠營說降精忠曰此李抱眞之流也必不我欺遂降

潘世恩字芝軒謚文恭乾嘉時人

羽葆旌幢降故廬箕疇五福此君儲新昏才子傳臚龍繼武孫兒賜宴初姓氏二千魁蕊榜恩榮廿四考中書嵩高爵位期頤壽天上神仙愧不如公生時封公聞仙樂鏗鏘有羽葆旌幢自空下 公臚傳後乞假歸娶 公再宴瓊林之歲孫祖蔭適以第三人及第 公乾隆五十八年狀元後官大學士人爵之榮極矣

劉清字天一官布政後改總兵嘉慶時人

用罷毛錐試寶刀功名汗馬敢言勞厭文人吏輕朱紱泣罪渠魁去白袍不慣衙齋親案牘喜來絕塞擁旌旄雖然未遂封侯願請得長纓亦自豪公招撫王三槐至羅其清營望之大哭其清亦哭即去所服白袍請罪蓋白蓮教衣白也

方苞號望溪官侍郎桐城人

望溪風節著人寰持正何妨累犯顏侍講先生無北面含冤國士有南山學承閩洛千年後文在韓歐一代間略法原情大誥厚著書歲月聖恩頒上命與諸皇子遊自誠親王以下皆呼之曰先生公率南面坐始講 戴名世著南山集採方孝標之言姓而不名集序復列公名趙申喬上疏劾名世遂及公被逮幾死 公嘗曰學行繼程朱之後文章在韓歐之間其庶幾乎

岳鍾琪號容齋謚襄勤雍正時人官大將軍

單騎傳呼壁壘開今朝眞箇令公來襄勤國事噴殘血忠武家聲釀禍胎林下元戎方解組閫中上將又登臺百花深處風光好莫戀侯封不早回征金川公單騎入賊巢諭順逆莎羅奔曳甲出迎公目齊長揖笑曰爾等猶識我否皆驚曰果岳公也遂降 征西藏時公建議將軍猶豫未決公曰某願噴此一腔血仰報朝廷 謗公者謂公係宋岳飛之後意欲修宋金之報復者 公因事落職搆小園於百花潭以居後金川叛上復召公

嵇璜字黼廷謚文恭雍乾時人

危堤風雨立河官仗劍桓侯入夢殘賴有赤心期報國何愁黃水不安瀾君王賜壽辰能改宰相求書墨未乾自是淵源家學永一經禹貢幼曾看官河督堤岸欲崩時風雨交作公立堤上曰堤去則我與俱去雨忽應聲息堤卒無恙 公與高皇帝同庚八十生辰本生六月以不先君上爲改定八月 和珅以珅楷乞書公不願與又不欲顯拒之乃召其門下士飲酒對客揮毫而使僮輩於寫將及半時覆墨紙上故詬譏之謝珅曰徒敗公佳紙

李紱字穆堂臨川人官侍郎

巡撫誰爲亂政魁論成朋黨貰冤哉權臣雖好彈章上名士無嫌夾袋來直語幾忘刀在頸此

公眞是鐵爲胎道園詞藻南豐學一脈西江大雅才重臣忌公作四巡撫論指爲亂政之魁　公嘗劾田文鏡論斬赴西市刀置頸上　上問此時知田文鏡好否公曰臣愚雖死不知田文鏡好處乃赦還　公試士用唐人通榜法置姓名於夾袋中形迹嫌疑坦然不避　公在獄讀書如平日赴市曹時刑部郎楊某欲試公故問經史疑義公應答如流楊曰此公眞鐵胎人也　公文章擬香南豐道園

蔡世遠字聞之謚文勤福建人

主講鼇峯素有名先生歸去道南行二希佳集傳心久八載經筵勵志清戒殺將軍稱武惠薦

賢相國仰文貞甘盤舊學深懷眷品望還勞御筆評鼇峯閩書院名行曰吾道南矣　公假歸李文貞出游楊立雪圖贈公文集曰二希堂　台寇朱一貴亂公遺總督滿公書勸勿妄殺以曾武惠相勗　公李文貞門下士與方望溪同薦

余　甸字田生官府丞福清人

不重將軍只重民蜀江時現宰官身羣黎請命還廉吏天子歡顏得直臣一法能加傳檄使三

閭誰識下車人可憐忠藎成孤立蜚語盈庭志未伸公宰蜀時大將軍年羹堯加正賦通私茶多額外急征至公獨不應乃遣使傳檄諭公使坐縣署張威福公杖以徇　公爲兗甯道被劾士民數萬焚香赴河督齊公拜呼曰還我余公　世宗召見語執政曰朕又得一直臣矣　公按察山東擒二僕買騙之官人競傳曰此三閭大夫也

梁詩正號薌林謚文莊乾隆時相

擘窠大字走龍蛇自是詞人第一誇東壁圖書瞻帝室西湖山水是臣家萊衣晝永春庭日紫

袖香盈御墨花不愧三清居士號味初齋外盡桑麻侍爲高宗作擘窠大字適憲皇帝駕至諸臣鵠立以俟憲皇帝命竟其書畢賜袍褂又命高宗與之　帝賜詩有云身依東壁圖書府家在西湖山水間又萊衣晝永額同列戲呼公爲三清居士　公署所居曰味初齋

錢陳羣號香樹謚文端康雍乾隆時人官侍郎刑部尚書銜

香山宴罷攝山遊一代詞臣孰與儔賜畫恩光米北闕傳經家學出南樓二仙品藻侄期並九

老頭銜白傅優扶鹿人歸宸翰美君家橋梓足千秋公告歸後逢太后萬壽入祝上命預香山九老會列公五詞臣中賜御筆橋梓圖　公母陳太夫人知書工繪事自號南樓老人公少承母訓有夜紡授經圖　上南巡公偕沈歸愚尚書迎駕上賜詩有二仙仍此候河濱之期錢起南詩人之句　上賜公詩有仰景猶思扶鹿人之句　公子汝誠典江南試上先諭尹文端招公遊攝山俾父子歡會

劉　墉號石庵謚文清乾隆嘉慶時相

岱嶽鍾靈產俊英石庵眞不愧文清書名天下應常滿傳語當年自製成兩世繼爲賢相國一

生呼作小諸城洞門印記須攜取舊事南齋囑友生公嘗語英煦齋尚書曰子他日爲予作傳當云以貴公子爲名翰林書名滿天下而自問則小就不可大成不能年八十五不知所終　當時人呼公爲小諸城　公歿前一日云昨已閱瑛夢禪鐫印記曰洞門童子以南齋舊事屬吳煦齋

謝濟世號梅莊官御史雍乾時人

彈章直上殿廷趨不畏權臣不惜軀忠諫自應遵孔孟注書豈爲謗程朱宮門莫進賢士犬戎

幕還棲御史烏祭酒一樽西市冷先生此際動心無公官御史未浹旬疏章劾田文鏡上令下刑部問指使何人公對曰孔孟問何故則曰讀孔孟書自當忠諫見惡弗聽非忠也奏上議大辟得旨免死命往阿爾泰軍前効力將軍某以公注古本大學劾公爲毀謗程朱將刑赦至赦未下時行刑者縛公市曹諸受學者皆設祭哭送赦下公歸舍灶香未滅酒尚溫乃撤祭者曰生受可乎諸弟子執爵言曰先生眞不動心哉何就縛時無懼容也　愼德王得獵犬二擬進奉公曰進犬非王事孰與進賢王敬之

馮　溥字易齋謚文毅康熙時人官大學士

宏獎風流意氣揚公門桃李列成行郎官豈誤封桐葉天子曾教賦柏梁夢幻人羅開奏樂燈

觀上苑醉擎觴瀛臺賜罷昇平宴應制詩成五色章國初宏獎人才者公稱首　盛京工部侍郎缺出已會推奉旨矣不旬日三易其人公上疏極言　公別墅萬柳堂日與賓客觴詠其中　嘗侍御座傍觀鰲山燈上親賜公巨觥公大醉命內侍扶歸　公初應省試夢樂王庵嘗坐寺門磐石上僧忽告曰願公毋坐此也夜來神人托夢言貴人在此令我不安　上賜宴瀛台賦詩命和曰昇平佳宴詩命賦柏梁體

魏象樞字環溪官都御史順康時人謚敏果

骨鯁當年朝野聞紫貂披處樹奇勳臣心自愧才學識天語還褒清愼勤諫草一囊官閣冷寒

松兩字畫堂芬激揚自是西臺職涇渭何嫌竟不分公奉命巡按御史郝浴曰才學識皆愧不如　上嘗賜公清愼勤三大字　公歿後門庭蕭然所存諫草

一囊而已　上賜公寒松堂額

魏裔介字石生官大學士順康時人謚文毅

希聖希賢意自超名臣功烈貫雲霄度文請仿元和簿直諫常鈔貞觀朝夜殿披書勞聖眷春

筵侍講列仙僚桃源洞口煙霞古辦組歸來逸興饒公所著有希賢錄　公請仿唐李吉甫元和國計簿令度支歲計出入盈縮　嘗侍坐上稱唐太宗英主公對曰晚年無魏徵直諫遂窮兵高麗至貽後悔　世祖幸南苑別殿夜半閱明孝宗實錄有台對劉大夏嚴體事次日即召公詣行幄備顧問　嘗春月侍經筵講漢文帝春和之詔因舉仁政所先四事即日以聞　少讀書邑西山之桃源洞

王　昶字德甫稱蘭泉先生官侍郎乾隆時人

袖中橐本倩誰刪吳郡詩人日往還草檄千言馳絕塞蘭徵一夢到禪關經繙西藏時參佛鋼

鑄南滇不買山江上扁舟春色麗歸來薄宦鬢全斑公少結詩社稱吳中七子　公從征緬甸暨大小金川軍書旁午草檄千言立就　公父年四十五無子禱靈隱寺夢人贈以蘭遂生公　公嘗奉勅刪定三藏經咒　公布政雲南整理銅政後以分價滇銅置田宅入官歸後時居蒲廡　公休上諭以歲暮寒俟春融歸里

張廷玉字硯齋謚文和官大學士

兩代聲華重帝京簪纓佳話說桐城良材不愧稱房杜舊典何須問老吏入廟元臣要券去歸

田相國賜詩行傳經堂上春光好解組何如衣錦榮公父文端公英官大學士上謂公曰卿不愧古之房杜公嘗作三老五更說世宗遺命以公配
享公告歸日請得一言以爲券公歸高宗賜詩以寵其行公所居曰傳經堂

史貽直號鐵崖諡文端官大學士溧陽人

科名盛事頌賢臣燮理陰陽二十春早向家山開幕府晚來臺閣掌絲綸殿前大子優元老馬
上將軍揖故人況是瓊林能再宴杖朝歲月拜楓宸中年總督兩江開府鄉里公吝年嘗奏事拜起討遍上問卿老憊乎公曰皇上到臣年當自知之上大笑
大將軍年羹堯自青海歸王公下屈膝郊迎公獨長揖年羹見下馬執公手曰是故人鐵崖耶

沈德潛字歸愚諡文慤

李杜高王萃一身詩才俊逸更清新玉皇案下敬仙吏天子吳中訪故人愚谷煙霞一載約靈
巖松鶴百年春香山會上圖形久白髮壯嚴冠老臣上序公詩有陶鑄李杜伯仲高王之語賜公詩有玉皇案吏今煙客天子門生更故人之句又云他
日靈巖駐蹕將訪歸愚於愚公谷間矣賜鶴性松身堂額公年九十七香山九老會公第一人

沈近思字位山諡端恪

平湖絕詣世無儔私淑門牆善講求竹列官銜兒試馬車來學舍客牽牛心同皎月寒潭淨人
洗吳山越水羞還書松楸題碣處名臣墓表自千秋公一生得力平湖之學公作宰創義學村童入學者皆乘牛車賜詩有皎月寒潭之句公陳浙
江省積弊十事上諭浙省有沈近思一人足以洗吳山越水之羞矣高安相國題其墓表曰理學名臣

楊雍建字以齋官侍郎康時人

名重西臺信不虛青驄鐵面佩銀魚封還棘木行刑詔獨上長楊諫獵書人世閻羅有包老天
垣星象失含譽強藩休逞東南燄小腆須知蜀道除官給諫時會上書諫獵時以星變詔大赦天下是日御前發下紅本決囚公曰昨頒赦而今日行刑是詔
令不信於天下也封還紅本公絕賂遺人方之包孝肅時彗星出舉朝皆指爲含譽星公獨疏請法宮齋戒下詔罪已時平南靖南二藩並鎮廣東公疏請移鎮川貴

畢沅字秋帆官尚書乾嘉時人

資治千秋古鑑懸名公史筆續編年詩成布穀催耕日續著蠻烟瘴雨天赤壁江頭人折葦白
衣臺上火摧蓮靈巖經訓餘香在甘狄高風繼昔賢公編續資治通鑑二百二十卷公賡和御製藉田詩上稱善者再公督楚平定苗疆用以苗攻苗法
不煩兵力江水盛入荊州下游多淹沒公洲上瀛草閘塞水道水以殺去湖北枝江賊起稱白蓮教公用火攻破之公幼承母訓上賜經訓克家四字築樓於靈巖奉之

孫士毅號補山諡文靖乾隆時人

戡定安南第一功蠻方今日喜來同化龍失道身先北怒馬無鞭首欲東嶺上干矛磨夜雨塞
前旗鼓隕秋風可憐白一滇池石狼藉荒煙蔓草叢安南國王黎維祈爲其臣阮惠所逐叩關求救公率師戡定悍班師太速阮惠復出擬逐網新功未成而敗公
策馬直犯敵鋒千總薛忠挽公馬泣曰損大臣有傷國體奪鞭牽馬回總兵李化龍敗北行至浮橋溺水死公征湖南苗夜冒雨登山戰於茶園溪大捷公歿於旗鼓寨前營好石得滇南石百有一枚供之百一山房

韓菼字慕廬官尚書諡文懿

連步丹梯最上頭衆仙同日識荊州三弓地闢漁村墅一葉波搖學士舟不用文章驚海內喜
從山水結朋游讀書却羨歸田樂詩酒徜徉狎野鷗

詠清中興名臣三首

曾國藩字滌生諡文正官大學士以功封一等毅勇侯

東南半壁奠金甌清代中興第一流勳業崇宏今李郭文章彪炳古韓歐退思補過明臣職勝
不居功謝壯猷吏作家書垂訓誡聖將賢傳善貽謀

左宗棠字季高諡文襄官大學士以功封二等恪靖侯

坐鎮秦關百二重河湟萬里取侯封烟塵西域勞征馬雷雨南陽起臥龍文似陸蘇陪奏議威
如韓范懍軍容崇祠聳立湘江上丞相遺徽共景從

彭毓麟字雪琴官宮保尚書諡剛直

剛爲天德因旌直兩字褒榮姓氏芳擊楫江中追祖逖騎驢湖上學韓王傳流竹帛名逾顯咀
嚼梅花出亦香百戰功成思退省羨他居士號清涼

和錢嶽生先生詠雪原韻

攜來佳叶賞良辰日角能生入地春名重斗山神矍鑠吟成冰雪句圓勻瑞橋詩境渾如昔秋
水文章不染塵應是曲高人和寡嬾將花樣鬭時新

和內弟徐叶甌寄懷原韻

一紙郵筒逐電奔好音千里惠蓬門喜君跌宕蓮花幕愧我蹉跎桑苧村遠志無成皆小草忘
憂有幸賴慈萱穰穰願共田家祝斗酒豚蹄莫笑髡

擬僧致堯芙蓉閣詩用原韻

獨上芙蓉閣江鄉景物殊四圍環綠柳一水繞青蒲浪拍雲生棟簾開雨洒櫨枕邊魂化蝶烏
上影飛鳧花氣薰吟榻茶烟篆小爐坐中諸響寂大際片帆孤酷日蒸林表清風徧海隅蟬聲

鳴遠樹鷺影宿長蘆祇覺詩懷暢應教熱客無開軒簾誤燕當戶網懸蛛暝色迷瓜步晴光接汜湖阜深欄轉曲苔滑徑多紆攜得驚人句何消避暑圖宦情從此冷心計未全麤蘭槳煙生水荷盤露走珠此間風景好鷗鳥亦親吾

又望京樓 川原韻

故衙開遠眺西望意躊躇京洛[illegible]三載樓臺限一隅青山橫郭近白水繞城紆隔岸風生蓼[illegible]溪雪點蘆夢魂依殿陛蹤跡浪江湖鄉信魚兼雁私情鳥共烏九重勞帝眷萬里歎臣孤匏繫嗟官況蓬飄感世途窮愁杜工部落寞董江都愧我全無狀誰人入告謨風塵多俗吏海國亦名區過眼烟雲幻驚心歲月徂壯瀾思砥柱大地鼓洪鑪明日朝天去行裝戒僕夫

海陵懷古

海陵遺跡久滄桑往事追維感慨長半壁河山殘宋壘百年父老說張王清風閣古繁化落暮雨樓空宿草荒剩有禪林松柏在昏鴉無語對斜陽

生輓商會總董曾少卿觀察 為抵制美約事

自古人人皆有死泰山鴻毛胡可比殺生成仁立大名此身雖死猶生耳矯矯曾君出世姿批制美約多新思來章稿帥不用武商戰尤勝弦高奇兔死狐悲本天性美虐華工人盡憤不鳴則已鳴則驚登高一呼眾山應四百兆民團體成敢爲禍始推先生我民久爲砧上肉先生首出作犧牲我爲犧牲悲舍生就死無可爲凶居解牛刃不折輕身嘗試徒成癡我爲犧牲樂一朝病死空落寞何如鼎俎登廟堂不枉良材騂且角境遇有悲樂先生自怡然不恤人言不受人憐我族果能成我志死與不死皆由天

輓表兄俞星朗

秋風颯颯秋草枯秋雨瀟瀟驚落梧我公一去不復返寒生繐帳庭荒蕪我來登堂揖公像笑貌雖存今昔殊念公之澤不忍沒悲公之心何時無公自少年即倜儻昂長七尺非凡夫五陵裘馬相爭逐翩翩紈絝馳通都腰纏十萬信季盡東鄰北里多名姝賢哉中饋助豪興酒家慣用金釵沽春光易去鶯花老情還境過知迷途絢爛一朝入平淡始覺故吾非今吾黃金可散復可聚市門大隱侔陶朱桑榆收效幸不晚隨山刊木皆嘉謨 君業木行油坊 焚膏繼晷課子讀誰言賣餅心計粗鶴田二頃喜負郭春耕秋稅償官租兄弟堂前一荊樹兒女膝下雙明珠今歲年華周甲子霞觴二月斟屠蘇不謂春生竟秋殺黃楊厄閏期同符 君歿于庚子閏八月 豎子爲災疾不起妖夢果踐桑田巫易簀對我淚盈臆遺言以是藐諸孤聞公言辭心慘切危顛相持顛相扶與公交遊三十載況兼戚誼聯葭莩公今撒手先我逝令我魂夢勞追呼奧季多情掛寶劍徐孺雅誼來生芻同聲一哭慟何極凄風冷露砭肌膚

挽表兄俞懷之

行欲端方智欲圓多君處世自能全未經學易先無過何事蒼天不假年 君一生謙謹存年四十有六

文場鏖戰逞雄才兩度槐黃冀北開我未成名君又歿空餘駿骨上燕台 兩赴京兆試不第

西走秦關北渡齊雪泥鴻爪遍留題而今還弔江南客殘照秋風白屋低

絲蘿重又締新婚不讓朱陳兩姓村今對煢煢小兒女滿腔哀思向誰論

姜肱大被夙堪誇棠棣爭輝一樹花垂白老兄千里外莫教塵夢醒京華 時大表兄客京師

握算持籌豈素懷三分事業巧安排可憐倚市勞心久辜負詩牌共酒牌 君近與人集股開張錢鋪

一枝棲穩水雲鄉忽擬遷喬近市傍畢竟有災無可避桓家空自佩萸囊 近擬遷鎮已相宅矣而竟不果

兩行蘭玉留餘蔭一樹棠梨照落暉寄語令威休化鶴歸來城郭已全非

賀表兄俞竹書觀察旬日中連得子孫之喜

手捧瑱函笑語喧重重喜事報慈萱 觀察係余母內姪故函寄喜信 東西弧矢輝雙座南北星辰降一門 子生於揚州孫生於山東

他日竹林同繼武此時橋梓各生根新詩權當風人頌也學螽斯揖揖繁

心地栽培已有年芝蘭今日喜爭妍二分明月珠生水百里仁風玉種田 孫係長公子耕齋明府所生時宰安邱縣篆 官閣昨開湯餅宴 四月十七日生孫 華堂新賜洗兒錢 四月二十五日生子 願君更得如山壽歲歲蟠桃熟幾千

喜晤冒伯啓茂才

故人相遇各停驂往事從頭且縱談千里春雲思渭北一燈秋雨憶江南 余與茂才同困場屋每秋闈時相劬于客邸風雨聯床挑燈話舊 緣經覿面萍浮水話到知心月印潭幸有豪情未磨滅瑤觴飛處酒初酣

清芬一脈繼書樓 茂才先世有讀書樓載縣志 四十明經未白頭自昔雷陳曾共譜而今李郭又同舟 此行與茂才同舟至白蒲鎮 文章好重當時價風雨頻添別後愁此去相思何日慰桂花香裏白門秋

輓姻兄洪筱雲廣文

零落晨星等逝波南來哀訃隔關河廿年宦味同鷄肋二世交情驗雀羅至老無聞嗤我拙與人爲善羨君多從今越水吳山畔遺愛甘棠聽誦歌（君寄籍歷官教諭多惠政邑人歸之）

記曾花甲晉瑤觴菊部笙歌集兩行（君六旬適任羅壽各族親上壽稱觴觀劇數日今閱四載矣）四載烟雲成幻夢一生心血付文章（君著作極富）乘龍快壻標新奪附驥佳兒蔭正長（君嗣近已納貲赴選君壻鄭去年入泮）身後榮名靑史在儒林循吏各流芳

昔年載酒過西場賓主聯歡絮語長（君有典業在如西場丁酉歲因事過訪挽留情誼甚摯）賤誼幾同親骨肉冷官偏具熱心腸情深桑梓雲千里望斷蒹葭水一方今日悲君應有夢那堪落月照空梁

瑤緘一紙訴歸期回首都成永訣詞留別猶存憂國語此行無復出山時（君去秋書來云及國事兼示歸期且言不復出山今果成讖語）人間薄宦辭金闕天上文星返玉池極目鄉關秋色冷暮雲飛處不勝悲

輓沈石樵

白楊多悲風天寒雪欲作五夜頻夢公信步出東郭迤邐過公門門庭何寂寞哲人亦云萎音耗傳來惡抽毫寫哀思禿筆幾回擱憶昔與公遊交情良不薄爲我三徑開揖我入書閣呼童羅酒漿洗盞花間酌公家小兒女玉樹亭亭若動我渭陽情紅絲兩牽縛含飴又弄孫繞膝眞可樂得閒時種花多病勤檢藥體瘦腰圍寬家風繼沈約今秋抱沉疴二豎能爲瘧一病竟不起良醫少盧鵲延至歲暮時浩氣還沖漠死生亦大矣來復先占剝江南人未歸旅夢總驚噩幸有子象賢安用遺言託問公何時歸待化千年鶴春還人不還歲星移斗杓苦吟公不知枯楊枉搜索登堂不見公淒風動幃幕祇餘階前花無情自開落

偕錢嶽生南寺即事二首

連朝苦炎熱避暑梵王宮詩客邀錢起禪宗識遠公香花天界散老樹佛門空領略山林趣涼生習習風

何時岱嶽寺六祖問南能得句先呈佛談禪喜遇僧道心人寂寂涼影樹層層久坐除煩惱無言亦上乘

春 寒七律

陰雨連朝意興闌春光雖至氣猶寒花間月冷遲開幕柳外風尖怕倚欄入社客應嫌酒薄賜袍人尙怯衣單東皇綏布陽和令勒住羣芳不許看

春 陰七律

通明夜奏綠章來借得雲陰散不開微雨養成花世界輕煙鎖住寺樓臺繡簾垂處香盈草芳徑開時屐印苔莫道情懷無遣處甕頭春色試新醅

黃積菴以宗祠古松囑題作長句應之

二月廿日天氣新踏青郊外多遊人相邀吟侶出門去看花同步羅塘春羅塘春色千門曙鴛花當把詩情助道逢黃叟試探詢請爲指點花多處黃叟掀髯忽大笑道欲尋花問乎少若藉風景助詩情古松亦可供詩料去此數武即敝祠願君一覩鸞鶴姿參天古樹不多覩宮能助興題新詞我聞叟言心默許斯人不愧淸高侶世家喬木長風烟留名乃藉詩人語杜閣風流不可間且園花草付烟雲此松終古祠堂裏佳話流傳獨有君

已未暮春之初劉園開幕園主人麓孫徵詩題壁漫作長句應之

春日閒遊曲江曲（姜堰河邊有曲江樓因借用）迤邐南來行不速渡頭人語爭渡喧一水盈盈波泛綠問他喚渡何忽忙共說看花向古莊古莊風景特殊妙新闢劉園遊戲場園林春暖初開幕及時偕往同行樂尋花問柳過河東臨流不畏風波惡我聞此言驚且疑劉園有堂名自怡主人築此自怡悅何意一朝開放之所喜名園在咫尺此去應爲不速客渡河數武主園門門前光采今非昔昔稱幽僻今繁華金谷平泉未足誇亭台幾座客常滿蟻浮綠酒館開茶後庭又聽歌聲起衣香人影疏簾裏淺斟低唱笑喧譁花枝招展無休止別有名流修禊來主賓觴詠華筵開新詩滿壁倩誰唱黃河曲調皆仙才我來續句籠紗處淋漓醉墨疑神助一聲長嘯萬花中園外漫天飛柳絮

白牡丹

休誇魏紫說姚黃知否花中有素王月明瑤臺增國色露濃宮苑發天香肯同百卉爭凡豔領袖羣芳祇淡妝一種繁華讓桃李不教富貴感滄桑

白桃花

劉耶去後信音沈卻粉捐脂直到今人面己隨春色老素心猶共古潭深風淸露井姿逾潔月冷仙源路費尋淡淡無言下蹊徑紅塵飛處莫相侵

聞青島事感詠

東瞻渤海起愁雲割據紛爭不忍聞使節應慚蘇屬國罪言當續杜司勳機危孰遏强鄰勢書上徒空太學羣我亦青州舊從事憂來有酒莫能分

五月五日弔屈原歌

若有人兮湘之濱乘潮上下隨波臣離騷一卷行且讀聲聲哀怨思君親懷王武關不復返虎狼無信嗔强秦放逐孤臣去廷闕諫諍無復批龍鱗彷徨山澤走原廟呵壁天問存其眞女嬃含悲詹尹卜大招哀郢空傷神懷沙一去二千載木蘭杜若迷芳津端陽競渡汨羅水靈風神雨吹行人欲薦江蘺奠樽酒榴花角黍爭時新吁嗟乎楚纍忠蓋世無倫祇有長沙步後塵今日又生亡國感江頭誰與弔靈均

荷錢

江鄉自有療貧方荷葉如錢鑄滿塘出水青青經萬選不聞銅臭只聞香

秧針

綠影穿來柳線粗新秧出水刺平蕪金針度盡無人識只繡豳風一幅圖

禽言二首

割麥插禾農人休怪我言多快炊麥飯供阿婆小兒啼飢且由他聞得官家新政苛西成未熟先催科新穀未登五月過縣吏到門將奈何割麥插禾

得過且過非耽逸樂安閒坐亞雨歐風徧地來大好家居也傾破鵲巢鳩占空綢繆强者得食弱者餓不如忍耐待天時一枝雖小權棲臥得過且過

題灌雲侍氏靜樂園

東海有名園徵題廣納言憂從天下起樂自靜中存水木供魚鳥詩書課子孫優游娛晚景何必訪桃源

憂邊

烽火傳邊徼甘泉捷報稀頻增青海戍誰解白登圍開釁謀誠左和親計亦非玉關春不到將士幾人歸

憂盜

安用兵防盜兵多盜更多何人知李涉幾輩是荆軻草澤莽時伏萑苻客漫過豈眞狼虎性無那政煩苛

中國舊藩淪亡殆盡朝鮮琉球尤爲切近各賦一律用誌悽感

東國藩封舊如何轉隸倭江空浮綠鴨地陷出蒼鵝海岸行人賦天山壯士歌不勝今昔感想像淚滂沱朝鮮

猶記汪舟次琉球奉使還璽書傳自里碑石勒中山誰令屛藩失空教禮數頒海氛今不靖東望淚頻潸琉球

簾波

蕩漾波光檻外浮晶簾不捲氣如秋爐回鴨夢香彌永箔浸蝦鬚影欲流懸處夜明庭似水開

時風動屋如舟湘紋輕掠歸來燕一片涼痕上玉鈎

香篆

名香細撮博山熏裊裊淸煙起篆紋輕暈猊爐痕不散濃薰蝸壁跡難分焚來月下疑垂露書向風前半作雲一寸相思灰一寸苦無一字似迴文

七夕集唐

琪樹西風枕簟秋許渾綺寮河漢在鍼樓溫庭筠七月七日長生殿白居易玉管金樽夜不休杜牧

星河耿耿漏綿綿白居易織女佳期又隔年李群玉誰謂波瀾纔一水王勃多情信有短姻緣鮑生妾四絃

傳聞織女對牽牛駱賓王無限神仙在上頭顧況難得相逢容易別戴叔倫碧天如鏡月如鈎溫庭筠

紫煙樓閣碧紗亭王建臥看牽牛織女星杜牧此日別離那可久駱賓王宿妝猶在酒初醒顧夐

迢迢何處寄相思馮延己莫遣佳期更後期李商隱天上人間會相見白居易不須惆悵怨芳時杜牧

閏七夕集唐

歌舞疑停織女秋韋元旦畫屛無睡待牽牛溫庭筠此情可待成追憶李商隱望月還登乞巧樓薛能

七月七日一相見元稹 相見時難別亦難李商隱 別後幾回思會面薛隱 倚樓垂袂復憑欄劉兼
應非脈脈與迢迢權德輿 何事牽牛在碧霄羅隱 每度暗來還暗去王建 岸邊烏鵲擬爲橋何希堯
一度相思一度吟戎昱 鳳梭停織鵲無音戴叔倫 豈能無意酬烏鵲李商隱 碧海青天夜夜心李商隱

吳江翁君夫人陳氏三十壽代王宜之作下款用女署名

月夕花晨共往還阿儂家住洞庭山香涇採得紅蓮子上壽來從銷夏灣生日係六月
涉通經義出新裁不愧陳家女秀才今日祝釐詩卷富 時佳句滿蘇台
吳越而今本一家不須重戀故園花歸甯好趁偏舟去六月苕溪似若耶陳爲越產家住苕溪
荆布釵裙上講堂大多女伴列門牆齊眉夫婿徵含笑貌映蓮花似六郎陳現任女校繡工科教員
殘破河山繡得無須從愛國着功夫刺成錦字針針血好繼流民鄭俠圖
金石搜羅照眼青𨳍閨作讀共研經欲將京兆風流筆寫寄吳興墨妙亭翁君金石世家

新月集句

今夕知何夕韓愈 飄颻與欲仙元稹 月如眉已畫岑參 送影舞衫前上官儀

開簾見新月李端 纖纖如玉鈎鮑照 持爲美人贈陳子昂 迴照下帷羞李商隱
微月初三夜白居易 天涯共此時張九齡 水晶簾不隔李端 望月想蛾眉元淳
天高片影流薛能 新月孕簾鈎錢起 同倚朱欄望杜牧 彎蛾不識愁溫庭筠

殘月集唐句

羞到畫堂前戎昱 春窗月伴眠白居易 將心託明月齊澣 破鏡飛上天逸名
還向月中歸長孫佐輔 沉沉玉漏稀羊士諤 素娥嘗藥去朱華 夜夜減清暉張九齡
更闌意未闌胡詠 斜憑翠欄干皇甫 半月無雙影唐太宗 閨中只獨看杜甫
五更樓下月張祜 風景惜離晨李嶠 玉漏三星曙李賀 銀河沒半輪杜甫

秋扇

不勝團扇感秋至便捐藏烈日曾遮護仁風幾奉揚豈爲人用舍無那世炎涼還有乘時候休致棄道傍

九月十三日土春海招飲即事

菊花潭水九秋深樽酒招邀冒雨臨入社人欣登上壽知時天好沛甘霖是日爲王君壽辰前日重陽無雨是日適雨故云
隆冬政策雙弓米君經辦委市粥廠有年貧民賴之 垂暮光陰一寸金怪底年如松柏永此公眞有歲寒心

賀俞鞠人新婚集唐

門前初下七香車王維 草綠裙腰一道斜白居易 若問玉人殊易識盧綸 是他家屬是他家侯袞
雁來魚去是良緣羅隱 馬邑龍堆路幾千 正是江南好風景杜甫 花狼終發月須圓溫庭筠
蓮花不肯嫁春風韓偓 何事吹簫向碧空王維 今日分明花裏見李群玉 青鸞飛入合歡宮王昌齡
筵上南威幸有情徐鉉 雪膚冰骨步輕輕釋貫休 與君便是鴛鴦侶溫庭筠 雙宿雙飛過一生唐無名氏

和錢嶽生兼呈朱順卿

天地一逆旅光陰如過客先生有寄廬斗室个嫌窄放眼胸懷寬四大皆安宅參禪讀佛經悟道注周易時逢老僧話古寺尋香積佛門自空洞安用推敲闢有酒亦學仙小醉蓬萊謫詩篇盡一斗酒聖兼詩伯吟壇樹旗幟壁向旗亭畫把盞霞觴傾分韻錦箋擘一叟來遠方龐眉眼深碧下筆驚鬼神新詞媲元白我有詩酒緣騷壇分一席我無仙佛緣世路多艱厄何如武陵

去桃源地幽僻醉臥黃公壚行吟阮家屐把臂同入林逸興耽泉石一卷南華經相與數晨夕

新秋日夕偕錢嶽生西郊散步與前韻

溽暑未全退飛燕已如客散步乘夕涼眼界不容窄鳴蟬噪遠樹炊煙出鄰宅水色接天光空明理悟易習習清風來那許俗塵積墟落疑輞川晚景畫圖闢錢君蓬萊仙偶向人間謫得句呈古佛索醉尋歡伯臨流發長嘯指天地能畫擲作金石聲太華三峯擘奇珍佩玉蟹溫潤藍田碧左手持蟹螯酒杯浮大白君才追李杜能奪前賢席我生困牛斗所遇多奇厄願與君結鄰不辭地深僻醉飲劉伶酒遊着謝公屐澗谷共徜徉枕流還漱石漁樵晚多侶盤桓樂永夕

玉蟹歌贈錢嶽生再疊前韻

珊瑚交枝柯瀛洲談海客世人測以蠡眼界一何窄溫嶠燃神犀照見蛟龍宅玉馬西歸周河圖象呈易錢君悟佛理貝樹寶山積生平雅好蟹風景江鄉闢但願無監州薄宦憑還謫甯爲五湖長不作九州伯愛聽郭索聲指爪泥沙畫登盤九月肥方許持螯擘何如玉洗成一枝稻啣碧雕琢疑神工無瑕自堅白無腸美公子風標登上席莫學蔡司徒誤食受奇厄蟲魚註爾

雅典故嗟深僻琴聲入蟹行一吒皆成石好人名山遊能着幾兩屐得詩換尖團有酒歡今夕

老少年和唐詠華步元韻

瑤花琪草大羅天生長蓬萊不計年隨雁南來供小謫秋容豔説草中仙唐君詩才何敏捷妙

筆生花寫紅葉駐顏竊得草還丹奔月姮娥追莫及長安酒價霜天高五陵年少傾杯豪與君

共醉不知老酒暈淋漓宮錦袍

上盧嵩老前韻因嵩老和詩作此答謝

載酒羅塘避暑天蓮花爭似六郎妍重來秋色開庭滿又詠霓裳會衆仙尚書紅杏久知名詩

才不數崔黃葉領袖騷壇數十春童顏鶴髮誰能及初日芙蓉韻格高東山絲竹與偏豪琵琶

莫訴當年恨久卸青衫著錦袍

嵩老再以詩來再用原韻答謝

駐顏丹藥功同天天女散花何鮮妍丈六金身一莖草無酒學佛有酒仙詩逢險韻我猶怯此

老下筆蠶食葉毫端寫出滿庭芳推敲律細才難及在山雖比出山高小草何如遠志豪同學

少年多不賤新詞爭上鬱輪袍

驪歌送閩叔平區長之海陵警長任

朔風料峭偃寒天離亭樽俎初開筵河梁相送共攜手無人不道閩君賢説君涖姜甫二載政

績常藉名公編略舉一二誌遺愛謳歌道路碑口傳返風滅火市南觀姜市南觀音殿災逼近警局君禱於神前風返火滅無恙人咸異之造橋疊石街西塵君捐廉修建板橋並福壽橋行人稱便風鶴頻年若靜鎮二次革命軍起江南全省震動姜市人心不靖賴君以安絃歌四境民安

全出諸水火登衽席已飢已溺心無偏龐叔來暮閩叔遲賢哉今昔能比肩今日驪歌忽載道

共説區長新升遷閩君胡爲捨我去好官不過多得錢忍令姜人失慈父撫碑墮淚峴山巔我

聞此語長太息父老斯意真殷拳不知閩君大下才經綸當軸猷乃宣抱關擊柝豈素志一官

捧檄爲親牽風雲際會一朝遇蛟龍終不潛深淵起爲蒼生作霖雨功成勒石銘燕然燕雀不

知鴻鵠志攀轅徒嗟涕泗漣閩君攬轡重回首欲去不去心流連我爲閩君歌一曲當筵譜出

驪歌篇陽關折柳喜同調留與工師播筦絃

披閱報紙所登四美吟諸名作胸有觸發因集唐人句又得八章以備一格

泥塑美人二首

黃陵廟前莎草春繁華事散逐香塵有緣有相應交佛爭奈嬌波不顧人

欲拂塵時簟竟牀小姑居處本無郎禪心已作沾泥絮窗下猶殘一字香

紙糊美人二首

纔可容顏十五餘每憂風舉倩持裾始知腸斷相思處萬里橋邊女校書

故人家在桃花岸人面桃花相映紅慚愧情人遠相訪落花無語怨東風

雪搏美人二首

巫峽歸雲夢又闌別時容易見時難若非羣玉山頭見直似瑤池會上看

膩於瓊粉白於脂看取妖容露雪肌春色滿園關不住不堪離恨入雙眉

竹刻美人二首

一寸光陰一寸金斷腸收與淚痕深雁聲遠過瀟湘去碧海青天夜夜心

青絲高綰石榴裙蟬鬢臨風墮綠雲今夜月明人盡望不知何處弔湘君

題俞耕齋雙清別墅圖説册子所獻圖説皆寓言亦桃花源記之旨也

休嗟無地起樓台闢円鈎心幻境開如是人觀同泡影雄皋爭羨大夫才昇齋曾權山東安邱武城縣永兒縣如皋縣

居然木雨旱綢繆意匠經營慘淡求十載都京成一賦輸他皮裏有陽秋

清涼世界卽吾廬一紙書成盡子虛閒把葫蘆依樣畫莫教撞破好家居

水繪園荒草不春聲華無復冒巢民何如樓閣空中撰擬箇桃源好避秦

題黃金章消夏放牛圖小影黃時年二十歲圖爲詠華姜養之兩君合繪

放牛歸馬慨何時揖讓征誅一局棋世外桃源不可得披圖何幸今見之圖中景物超塵俗桑

麻雞犬無藩籬陰陰夏木繞溪水綠雲深處鳴黃鸝板橋茅屋路幽曲赤日行天午不知兩兩

童子席地坐五馬六博相遊嬉中有一人正年少面如冠玉膚凝脂手揮蒲扇目四射科頭箕

踞眵英姿器量汪洋一千頃態度酷似牛醫兒放牛溪邊日在飲此間洗耳知爲誰掛角漢書

讀爛熟項羽事業非吾期濯滄浪水浴沂池孺子童冠皆天隨歸來高枕石頭眠置身太古軒

與羲此子心情道不出祇從圖畫相其皮十年省識春風面煞費經營兩畫師

題瀛菊一枝便面唐詠華書

人生如種花開時須及早菊開遲九月一年花事了何況奇籬卜歷受風霜飽不遇陶淵明埋沒成荒草感此讀君畫一枝秋色好誰憐根本深祇覺容顏老傲骨撐幾時晚節知音少

題野菊花便面唐詠華書

不屑籬邊寄風光野外秋我材必有用應向藥籠搜

紙鳶

笑指飛鳶極目高乘風一紙綫拴牢平生自有冲霄志不向凡禽借羽毛

風箏

楚歌四面一軍驚何況鳴空吏有箏安得吹笳劉越石風聲送入隔江營

秋千

女界宏開大舞台秋千巧製出心裁閨中亦解爭權力上下都憑運動來

毽子

居然足下起風雲嬉戲何須俎豆文一脚踢翻新世界始知童子亦能軍

冰花

冒冷尋芳過水邊誰知花市在冰天玉壺春好心曾貯金井根蟠影不圓和雪敲來香入茗凌波步去瓣生蓮拈毫呵凍新詩就五色晶瑩耀筆巔

歲寒三友圖爲姜樨亭題

草木亦有情相交偏耐久各抱歲寒心良出得天厚人生天地間恨少知音友開徑望二益洛落誰與偶舉世勢利交往來肉與酒一朝逢患難割席各自走交豈分貴賤品須別良莠臭味芝蘭香契合苔岑有儔販多冰玉英雄盡屠狗然諾千黃金酬知一匕首雖云遊俠行猶爲道義守讀畫會斯意如銘徵座右梅老開遜先松貞彫自後竹爲君子交虛心益常受欣此三友圖高名垂不朽我感世道衰仰之若山斗

冷香詩社陳步蟾先生擬藥龍松虎爲題戲作長歌二首

藥龍

步蟾先生好門奇命題藥龍收新詩山藥本爲補食品羌無故實誰措辭淮南雞犬久仙去此藥或是仙留遺先生齋舍亦種此綠雲滿架何離離形勢夭矯破壁出疑是點睛飛去時青藤盤曲若探爪摩空倒掛如髯垂纍纍結實細珠貫手摘須防潛淵驪風吹碧葉動鱗甲如躍天門如盤螭先生深得豢龍術名之曰龍眞相宜臥龍天才啟不起游龍小草偏無知何當用汝作霖雨祇合乘之尋安期靈根采得普濟世不爲良相爲良醫我正苦吟費思索生愁撚斷衰年髭何人詠物出新意匡鼎說詩能解頤

松虎

先生階前盈尺土景物參奇難指數纔拈禿筆寫藥龍又竭枯腸詠松虎徧體斑爛翠錦毛捋鬚如針孰敢侮見者談笑忽變色探爪露牙勢欲舞先生矯矯如虎臣筆鋒犀利光芒吐裝點草木供詩料芽龍竹馬非其伍蹴虎飛揚水國秋艾虎時新月正五虎頭食肉老不侯盤桓獨有孤松撫力詡雄聲起穴中原來樹底波濤怒高人遙坐三層樓一嘯風生震庭廡將軍夜獵南山歸射此猶疑石沒羽大夫頭銜晉山君空勞搜徧羣芳譜嘉名既錫已奇特注解還宜作詩補倚松對月發長吟先生之風高萬古

竹聲步友人韻應冷香詩社課

修竹千竿左右裁聲聲相送入疏簾如聞淇水詩歌樂似歎瀟湘歲月淹響雜珮環來別院韻隨風雨落重簷種松也作龍吟態和答清音試拂髯

梅影同上

梅花散影滿山坳欲向林家共結茅有象難超天地外忘形方是歲寒交細尋雪跡鴻都杳耐守香痕鶴慣敎最好橫斜窗月上扶來紙帳莫輕拋

九日冷香社王君樹人邀集文明社樓登高

年來風景故園諳伯叔諸兄共笑談今日登高復遙憶插萸鄉思滿江南今春南旋皖省返籍數月感而賦此重九登高氣漸涼秋風吹散好心腸黃花老圃休嫌晚留與詩人賦冷香佳話龍山學孟生科頭脫帽看詩成不須更問旗亭畫初唱黃河第一聲相約文明社裏遊喜逢佳節快登樓酒懷暢處詩情足寫出闗河一段秋

白菊

品高不屑買胭脂深恐秋容再入時三徑寒松侵傲骨一籬明月寫丰姿看花客去清如許送酒人來澹不如笑我白頭須插滿因他顏色最相宜

讀宋岳武穆過汴都滿江紅詞有感

樓中新結文明社壁上誰書武穆詞莽莽中原今昔感傷心都在陸沉時

筆端飛舞走龍蛇亙古精忠仰岳家我欲放歌同一哭大江東去浪淘沙

痛飲黃龍事已成如何南北未休兵漢家陵闕終禾黍今日燕京古汴京

殘菊二首

一年花事盡秋菊殿羣芳晚節須珍重無因莫傲霜

花中偏愛菊無那不多時寄語陶元亮秋風好護持

丁巳歸婺源故里宗姪彝伯以所著嘯秋琴館詩鈔並其近族查烈婦傳見示作此以贈

離家數十載滄海成桑田故事問遺老落落晨星然獨有宦遊人歸鞭着我先重逢喜舊雨握

手情纏綿憶昔與君交君猶美少年歡場共爭逐裙屐何翩翩載酒西子湖畫壁旗亭邊杭州一別後襟上痕猶鮮金陵喜再晤試院茶同煎徵歌桃葉渡買醉秦淮船龍門點額去南北各一天萍蹤本無定又聚鄉園前鬢髮已半白子孫皆班聯喜君有老母舞綵萊衣牽登堂受我拜體健如神仙君自告終養遯翁名久傳閉戶多著書甲乙名山編詰朝過訪我謂有文字緣手攜烈婦傳松柏勵貞堅又出袖中稿吳郡新詩篇展卷一再讀字字珠璣圓筆陣掃千軍詞源湧百泉論世半懷古談理多參禪書法老逾勁紙上揮雲煙豈學衛夫人簪花無其妍寫作並神妙淋漓秋毫巔此業誠不朽斯人抑何賢留待昇平時工師播筦絃

和宗姪岱雯原唱倒押前韻依韻和之

薰風自南來解慍託琴絃泠泠彈古調渺矣鍾期賢有時志流水抑或高山巔有時操猗蘭空谷誰爭妍古人不可見世事空雲煙我歸臥南山岑寂如參禪溪聲澈枕上耳畔鳴飛泉歸來逾兩月蟾光缺復圓遯翁抱琴至示我招隱篇引我為同調恐我心不堅謂有素心人願結翰墨緣渠本世家子先德家乘編吾詩時與和吾琴賴以傳同舟有李郭此行如登仙遯翁語未

畢使我魂夢牽尋思託介紹新詩來蟬聯詞源喜倒流珠玉盈我前有如清涼散冰雪生炎天又如指南針引渡迷津船讀此不覺悟熱心徒自煎且飲遯翁酒嘉魚桃花鮮桃花魚出婺源邂逅初遇君把盞溪山邊臨風倚玉樹丰致何翩翩五陵裘馬兒爭逐多少年此君獨好古交友意纏綿覿面恨君晚傾心得我先援琴一再彈節奏皆天然琴中無別語聲聲勸歸田

讀祟芬集題後即查烈婦事

大彰山前雲霧起惡風折木摧連理三溪口外波濤生狂瀾捲入理源裏星沉寶婺月無光一村轟傳烈婦死烈婦生自鳳山查小字差同夢綠華再世林逋未修到年方二十歸余家夫壻業儒重離別不去浮梁學買茶朝來進食必舉案吏深伴讀恆績麻相敬如賓十餘載生兒一現優曇花生兒不育已悲苦一索再索猶可補何期子死夫旋亡至令終天失所主山崩地裂海欲枯烈婦安之若平素營齋營奠營厝基為夫立嗣承宗祖忍死須臾十日期始是從谷就義時夫事已畢妾心了歸房仰藥甘如飴傷哉烈婦烈如此遯叟徵文良有以祟芬佳集傳千秋風化原從女德始成仁取義一死定愧煞鬚眉好男子

和宗姪保臣原韻二首

精神矍鑠古稀年童冠春風樂與旋青眼不逢新世界白頭猶幸老林泉非狂非狷中行士無慮無憂自在天今日鄉園重聚首靈山應是有前緣

文字交遊意氣深從來笙磬本同音德門二世通家好著作千秋易代欽衰運鳳麟時隱見他鄉魚雁豈浮沉要知此後相思苦尺素常傳兩地心

和宗姪綺霞原韻

謹拜嘉言謝我兄江湖浪跡未知名蓼莪詩秱終天恨金石文傳擲地聲幸有良朋聯舊好怕將時事付新評一樽叨惠陳年酒日逐鷗來莫送迎

和宗弟擇枝原韻

鄉園暢敘樂難支六十歸來計已遲綠螘狂傾連夜酒紅箋工寫幾篇詩近尋祖國前遊地遙憶新亭下淚時暫借桃源避秦亂此間爭得外人知

賀彝伯宗姪續絃時年六十有七

詩傳琴館韻悠揚知是鸞絃續兩行白雪陽春誰和得倫翻一曲賀新耶彝伯著琴著有嘯秋琴館詩鈔
瑤琴不奏鳳求凰重把豳睢賦幾章若個風流京兆筆老來猶爲畫眉忙

和綺霞贈別次原韻

到處隨緣樂性眞每逢風月卽良辰此行非爲看山計千里歸來訪故人
吾家老屋刦餘灰君有蓬門爲我開且話桑痲同把酒他年堂構子孫才
秀才雖老不寒酸旨酒嘉肴各盡歡我醉未眠君莫去西窗翦燭共盤桓
豈因多病故人疏無病呻吟更笑予禿筆一枝隨意寫不知誰毀又誰譽
欲寫汪倫送我行幾番擱筆夜三更明朝又聽驪歌唱樽酒長亭壯此行
出山何惜去怱怱烏首而今又欲東囘首鄉關殘照裏一鞭絲影趁秋風

和族姪瑞生原韻

又喜鄉園聚崇川話昔年丰姿仍玉立佳句似珠圓把酒杯同舉調冰水不煎三溪消夏好書
畫米家船

謝彝伯送兕腿山茶糕筍送行

竹籬有眼應編兕澗谷生毛合種茶不敢題糕參玉版依然浪跡走天涯

和彝伯贈別原韻二首

疊賦新詩興不窮多情送我話怱怱君爲豹隱斑微見我愧蟲雕技未工吳市交遊推李子襄
陽耆舊屬龐公閒雲出岫心無定秋色西來趁晚風
驪歌忽聽唱當筵南北從今又一天各地驚花仍歲歲故鄉風月自年年暫留鴻爪渾相似再
合萍蹤亦偶然他日歸來人愈老扶筇先訪兩詩仙

胡天月

頻年征戍苦難支欲把離情訴月知塞上也當千里共閨中曾否一心隨天光照耀單于幕夜
色依稀漢將旗但願刀環聲早唱團圓三五訂歸期

白鳳仙

作賦才人夢吐時仙靈飛舞上花枝素心羞與鷄冠伍冷豔疑將鶴髮披栽向清華鄰帝闕謫

泰縣新泰平民印刷局代印

來塵世寄人籬靈根若伴吹簫侶玉立應呼好女兒

竹夫人

本是淸涼物外身蕭然林下一夫人品超菊婢桃奴上夢入瀟湘衞水濱莫道此君多豔福須
知有女不懷春北窗合配羲皇侶冰簟銀床鎮日親

西瓜燈

金藕銅荷未足稱玲瓏新製看瓜燈晶瑩眼底都含碧雪亮胸中合鏤冰最好暑天懸北牖不
愁昏夜到東陵囊螢鑿壁渾多事異采輸他五色凝

郭子儀七夕拜雙星歌

銀漢耿耿淸無波織女黃姑初渡河天街臥看不成寐走筆起吟雙星歌雙星歌詠郭汾陽軼
事相傳著盛唐富貴壽考人罕匹上有星象垂穹蒼秋風萬里度沙漠郭公從征在戎幕良宵
七夕過銀州彎弓不射塡橋鵲仰天四顧正徘徊光耀五色天門開輧車繡幄自空降鸞翔鳳
翥仙人來此時驚喜出望外一片精誠向空拜乞巧何如乞福靈稱心而償亦大快吁嗟乎郭
公之福錫自天拜星之事皆偶然君不見緱氏山頭王子喬身騎白鶴何翩翩又不見天廚夜
宴西王母當時漢武求神仙世人慾壑不可塡爭將瓜果陳庭前所持甚狹願甚奢此心貪得
眞無厭我進雙星一杯酒小說荒唐竟烏有世上今無郭令公但飮此酒毋開口

讀五代史書感

唐末藩鎭威權强人人跋扈爭飛揚尾大不掉身且僵僅留正朔存中央轉入五代尤披猖自
先篡奪稱朱梁朱溫作賊先從黃後遭子禍身旋亡後嗣昏亂無紀綱虎將空傳王鐵槍鴉兒
偏遇沙陀王莊宗負矢還廟堂壯哉撻伐天威張何期末造多淫荒大權旁落優伶行九鼎還
移入增鄉豪傑繼起石敬塘橫磨十萬飛劍光乃畏契丹如虎狼尊之若父甘爲耶幽冀十六
州相望棄如敝屣眞荒唐漢周二代略不詳紹劉拜孔徒趨蹌龍門史筆傳歐陽牙籤玉軸皆
縹緗感時讀史心孔傷方今時局多紛攘以今視昔誠相當橫流四決波瀾狂征誅揖讓均非
常南北黨派爭開疆兵連禍結時延長頻年烽火驚川湘要求餉糈人恐慌外債剜肉先補瘡
宮府易主如劇場衣冠文武儕優倡五代八姓誰可方僅與郭威相頡頏五代刦運悲紅羊民

泰縣新泰平民印刷局代印

生今日尤遭殃安得陳摶大笑墜驢旁眞人一出天下康

遊姜堰天目山

秋日苦岑寂索居書厭讀信步出門去欲就重陽菊南尋杜來閣遺址全傾覆東過景山園商塲已新築悵悵復何之迤邐羅塘北幸有琪華山靈光巍然獨登臨訪遺蹟雙井在山腹臺觀廢已久空見唧花鹿仙翁去不還老樹千年秃撮衣攝其巔遠景都在目一水環抱山有如衣帶束估舶入市來風帆繞山足唱晚多漁舟夜傍西巖宿分流過小橋緣溪行路曲橋邊蘆葦若隱約無多屋何來笳鼓聲音與鐘磬續寺門列營戍大旗飄一幅離離禾黍中往來牓樵牧世事感滄桑欲效窮途哭臨去更徘徊暮烟起林麓

遊岳墩放歌

巍巍海陵一坏土耿耿英靈照今古南宋河山久變遷遺壘猶傳岳忠武二月望日天氣溫簫鼓喧闐城西門迎神賽會人如織我亦乘興遊斯墩拾級登林麓蒼蒼多古木不覺勢崔嵬但見路盤曲行行復行行風景都在目安定有講舍門列千行竹旁鄰小西湖一泓春水綠攝衣直上趨層巔岳公祠宇何巍然兩兩鐵人跪左右石欄三面環其前登堂肅拜禮數畢憑欄遠眺淮南天撫今思昔發長歎愴懷時局憂心煎宋時南北兵烽起直擣黃龍期雪恥何物書生扣馬前權臣議和藎臣死今時南北爲一家同室操戈無日已內憂外患迭相乘當局抑何愚至此當時與敵分南北有忠武在堪統一今茲國內區南北雖起忠武復何益哀時攬古百憂集士女歡譁獨悲咽

古鏡五律

此鏡何時鑄相傳不計年品超仁壽上人閱漢唐前縱未留形影終須別後先太初誰可擬皎月一輪圓

古琴五律

一自鍾期去銷沉直到今知希難解愠調古少同心軫老猶藏玉徽殘莫辨金撫孝試彈鼓絃外有餘音

雪美人七律

漁村詩集 二五

泰縣新泰平民印刷局代印

何時謫降墮瑤天高士山中許結緣玉貌如花終覺冷春情似水不成妍相逢月姊稱雙璧除却梅妻孰並肩莫信東風輕嫁去冰心難與石同堅

且園禊飲

黃公壚下客車停當日名園此日經四野田歌聽草閣三春禊事續蘭亭瓊枝璧月花同坐玉管金樽酒半醒回首滄桑今昔感故人落落已晨星

栖燕

銜罷香泥已倦飛捲簾人去燕初歸鬱金堂上春光好玳瑁梁間絮語微甫定新巢閒息影還依舊主靜忘機呢喃莫問烏衣巷王謝門庭賸夕暉

啼鶯

流鶯百囀韻偏嬌啼徹園林柳萬條春日共攜名士酒曉風爭學美人簫聲聲驚破紅閨夢語語思遷上苑喬更有詩腸煩鼓吹友生應向比鄰邀

聞歐洲各國戰事告終中國南北和議將成喜而有作用杜少陵聞官軍收河南河北原韻

幾載干戈勞戰伐一朝玉帛會冠裳中原兵革將銷氣海外波瀾更挽狂好趁休明歸上國不須挺險走他鄉喜音傳到茅檐下憐我葵忱亦向陽

竹馬

細馬居然用竹編兒童逐隊也爭先齊攀綠柳穿金勒笑折青蒲當玉鞭乘向衙前迎長吏騎來林下訪名賢郊原馳騁逢初夏分得新秧一例牽

秋水

一水盈盈接太清無邊秋景箇中生天光蕩漾殘霞斷夜色空明白露橫涼入楚江涵雁影愁添巴峽聽猿聲扁舟欲訪伊人宅紅樹青山好放行

秋柳

折柳聲中動客愁可憐柔弱不禁秋飄零暮雨長堤口搖落西風古渡頭幾樹棲鴉驚晚景連營繫馬記前遊封侯若遂閨中願春色凝眸再上樓

梅花杖

漁村詩集 二六

泰縣新泰平民印刷局代印

梅花古幹杖形同春在林家步履中踏雪伴人尋嶺北御風扶我過橋東光生藜閣青涵玉境訪羅浮碧倚筇沽酒有錢閒掛著出門先問毎師雄

梅花几

淨几明窗次第排梅花春色滿齋齋書成小楷饒清興吟到孤山寄遠懷隱臥好尋香夢去閒凭且把俗塵揩老妻林下風情在紙帳蘆簾願與偕

梅花硯

誰將風雪寫詩情硯未磨穿鐵鑄成醉墨宜呈林處士寒香近襲褚先生可憐瘦玉隨蟾化幸自良山爲鶴營寄與楊妃休更捧樓東幽恨未能平

梅花箋

蜀箋裁就寫冰蠶窗外梅花訊早探半幅香痕留硯北一枝春色寄江南生憎燕子能亡國不羨桃花落滿潭爲問成都薛書史可曾佳製染雲藍

冬日晚望五絕

柴門閒倚杖極目暮天遙風雪人歸晚騎驢過小橋

麥浪七絕

黃雲流影綠波搖千頃汪洋捲麥苗穰穡兵戈殊狀況不妨平地起風潮

秧針

綠影穿來柳線粗新秧水滿刺平蕪金針度盡無人識只繡豳風一幅圖

春晚書感

一醉難謀偶好酒片時有暇即吟詩不憂生計長憂國訴與東皇總未知

電燈

電光巧製作燈然不照蓬門照綺筵笑我無錢難買得祇將明月掛簷前

風扇

習習風生自轉輪可能吹散熱中人雖然不假蒲葵力未及清涼物外身

白菊花

幽芳不屑買胭脂淡淡秋容未入時只向陶家開幾朵素心惟有此君知

不愛繁華傲性存霜中月下鍊吟魂對花愈覺人情澹簾捲西風瘦倚門

讀庚子山哀江南賦有感

故國河山已變遷鄉關迢遞路三千愁心應逐江潮去吞夢難忘射策年

飄零金粉六朝吏同室稱兵恨未平今日又生南北感也應愁煞庾蘭成

讀文信國正氣歌有感

悲歌一曲賈魚濤海上旌旗去不還三載纍囚心未死長留正氣在人間

一死原知姓氏香文山身繫宋存亡當時可笑王炎午不識先生氣至剛

寒蟬

趨炎上附最高枝得意飛鳴自炫奇今日殘陽疎柳岸原來也有噤聲時

歸燕

春來秋去太忽忙祖國烏衣未忍忘辭別主人作歸計江南雖好是他鄉

白菊

不愛繁華傲性存霜中月下鍊吟魂對花愈覺人情澹簾捲西風瘦倚門

寄生菊

秋風秋雨妬吟魂身世飄零罔託根幸有高人陶處士寄他籬下勝朱門

跋

右漁村集一卷舅氏余公仰蘇所著舅氏承家學工詩文有聲於時顧淡於榮利兩試秋闈不捷遂絕意進取外大父鏡湖公既卒則築室於姜堰鎮北之橫家岱奉母以居薄田數頃僅給衣食青鞋短褐行吟田野間見者不知爲貴公子也舅氏既隱居惟以賦詩樂志與姜堰戈晴圃（講藝）王樹人（炳森）劉麓孫（榮甲）諸子結冷香吟社推邑之耆宿盧菘亭廣文（福保）劉心白大令（法曾）主社事月夕花晨時相唱和其社稿初二集先後選印所錄舅氏作甚富晚年喪偶爲五言排律六十韻以悼之名公騷人之屬而和者綦衆彙印爲漁村鼓盆集傳誦一時丁卯秋疽發背疾亟召（曾）至榻前囑以校印丈室天花集及自訂漁村詩稿（曾）涕泣受命荏苒數載兵災水患世變未甯而（曾）年已六十矣深念舅氏遺命懼不克負荷致外家著述不顯於世爲戾滋鉅迺先校錄丈室天花集既竣依次編錄舅氏自訂詩稿其冷香吟社諸作間有未存稿中者則從王君樹人劉君麓孫處乞得初二集選稿補錄校印俾成完璧焉癸酉秋九月外甥曹學曾敬跋

先君既受命校印丈室天花集及漁村詩集即謀付剞劂酬外家先德以世變迭興忽經數歲會泰邑有鉛印公司之設遂命（槐）往復商洽刻期觀成庸知荏苒四載先君已謝世而漁村詩集始校印蕆事亥豕魯魚猶不能免丈室天花集稿尚存篋中即於歲內督印告竣先君均不及見矣思之思之能不疚心爰綴數言用誌吾過丙子仲夏蔭槐泣識

漁村鼓盆集

（清）余文海 編撰

《漁村鼓盆集》不分卷，清余文海編撰，據上海圖書館藏民國十五年石印本影印。

余文海有《漁村詩集》，已著録。

莊子妻死，鼓盆而歌，後常以鼓盆指代悼亡詩歌等。余文海妻徐氏一九二四年卒，年六十一，余文海次年撰《悼亡妻徐宜人》五言排律六十韻，遍示海内，徵求傳誄，聞聲而應者數十百人，得詩文若干，編輯成集。本書卷首孫綺芬等序，袁鑣等撰傳，卷末曹學曾跋。《悼亡妻徐宜人》大半部分叙述徐氏一生事迹，後一部分抒發情感，心聲淚痕，發自肺腑。如：『南陌同携果，西園共採桑。摩挲殘粉鏡，整理舊衣裳。掩面時含淚，當胸尚裹瘡。庭除仍灑掃，環佩自鏗鏘。』悼亡詩外爲同人題贈詩歌等，分爲題評、詩、金縷曲，以泰縣人士居多。

（周　忠）

漁村鼓盆集

珍藏

序

古來抱鼓盆之戚者多矣賦詩悼亡以志哀痛者亦夥矣物在人亡車過腹痛人琴之感朋友之間且如此況共枕席同服食青年結褵白首偕老之夫婦乎雖然人心日壞正義淪亡夫婦之道不講久矣遇事各不相讓隨處吹毛求疵互相責難感情日傷形合神離同牀異夢環顧近今比比皆是推厥原因或夫婿不良小星滿羅終風逞暴或婦性悍妒河東獅吼牝雞司晨作亂不遑寧有真愛嗟嗟孽海沉淪怨男苦女之入其中而不拔者可勝數哉予於是有感乎同社余仰蘇先生之與其室人矣先生之室徐夫人予之鄉人也歸先生四十餘載亡於去歲臘月距生時適甲子一週耳好合百年已登中壽互相愛敬至老不衰迨乎撒手長歸傷心永訣猶有黃門感逝之篇元相遣懷之作非至情人

漁村鼓盆求應錄　序　一

能出此耶然而先生猶以為未足謝夫人也乃更以六十韻悼亡詩徧示海內徵求傳詠一時賢士大夫通儒碩彥大江北聞聲而應者數十百人編輯成集得詩文若干闋將刊印藏於家以為紀念品固宜傳之無窮矣吾知後之閱斯集者靡不舉相嘆曰以先生用情之摯寫夫人秉性之賢雖老年分手而纏綿追溯可歌可泣若晉王濟稱孫楚詩覽之淒然令人增伉儷之重焉是不得不以賢夫人者而賢先生也予年少不文寡筆濡濱側身吟社[illegible]忝比為祭君冠雖作序亦曾於夫婦之道暢言無遺今覩先生之詩可範來茲足風末俗雖愧不文又烏能已於言耶乃沾墨走筆率然而成此序亦以誌景仰之意云爾時在乙丑仲秋淛水後學孫綺芬梅伯氏拜言於申江之物外吟社

序

歲乙丑孟陬之月仰蘇余表叔示玉以五言排律六十韻蓋悼其淑儷徐宜人之作也穀穀迸淚哀逾三峽之猿字字織愁懨碎七襄之錦述生平之梗概餘響流芬通夢寐於幽微奔精昭夜聽成連之奏我亦移情讀孫楚之文人皆增感為想華年合胖終歲悄勤播遷則游歷流離須捷則共安儉苦山照鹿門之月偕隱有人家承鴻業之風雙栖共汝是以高柔此志若將終身白傅初衷但期偕老而乃一朝白髮忽斷朱弦寒泉之水不流悲谷之風遽起藥爐經卷永辭善病維摩長簟空牀痛絕衰齡潘岳四十年之同夢已盡此生一百載之殘春祇餘獨活宜其朝飛獨奏子夜孤吟賦琵僅弦絕之章寫鳳靡鸞吪之恨為捧黎陽之土不能塞此愁關縱填滄海之波未必乾斯淚墨者矣然而青天無不恨之時素月鮮長圓之魄三霄倚杵不聞蟠景之繩百川合流絕少駐萍之壑合離有數泡幻無端此在秋士工愁或多幽怨若謂達人知命當悟真空況乎彤管有煒彩雲留影章作詩人之婦無慚處士之妻共佳句以流傳世知德曜集名賢之歌詠人誄桓君千古可期九原何憾公乎自愛毋效兒女子之傷情玉也請前敢卜君夫人之不朽

愚表侄俞振玉謹序

傳

宜人姓徐氏浙之錢塘人歸婺源余文海仰蘇為正室即江南名鮮元余鏡湖鹽之家婦也先生少應鄉試時咸同間紅巾擾亂省試借浙闈士子多由江北渡福山江適有江船覆先生立呼能救一人者賞百金水手爭赴溺者胥起先生曰予川資僅廿金不如數奈何眾曰公救人心切我等亦發慈悲心不受賞請仍應試進取遂得解名聞海內後官編修初仰蘇有事至漢口中表俞某為作伐於徐因文定焉宜人生長宦家工文詞能操井臼和順謙謹賢聲聞於鄰里仰蘇雖當貴達無違言生子女各三勞提抱佐義方仰蘇不覺有兒女之累也鑣於仰蘇初不相知嗣以兒子與有連一見即神交傍有他客未多言已心許為文字之知已矣今歲夏五月朔兒子持示悼亡詩五言六十韻讀之感喟無窮一再讀欽佩無似嗚呼仰蘇失此嘉偶得此名篇真不啻坡公之悲王夫人哉鑣近編文藁有門人施氏將代繡梓增此傳是亦好題目足以傲歸太僕已仰蘇以為如何

古石袁鑣作於泰縣學署

傳

中華民國十四年歲在乙丑夏五朔姪婿劉聯甲來手持余仰蘇先生悼亡詩五言六十韻示余初讀之覺感慨欷吁見於楮墨展讀再三知先生伉儷情深而宜人尤安宗之矯矯者宜人徐氏浙江錢塘人遷安徽婺源余文海仰蘇為正妻即前清名解元余鏡湖太史之冢婦也宜人系出名門幼隨父官鄂移居漢口善體親意為弟妹忙父母愛之若掌上珍先生因事至漢中表俞某作伐遂文定焉宜人亦工文詞雖宦家女無習染于歸後井臼能操糟糠不厭其奉高堂也以和順其尊伯姊也以卑謙至相夫有道不待言矣身歷危險之境三次遷移乃返鄉里宜人不辭勞瘁自處晏如誰謂巾幗中無振拔者乎平日荊布自安元宗有望生子女各三不但幼時提抱及長以義方教之凡游子身上

衣女兒嫁時服皆親自料理不憚煩先生之得謀風雅不覺有兒女之累者皆賴宜人之賢勞也一旦謝世能不悲哉祖輝與先生初不相識嗣以弟婦娶劉氏先生與劉亦姻婭己未春三月先生因劉事來泰興祖輝始獲晤面一見許為知己回憶斗室中飲酒談詩如目前事文字之緣殆亦有定數焉宜人年逾耳順體尚強健近數年間方欣婚嫁已完可娛晚景不料長男王婿相繼淪亡宜人哭之慟由是抑鬱成疾客秋乳生瘍力求妙藥不得因出外就醫至海安如皋通州等處卒未有效乃於冬十二月撒手而去傷哉宜人去矣先生之悲悽何日能釋遂將宜人平生困苦情狀筆之於詩因嘉偶而賦佳章殆與吳隋叟之悲王夫人大略相似祖輝正室石氏於中年喪去曾賦悼亡讀君之詩不禁淚下淒涼風雨有心人當有同情也先生至吉當代通儒為宜人立傳祖輝何

何人得廁士大夫之列者甚不與草木同腐而與日月爭光者宜人一生事實可文其以人傳耶即此已並垂不朽云

海陵表祖輝尊九氏作於嘉趣堂

悼亡妻徐宜人（五言排律六十韻）　余文海仰蘇別署漁村逸叟

已矣人何在傷哉賦悼亡歲華當晚暮風雨太凄涼欲語聲先咽遺言記未忘細思經過事和淚寫成行系自名門出生從浉水傍隨親來漢上避亂去錢塘善體慈嚴意甘爲弟妹忙才高欽道韞耦大聘齊姜解珮珍貽女題襟筆艷郎乘龍依甲第引鳳上樓房（宜人家杭州父心伯先生服官鄂省避兵移居漢口海因事至漢聘定逾年娶歸海陵）一自歸簫史居然學孟光也能操井臼從不厭糟糠賢淑稱鄉里勤勞飭紀綱卑謙尊伯姊和順奉高堂車挽齊驅鹿機趨感樂羊祇緣卿愛敬位偕我荒唐星小光流赤鑪空姓記黃衣祠旋別抱琴瑟未更張（予早歲曾納妾黃氏旋退去）約乞安荆布亢宗弄瓦璋文辭占六索奇數得三陽幼小勞提抱成人教義方裁縫遊子服檢點女兒箱（宜人生子女各三人男遊學女針黹皆親理料）避盜離鄉井移家近市場三遷追孟母半老認徐娘（清季鄉間多盜因移居姜市賃屋以居十數年來遷徙三次乃返鄉里舊宅）不顧身勞瘁多緣體健強殘番婚嫁畢廿載苦辛嘗中子賢難衆嬰兒命早殤大夫窮阮籍愛婿哭王昌（近數年長男世純歿王婿蔭孫死宜人悲痛過深憂鬱成疾）境厄情原苦年衰性轉剛三秋成痼疾一乳突生瘍心有靈犀透醫無扁鵲良陽和舒氣血中將饋茶湯（自得乳患醫皆云症須內消屢進犀黃丸陽和中將等藥）外潰難頭刹中堅石擬藏（乳岩外潰其中結核堅硬如石）出門求妙藥結伴上輕航渡水方驚雉朝山復引狼（冬月出外至如臯通州就醫）歸來全委頓逐漸入膏肓直徑攻心腹無從進水漿言難談肺腑痛欲斷肝腸撒手遊仙去傷心飲恨長（病三載餘延至民國十三年十二月初五日寅時謝世存年六十一歲）前情何處述後事向誰商入地尋泉壤升天問彼蒼三山空渺渺兩處總茫茫帷帳猶虛設音容究在望招魂誠可格入夢語能詳南陌同攜果西園共採桑摩挲殘粉鏡整理舊衣裳掩面時含淚當胸尚裹瘡庭除仍洒

掃環珮自鏗鏘祝我身常健言他願未償此來殊恍惚欲去倍悽惶陡覺風驚竹空餘月在牀殘年悲白髮幻境熟黃粱徒學癡人說難教淑德彰瓦盆憑我鼓彩筆倩人揚言自多方乞才原不逮匡自慚珍九鼎莫當樹千坊淚盡枯仍滴詩成凍欲僵五言饒舌本一瓣熱心香試奈毋嫌薄嘗齋只照常來歆憑几席尚饗盡壺觴

題評

衣緣愛起非甚愛不能言也文以情生非至情不能識也　趙緄字華甫

詩成即誄情深於文　王錫榮字湘泉

因墨妙之流傳即音徵而想像　王祖耀字竹齋

步從靈妃神傷奉倩　阮石麟

豈有靈丸延壽藥能無寒夜悼亡詩　樓汝濟字子舟

尚有漁村留逸叟且煩松雪禮中峯　辛壺樓村

一萬聲長吁短嘆五千篇擣枕捶牀　汪知非借張君瑞語

舞幽壑者雕潛蛟而栩蝶泣孤舟者易嫠婦以鰥夫如聆化裝之音如觀反串之劇　公瑾後人

多管是擱着筆兒未寫先淚流那傻禁展開卷子空詞費　紅豆集成句

無才屬和於探驪空致言愁之洗馬　章欽字菊僧

搏一郎上人也難成熱萬炷香魂兮莫返欲其究在舍是末由　許補孫

黃門傷逝之篇元相遣懷之作殆乎觀止允矣同工　孫庠才

吹簫鳳去兩山留蕭史之音對鏡鸞孤南浦悵陳娥永別　王雲木

薤露之音更淒，墨雲之香彌珍，具此才調，酬彼情癡　王洸字濤松
僕似春蠶作繭，到死同功；誰如蠟炬有心，替人垂淚　宦遊人張頌元
天下有情人前生註定事　越州胡粟長集古詞曲各用半句
卿卿輟喚，負負長呼，手野簡撒義山追憶　虞山翁庚孫抱莊生戚三年矣讀之同聲一喟
寒雪着梅，春去而香痕已散；驚鴻顧影，人亡而水鏡俱空。若無此詩，曷紀其實　吳昌齡與九
總幃忍誦安仁句，椎髻咸欽德曜風　張朝墉字白翔
生嗔起死藥偏沽，不賢妻讀此詩，令我望眼徒穿，饞涎空嚥　一拂後人
知言自信分痛無方，幸向平婚嫁已成，看謝氏封胡繼起　襟弟蘇雲卿

漁村鼓盆求應錄　題評　一

用京兆畫眉之筆，寫女師德象之篇　天涯芳草館主人
夫人自是福人，倘異世再同青玉案；隱士由來名士，想寒宵怕檢鏤金箱　沈汝驥字德良
鼓木心欽，蘭畝耳熟　姻晚張志一
憂傷杜工部，蕭瑟庾蘭成　島雲散人
期近冬詩，變調忽然成徵；細閱聽鏡，庾詞乍覺不欹　寥天一鶴
猶當時之卒，玄霜雖在，達觀而奚憾；聽此夜梅花冷雨，正要俱龍響以難堪
憫君焚稿忘情，免我操觚引痛　內弟孫善賓

顧炳堃字與亭泰縣
淒涼怕讀悼亡篇，永別傷懷，況老年一字一珠和淚寫；今儀則與詩傳，名能不滅，休言命理，到難平欲問天，終是浮生同幻夢，鼓盆莊子本恬然
吳同甲字棣軒高郵
婦德母恩垂作範，不勝追憶，首頻回，生離死別，難重見，嘆數長言盡一哀；夢覺思量，空留恨，香閨郁烈已成灰，他時彤史資，家乘四十年中事可賅
為公譔語釋悲思，百歲終當有盡期；潘岳賞辭遺掛處，蒙莊通命鼓盆時。元黃天地龍方戰，縹緲蓬萊鶴已騎；朝露儻知非宿福，忘情太上似宜師
劉法曾字心白泰縣
讀罷黃門嘆逝篇，挑燈詳味倍淒然；吳陵東去羅塘路，遙識徽音萬口傳

漁村鼓盆求應錄　唁詩　九

我亦三番斷玉琴，流中錦瑟閱哀音；幾時尊酒從君話，一證槐新舊善心
宮立字鴻肖泰縣
人生三五年少時，歡苗墜葉方滋滋，情場失敗為情死，情天缺陷為情癡，憔悴憂傷成感慨，才子佳人信有之。庾郎甚還添鶴髮，徐娘老去編雞皮，鴛鴦偕老本為福，鰥魚後死非數奇。老伴孤狸驅地下，阿翁癡聾無所知，幾見六十龍鍾叟，仍賦百年長恨詩。嗚呼噫嘻常人兮，以常情測人，奇事奇文自奇。悲歡離合世味苦，陰晴圓缺天象差，情之所鍾在我輩，無關老少新與婕。循至秋花華不實，人至老苦心更悲，青年躊躇拓心境，白髮儲儲感鬢絲。嘲彼小星隨年事，倘然念及多悔詞，通盤如昔合半情無限，海枯石爛情難移。悲懷莫遣學潘岳，感甄有賦愧陳思，頭顱老大今如許，世界奇零棄如遺，只餘書生舊結習，六十韻成攢

淚垂余君詩壇稱老將風流儒雅是吾師昔我悼亡感懷稿今爲老馬辨途歧
天上人間會相見一刹那間小別離夕陽雖好終有限莫以悲哀動心脾人事
新陳有代謝古來逝者盡如斯蒙莊鼓盆大解脫憂能傷人復胡爲春有花鳥
樂不疲秋有山水遨以嬉隨遇而安得天趣古有達者名天隨余君胸懷風洒
落大徹大悟何遲遲生有涯知無涯膏肓心疾不可治新詩寄到是良醫

宋尹東 字守清 泰縣

傷心人賦悼亡詩開口其如淚已垂想到遺言情更苦恨深老病悔遲醫斷弦
琴瑟思笑大舊布衣裳痛著時我亦前年經此境勸君曠達莫深悲

錢茹穀 字競五 泰縣

言德容工譽一時婦中模範女中師春暉何遽蒙陰翳臘鼓偏來助慘悲心弦斷

伯牙鼙響寂盆歌莊叟蝶魂凝皖江水碧程千里月黑歸帆入舊祠

曹桂芬 安徽歙縣

伯牙絃絕不彈琴流水高山闃爾音蒙叟達觀當自遣太任懿美實堪欽家園
魂返終宵月鄰里春停一片心我亦誼關桑梓切生芻聊奠玉棺臨

程滐 字少澥 安徽休寧

年高徐淑世稱賢系出名門浙水邊悲乳中堅藏無石傷心長逝折鴟絃別離
最慘三更後鄉黨同欽四德全料得影堂遺掛在仙容不減舊時妍
孤燈寒夜偏詩腸莫漫哀吟敬勝堂今壽本來無可憾情懷老去不宜傷倚居
異地共行樂合把閒身付坐忘一部南華經百讀達觀須自發家莊

陸聯珠 字星五 泰縣

六十韻中詩韻長情詞感觸倍神傷他人展誦猶難遣況僕曾經兩悼亡
鼓盆從古說蒙莊怪誕離奇欲反常情至文生成此曲一篇馴雅異荒唐
作善人家許降祥齊眉獲福致康疆那知破鏡吟來苦真宰難禁訴上蒼
一善人猶樂播揚況兼衆美者賢良閨幽懷藉夫君筆淑德咸欽沒世彰

王錫衡 字蔭湘 泰縣

系出名門浙水旁相將偕隱到羅塘中年服疾悲徐淑老去齊眉失孟光天上
能留長壽藥人間安有返魂香儘多懿行傳鄉曲彤管猶遺百世芳

游昌甲 字止敢 泰縣

一紙詩和淚哀情字字真君當垂暮景我是過來人家國都如夢文章惜此身
孤山有梅樹白首最相親

王以鑫 字佐之 泰縣

賢堂寶婺忽西沉清白家傳女史箴孝事尊嫜工養志和諧姒婦得歡心零星
柴米勞權槩逐日衣裳響杵砧淑德昭昭桑梓頌相夫有道嗣徽音
達士何須賦悼亡百年偕老願難償安仁絕句空含淚奉倩悲歌枉斷腸況有
蘭薰和桂馥將成國器益家光更看神武孫曾起晚景安娛享壽康

宋汝璋 字琥丞 江寧

晚年喪偶最堪傷忍把新詩賦悼亡阮籍窮途多涕淚蘇公淵海富文章藥鐺
求艾難爲力筆綻生花總斷腸往事不堪回首憶哭兒哭婿恨泱泱
猶記婿鄉畔六橋孤燈寒夜漏迢迢風吹繐帳飄珠箔月照妝樓冷玉簫痛賦
鰥居垂老日驚殘蝶夢可憐宵營齋營奠吁無補緲緲幽魂何處招

李慎維 字梓恭 丹徒

人生本是可憐蟲，徽樂憂愁夢幻中。百歲流光駒過隙，聊將感慨付詩筒。
故鄉水後又山重，同在羅塘一寄蹤。世事榮枯都過眼，便教彌魄盡填胸。
蕭齋悶坐剔銀缸，往事回思落淚雙。況讀悲酸詩一卷，調高欲和不成腔。
家庭瑣碎實難支，又值干戈擾攘時。亡者而今長已矣，一般心事問誰知。
運蹇時乖歎式微，當年甲第已全非。徒攖兒女英雄淚，心怯空房不忍歸。
細述從前作合初，幼年隨宦漢江居。萍蹤竟得天緣結，坦腹東牀榻下徐。
自從姻婭結陳朱，不厭糟糠善相夫。和氣一門饒順境，歡心應得博翁姑。
避世梁鴻共品題，相莊舉案與眉齊。不貪仕進輕離別，免致悲歌感唱驪。
裙拖粗布插荊釵，琴瑟相安志不乖。雖有衾裯旋別抱，永宜家室樂和諧。
熊羆入夢肇胚胎，濟美家聲賴後才。父有義方先母訓，功端蒙養好栽培。
婚嫁勞勞比晉秦，事無鉅細必躬親。人生心血知多少，辛苦艱難累此身。
青天不測起風雲，蠶耗年來有所聞。長子云亡佳婿夭，憂心惴惴倍如焚。
求田問舍避紛煩，忽聽佳符竟到門。為此卜居翻近市，三遷共歷幾寒暄。
厭俗繁華不耐看，復歸鄉里住盤桓。粗茶淡飯人安樂，從此消閒歲月寬。
衡泌棲遲遠市闤，耶陽知止詠歸歟。田園風景常消受，有課農桑十畝間。
無端忽患病纏綿，一乳瘍生結核堅。手合延醫功效少，未能求得又三年。
膏肓漸入不能消，眠食從茲總失調。痛苦呻吟朝復暮，清言慰藉伴深宵。
藥石惟求善製炮，金錢無復惜輕拋。陽和中將更番進，欲下鍼砭孰代庖。
就醫出外往來舉，復駕輕舟泛海濤。水陸兼程來古剎，求神默佑響蒲牢。

花甲重周一歲過，未逢好事反多磨。生平懿行難追憶，祇恨光陰急似梭。
延當歲暮近仙卜，恨缺靈符急落花。收拾殘湯揮老淚，側身西望淒咨嗟。
獨居無可訴中衷，血淚題詞字幾行。展讀不殊編行述，從頭事實說能詳。
閱時春蔦已將更，徧徵詩篇播令名。美盛道揚無妙筆，才疏我愧一鯫生。
淒涼境界我曾經，寄是伶仃影伴形。環顧膝前小兒女，聲聲嗚咽那堪聽。
予懷積恨解何曾，閒說新愁分外增。有願向平殊未了，比君獨力更難勝。
昔日遺言記得不，一番回溯一番愁。每當雨晦風瀟候，夢寐猶思面可謀。
俯仰悲歎百感侵，閨中苦況兩知音。嘗思魂魄精誠致，鐵馬聲疑玉佩臨。
奔馳地北與天南，患難相從再至三。勖我前程須努力，迭遭艱苦強言甘。
感懷人我兩相兼，隱恨難言別恨添。最是十分中歲苦，事多後顧復前瞻。
一生困苦怨青衫，所遇迍邅總不凡。說盡心中無限恨，避人猶自語喃喃。

郁穠 字景溪 常州

生來蘇小是鄉親，秀毓湖山自有真。教子孟家三易地，稱賢徐淑一流人。
閨雞戒旦言文警，別鵠殘年賦愴神。淒絕梅花揮痛淚，那堪憔悴似安仁。
鴛幃顧影月淒涼，慟絕漁村欲斷腸。醫苦無方乞靈素，才能妨命問穹蒼。
年衰猶灑黃門淚，烟化同埋紫玉香。寄語悼亡詞賦客，曠懷作達一鼓殤。

楊遵路 字鷺漁 高郵

衰病侵尋筆一枝，傷心無過悼亡詩。吟成枯淚天都凍，騎省霜盈兩鬢絲。
老年偕隱負孤山，淒絕梅魂去不還。漢上來歸姜市徙，從今空付夢魂間。
達到莊周孰比他，鼓盆箕踞動人歌。鸞絃年久彈情厚，白首分離慟更多。

最難排遣婦人心念婿思兒病鬱深此去夜台風雪冷挑燈苦憐老夫吟

李德銘字笛漁江西九江

秋聲一雁帶愁來顧月長圓念總乖膝下幸能承意旨魂歸且許慰徘徊老懷
彌箏金釵斷清淚頻揮蠟炬催我是將軍慚腹負縱憐同病句難裁賤庚五十有三郵居已十四載從前悼作亦多近則蠶絲吐盡乃知潘岳賈詞款處今歲旱魃為災秋收絕望僕家倚相為命憂戚萬分殷偶一呻吟較甚於催租敗興也昔年
心事共塵灰晚夢難禁玉漏催人世那能彌缺憾他生終覺費疑猜向平俗累
般般了元相悲懷疊疊來六十韻成枯血淚寄書只恐隔泉臺

陳熙祖字伯繩泰縣

我讀先生悼亡詩先生之情見乎辭先生家世本是舊科第乃以梁孟偕隱相
追隨湖自佳耦結縞後釵荊裙布多坤儀夫子無違且敬戒終身舉案齊其眉

漁村鼓盆求應錄　唱詩　十四

和順高堂尊伯姊孝賢足式女中師旁有小星衾裯抱琴瑟諧和家室宜哲嗣
淑媛齊繞膝歷來撫育皆專司方道向平願已了芳桂無如折一枝掌珠又復
離鸞賦須令閨中入夢思由斯悒悒鬱成疾骨立形骸漸不支買舟通如訪和
緩斯世誰為國手醫報道一聲歸去也人間天上兩分離吁嗟乎卅年伉儷情
無限檢點遺箱淚暗垂觸目難禁奉倩悲我勸先生勿過悲百歲光陰瞬息期
鼓盆須效莊生達道力堅凝好自持儒門詩禮猶然在有子相承振丕基既可
以寬老懷於椿庭之上亦可以慰九泉以下之萱慈克家負何其在斯克家負
何其在斯尚是先生破涕為笑時陶然且醉酒一卮

丁思祖字秋碧泰縣

歌哭從今無端琴絃悵不彈愁隨新淚集夢趁好詩殘世亂偷生苦天遥覓跡難

江村老詞客枉憶冷香徵
環佩歸何處天邊霽蟾沉唱酬千古夢婚嫁廿年心健不辭操勞賢難忘脫簪
羅塘風雪滿逸叟自孤吟
我亦耽詩久班曾白社聯是翁真體鑠老將自幽燕殘夜風逾勁寒天月不圓
悼亡潘岳什一讀一淒然

吳卓字競存高郵

憶從漢上締良緣鴻雁相莊四十年情切思兒腸欲斷心傷愛婿恨難填三更
夢醒華胥國五夜魂招大雪天讀罷鼓盆歌一曲達觀誰與也淒然

俞崇禮字耕齋安徽婺源

悼詞百二寄哀聲卒讀誰能遣此情正向漁村安逸叟翻從蝶夢幻雙清禮於閏四

漁村鼓盆求應錄　唱詩　十五

月喪姬人范氏懷清別墅禮所居也相憐心病腳同訴一樣神傷黯莫名愧我闡揚無健筆感公
還自歎生平

王漢民字光國泰縣

羅塘偕隱樂宜家鴻案相莊妝有加樽酒盤飧躬節儉釵荊裙布戒驕奢摧殘
萱閣霜中草歸去槐眉月下車從此後堂人悄到滿天風雪五麼牙

曹亮熙字雨樓泰縣

鍾郝高風敬德華聲欽母也舊宜家芳鄰喜結追當日異味烹調拜領嘉
梓里爭傳惡耗來進知仙馭返蓬萊關心婚嫁都完畢撒手塵寰避俗埃
鼓管飛灰荷寵招平章樂餌費推敲自慚續命無方術搔首連番淚暗拋
夢景情場兩渺茫潘郎何事淚相將人生哀樂循環轉達變通權學老莊

李澥字東園號敬齋

今而有生之可求悼亡詩者想其人以相思句入詩洲一調此雲舒手書泪
悲淌盡三調敘衡周勝事沐訪子歌擬鼓盆時 臨殺金永訣刎不勝悲惻何
猶見濡毫淚月照空帷鼓鼓至鼓化燕 相相羅花花也消自落花只是無依傍室
隔歲別後讒離 調寄水調歌頭

徐起圖字王生沂溥

不盡淒涼有多少刺緣何事幾許卿哀洲上恨曾登高樓調聞歌早時學周相思
詩句以燈翻唱調吟昭悲懷不朽永清文精以永結悲恨切心遊亂 王敘
分合愁裏事相不道音容一思入頭親謝海上三山何處是孤山便花依月又曾
淚痕千種清淚一行勝人歸不歸花也相看愁無盡謝詞君行 調寄

漁村鼓盆求僊錄 　 詩詞 　 十六

念奴嬌

李文柄字景甫號錦巢

花影疏簾月半人間遊夢斷天涯睡起思年花中過了憶清樓畫舫無限傷心
舊事誰思勝傷心傳時雙對惆悵 自憐自歎須相見黃金何時重事休
細思量獨倚欄杆盡日愁無限思量淒涼何事悲花落淚何時見天長地久終
有時離 調寄念奴嬌

王羽儒字道明號雪軒

惜石根無盡處長夜泉臺永決別淚痕古
今門書館寧負娛兒此時清夜月明深
相看自悲愁終子

花甲慶重周吉相逢不負新春時
總相思長寒樹柳花會無期

曹明字國南號雲谷

外家十載曾比相依歸空哀泣淚香雲回首忽如昨日已時淒惻
病相期言何以永訣傷心往事相思淚留身世乾坤來茲

趙善字君俊號竹軒

喜言之一別幾年來思往事
詩成數十首鼓盆哀由勝淚注

漁村鼓盆求僊錄 　 挽詞 　 十七

跋

此仲舅悼亡詩萃一時名公騷人和作而成因以名帙也昔外王父太史公以木天清望觀察江蘇遂家於泰之姜堰鎮仲舅承其澤宜以世胄而膺膴仕吳適性恬退於世無所營築廬漁村賦詩樂志仲舅母徐夫人能淑勤以助其內與之偕隱有梁孟遺風今者鴻案猶存莊盆遽鼓宜仲舅之長言咏歎而不能已於悲也曹不工詩無以稱舅氏之旨顧念少失恃依外家者十稔時伯舅先卒外王父及伯舅母仲舅父母紀氏從母皆憐而撫之忽忽四十餘年向日垂髫之童已蒼危髮禿而外王父之墓木拱矣比歲以來伯仲舅母相繼逝紀氏從母亦逝吾　母同産唯仲舅在耳而篤老多病重以騎省之感俯仰今昔感慨係之宜其長言咏歎而不能已於悲也仲舅悲之一時名公騷人又從而和之詩筒往還裒然成帙仲舅母之賢不既彰已乎仲舅猶懼積久散佚謀付梓以永其傳而背跋言於曹曹不工詩不能從名公騷人之後詠歌仲舅母之懿行而哀思母氏回憶兒時所聞見於外家者略綴數言以誌盛衰存歿之感貫諸仲舅倘亦謂孺子可教也夫

共和十五年夏五月外甥曹學曾拜跋

漁村鼓盆求應錄　跋　十八

刊誤表

頁數	行數	字數	正	誤
一	十二	十六		落南字
三	十三	六七	何如	如何
四	十三	二十一	與	興
五	一	一		多荷字
五	二	二		落見字
六	十五	八九	燕石	石燕
六	十六	二十二	育	盲
	二十	三十	漉	洒
	十一	二十六	賸	善
	五	九		
	十七	二十六	姸	研
	三	二十六	訴	訢
十一	六	二十七	孟	夢
十一	十五	十五	繩	神
十一	十七	十六	籍	耤
十二	十八	二	育	盲
十二	三	五	訴	訢
十三	四	二十七	輒	輙
十三	五	二十五	毋	喚
十三	十六	二	漉	洒
十六	九	六	卻	郤
十七	三	七	魯	汝

漁村鼓盆求應錄　刊誤表　十九

乙 1 090

井眉居詩鈔　續鈔

（清）高爾庚　撰

《井眉居詩鈔》、《續鈔》，清高爾庚撰，據南京圖書館藏民國十二年鉛印本影印。

高爾庚，字辛仲，號曼孫，清江蘇泰州人，光緒二十五年（一八九九）歲貢生。曾從江都李光炘遊，受太谷學派影響。工詩，於醫學、天文、地理亦有所窺。曾參與編撰《光緒續修泰州志》。爲人伉直，喜獎掖後進。

《井眉居詩鈔》附《井眉居詩續鈔》，由詩人之子高炳華校刻，集前有楊浣石題字、黄葆年序。『井眉』，語本楊雄《酒箴》：『觀瓶之居，居井之湄』，取『近危』之意。其詩風以渾厚爲主，時人方之以清初泰州詩人吴嘉紀；學杜的痕迹明顯，如『陰陽催短景，摇落滄江潭』（《東柳二首》其一），上句徑用杜詩，下句則『脱胎换骨』而來，餘如『病間日日坐晴曦』（《病間》）、『淮海維揚一俊人』（《贈儲杏衫》）等，亦有所本。集中題材主要有四類：其一是對鄉邦文物掌故的述聞，如『東塘著述阪埼莊，一卷桃花獨擅場』（《海陵雜詩》其十二），認爲《桃花扇》是孔尚任於泰州任所所著，有一定的文史參考價值；其二是遊歷四方的見聞，如《滬上即事》摹寫了晚清上海光怪陸離的景象，《海昌觀潮》、《海昌竹枝詞》刻畫了浙江海寧的自然與人文景觀；其三是與親朋故舊的唱和、題贈之作，歌行《題胡辰卿小照》結合憶舊闡明自身的學術理想，結句以『庶幾天爵貴』自堅心志，不是泛泛的應酬筆墨。其四是感事傷時之作，如『愁胡側目列鷹鞲』（《甲辰九月感賦》其一），流露出對日益深重的外患的憂慮，『褒衣博带舊豐裁』（《感時論學漫成絶句十四首》其十一）則表達了對當時維新思潮所持的保留意見。

（沈宗宇）

井眉居詩鈔

序

我海陵近代論詩陋軒爲最歸愚子以方駕漁洋可謂有識矣而明詩綜以爲勝朝遺老則誠有足信者蓋以知人論世之說求之陋軒有詩云江山非舊自酸辛浮雲富貴讓他人是故僻處海濱知希我貴後有二三知己相引重偶入當代名士之列然布衣草履終日無一言則其自待可知矣蓋皜皜乎先進之野人而不屑屑於後進之君子此以見清華典重或未如不降不辱之高逸也吾友辛仲子好古敏求於陋軒尤爲酷好其後游於龍川夫子之門所學日益精其詩亦日益進渾化乎野人君子之風而沐浴於聖人之澤其送予北上有詩曰此去且寬南顧慮不才珍重服勤身吾夫子嘗稱道之此可見淒風苦雨或未如和風甘雨之爲平善也故吾重其詩則以爲龍川之遺音而已矣今其嗣子孑愚之刻是詩也亦知其爲龍川之遺音而已矣嗚乎知龍川之遺音則豈非千古文人之大幸又豈非汝與吾之大幸也哉高子其識之

癸亥冬月希平氏黄葆年序於吳門歸羣草堂

井眉居詩鈔

泰州高爾庚辛仲

出門

他鄉復行役游子不勝悲自顧成羈泊飢驅忍別離有兄嗟更遠對母哽無辭仰看林間鳥飛飛繞故枝

初至杭州登吳山

夙有看山興今登第一峰荒祠叢茂草歧路亂游蹤煙水江湖闊人家雲樹重南屏好風景隱隱數聲鐘

韜光菴

梯蘚躡幽徑修篁結茂林風泉時濺濺凉翠晝陰陰禪室少人跡山茶清客心他年證禪悦坐此白雲深

下韜光後尋純陽諸洞

斜陽欲西落歸途帶遊興久聞諸洞深扳蘿得其徑松煙引幽探風泉滿清聽崯岈中若開低頭側身進捫壁眴轉窺一線天開鏡萬竅透玲瓏諸佛變掩映狀詭莫能名碑奇不可認玉乳膏常流金丹訣誰問諒難脱塵埃聊足悦情性數語記巖石留作斯游證

寄家信

一旬一信報平安每到攤箋下筆難深恐羈愁輕訴與高堂老淚不堪彈

登吳山懷亡友鄒大鏡平

又到昔游地登臨悲不禁茲山仍草木舊雨感人琴落落三秋雁寥寥千載心壁間腸斷句一讀一沾襟 鏡平吳山題壁有客裏登高欲斷腸之句

書寄禮北先生信一首

過眼流光易人生知己難經年夢顔色孤客膾平安芳草春來綠酒盃愁處寬相逢應有日寄語且加餐

六如詠

大覺無人晝亦宵夢中說夢舌空饒共知過迹皆驢磨誰信浮生盡鹿蕉圓照齁齁參實妄莊周栩栩得逍遙

巫山雲物邯鄲枕黯福還須取次消 夢

已落鴻濛混太虛茫茫何處得真如圈成世界無疎脫輪轉人天莫破除漫說有情終毀壞須知即事亦吹噓淨瓶踢倒低頭看風沫樓臺一任渠 危

欲契真空大法王口頭談到易譸張我心我有偏難覓人相人存底未忘豈必化城非險道便工作戲只逢場證明的的西來意闔眼塵寰總渺茫 幻

金剛背後看磨磚似有疑無相故全牆角何妨蘗早棄花間却要月常圓本來面目回頭處大地山河豎指邊罔兩不須頻問訊片雲也被復藤纏 影

不必拖泥帶水身多行夙夜恐難勝草頭十日哀鄖塢銅掌秋風泣茂陵已濕微塵終莫破縱沾祇樹亦無憑流甘別有門開候第一涼生火宅僧 鷺

曉照重昏倏忽間青紅種種現奇觀莫因炫眼忘心印且把流光付指彈羅刹雙睛神杵避天公一笑劫灰殘試從暗室參虛妄鏡亦非台子細看 電

陪王鶴莊 遺增 洪純士 承儒 過綠蘿春社洪詩先成依韻和之

聞說開詩社招邀偶一過迎人花欲笑求友鳥偏多茗話忘移日塵勞付逝波歸來擬長句無那有高歌

贈儲杏衫

四壁圖書古性情灑然裙屐少年身杜陵七字堪移贈淮海維揚一俊人

二月二十五日同人過陳裕川夜飲分賦即寄其尊人陳建安 壬午

好鳥嚶鳴煙雨春相思海上未歸人書來尺素鄉心切賦出高軒夜宴新沂水冠童工嘯詠鹿門妻子倍情親成連故有迎師約可許同舟共問津

附黃錫朋作

連宵風雨助春情紅燭留人酒共傾四座嘯歌忘主

客中年絲竹感平生卻憐稚子尊前侍轉憶孤琴海上行明日東郊還送別綠楊陰裏有鶯聲

為友人題畫册

飛鳴得意綠陰凉，明月羅浮枉斷腸。我是癡人工說夢，師雄心事證歐陽。蠟梅八哥
因緣吏籍屬仙家，采藥寒山石徑斜。豈必靈楓三百本，駐顔早已面如花。楓樹啄木鳥
小鳥幽棲惜羽翰，陶家籬落一枝安。從今不啄場邊粟，好共黃花晚節寒。黃花黃雀
百尺高梧百尺陰，春禽鄭重喚嚶嚶。莫言噦蠟東風裏，不及桐花鳳有情。梧桐蠟嘴
休將斥鷃語雲鵬，九萬風高本絕塵。怪底行吟湘澤畔，寓言香草屈靈均。蘭花黃門
山雞文采竹雞啼，水國秋深見稻雞。不與小蟲爭得失，水紅花畔啄香泥。蓼花稻雞
蝴蝶花開寒食天，鵓鴿原上草如煙。含毫悵觸當年恨，一字沈吟一黯然。蝴蝶花北鴿鳥
重簾深下怕登樓，花事闌珊起暮愁。燕子不來春寂寂，月明殘夢落揚州。白芍藥燕子
桐江西上水漫漫，夾岸山花耐久看。今日披圖猶記憶，

畫眉聲裏過嚴灘。山茶畫眉雀
碧柳絲絲鶯按歌，蘇隄煙景得春多。東風畫裏重相見，無奈西湖別恨何。楊柳黃鶯
賈氏奇香入骨濃，繡衾髣髴覆熏籠。微風飄動流蘇帶，猶有霓裳舞未終。木香藤帶鳥
春江水暖鴨先知，竹外桃花三兩枝。佳句而今成粉本，詩中有畫畫中詩。桃花乳鴨

送黃錫朋之羅塘即答其見懷之作

別君一日猶思我，我送君行路未遥。爭奈明朝成寂寞，登樓愁聽雨瀟瀟。

仙侶同舟緩緩行，羅塘計日喜迎賓。不知酒綠燈紅處，還念河干望遠人。

臨湖蘭若看牡丹遂登岳阜望春同方用九徐月樓李南平黃錫朋趙養之作

野寺花迎客，懽然暢遠襟。山僧偏世故，蠟屐快登臨。迢遞三春色，蕭條異代心。憑高一俯仰，珍重此苔岑。

癸未之春送錫朋我兄學長北上

纔聞欲別便沈吟，況復河橋柳色新。緒逐飛蓬將萬轉，心隨明月耿孤輪。春來閬苑多芳草，日下金臺有故人。此去且寬南顧慮，不才珍重服勤身。

讀杜一首呈李少平

此集開詩界于今千百場幾人得皮骨萬古亙光芒箋注分來歷淵源失濫觴肝腸吾自有膏蜜笑文昌

偶成

春水棹扁舟望之坐天上不知舟中人驚心說風浪

惜花

野有無名花移向玉階側託根既得所便覺生顔色其奈根柢薄不任受培植日暮東風起飄零成浪迹隨風猶飛揚逐水便汩沒一入藩溷中掩面惜不得回首憶當年階前曾省識此花雖無知我爲三嘆息

哭少平

奇人多奇行無事作行旅書來前十日歸期定端午積疑正待詮中道忽云阻（少平卒於五月初二日）傷心君長辭論詩誰與語昔記侃侃談今爲一一數溯源接風騷集成推李杜齊梁裁靡音宋元絕步武口講指且畫眉飛色亦舞匡鼎誠解頤吳質胡自苦窮經徒益愁閱世復無取中壽便蒼顔隱憂及黃土有才亦可幸薄命都如許屋梁明月光琴調廣陵譜餘輝不可留流水渺無所作歌代招魂酸風動毫楮

題徐蘅甫桃花便面

花到無言自有蹊清風握手見天倪畫師不是楊龍友敢學東塘浪品題

故人流水杳然去（謂蘅甫）畫水樓前忍再過今日問花花不語舊交零落奈愁何

喜雨

絕愛知時雨良苗總發生頓消憂旱慮不惜踏莎行舊友如新契繁聲相從坐茆屋便擬百壺傾

不盡懽呼興還來紀叟家一尊酬覆載（一作消塊壘）餘事話桑麻我輩非愁侶隨時愛物華羣生沾溉足有酒未妨賒

同人過尤氏西園小飲（并序）

西園者尤柳村先生之別墅也自先生歸道山園就荒穢迄今二十餘年矣嗣君海樹葺而理之甚勝事也日來誅茅補屋畚築方新余屢過之欲留飲而未果適司事者承主人意屬余顔其松間小闕余以松關二字應之並以一邱一壑四字榜於松關之陽緣左有桂嶺右有荷塘也司事者感余意招集小酌余挈沈洛亭王岫生趙明湖顧心權翟治良釋雲溪諸人偕往時甘霖初沛衆情欣悅爲之吟賞者竟日

幽僻城西路名園附郭開廿年傷鞠草此日剪荒萊邱壑有新意松篁還舊栽從來賢子弟不廢好亭臺

一雨懽情洽招邀各盡觴小紅明遠樹空翠撲虛堂對酒思蒸瓠開軒喜面場不須堅後約幾日又端陽

過慶雲禪院贈雲谿上人

挂錫三支占上方雲帆霧閣樹蒼蒼瞿曇黃面知多少真相分明只智囊

詩卷冰清賈浪仙四時花木破枯禪不須浪結廬山社且向淤泥種白蓮

欹枕

簾影疎疎燭影深每於欹枕味醰醰黃雞白日自朝暮蒼狗浮雲成古今作達劉伶差解事談空慈氏豈無心吾儕所學非章句辛苦何須覓賞音

七夕詞

幾人成佛幾人仙妙義玄微未易詮我欲乘槎犯風浪支磯石上話因緣

衣食勞勞易誤人相安耕織足平生人間果有神仙樂豈在朝朝暮暮情

三月十五陪盧大松亭泛舟赴松石主人之約

家食苦飢驅浪游厭塵坱大福天所慳乃亦禁幽賞邇來逐飄蓬情思日悵惘每念林棲者不啻隔霄壤良朋特見招爲我洗骯髒人事多牽纏因循但神往盧子老能豪聞之獨慨慷飯餘買小舟恰受人三兩拂面東風來蓬牕坐清爽依約望山莊已覺心開朗到門未通名老松爲俯仰曲折達書堂懽迎集少長賓主禮未竟乘興歷閒敞穿林拂藤蘿攬勝周袤廣栟櫚俯清溪水光明滉瀁庭花燦離披一一得培養幾樹曼陀羅開坼大盈掌坐久心與閒幽鳥時送響夜靜萬籟寂清影盪虛幌疑此即仙寰魂夢異疇曩三日儘句留私心猶怏怏勝境看不足烟波趨歸榜細雨何飄蕭風塵何擾攘我

勞未有涯斯行頗不枉重游知有時歸齋頻夢想

聞某刺史去縣二首

河干寂寂柳搖春琴鶴扁舟自問津爲想遮車當道臥淮平大尹又何人

此去劉郎可再來他時葵麥更堪哀如何廣種桃千樹不向河隄兩岸栽

冬柳二首

陰陽催短景搖落愴江潭空帶秋來恨誰停別後驂萍因他日誤梅信幾時探際此嚴風裏扳條已不堪

舊日纏綿意都成慘澹妝冰封揚子岸寒徹永豐坊行

客傷霏雪栖鴉戀夕陽不須愁寂寞松柏尚蒼蒼

偶成 戊子三月十五以至二十五皆達陸

日日層陰鬱不開花前無俚獨銜盃病當虛怯風偏勁
夜迫熹微漏更催百尺隄防成底事五行汩亂半人災
昊天浩浩今非遠敢爲淪胥一乞哀

病閒 戊子秋八月十四日由省病歸九月十四日作

病閒日日坐晴曦笑悟平生咫尺迷儘有藥鑪覘火候
巳無文障蔽天倪碧萸酒散人千里黃葉林深月一珪
但得此身能健在隨時風景耐招攜

落葉四首和顏大仁卿之作

病起無緣得好懷殷勤一葉打窗來綠文似寫隨天意
黃落庸知盡櫟材祇是先秋愧蒲柳也教混迹嘆蒿萊
深深幸有根常在一任冰霜抵死摧

蕭條天地若爲愁多少淸陰瞥眼收一曲茂林憎悼嘆
半床庾信足句留灘厓掃處歸樵爨詩句題時達御溝
等是飄零茵溷異欲從我佛問來由

妙覺妙明大迦葉現身說法坐階除擬將蓮梗元漂泊
比似天花總靜虛幡瓠早烹非正命靈根終返卽真如
貝多好借遮閒眼莫校秦灰巳後書

靜坐重將物理窮摧殘長養總天工霜嚴巖柏無全綠
日薄江楓有剩紅到地不曾妝夜氣噓枯何必怨秋風
明年春色皇州滿珍重新陰幾輩同

規友

蹤跡未云闊胡爲今若新借詩元混俗倚酒乃陵人風
月柳三變江湖魚一鱗交遊光寵甚長者足情親

明季四公子詠

家世夷門早擅名亂離挾策走風塵弛情白下纏頭曲
失路淮南入幕賓給換無顏依老父堂書壯悔感陳人
文壇差足稱雄長強配甯都恐未倫

留都公揭義旗張陽羨題名繼顧方豈意先機言早洩

果然鈎黨禍難防友生營脫容歸隱子弟英多儘得狂
離墨山中饒晚景鹿溪不作最神傷

少年伏闕頌親寃跋涉關河路幾千國事痛經重破壞
桑門忍結舊因緣青原說法專時雨白社回頭莽夕烟
儒服緇衣何限恨翁山蹤跡太狂顛

游俠通賓亦性成一官未足繫鴻冥園開水繪三千客
友結香光十四齡觀道有時參白法作書恰好到黃庭
流風消歇堪長嘆洗鉢池邊悵屢經

覽古雜詠

知我何如我自知性通有節等譽辭劉惔稱藥苟量水

第一交情是病時 王濛

一州從事等閒身兒亦揶揄況在人畢竟稍知羊肉美

茫茫千載絕音塵 羅友字宅人襄陽人

青白分明留眼底口無臧否意超超胸中壘塊多無那

借酒還須一一澆 阮籍

有書萬卷阿兄遺 張緬 晝夜披吟樂不疲自與古人常晤

對敬容殘客又何爲 張纘

詩歌伐木重嚶鳴獨醉如何詡獨清幸有無猜風與月

不然孤寂可憐生 謝譓

殷勤竹下剪蓬蒿二仲從遊總俊髦欲識當時開徑意

井眉居詩鈔 十二

七賢六逸夢空勞 蔣詡

叔度汪汪千頃波遙遙不見奈愁何斯人若化身千億

遮莫陳周鄙吝多 黃憲

㫐朋割席意非倫老吏爲榮未肯休憶否三人遊學日

如何辜負一龍頭 華歆

諸王子弟但紛紛馬糞家風迥不羣第舉東陽賢太守

中天一片爛卿雲 王志

羈栖緱氏未知名解逐嵇康眼便明量狹一言金石重

謾云尺表寓璣衡 趙至

體貌清癯滿冀州畏風小坐北窗頭琉璃屏下人休笑

不少吳中喘月牛 滿奮

不言漢語語胡言郗爲人間應對煩比似雕籠秦吉了

鄉音慣習勝中原 尸黎密

惠風幾見清流惲明鏡何曾屢照傷底事重勞愁二謝

信知武子遜袁羊 車胤

自然稟受總天工善惡何妨一視同寫水方圓真妙譬

衹今誰復賞名通 劉惔

進境都從退境開才思偶屈底輕猜是君轉解無人解

何物荆州竟道來 殷仲堪

年少揚州擅口談太常著說味醰醰更思吾論情如揭

井眉居詩鈔 十三

爭奈書空百不堪 殷融殷浩

滿目山河朝露零神情朗悟想東亭公私所寄關非淺

豈獨風流渺典型 王珣

宏開四學亦紛然道脈于斯一線延幾輩來遊解與起

西河風教想當年 何尚之

陽和布氣感微禽鷹化爲鳩到泮林何必苦憎雙眼碧

枝頭且聽報佳音 孔覃

寒年一例珍纖纊天半雲中未易逢苦向二劉求合璧

不衣自暖謝超宗 劉訏劉歊謝超宗

德章十四妙年華五館諸生共嘆嗟嶽嶽謝岐何妥窮

奧蹟一揮塵尾落天涯 袁憲
黃皮袴褶押雕鞍縱喜淸言與易闌舞稍雄姿時勃發
殷劉相對亦良難 桓溫
招隱吟成俗慮删嬌癡有女慰衰顏并心看饌華風雨
祇覺聰明不覺頑 左思
溷迹輿臺僕隸中風塵何幸遇林宗諸生博士知多少
獨有當時太學傭 庾乘
壯哉擲地學金聲聯絕工吟草草成卻怪宋文嚴月旦
不敎子建讓詩名 吳遘建
幾人來學耐勤勞得術無多便自豪不到葭萌爭渡處

不知猶有破頭膏 段譽
褒衣博帶塵中滿黃允 晉文經 門前車門風鳥鳳海珠深
自晦如何鉅眼有符融 郭泰
厚輪大郭儘收儲蔬食嬌姬瘠不腴計數差強惟一事
聰明絕似石齋奴 曹虎
乘驄風節媿中丞項項求瓜逞愛憎欲爲千秋明法鑒
卽非白兔亦蒼鷹 王弘義
才學高名久翕然卻將顓頊讀專翾碩儒多事相研究
許緣從來混許緣 史記音〇顏氏家訓元氏之世洛中有一才學重臣新得史記音而頗紕謬誤反顓頊字頊字當爲許錄反錯作許緣反遂一一謬言從來謬音專旭當音專翾耳此人先有高名翕然信行期年之後更有碩儒苦相究討方知誤焉

開渠興利鞏川頭幾日功成水不流百姓胡爲深怨讟
如梁慚懼亦千秋 王梁

詠古小樂府

何物塵垢囊而逐康成車林公非惡口千載一欷歔
不知是何曲聽便輒言佳殷勤勸吾口學此免厲階
退之服硫黃一病身不痊此事勿深辨庸醫或使然
國家可惜人吾道亦云爾淸純簡貴才胡爲看到此

擬苦寒行

積雪被大野寒風號北林邊城遠征者歲暮憂思深今

年戰交河殺氣天爲陰纍纍戰死骨中有昔同心餘生
幸云免一悸不可任嗟哉命如露胡爲久滯淫幽洞嘯
羣狖舊巢趨倦禽去去復奚戀邛中多鳴琴

詠懷古蹟

忠魂渺何許坏土對城闕梅花百萬枝揚州二分月 梅花嶺
王孫鑄干莫一試志克展霸業幾銷沈頑哉石不轉 試劍石
不聞桃葉歌空餘桃葉渡烟水一江寒雙槳自來去 桃葉渡

分餐非望報別嫌乃自溺古瀨今不波風吹白蘋白投金瀨波公三賢詩各各發妙旨我爇一瓣香敬爲陸甫里三高祠訪古雲陽道豐碑署吴季嗚呼一嘆嗟真人想天際十字碑

桐柏淮源

我家世住淮之東日飲淮水忘禹功一朝思源發慚汗桑經班志勞研窮一云涓涓出大復一謂胎簪已潛伏經生辨訟日紛紛未若遵經指桐柏桐柏之山高且長胎簪大復含中央一東一西亙百里上源下源胡彼此季疵老人工品水若使尋源斯得矣一炬從前千萬紙

贈上真殿王煉師一首

插草卽建刹慈氏非虛言願力乃基址層累何有焉城北上真觀閱今幾千年尋碑不可讀遺事成雲烟光緒甲申中神君來海壖謂鐵塘許公之夢公餘偶訪古於此停高軒入門盡榛莽阻足不得前樓觀亦傾圮瓦片如飛鴛陰房出廟祝高聳雙鳶肩靦顔再三拜自稱餐霞仙懍還入房襆被去不還蝨蠹易言去修復難具完扃鐍虛左席或有勞且賢春風盪虛幔秋雨漂頹垣甌脱日以月咄咄怪事傳晨鐘聲鏗鏗暮鼓聲淵淵物極理自返神力示其端厥有大力王出身理叢殘一紙告善信托鉢同阿難天人相感應齊結香火緣或以鑒誠懇或願種福田衆擎應孤掌一舉累萬錢空中好樓閣成於彈指間爲想經營者心力已畢殫譬如行遠路誰能無險艱彼岸有時到翻忘浩漫漫有志事竟成平地皆爲山感此念横舍支頤一長嘆

述夢

贈我滿盤花雕績亦滿眼門外雨瀟瀟展敝猶能返

自警

漸覺心源井不波可堪結習更蹉跎遣情正要求方法遇事何妨著詠歌已爲校書知簡誤翻因憂旱恨風多老來身世須料理試看悤悤白日過

李訪農過訪卽贈

東鵜西鰈悵年年忽漫相逢咫尺邊君健幸多竿木法吾衰況轂蓼莪篇沙鷗三兩飄飄似雲漢昭回耿耿懸時有憂旱之意相約崆峒穩登陟莫將歲月混風烟

海陵雜詩有序

新安洪君筱圖著海陵雜詩百首意在徵事蓋仿厲樊榭南宋雜事詩例也點定歸之余亦繼

作凡原作所引不涉焉

海隅故匙著書才道學家風昧自來不是前賢勤簿錄

鉅編九卷已秦灰 焦竑國史經籍志孝行錄三卷氏表錄三卷賢恩錄三卷宋胡訥撰書錄解題訥仕爲寧海節度推官訥一作納瑗之父也

邇年畚羽振誂誂劉猛將軍廟未新旗幟順昌成髣髴

祠山碑碣等沈淪 按將軍爲劉順昌錡之弟諱銳詳蘇州府志而降靈錄以爲劉永忠藎明以後所從祀者非立廟始祀之神也將軍廟側近祠山庵碑亦遺餘

百五遐齡信有徵道人當日定高門近編族譜勤搜討

惆悵無從訪子孫 余近撰海陵人物志拾遺尙未脫藁〇鄭樵通志氏族略義氏近有義道人年一百五十歲泰州人

在讀平家如何說在讀上家外鄉聞者笑且諱不知長言短 上在在也下在不在也此卽公羊莊公二十八年傳註長言短言之

言例請君試審毫釐差 例在沈約四聲以前固如是也蓋土語實古音俗耳非之妄矣

禁經一卷墨池編家學相承結構嚴司馬同官同供奉

難兄難弟好無厭 朱長文墨池編載有懷瓘玉堂禁經書訣書估議書等文續書斷張懷瓘其父善書與高正臣近述書賦注懷瓘爲鄂州司馬弟懷瓌盛王司馬並翰林待詔俱好無厭

靜常詩法重當時名冠東坡六客詞橫槊三邊鐃俠氣

黨人多少賴維持 厲鶚宋詩紀事曹子方號靜常先生誠齋王盧溪集序先生少嘗見曹子方詩法施元之蘇詩注曹輔字子方海陵人東坡後六客詞子方其一也詩云詩成橫槊裹盾墨何曾乾黨禍諸賢子方周卹備至士論與之

開修百步呂梁洪置牐河隄立奏功若是吳陵存古志

何難名字辨興公 蘇詩施注云滕大夫名興公海陵人查注云滕大夫字希靖焉注云續通鑑長編元祐四年十二月載齊州通判滕希靖管勾開修徐州呂梁百步洪月河石隄上下置牐事則希靖爲滕大夫之名與施查二注互異〇陳振孫書錄解題云吳陵志十卷淳熙壬寅所修泰州在唐爲吳陵縣

蘋蘩蘊藻辨紛紜土語偏能一一分豈獨菰蔣旁勃異

更從水旱定經文 州人呼蘋曰四葉菜蘊曰蘊頭藻曰藻菜皆與古合惟蘩曰並並（並讀連浪切之平）草按並並卽陸蕤旁勃之轉音也旁勃與菰蔣菜相似而菰蔣葉隆起至秋結子曰菰米杜詩所謂波漂菰米沈雲黑是也若旁勃則無之又蘩有水旱兩種詩召南之蘩水蘩也菜也豳風之蘩旱蘩也蒿也此皆詢之士人可與經注互相發明

陳母勤劬蔭愍孫詩才直欲擅專門羣欽懿德推家世

舊族遼東喇哈番 陳璨工詩祖母張宜人之教也宜人遼東世族其祖東安褻布他喇哈番仁和杭堇浦世駿有陳母張宜人傳載道古堂文集

一篇竹賦寫清涼山父 王崿也 才名久未彰幸有石泉 姓趙

詩集在不然攘善累何郎 何欽字無適〇吳禮部詩話嘗見何欽無適好寫竹賦云稜欒兮娟娟玉立兮露寒翠青蔥兮蒼蔚鳳鸞舞兮瑱玕風之來兮天之庭過巖谷兮韻秋聲金瑱碎兮滿地日曈曈兮淨明若有人兮懷高節歷歲寒兮傲霜雪我欲從之兮路阻絕隔秋水兮共明月詞旨清絕可愛後閱趙石泉道士詩集載此篇云是海陵王崿山父作近見一隸字大書石云崿所書者題作僧寮寺竹賦云

小學駢枝考據精未隨類腋共沈淪鶴緣自是傳聞誤

手蹟丹鉛故尙新 田竹家先生撰有小學駢枝十卷蓋分纂駢雅訓纂時所別撰者也昨于表弟程子讃處見之知先生文孫尙能寶守而亡友黃君荻生以爲已歸他氏者誤也按增補類腋一書亦先生所撰髮逆倡

徵研田多荒績江趙君小樓頗能時其困乏而賁助之故書成歸之角山樓中先生之名遂不著云

東塘著述坂埝莊一卷桃花獨擅場爲想柘翁堪接武

冰綃遺墨謹收藏 康熙間曲阜孔聘之尙任以部郎隨刑部侍郎孫在豐疏濬海口羈旅泰州下河之坂埝莊成桃花扇傳奇一部○仲柘庵搌履大令撰有冰綃帕傳奇未梓現藏庚家

斗姥宮旁小有天咸豐初載築成園誰知避地先機兆

寇亂吾州獨見全 州治西南有斗姥宮宮東偏隙地數畝廟祝劉君園以牆垣栽花種竹顏曰小有天園落成之明年赭寇陷揚州都轉方伯皆移節駐此賊無犯者蓋避地之機已於築園兆之

伯山老人儒而文濡染大筆何縱橫闡揚節孝有深意

韓筆杜詩猶強名 劉節婦詩載伯山詩話後集胡孝子傳載伯山文鈔

出門 癸巳三月

落落出門去不知千萬程故人勞遠想行色喜春晴詩

借江山助琴移雲海情飢驅凡幾輩難與話平生

發香港

曲島如溪隖開頭衆壑前參差出漁艇迢遞見秧田遠

樹綠無縫近山紅欲然沈江餘鐵鎖流恨證吳天

滬上卽事

人世紛紛戒色文誰知慾海易翻身阿難定力無多子

卻借摩登一咒神

清歌一曲例銷魂入耳箏琶聽不煩午夜登筵忽惆悵

江南零落顧西崑

撲碌飛花落舞筵歌喉不解動人憐繁華唱出伊涼調

豈是天津叫杜鵑

點綴園林見性情怪來幽僻亦塵氛籬邊車馬堂前劇

不許蕭蕭著此君

惠州渡

登舟如入巢居巢朝朝行脚僧打包有時偃臥柁樓底

無俚坐覽蓬窗坳石危溜雨遠疑雪沙膩激波團作泡

坡仙遷此未嘗道取次領略安能拋

口占

言語侏離未易詳山河滿目對斜陽蕭然卻坐蓬陰下

祇聽蛙聲當故鄉

述河源風土詩

惠州東上半山家小住江城覽物華大抵宗祠誣祖系

尋常博塞正生涯東坡笠屐陰晴見公旦鴟梟晝夜譁

雪少昨枯烽火樹颶多今護佛桑花山蛾奇采侔山蝶

地豆新名共地瓜早晚收禾田兩作清渾分派水雙槎

礮樓矗矗排鷹眼骸罐纍纍錯齒牙知是秋來無鴈到

紙鳶幻作幾行斜

冬至前五日遊洪聖祠見榴花

叢祠照眼石榴明昨夜曾聞絡緯聲是夏是秋渾莫辨

幾忘時近一陽生

齋居有感

容易端居壯志銷遠來百越賦鶬鶊祇憑采藥心期在
還學如簧舌本調初客猶驚春蟋蟀經冬始信雪芭蕉
不封故步吾何敢滄海茫茫路正遙

踐從化令程炳卿之約登舟一律

山遊正苦路崎嶇芳草何從問有無新雨多情遺尺素
春風隨意采蘼蕪逢場竿木非難戲卽景烟波未易摹
舟過羅浮應笑我別來贏得倍清癯

雨夜風轉西北曉來寒甚得詩一首

一夜炎涼異南風換北風蒲帆高矗矗絲雨散濛濛山
色變遷速鶯聲迢遞同披裘坐烟水不是子陵翁

惠州道中喜晤伯老卽言別

意外萍蓬合歧途日又昏解攜惟益恨相贈轉無言燕
鴈兩情似雲山萬疊存一年回首處空記雪泥痕

河源竹枝詞

一派龍川溯上頭支分百里亂洪流水源清濁應須辨
槎客曾經到斗牛

哀溺女　勸育嬰也

生走子卽溺死貴男賤女一至此哀哉不如犬與豕生
女勿悲酸生男勿喜懽古人言外有深意豈獨門闌來
喜氣左家嬌女著詩篇謝庭詠絮工才思縱使尋常亦
啣血如何忍使溝中瘠饒人向我言溺女誠有然或以
艱撫養或慮累厚奩而今風俗已漸改養媳家家情好
待祇愁施捨入庵堂不然展轉流爲娼蚩蚩固昧坤乾
義亦由革薄無宣光我思苦分男女徒屑屑厲禁雖嚴
亦饒舌不如育嬰堂普設庶幾男兮女兮生生無斷絕

械門嘆　誡強梁也

濛溪鄉馬岡鄉道韻霞繞連黃岡連年田地多蕪荒問
之不肯言其詳但自稱疾苦甚至賣兒女素封間一二

業產亦廢棄富者巳貧貧者逃居宅一片土半焦旣非
天災譴又未經兵燹致使繁庶換邱墟過者指點咸欷
歔我非采風人澆風豈無聞諮詢徧行路競言械門故
械門之始皆細微悻悻辨勝爭是非是非爭不已一唱
百和相朋比不爭是非爭富強強中奸究因之起開我
祖公祠會我祖烝資先購火器後召募聯翩礮手來受
僱一門判輸贏再門家盡傾傾家蕩產那復憚國法森
嚴一朝散官長曲直亦莫辨祇罰鉅款累千萬從此科
派各分門履畝古法今偏存強族無恙弱受擾強者尤
復從中飽噫吁嘻厥初兩強相囂凌戢囂有法凌不能

強梁積習不自省反向自家肆求逞豈知弱肉強之食
肉有盡時食無極肉盡纍纍白骨多強兮強兮奈若何

曹子復通守乃楫招游雙流寺別後以詩見寄和韻
達之

山川奇秘不肯出俗士無能窮雕搜豈必深僻違人境
尋常亦難探其幽我來鐃平訪名勝江生爲我言雙流
雙流有寺坡陀側行人往往來憩休風日晴和偶乘興
駕言于此消煩憂寺荒無僧莫款接自拾材薪烹雪甌
曠望衹覺益寥落倚山孤塔空修修西來北來兩水匯
其勢湍激難溯游坐久不覺興已盡題品只當常林邱

先生吏隱多逸興無端于役來山陬琴峰講舍偶相訪
夙分文字因緣投相與邀約搜古蹟黽勉從後聊諮諏
到來猶是挾成見但聽山鳥鳴鉤輈先生深心具慧眼
瞥見碑石拔其尤手摸剝讀字未蝕如贊如讖如歌謳
先生熟記再三嘆更見峭壁蟠松楸殷勤口講並指點
頓令倦眼開雙眸碑文雖是後世刻猶能什一仙蹤留
懸崖雜樹有行次宛然屏障排牆頭始悔昔遊太粗淺
至寶到眼如雲浮歸來展轉發慚汗妙境倘失將焉收
不道先生足餘興新篇別後成琳璆遠道寄我意珍重
豈惟欲以詩相酬嗟余老大無所求願隨先生遊十洲

秋柳

客舍依依柳秋來絕可憐含情空繾綣憑弔與留連絮
果歸塵夢鄉愁挂夕烟暮鴉如解意三匝舞風前

秋花

自是清涼境花光故不同稀疎無俗豔兀傲向西風空
谷芳蘭畹小山幽桂叢可知蕭散處生意正蓬蓬

寓文祠有感

薄俗尚競爭神祇亦受累斯文不在茲坐此成荒廢奉
香亦何爲穿漏更可畏羈旅有戒心露坐發長喟

送春詞

春從何處來春從何處去來去春無心人情感散聚
日日春風中九十亦不覺忽念歸去來爲作數日惡

薄斟一巵酒持向東皇勸他日更相逢豈便流光換

十二月十九東坡生日招集同人小飲即送希範
鍊秋歸羅塘見五歸蒲濤并呈木天子明煥光
諸先生丙申

朋來值歲晚幾日促歸休言歸不遽歸肯爲東坡留東
坡昔遷謫嶺表稱壯遊買田指陽羨歸志殊未酬至今
及生日何處不薦饈可知無家客寰海皆故邱曩余客
東粵飢驅誠可羞名山失盡覽好友虛相謀歲首襆被

返檢點只空舟發憤走魯道乃見金銀樓雖未滿載歸已覺給所求跂浪魚馳淵盤雲鷹脫鞲斗城天地寬日日遊十洲豈余自能爾所賴有同儔我今念歸人挽駕豈云周窗外梅花開罏頭新酒篘爲感東坡事持以當桃投散爲百東坡各各第一流

寒衾

著以相思雨不忘一燈擁坐詠同裳縱和雪臥無悳獨便抱宵征亦守常閱歷多年才似鐵優遊晚歲喜聯床深情與共如春暖衣被那堪說萬方

題王君小某爲石溪先生畫尺鷗館讀書圖

四十年前客忘機已狎鷗半生將浪託萬里與天遊轉徙南溟曲逍遙北海頭故廬囘首處書卷未飄流（咸豐丁巳）

王君小某爲石溪先生繪此圖閱今四十年矣此四十年來石公蹤跡大率與圖相出入毋亦一時寄意竟成前定數歟賦以應教想石公亦當相視而笑也

福山署中喜見朱玉川（淵）臨別書扇以贈

久欽厚德深飢渴福地相逢信靡他七十老翁猶孺子千秋事業付山阿西歸周道同心在天半朱霞仰首多此別能無離索感年年佳會記經過

希平以詩贈別次韻答之

一歲乘槎一度來怱怱忽忽便舉離盃感君流下哀忘返

顧我從前養不才但使山谿能日用定教衡岳見雲開深情反覆思潭水敢計衰年白髮催

錄希平贈句

之罘秋好正花開恰喜鄉園客到來雲樹幾經千里夢悲懽難罄十年杯北遊離索增吾過南顧扶持賴爾才珍重殷勤人共老歸颿浸逐海潮催

玉簪花

銀泥碧甃短牆陰已見著簪又玉簪插帽豈嫌添鬢雪助妝大可壓釵金三生有美芝蘭契一寸無瑕菡萏心更喜雞冠點秋色一時朋盍動清吟

陳子棠怡園八詠

後世仁義假先王仁義真不言假與真莊生誠解人蘧廬可弋觀一宿千百春（蘧廬）

世人識用小不解鷦鷯志鶯鳩笑雲鵬其用豈二致試觀樗櫟材亦足參天地（鶴林）

蔡邕焦尾琴取自爨下物汪氏生壙銘得之街下石幽光豈自潛憑人識不識（殘碑）

玩人旣不可玩物亦自喪不如與仙禽遊戲白石上咫尺郭靈飛相招合相傍（藥欄 調鶴）

在天有鳶飛在淵有魚躍同是活潑機自得乃爲樂小

小池中鱗相期縱大壑池魚

硯老晚晴軒家學衍派別怡園垂虹亭庶幾繼前迹珍重夕陽時一卷攜冰雪垂虹亭

種花待春風花開春向老稍喜花娟人顏色無限好年年此春風芳心期永抱花塢

團團明月上來照桐陰中清景共欣賞幽懷誰與同一吟秋雨滴擱筆笑羣公桐陰明月

野老

牽犢飲溪流野老似巢父上流底椽清掉頭無一語

偶成

王維禪一家虞翻易九世農予恆爲農不知有簪佩

題洪靜甫布衣課子小影靜甫筱圃之弟也

君家昆季多長者筱圃先生尤白眉我交筱圃念年久聞君之名殊欽遲不意披圖忽相見風神直過元紫芝科頭倚闌若遐想胸有千古誰能知小山叢桂飄輕颸階前玉樹宜交枝君住淮南已云憒勿須更歌招隱詞

喜趙明湖過訪村塾

情來無近遠訪我到東郵未倒金尊酒先霏玉屑言同舟今李郭作食小桃源好雨因君至懷新宿麥蕃

桃花源

垂髻黃髮自情親雞犬桑麻別有春不是避秦秦避我武陵幾箇問津人

送趙明湖北上

酒盡離觴望遠餘長隄柳色接征車臨歧丁屬無多語別後新詩早寄予

仇君竺生以瑯玕詩鈔屬選詩以示之

昔者吳野人嘗選鴒寶詩澄心對冰雪點勘如嚴師此風已云古鄙人竊慕之自君諉選事未嘗手停披同環再三讀吹毛求其疵雖有膾炙者時亦靳譽辭掩卷殊怪詫如此毋乃癡豈真風雅事而用申韓爲兢兢欲自

戒心顧與相持濡毫更點筆依然較銖錙賦性爲人淺於詩復奚裨全豹存一斑適以成管窺願君自審擇千載以爲期

希範北遊同人餞別希範詩先成未待和而已成行矣予討程心送不能無言庚子三月中浣補作

好友周旋久鵬風喜更培人皆思並駕酒亦忘離盃郢曲和無已班生行樂哉臨歧四十字爲我若徘徊

希平於泗濱爲第二花朝蝴蝶會續前庚子王屋山人佳話也會中十有八人人各有詩文紀盛並命南中未與會者相率繼作不拘體不限韻

稱心而言亦各言爾志之意予得截句六章
六十年前庚子年花朝勝會會羣仙霓裳佳詠知多少
曾讀（一作三復）吾師壁上篇
庚子今年又一周曹騰蝶夢付悠悠若非嗣有花司命
風景難憑秉燭留（一作往事銷沈亦可愁）
南北花朝等令辰遙遙猶復念歸人殷勤傳到花前語
爭忍花前不愴神
當年公案只拈花生晚能無感歲華不解還從花裏活
朝朝暮暮屬誰家
絲桐一曲妙難尋密意真如擬議深幸有白頭公撥在
春風座上見琴心
一庭花氣靄春晴蝴蝶飛來了不驚從此聞風成大會
左連香國右蓬瀛

庚子夏日感事

邇年稍稍息紛爭一鬨居然便弄兵（一作興師鹵莽苦無名暮四朝三日變更）
鐵壁相公空復爾心風諫院可憐生（上句李士彬事調鑑帥下句吳育事謂袁許諸公皆宋明道二年元昊叛時事也）
知和也說平爲福畢戰其如勢不行
何處塵中堪插脚小儒惟有涕縱橫

送毛十一（獸）歸豐城

書生衹合在家貧七字遺山備苦辛歸去劍光須斂戢

等閒雷煥落風塵

辛丑五六月間大雨六日後加以五日暴風被災
之地及數行省感而成詩

太公爲令鎭風雷悵望千秋去不回誰識急風兼暴雨
都從神女灌壇來

壬寅三月初三日同人宴集吉祥花局

倚樓昨示清明句訂約今朝上巳晴曲水勝遊懷内史
小園風景問蘭成當筵一老青溪健滿目羣英秀采呈
算未嘉辰輕放過前言玉局證平生

偶成

心無一事方多妙座滿高朋便有情日日階除馴鳥雀
人人詩酒靖戈兵

石谿子若希平龍溪贈句書扇賦此奉謝

久病不相見相逢憶別離鯤鵬推物化風雨契心知海
國儲材願蘇臺覽古思仁言各稠疊喜及奉揚時

山茶

山茶故號曼陀羅佛地栽培歲月多本自託根潛洞壑
卻因呈采出烟蘿凌寒合共老梅發耐久還應秋菊過
不少人間覓清供有緣終得伴維摩

芍藥

綠徧蘼蕪夕景深當階紅藥見敷榮盍簪競喜傳佳話
惜別那堪贈遠行襆豔翻風誰得似瓊姿映月不勝情
圍公儘意多栽徧容易春還會衆英

題愚園雅集圖 癸卯浴佛前一日補作

昨聞海上會羣仙神往神遊幾穆然今日披圖一恍惚
此身已入大羅天
晉卿玉局謀杯杓雅集風流百代存誰識龍川諸老意
愚園不必比西園

詠物六首

海島祠中樹兩三年年結子有鶯含遥知今歲應繁盛

飽食非宜莫漫貪 櫻桃
好竹生香鼻觀迎新芽茁茁復縱橫幾回欲劚停鋤立
想到凌雲拂露情 芽筍
鮮鱗指數桃花後餞餉河豚罷市餘試較吳中好風味
鱸魚爭得比鮞魚 鮞魚
街頭喚賣豆纍纍正是吳蠶上箔時絕好花開分兩向
依稀青黛畫蛾眉 蠶豆
美人心事秀才風梅子青青訝許同怪底猶嫌酸未足
一瓶香醋浸曹公 青梅
瓊花便是白玫瑰函丈親承詔示知今日園林紅一色
徘徊花下動遐思 玫瑰

甲辰正月二十一日舟行阻風宿盧君安樂窩作

遠客出門行路難出門咫尺豈云易登舟微雪頗尋常
無那石尤風太利行行重行我欲同舟人不許將奚爲
況復寒風摵死催滿船搜索無立錐計窮轉計心不斷
故人家在桃花岸繫纜門前叩起居故人懽喜聯童冠
安樂有窩鑪火紅殷然坐我春風中坐春風酌春釀一
夜安眠掃惆悵河魚腹疾等虔詞不待山蘄已無恙噫
吁嘻誰云大患吾有身不艱不苦烏知人亦莫謂四海
皆兄弟泛泛悠悠豈足計遲明襆被仍登程雪霽且喜

風亦平念哉千尺桃潭水日日東流送我情

書友人楹聯畢有感

道中授枕緣仙骨地下施鑪識橫財我把龍川詩集展
風清月曉白蘋開

奉和吳門重九之作 并序

甲辰重九希平龍溪爲吳門草堂之會所以續
戊辰也 庚 雖未與亦若躬親重以詩來藉和言
事

佳會僧廬敞四筵新霜曾聽話從前天緣摺疊歸懷袖
什襲珍藏二十年

荏苒流光到甲辰，秋風盈握未知春。欣聞遙續歸朞會，舊雨都教一例新。

草堂綿蕝幾新勞，禮樂聲容肅俊髦。往事今宵會得
同心隨處記登高

乙巳四月二十二日登舟待蘭田翁不至途中作

遲遲客向河干一棹，終朝想百難。已是同舟少儔侶，那堪獨詠碩人寬。

一再停舟切溯洄，伊人宛在倘能來。生憎衣帶盈盈水，雷雨中宵[illegible]開。

已涉波濤水驛平，征夫猶自數前程。鱗枝搖夢渾無力，

一覺朦朧到呂城。

相思相望渺如何，轉折柔腸比路多。若謂思君似流水，差差直到封（讀音）門河。

舟徒道中

可怪春餘夏始天，客途數九（江南以九記里）尚依然。江南暖氣饒江北，祇少披裘未卸綿。

白鳳仙花

亭亭小草具仙姿，破萼凌風欲舞時。多少鍊丹希羽化，素心自具俗塵離。

新秋觀物

蟬鬻餐風露，蠅營構是非。飢蚊爾附熱，蟄燕早知歸。取鬧蛙聲亂，張機蟢網團。在堂聞蟋蟀，良士願無違。（右觀鳥蟲）

蒲柳新秋望已零，誰知松柏有貞心。當前交讓枝千尺，無上菩提子滿林。杞梓借材求異地，猗桐隨處製鳴琴。迷陽卻曲聞歌後，開徑遊行吾不禁。（右觀草木）

木人戲

不得木居士一題，逢場作戲又奚爲。原知傀儡何功過，終恐君王怒偃師。（自嘲）

儘人掉弄只虛機，俗目何嘗黑白迷。畢竟木強非土偶，任他陰雨不成泥。（自解）

于炳華敬校

井眉居詩續鈔

泰州高爾庚辛仲

庚午歲首書事

千里因循歲又更依然故態愧吾生只增滿肚時宜氣
誰尚斯文骨肉情半日偷閒聊獨漉一編有味伴孤檠
蛤蜊且食何須問不是因風說不平

海昌竹枝詞

州城斗大少闤闠小刼紅羊又幾年第一興亡容易見
周遭滄海與桑田

三月風光正豔陽家家女伴飼蠶忙青籠挂臂鈎攜手
一路還歌陌上桑

東南潮勢分雙派念里亭前一匯流妾願郎如潮信準
朝朝兩度見灘頭

麪眉霏霏玉糅誇冰瓜如雪勝餐霞阿儂更有清心處
菊瓣浮香一盞茶

北市荒涼半草萊六月十九香市開一行老稚城西路
多爲宿山聯臂來

陳園消歇賸荒叢泮水蓮花洗舊紅北海郎居南海妾
爭敎腸斷馬牛風

沿塘風物未全删隔岸煙嵐擁翠鬟到此應無孤客感

割愁早有劍鋩山

雪滿空山冷不支英雄一飯感恩時孝廉老去將軍死
尚有居人說六奇

廟貌巍巍崔府君同頭南渡已如雲鄉愚苦話康王事
泥馬無存但夕曛

辛老風流七字詩冰修說劍擅雄辭陸家餘韻今都盡
惆悵漁洋譜竹枝（王漁洋有竹枝歌三首送陸公歸里）

上巳風雨口占

春光幾見屬勞身無奈偏逢上巳辰不道蒼蒼能解意
故敎風雨阻游人

海昌觀潮（八月十八日作）

我家住近曲江上歲歲風濤高一丈偶來海角寄行踪
更有巨觀眼雙放時維八月秋風生潮亭擁立千萬人
泝流渺渺白無極耳畔隱約起雷鳴須臾幻青天地色
銀線一條來曲折曲折相衝中若開崩騰到岸岸欲裂
星馳電掣瞬已遥江舠一一隨低高回頭再望潮來處
猶有餘波奮激驕此是乾坤最奇崛其中或恐憑鬼物
曾聞後種與前胥傳信傳疑心莫釋我思終古已如斯
何必紛紛逞辯辭往來悟得循環理潮落潮生無盡期

初冬喜晴和方亦莊原韻

作寒天氣霏霏雨寒色剛成雨亦晴古渡夕陽鴉影亂
疏林絮帽酒人行黃橙紫蟹饒風味紅樹青山無俗情
此景莫教辜負易好留佳句締詩盟

書家書後寄友伯兄

憶從南北走征車兩地迢遙少尺書衰世愛才能有幾
倦飛知返獨先予曷哉小阮文章外勉矣慈闈問視餘
慰我遠懷毋我念潁濱不久賦歸與
此間光景亦尋常閱歷於今巳四霜萍水相逢多失路
湖山雖好是他鄉女兒酒薄愁邊飲扇子風輕袖底藏
書到故園休泿拆平安先去慰高堂

春曉西湖泛舟

羈栖寡所營遊覽以消慮理榜遵湖滑景色迷曉霧心
隨波鳥往迹與漁謳赴東風善發蒙孤舟不復住浮鷗
時送迎羣峰紛指顧隱隱昭慶鐘沈沈岳墳樹須臾朝
曦明刺船向南渡煙柳若爲招青翠自來附頓入琉璃
界頗得濠濮趣眷此性情悅念彼空色寓欲果獨往言
因之得詩句

杭州寓齋感作

無端泿迹去鄉關一出閒雲久不還至竟不知緣底事
對人強說爲湖山

涴到征衣淚欲流酒痕今巳滿杭州故衫冷澹空朝暮
慙愧閭門望白頭
斷後絲桐不再彈人琴回首恨漫漫劉郎老去風情減
尚羨生男說喜歡劉丈赤瑚有羨他趙李同家住生女生男總喜歡句
窮愁異地老虞卿王粲樓頭易暮春心折遺山吟七字
書生只合在家貧

呈徐星北先生一首

文字因緣不待謀失之交臂得杭州謬承題品儕佳士
敬奉心香當束修親炙巳嫌遲十載姓名敢望附千秋
桂林他日傳衣缽一樣春暉寸草酬

蠶詞三首

江南三月飼蠶忙愛煞青青陌上桑小婦癡情誰解得
避人也訴馬頭娘
戴勝枝頭格磔鳴鳩鳩屋角一聲聲香閨少婦無愁思
卻把遼西好夢驚
輕寒輕暖天難測三眠四眠桑葉稀絲絡紬成還絡線
不知可作嫁時衣

賀王子勤姑丈重宴鹿鳴

羨公遭遇妙隨時游宦山林兩得之中外一作少壯功名雙
戟列鄉閭福壽一人私傳家小注宣城在公著有吳氏駢體箋履

道新居白傅宣更好使君勤布化王褒重倡鹿鳴詩

兩漢詠史八首

才氣無雙國士儔數奇誰復問來由遇時若果逢高帝笑殺人間萬戶侯 李廣

蘇卿奉使亦微臣齧雪餐旃大節伸無怪紹興忠簡疏批鱗請劍斬王倫 蘇武

衛霍長征力共殫小儒追咎只空談須知七擊身采入始阻王庭到幕南 衛青

稽留漠北十三年也共蘇卿苦節傳底事閒情詳馬杖殊方景物耐流連 張騫

郅支蔓草漸難圖機會剛逢敢守株恨煞班師岳忠武不能矯制滅烏珠 陳湯

苡薏明珠謗偶興大功銅柱已鐫銘毅然馬革男兒語慙愧吾曹抱一經 馬援

傭書投筆見英多鄯善輪誠盡倒戈可奈桑榆天不假頓教任尚失邊和 班超

容容受福那堪論矯矯升卿介節存不是涼州三不可誰知錯節更盤根 虞詡

答洛亭見懷

禹稷與羿奡宣尼說不得夭彭而壽殤蒙莊破陳迹甚念各有真返已詎不隔萬事叚悠悠豈曰適所適世路固險巇天心亦莫測同病猶相憐同心何有逆我與我周旋相期慎眠食

李紹白過訪寓齋卽贈

身懶已成病長年客到稀偶然逢舊雨相與出荆扉刺水秧針瘦堆場麥把肥無端話驢事一笑對斜暉

題朱瘦某小照二首

落落長松涓涓流水清風與遭古調盈耳橫琴不彈聲希自喜惟石無言是之取耳

諸葛草廬籌策工如君豈老邱壑中在山已見出山志

一鶴一琴清可風

大雪有憶儲杏衫書寄一首

煖寒佳會渺難從鹽絮尖义莫門工一種高情披鶴氅教人爭不憶王恭

喜李新甫載酒見過

殘年寥寂雪風催酒與詩情兩共灰畢竟故人殊解事蹇驢泥滑尚能來

和李南平詠美人風箏二首 限尤韻

腰肢瘦削骨輕柔絕世丰姿畫得不北地胭脂開兩靨南朝金粉發雙眸容光晦處誰能識錦繡裝成賈用售

一落少年輕薄手可憐羈絆儘風流
風流跌宕更夷猶紙醉金迷列上頭只怕香零蝴蝶夢
卻疑天半玉人樓飄揚裙衩朝雲亂寂寞心情暮雨收
等是紅顏須自愛莫貪春戲不知愁

甲申三月十三日程石洲明府招同汪養泉洪純士沈洛亭鄧芝軒唐子泉集飲西山白雲寺作展上巳爲蝴蝶第一會遲王宗禮吳棣仙不至

一年最好時花朝與上巳花朝幾虛度上巳此嚆矢平山老婆婆修禊言妙理合尊呼促坐各各罄懽喜溱洧溯其源風俗闡其旨良會有誰知嘉話及人耳伊川素

心人聞風特興起招邀數酒徒引入白雲裏但求壺觴具盡謝賓主禮逃名更逃禪亦元而亦史卽是見大同三教何我爾況復古節序奚爲辨彼此譬如一花朝時書十二紀初一暨十五並存自兩美元巳值三月初爲祈福祉厥後定三日粤稽自魏始撫今遲十日幽情未能已纖柳燦金絲緋桃散瑤蘂因思李唐時展之良有以我輩非效顰時哉偈相似一事頗懷疑王家新燕子如何尋常去不與斯人齒且欲問延陵君非鄙夫比豈是畏酒兵甘心作伏雉君儻馳羽書詰朝摩君壘

上巳日作

鳳城楊柳碧絲絲天朗風和最好時勝集青溪欣矍鑠
少年白袷擅丰姿羽觴飛遞賡颺曲蘭澤相將士女詩
此會千秋誰解得舉盃高望酹咸池

縫裳婦

縫裳婦家南郵箴管線纊同一身不得高堂事姑舅饑驅插脚城中走入城豈作市婆娑十指辛勤只糊口吉日人家作嫁衣廁身幸免寒與飢裁縫細意盡滅迹豈料風雲天不測漫藏冶容理所昭邑人之災行人得侵晨洶洶來健兒似作森羅鬼使辭以縲繫頸官裏去助成一部肉鼓吹但聞堂皇敲扑聲不許嬌嘶喙一置嗚

呼焚琴煮鶴胡爲然匹婦含冤難問天前知老人笑道左若婦也曾南面坐

盆荷忽開一枝月夜獨賞有懷鳩社卽寄杏衫

芙蕖如解意秋近一枝開忽漫思鳩社花前數舉盃淨揩塵不染直入月無猜未似天涯隔伊人切溯洄

丙戌人日飲張氏瓢齋

記曾人日雨催詩忽忽風流又一時（去年有程石洲禹迪菴洪純士袁子文在座）
松竹不隨年代換烟蘿惟結雪霜知豪情借酒斟偏
淺春色爭花放每遲此後韓江吾作客夢中有路莫差
池

送友人公車北上

鯤鵬初化正圖南，肯爲雲霄惜羽翰。潑眼杏花看雨後，牽情柳色怕河干。悤悤歧路言難贈，耿耿亡琴淚暗彈。指數師門桃李在，東風好自屬春官。

題莫虎臣小像

昔年槖筆君從戎，飛書馳檄驚羣公。今日秋燈君課子，一室咿唔足經史。鄙人無分學班超，傭書五十猶青袍。當今廷詔求賢勞，君胡爲乎甘蓬茅。豈知有子萬事足，何必及身秉鈞軸。

齋中歲暮口占時與楊季英同館揚州

栖遲斗室儘編摩，眼看匆匆白日過。自笑邗江閱寒暑，不知風景屬誰多。

丁亥正月六日過張氏瓢齋

南郭交游地，東坡笠屐身。到門呼慶歲，倒屣說迎賓。別緒粗疏理，吟編急遽陳。叚朋謀雅會，正好及新春。

泰興喜晤洪大

江城怪幽僻，無俚獨徘徊。每欲尋芳草，深防損綠苔。故人蹔羈旅，幾日好追陪。空谷足音響，跫然亦可哀。

花鴨

花鴨無泥滓，雙雙見藕塘。莫嫌分黑白，容易混鴛鴦。

曉齋坐雨見折枝海棠

竹梢滴瀝淨秋懷，坐見空庭長綠苔。多事西風慰岑寂，一枝吹過短牆來。

要眇紅嬌出半妝，海棠今日底顛狂。儂家也愛康成婢，只恐多情枉斷腸。

答江西李茂才光慈見贈之作

小友塵中滿，逢君倦眼開。川珠潛采耀，山靄掩崔巍。飛動平生意，艱難後起才。西江詩有派，宗法莫輕猜。

顏仁卿以老饕行見示戲畣長歌

饕翁示我老饕吟，自言近得老饕名。我急披箋一再讀，

語似嘲訕意實矜。既矜其品又矜其文，品在不夷不惠閒，文包周秦兩漢六朝五季迄有明。百家傳記五侯鯖，貪多務得細大抉擇尤必精。饕翁自道信有徵，卽此貪饕已勝日食萬錢飲長鯨。胡爲飽義理又欲飫羶腥，維魚與熊掌未易相兼幷。何如且學僧法成光孝寺僧能書畫，盡將經卷咒偈一例焚。但求鵝生四掌鱉留兩裙，切勿愁說庚郎貧鮭菜二十七種空復陳。春秋多佳日，風雨感雞鳴。德不孤，必有鄰。君第勿問倉猝主人倉猝客，遇飯便喫遇酒傾。君果遇飯便喫遇酒傾，早有一饕待君肩隨行。

苦雨一首寄步同

杜老思岑參出門沮雨腳我坐霪霖中情事頗相若思君久不至積痗詎可藥磨驢日團團已自忍束縛其奈愁雲深更令昏晝錯東家有蹇驢許借惜金絡咫尺不能行坐此成寂寞徹夜聲瀟瀟萬木正隕蘀禾黍堆場頭久久色變惡農夫眼中血點滴相和落可怪決明鮮金錢燦黃萼陰霾氣所鍾直欲盡芟卻愚人說馨香可發一笑噱知君有遠懷朝來問新穫我雖無百畝日食仰精鑿無計補天漏寸悰焦且灼點窺蒼蒼心示警非云薄開霽會有時遲君共杯酌

壽純士

曾記山翁五十時野人獻壽譜新詞十年益足徵交態兩地偏教繫遠思浮寄萍蓬悲共汎代飛燕雁笑何爲東風幸有催花便歸祝猶堪醉莫辭

題張筱隖秦淮秋泛團扇

鄭妥詩才閨集編湘蘭畫筆秀娟娟我生絕少繁華夢每想風流亦黯然

樊樓燈火鄂君舟併入秦淮作冶遊多少惺情無限恨昏黃月子柳梢頭

題吳愷之松陰吟館印譜

繆篆雲雷古周符孳乳多借將梅屋法譜出雪漁歌絲字讎無誤丹砂煉不磨雕蟲年少事我爲悔蹉跎

爲周薌泉題顧繡梅花團扇

不須山雪點青羅一握清風拂面過悵望林翁成寂寞千秋卻讓顧橫波

渡海

觀海曾西浙蓬飄接大荒高凌千尺上平過萬山旁寶玉清時出鮫龍白晝藏行人安穩甚百拜禮蒼蒼

舟中望羅浮

吾州七子舊論文占斷羅浮一片雲今日見山全面目

濫觴從此信前聞

羅浮深處半仙家一棹經過望眼賒久立忽驚涼月上知教清夢到梅花

咏驢

名蹇天成運合屯漫思脫軛放秋原團團陳迹終朝踏虛負山公雅號尊

咏牛

漫言負軛苦難支努力頻將細草咽縱是田功閒有日山家猶有蔗成時

舟中即事

泛梗合舟遊南風怪打頭雲山容易過故遣少勾留

有懷

措大多於鯽魚道人亦如沅鼈桃源黃髮垂髫秦嶺停
雲落月

寄紫竹烟筒與友人繫之以詩

揀得琅玕截作筒香山詩句記來工（與徵之唱和來去常以竹筒貯）而
今便羽封題去從此烟霞痼疾同

讀晉書朱伺傳書後（甲午七月）

擊賊衆以舌而伺獨以力廣威今不作舌擊亦泯滅

聞葉軍門渡海擊倭（七月初八日）

樓船十道下滄溟橫海登壇已慣經忽憶宋庭神廟事
一觀察使斬零丁

秋聲

擾雜喧囂夙厭聞蕭然到耳若爲情並無風雨中宵作
頓覺煩蒸一夕清信筆賦甘輪永叔近鄉館頗憶蕪城
此聲莫與愁人聽恐有無端感不平

秋色

極目蒼然盪夕暉園林春色已全非尋芳客去雨迷屐
送酒人來雲滿衣大抵浮華難久駐好從平淡悟依歸
況當橘綠橙黃裏好景年時記肯違

芭蕉果

角成櫛比勢垂胡上下分房轉轆轤堪笑吾鄉無此果
開花便已等菖蒲

梅酸瓜苦桂薑辛軟美甘芳亦可人修竹藉他矜直節
幾曾要路劾荆榛

答陳梅村（鎣）學博

老夫辛苦浮重洋豈緣口食餬四方一意區區重求友
不然何處無稻粱昨者略食河源米羅浮咫尺空相望
整棹扶胥已盡興因緣又復來饒陽饒陽山水頗不惡
偉人不少潛祕藏閉置衙齋九閱月無從一尋芳草芳
日來駕言欣有託復與小憩依文昌川原曠望秋氣涼
東來瑞靄交青蒼不覺殷殷切翹盼果見道貌非尋常
自言失學守鄉曲更以新詩陳厥詳辭謙氣下真有德
佳兒定見能顯揚我與陳氏累姻婭萬里一脈淵源長
恃此敢進芻蕘說慎勿笑謂夫夫狂菽粟平淡有真味
詩書破碎餘古香況復古人居是鄉薰德千百皆善良
但使相招文字飲逞與世俗爭否臧賞奇析疑至足樂
互相辨難亦未妨即謂宗風賴提倡橫渠初亦開講堂
君不見孔門設教戒專已子夏門人問子張端木貨殖
茍不學姓字早已隨銷亡我今更進一要語不朽盛業

在文章君其三復毋相忘

饒平雜詩

尼寺新姑夙豔稱披緇赤足亦如僧女兒緩緩梳高髻
奪婿瑤光恐未能
泉法前朝歷可稽光中景盛太離奇不知僭僞何年代
持向中原卻不宜
一編草木狀稽含已向閒中取次探獨有杏花顏色好
絕勝春雨在江南
演劇求神衆若狂外江潮正各爭長淒涼破寺叢祠裏
燈影衣冠魂礌場

路入隆都便少山連阡秫稻綠迴環邑中沃土斯稱最
合遣才人著此間

贈曹子復乃楫通守

冠蓋寰中滿如君有幾人逢迎寬禮數灑脫出風塵尊
酒囂囂意編詩字字珍山城等岐路識面亦前因

留別張煥辰茂才

爲衍蘇湖正派來取褒而予又何猜論工好學邀明鑒
理闡艮知詎異才臥雪袁安能冷淡破荒劉蛻受栽培
我今歸去闗吾黨與子同期善取材

題徐穀人繼裕自畫山水小册

無限溪山幾泿遊披圖今始識清幽若教劃取徐熙手
肯放烟雲瞥眼收
多君尺幅肯相貽秀韻宜人造化師才信續燈庵裏客
少年流別悔研思

題胡辰卿小照

君精許慎書一一覈經字問君何爲然謂是興所至時
復徵下材爲君校同異斯業積有年豈猶未編次久藏
篋笥中使我疑莫置今日披君圖乃知有深意著書貽
兒孫不爲啖名計麗天月淸明在璞玉瑩粹悠悠塵世
間庶幾天爵貴

王笠農學博以詩見贈畣句卻寄

少陵遺興莫過詩同病相憐共證之豈意藥籠聊備物
翻因混沌與修眉尊罍北海清流滿鐘鼓淮南異代悲
光景留連真好語方春不少晚晴時

校閱陸雲卿國慶丁酉以前詩畢喜賦

校書掃葉等艱難童孄王褒約幸寬喜趁春來花未落
得茗得帚報功完

題黃佩蘭在壯執萱獨立圖

金萱圖畫黃家事蕉翩黃左田尚書嘗爲錢梅溪畫金萱圖一幅誰識先生意
有餘六十年來還獨立劬勞同首感何如

此日知君百不憂萱花栽徧竹籬頭鶴緣老去瀛仙死
令我懷人轉益愁

聞杜鵑

枝頭杜宇喚清晨只解催歸不管春怪底達聰康節耳
一窠安樂感天津

讀史記偶書

馬遷游俠首朱家尚論難云義氣差底使匹夫操亂柄
教人爭不望京華
一卷儒林烈炬餘表章千載仰權輿學官廣厲青雲路
三嘆如何欲廢書

封豕長蛇薦食多三川受伐奈愁何屏藩周室資韓魏
泗上諸侯竟止戈

甲辰九月感賦

愁胡側目列鷹韝漫謂干戈不肯休空外有音君試聽
閭閻談笑說封侯 讀少陵復愁十二首詩有感
弭兵向戌存空想責楚齊桓迹亦陳天下滔滔成逝水
新周王魯罪何人 讀公羊傳注有感
扶桑氣祲幾時銷祇望元戎仗鉞旄南粵亂延前日事
不堪回首說追逃 閱新聞有感

題鬼判飲酒圖

揚州羅山人極能圖鬼趣我昔嘗疑之厥意奚所會今
觀姜子畫竟與羅無二乃知非然犀亦非通寐寤拂拂
十指出酒中有深味試讀賓筵詩號呶何所爲

題王堯年先生繞鶴軒圖爲中表王海山作

吾人非惟上稽古要務孫謀及祖武詒謀燕翼徵本源
汲汲繩祖乃其所海山卜居城東偏結構彷彿繞鶴軒
生子多才固無忝孫亦能文英且賢繞鶴署自吳江葉
贈與堯公嘉後傑三珠樹本屬王家詎獨青箱紹先業
海山念昔檢縹緗茲榜得之喜欲狂爲屬徐君補圖畫
徵詩盈卷皆璆琨我與海山屬中表我祖吟編猶草稾

同是爲人孫子身輪君舊物能永寶我謂此軒名勿更
守先匪同安石爭爲君還誦樊南句雛鳳清於老鳳聲

觀釣

治罩咸知宓子才溉鬵肴肅兩無猜最憐纔試烹鮮手
陽鱎紛紛入饌來

同人醵飲岳墩

杯酒先酬岳鄂王幸留坏土弔斜陽只愁異代疇人手
自把名山寸寸量

贈純士

純翁果然詩中人露凜邂逅和若春絕無寒暄入世俗

新篇袖出羅家珍字字繩貫見格律吾邑陋軒君其倫
錯采鏤金退光祿唯以渾樸全天真嗟余塗抹溺聲律
閉門有年徒費神把君詩句再三復不覺背汗顔亦頳
吁嗟純翁純乎純引領贈言當書紳

酬袁紫文

閉戶成聾瞽多君惠愛深域中垂籍眼絃外契牙琴愁
對能毋感飢驅莫廢吟晨星嗟老輩加意惜苔岑

感時論學漫成絕句十四首 甲辰

敎育文明重啓蒙改良原始必要終兩言愛國須牢記
才許鴆毛遇順風

未明學的易同污強力偏趨橫暴途始習便能知大義
不須射圃令三呼
莠苗秕粟亦無他強半平權受惑多學術儻敎心術變
千瘡百孔奈渠何
學詩小子匪無知六月匡王北伐時孝友若非張仲在
如何燕喜慶歸師
詩亡然後春秋作數萬文成旨數千亂賊云何都絕迹
煌煌袞鉞炳中天 以上五首明宗旨也
岳墩祠宇肅靈風咫尺馨香展拜同縱使懦頑難感動
悲涼一闋滿江紅

儀型更有胡安定湖學曾開洛學先四百年來王竈戶
後生何必遜前賢
初階農學易研求要識耕田第一流等是艱難能保種
朱虛侯後泰陵侯
矯矯疇人溯泗源親承聖訓始知門卽今九九雖云易
能否齊桓與細論 以上四首示近則也
不知含笑看吳鈎疇向滔滔挽逆流大有徇齊岐嶷者
等閒白了少年頭
襃衣博帶舊豐裁景運維新豈復開胡服秖從騎射便
不知文戰亦粗才

咫角駿駒重遠難駕輕此日道塗寬霜蹄轉瞬期千里
莫遣孫陽眼倦看 以上三首申勸戒也
敎科訪議已多年敢謂鰥生或補偏執事堂中增學督
差敎責備有專權 此一首論學規也
利弊分條始學彰童昏也各具天良聖門汎愛非常語
偏黨胥無化日長 此一首別羣黨也

子炳華敬校

玉峰遺稿

（清）于璠撰

《玉峰遺稿》一卷，清于璠撰，據國家圖書館藏清光緒三十年刻本影印。

于璠（一八七二—一八八九），字玉峰。清江蘇泰興人。入學江陰南菁書院。唐文治弟子。

于璠爲江陰南菁書院學生，與唐文治結識，服膺其學，拜其爲師。十八歲早逝，其遺稿由唐文治及其弟子整理付梓。本書共十八篇，主要爲考論經史之作，如《觀六四爻辭説》、《魯詩有傳無傳考》、《尊德性道問學説》、《秦博士考》、《朱博論》等，亦有賦兩篇：《賦賦》、《擬唐王子安慈竹賦》。于璠少年英才，潛心問學，其作亦頗可傳。如《秦博士考》寥寥數百字内梳理源流，考訂事迹，頗爲得法，于璠學力根柢亦可見一斑。

（周　忠）

泰興于玉峯遺稾敘

光緒戊子之春余與玉峯始相見於江陰南菁講舍時玉峯年十七亭亭玉立心已器之旣玉峯過余談經學大旨心折余言遂執弟子禮其秋玉峯應鬮試私告余亟期博一第以爲堂上慰不幸報罷玉峯則大慼幾流涕余亟慰之爰進以周程張朱諸先儒性理之書並告以忠孝禮義躬行實踐之詣玉峯喜甚拳拳服膺益自砥礪以爲天下之道在是矣時講舍諸同人方爬羅籑疏菲薄宋儒相與訕笑玉峯玉峯弗顧也歲杪余乞假歸省將赴禮部試玉峯叩別依

依若不勝悲者且謂先生歸吾焉所請益余亦不自覺其悵然亟告以相別無幾時耳迨余己丑下第暫館津沽冬間得同年章君琴若書謂玉峯以病歾矣余大驚悼爲出涕者數日壬辰之春余再赴南菁玉峯之叔實秋攜其遺稾示余且告余玉峯之父思子成疾玉峯之娘未成昏矢志守貞聞先生與玉峯有一日之雅請一言以壽其文余受之揮淚不能書一字癸巳赴都遂置此稿於行篋庚子之亂攜以自隨弗忍暫棄甲辰之夏門弟子李君頌侯朱君盟薇皆居京師爰屬其重加釐訂寫定付梓二君復從容乞余爲敘嗚呼余奚忍敘玉峯之文耶夫壽命之豐嗇雖氣數之適然而余竊怪夫舉世汶汶之中偶有能不爲風氣所轉移者天每摧折之以至於死是眞大惑不可解者當戊子己丑之時士大夫咸摭拾瑣言張皇碎義以期揣摩當道者之耳目而玉峯獨能深信余言毅然不顧世俗人之好尙相與從事於聲希味淡之中以潛孳夫身心性命之學是眞能不爲風氣所轉移者乃繇此已中造物之忌悲夫玉峯之死豈特于氏之不幸固吾黨之不幸也方今之世風會之所趨益未知所底止一二不中不才之士叫囂狂

攘肆然無忌吾道之晦盲危於碩果之不食余嘗盱衡當世求夫純粹規矩如玉峯其人者蓋渺焉不可復得悲夫大道之行與三代之英固自古聖賢所有志而未逮者此余所以敘玉峯之文爲之唏嘘而不能禁也

光緒三十年冬月弁山唐文治蔚芝氏敘

玉峯遺稾目錄

玉峯遺稾一卷

太倉唐文治蔚芝選　　泰興于璠玉峯著

國立中央圖書館收藏

觀六四爻辭說

易觀國之光利用賓於王賓卽賓禮傳云尙賓是也然不繫於他卦而繫於易之觀卦不箸於他爻而箸於觀之四爻可見國有賓禮所以覘盛衰有光爲賓無光則爲敵國此爻之義乃危辭而非吉辭也蓋觀爲十月之卦以陰陽消息言之適當羣陰剝陽之時於此而欲消臣下覬覦之心非用賓禮不可然初爻童觀二爻闚觀陽不勝陰其象至爲危險三爻觀我生進退具陽剛中正之德以居上位進退適宜不失其道四爻承之秉坤之順濟乾之健故可爲國之光國既有光則臣下之不賓者亦將轉而爲賓陰陽消息之機若此其速是以聖人於吉凶禍福之來莫不慎其幾而兄賓禮之關係尤重乎自漢以來釋此卦者如虞翻王弼諸家其辭迂曲不足據今攷十二辟卦觀自否進否之卦曰上下不交而天下無邦也邦卽國也何妥解否之無邦云言人志不同必致離散而亂邦國崔憬曰君臣乖阻取亂之道故言無邦是否之爲害於國實甚否進於觀其爲害也可知而觀

四乃曰觀國之光利用賓於王竟若反害爲利者蓋四之當位得時之正九五復能正其君道足以馭制羣陰是以爲利也云觀國之光者坤爲國互坤有光象九五以陽剛臨坤土之上爲國之光六四最近君側陰勢浸盛進逼二陽若國無光可觀則必不爲之賓然幸九五能君故六四不敢不臣以强臣逼上之勢轉爲諸侯朝王之象筮得此爻者眞是反害爲利也觀左傳陳侯之筮周史材斷數言可見此爻消息之機有徵不爽然則臨天下者處羣陰用事之時而欲使强臣震動咸作賓於王家其於賓禮爲尤重哉

其於賓禮爲尤重哉

坎九五爻辭說

治易者必先明全卦之義而後可釋一爻之義易之坎卦以一陽陷二陰之中故爲坎卦此全卦之義也其九五爻辭云坎不盈祗既平無咎者蓋水盈則爲害不盈有出險之象故身安而險平祗字古通作禔說文禔安也引易禔既平可證禔有安訓其曰禔既平者與經言維心亨義合心亨故能習坎有孚而無咎也乃自來釋易者多不詳攷禔字之義又不會通全卦遂與易義多相隔閡虞註最爲近理惟解不盈之義謂艮爲止水止故流而不盈其說雖通水惟流故不盈止則未有不盈者如孟子云苟爲無本七八月之閒雨集溝澮皆盈以溝澮不能流通水止於溝澮故盈然則坎之不盈斷非艮止之義明甚安得以之解不盈乎此虞說之失也尋繹此卦之義初三二爻並云入於坎窞曰入則無出險之象至於九五以一陽處二陰之中雖當履險之時實爲濟險之主彖傳所謂水流而不盈行險而不失其信者九五此爻足以當之水流而不盈卽坎不盈之義行險而不失其信卽禔既平之義也傳以未大釋之未字與既字

相對言未大則既平之義益著而其所以能得安者由能以中行之故也中未大三字所以解爻辭之禔既平省文釋義易傳中多與此例後儒不察誤以未大指不盈言穿鑿附會反不可通庸知不盈與未大之義各有所指初不相蒙乎大抵水之爲道平則無害盈則爲害如初六習坎入於坎窞凶干寶曰窞坎之深者也江河淮濟百川之流行乎地中水之正也及其爲災則泛溢平地而入於坎窞是水失其道也觀初六以水之泛溢爲凶益知此爻之不盈既平爲無咎矣然亦惟秉九五剛中之才故得以出險而就

安使當習坎之時中無其實不能安乎義命之所當然又安得無咎乎然則禔字之義尤爲此爻要旨經云習坎有孚維心亨行有尙此處險者所當知也爰申其說以明此爻之義

家人卦大象傳義

治易宜先知易例周易大象俱以內外卦對勘爲義此全書通例也易家人卦象曰風自火出家人君子以言有物而行有恆蓋家人之卦外巽內離離中虛虛中斯能愼言行故象傳以言行爲說又離火文明與言行可爲法則義亦合巽之爲卦主乎順言身修

則家齊人無不順我之所爲猶火熾而風自生也乃集解引馬融說云木生火火以木爲家故曰家人按融旣臆增一木字其言風自火出之象尤爲倒置馬說殆不可通孔沖遠正義謂火出之初因風方熾火旣炎盛還復生風內外相成有似家人之象其言風火家人之卦象似有體會而於風自火出義尙未能闡明其旨又無實象以爲之證近時毛奇齡仲氏易及張惠言周易虞氏義均同此說皆空言不足據惟李西渓以風自火出爲橐籥之火並云凡鼓鑄風自火中出其橐籥自有一戸庭閫奧家之象也解風自

火出義確有見地攷老子有言天地之間其猶橐籥乎橐者中空之物爲離中虛之象故家人之風自火出爲橐籥之火而橐籥中有戸庭閫奧一語與家人象尤合李氏又云家中必有模範風也火也金也器也皆有模範物恆其則也此說不特與家人象合幷與下文言物行恆義亦通蓋說易而遺其象不可也至遺其象又空言其理則尤不可如諸家說多有空言之弊不若李氏有徵實之象蒙故申明易例以見大易取象之確乎不易並採李說以爲證焉

采薇出車杕杜遣戍歸期考

采薇出車杕杜三篇詩序云采薇遣戍役也文王之

時西有昆夷之患北有玁狁之難以天子之命命將率遣戍役以守衞中國故歌采薇以遣之出車以勞還杕杜以勤歸也是采薇爲遣戍之詩而出車以勞還杕杜以勤歸乃當戍歸之期作此詩以勤勞之也旣作詩以勤勞之則其歸期當必可考案采薇之遣戍遣於春也約其歸期則在於冬其辭曰采薇采薇薇亦作止正當春時而云曰歸曰歸歲亦暮止者蓋預約其歸期必至於歲暮也六章敘其往反之辭曰昔我往矣楊柳依依今我來思雨雪霏霏言汝戍役

當至歲暮而歸故既代逃遣戍之期復豫言歸時當遇雨雪也則歸期之約在冬時明矣至於出車之時又云昔我往矣黍稷方華今我來思雨雪載塗黍稷方華在夏六月蓋言春時遣戍而六月始至玁狁也今我來思雨雪霏霏則果如前所約之期可以歸矣乃玁狁初平西戎又爲中國患方移師以伐西戎不得遽歸故下云王事多難不遑啓居豈不懷歸畏此簡書言雖當歲暮之時欲懷歸而不得也及南仲平西戎於是春日遲遲薄言還歸是約歸之期雖在歲暮而歸期實在來春之時又攷杕杜詩云日月陽止

女心傷止征夫遑止鄭箋云十月爲陽陽月之時征夫當閒暇且歸而尙不得歸故序男女之情以說之陽月而思望之者以約期本在歲暮今歲暮不得歸故思望之也又云卉木萋止女心悲止征夫歸止者按卉木萋止卽出車之卉木萋萋也征夫歸止言於此時始歸則知春時始歸無疑此采薇出車杕杜之歸期彰彰可考者也而毛傳乃以雨雪載塗爲初春凍釋之時則是采薇之雨雪霏霏亦約歸期於春何以首云曰歸曰歸歲亦暮止乎且下又有春日遲遲薄言還歸等語則於春時已得歸矣何猶云豈不懷歸畏此簡書乎毛傳似不可通蒙故不從其說云

魯詩有傳無傳攷

漢興有魯齊韓三家詩列於學官班書藝文志魯故二十五卷魯說二十八卷皆申公作不言其有詩傳自毛傳行而三家廢魯詩篇什散佚尤甚後人徒見藝文志所載無魯詩傳乃云申公本無詩傳蒙謂不然齊韓詩旣並有傳魯詩不得無傳謹舉諸書之引魯詩傳者以補王應麟詩攷所未及說苑反質篇引詩傳云鳲鳩所以養七子者一心也君子所以理萬物者一儀也按說苑所引詩傳與荀子勸學篇意旨

相合魯詩本於荀子則此當爲魯詩傳無疑又修文篇引詩傳云君子無不宜也說苑所引多稱詩說此明言詩傳蓋卽魯詩傳之文證一白虎通姓名篇引詩傳伯邑考武王發云云臧鏞堂謂卽魯詩則百斯男之傳白虎通所載多魯詩單稱詩傳皆魯詩傳如禮樂篇引傳曰大夫士琴瑟御爲魯詩傳可證又巡狩篇引傳曰周公入爲三公出爲二伯中分天下出黜陟所引亦魯詩傳證二史記三代世表載褚先生引詩傳論湯與后稷事所引詩傳亦魯詩傳據集解引張晏說褚先生名少孫儒林傳言沛褚少孫事王

式爲博士由是魯詩有褚氏之學褚氏習魯詩此所引當爲魯詩傳證三論衡率性篇引詩言練絲染之藍則青染之丹則赤任說關雎用魯詩此引詩傳必魯詩傳證四風俗通四引詩傳曰一心可以事百君百心不可以事一君即魯詩淑人之傳又通義十引詩傳曰水草交厝名之爲澤澤言其潤澤萬物以阜民用引魯詩澤陂之傳應劭治魯詩故於魯詩傳單稱傳猶白虎通引魯傳之例此外所引韓詩內傳皆明著韓詩則知此爲魯傳確然可信證五他若後漢書注引魯詩傳古有梁騶梁騶者天子之田也明云

魯詩傳皆可爲有詩傳之證或據楚元王傳云文帝時聞申公爲詩最精以爲博士申公始爲詩傳號魯詩遂以魯故魯說爲即申公所爲之詩傳混傳與故說爲一抑何其於魯詩源流習而不察耶

禮酬爵奠而不授辨

凌次仲禮經釋例以酬爵爲皆奠而不授蒙謂不然酬爵之事見於儀禮者不一處有奠而不授者有授而不奠者攷鄉飲酒主人酬賓賓西階上立主人實觶賓之席前北面賓西階上拜主人少退卒拜進坐奠觶於薦西賓辭坐取觶鄉射主人酬賓賓西階上立主人實觶之席前北面賓西階上拜主人坐奠觶於薦西賓辭坐取觶以興特牲主人酬賓奠觶於薦北賓坐取觶是經文明言主人坐奠觶及賓坐取觶於主人不言授於賓不言受皆奠而不授也若燕禮大射有司徹中之酬爵則不然燕禮大射主人酌膳賓西階上拜受爵於筵前反位主人拜送爵賓升席坐祭酒遂奠於薦東有司徹主人酬尸降洗尸降辭主人奠爵於篚對卒洗主人升尸升主人實爵尸拜受爵主人反位答拜尸北面坐奠爵於薦左主人酬賓主人洗賓辭主人坐奠爵於篚對卒洗升酌降復

位賓拜受爵主人拜送爵賓西面坐奠爵於薦左皆授而不奠也釋例乃謂燕禮大射禮經但云賓受爵不云主人授爵猶鄉飲酒鄉射奠而不授之例有司徹不云主人奠觶者文不具主人酬賓亦然考特牲饋食禮主人酬賓自飲訖復酌先奠而不授則酬酒之例宜奠而不授然鄉飲鄉射於主人明言奠於賓明言取不言受此經於受爵之先皆不言主人奠爵則有受必先有授其爲授爵無疑安得以經但云賓受爵不云主人授爵奠爵爲如鄉射鄉飲酒例乎又謂不云主人奠觶者文不具若是則燕禮大射之不

言莫爵亦皆文不具乎竊謂酬爵之儀經文本非一例鄉飲酒鄉射乃鄉大夫之酬賓其莫而不授以此觶不用不煩賓以親受燕禮大射乃主人待君行酬燕則君賜故親相授受以致其嚴恭大射則公卿皆未得獻賓已受獻且隨當受君之酬故不飲主人之酬爵以示不敢再先於公卿侯受君之酬而以酬公卿大夫然後事順而情安也若有司徹則上大夫之酬賓亦不同於鄉大夫故皆授而不莫安得合爲一例謂皆莫而不授乎凌氏釋例之誤未可從也

周之始郊日以至解

郊特牲周之始郊日以至鄭康成以爲魯郊王肅以爲周郊正義並引其說二家得失無所折衷蒙謂當從王說鄭注云郊天之月而日至魯禮也三王之郊一用夏正魯以無冬祭天於圜丘之事是以建子之月郊天按鄭於上文迎長日之至自據周郊此若云是魯郊則經文宜言魯之始郊日以至以別上之周郊何以經文猶槩以周乎可知此非魯郊明矣鄭欲强以爲魯禮則於經文萬不可通雖云周衰禮廢儒者見周禮在魯因推魯禮以言周事亦無以自伸其說此鄭注之不可從也王肅以爲周郊者據周禮大司樂冬日至於地上圜丘奏之知圜丘亦名郊周有日至之郊此言始郊明對上郊祭迎長日之至而言鄭於上文注以爲周郊在建寅之月是也但以此爲魯郊遂於始郊之說亦未安鄭意始者對建寅之月天子郊祭魯於冬至之月初始郊祭示先有事故云始始郊對上言則是亦屬周非屬魯也鄭破周爲魯故以魯先有事强解耳蒙按建寅之時卽啓蟄之郊春秋左氏說啓蟄而郊郊在周三月故王肅云對建寅之月又祈穀郊祭此言始者對建寅爲始也猶言建寅之郊在日至之後溯其始而言之則周之始郊不在此也在日至之時也故曰周之始郊日以至也

若依鄭說非特周郊之義不明卽始郊之義亦晦矣近陳氏五經異義疏證據雜記孟獻子曰正月日至可以有事於上帝以爲魯有日至之郊按成王賜魯祇有禘禮本無郊禮明堂位云命魯公世世祀周公以天子之禮樂是禘禮非郊禮也下是以魯君孟春祀帝於郊云云必後儒見魯僭用啓蟄之郊時若是而因於此增入之陳氏何得以爲據乎況獻子所言以魯之七月日至禘祖之時與周子郊天對月故據周郊丘之時以言之非稱魯之始郊以爲比例則亦

以周郊爲説陳氏又何得據爲魯有日至之郊乎陳氏申鄭駁王未免誤解王肅難鄭雖多失正而以此爲周郊其説自勝於鄭但引周禮冬至祭天於圜丘合圜丘與郊爲一是尙不知圜丘亦有郊名而不得謂圜丘卽郊也

知中必知恕説

中庸一書論道不違人之義有曰忠恕違道不遠解之者曰中心爲忠如心爲恕能中其心能如其心斯可謂之忠恕其説甚精然於造字之本義則未有合也繼讀大戴禮知中必知恕以中與恕對始恍然於

忠之所以爲中者猶仁者人也義者我也之例一中字已足明忠之義不必復以中心爲説造字之初形聲卽兼會意此訓詁義理所以不能析而爲二也忠恕二字一貫而忠爲尤重觀中庸及大戴禮文則知中乃忠之事言中而忠之事可益明也試以他書證之論語曾子曰夫子之道忠恕而已矣朱子云盡己之謂忠與此下云內思畢心曰知中義合蓋內思畢心卽盡己之謂也以內思畢心爲知中則知中卽可謂之忠矣知中卽謂之忠則知恕有必然者忠者盡己之謂恕則由己而推者也孔子曰己所不欲勿施於人子貢曰我不欲人之加諸己吾亦欲無加諸人此雖僅言恕皆有恕本乎忠之意故黃氏式三論語後案云誠身爲忠本誠接人爲恕己與人合爲一貫一貫不外忠恕可見在己則爲忠由己及人則爲恕在內則爲忠由內及外則爲恕忠與恕固同原而恕又本乎忠者也知忠與恕同原而恕又本乎忠則亦可悟知中必知恕之説矣何也知忠者固能忠者也旣能忠矣豈不能知恕乎至於中之爲義中庸一書詳言之不偏不倚無過不及乃中字之確詁能識中字便可悟忠恕之義於道必自親切矣蒙故曰知中

卽可謂之忠則知恕有必然者

尊德性而道問學説

昔孔子以一貫之道傳曾子曾子旣沒羣弟子不能盡窺其旨學焉而各得其性之所近源遠而流益分諸子百家乃各竊其緒餘以爭鳴於天下孔門一貫之傳幾乎熄矣子思憂之於是作中庸一書顯示之曰尊德性而道問學蓋欲人以德性問學合爲一原而不可偏廢與孔子所言一貫之道若合符節自正學失傳士各以意爲學其託於尊德性者則謂不立文字可以識心見性而陷於曠蕩空虛之域其託於

道問學者又以聞見自矜而流於泛濫駁雜之歸於是一貫之道皆茫乎其未有聞以是言尊以是言道吾恐失之毫釐者且謬於千里矣三代以還正學久晦幸有紫陽朱子能袪其弊知尊德性之在居敬乃居敬以立其本知道問學之在窮理乃窮理以致其知故其言曰學者惟在居敬窮理二事此二事互相發能窮理則居敬之功日益進能居敬則窮理之功日益密可知朱子一生以居敬窮理爲主本聖門一貫之旨謹守而無敢踰者也陸氏子靜不能悟朱子先博後約之理嘵嘵爭論後羅氏整菴辨之謂陸子

誤認德性亦是欠問學之功其說甚正竊謂陸氏與朱子立異非特不知德性問學也以予觀之直不知德性之與問學一以貫之遂誤以爲截然如二事也子靜之學專主先立乎大其教人但欲人先明本心不必他求視一切致知格物事皆以爲無用是其學不過專事夫心而已並未能見夫性也朱子以性爲理陸子實以心爲理故遂師心自用墮入禪學而不自知今誠以子思之言觀之子靜之學爲是耶抑朱子之學爲是耶玩一而字語氣直接而下則知舍尊德性無以道問學非道問學亦無以尊德性二家異

同之故不待辨而自明矣吾得而斷之曰朱子之學得力於居敬窮理一貫之道賴以不墜是眞得孔氏之心傳者也因讀中庸而念二家之說其不同有如此者爰詳辨之以明一貫之旨

智巧聖力說

聖賢之書脈絡分明其說雖極乎精微之域要皆示人以可知後人不能虛心涵泳徒於一字一句間求之妄信穿鑿之談肆意竄改如翟氏四書考異疑孟子集大成章之誤謂當云智譬則力聖譬則巧不特於巧力二字未明亦與智聖之說違背與章旨尤不能通然其說甚詭足以惑後世是不可以不辨此節

聖字承首節三聖字說三子之聖各得其一偏故未能始終條理孔子則聖而且智智者始條理之事聖者終條理之事終條理之所得視乎始條理之如何孔子之於始條理既盡乎智之事足以度越三子之所未及故其於終條理之事雖與三子同以聖名而實則三子之聖僅一節之聖孔子之聖爲大成之聖聖之名同其分量相去甚遠此節聖字既指三子說則以三子分量衡之聖字祇可擬射之力不如孔子智而且聖足以擬射之巧也翟氏不通其意而謂當

云智力聖巧豈不謬乎南軒張子有曰智譬則巧者言其能中也聖譬則力者言其能至也若三子者其用力可謂至極矣故於其淸和任皆以聖名言其於是三者亦臻其極特方之孔子終有所未及者非其力之不至也於聖人大而化之者猶有所憾蓋其智於是三者之外未能盡中也其說甚爲精當可見此章智重於聖智能包聖之所極故智譬夫巧聖未能如智之屢中故聖譬夫力玩下文其至爾力其中非爾力云云則可知此節聖字指三子說與次節智聖之義實不相混讀者愼毋輕疑聖賢之言可也

叔孫通所著書攷

三代而下法後王而能參古禮者以叔孫通爲最通所著之書散佚不可攷閒嘗參貫各書而知通抱殘守闕之功有足多者惜乎魯二生旣不能與之共興禮樂班氏復譏其阿合苟容使通著作之才不盡表見耳攷史記及漢書叔孫通本傳云臣願徵魯諸生與臣弟子共起朝儀是朝儀爲通所著也周禮弁師掌王之五冕皆元冕朱裏延紐賈疏凡冕體周禮無文叔孫通作漢禮器制度取法於周又匠人闈門容小扃參个鄭注小扃𦙶鼎之扃長二尺參个六尺疏釋曰亦漢禮器制度知之意唐時尚有其書故公彥引之是禮器制度亦通所著也至於朝儀禮器制度外叔孫通之書概不多見然攷漢書禮樂志高祖時叔孫通因秦樂人制宗廟樂大祝迎神於廟門奏嘉至皇帝入廟門奏永至乾豆上奏登歌再終下奏休成之樂服虔曰叔孫通所奏作也是通定朝儀外兼及宗廟之樂其樂章爲通所奏作服氏之說可徵自班氏作志時祇載房中歌十七章及郊祀歌等類而宗廟之樂不備通所奏之樂章遂無有攷訂及之者矣至於王充論衡云高祖詔叔孫通制作儀品

十六篇案後漢書曹褒傳班固所上叔孫通漢儀十二篇漢儀卽朝儀其篇次止有十二篇此云制作儀品十六篇與褒傳異故知朝儀禮器制度外又有通所奏樂章及制作儀品各書也若夫張揖上廣雅表謂爾雅釋言以下有叔孫通所補者是爾雅亦叔孫通所補之書二戴未編禮記以前先有叔孫通撰定之禮記由斯以觀可見通之有功於禮學矣漢藝文志旣不載通所著書而朝儀禮器制度於本傳亦復闕書吾不得不歎班固之疏漏矣

秦博士考

古人取士之法有虞氏以成均三代時或以國學或以鄉學其時有謂之秀士者有謂之選士者有謂之俊士者有謂之造士及進士者其途至廣其名不一而博士初未聞焉後魯有公儀爲魯博士而博士之名始起迄周末秦并天下乃立博士之官如漢書百官公卿表云博士秦官掌通古今是也嘗攷史記始皇本紀二十六年有臣等謹與博士議曰云云秦之博士始見於是年當亦始立於是年夫六國初滅天下一統改正朔易服色進王號於皇帝其亦更定官制可知博士之官或卽立於此時不然史記於二十

六年後言博士者屢矣而前未嘗一及焉且如丞相御史大夫及廷尉其官號皆自是年始故知博士之立於二十六年確無可疑其人數之見於書者如本紀三十四年始皇置酒咸陽宮博士七十人前爲壽又侯生盧生曰博士雖七十人特備員弗用漢郊祀志始皇卽帝位三年東巡狩郡縣祠騶嶧山頌功業於是從齊魯之儒生博士七十人至於泰山下則博士數爲七十人明甚又衛宏詔定古文官書序云秦旣焚書患苦天下不從所改更法而諸生到者拜爲郎前後七百人迺密令冬種瓜於驪山阬谷中溫處瓜實成詔博士諸生說之人人不同迺命就視之爲伏機諸生賢儒皆至焉方相難不決因發機從上塡之是七十人之外又有七百人又馬氏文獻通攷云秦雖存博士官而甚惡其徒常設法誅滅之始皇使御史案問諸生傳相告引至殺四百六十餘人是七十人之外又有四百六十餘人俱兼儒生言之也又漢書叔孫通傳二世召博士諸儒生問曰楚戍卒攻蘄入陳於公何如博士諸生三十餘人前曰人臣無將將則反罪死無赦願陛下急發兵擊之則二世時博士又似三十餘人非也案秦制博士約七十人其

三十餘人者蓋舉當日之前者而言耳觀下二世喜盡問諸生此諸生當在三十餘人外按一盡字則當亦七十人可知此皆秦博士之可考者也若夫其閒之有以姓字傳有以著作傳者則皆見於史記漢書中故勿贅云

漢書藝文志賦分四種說

班書藝文志賦分四種蓋原本於七略今七略已佚班書每種後又不各詳敘論後人鮮得其說章氏校讎通義亦云前三種之分家不可考是章氏祇能知雜賦之所以分並不能言三種之所以分也褎按屈

原下二十家爲一種者騷賦體也孟堅以賦之興始於屈原之作離騷故序賦以原列首而原以下諸家之賦如唐勒宋玉皆其弟子其賦爲騷類可知至莊夫子賦二十四篇漢藝文志考證謂卽楚辭哀時命亦騷賦也又王逸云漢賈誼作惜誓淮南小山作招隱士王襃作九懷劉向作九歎皆擬原之意而爲之是賈誼淮南王羣臣王襃劉向皆宗騷旨其賦亦騷類無疑司馬相如之賦張惠言謂其原出宋玉其餘諸家雖散佚不傳大要與騷賦體製相類故孟堅以之列於原後自爲一種以存騷賦之體宋鼂無咎擇

屈宋以來文與騷體類者編之名曰楚辭後語亦此意也此騷賦之一種也陸賈下二十一家爲一種者漢賦體也賈漢初之大儒漢代儒術之盛自賈開之而作賦之家又皆出其後此志載賈賦三篇意其賦必能於騷體外爲漢賦獨開一體其後詞人順流而作如枚皋司馬遷蕭望之等皆大儒名士具一代著作之才其賦必皆可觀惜賈賦已不傳而枚皋司馬遷蕭望之等賦傳者亦不概見其餘亦多不傳惟揚雄之賦尙存如甘泉長楊河東等類煌煌乎漢庭巨製後世鮮有及者孟堅嘗云大漢之文章炳焉與三

代同風故此自陸賈以始歷序漢作賦之家以爲一種而不列於騷類所以明漢賦之不同於騷也此漢賦之一種也孫卿下二十五家爲一種者按張氏皋文云剛志沒理輐斷以爲紈內而不汙來而不著則荀卿之爲也其原出於禮經與屈原比物連類之旨不同故不列於騷類又荀卿在陸賈前上旣以陸賈爲漢作賦之始則不可列於賈類故別爲一種惜其後諸家之賦散佚不傳無由攷證要以荀卿成相諸賦推之則爲禮經之支流而於治道有關係者也此又荀賦之一種也若雜賦與三種絕不相類章氏實

齋已言之蓋孟堅之意以賦之體製不同有騷賦之體製有漢賦之體製有荀賦之體製必分爲三種而其中有與三種無可附麗者又分爲雜賦一種使後世作賦之家各得其宗而不至有駁雜之弊其意可謂精矣乃後世昭明選賦因題分類至使一人之賦有列於數類者可謂不得班氏之意矣

蜀志首二牧說

嗚呼作史難讀史尤難馬班而降惟陳壽有作史才後人不窺其用心之微至徒嘵嘵於正統之辨一若壽眞有私於魏者噫誤矣夫壽爲晉人晉承魏統固

不得不正統魏第壽雖以魏爲正統而其書於三國各自爲志則可知其非有私於魏矣且壽豈獨不以正統私魏觀其於蜀志首二牧竊謂壽之意乃隱以正統予蜀也二牧一爲劉焉一爲劉璋蜀志立其傳不曰焉璋而曰劉二牧二牧者誰之牧非漢之牧乎三國之天下皆漢之天下列漢二牧於先主之首正以見先主之承漢也不然陶謙爲徐州牧劉表爲荊州牧與焉璋等何以列於魏書皆無官號獨於焉璋傳明繫以二牧乎且二牧傳後評語引魏豹劉歆之事謂其終於不免其身而慶鍾二主壽意蓋隱以高

祖光武況先主故先主傳後評云有高祖之風英雄之器與此語意相承可見先主之承漢爲正統非列二牧於其首義亦不著也乃或者以二牧之首爲進二牧如史記項羽本紀列高祖首之例蒙以爲不然史記爲歷代之書與一代之史不同既進項羽於本紀勢不得不列高祖先且太史公以羽滅秦之功爲近古所未嘗有故爲羽作本紀若焉璋之時獻帝尙存漢猶未亡不過終身二牧而已未嘗承漢而有天下何得從項羽本紀之例而以是爲進二牧乎竊嘗紬繹壽書如蜀志稱先主後主不同於吳志之稱權休亮皓以及妃子之稱后不同於吳志之稱夫人與此首二牧之意皆有微旨獨惜後人不能細會之耳不然壽既奉魏爲正統吳蜀皆均焉耳何必區別於其閒哉後人不察而妄詆之其亦未之思也夫

朱博論

吾讀漢書朱博傳至附傳太后事未嘗不歎成哀之際國祚移於外家者非獨君之咎亦人臣朋黨之私有以啟之也然吾揣其初心不過欲遂鄙夫之志而已而反以是亡其身亦何爲耶夫哀帝以藩王入繼大統傳太后雖帝祖母祇宜仍定陶之稱其不可加

尊號明甚高武侯傅喜等共持正議博獨與孔鄉侯讇諛順指致位丞相而又知太后有怨喜心欲免其侯以結太后觀其言曰已許孔鄉侯有指匹夫相要尙相得死何況至尊博唯有死耳嗚呼博之心如此是一患得患失之心不惜媚事太后稱順孔鄉恐履霜堅冰傅氏專權之禍未必不如王氏也哀帝識於機先而正其罪漢之幸也然自是而外家之權日甚一二大臣相率效尤以阿附爲固然卒成王氏之禍則漢祚之移博有罪焉豈僅如彭宣所言足以盡其辜哉而或者謂博治州郡有名豪彊憚其威嚴官屬

服其智略每一易官必出其奇譎之計以示人爲不可欺是博亦漢之能吏也不知天下之眞能爲小人者其才必有可稱昔孟子以小有才斥盆成括知其足以殺身括之事蹟不可攷而由孟子之言推之博之生平殆與括相似者歟夫博矯詐行私不師道德卽無奏傳喜事恐亦未免於難而猶藉是以爲解免毋亦讀史者之寡識歟雖然傳稱博本武吏不更文法意其爲人特不學無術之儔耳張禹孔光經術文章卓絕當世猶不免於阿諛誤國之譏如博者又無論矣

慕容恪論

晉室不綱南北分裂羣雄崛起代興迭盛於此之時有抱才以老令後世論古之儒爲之深惜者吾於燕得一人焉則慕容恪是也世之爲人惜者莫不因其人有濟世之才匡時之略而不得其君而用之致使經綸莫展以是爲天下惜若恪之得君可謂專矣皝旣授之以兵數從征伐又鎭遼東伐夫餘得盡其所長及儁嗣位彌加親任封太原王暐之世位爲太宰錄尙書行周公事總攝朝權得君如此論者無不爲恪幸又何惜之有曰不知吾之惜恪非在此也惜恪之時天不欲興燕也皝謂儁曰今中原未一方建大事恪智勇俱濟汝其委之儁又謂恪曰今二方方平景茂幼沖社稷屬汝何如是皆知恪之才足以興燕也而無如當日之天方欲亡燕非恪所能興之恪之生平有似漢之武侯武侯之時亦天不欲興漢之時也魏有司馬懿吳有陸遜猶之晉有桓温秦有王猛也懿與遜皆足爲武侯敵故武侯不得逞志於吳魏温與猛皆足爲恪敵故恪不得逞志於晉秦天也非人之能爲也然而武侯雖不得逞志於吳魏而無損於武侯恪不得逞志於晉秦而有損於恪則又恪之

不如武侯者也武侯之輔漢漢正統也恪之輔燕燕非正統也燕非正統則恪亦祇爲燕一國之功臣而不可以爲天下之功臣祇爲燕一時之功臣而不可以爲千載之功臣使當時晉無桓温秦無王猛以恪之才而使燕爲正統猶反手耳乃天不欲興燕以成恪之功名至使臨終之日徒有每欲掃平關隴蕩一甌吳此志不遂沒有餘恨之歎燕之不幸抑亦恪之不幸也吾是以爲之深惜也

賦

賦以賦者古詩之流也爲韻　有敘

粵自四始以降雅樂寖微六義之中諷諭斯

託不歌而誦彌能宣理達情有調之文大可體物寄志是以名都上客洋洋蔚博物之觀列國大夫渢渢侈登高之作荆人善怨屈原固景差唐勒之師梁苑工文喬如亦枚乘鄒陽之亞揆厥原本實肇於周秦暢其支條莫盛於漢魏遞更六代尤尙詞華沿洎三唐遂矜格律宋元之世氣骨難言以故宏洽名儒跌宕英彦或薄爲小道幾廢元聲或横逞偏才莫名初旨背詩人麗淫之戒以壯夫篆刻爲羞亶其然乎未免過矣不知七經雖古時

含聲韻之詞兩儀既分卽是駢儷之象然則賦也者固亦如士衡論文所云籠天地於形内挫萬物於筆端者也用敢敷布其義而爲之辭曰

緊陰陽兮斡運已藻色之紛露羌一耦而一奇儼英華之宣布於是鴻生博儒觀象通悟摛采飛文乾櫎坤鑄窮神極化衍而爲賦有如日月星辰山川原野穹穹在上盤盤在下理則極其精微義則莫能虛假寸楮可恃萬言克寫芒乎芴乎是陶是冶扶輿鋪麗鉤深扶雅極斯賦之宏括固中區之作者又如廟堂煥赫殿閣軒舞京都帝畿輦轂王土煌煌閶闔之居翼翼公侯之府將欲漢京鼓吹皇路仰俯則必振雍容之光氣持鉅麗之藻斧豊瑋璘彬雅頌爭古他如羣動生息庶彙繁滋飛潛靈淑之狀樹植妍奇之姿敷陳爲韻摹寫無遺洵鴛針兮密度非蟲技兮難爲斯爲詠物之賦絕勝寫生之詩其或別離託愫登臨寄思感春秋之佳日寓雪月之幽辭長門渺渺以擣素絕塞迢迢而出師莫不文工織錦意碎抽絲卽情卽境相題賦之乃知

茲事雖細厥藝罕傳必工速之兼擅斯華實之並收衆體畢萃萬象精搜固比興之輔佐亦風騷之驛郵是以士不能賦愧第一流如謂詞章之家不朽實寡浮詞曼語易隣苟且則何解於宏博之馬班忠愛之屈賈揚雄登著作之庭左思重洛陽之社此北齊魏收所以必推作賦者爲大才乎若守傖父拘墟之見又何足語斯道也

擬唐王子安慈竹賦有敘

案慈竹卽今之子母竹漢章帝時生白虎殿

固草木之無知亦節概兮自達爾乃東皇司柄殊彙貢妍華敷階草蕾啟池蓮桃李媚於公門藤蘿被於市塵緊茲卉之出羣獨空山兮自全抱石磴而錯出繞巖穴而蔓延秀色則春秋不改同居則阡陌相連如家人之聚處豈異地之樂遷故其嘉名肇錫同類實繁枝連子母條貫公孫蕃渭川之支族叶嶰谷之箎塤並蒂同南陔之蘭忘憂比北堂之萱旖旎十里芬芳一門乃有俗士無知君子好事徙種庭階移柯城肆遂使淚含一枝符分兩地憶山中兮誰偕如籬

下之空寄供世間以娛目非此君之素志嗟終日兮含愁結故園之遐思伊便娟之微質猶分離兮懷愁恐孤秀而難久問浮名其何貪羣居乃適遷地非甘樂相依兮朝復夕怨遙隔兮北與南竹猶如此人何以堪是以海際天涯羈人旅客半生梗逝蓬飄萬里車塵馬迹覩斯竹也莫不撫樹傷今攬條感昔葛藟思庇其本根蔦蘿願附於松柏動家山之歸思泣他鄉之孤魄宜其色震百草秀奪九芝勁絲霜鍊濃青露滋蔭游魚於曲水棲儀鳳於上枝漢廷頌德明皇

前謂之孝竹羣臣因作孝竹頌唐明皇遊後苑見其葉密如栽筍不外出顧謂諸王曰父子兄弟相親當如此因呼爲義竹是則以一竹而備二義名之曰慈洵輔其實觀夫旖旎千般芬馨一氣雖無羈旅之感者猶或取此何況萍飄江上梗逐天涯攬密密之形覩蔥蔥之象未有不顧名思義撫樹懷人傷異地之羈蹤動鄉關之歸思者也如唐王子安者四海無家一身作客久噪珠樹之譽莫獲玉尺之選等三黜於柳下隔萬里於雍州擬諸

斯竹之旨不有霄漢相懸者乎其賦慈竹也謂竹之生必內向示不離本階庭之上託非其所大抵感懷物類思念家山差同王粲登樓之作猶之庾信小園之思已耳僕孤懸江表負笈他鄉身雖兩地心如一堂固不必覩白華而始念晨昏撫紫荊而寄懷兄弟也齋中偶閱子安此賦觸然有感因而擬之以自述其懷云爾其辭曰

有竹嶙峋叢生峻阪綠葉下垂蒼條上揵枝雖萬殊根實一本極繁衍於旁支差移栽於別院

稱詞豈徒侈葱蘢之景態供賞玩於階墀僕東
鄙幽介北門寒士孤羈一身負笈百里感嘉卉
之相親遂旅懷之暗起躑躅亭園徘徊階砌雖
平安兮有報究晨昏兮誰倚寄遙思於鄉關隨
東流之江水

玉峯遺稾終

香露軒吟剩

（清）錢荷玉 撰

《香露軒吟剩》一卷，清錢荷玉撰，據南京圖書館藏民國十八年鉛印本影印。

錢荷玉（一八九五—一九二九），女，字蘊清，清末泰縣姜堰人，爲清代泰州女性文人之傑出代表。父錢百城，海陵（今泰州市區）宿儒。荷玉幼聰慧，讀書明義，女工之餘，兼習吟詠，年十八嬪於王光國，夫婦間多有酬和之作。於人好施捨，尤重教育，常出其私囊助夫設因利局（民國初年民間慈善組織），以濟貧乏，事孀姑極孝，佐理家政，亦頗耐辛勞。

是集爲王光國於其妻錢荷玉因肺病不治逝世後所整理，由同邑沈世德校訂。集前亦有沈世德爲是集所作之序。序云：『之曰香露軒吟稿，仍其所居而名之也。』由此可知，荷玉所居之室即名曰『香露軒』。惜哉！荷玉頗有才情，但因肺病纏身，常年『求醫於申江、崇川諸地，遊踪所至，時以吟詠自娱』。又『惜其不肯存稿，所遺者十之二三已而』，是故是集存詩惟有二十三篇。然縱覽全集，詩作内容極其豐富，生活之諸方面均有涉及。或吟詠自然風物，寓情於物，如《白荷花》、《夏日晚眺》諸篇；或描寫至真親情，抒發哀怨病愁，如《病中》、《病中自遣》諸篇；或褒貶歷史現狀，憂民之艱，如《登嶽墩》、《戊辰春偕夫攜女往南通就醫客中雜詠》。綜觀全集之詩，情真意切，質樸自然，不事雕琢，真可謂『清水出芙蓉，天然去雕飾』。閨中疾病纏身之婦，所寫之詩並不囿於深閨，亦能關心黎民之生存，並且樂善好施，如此胸襟見識，實屬可貴。

（張文豔）

香露軒吟賸

乙庵題

序

余年十七學爲詩苦無師友之切磋窮年矻矻迄不知其所屆瞢如也歲庚申長溪王君光國以述懷詩徵和余讀其難得山妻和韻高句輒豔羨之而不能已遂步韻報之是君與余通酬唱之始余年甫冠擬有贈言之輯賸詩四章以寄君君亦雪和余越年余成立消閑社君慨然加入詩筒往還無虛日然固未識君也君早入毘陵苔岑社其詩傳海內余間得盥誦之歲暮風雪中君偶買舟過訪歡若平生且介余亦列名苔社自是余始與君覿而交亦漸篤矣君交余以詩比及十年余詩終不中繩墨然胸中抑鬱不平之氣得噴薄吞吐以爲快皆君之力也乙丑夏君年三十賦自述四章索余和其伴讀山妻逸興賒詩牌分韻賭梅花句尤爲余所擊賞既和四疊復贈以五七言詩益多交亦日益摯未幾君以溪光室酬唱集稿本見眎余乃獲見其閨人錢韞濟女士和作芊緜婉麗一往情深余天壤間佗傺人也

事多拂逆有不能宣之於言者故詩多哀怨之音滬上錢又東獨誦余詩而好之又東與君同爲白榴社詩壇健者囑介紹爲文字交又東落落寡合顧與余契一日君招飲旅邸又東與焉酒半酣又東捉余臂起曰汝知王郎爲福慧雙修之才人抑知其爲娘之軍所壓倒者乎余聞之而詫亟叩之曰吾與王郎夫婦并執業於游止堅先生之門先生操白榴社牛耳白荷花一課女士吐屬高超弁冕羣英非但壓倒王郎已也余則浮一大白王郎亦憨笑不

序　二

止余乃歎王郎夫婦果爲神仙眷屬韞清女士亦閨閣中有數才也君嘗謂早孤失學自女士于歸後始發憤爲雄揚風扢雅極倡隨之歡並繪琴韻書聲圖以見志世稱古來閨媛才與福耳每苦不能兼余竊願以雙修福慧爲賢伉儷祝顧女士夙有肺疾養疴於崇川期年始愈丁卯亂後君携女士下榻於城北余始得瞻其林下致女士嘗遊小西湖登岳阜望隔江夕陽山色清風徐來衣袂飄飄舉顧而樂之謂安得卜三椽屋於湖上與王郎嘯歌其間以終老旋以故卒返長溪今年春君賃廡城東陳氏怡園之左女士未及遷遽不起悲夫如君伉儷之賢者乃不能福慧兼而天故促女士之壽毋亦才能奪命也哉既殁君悼之徧乞海內外詩人輓章業既裒然成帙復掇拾其遺著以示余余受而讀之騁妍抽秘擒藻揚葩惟其音亦多哀而感惻所謂不壽之徵歟君又言女士病中詩多隨手佚棄者吾子加冠之徵和女士亦嘗次韻未肯示人今檢遺稿竟不獲睹其零落概可知已敢以校訂之役相屬

序　三

顏之曰香露軒吟稿仍其所居而名之也嗚呼女士不死矣君以伉儷之篤不事營奠營齋獨勤勤於不朽之盛業其志有足多者稿既訂成爰書其始末爲之引而歸之

民國十八年已巳九秋同邑本淵沈世德序於南郭寄廬

王錢女士家傳

辛亥之秋予歸自歷下設白榴書塾於韓村有王生光國者詣塾請業其介紹友曰生之求學其妻勗之也予曰惡賢哉婦誰氏子者友曰女氏錢荷玉名字曰韞清父百城海陵宿儒也女

士幼聰慧讀書明大義女工之餘兼習吟咏年十八嬪於王王生早孤多病廢學女士勸之讀書以養其性導之咏詩以怡其情故生嗜學益篤而求師之心益誠予賢女士而幸王生乃今益惜女士之不壽也王生之來學也予設白榴

詩文社以課塾外諸弟子女士再與詩課皆清超冠軍予尤異之已而病肺求醫於申江崇川諸地遊蹤所至時以吟咏自娛惜其不肯存稿所遺者十之二三已耳女士性和順事兩代孀姑善承意旨佐理家政頗耐辛勤於人好施捨

尤注意教育常出其私囊助夫設因利局以濟貧乏設學校以諭童蒙故歿之日內外痛惜之所生子三女一長鶴琴肄業南通中學次鶴皋鶴棋女鶴珠均肄業泰城小學或以年幼道遠諫女士曰兒父早歲失學返悔至今吾何敢以

姑息誤小兒輩不令早受教育耶但恐吾身多病不及見兒輩之有成也果以民國十八年四月八日卒年三十有五屬纊時咏一朶紅花永不開之句而逝豈女士素好佛經頗有悟於即色即空之旨耶然其遺囑猶諄諄以大姑年邁宜早續絃爲夫勸嗚呼賢矣予既詞以哀之復詮次其行而爲之傳

贊曰世稱賢婦人曰內助謂其勤於家政也若樂氏之斷機勸學助夫成名其賢尤爲亙古所罕覯女士之賢媲於樂氏而才又過之謂非巾

幗中卓卓可傳者哉惜乎天不假年才德之不能勝命也悲夫

民國十八年五月游昌甲止堅氏撰

香露軒吟賸

白荷花

誰捧冰盤水面來池南池北似瑤臺清香縹緲隨風舞素色娉婷帶露開不染紅塵甘澹泊惟邀皓月共徘徊微軀淨社羞難入只有遥遥置酒陪

香露軒吟賸 一

白榴花

榴花開放小庭間借得寒梅雪裏顏羞與紅裙爭豔色要留清白在塵寰

夏日晚眺

冉冉芙蕖送晚香珠簾捲起竹風涼登樓試望天然畫野樹枝頭掛夕陽

南通旅次書感

千戈擾攘阻塵沙百里烽烟不見家歌女那知離亂苦聲聲唱出自由花

香露軒吟賸 二

病中自遣

一庭裊裊藥爐烟病到深時日似年羨煞綠窗諸姊妹吟詩煮茗樂陶然

偶成

此是清秋試筆初吟哦愧我久荒疏風前才乏

海陵王錢荷王蘇清女士贈

題飛絮篋內書多飽蠹魚時課早蔬供菽水徒勞明月照庭除詩囊漫笑無餘稿句不驚人不敢儲

病中

底事愁銷病又生幾回對鏡幾神驚枕邊未夢

渾如夢窗外無聲覺有聲放眼庭除都黑暗闔心家事轉分明胸懷鬱鬱何時已欲向秋風試一鳴

乍寒乍熱暗銷魂桑菊當歸日日吞七品茶煎呼婢僕雙弓米啜當鷄豚欒方檢點勞夫婿病體支離憶弟昆菽水娛親忘不得心隨明月到江村

妹至

乍到蓬門興欲飛春風滿座解愁圍正欣下榻前言踐莫笑登盤異味稀棋局閒敲開畫牖詩

牌巧鬬捲羅幃頻煩針黹儂心愧散步何妨玩晚暉

和外子三十初度小影原韻

鹿車同挽願能償願影何須動惋傷十載羹湯調鼎鼐三年詩草疊巾箱衣裳夜半分燈補閏

閤春深共日長家事關心荒筆墨題襟覓句不
成章

偕外子遊南通公園

羊腸小徑曲通幽極目同登百尺樓隄柳青連
停馬驛池荷絲鎖釣魚鈎烟迷帆影樽前落風
急江聲筆底流豁我胸襟消痼疾何須海外妙
方求

寄二妹

花樣分描記幼時而今心事各分歧天容閒散
偏多病人果聰明轉是癡松柏堂前勤灌溉芝
蘭階下好扶持春風得意乘龍壻連袂青雲信
有期

送外子之姑蘇

打疊行裝故故遲暫時分手亦成癡去來山水
憑誰伴冷煖衣裳要自知柔櫓聲中縈別恨斜
陽影裏問歸期天涯消息須常達最好閒吟幾
句詩

和外子三十述懷原韻

琴瑟同心古調彈相期白首老長干堂前箕帚
常供職架上詩書共抱殘畦韭園蔬消晝永敘

荆裙布入時難衣裳夜半勤刀尺雪案燈分一
點寒
十載相隨轉瞬中禎祥三度兆羆熊偶呼稚女
調寒暖閱課諸兒較拙工樹老椿庭同泣雨花
榮萱室望臨風江村匪遠歸甯少消息頻煩尺
素通

香露軒吟艸 七

暇扶白髮上高樓菽水晨昏助報劉天與退齡
緣積德人因多病却工愁囊中佩藥宜勤服畫
裏看山當勝遊一卷楞嚴滋味好半窗晴日掛
簾鈎

苔岑舊雨興彌賒驛使爭傳筆底花座滿貂蟬
客我續音諧鳳律比君差聯吟罰則三杯酒破
睡先鋒一椀茶溪水長流春不老風和日暖樂
宜家

香露軒吟艸 八

遊揚州綠楊村遇雨

楊柳成圍綠一村畫船流水繞柴門茶留客坐
新泥竈花笑人忙老瓦盆弄舌如簧鶯學語書
懷無壁竹添痕天心不解清遊趣細雨斜風斷
客魂

登平山堂

曲徑懸崖到處閒無邊風景訪禪關掃開眼底
千重霧露出江南幾點山野樹杈枒低壑谷孤
松瀟灑出塵寰名泉一酌胸襟爽拚盡囊金買
不還

遊揚州小金山寄外子

君在京江我廣陵危欄同是客中憑金山借問
登高日寶塔乘風上幾層

同外子作

蘭閨淸興兩心知靜好無猜白首期晴日小窗
評古畫春風別墅算殘碁茶經百讀君成癖書
味千尋我欲癡腹儉才疏殊不量未曾學律也
談詩

寄懷二弟希之廣東

邗江揮手記春郊半載韶光瞥眼拋天爲憐才
翻遠謫人非知己莫深交佳兒伏几分瓜果巧
婦磨錢擲卦爻若問長溪何所事楞嚴一卷靜
中抄

秋日雜詠

大好光陰逝水同江南春老又秋風人間代謝
都如此出處榮枯一笑中

空階啼露聽寒蛩愁緒無端繞幾重一紙家書
揮禿管天涯弱弟問行踪
砧聲何處急寒窗刀尺頻催力不降稚子他鄉
衣未補强拈針線剔銀釭
弱女歡呼不解愁鬅鬙短髮倩梳頭垂髫戲插

花枝豔出水芙蓉一剪秋
香飄叢桂散天涯折取新枝壓鬢鴉却笑童心
猶未改別人栽樹我攀花
遥天一色月當頭詩興闌珊倦倚樓惟覺藤牀
滋味好藥鑪香裏過中秋

戊辰春偕夫攜女往南通就醫客中雜詠

一葉扁舟一夜風布帆無恙繫南通欲尋疇昔
棲身處碧水長橋路轉東
揮手崇川隔一冬踏青時節又相逢山光明媚
春光好知否人還帶病容

求醫歲歲別鄉邦臨水登山力不降記得前年
春二月街頭買卜在申江
終朝如醉復如癡除却高眠總不宜春到江南
人更嬾蘇杭孤負好花枝
社鼓鼕鼕月滿屏家家扶得醉人歸回頭一笑

尋夫壻有酒今朝勸莫違

樓臺近水俗塵疏垂柳迎風學釣魚何用別尋
方外趣得安閒處即仙居

五載生涯付藥鑪春長頗有睡功夫吳陵親友
如相問却喜今吾勝故吾

香露軒吟賸 一三

米啜雙弓日煮粞珍饈無味買「香齏攜盤不見
人挑菜孤負家園綠正齊

小樓權當養心齋茗椀鑪香盡日排最是無情
春夜雨增人煩惱滴空階

天街新霽絕塵埃春水池塘長綠苔扶病推窗
看釣艇閒愁不許上心來

神針靈藥見精神準備天涯過一春家事零星
須料理客中分付未歸人

鷄鳴狗盜自成羣情怯鄉關不忍聞八十祖姑
雙目病憂心日日更如焚

香露軒吟賸 一四

寸草春暉未報恩春風春雨憶江村家書聊寫
平安字菽水娛親託弟昆

衣裳無計禦春寒負笈從師一子單課罷不來
心悄悄憑人傳語囑加餐

重門靜掩隔塵寰弱女相隨不耐閒抱膝牽衣

頻問訊燒香何日上狼山
餳簫吹暖困人天徙倚東風百感牽萬里長征
思弱弟斜陽影裏望幽燕
愁中又度百花朝強步東風過小橋百尺江樓
開倦眼山光水影客心搖

香露軒吟賸 一五

朱門斜露杏花梢烟鎖苔封客不敲指點濠南
樓閣好榮枯生死感同胞
斷閣荒臺隔古濠到門春徑沒蓬蒿迎人花鳥
無尋處剩有兒孫賣寶刀
徐家有女比曹娥同往公園遣病魔半載分襟
人不見春風賺我淚珠多
活火紅鑪一椀茶清香滋味暗中誇園丁抵死
催人去佯說西山日已斜
頹齡男婦走街坊滿面驚看菜色黃乞食猜他
難一飽輸財誰肯救年荒

香露軒吟賸 一六

康莊大道築環城軋軋洋車不住聲恰笑老傖
無道理先登捷足也相爭
千秋佳話曲中聽離合悲歡演幼伶莽莽乾坤
同一幕名場夢幻幾人醒
心共深潭一片激躍龍橋畔逸情增洋洋得水

魚兒樂囑咐漁人慢下罾

茅屋人家古渡頭朝烟暮景度春秋思鄉惹起
愁無限悵望遥天駐日樓

聲在書中韻在琴蘭閨伉儷惜光陰生愁風雅
無憑據寫個新圖證此心

村姑絡繹出城南桑葉青青採滿籃借問長溪
溪畔女幾家香火祝春蠶

畫橋芳草絲纖纖愁悶消除病又添默禱天心
香一炷金錢幾度吉凶占

雙飛燕子話呢喃梁上泥猶客裏銜我是天涯
倦遊者思歸淚點漬輕衫

宿淨土庵

人生能得幾何年閒裏光陰最値錢濁世已無
乾淨土荒庵別有泬寥天心經玄奥深研究禪
榻清涼穩睡眠臯臯紅塵飛不到箇中鷄犬亦

陶然

遊小西湖

漫道西湖小天然好景多波光青澹蕩樹影綠
婆娑白屋通幽徑紅橋界古河可憐陳烈士墓
草接長坡

登岳墩

聞説城西別有天，岳家墩上謁前賢。一心報國身雖死，二帝蒙塵眼望穿。冤獄造成三个字，忠肝照見幾千年。夫妻常跪羞秦氏，用盡機謀亦枉然。

泰州石神童遺詩

（清）石抱中 撰

《泰州石神童遺詩》一卷，清石抱中撰，據泰州圖書館藏傳鈔本影印。

石抱中，字樸存。清江蘇泰州人。和鈞次子。幼得母教。善爲宋體詩。工畫山水，又長篆刻。年十五夭。

石抱中卒後，其遺稿由程習手輯，民國十二年（一九二三）袁鐮作序，程習撰小傳，收録其詩三十二首，内有殘缺，數首詩題有紀年，自庚戌（一九一〇）至甲寅（一九一四）。石抱中號爲神童，觀其詩作，名副其實，如《題吴雋父摺扇山水》：『古木陰中四五家，深深遍地種桑麻。招摇旌挂薰風外，隔岸漁翁酒慣賒。』

（周　忠）

序

今歲癸亥春寅宗人伯勤來自安豐以其族祖舉倬所
書寄閩塙銘石刻拓本見贈讀之乃其子年十四而折
因思子而建塙仿歸太僕震川思子亭而作也寄閩其
于石伯勤好古善收藏多寄閩所校理童烏遽逝能無
舐犢之情耶因慰之曰近者北漁莊門人徐沐清有弟
痛毋而逝思之甚悲予挽以聯云與母同歸與兄遽別
傷如之何說是麼道德文章千秋不朽早慧非宜早殀
可憐倒也罷了省多少是非榮辱一筆艷句徐生方受
業吳方伯之門有志之士天性孝友者也嗟夫予更數
多年年老歸里亟盼後來之秀保存國粹以挽頹風何
苗而不秀者之多耶往歲哭蕭生錫綸于濟南哭徐生
季海于鎮江哭王生祖謀于揚州尤痛者姪孫蔭中年
十四于經書類皆通念曉析能文章露頭角固姪孫鳳
惠亦況生姪諭教者早有以致之嘗與抱中同校時有
二中之目然皆不幸短命年止十五六其可悲也夫其
可志也夫抱中曾詣我高蔚廬留一絕句云修竹數竿
書屋春隱修堂上坐春風無知小子愿求學江左新逢
臥雪翁新字有意味欣然答之復于葉紫珊處見所畫
山水居然疏落有墨趣後聞其弟守中字禹耳亦聰穎
性嗜桑鄉人僉曰神童予則未之見也今秋在圖書館
晤程生習予出其手著抱中遺詩請為傳之繙閱再四
雖未見其大成而清雋之筆宜未易得也昔李長吉年
二十七有詩才得韓侍郎而名顯遺詩有沈公子明求
杜樊川序之余豈足當司勳歟程生又今之沈公子明
矣爰為之序皤叟袁鑣作時七十有五

泰州市圖書館藏書
泰縣圖書館傳鈔本
泰縣圖書館傳鈔本

小傳

石抱中字朴存江浦校官梁之孫廪貢和鈞子也家泰州城内蓬莱巷南幼得母教竒慧善爲有宋體詩與迂勋派畫及鈍丁派篆刻年十五而卒幼又與弟守中齊名皆不壽鄉人僉曰神童非虚語也民十二年癸亥冬日友人儀徵程習子爲葺其遺詩稱爲之傳

目錄

西店郎景同程習子 庚戌

梵園郎景同程習子

夏夜郎景同程習子

和竹林野僧

望月一首同程習子 辛亥

閑居口占答程習子

夜占答程習子

閑居

古槐軒靜坐

贈張禾父夢從赤松遊

和秦少蒼偶吟一首 壬子

郊外郎景同程習子

題庭山摺扇山水

題吴舊父摺扇山水

送張禾父歸金陵

偶向谿邊觀人釣魚

初夏漫吟郎景同程習子 癸丑

泰縣圖書館傳鈔本
泰縣圖書館傳鈔本

泰州石神童遺詩

幽居卽景同程習子 庚戌

閒雲樓野墅茆舍傍長堤露洗青松逕風圍綠竹籬春光含遠郭曙色滿清谿覓手柴門外訶聲逐水西

尤園卽景同程習子

破屋枕流水青松帶曉烟春入牽柳綫雅手拾榆錢日暖花香藪風搖竹影添常攜一壺酒斜卧石坡前

夏夜卽景同程習子

偶出東籬外蛙聲滿草塘樹濃和夏至露重野花香皎皎月光白沉沉天籟長荒城無犬吠小立自彷徨

泰縣圖書館傳鈔本

和竹林野僧

草徑荒凉處野僧手親見葉尖清晨追思惠遠同游樂今日相逢媿古人

數間茆舍傍長堤流水潺潺繞竹籬山僧笑語來相送答道淵明去虎溪

望月一首同程習子 辛亥

滿地鋪白水東籬花影移樓頭懸鏡燭樹杪入圖詩小閣春風暖中庭白露滋絲絲衣覺溼揮手意遲遲

閒居口占答程習子

閒居默默意遲遲荏苒春光上樹枝日影恨爲雲影蔽書聲喜被鳥聲知空山摩詰誰能識青酒青蓮豈可羈笑我平生詩畫酒何妨歸卧南山陲

夜占答程習子

靜坐申申也閒居默默然舊落三徑没新月一鉤懸小犬知人意寒鴉宿遠烟夜深人寂寂聊展白雲篇

閒居

紅日已斜西城外萬燈齊閒來何所聽犬吠至雞啼

泰縣圖書館傳鈔本

古槐軒靜坐

牀上書常積階前草不除吾廬真自得靜坐莫躊躇

贈張禾甫夢從赤松遊

君因夢赤松遂萌絕俗想不知陳留人辟穀何所往

和秦少滄傷春一首 壬子

子規喚醒苦吟身南浦淒淒又送春歎爾春風今去也落花滿地泣詩人

郊外卽景同程習子

遥望林陰四五家半山半郭半雲霞牧笛短笛橫牛背

信步歸來日已斜

題岌山摺扇山水

山風颯颯樹淒淒野屋無人自賦詩忽訝小橋人語響

鄰翁來訣昨朝棊

題吳隽父摺扇山水

古木陰中四五家深深遍地種桑麻招搖旂挂熏風外

隔岸漁翁酒慣賒

送張禾父歸金陵

千里金陵一葉舟烟波淼淼使人愁送君此去何時返

落日空江望石頭

偶向谿邊觀人釣魚

閑來無事自優遊一釣竿兮一釣鉤試向隔溪磯子問

飛橋是否憩漁舟

初夏薄暮即景同程習子　癸丑

數聲歸鳥自西東烟樹昏昏草徑蓬莫怪夏初天氣暖

熏風吹得晚霞紅

秋月同程習子

娟娟何事繞南樓秋捲長空天亦愁寄語夜深還不寐

可憐竟夢在揚州

病述

病至不聞詩興賒何須調藥與烹茶揮毫直寫琴書樂

耶問檐前月色斜

題畫

風雪紛紛過小橋隔溪遙望酒旗招休言裘敝寒難禦

野店村醪買一瓢

綠滿芷塍流水入廬　期野老植杖往往

癸丑七月二十六日下鄉觀劇

蕭蕭車馬踏飛塵瑟瑟西風秋景真一帶小溪流水碧

垂楊幾處送行人叢叢村落晚烟迷報到秋來黍稷齊

暑氣漸收羅已薄西風初動鶯還栖飛塵滿地雜芳草

垂楊終朝鄰野溪　偕同觀劇壓耦啼

其二

擔輿歸來意轉悲臨歸奉母入柴扉劇語莫忘心切切

不堪携弟病遲遲

荒田數畝

野逕三叉路轉岐

秋季中旬舊友自金陵來對月飲別有感

唧唧蛩聲　娟娟夕又到南樓可憐失卻團圞夜
滿腹離情話舊遊

除夕有感

平生好事迷良緣迷到今宵口便箱纖纖朔風姨太劇
煢煢弱質忍相煎床頭未有祛魔劍枕上猶添壓歲錢
底是詩人成姊姊新年纔至又殘年

余祖小泉公忌日適友人張禾父自江寧至具
關張數踪蹣白門之慘劫時可嘆也禾父不數
日又將冒險行月上坐余舍閒道別意羌草此

泰縣圖書館傳鈔本

詩

東籬老菊話蓬蓬兩度西風送去思萬里壯心憑尺素
一身羸病少新知北堂荊樹繞相見南浦秋光又欲離
同是天涯悲失路相逢攜手各依依

感時

紛紛四處起兵戈太息英雄各奈何遊子忽思去邦疾
張梁方爭擾山河雲霧彌漫逸男兒淚繫樽誰爲壯士歌
對虎烽烟二三次哀鴻遍地不堪過

懷張禾父上海

南北烽烟尚未休茫茫浩劫使人愁閒花遍地無顏色
落日空江淚欲流

讀石頭記說部有題

碧海青天意若何牢騷抑鬱不堪論瀟湘館內顰卿淚
卿比顰卿淚幾多

與泰少詹張禾父聯句

君家小住在蓬萊多少神仙逝還來（張）娶音歡呼驚一
座（泰）續詩未就更相催（禾）

泰縣圖書館傳鈔本

清明掃墓并序　甲寅

細雨和晴和風送暖此何時耶謂之清明之
天氣耶桃花爛爛于途逾時與人俱杳柳絮
輕盈于路逾時逐客齊飛春將暮矣情如何
之花既散矣我如何之遂偕知己二三折取
柳枝四五彎彎曲曲徑入荒郊有有無無屋
迷烟樹風景記前時此地絕無佀人至者也
乃今則不然若一帶飛塵蓋起數聲野哭還
聞視村裏兒童傳驚鶯喜屋屋小犬吠吠忽

奔余怪甚而往之蓋車聲轆轆履聲橐橐趁
夕陽而往來者不絕迥非疇昔之荒涼者可
比矣吁不亦怪乎知此處之荒郊一座車舍
數間纍纍荒冢稱觸眼簾而有此輩華其服
而美其容者種種之人物是非出余所逆料
者乎詢諸道旁之老者然後方知城中人掃
墓者也余既聞之頓覺腦海中忽起慎終追
遠之思乃踽踽而歸念及余祖與余父俱棄
余而逝老樹棲鴉黃泉窅窅于視聲切可能
通一語于冥冥中耶念至此心愈悲淚淚
淚珠竟不知從何湧出枕衾俱溼達旦未乾
是日為清明節晨起遂隨侍伯父暨幼弟詣
鄉間掃墓松楸無恙即壠依然處處菜花黃
猶昔日雨陣陣麥風吹面不寒隱約間又翻
千層碧浪矣途次伯父告余曰天氣晴明此
來甚快彼遠樹重重人烟疏密遠吾眼界者
即墓田附近之村莊也其中炊烟縷縷若隱
若現出乎樹杪者即守墓人之家也人語正

泰縣圖書館傳鈔本

歇車聲忽止舉目而已至矣遂奉紙錢麥飯
於墳前祭罷余此時撫祖與父之墓一思兒
生前之音容而不得乃盡情一哭淚有枯時
而心則無時不痛也車人催速行無已復至
守墓人之家片時休憩遂扶軾而歸矣歸時
思及清明野祭雖非古禮然寓慎終追
遠之意殆所謂善良之風俗而君子有取焉

雨

詩闕

清明後一日張禾父自江寧歸與張禾父汪贊
史闕數侯林善伯同遊

桃花春雨半晴時滿座佳朋爛賦詩冷淡情懷人盡醉
清明時節獨歸遲兩三婦女攜香楮多少兒童折柳枝
客散酒闌歸欲急強成一解慰新知

清明時節風俗以柳枝插于婦女髻上沿途燒
香絡繹不絕閱君先成二句屬余為續

蓬蓬髻柳枝枝正好春交二八時間一路妖嬈妝媚態
遊人暫見也凝思余

泰縣圖書館傳鈔本

奉程習予兄二首

道義秉師友平生獨過君鈎深君所尚績學况能文

逋眉長爪相疑是李家郎小雁縹萍客前身是我兄

補錄一首

上表李予先生

修竹數竿書萬卷隱修堂上坐春風無知小子愿求學

江左新逢卧雪公羽

少年集稿

程 習 撰

《少年集稿》一卷，程習撰，據泰州圖書館藏石印本影印。

程習，字習朋，一字習子，號小可，又號閑亭居士。祖籍儀徵，生於泰州東鄉。南社社員。歷任中學國文教員，兼業新聞界。

本書收録程習古今體詩七十一首，民國八年（一九一九）編訂。詩題下有紀年，早自一九一五年，晚至一九二〇年。程習詩歌頗爲關注時事，富於現實性，如《横吹西海詞》小序言：『此詠歐洲之役，大中華民國克勝德意志帝國。』又有《丙辰夏五月袁世凱死作此二篇》、《哀蔡鍔》等。在《蔡松坡》中如此贊頌蔡鍔：『絶徼揮戈志不同，虎符三尺著勛庸。一從挂膽西州角，海内於今識蔡公。』

（周　忠）

少年集稿總目 附録緣起

古今體詩七十一首

按民國八年之秋，曾有鉛字排印本，上下二卷，具八千楊州節氣少年集也。當時為歎人揶揄，致滿卷蕪雜不堪入目。印成後，隨時散發。北京四方親舊，多知余有排印之舉。終以投函索閱，纔無以答報道，兹特抄成一份，假諸石印，寄呈諸政。是為石印本。仍是草稿一種，祇費不過異色諸箋之勞而已。千秋萬歲原是幸。

習子

八月 象之

一

少年集 己未重訂草稿

古揚州 程 習 習朋

一花笑樓徵詞

横吹西海詞 四年五月

此詠歐洲之役，大中華民國，克勝德意志帝國。

魍魎合作鸛鵝笑，海水湯湯天浩浩。毒龍噴氣騰蛇游，鑿開太乙金爐竅。赫赫軒轅天馬聲，旌旗席卷八方平。西方戰鬼有啼哭，兵器難日頗黎明。血泪滾滾蚩女死，國光一一釋于歸。侶挂銅鉦照後人，點看一幾鷄知此。

少 一

贈陳生 四年六月

陳生名啟周，之裏時東當方暇，視我島上，出大憤灑嗢血于地，當欲蹈東海死，因舉小詩為慰。

二十男兒自命昂，錚錚高骨負奇芳。世桃人海昏燈熖，拂拭龍泉大劍光。鬼籙豈妨留壯魄，神州安忍付漁郎。也知吾輩未脫脫，與子酣歌入醉鄉。

丙辰夏五月袁世凱死，恨此二篇 五年七月

英雄豹隱斑，宿霧斂南山。大亂時無象，小心忍不言。冒都瀕盛節，豪族驚華軒。摩起彈冠慶，同騤傾盞歡。深宮一夫閉，廣陌萬頭攢。僭帝難堪帝，籌安致不安。

朝傳飛意京，莫聽唱刀環，逐鹿公才盡，屠龍士巧殫。
豈謂君子樂（君子有三樂，而王天下不與存焉。）不見小人閒，談此真
何易，行之亦已艱，南山有飛將，看取砥神姦。
容摩燕闕者，横議未堪當，愚者憂天圮，智能禍國亡，
昊天胡不弔，小子汝無良，故智般前鑒，新仍周舊邦。
乘機雖此極，革政至非常，浩浩天風過，悠悠關塞長，
英雄齊喘咤，遲莫獨悲傷，犬吠空因影，龍爭未及王。
殺憂嬰疾病，大計敗縱横，偵諜藏三市，軍書散八方。
欺聞紫微客，飄返白雲鄉，堯舜歸天下，夷齊立道旁。
共看君脫屣，誰惜渡霓裳，宇宙開靈景，山河耀電光。
孰謀仁政舉，所貴壯圖昌，鷹隼安能擊，中原任汝翔。

少 二

留別西門五十年少 五年七月

余嘗于泰之西門，偕五十年少結社講學，歲三逝矣。
感身既長大，志欲奔波，友當離遇，烏乎，若吾徒者，
亦匪獨為稻粱迫急之謀，實已倦廠家槃勝之異
焉，因與諸年少告別，並誦五絕句云。

靈祠風雨過三春，喬木應憐物候新，只好天涯揮手
去，此游獨作攬衣人。
紅顏夫子本清門，自有生來失故園，勢與中原同板
蕩，浪游何不事戎軒。

岳墓胡祠古柳稀，山山水水共依依，而今風送辭亭
笛，人撫長條我倒吹。
江湖不繫峭帆愁，料理歸時萬事休，慘綠少年離合
易，月明無復最高樓。
何如郊草共桂壓，是處都堪結淨因，他日此山重訪
舊，月涼人靜古城闉。

哀蔡鍔 六年七月

萬古男兒抱素馨，登高望遠涕誰零，滇池已息風波
險，燕市難尋革不靈。（有議葬于北京者）戰業蕭條霆異緑，旅
魂遲遲故山青，倚天長劍俱如是，放眼無當入窈冥。

少 三

華堂神 六年十一月

此以華堂二字，喻中華民國，以神字喻中華國民，特托諷意焉。

阿縞神人華貴種，六出堂花五雲捧，太紫坤靈皆高
聳，蚪韓遠受時閱來，駱駝倒載嬌嘶動，清宮照來二
百年，漢佩解還孫遜仙，孰非黃軒之子孫，意者華堂
永遠嘉光鮮，要知非盡後非然，元年河南猿叟攬春
權，次年贛寧兩地遙哇喧，三年東家嬌鏡窺我戶，白
日飛狼烟，四年神騰鬼趫那可說，深山宝井流金泉，
五年猿叟登極宇而死，六年閨嫁黃陂賢，肯人磐石
大人樂，逆黨勢焰張幽燕，掉尾鯨魚一朝潰，西南風

送胡厥蜚。花萼回腸晴相視。徬徨爾蕭堂七年矣。蒼龍
守戶雲曈曨。訴我晚年十月對爾歌冬終。

前題 六年十一月

彩畫仙靈隸太陽。車張座滕鼓輝光。此堂饒有風流
主。不嫁東都闔扇郎。
燕國權豪爛熟伐。折盡蛾眉三尺骨。但見華堂寢榻
陳。蛾眉幾珪烟蘿月。
歡于天宮宴瑤席。麟兒公子鳳雛癡。六時禮拜諸方
佛。但見韋陀作護持。
楚國飄風揭天地。蘭堂柱老佳人悴。我搓醉眼看華
堂。鷹揚誰是青雲器。

解嘲 六年十月

余詩編年。始于十八歲。今居二十三歲。計勒成十四卷。統而
次之曰少年集。但日久觀覽。無一當心者。行將付諸拉
雜摧燒。先題二絕。命曰解嘲。

程勞龜兒空前遠。儀冠天生好丈夫。莫漫偷花仍乞
筆。紅帷窗裏夜披書。
漁獵爭看到五車。斬龍血渴巧空屠。端知無補時艱
策。試辨蟫魚讀我書。

奉慈谿 六年十二月

慈谿設儒業十三年。其門墻女弟子不下數百人矣。今年
春。館于吳東陳氏家。復獲于論。並賦二章。用誌睠昵。

雲膜平安西字侯。要男長跪湯君濡。務惟弟子多才
貴。紫手能傳代筆書。

犀雄 六年十二月

犀雄活國非常計。帷幄深籌久慣聞。未肯武功超外
域。可憐辱無故將軍。
蘭錡分司出上方。蓋天兵甲北南強。合圍壓結魚羅
陣。賭命男兒死戰場。
陰符六甲不遑論。紫燕青虬也斷奔。猶柱撐天多幾
輩。祗今爭略問中原。
安用書生掉舌危。全甌殘勢話全非。稽章卷旆從茲
始。應息回波一片詞。

蔡松坡 六年十二月

絕徼揮戈志不同。虎符三尺著勳庸。一從桂路西州
角。海內于今識蔡公。

戲成三截句 六年十二月

勿傳丹書馨烈茂。且起揮戈逐鄰寇。燕臨首是不曾
有。銅聲駿骨千金售。
詩云居穢匿他戚。史云荊棘三不壞。闌墻外侮逼人

來。海魚侶侍吾而嘬。
奉君昆吾之寶刀，叨君茜血光雲袍。協心毗世神所
榛，麟閣萬載垂兒曾。

有題 六年十二月

剡到茗華二个人，芳名頓視萬金珍。不逢時世顛黎
貴，攝取天仙畫裏身。
家住瓊樓第幾層，勞勞堵上但高憑。昨看柳是牽腸
綫，攜入西風怨不勝。

揚州寓齋口占 七年十月

余家祖塋，舊在揚州之西山。先五世祖魚門先生，舊
六治藏園于此土，是余其初爲徽人，而遷儀徵，是名曰
儀徵人，實一揚州人耳。余于六年春，始館于東園門晏氏
作暫住焉。後至八年之秋，忽又返泰，所記詩多不存。但
記有斷句云：淒涼瘠地花，偎傍恒春種。又云：無憾柳呈述。
不老鶯空弄，歸又誤雙鴻。知已傳說部一書，中述冥鴻及
驚鴻茶未脫稿。

少 六

鷄甘斷尾憚爲用，況爾維揚一後人。但願山林藏老
母，不求堦下拜將軍。浮生素食真鷄事，痛注蒼靈假
快文。只此便成安分業，了吾三萬六千旬。

讀宣城集題後 七年十一月

齋人翻粉汗詩華，看取宣城一代傳。芝蘭芸香成妙
句，灼灼霞光飛滿天。
鼓盡芳風冠一時，組心辛苦星男兒。磊落若山岳啟無
王，清才月駟與雲螭。

自泰回徽州原籍，渡江而作 九年三月

詳述在庚申所著之斷水將書。

駿奔歲月已塵霾，天乎生我不快哉。孝亭間地人笑
之，閑閱五月怕出來。摩掌屢眼四張其，負公青春鷄
爲詩。留臨大江有所思，投鞭此士未足期。斷易義了
吾何尤，消息升降事理治。余自揚州歸泰後，閉户半年，粗解大易。初從吳氏消息説，旁及尤家之
義，業述重家言易一種，又易書一種，又習坎道書一種。一人直是水上浮，四方上下皆可
疑。試望平景如黃牛，鐵甕堅城今廢丘。醉如泥出乃
解頤，天兮地兮念在茲。憶昔狂名十五時，彤管豈待
孌女貽。風蓬鬟髮亂儌儌，衆口皆曰神蕩駘。余失學於髫齡，九
歲不知藏董，而志學之年，則自十五歲後，從吾師泰州袁先生杖履始。
先生學問浩博，辯不得已，世俗目爲病之，未如何也。是時余自己之親故亦
多目余已入婆羅門。幸余有定力，即至今尚有微名，亦出自先生啟牙之
惠。師見甚摯，誌不敢忘，記追隨杖履十年餘。號爲一日，爲世人以不狂爲
狂，多美如是，堪歎息也。那上三友昆弟才，松竹以次吾爲梅。那上一對夏
余先生門下，與余共稱三友。斯文骨肉同膠飴，邂逅或未登春台。天未記
念佳人不，赤松之志豈吾欺。男子未妨居蒿萊，下澤
款段勢不能，蕩蕩江水色如斯。傷嗟墨翟泣練絲，時此

少 七

依經書古韻。

滬寧路接滬杭路中夜車雜景詩 九年三月

振打雲羅一丈夫，振衣宵半又長車，腸鳴卻侶車輪
轉，叵耐隨人聽早烏。
某水某山不辨色，驀忽佳氣各糊塗，今宵奔走緣何
事，游虬幽姿領媚乎。
桑菜天光明白矣，古之遺人不在爾，孔鸞送翠入窗
櫳，一草一花盡歌美。
行行啼啼語音笑，橫陽征車一丈夫，瞬息海濱將及
了，為探一日跂羣烏。

少 八

海市蜃樓不耐居，蒸蒸顏熱失若璵美，下車只可望湖
去，三竺六橋人麗都。
南宮北使結同車，袁艷雄奇降萬殊，猴兒欲放狂不
得，風雨飄搖時始來。老子云：專氣致柔能嬰兒。又云：為天下谿，常德不離，復歸于嬰
兒。余三復斯言，近稱嬰兒。
花嫣柳媚奈伊何，灑洗江山兩來多，各撇征車那步
除，天珠綴粒一頭秋。

沿錢唐富春新安三江帆船雜景詩 九年三月

崖疊石骨亭亭綠，豪上山花一一紅，今日行程知幾
許，白雲隨約又前峯。

國畫奔赴如潮馬，入小烟微入畫圖，一物不知儒者
恥，畫音遙蜆五車書。
積薪薪舍好山居，一簇行人一幅畫，曉霧條開出山
日，斷崖虹跨走樵漁。
樵漁輩輩短長亭，閱盡平江萬古青，飄去遠天競瀑
布，飄來樺樹侶人行。
榜人引纜梯山背，牧豎騎牛憩水亭，雅俗與君頻相
對，江湖高枕看春星。
陽山犬吠覺村近，映水燈搖知棹遲，愁甚一灘忘不
得，晚舟行動石差差。

少 九

誰憐水底魚鱗美，亦愛山頭石骨強，今夜子陵台下
過，百年光景一漁郎。
峭碧參差到遠天，舟人於此攏歸船，杜鵑夜夜江心
哭，不及西台意惘然。
珠清林裹鷄烏靜，怪惡山頭虎豹蹲，此境有人誰得
見，深藏茅屋幾家村。
山漢衣裳侶水田，不緣何事獨清閒，山間雲霧丹青
筆，學道無成且入山。
黠痴各半語風流，千里兒誰赴越州，縱我新詩無傑
語，孤人風物艷江頭。

侶伴相識皆同伴，佔客倡娃厮養間。（同舟十日，实况如此。）起向
夜江看槳影，狂游豈料到千山。
孤負肩頭十上林，浮沈江上無堪哀。寧同梁燕飛來
日，白蹤先生古釣台。（某某題字，偏嚴陵祠壁。）
水施爛錦分胭霭，山擢華鈿映落暉。鳥雀且稀人獨
過，江山齊美我何依。
烟樹叡斜葉亂飛，莊嚴淨土望依稀。龜肩巘手人間
畢，老卧谿雲不擬歸。
三千賓客舊知己，十二山河新故園。（記不出何人句矣。）當營古
人作豪語，滄江艤棹入雞樊。

筍與芒鷹里難禁，雲霧仙茶味淺深。山郭水村無好
味，辣椒蘇筍過光陰。

洋水中停泊 九年三月

得路茫茫宿，汪洋故故歎。天星一泓水，漁火四邊山。
素養平生志，朱顏塵土顏。不逢任公子，即夜起投竿。

遊葉村 九年五月

擘絮峯巒春信深，優游且復止書溪。此村也好江南
葉。居士今迷渡口岑。（余舊家在歙之陽小南海，一名岑山，擬屢欲一游，以病不果。）犬卧宅
垣荒棘亂，牛行墟市夕陽沈。學堂無事鷗聲集，萬種
艱難辭語音。

幽居陽阮山中，寄谷同学。九年六月

是時余患溼氣瘡，兩腿平瘡，以防瘡潰，晝不能起立，祇
不能臥，山房靜坐而已。

柳肘茅頭且藏身，尺書加我譬寃神。燒前風雨書燈
伴，剩有江湖旅夢親。寧忍居緣底事，寢台美睡說
何人。報君尚有豪家歌興，天馬悲鳴渴涉逐塵。

自歙避半載返泰，又詣北京，哭神交孟勉。九年七月

己未十月廿六日，孟氏勉既殁，歲杪其尊人惠書言小兒廣森
與先生為神交，家庭談話之間，稱先生名者數十次，每日如此。
若習慣然。當謂一朝病愈，必當造廬歡敘，與共晨夕。否則
歡駕來京，結為昆季。不料小兒命短云云。烏乎！余自有生
以來，時虛獨立，寂寥寡歡，絕無父黨之親，而況世交之
誼。兼之[redacted]家者其誰。[redacted]逢我者有
幾。丁斯世也，何必人為。余與勉無半面識，訂千里交，余
偶然之合耳。今則素車白馬，難懸死友之相知。黑塞
青林，惟共冤魂而得語。交游如此，痛楚難堪。勉字昂
哉，一名廣森，字書遠，直隸宛平人也。孫木臻顏子已壽焉。

感吾東壁化為龍，墓土他年拜萬松。誰知尺碑題歲
月，自捐雙淚與天風。久章寂寞成名晚，志士淒涼以
歎終。（君詩云：敲殘漠北千堆雪，踏遍江東萬里雲。其風概可見焉。）久擬秣陵作書答，滑稽

多辭道孤寵。

栖時寂寞長吳陵，長大于今百不能。三里荒城流若霧，一朵深卷去如冰。唐虞世際畏誰憶，淮海英雲幾後稱。孤道素王消極了，慚然變計禮空燈。此詩錄

二香朵小詩錄

新橋街別趙二 七年四月

摩肩擦掠道家冠，廢物真今入世難。絡盡春愁為巨眼，偃言新款墨對江山。

悵立 七年五月

珍禽五色麗江波，烏桕青蕉烟倒拖。悵然悵立緣多事，從來留人可奈何。瑞靄堆胸只点墨，鐘刹老街召吟魔。眼前不樂容為去，一樣香雨是陀羅。

文房 七年五月

文房焚盡巳，火雲勢輕飄。翻袪帶粉塵，晶瑩窺容表。一念不多休，肝腸如電繞。書途阻行子，攜手為未必。飄蕩浪東流，鴻鴻時弄沼。曉發太陽生，光顫黎杪。觀取茂陵才，冰弦弄三桃。檀襟嬌唱歌，鸞咽玉簫寵。未夢入紅樓，撫心不云小。溫言氣轉剝，欺昧緣終了。閑鐸一春芳，楊枝翠情裊。須臾散黃昏，點點竟誰掉。日為竟欲睡，頓望天河杳。當然少年結，他人恐難曉。醉後卷餘香，虹梁鸞呼擾。

蝶錦 八年五月

蝶錦裹書又裹琴，滿胄靈怪極清森。脫空前事終無數，卻笑塗鴉謾藝林。

夢 八年六月

南郭先生隱几時，風花雨草盡成痴。此公賦我一編呈，戲灼飛魂夢裏花。

烏乎太息詞 八年六月

烏乎蒼雲情娜娜，衣我食我則幻我。生如雨草与風花，死是電光和石火。

衣我食我無定我，人海風波恐顛簸。一年一樹見芳菲，一度開花重結果。

幻我戲我何用我，魔窟深深長柵鎖。好男萬種大悲魂，飛上赤城無所可。

眼前魔窟更長鎖，哀哀情狀仍拖我。願依父母作童嬰，勿作鼻魚淚迸墮。

今年二十五 八年六月

今年我巳二十五，一瞬經過廿萬時。廿五年計廿一萬六千小時耳。再過此年仍靜得，看花老去臥書帷。

日十年五月以後，因父喪在疾，或錄古古絕律排體詩息

州市圖書館藏書

螢草文存

夏兆麐　撰

《螢草文存》四卷，夏兆麐撰，據泰州圖書館藏《耐庵叢著》本影印。

夏兆麐有《岳墩小志》，已著録。

本書爲夏兆麐詩文集，以文爲主，卷一論、書後，卷二論、贊、記、序、題辭、祭文、詩、詞，卷三策、考、辨、贊，卷四義、説、解。夏兆麐熟讀經史，其史學論文頗有見地，如《張良佐漢王猛仕秦合論》，張良與王猛行事有相似之處，夏兆麐認爲張良高於王猛，原因在張良佐漢是爲韓國復仇，王猛仕秦却未興復晋朝，其中分析張良功成身退的原因，頗爲合理，不全是自身品行高潔或爲免猜忌，『既復韓仇，初衷克遂，此心皎皎，無復他求』。《漢唐宋明黨禍合論》，將上述四朝黨争分爲二類，認爲漢之黨錮、明之東林爲公，唐之牛李、宋之洛蜀爲私，言君子：『天下無事，能退處於不争之地，斯爲至善。若以不得於時而砥礪名節，不惜捐項踵以争得失，此亦君子救國之心所激發。』

（周　忠）

耐庵从著 第一集之五

螢草文存一

螢草文存卷一

耐菴夏兆麐著

目錄

陽城為道州刺史撫字心勞催科政拙論

李愬論

趙普以半部論語治天下論

宋曹彬下江南不妄殺一人論

張詠教寇準讀霍光傳論

宋李沆言為治以不用新進浮薄喜事之人為先論

遼金元起自朔方坐臻强盛試抉其勃興之由並其所以孱弱不振之故

明成祖論

秦皇漢武國祚短長異同得失論

張良佐漢王猛仕秦合論

漢唐宋明黨禍合論

春秋不始於平王而始於隱公論

通鑑託始周威烈王論

史記魯仲連鄒陽列傳論

魯人皆以儒教而朱家用俠聞周人以商賈為資而劇孟以任俠顯諸侯論

班固不列張湯於酷吏傳論

三國志蜀志首列二牧傳論

宋史上括魏朝隋朝書仰芭梁代論

新五代史記褒貶祖春秋叙述祖史記論

揚時受薦於蔡京胡安國受薦於秦檜而史無譏詞陸游為韓侂胄作記史多毁之試申論其故

書漢武帝舉茂材異等詔後

書張子西銘後

又

書侯方域代司徒公論流賊形勢奏後

楚子玉論

秦[illegible]

項羽負拔山蓋世之氣以與漢爭不可謂非英雄何以垓下之圍一敗塗地曰驕致之耳苻堅率投鞭斷流之衆以與晉敵不可謂非雄主何以淝水之挫一蹶不振曰驕致之耳甚矣用兵而驕未有不敗者也而要非所論於楚子玉城濮一役楚師敗績論者靡不以為子玉罪吾謂不然夫子玉之為令尹子文薦之也子文善治兵者使子玉非將才子文奚由舉之觀夫取焦夷納頓子追秦師所向披靡子玉之才卓然可見矣治兵於蔿蔿賈不賀謂其不能以三百乘入童子何知多言而中當得為定論耶城濮之役晉方銳意圖霸作三軍謀元帥以全國之精銳與楚周旋而又益之以齊宋秦三大國之師兵力之強為何如耶而佐子玉以戰者惟陳蔡兩小國楚子又不悉師以益之惟以西廣東宮與若敖之六卒使抗堂堂之晉寡不敵衆勢必然即匪子玉人焉能勝楚子殆惟其不敗而故陷之乎推原禍始楚子不能無罪也且晉之謀臣猛士如先軫如子犯如狐偃如設旆之狐毛曳柴之欒枝蒙馬以虎皮之胥臣人材濟濟合羣策羣力以為之備重以譎而不正險阻備嘗之晉侯親臨戰陣激厲軍心而子玉之將佐惟子西子上既不聞設一謀人不聞建一策其何能勝敵試觀兩軍對壘之時奮力相爭晉師橫擊子上之右師先潰子西之左師繼奔惟子玉之中軍則未嘗敗收卒而止猶能自持是則楚師之敗敗於子上子西非敗於子玉也向使楚子多與之師俾子玉得以調度其間指揮如意而從之戰者外不惟弱小之陳蔡二國內不惟無能之子上子西則城濮之戰晉或未必遽勝是又安能以敗罪子玉乎或謂抗命請戰其氣已驕而令必無晉之語其驕尤甚語有之兵驕必敗子玉之敗敗於驕驕非其罪乎殊不知子玉之請戰非敢心驕實蔿賈之語有以激成觀夫非必有功願執讒口之言可以知矣況是時晉方圖霸急欲制楚賂齊秦復曹衛執宛春無非為挑釁之計其蓄慮也已深子玉即不與戰能必晉之不多方激怒終必出於一戰耶故楚之

於晉苟非拱手讓避以示屈服終不免一戰也又烏能以請戰罪子玉至今必無晉之語亦用數兵者鼓勵士氣之恒言者必以是為驕而罪之則齊侯之所謂滅此朝食亦將謂之驕乎岳少保之所謂直搗黃龍亦將謂之驕乎劉裕伐南燕曰敵人已入吾掌韋叡救鍾離曰魏人已墮吾腹鼓勵士氣之言類此者多矣未聞或以為驕奚獨於子玉而罪之歟後子玉自殺晉侯聞之而喜曰莫余毒也已是則子玉之為晉所懼也可知矣而子玉之才自有不可及者在也又可知矣若必視成敗以論人而謂城濮之敗罪在子玉豈持平之論乎雖然兵凶戰危不可以恃以楚子玉之才而不免於敗武力其未可輕用乎吾為楚子玉惜吾又不僅為楚子玉惜矣

叔孫通論

古禮之亡不亡於李斯之焚禮實亡於叔孫通之制禮也夫禮先王所以經世而通制定之為言乎古禮之亡實自通始良以通竊其似而亡其真真意不存精神喪失卒使天下後世不復能見先王之典禮是則通之制禮其流弊所及不較焚禮為尤甚乎吾嘗審察乎通之時勢高祖以馬上得天下諸將恃功而驕拔劍擊柱喧呼叫囂不復知有朝廷之制高祖深加痛惡欲理喻之而不可吏勢禁之而不能乃因叔孫通之請慨然欲起朝儀此誠禮樂將興之一機矣使通誠抗心希古博采三代之精意斟酌典憲潤色鴻業以佐其君於三代之上吾知王制官禮之隆規不難於秦灰既冷之餘復昌明於天下況漢去周未遠杞殘守缺文獻可徵宿儒耆老如孔鮒伏勝之流固猶在人間也使引而進之共襄盛舉其所制作必有可觀計不出此而惟迎合上意雜進秦儀綿蕞成功事同嬉戲於禮之大本大源末一注意是直以起朝儀為希榮固寵計也豈

可與語三代興禮之盛哉漢之治終於雜霸自漢以後代遠年湮古禮不存三代之制迄不可復識雖原禍始未必非通階之厲也或謂叔孫通恐帝苦難而止故參以易知易能之事使無所扞格其降格以相就也蓋亦不得已耳不知大匠不為拙工改其繩墨羿不為拙射變其彀率通又何能以高祖之苦難而變亂古代之禮哉抑吾聞之有賢明之臣即有郅治之主禹稷登而唐虞之治以盛伊呂出而商周之業以隆若臣不能佐其主為堯舜之君而謂其君不能者賊其君者也高祖以平民而崛起為天子其雄材大畧必有大過人者通苟善導其機進以三代之制高祖雖或苦難於始未必不能屈就於終乃通不能使高祖屈其志以就範圍而轉降其格以就高祖無怪所起朝儀可以止拔劍擊柱之亂而不能化箕踞嫚罵之態也嗚呼進退趨蹌徒崇末節震慴敬肅祇及武夫古禮之淪亡蓋由於是矣彼李斯焚書坑儒其蔑禮之罪固人所同惡叔孫通因陋就簡竊其似而失其真以取悅於上致使古禮永不復見於天下其制禮之罪人豈在李斯下耶讀史者知人論世循其名而核其實伐其罪而誅其心殊不能為之曲恕矣吾故曰古禮之亡不亡於李斯之蔑禮而實亡於叔孫通之制禮也雖然叔孫通去今遠矣生乎通之後者苟或憑一己之見創特殊之儀而毅然以周公制禮自命焉此其人視通為又何如乎

灞上棘門諸軍如兒戲論

昔漢文帝勞軍以周亞夫為真將軍而於灞上棘門諸軍則訾議之曰是兒戲耳云者謂非事之真者也夫軍旅大事不以為真而以為戲且類於小兒之戲此漢文帝之於灞上棘門所以深致不滿乎雖然天下事固無在而非兒戲矣匪獨軍旅為然更不獨灞上棘門為然是故以一國之政府而可同時有二此亦一政府彼亦一政府是何為耶曰兒戲耳以一國之元首而可歲易其人此擁護元首彼推倒元首是何為耶曰兒戲耶以會議之重地而可以逞武力硯可飛椅可擲是何為耶曰兒戲耳以選舉之要政而以論市價爭其多較其寡是何為耶曰兒戲耳以政府之命令何為而可以迎之可以拒之曰兒戲耳以親民之知事何為而可以鞭之可以杖之曰兒戲耳夫婦本為大倫妻何為而公諸世曰兒戲耳文字原為國本語何為而易其體曰兒戲耳凡此皆不可以兒戲出之而竟處之以兒戲者也是則兒戲之事固匪獨軍旅為然矣且即以軍旅論今年甲討乙而以乙為逆明年乙討甲而以甲為逆誰為逆誰非逆莫能定也有識者視之以為兒戲耳今年甲勝乙而人遂附甲明年乙勝甲而人又附乙或附之或判之至無常也有識者視之以為兒戲耳然則軍旅之事多類兒戲又豈獨灞上棘門為然哉嗚呼古今戲局多矣倡優之歌舞戲也傀儡之登場戲也事而至於戲僞也非真也若兒戲則又假之甚者今天下大事奈何多以兒戲出之哉可慨矣

灞上棘門諸軍如兒戲論

閒嘗觀夫小兒嬉戲聚三五桀驁不馴之子團集廣場折草以為旗掘土以為壘分隊列伍若治軍然竹馬縱橫意氣頗壯未嘗不慨然嘆曰此兒戲耳何近似夫軍旅哉既而思之兒戲之事有類軍旅軍旅之事又何嘗不類兒戲乎軍旅之屯駐一小兒之團聚也軍旅之調遣一小兒之馳騁也軍旅之鼓譟一小兒之喧譁也軍旅之搏擊一小兒之決鬬也其宣戰之書如小兒相詈其對壘之勢如小兒相持其戰勝也唱凱旋之歌如小兒之手舞足蹈其戰敗也撫傷亡之痛如小兒之頭破血流軍旅之事何在而不類兒戲哉昔漢文帝勞軍以周亞夫為真將軍而以灞上棘門諸軍為兒戲乎謂灞上棘門其軍旅所駐可以長驅直入誠類兒戲即細柳屯營不可輕犯亦特兒輩之不易欺者又安得謂非兒戲即且推而論之軍旅之事有類兒戲即其他之事世所謂鑠古振今者世所謂驚天震地者自有識者視之亦無一而非兒戲吾嘗謂天地一兒戲場也古今一兒戲局也四千餘年之歷史一兒之實錄也幾千百輩之事業亦兒戲之動作也英君誼辟小兒之卓異者聖賢豪傑小兒之優秀者其所為之事皆兒戲之較有可取者也老奸巨猾小兒之狡黠者庸夫俗子小兒之墮落者其所為之事皆兒戲之徒憎於人者也是以堯舜之揖讓湯武之征誅周召之共和操莽之篡奪人以為政局紛更也吾直以為兒戲耳漢唐之一統晉宋之偏安三國之鼎峙六朝之分崩人以為國運變遷也吾直以為兒戲耳漢明祖以匹夫而為天子人以為創吾以為兒戲耳呂雉武曌以女子而為皇帝人以為奇吾以為兒戲耳韓信自請為假王王而可假非兒戲乎魏璫式頌為聖人宦者稱聖非兒戲乎以郎官爵秩之尊而厮養可以充之賈豎可以攫之名器之濫如此非兒戲乎以朝廷選舉之重而夤緣可以得之賄賂可以貨之政治之弊如此非兒戲乎父子為名分所關而太公之杯羹請分則孝道可非矣王導之瓜葛相與則親權下替矣此非等名分於兒戲乎

已非嬉相傾軋無非兒戲已具講學者各分門戶黨
同伐異意見甚深其實相悖相勝無非兒戲已耳詩曰
是戲謔兮不為虐兮是古人之言論亦多兒戲矣語曰嬉
笑怒罵皆成文章是文人之著作亦多兒戲矣天地之大
古今之久無一事而非兒戲甚至造化小兒之弄人以
成令人之運以成順逆之境亦無不可謂之兒戲彼三五
小兒嬉戲於場則為兒戲中之兒戲所謂戲中戲也有識
者時微其事固未嘗不嘆天地為一大兒戲場古今為一

實亦兒戲已耳立法者各樹壁壘此繼彼新守舊紛爭者
獻圖太倉之書則指不為怪人莫不斥之曰奸臣媚外其
手握其寶示兒戲已耳國家之土地不可輕棄而毅然之
趙高之備謬石顯之矯旨行所無事人莫不斥之曰宵小
以快私懷此以人命為兒戲也夫子之讀書不可罔說而
火於驪山以媚褒姒此以國事為兒戲也技官人於酒乳
臣婦之求去則始可輕許無此非視綱常如兒戲乎舉烽
夫婦為人倫之始而有蕭娶之易內則妻可出矣有買

大兒戲局矣兒戲之事在在皆是豈獨軍旅為然哉人豈
獨灞上棘門諸軍為然哉

張佚論

將欲成北闕之賢君必先養東宮之至性使太子所親者而非正士則奸邪眩惑必將以聲色玩好導其機使太子所近者而為英賢則儲範琢磨必將以道德仁義端其始此其中利害所關不僅繫乎一姓而實為天下治亂之所由本也吾嘗讀漢書得賢師傅二曰疏廣曰張佚宣帝將以外戚許舜護太子起居廣曰儲君英師友宜擇英賢不宜親外家光武將以外戚陰識為太子太傅佚曰立太子為天下非為陰氏宜用天下之賢才佚之意與廣同而佚之言實較廣為尤直也夫太傅何職陰識何人陰識也而可以傅太子乎吾聞先王建立太子必擇九德之師六行之傅是以三公不備惟選其人陰識之德行如何吾且不論即令無疵可摘可以為師而以外戚之親任輔導之職其事終不免於私非所以廣賢太子德於天下也或謂祈奚舉士內不避親以外戚而作師資亦何不可豈知舉不避親者所以勵奔走之小臣非所以語於師傅之重任也是以雲台畫像馬援以外戚不與論者僉以為公東宮擇傅陰識以外戚不用論者尤以為善況夫外戚之禍莫甚於漢產祿以外戚而誅薄昭以外戚殺霍光以外戚族王莽以外戚篡奪且使卯金統緒陷於累卵之危前車既覆來軫方遒為天下安危計者能不引以為鑒哉然則陰識幸不為太子傅耳使陰識而傅太子也雖不必有篡奪之嫌要未必無專權之事誅除慘禍或及於身而儲君失德國本以傷其禍或中於天下家與國且兩無益也故予讀漢書外戚傳見夫椒掖蘭闈半遭慘禍而光武之朝陰氏獨不聞禍漢未嘗不嘆光武之保全外戚其事足多而張佚之直言極諫弭禍無形為尤足取也雖其後佚為太傅未聞有所表彰讀史者無不訾議然而邦家興喪祇在一言為天下非為陰氏之諫寥寥數語已足千秋又何能科以繩墨之論哉嗚呼皇儲守器輔弼需人遠佞親賢誰與上武侯之表德成教喻世豈無姬旦之才嗟先帝之遺臣堪為保相養元儲之至德厥賴賢明吾不能不因張佚之

漢光武不置西域都護論

武帝之通西域也非武帝之本意時為之也光武之不置西域都護也固光武之本意而亦時為之也漢初北狄匈奴最强兼有西域諸國資其臂助勢䟦猛烈莫可遏止高帝困平城而幸脫吕后置謾書而不較及武帝席文景之富庶國勢寖昌帝又負雄才大略豈猶復肯歲輸重幣終忍和親之辱乎故不得已而通西域以去匈奴之指臂洗前代之侵辱遺後世之安強宣成元哀之世單于歸化稽顙稱臣其明效也故曰武帝之通西域非武帝本意而時適為之也若夫光武之世匈奴已弱又值戎馬甫定之餘民力未舒元氣未復自當以愛惜民力培養元氣要務敢復好大喜功務勤遠略而為此不急之舉乎雖西域請置都護遣子入侍足見其臣漢之心甚堅然一置都護是已內附既已內附則漢與西域即成唇齒輔車之勢苟有急難漢烏得不救不救則有虧保護之意而救之則勞民動衆於民力有所傷於元氣有所損而於時勢實有所不可固不若不置都護之為愈也唐太宗時康國求內附太宗不受曰既為內附倘有急難於義不得不救若光武之不置都護其與唐宗之不受康國同一用意也乎故曰光武之不置都護固光武之本意而亦時為之也且夫都護之置原以督察諸國然明帝之時陳睦為都護和帝之時任尚段禧為都護而皆為攻困則西域之於都護固未嘗尊之重之而不敢違之背之也蓋戎狄犬羊之性叛服無常弱則媚如狐强則毒如蠆初無誠服之心非僅僅置一都護足以羈縻之也然則光武之不置都護固由於時之不可其亦因都護之不可深恃也乎

劉備三顧孔明論

有愛才而用才者有憐才而用才者有需才而用才者愛才用才者崇賢也憐才用才者沽名也需才用才者迫於時勢之不得已而非於至誠也劉備三顧孔明愛才乎憐才乎抑需才而用才者耳夫漢業不振炎火寖衰論其時既多棘手吳魏交攻羣雄逐逐論其勢更不易圖功先主不欲爭天下斯已耳先主而欲爭天下也非得一佐之才清時之量力任危劇共濟時艱天下何由定王業何由成先主知乎此於是汲汲求才猥自枉顧蓋亦需才孔殷迫於時勢之無可如何初非有三吐三握之誠有三浴三勳之意其三顧也固不得已也且先主未見孔明之先聞司馬徽語不即造廬往聘而欲徽與之俱來直猶是富貴驕人之心非真愛才亦非憐才也否則隆中屈駕至再至三何相遇之跡耶孔明蓋深知其意之不誠挫之折之以磨礱之使求之之心急而後用之之心誠耳觀於此而先主需才用才之為不得已也不可知乎雖然時勢頗危需才重急而賢人在野求帛無聞世固有需才而不能用才者則先主之三顧又豈易及哉況既用之後局定三分諫從言聽歡深魚水義重託孤待遇孔明固亦不薄嗚呼此先主之所以為先主也夫

六朝興廢論

嗚呼國家所恃者人而已矣有人則國雖弱而能强無人則國雖興而終廢予盖嘗於六朝感之矣夫六朝者皆國於江東者也據長江天塹之險有龍蟠虎踞之奇令有進取之人進取乘機會入定中原誰南之馬不可加於北朝之兵乎無如江左人才半以風流相尚奢侈相爭苟得偷安於燕幕遂日從事於清談飽醉酣歌跌狂放誕天下事無有人問矣以故孫吳鼎立險據江東未及數傳而金陵之大勢全非石頭之降旛已出矣以前有張顧之賢才後無呂陸之傑出矣也及渡江再興朝廷草興創宰相圍棋於別墅吏部捉甕於酒家或誇傲望於烏衣或助清談於麈尾巍巍朝望曠達奚如王謝之家尤難責矣元嘉之政堪爭競羡而田舍翁之笑即在其子孫蕭齊則東昏無道梁武則浮屠是崇至於宫人有學士之稱文士有狎客之號庭花曲唱亡國恨又何言耶嗟乎嗟乎興廢不常江山如夢六朝金粉一局枰棋此其故豈有他哉無人焉耳不然李唐亦都金陵而房杜諸賢一時稱盛何獨綿綿延延傳至三百餘載哉此吾儕所以覽六代之興亡覩南朝之事迹而有慨於國家之不可無人也

唐肅宗以魚朝恩為觀軍容使九節度之師潰於相州論

閹宦宿直之制昉於漢而漢之亡也以閹宦閹宦監軍之制始於唐而唐之亂也以閹宦閹宦詎可用哉唐肅宗因李郭為元勳不能相統乃以魚朝恩為觀軍容使而九節度之師遂釀相州之變君子曰唐之亂其自肅宗始乎夫用兵之道在能將將不能將將亂何由弭兵家有言將兵之權在將而將將之權在君誠以君不可不知將將之道也安慶緒之亂九節度之師討之而統制無人則擇將為急務矣為肅宗計當時名將莫李郭若論勳名則李同於郭論德望則郭重於李以郭統李可也若以李為倔強以郭統李或如孫吳之相忌不服節制恐釀禍端則郭素謙抑有大臣風必不以私忿忘公義以李統郭可也史載子儀代宏思順為將光弼懼子儀下堂執手泣語告以國亂主遷莫懷私忿光弼釋然則李郭非不必相下者以郭統李而郭能慰之以李統郭而郭能安之可知或任郭或任李均無不可也此上策也廣蘭文歡而趙強勝寇賈釋憾而漢中興此其時矣不然則李郭二將分道併進一軍由河東護嘉進鄴城以搗賊之窟一軍由安西西域取范陽以絕賊之援各統精兵不相節制李郭兼任亦非不可此中策也衛霍之齊軌瀋渾之並進始如是乎又不然或召子儀入相而九節度悉統於光弼或召光弼入衛而九節度盡屬於子儀李郭俱將才專閫握符威權一而責成亦專則專任李專任郭亦可也此策之下者也冠恂獨攻潁州馮異專制關輔無以異焉奈何不出此三策又降而下之用一刑餘小人之魚朝恩哉朝恩為人無論其不必賢也即使直言如呂強辭賞如鄭衆為宦官中卓卓者而其為刑餘之人也固百喙無辭以刑餘之宦者握軍國之大權如政體何如兵制何如軍心何相州之潰宜哉故吾論肅宗以朝恩為觀軍容使謂其有四失馬頗收將才不知專任不知人也委用豎宦授以軍符失兵柄也朝恩望淺兵敗相州貽誤軍機為患匪淺是禍在一時奄寺用權自此開幕有唐一代相與終始是害及後世一舉而四失兼焉如肅宗者其唐之亂所自始哉昔夙沙衛殿齊師尚或以為恥若朝恩之觀軍容其辱如之而禍殆又甚焉綱目大書特書曰以宦官魚朝恩為觀軍容使書宦

官者病肅宗也故君子曰唐之亂也自肅宗始

遼金元起自朔方坐臻强盛試抉其勃興之由並其所以
孱弱不振之故

嗚呼國勢盛衰之故雖曰天命豈非人事哉居嘗盱衡大勢默參乎天地盈虛消息之原與夫國家始强終弱之故而益恍然於人事有權天命不可終恃焉則請以遼金元之已事証之遼金元先世皆一小部落耳窮居漠北地僅彈丸非有玁狁之勢也非有蠻荊之威也舟車未必利械器未必精奇慧大巧未求過人似未宜遽得志者然而遼金元盛時或兵力壓中國索地要款無幾已日或兵力達西域聲威振震斡羅思以西而入主中原近百載其國勢之盛類如蒸釜之氣蓬勃而上者何哉及其既也遼則兵力不支混同江中京西京之敗國遂不振金則兵挫三峯國為不競元之後國力寖衰始也內變生諸王分析釁起蕭牆繼也外患迫士誠友諒踵起興兵迨順帝失位忽必烈之遺裔盡室北遷僅得哈耳機洼二孱國為子姓生息蕃衍地而昔時兵略皆煨燼無存矣是又何故哉說者謂盈虛消長迭至互更此天道使然也是正不然夫國勢盛衰之故亦視在人

者為之為何如耳遼金元始所以勃興者蓋以朔漠絕邊之地天氣凝寒水土瘠薄千山雪壓歲暑飛霜日月經緯不同中原其人居之者類多鷙捍驍勇本性耐勞兼悉勤苦又復嫻熟弓馬精習騎兵故其舉兵相加所向披靡有如迅風之掃秋葉是豈僅天道使然耶抑亦人事為之也其後所以孱弱不振者度亦由入華之後放侈無節民氣廢弛而人為不競有以致之耳且積威之下習以懦玩將驕卒惰兵氣暗消大業之墮有必然者此遼金元之所以旋盛旋衰也使遼金元當日自入中華仍習勤耐勞撲實清苦一如昔時不如以中國奢侈之習中之則其享國之數或猶不止如是之永乎嗚呼強弱無定形盛衰無定局皆視人事為轉移遼金元其表表者耳夫豈獨遼金元為然哉豈獨遼金元為然哉

明成祖論

世之論成祖者有二一曰罪在逆取一曰善在順守予以為逆取非成祖之罪順守實成祖之善也成祖即位免田租拜孔子卻玉碗之貢毀方士之書善政多端昭昭史冊然此猶善之小者不足論其尤著者野有隱逸之賢而帝則召之民多犯贓之罪而帝則刑之臣無激直之諫而帝則求之治道之善不尤可取耶此論史者所以比其治道於貞觀也惜乎百世之後斧鉞森嚴大義相繩難逃篡字雖然篡之名不可逃而篡之事實究有足罪而不足罪者昔陳宣帝辭位不受未幾而反讓位讓位曷故廢帝不善守也使廢帝果善守宣帝焉敢攘之成祖之攘位也亦因惠帝優柔不善守耳否則成祖又焉奪之故足罪而不足罪且南北戰爭正在激烈大風忽起塵眯南兵此其中雖曰人事實有天意存焉又烏容盡罪成祖耶予故曰逆取非成祖之罪順守實成祖之善也

張良佐漢王猛仕秦合論

王猛仕秦而心乎晉其猶張良之佐漢而心乎韓歟然而猛難與良比矣良之佐漢在韓已亡之後當韓之未亡也博浪一椎祖龍褫魄使幸而得中則大仇已報匿迹韜聲將終老於牖下其後必不佐漢項梁立横陽君為韓王良作司徒頗謀恢復使韓王不廢良得從容展布以復其仇其後亦未必佐漢良之佐漢非所志也欲報五世之仇而無所憑藉不得不假手於漢以遂其心運籌帷幄決勝疆埸漢之業賴良以成而韓之仇亦賴漢以報故良之佐漢非為漢也直為韓而已迨至侯封萬户身被殊恩不願為王者之師而願訪赤松之迹視為名如敝屣棄爵禄如鴻毛豈第因天子之多猜忌逆億乎信之必夷越之必醢而翩然高蹈以全其身哉亦以既得韓仇初衷克遂此心皎皎無復他求故不憚以始終為韓之心暴白猜疑天子之前而願棄人間事也是則良之佐漢心實佐韓以視乎王猛不仕晉而仕秦固迥異矣當夫猛處華陰晉室雖亂國固猶存猛果惓惓國家何不上治安之策然此猶可曰未遇知己也桓温入關被褐而謁縱談時局温極傾心使猛從温則温必大用猛猛得大用竭其才以為晉謀天下事豈必不可為乎縱令温謀不軌篡奪為懷不妨隨時匡救之也匡救之不入力能誅則誅之力不能誅然後去他哉故猛出仕秦之可也奈何明知君父之禍已萌而遽去而之他哉故猛之仕秦非計之得也雖病榻垂危有正朔相承數語人或謂猛實心存乎晉而遂多恕詞然此特所謂人之將死其言也善而已豈真心存乎晉哉使其心果在晉則當謁温之時何不早自決也因温以存晉且因晉以制温不較愈於以秦存晉也乎況猛用事於秦梁益之陷未聞諫止而竟聽其入寇則所謂以秦存晉者安在哉此王猛仕秦而心乎晉與張良之佐漢而心乎韓所以似同而實異也吾嘗合而論之韓亡而良有恢復之謀晉亂而猛無治安之策此猛不如良也良得横陽君而猶欲有為猛得桓將軍而不為之用此猛不如良也良佐沛公在國破

家亡之後猛為秦相在晉猶可為之時此猛不如良也而功成身退願棄人間良之高蹈則尤異乎猛之急急於功名矣吾故曰猛難與良比也雖然此就其出處言耳若論其才則捫蝨而談不遜於借箸而籌也治秦之績不下於匡漢之功也良為漢傑而猛亦為三秦之傑猛固不可厚非矣噫如猛者其有才而不善自用也乎

漢唐宋明黨禍合論

黨禍之起起於爭君子與小人爭而黨禍起君子與君子爭而予小人以可乘之隙則黨禍亦起余讀史至漢之黨錮唐之牛李宋之洛蜀明之東林未嘗不嘆其黨爭之烈而貽禍於國之甚也雖然此其中要自有辨漢之黨錮明之東林其爭也為君也為國也為社稷也公也非私也當東漢桓靈之際宦官專政國是日非李膺陳蕃激揚士氣於上郭泰范滂力持清議於下皆毅然以芟除奸佞扶佑國家為職志其氣節可光宇宙其精誠可貫金石其抱負可安社稷而其凌厲無前之概尤足歷危疑震撼而不易其衷斯其植品之堅立志之正豈易企及哉明神宗時顧憲成高攀龍輩講學東林是非人物臧否朝政清修峻望擅絕一時而其所旨者要無非為公而已憂君父之危憤王綱之墜言雖多激志實可欽況自負氣節不阿權貴貞操比冰霜大義昭日月煌煌史冊千古不磨此誠足與漢之黨錮諸君子先後輝映矣論者於此或以不能容默自

保為漢明黨人罪然則士生叔季之世皆將為噤舌之寒蟬坐視朝綱不振而不之救乃為賢歟抑或如王莽之篡歌功頌德者四十八萬七千五百七十二人乃為保身之明哲歟腐儒繩墨之論往往苛刻失當此名節之士所以日益少也宋之黨人洛蜀對峙朔黨附和其間三黨諸賢皆君子也夫君子不黨古有明言三黨諸賢固皆為聖人之徒而曾學君子之道者其所處之時非必若漢明之末閹宦弄權三綱解紐有不可不爭之得失又何為不能相容而轉相傾陷耶乃東坡於伊川肆意譏評直欲當時之士不尊頤而惟已之尊而朱光庭摘東坡策問罪以訕謗先朝藉為師門修怨挾其行徑無非門户之見也其所爭私也非公也此攻彼擊水火勢成卒致黨碑立於端門僞學編為朝籍子人以隙而宵小乃得以肆其抨擊之能推原禍始祇一私字誤之耳以視漢黨錮明東林諸君子心存君國者固相去遠矣若夫牛李之爭則更卑無足道李德裕始以宗閔對策譏切其父先存一憾之心而黨禍之漸以啟繼以與僧孺爭相位不得更存一怨之心而黨禍之根益固結而莫解以國家大臣不捐小忿釋私憾調停衆才使小人咸樂為已用而惟眈眈於睚眦之怨逐逐於功名之途思排除異己以為快較諸洛蜀黨人但為門户之爭者且遠不逮而何論於漢黨錮而何論於明東林吾故曰牛李之爭卑無足道也嗚呼士君子讀聖賢書儲為國用天下無事能退處於不爭之地斯為至善若以不得於時而砥礪名節不惜捐頂踵以爭得失此亦君子救國之心之所激而發有未可厚非者焉惟處於可以不爭之地而徒以分門別户之故存一必爭之心甚且因報怨而爭因名位而爭如唐之牛李者則誠無曲恕矣讀史者尚論古人不當推究其黨爭之所由起以判其賢愚哉

宋史上括魏朝隋書仰苞梁代論

余讀沈約宋史未嘗不嘆其精詳讀魏徵隋書未嘗不稱其箴鍊誠哉可謂為良史也然觀夫宋史上括魏朝其事實不限於宋隋書仰苞梁代其紀載不限於隋年代之間失於限斷則又不能不為之深惜也夫史曰宋史實為宋作為宋作而不限於宋何以稱宋史書曰隋書實為隋作為隋作而不限於隋何以稱隋書名實不符此劉知幾史通所為多譏評也守或曰尼父定虞書以舜為始而云粵若稽古帝堯卽明傳魯史以隱為先而云惠公元妃孟子因舜而溯堯因隱公而述孟子紀載事實初亦不限於一代則宋史之上括魏朝隋書之仰苞梁代又烏可厚非不知虞書魯史窮源溯本所以正開端之始非以炫紀載之詳其事不煩其言亦簡固非宋史隋書之漫無限制者所可同日語也或曰史遷綜論古今詳言得失上紀數千年之事班固漢書志地理則上敘九州述五行則遠稽洪範不限時代厥有成規非宋史隋書所獨然也又烏可以失於限斷譏之不知腐遷作史紀載數千年之事與斷代為史者本異其綜論古今正見其才識之卓匪宋史隋書所能引以為例至漢書斷代為史與宋史隋書所實同其上敘九州遠稽洪範正其紀載之未當也作史者仿效前人當擇其善者而從之若并其不善者而亦取焉則誤劉知幾所謂習述不悟者矣人烏能以漢書之失而遂為宋史隋書曲解也哉或又曰陳壽三國志習鑿齒漢晉春秋皆無志故沈約宋志並前代所闕者補之南北史亦但有紀傳無表志故隋書諸志兼載陳梁各朝制度以見沿革之迹此乃良史之苦心未可深加訾議不知前史無志誠屬闕畧但當別為一編以補其闕名之曰魏志補編稱之曰南北史補俾爾與前史合列以成完書若以宋史而稱魏志隋書而補梁志名實不符雖足補前史之闕見沿革之迹夫又奚取甚矣作史之不可無限斷也王鳴盛曰從來史家作志之體惟詳當代前事但於每志敘首畧述以為緣起而已沈約宋志述魏晉甚詳徒煩簡牘趙翼曰南北

史之無志既門屬闕典而隋書之兼志前代又多贅詞應以隋書各志移於南北史後由此以觀則宋史之上括魏朝隋書之仰范梁代紀載事實失於限斷譏之者固不獨劉知幾為然矣論者於此其何能為之迴護也乎

新五代史記褒貶祖春秋叙述祖史記論

春秋以後惟子長史記備制作之規模而歐陽永叔之新五代史則又仰師春秋而步武夫史記者也四庫提要謂其褒貶祖春秋叙述祖史記可謂至當矣且夫春秋褒貶書法謹嚴其書用兵之法曰伐曰侵曰戰曰圍曰入曰遷曰滅曰敗曰取曰襲曰追曰戍曰以凡十三例各因其事以寓褒貶而歐史書用兵之法亦寓褒貶於一字之中如兩相交曰攻梁紀孫儒攻楊行密於揚州即其例也以大加小曰伐梁紀遣劉知俊伐岐即其例也有罪曰討唐紀命李嗣源討趙在禮即其例也天子自往曰征周紀東征慕容彥超即其例也攻戰得地易者曰取張全義取河陽即其例也其難得者曰克龐師古克徐州即其例也寓褒貶於一字非祖春秋之明證乎而且春秋褒貶之旨首在明分義晉書申生許書子止重父子也陳黃書弟衛縶書兄明兄弟也而歐史於朱友珪之以子弒父則書反於李繼達之以弟殺兄則繼儔不書死其所以明分義者至著其

深得春秋之旨乎抑春秋褒貶之旨更在正名實夷皋見弑而書盾究趙盾之情也卓立未久而書君正克里之罪也而歐史於任圜被殺不書安重誨則明宗之知而不責難辭咎矣於天雄軍亂不書張彥則賀德倫之可誅而不誅為有罪矣於襄州軍之叛而書首惡李洪於鄜州軍之叛而書首惡王行思其所以正名實者至切矣況春秋褒貶之旨又在著幾微無駭帥師入極著無駭之擅也公子結媵婦遂及齊侯宋公盟著結之專也天王狩河陽壬申

公朝於王所明先狩而後朝也而歐史書梁亡見唐之立速則莊宗不得以討賊欺世人書漢亡見周之立速則太祖不得以立讚欺天下於馬萬之執符彥饒不書誅而書命殺則萬之擅也可惡於索自通之執楊彥溫不書而直書殺則自通之專也雖恕其所以著幾微者又何其顯此皆褒貶祖春秋之所見者也且就其紀序傳贊所自言者考之亦可知其旨若何梁本紀贊謂鄭厲衛剽魯之桓宣皆弑君自立春秋不絕其為君故梁紀亦不偽梁梁家人

傳贊謂春秋之法君弑而賊不討臣子任其責友珪之不列本紀亦所以伸討賊之志梁臣傳序謂春秋無義戰五代亦全臣司天考謂孔子作春秋而天人備本紀書人不書天非敢異於聖人其文雖異其義一也前蜀世家謂春秋書獲麟為譏蜀世家多書麟鳳非瑞十國世家年譜謂春秋因亂世而立治法本紀以亂法而正亂君其褒貶之旨或直仿乎春秋或微異乎春秋而義貫同於春秋或雖仿乎春秋而不敢自擬春秋要皆上祖乎春秋觀其一再

引述春秋即可知也矣然則提要謂其褒貶祖春秋固不謬矣至論其敘述則紀載之錯綜與史記同文筆之簡淨與史記同史記有世家而歐史有吳楚蜀漢亦列世家史記傳佞幸而歐史於伶官義兒亦有列傳史記作南越朝鮮西南夷傳而歐史亦附錄四夷史記於高祖本紀先書劉季後稱沛公稱漢王稱皇帝隨時而異其稱而歐史梁紀先書朱溫賜名後稱全忠封王後稱王僭位後始稱帝其稱亦隨時而異蓋仿史記也史記敘游俠人謂其退處

士而進奸雄述貨殖人謂其崇勢利而羞貧賤實則子長感當世之所失憤其身之所遭有激而言耳而歐史於唐六臣傳極言朋黨之禍中於國家所以懲當時黨論之失也於晉出帝紀極言敬德封王為絶天性所以斥當時濮議之非也警切時事大聲疾呼以抒其所感不又與史記類乎然則提要謂其叙述祖史記亦非無所見矣顧或謂歐史不偽朱梁非春秋討賊之志而要重誨傳於叙事中雜以斷制太似論體蓋亦仿史記而失之者不如桓公弒隱公而自立宣公弒子赤而自立鄭厲公逐世子忽而自立衛公孫剽逐其君衎而自立聖人於春秋皆不絶其為君歐史之不偽梁而書篡以著其實蓋亦用春秋之法歐公傳贊固明言之矣且子長永叔之文其難及處正在夾叙夾議大似論體之說未免吹毛求疵而不得當非持平之論也嗚呼良史如歐猶多苛論史誠不易作哉

書漢武帝舉茂材異等詔後

漢武帝舉茂材異等一詔謂者謂求材不拘資格惟期適用漢世得人之盛當自此詔開之愚竊謂不然蓋武帝者好大喜功之主也開通西域黷武窮兵窮奢極欲已甚茂材一詔仍不外逞窮黷之志已耳使帝非逞志窮黷則舉茂材可也舉異等可也舉將才相才可也何必兼及使才其兼及使才者仍通西域之侈心也且推帝之意即將謂將相並舉實亦注重在將而不在相也觀其先言將後言相可知矣尤難解者茂異之材不選於學而選自吏民選於民是矣選於吏其大謬歟夫吏而法則僅僅為刀筆吏刀筆吏不可為公卿而何以舉之為將相吏而不法則舞弄文法釀成禍端所在多有為安良除害計者方將法之舉之何為耶矧就原詔言泛駕跅弛則皆不法之徒也以不法者為非常人彼不第之黄巢叛宋之吴昊斥革鄉舉之牛金星在武帝時亦將盡舉而用之乎若謂御之有道則用之無妨然御亦非易言也無御人之才畧輒以能御

自矜則操莽之奸雄桓温之跋扈不可不謂之非常人也果何術以駕馭之則御之之說不足信也至以漢代得人自此詔始則尤不然武帝茂異之詔雖下而不聞有應詔者起如舉賢良而得董子擢博士而得公孫迭書於史冊也何足言得人乎吾故曰武帝之詔舉茂異仍逞窮黷之志已耳

書張子西銘後

張子西銘規模宏大條理精密非一言所得而盡者而究其旨要則可一言以蔽之曰明理一而分殊也何言乎理一而分殊曰西銘開篇為乾稱父坤稱母夫以乾坤為天下之大父母則有生之類所共以為父母者也是為理一然自乾坤而萬物共一父母而以父母而言一物各一父母各親其親更各子其子具分殊也且以乾為父不直曰乾父而曰乾稱父以坤為母不直曰坤母而曰坤稱母稱之云者明其非真父母而特以為父母耳其分自不得不殊也更精言之乾則稱父坤則稱母是知乾自乾坤自坤乾為陽坤為陰乾與坤非無別也一言夫乾坤而陰陽之分殊焉父自父母自母父為男母為女父與母非無別也一言夫父母而男女之分殊焉此理一而分殊之意也西銘要脉在天地之塞吾其體天地之帥吾其性二語夫既曰天地之塞吾其體則吾之體實本諸天地之體既曰天地之帥吾其性則吾之性實本諸天地之帥體與性同屬

於吾而皆本諸天地是為理一然吾自吾天地自天地究不得謂吾即天地天地即吾更不得謂吾之體即天地之塞吾之性即天地之帥也其分殊也且塞異乎帥固不得以帥為塞帥異乎塞亦不得以塞為帥塞為氣帥為志為氣與為志殊也體中有性要不得以性為體性寓乎體究不得以體為性體有形性無形有形與無形殊也更進言之體為吾之體體與吾理一也而吾為假名體為實質則殊性為吾之性性與吾理一也而吾為無常性為不滅則殊此亦理一而分殊之意也西銘功用在民吾同胞物吾與也二語夫萬物既共以天地為父母則其體性之所自相同故吾於民視如同胞於物視之如與是為理一然吾雖視民如同胞而別乎同胞而稱之曰民則民究非同胞吾雖視物如吾與而別乎與而稱之曰物則物究非與也其分殊也且對於民則曰同胞而不曰吾與別民於物是民與物殊也對於物則曰吾與而不曰同胞別物於民是物與民殊也更淺言之於吾之外而有同胞於同胞之外而又有民吾也同胞也民也其分固殊也於吾之外而有與於與之外而更有物吾也與也物也其分亦殊也此又理一而分殊之意也而且為大君為宗子為大臣為家相其理雖一而大君與宗子究殊大臣與家相究殊大君與大臣宗子與家相又各相殊非理一而分殊乎曰知化曰述事曰窮神曰繼志其理雖一而知化與述事究殊窮神與繼志究殊知化與窮神述事與繼志又各相殊非理一而分殊乎即推而至於存吾順事沒吾寧也其理雖一而以自家父母言生當順事之死當安寧焉其義不同要亦分（[illegible]之以天地言生能順事而無所違[illegible]）殊之意也然則如西銘所言無在而不見為理一即無在而不見為分殊於一天地間見理一分殊之意焉於一事物間見理一分殊之意焉甚至事事物物無一事一物而不見理一分殊之意焉故曰西銘大旨明理一而分殊也夫惟理一故己立立人己達達人當盡吾量以求合乎仁之愛亦惟分殊故親踈有別貴賤有差當如其量以求合乎義之斷且惟明乎理一而分殊即可由分殊而知理一

仁與義並盡義與仁兼資而均不失之於偏此民胞物與之心所由與孔子之老安少懷同其量而有異於墨子之兼愛也程子曰西銘一篇意極完備信然

書張子西銘後

余讀張子西銘覺其旨精深而其用宏博發前聖未發之蘊啟人心未啟之機渾渾乎難名恢恢乎無極非淺學所能窺測而扼其要旨則不外乎明仁孝之道也其曰乾稱父坤稱母即孝道之所由昭也蓋以天地為天下之一大父母則人得天地之氣以為形而資天地之理以為性固即天地之子也以父母言子之身即父母之身以天地言人之性即天地之性夫惟子之身即父母之身則事親者不可以不保愛其身人之性即天地之性則事天者亦不可不保養其性西銘之旨使人知事天如事親事親亦如事天其事天也或不思不勉而順行乎此性猶人子愛親之純而能愛其身也或戰戰兢兢以保持乎此性猶人子敬親之至而能敬其身也因愛親而愛身孝也因敬親而敬身亦孝也而不思不勉以順行乎此性者是曰樂天樂天孝之大焉者也戰戰兢兢以保持乎此性者是曰畏天畏天亦孝之大焉者也否則具人之形而不能盡人之性甚

且猶私縱欲滅絕天理是則天地之不才子耳此西銘之明孝道也其曰民吾同胞物吾與焉即仁道之所由著也蓋人與物已與人同以天地為父母即同得天地之氣以為形而同資天地之理以為性也其得乎氣之正理之全而與吾同類者為民得乎氣之偏而未通乎理之全與吾不同類者為物民與吾同類吾即以為同胞其視之也皆如己之兄弟矣物與吾雖不同類而形性之自來未嘗不同吾即以為與其視之也又如己之儕輩矣惟視民如

兄弟故高年為兄幼弱為弟聖為兄弟之合德於父母者賢為兄弟之秀出夫等長者疲癃殘疾為兄弟之顛連無告者其仁德之寬宏蓋與孔子之老安少懷同其量也惟以物儕輩故無論動者飛潛無不推恩及之其仁德之廣大即孟子之親而仁民仁民而愛物也此西銘言孝而取申生之不去伯奇之自沈陷父於惡母乃未純不知彼所事者人此所事者天人有妄則有陷父之失天固無妄何有於陷張子特借彼以明此不可著迹論也或謂西銘言

仁其弊無親親之殺流弊所極或至兼愛不知民則以為同胞物則以為吾與民與物之間自有分別固與墨子之兼愛迥異也程子論西銘曰仁孝之道備乎此須臾而不於此則不仁不孝蓋深得乎西銘之旨者也特是仁本於孝孝與仁其理實一西銘言仁孝非泥孝以言孝乃藉孝以喻仁朱子所謂推親親之厚以大無我之公因事親之誠以明事天之道者是也讀西銘者不可不知之

書侯方域代司徒公論流賊形勢奏後

善制敵者無堅敵豈敵之皆不足破哉善審勢而已矣辨區域徵因革知要害察風土世之所謂善審勢也此其審勢猶有所未盡明而吾所謂善審勢者不必爭要害之區不必守隘塞之地即曠衍平原無險可據而在我不足資守備在敵人得之則勝可進敗可退仰可攻俯可擊攻擊進退無不如心是即所謂勢也是即不可不審如以為非勢而忽之輕之則敵未有不熾國未有不亡者明末流賊縱橫由秦入豫勢甚披猖侯方域先生代司徒公論流賊形勢大旨謂審勢應變莫若以河南委之令保定撫臣楊進山東撫臣王永吉等守要害遏賊衝予始讀之未嘗不歎先生善審天下之大勢矣及反覆尋繹統覽古今詳察地勢然後知亡明之亡天下者當自先生委河南一言始夫河南一省地處中原雖地勢平坦四面受攻然自古英雄奮迹無論取天下與亂天下而河南在所必爭良以河南利進取不利保守論保守河南守無可守論進取則河南攸往咸宜故沛公得敖倉以創大業蕭王定三河以建中興唐得許亳諸邑以開基宋得汴洛二州以成業安史倡亂兩河天下振動爾朱發憤兩河元魏瀕危三國之曹瞞六朝之石勒慕容儁高歡皆倚許鄴河洛為窟穴稱雄一世河南之為大勢所在而必不容委棄可知也先生乃謂為糜破之區而欲委之過矣且夫善審勢者不惟審己之勢尤貴審人之勢所謂知己知彼百戰百利也河南之地先生以為可委而流賊以為必爭者也流賊志在進取得河南仰可以攻西北俯可以制東南進可以達樊雲退可以窺湖廣指揮如意進退如心此就全局言之也即就本省言據彰德可控河北據嵩洛可蔽山南據許潁可拒東路據郾陽可抗西軍據歸睢陳州一帶可為四面應援或進或退可暫可久賊以河南亂天下者即不難以河南取天下然此就全勝言之也即不幸小有摧挫官軍追擊而地勢曠達潰逸非難官軍南自荊襄來賊則北竄幽冀官軍北自山陝至賊則南入兩湖官軍西自巴峽進賊將東

夵贛皖官軍東至江浙進賊將西突川路四通八達無往不宜河南非流賊必要之區而為我所不可棄者乎況自古豪傑發趙魏為多民物茂實汝南為著強兵利弩河洛為優賊據有河南更不患兵之不強器之不精食之不裕而先生乃謂中原赤地千里無所仰食抑亦誤矣或謂河南一省在先生上奏時已失七八存者不過二三即不委馬亦將為賊有不若棄之為愈噫是何言耶如先生言一省大勢十去七八可不爭天下大勢十去七八亦可拱手授人矣豈理也哉厥後流賊遍臨河南渡河北上率兵入關流賊之勢跂日熾明室因以淪亡此固當時諸將之不善制敵乎而未始非先生委河南之奏誤之也儒者之見不可與論兵有如是也夫

螢草文存二

螢草文存卷二

耐菴夏

泰州市圖書館藏書

目錄

立石齋

立石齋

五石齋

樓護谷永爲五侯上客論

緊夫王倹留賓，幾輩入芙蓉之幕；狄公好客，千秋作桃李之門。一舉登龍，八爭御李。萬言倚馬，士願識荆。豈不以北道主人，允稱賢達；故思作東門嘉客，相與周旋也哉。而要非所論於樓護、谷永也。論兩子之善交，爲五侯之上客，識時俊因，寵有方。在世人雖或交稱，而小子竊爲不取。夫侯者，擅椒房之寵，挾榮戟之威。誼附絲蘿，仕因紈袴，朱輪華轂，門前並擢高軒；流水遊龍，天下競稱貴胄。重侯累將，勢埒金張；竊政弄權，惡逾産禄。梁將軍之跋扈，無以加焉；田丞相之驕盈，方斯蔑矣。朝綱紊亂，實由陰盛陽衰；時局糾紛，致使天怒人怨。豪强之勢，不戢篡逆之禍，早萌雖開閣延賓，簪裾相映，連客榻坐客，樽酒不空；京兆府中，趁瓊筵者五百；孟嘗門下，有珠履兮三千。抵掌歡迎，庶幾下士；傾心結納，頗近憐才。然而虛與委蛇，殊無誠意；況復視如秦犬，别有用心。劉穆之設饌無虛，徒以誇其豪侈；桓司馬開筵以待，豈果愛夫名流哉？當此之時，樓護、谷永誠宜助夫

五石齋

泰州市圖書館藏書

漢家願維持夫國政則請誅罪惡不避權奸上梅福之書儘中讜論陳鮑宣之議痛抑外親朱雲倔强願斬張禹王閎侃直能挫董賢即為下獄之王章還將劾鳳豈必同宗之劉向方許批鱗惟小臣有志安劉扶大義不忘討賊此策之上者也即不然三精霧塞知時事之已非九縣飈迴識奸邪之宜遠則武陵拒召戴安道不作王伶汶上歸來閔子騫終辭費宰入非鄧郭寗黨竇家識比桑沖早知顯禍亭長之楯猝擲許爾潛逃司空之薦固辭與君偕隱雖非敢諫亦曰知幾此其次焉者也又不然身即託夫權門心實忠於帝室冉求仕季不附益其私財王猛佐秦能隱鋤其篡志梁國公雖為周相卒反房陵關將軍即入曹營難忘蜀主則官希寸祿雖為入幕之賓而事出兩全終異捧盤之輩此又其次也乃樓護谷永竟計不出此聲罪致討既未敢觸怒當途避禍遠邪復不欲罷官歸里脫毛公之穎未肯潛藏以何郎之材偏求曲合但知邀寵不惜失身其在護也本以俠名夙稱精辯掉三寸之舌博羣侯之歡鄒衍談天言之侃侃郭公瀉水勢若滔滔工蘇季之揣摩遍干君相比思澄之造謁能狎公卿鼓舌揺唇無非慕勢高談雄辯祇為希榮是以司馬至尊亦下車於閭巷公子既貴且上壽於賓筵豈廚誇鯖味之佳自稱寵遇得爵倚驃騎之勢終近阿諛議論雖高名節安在讀游俠傳者不能不為之太息矣其在永也卑著政材號稱儒者名並杜欽而潰臭心阿元舅以營私引經誇中伯之忠結交貴族報恩傾齊客之首願拜私門班固典文曲談竇憲元戎冊命侈頌曹瞞謟董相為應期何異中朗擬表媲漢公於姬旦猶是揚雄法言緣飾經辭依憑寵祿文人無行何竟如斯況乎竊直諫之聲稱專攻主失恃强侯之庇護敢訐后宮發憤抒憂謬自儕於汲黯明經篤行究有愧於更生故雖陳二七戒言暢談災異而所上四十餘事未斥權豪阿附有心其奚逃大清議直諒不足又安取夫多聞哉嗚呼階前氣吐豈真鳳逆龍蟠座上客來有賴豕交獸畜雎裴相之見容孰與招賢笑郗超之參軍徒然黨惡勢能炙手此

憑聲勢以炫人志在求容倖為功名而屈已開閤者固未
為賢主訐門者亦難語嘉賓矣

玉石齋

韓文公文起八代之衰論

蓋聞羲易呈圖遂洩菁英之祕麟經紀事用昭筆削之公經史
為文學之源道德乃文章之本故為文者必根柢夫聖言以衛
聖道貴掃除夫浮論無取浮詞噫知此意者其惟唐之韓文
公乎夫文公承六朝之後當八代之衰其時文體積弊殊深請
溯源流以徵得失在昔有漢作者紛起玉台詩新詠逞枚乘之
高才鐃歌短章接柏梁之後踵班固張衡之輩鬬靡誇多相如
子雲之徒攡華挾藻四愁遺什遠繼騷經兩都雄文無慚鴻制
開先聲於魏晉振藻譽於漢京建安飈流鄴中樹幟羨三曹之
競爽博雅同稱惟七子兮齊名風流自賞晋則太沖著美於前
茂先躡蹤於後潘安仁河陽之什雅具才思石季倫金谷之詩
足徵風韻所惜華而不實未免駁而不純體格漸卑難言步武
矣降及六朝之際各成一代之才秋日芙蓉謝康樂詩才俊逸
春風楊柳顔延之詞采繽紛江大令譽滿江南庾子山聲馳河
北昭明太子擷三十卷之精華東宫舍人著五十篇之科律論
新奇則江淹何遜斐㪚英聲論麗采則沈約范雲播其芳逸固

玉石齋

為才人之極軌無如文格之甚卑風氣使然靡敝莫振陳隋以後其弊較深觀天監大業之中誠斯文升降之會矣不有作者孰救衰頹而韓文公者承先啟後領異標新掃落四六恒蹊直追古文超妙畬經訓文有本源表彰幽微文關風化爭臣論燭人臣之奸詐原道篇扶聖道之精深進學以詔生徒精勤共勵說師以伸古義教授有方淮西碑文不徇私見佛骨諫表力斥異端持論則一秉大公立言則有裨正學誠文家之山斗而學者之楷模也嗟乎董子對策學闡天人陸贄奏言志規君德

玉石齋

徙戎一論不勝慷慨之心出師兩表長下英雄之淚文有蓋於天下詞無逞夫浮華韓公之文殆其匹乎然而後儒尚論或有責言謂銘狀未能謝絕斯學力未底精純此乃責備賢者之言究非吾人持平之論而公之文章不苟作砥柱於中流文幟獨標挽狂瀾於既倒其功在吾道自不可沒也是知學猶殖也貴務本而培元文在茲乎宜去華而崇實陳言務去真諦獨標理榦既清詞條斯富否則植根不固而橘藻徒工是謂虛文無裨實濟也噫此韓公之文所以能起衰救弊也哉

兩漢循吏論

且自周官重六計郡臣恪守夫官箴遷史敘五人吏治增光夫史籍良司牧心勞撫字教化風行賢使君足跡蒞臨歡聲雷動輿情能治賢登卓異之書實錄允符名入循良之傳惟政平而訟理斯實至而名歸矣夫惟兩漢循吏尤多綰符而游刃有餘製錦則操刀無慮誇賢能之太守不少良臣頌神明之宰官允稱佳吏有如震懍四知堅辭私謁京祛三惑謹守官方名以清聞蚌含珠而還浦行因儉

玉石齋

著魚有皮而懸庭選劉寵之錢財毋苟得澹范丹之甑貧也何嫌節重如山心清似水廉潔之操不亦多乎又如識事聰明揚震之聲稱卓著平盜迅捷冦恂之懋績聿彰張綱埋輪賊氛永靖虞詡募士治譜能傳誇異政兮有三誰如魯令稱治平為第一我羨吳公龔遂多材理亂繩而不急董宣奉法叱驂乘而勿馳聞枳棘之歌官能稱職作桑枝之頌人罕間言幹練之才彌足取也至若信臣務本斥遨遊以儆三農任延催耕禁射獵以充百姓開田勸稼麥

秀漁陽佩犢帶牛桑栽渤海學宮首創文翁消僻陋之風
鄉老心傾泰彭修揖讓之禮與善良而勸加訓誨卓茂諄
諄修庠序而重視婚姻衛公耿耿教養之勤可謂至矣他
德化感民仁慈愛物髡鉗讓畔識韓守之多恩衛成留防
報魏相之厚惠黃龍望府化治零陵白鹿夾輪德施淮曲
虎渡江而遠避郡播仁聲牛逃疫而紛來世傳善政止下
卯之雹靈應堪徵反江陵之風火災不作一鞭虛挂溫仁
共仰劉寬五（修）興謠慈愛無如廣范是以臨淮侯霸去尚攀

玉石齋

轅匪惟朱邑桐鄉歿猶奉祀古稱遺愛其如斯乎且夫叔
季之朝守令固多貪酷即昇平之世長官豈盡賢能而惟
兩漢以來靡不一心供職表清勤慎良吏無得而間然立
德言君子未有不如此推其所以固有由來原夫天子親
民守相得常召見朝廷勵治恩榮不吝頒施行能獲簡於
帝心璽書遠賜功狀上邀大天聽爵秩頻增宣室詔來詢
問疾苦建武政舉覲納風謠惟堂陛無閡絕之嫌故郡國
多精純之治此一因也而且茂陵蕭育卻傳召而怒案佩

刀舒令陶謙恥舞轉而不為起坐爰延善教一郡但聞嗇
夫仇覽大賢百里難棲主簿下吏得自行其意侃侃直陳
上官不敢逞其私休休有度人能樹立官少罷庸此又一
因也況乎親民之官半屬通經之士武宣勸士舉文學以
登庸龔召起家本明經以出治功曹椎子能習尚書掾吏
仲通還精易理大廷對孟嘗之策曾舉茂才太學顯仕聖
之名厥稱儒雅學文有暇仲謀則作令新都父業能傳祖
禁則補官濟屬惟通經以致用勝酷吏之會殘亦學古而

玉石齋

入官異武夫之魯莽無忝厥職能得其民此又一因也嗟
呼綜論治源東漢因無殊西漢而分觀政績令人又豈讓
古人試觀京尹邊延追蹤張趙潁川淑皓步武龔黃王渙
清修比廉平於子況弘農坐嘯類卧治於淮陽生女名賈
與生男名吳先後齊堪輝映稱召為父與稱杜為母品題
未許參差問健令之嘉名寓輸憑吏抑神父之令譽何讓
吏師四百載相傳庶功克奏二千石共治良守攸資觀其
績紹成康宜頌聲之交作況復政如魯衛又軒輊之何分

哉

玉石齋

清代名臣序贊

蓋聞頌德同欽煥一代經綸之手公忠久著擅屢朝炎輔之才是以皋禹賡歌心殷日贊伊周弼治猷並風宣紀相業於漢家蕭曹望重數治功於晉代王謝名高房杜興唐方略許儕夫李郭富文佐宋聲華直比夫范韓歷代以來名臣不少有清之際賢哲亦多或動德崇隆鳳纂樹宰衡之望或陰陽燮理鸞台重補袞之功或經濟宏敷作柱石而深資倚畀或訏謨屢進匡黼座而婉獻箴規白水畬甪

玉石齋

佐治世者不惟廿八將凌烟繪像垂名者奚止卅六人何其盛歟可謂難矣而諸公袞袞政績昭昭更求才學之俱優亦或文章之卓著性詮能悟經術宏深永留千載之名厥以七人為最述其事畧可得聞知廼若侃侃直言峻節無慚何弟呶呶抗論私心不負朝廷羨封事之屢呈辭多蹇諤雖（彈）章令偶列帝許優容況夫考古證今名書成一統之志才優學博文鼓騰萬丈之光人號淹通羣誇博洽匪第絕才無對姜太史為之傾心最難遺卷能搜韓主試足稱

阜議徐司寇之事畧有可述者如此又若漕米弊清諫阻加賦鹽斤價限意在卹民怨讟銷於亭人寬宏莫及進箴規於藩鄰啟沃良多屏絕良言教匪無由激變毀除淫祀愚民靡不知非臣道大光官聲卓著而詩呈御覽不忘芻獻之懷學紹新安尤得薪傳之秘年少貫通經之譽早擅聲華老來讀大學之書辨明義利朱文正之事畧有可述者如此更若慰泉下之幽魂表揚烈婦拯畿南之生命賑撫飢民片語解紛科場之獄不作十年任職苞苴之饋無

玉石齋

聞胸有千秋不輕著述目窺四庫風富見聞採天府之奇書能提要託稗官之例記妙閱微紀文達之事有可述者如此至若剪閩疆之艇匪海宇奠安靖贛水之妖氛江防鞏固禁嚴鴉片威震西夷親撫猺民恩敷南甸坐詁經之舍諸生慕經師入海之堂多士爭傳絕學百餘輩儒林傳作不愧通人十三經校勘記成允稱傑著阮文達之事畧有可述者如此他若關中師過車但供夫二千嶺北讞成獄處清乎八百體聖主勤民之意不毀民居表先朝抗節

之臣請書節烈面折虎僕不畏權奸操勵難廉頑嘗薺豆名儕清獻純臣本屬純儒源出夏峰正學得傳正派錄潛菴之語篤守程朱成洛學之編不攻王陸湯文正之事畧有可述者又如此餘如杜稷重扶啟龍虎風雲之會河山再造成補天浴日之功粵匪氛清勢如破竹楚軍勇著威振搖槍兩江尊總制之權台衡績懋九伐重元戎之命鐘鼎勳垂以理學自持能闡宋儒精蘊以古文相召上追姚氏遺編則曾文正之事畧可述也至於冰壺在抱曾司十

玉石齋

載文衡祭戟常臨久作兩湖名宦銳意保東南之局功在民生留心察中外之情疏陳時務為儲才而興學風氣先開思變法以自強日新不已才華掩映羨早年名滿南皮文字留傳雖老輩事皆北面則張文襄之事畧可述也嗚呼道德文章造詣各臻其極奇才絕學盛名本自非虛姓氏流傳垂之久遠勳猷赫奕特其緒餘以視夫政績雖奇而麤疏致誚治功雖著而謗陋貽譏者固軒輊之攸分亦薰蕕之迥判矣予故述其梗概而為之序並附贊於後

徐司寇贊 徐乾學字健菴崑山人

卓哉司寇 稜棘不阿 訏謨屢進 載賡載歌 博學明辨 君才孔多 斗山望重 名掇巍科

朱文正贊 朱珪字石君大興人

惟公正直 砥節清廉 器宇醇厚 寓寬於嚴 政持大體 功在漕鹽 高安蘊蘭 剔秘搜潛

紀文達贊 紀昀字曉嵐河間人

大才槃槃 厥惟紀公 提綱扶輿 學問淹通 不輕著述 真美內充 語妙天下 滑稽之雄

阮文達贊 阮元字伯元號雲臺儀徵人

阮公政績 卓著邊疆 主持風會 為儒雅倡 康成經術 燕許文章 耆龐魁壘 曄曄有光

湯文正贊 湯斌字孔伯號潛菴睢州人

睢州相國 理學正宗 深苦刻勵 源出夏峯 居官清慎 爾位靖共 黜邪崇正 俗易化從

曾文正贊 曾國藩字伯涵號滌生湘鄉人

繄惟侯相 績佐中興 知人則哲 有功不矜 居高思危 戒懍淵冰 心涵理境 淳道載凝

張文襄贊 張之洞字香濤南皮人

奇才卓犖 名滿南皮 文章經濟 公實兼之 毅然興學 俊傑識時 東南危局 賴公維持

孫叔敖贊

贊曰賢相一言市業以復閭里高梱庳車改俗奉職循理
民安國福其擇令典軍行整肅參戰違心南轅旋北爾有
嘉謀卻米食肉得相去相不關榮辱邑請寢邱其性無欲
名廷循吏允稱良牧

玉石齋

子產贊

贊曰國僑執政豪疆息爭寬猛相濟民安其生賢哉衆母
卑若政弊五環郤請登陴守城平邱爭承貢獻以輕外交
才著執政加兵嗚呼國僑管晏齊名豈惟循吏抑亦賢卿
火不立傳未得其平

玉石齋

擬祭征虜置五經大夫奏 集史漢成語

臣竊聞古之賢主（漢書鼂錯傳）綴學立制（後漢書班固傳）褒顯儒術（後漢書章帝紀）按六經而校德（班固傳）以勵賢材（漢書武帝紀）於茲乎鴻生鉅儒（漢書揚雄傳）采經摭傳（司馬遷傳贊）講論乎六藝稽合同乎同異（班固傳）纂修洪業（公孫弘傳贊）為萬世典法（後漢書宋意傳）而王者之丕業（漢書司馬相如傳）於是乎存焉（班固傳）秦之時羞文學（漢書路溫舒傳）燔詩書（王莽傳贊）書缺簡脫（漢書藝文志）六經之道（漢書禮樂志）或幾乎息矣（藝文志）及至大漢受命（班固傳）於是諸儒始得修其經藝（史記儒林傳）高皇帝定天下（漢書主父偃傳）居馬上得之（史記陸賈傳）不好儒術（史記孝武本紀）叔孫通作禮儀（儒林傳）然後喟然嘆興於學（儒林傳）招致儒術之士（史記禮書）詩書往往間出矣（太史公自序）至孝武皇帝（漢書賈捐之傳）表章六經（漢書武帝紀贊）頌采儒術（孝武本紀）選豪俊講文學（武帝紀）置五經博士（同上）博選術藝之士（後漢書和帝紀）令各以經誼對（漢書儒林傳）解經不窮（後漢書戴憑傳）乃試之於位（史記伯夷列傳）公孫弘以治春秋為丞相封侯（漢儒林傳）天下學士靡然從風（同上）於斯之時（班固傳）文學彬彬（太史公自序）學士多稱於世（史記游俠列傳）孝成皇帝（漢書成帝紀）鄉儒術（孝武本紀）好經書（成帝紀）能通一經者皆復（漢儒林傳）久之（漢書鄒陽傳）置五經百石卒史（漢儒林傳）士無賢不肖（後漢書朱浮傳）專積思於經術（後漢書劉向傳）故天下俱稱其美也（曹相國世家贊）王莽篡位（後漢書逸民傳論）羣盜縱橫（後漢書光武帝紀）兵革不休（秦楚之際月表）五經乖析（藝文志）書缺有間矣（史記五帝本紀贊）今天下賴陛下恩厚（路溫舒傳）撥亂誅暴（秦楚之際月表）亡金革之危（路溫舒傳）遠撫長駕（司馬相如傳）建不拔之策（揚雄傳）恢復疆宇（班固傳）以登皇位（仝上）數年之間而天下密如（揚雄傳）不亦康乎（司馬相如傳）為陛下計（漢書賈誼傳）中興之初（後漢書官者傳論）誠以天下為務（漢書徐樂傳）宜因始初之隆（漢書杜欽傳）講論五經（漢書公孫弘傳）夫五經聖人所制（漢書東平王傳）王教之典籍致至治之成法也（漢儒林傳）陛下天然之質（後漢徐樂傳）豈茂世之規（揚雄傳）按之當今之務（賈誼傳）修明經術（後漢書鍾離意傳）又烏可已乎（司馬相如傳）請著功令（漢儒林傳）置五經大夫（後漢書祭遵傳）詔公卿內外眾官郡國守相（後漢書安帝紀）延文學儒者（漢儒林傳）通一經之士（史記樂書）咸登諸朝（漢儒林傳）以充其官（後漢書和帝紀）即有秀才異等（武帝紀）多所述作（漢書趙岐傳）皆集會五經家相

與共講習讀之書（樂）以扶微學（後漢書章帝紀）自今以後（後漢書宋均傳）五經復興（後漢書魯丕傳）綴學之士（漢書劉歆傳）守習孤學（漢書禮樂志）詠商周之詩講義文之勇（易）論孔氏之春秋（班固傳）修容乎禮圜翱翔乎書圃（司馬相如傳）大旨歸於興助教化（禮樂志）如此則陛下之道尊敬功業施於四海垂於萬世子孫矣（漢書賈山傳）非小功小美也（禮樂志）願陛下留意幸察（司馬相如傳）

五石齋

擬環遊世界一週記

蓋聞范子遊湖仲雅懷于泛月宗生破浪遂壯志于乘風馬遷覽山水之奇文章益縱酈蒙作江湖之客興致偏豪自來名士奇人莫不窮搜極覽況乎世界交通門戶洞闢望軌道分縱横可以坐而致也美海航之發達直當卧以遊之不有旅行曷增閱歷爾乃携行囊買扁船（舟）循海陵湖邗江聽廣陵之濤揖平山之月一株莫植誰栽唐觀之花千樹猶存聞折隨隄之柳撫今思昔感慨係之既而趁瓜步之寒潮向京江而問渡遥望金焦兀立適當江河滙流門戶重重砲台一一洵兵家之重鎮而寧省之要區也詰朝登陸乘車赴中極海樓蜃市之奇車馬往來有流水遊龍之概而地爲南北省防守之中權當東西洋之孔道地勢之險尤足論也舟發滬瀆東遊日本聽海風之泱泱响共龍吟望海水之滔滔波連馬頰訪檀君遺蹟不勝斜陽荒草之悲過箕子舊墟倏起麥秀黍離之痛及抵仁川謎登道岸遊河城歷神戶越大阪至東京嵯峨在望富士山

五石齋

雪影依稀淡蕩旖空琵琶湖風光明媚惟湖色與山光兮
大足供覽矣旋自橫濱返遊美國舊金山塔宇參差紐約
克人烟稠密遊華盛頓名城徘徊不置詣華總統遺像景
仰矣如惟是寄人籬下華僑之痛苦堪憐而納諸罟中美
例之苛嚴殊甚適茲土者不能無慨然也波士頓渡大西
洋過愛爾蘭達利物浦太晤士河流暢旺倫敦橋遊客繁
多商業振興號寰球之巨擘海權發達佔世界之中心談
地理者所謂同聲贊歎哉倫敦遊畢更適巴黎試一望兮
繁已極文木画地古木參天廣場無僕僕之塵公園有巍
巍之塔崇閣樓閣爭誇藻飾之工繁劇街衢允協花都之
號富麗情形嘆觀止矣由法而來更遊德人民儉樸家留
蟋蟀之風學術昌明文啟蛟螭之秘有克虜大砲廠而軍
具咸有哈士山大鐵礦而武備陸軍之強其為全球冠乎
柏林遊遍繼乃遊俄訪聖彼得堡之名都過莫斯科之要
地經西伯利亞工程之浩大可驚望烏蘇里江屬地之沈
淪可痛俄與中華相通蓋亦北顧之憂也遊興既闌作
歸鄉計南經吉林西轉京華謁南海宮牆不禁銅駝之感
望東交兵壘幾成鐵馬之場尋圓明之故址國恥未忘攬
太液之清波勝情具發舟發天津人來浦口易舟旋里歸
我故鄉某水某山指點釣遊之所獨來獨往眼看宇宙之
奇宗炳尋山不是過也向平遊岳奚足論乎渺滄海于一
粟行路虎難以天下為一家壯遊記取

十齡雅集圖攝影記

蓋聞洛水名園妥羣英而集會香山舊社繪九老以呈圖鶴髮虬髯無非耆宿渾金璞玉都屬名流羨諸老之清任允符人望誇是翁之矍鑠能養天和佳日偕遊德星會聚跡訂留夫爪印神還寄於毫顛不亦懿歟可謂盛矣夫維泰邑實處海隅人傑地靈不少時髦之士年高德卲還多古道之人試觀中壘傳經儒術久推劉向東征作賦才華共仰袁宏鳳擅清談無如王導孫持名節難得吳筠高伯華以慎密見知小心勿懈沈休文以淹通馳譽大雅能容王簿才高工陳琳之書檄將軍名重識淩統之戎機樹碩望於鄉邦原多老輩作寓公於海曲不乏名賢指數人材數難枚舉心儀壽考頌上華封增五福之嘉麻識一時之盛事矣況復銀緋政最弦調單父之琴華胄宗華聲識尚書之履惟桐城大令著花縣循聲庭有魚懸寅恭夙凜籌添鶴算甲紀曾過獻易縣之泥青寧官身現望函關之氣紫仙尹名傳又如芝草園宮識仙翁於瀛島桃花栽觀訪

壺石齋

道士於元都烏歎歎而飛鳧術何奇妙鸞翩翩而披鶴神自沖虛紈固葆真提得養生之印優游沐道鍊成不老之丹如是散人亦多上壽不有雅集奚著國光爾乃汝陽才子主東道而飛箋河渚老人頌南山而益壽生來好事豈曰老夫耄矣無能行樂及時笑老子興殊不淺舊雨今雨攜手偕來福星壽星當頭朗照借得圖書之府聊啟賓筵游來典籍之場應稱主席勝侶許邀文富合循真率遺規游仙並降佺僑渾似太羅高會桃庖杏汲飲一斗而醉倒淳于椿樹蔭濃壽千齡而算逾彭祖合春秋兮共計盡日夕以暢遊勝攬西園何好小住幽尋上苑却好閒遊談道有柳覆橋低人倚曲欄之畔聞道苔封石滑客登孤嶺之巔亭雖小而香浮梅花未老洲不深兮稱好菡萏猶芳山水多奇此地是海陵名勝衣冠太古其人如商嶺仙翁偶然曲唱紫芝益增興會似此堂開綠野盡掃塵氛況夫修悵含陰正清光兮照我袷衣不暖值爽氣之宜人新秋登庾亮之樓不須扶杖涼夕聚袁公之舍可以援琴勝踐非

壺石齋

擬芳時難得將欲誌雪鴻之迹還應圖雲鶴之姿於時潑
墨吟玉傳真神於紙上范金鑄蠡摹壽相於生前瞻鵠立
之容尊掀髯欲笑信龍眠之術妙脫腕如真肖像永傳誰
不是龐眉皓髮勝遊休負即此樽留絮米萍因僕也分屬
後生心傾先進老而彌健艷羨松貞壯不如人自慚樗散
記到千秋佳話願常添海屋之籌獻來一片蕪詞何異響
雷門之鼓

益石齋

杭州亦社緣起

間嘗乘長風破巨浪渡錢塘江訪西湖景見夫三竺烟迷
六橋波靜湖入伍員廟裏月白風清春藏蘇小家中花明
柳暗無邊烟景若將假我以文章如此湖山合有詩鶯人
之詩句倘得拔仙重到定結詞壇妥求御史多聞同浮課
舫爰有滄遺偉壽諸先生者攢紙年課鑄硯功苦才華卓
越江大令譽滿江南詞藻繽紛庾子山聲馳河北有沈約
凌雲之逸致兼潘江陸海之奇才生當文獻之邦自有賢
豪作接志矢謙虛之益還虞孤陋寡聞況乎時勢逼人舊
學幾於淪沒年華促我者儒半就凋零黃壚塵封幾輩放
劉黃之哭青衫老死何年見李白之才南山當窗望古而
歎雨風望野吾道其孤匪提倡乎宗風曷保存乎國粹因
念無知鷗泛鷁解呼羣出谷鳥鳴且思求友約素心而數
晨夕宜聯四友之羣結勝侶而賞芳馨應洽十朋之契羣
英聯句因緣在翰墨之間千里知交求往盡東南之美奇
堙共賞德必有鄰有時朋自遠來為尋戴子儘許語憑君

益石齋

寄書託洪喬題一紙而命同卷百本而散遍篇篇錦繡字字珠璣或巧鬭詞芽或曲傳意蕊或如太沖之賦都揚芬鋪藻或如少陵之懷古咽怨含悲或詩思清新蹤追七子或文思横溢力掃千人風流自賞同稱屈艷班香月旦新評莫誤盧前王後然而明湖卅里爭傳著作之聲而廣廈萬間未覓圖書之室倘對雲山點筆硯無席而奚安恐教風雪留人藝無場而罷角於是二三知己同宴桃李之園十數名流共結枌榆之社是社也綱維多少才人接近瑯琊福地同調相引詎嫌雨晦風瀟卜宅以居領略湖光山色匪春社之酬神佑殊氏社之課農功似淨社之悟禪機光明圓覺儼洛社之談學理議論縱横有如九老耕吟香山社名傳居易疑是羣賢同憶白蓮社結自遠公梁伯鸞賃屋著書亦多樂意蘇子美築亭少住亦足怡情曲水流觴亦有山林之趣輞川別墅亦稱詩酒之窩不是耆英會啟亦仙侶之同登縱非有美堂開亦芳鄰之許卜昭明已往台亦可以讀書沈約重來樓亦題于元暢亦風亦雅亦莊亦諧亦文人之藪亦道藝之林撞善問之鐘觀摩有自擘催詩之鉢唱和相隨孤雲究在毋閟金玉之音清泉要豐時錫瓊琚之報此亦社之所緣而起也嗟呼論文把酒結舊侶而清談弄月吟風自名人之韻事此後羣英聯句争奪錦標允宜四海論文歡聯瓶鉢

玉石齋

入

在昔香山結社九老聯吟滄浪築亭兩賢同詠話松陵之韻事皮陸追陪溯輞水之遺徽裴王酬和風騷才敏詩嫌刻燭之遲日課功深句擬穿珠之好豈不以文人翰墨宜結因緣名士唱酬合引同調哉杭州亦社諸君子芳馨共賞同主風月之盟聲氣相聯如締烟霞之侶借問奪標詩國誰真仙才羨他樹幟詞壇無非健將侈奇鬭異齊斐洛下之英摛藻摛華益振漢京之采寄錦囊個個寫成幼婦妙孫聽銅鉢聲聲催出陽春白雪或曲傳意蕊或巧鬭詞芽珠必探驪樓皆造鳳才華如許總教紙貴洛陽文字聯交不惜音傳空谷僕自慚不學禍愧無文千里訂交艷羨東南之美羣英聯句曾登風雅之堂讀絕妙之辭合勸付之梨棗是發凡之例是當弁以無詞

五石齋

恭擬開博學鴻詞科詔 集文選

詔曰（賢詔 武）朕寅奉（永明九年策秀才文）慈訓（謝朓齊敬皇后哀文）文章為經國之大業不朽之盛事（魏文論文）或以抒下情而通諷諭或以宣上德而盡忠孝（兩都序）揄揚洪美（盧諶贈劉琨詩）潤色鴻業（兩都序）以美風俗（長留賦）以致太和（求自試表）其功大也（同上）是以大漢初定崇禮官考文章（兩都序）紹唐肩錄（緒白馬賦）求之若不及（逸民傳論）而言以語侍從之臣（兩都序）因時則揚（演連珠）爰逮宋氏（謝靈運傳論）綴學之士（讓太常博士書）加非次之榮（讓開封表）儒雅之徒如處龍鳳之署（博奕論）今得其所也（與山濤絕交書）迄於聖代（文選原序）先帝創業（出師表）憲章稽古（東都賦）乃下明詔（讓太常博士書）開寬裕之路以延天下之英（得賢臣頌）登庸明試（華林園詩）舉不遺才（七啟）于茲乎鴻生鉅儒（羽獵賦）飛辯摛藻（夏侯常侍誄）思皇多士（得賢臣頌）弭筆華軒（為賈謐贈陸和詩）彬彬焉（陳太和碑文）肅肅焉（褚淵碑）十載加會（西征賦）炳焉與三代同風（兩都序）矣今者（與嵇文瑜書）四海之內（東都賦）開設學校（孔尚書序）舊章靡存（祭顏光祿文）猗猗士子（補亡詩）不復屬意于文（劉越石答盧諶詩序）學缺文殘稍離其真（讓太常博士書）耆儒碩老抱其書

五石齋

而遠遊（劇秦美新）不其惜乎（陶徵士誄文）爰降詔書（褚淵碑文）命有司（東都
垂異常之顧（讓中書令表）旁求四方（薦禰衡表）明揚幽仄（恩倖傳論）或博
雅好古多識前代之載（西京賦）保殘守缺（讓太常博士）收百世之
闕文（文賦）或英才卓礫（薦禰衡表）跌宕文史（恨賦）揮翰墨以奮藻（歸田
賦）初極宏侈之詞（三都序）誦美有章（曲水詩序）名實不違者（為蕭
揚州薦士）屈禮下之（奏記）嘔喻受之（得賢臣頌）薦名宰府（宣德皇后令）先為
之容（獄中上書）此一役也（藉田賦）蓋將以極微言于未絕（郭有道碑）
振千載之遺韻（文賦）非苟尚辭而已（三都序）羣卿百僚其敬聽

玉石齋

後命（魏公九錫文）無委而不用（二十八將傳論）時有壅蔽之累（演連珠）若
無可觀采則受面欺之罪（薦禰衡表）欽哉（魏公九錫文）

擬憲政成立頌（有序）集文選

蓋聞有昭千載之嘉會（西征賦）臣子不宣者鄙也（四子講德論）
盛三雍之上儀（東都賦）遊揚德業者（文選序）宜也（解嘲）何則
（讓太常博士書）文以情變（謝靈運傳論）事以頌宣（魯靈光殿賦）郁郁乎
煥哉（劇秦美新）民詠所不能名者（四子講德論）請為左右揚榷
而陳之（左太沖蜀都賦）
昔者（李陵答蘇武書）
先帝在時（前出師表）化感無外（七命）聲教布濩（東京賦）天下晏然（長楊賦）殊

玉石齋

方別區（東都賦）雜遝交集（藉田賦）乃憑恃其衆（魏公九錫文）負固不
恭（檄吳將校部曲）茫茫宇宙（高祖功臣頌）守之不固（六代論）
聖德無私（庾翼讓中書令）臨事制變（檄吳將校部曲）乃下
明詔命有司（東都賦）垂布憲之文（石闕銘）與天下為更始（上林賦）天下大
悅響風而聽（上林賦）惜乎（朱浮與彭寵書）中道崩殂（出師表）未及施
行（讓太常博士書）今
主上聖德欽明（檄蜀文）紹隆前緒（同上）懿歟
王表（曲水詩序）以密戚上賢（昭王碑文）始攝政事（范史皇后紀論）地居旦

奭齊昭王碑東國之鈞褚淵碑文屢下

明詔齊文宣王行狀申舊章東都賦彰

先帝之休德東都本人物之至情景福殿賦斟酌典憲魏都賦翼新

大猷求加贈劉前軍表令者應與岑文瑜書禮容之壯觀耤田可與樂

成讓太常博士書陳圭置臬石闕銘著之於篇賢良詔普天率土

東都動容發音而觀者耤田喁喁焉喻巴蜀文肅肅焉褚淵碑文延

頸舉踵喻巴蜀文觀國之光七啟開闢以來劇秦美新於斯為盛

公侯宏傅贊然則默而息乎報孫會宗書其於義固未可也上林

圭石齋

是用輯遺文王文憲集序潤色鴻業西都賦序敷暢厥旨孔安國尚

書序用垂頌聲東方朔畫像贊遂作頌曰羽獵賦

聖皇紹祚劉琨勸進表文垂拱司契魏都順時立政景福殿賦將有大事

讓太常博士書乃班憲度東都茂崇嘉制齊文宣王行狀運之所隆運命

論天下更始上林改憲勅灋永明元年策秀才文朝臣國議宦者傳論

洋洋搢紳郭有道碑進謀誦志永明十年策文一以抒下情兩都賦序

永言攸濟永明十年策文憲度著明封禪文與人共治六代論君

臣懽康東京明其一體四子講德國之憲章揚荊州誄樂與同之

讓太常博士書卓哉煌煌劇秦美新王制巨麗閒居忭舞康衢耤田思

皇多士聖主得賢臣頌褒讚有成昭明序揄揚宏美贈劉琨書歡欣

踊躍與滿炳書有自來矣晉王勸牋憲流後昆齊文宣王行狀慶衍來

裔檄蜀文猗歟偉歟賢良詔盛哉斯世東都賦

圭石齋

通揚日報館成立頌詞

蓋聞音以賞奏（劉琨贈盧諶詩）事以頌宣（魯靈光殿賦）有非常之人（難蜀父老）宏亮洪業（典引）事美一時（文選原序）而綴辭之士（馬敦誄）不宣者鄙也（四子講德）方今天下睢剌（南都）上墋下黷（漢高祖功臣頌）四海圮裂（三都賦序）氛厲彌昏（勸進表）其所以然者（運命論）都人士女（西都賦）凡庸固陋（讓中書令）明有所不見聽有所不聞（答客難）時有壅蔽之累（演連珠）不能啟童昏之心也（同上）淮南（漢高祖功臣頌）途路雖局（與吳質書）而網絡群流（江賦）歸海而會（吳都賦）邑邑相屬（西都）重城結隅（吳都賦）寶為地之奧區神皋（西京賦）況乎海陵之倉紅粟流衍（吳都賦）九市開場（西都賦）雜遝交集（藉田賦）永惟此邦（西征賦）可謂宏廣（求親親表）徒以叔世民訛（廣絕交論）遺黎偷薄（為元彥表）俚人不識寡見尠聞（四子講德）蔽明塞聰（答客難）而未寤於先覺（吳都）不亦暗乎（東都）迺若鴻生鉅儒（羽獵）俯弘時務（三國名臣頌）大雅宏達（西都）順時而謀（與彭寵書）開集雅之館（石闕銘）謀不朽之業（郭有道碑）度宏規而大啟（西都）究人事之終始（閒居賦）信其筆奮其舌（解嘲）發言抗論（答魏太子牋）宣於延陵（吳都）其間（蜀都）經國大業（論文）或能識評（詠章）街

談巷說必有可采（與楊德祖書）舊文新藝（楊仲武誄）鬱起乎翰林（文賦）會意遺言（文賦）無遺乎小說（上文選注表）其餘（皇后紀論）富中之甿（吳都）釋賤販貴（報孫中書）會懋遷有無（魏都）靡不載敘（魯靈光殿賦）炳炳麟麟（據秦美新）元元本本（西都）蓋云備矣（文選原序）不亦優乎（答賓戲）今者（與荅文論）八年（魏武文）九月（馬汧督誄）一日（石闕銘）締構之初（魏都）兆基開業（出師頌）禮舉儀具（東都）可興樂成（讓太常博士書）動容發音而觀者（藉田）喁喁焉（喻巴蜀）肅肅焉（諸淵碑文）而今而後（西京）經之以歲月累之以日力（博奕論）深根固蒂（吳都）踵其事而增華（原序）推而廣之（全上）駿發開其遠祥定爾固其洪業（曲水詩序）都人士女（見前）朝夕觀覽（景福殿賦）皆感能剖（思元賦）感人密深（四子講德）而風移俗易（同上）有所補益（宦者傳論）其異夫奔競之徒（王文憲集序）垂空文以自見（報任少卿書）意無是非言無可否（運命論）繁文縟旨（謝靈運傳論）無補於風規（西京）來時射利（吳都）徒冒其貨殖者乎（運命論）余雖不敏（七啟）望風推服（王文憲集序）是用綴輯遺文（全上）揄揚宏美（盧諶贈劉琨詩）敷暢厥旨（孔安國尚書序）用垂頌聲（東方朔畫像贊）頌曰（東都賦）

茫茫宇宙（漢高祖功臣頌）顛倒傾沛（豪士賦序）橫厲糾紛（劉琨答盧諶詩）孰任

其累 高祖功臣頌 惟此庸固 任昉文 昧道懵學 月賦 振厥弛維 盧諶答劉

琨 永貽先覺 皇太子釋奠詩 況乃海隅 潘安仁贈陸機 卂日不該 吳都 下愚

之蔽 檄吳將校部曲 無所旌才 答客難 於赫君子 諷諫詩 彈見洽聞 西都

延陵有作 王文憲集序 恢恢其文 三都 筆不停輟 鸚鵡賦 終日經營

四子講德 告成大報 郊祀歌 訓若風行 閑居賦 朝觀夕覽 見前 俾民是

紀 陸士衡詩 今日發蒙 長楊 所以經始 吳都 累徽以著 勵志 水積成淵

仝上 聲華籍甚 宣德后令 粲然可觀 原序 緼以年序 答賓戲 恢拓洪業

文概 蜀 永永萬年 聖主得賢臣頌 著而不滅 喻巴蜀文

題陳伯純先生行樂圖

於休先生 郭有道碑 古之君子 博奕論 既老不衰 惜誦 無慕於世 鵩鳥賦

養素邱園 蕭揚州薦士表 跌宕文史 恨賦 松柏之下 風賦 旨行旨止 射雉賦

蘭枝阿那 魯靈光殿賦 芳草如積 二京賦 白鹿孑蜺 魯靈光殿賦 嶠首高視 甘泉賦

饒樂若此 子虛賦 疇可與比 思元賦 嗟若先生 屈原文 固已遠矣 讓太常博士書

為曹餘慶繼配徐氏請旌文

竊聞栢本後彫卒著千秋之節蓮能不染曾無半點之污
由來貞節例許褒揚茲有曹餘慶之妻徐氏本為處女能
守閨箴比事丈夫克宜壼範梁家案舉絃暫續乎膠鯤劉
子琴懸歌悄聞大寡鵠携來竹管斑駁淚零詠到栢舟堅
貞志苦天荒地老詠之死而靡他以哭兒啼知未亡之有
待撫孤雛如己出以寡母作師資憐閨損之寒不教蘆兒
累冷聽棠之哭誰憐愁婦花開節凜冰霜誇婦德者不
下千百輩諸彈日月嘗艱苦者莫此十九年溯自某年其
夫曹餘慶病故徐氏時年二十八歲迄某年徐氏年若干
歲因病逝世計守節若干年核與褒獎條例尚屬相符是
宜留取乎汗青俾光千古藉以表明其堅白聊慰九泉之下
卷)

石齋

哭陳君功宇文　為學生擬作　乙卯秋

四壁燈青蟲吟唧唧一庭月白雁語凄凄覺秋色之荒
涼正愁懷之鬱抑而陳君功宇之噩耗適來聞訃之餘
不禁為之戚戚乃為文以哭之文曰
嗚呼緊顏回之好學兮羌短命而堪憐痛賈生之多才兮
偏不假以天年胡才人之不壽兮余欲問乎蒼天悲哉陳
君功宇兮未弱冠而遊仙豈早花宜殂謝兮匪松柏之質
堅傷子敬之人亡兮將捽斷其琴絃惜延陵之劍冷兮撫
衾裍而依然哀好友之云亡兮竟一去而不旋憶生平之
行誼兮敢緘默而無言君本翩翩之華胄兮比門第於金
張先世不乏達人兮籍早隸乎維揚感投獎而君生兮增
門閭之榮光狀魁梧而岐嶷兮如神駒之昂昂識之無於
七月兮握智珠而吐光芒惟君之性至篤兮事双親而色
怡侍高年之祖母兮時繞膝而含飴待弱妹而至愛兮
恆小心以扶持惟君之品至純兮為鄉老所褒嘉既舉止
之安詳兮亦言笑之不差洵溫良而和潤兮如白璧之無

石齋

暇君之求學甚勤兮恒自強而不息既靡寒而靡暑兮亦靡朝而靡夕終日孜孜以研求兮惟寸陰之是惜君之造就甚深兮非吾人所企及精圖畫與手工兮尤善疇人之術歷史地理兼長兮國學尤為精絕君之立志甚堅兮無雜念之紛紜願學業之有成兮繼一脈於斯文終日講不倦兮雖抱病而志不少分君之抱病非一日兮痛禍根已久伏暑假返里過而來校兮已形神之局促倏金風之告警兮膏肓之病益兮篤急返里以醫治兮冀元氣之可復恨藥石之無靈兮遽興悲乎隕玉斯人而有斯疾兮竟如斯之結局同學聞之心傷兮孰不潸潸焉而痛哭君之死已可悲兮家庭之悲痛更如醉而如癡痛碩果之不存兮悲伯道之無兒痛孫枝之遽折兮悲哉垂老之重慈家庭之慘狀如此兮君有應靈兮應知問君何忍遽去兮竟撒手而長辭雖然百年泡影兮如石火與電光同歸太空兮又何問乎彭殤刧令中原多故兮後顧茫茫吾人對此危局兮徒感滄桑君脫然於世外兮刻免紅羊即借此以為解兮藉慰君之高堂吁嗟噫嘻兮君今已矣招魂何處兮莫知所止余懷鬱抑兮愁將焉洗握管為文兮名曰陳君之痛史

祭葉太師母文　為學生撰作

維

中華民國十五年　月　日舊歷歲次丙寅八月

日學生　等謹以清酒庶饈致祭於

葉太師母吳太宜人之靈曰嗚呼薤露悲深婺星光冷緬想母儀私衷耿耿惟

太師母系出名門溫恭靜淑懿範常存相夫有道勤儉治家和平接物成黨爭誇元識超超振興女學培養羣英允稱先覺慷慨捐資一空囊橐擘劃經營規模式廓莘莘學子樂坐春風成材不少聲譽日隆顧水思源皆母之功吁嗟賢母合享遐年何圖一病遽作游仙妊峯頂墜女界悽愴及門弟子倍覺心傷靈前哭祭敬奠一觴靈兮有知尚其來饗

陳幼亭先生六十壽序

蓋聞根柢深蟠松柏鬱葱蘢之勢菁英潛蘊璠璵徵和潤之光茂德淵沖貞符斯應純懿淑善慶瑞迺彰是以耆二十四考之勳汾陽福備歷一百八齡之歲召保望隆懿惟幼亭先生棠湖秀毓茗嶺芬清昂昂神驥之姿矯矯元龍之品張堪夙慧早負大名王郎方孩許成佳器担當門戶生來墮地之神建設家庭具有擎天之手雖復煢煢對影岵恃流哀而其抑抑小心經營彌苦爾乃勵孝先之志潛向朗之心鐵硯磨穿不怕青燈味苦玉台詠就爭傳黃絹詞新箋五色而錦裁筆一枝而花燦擅孟公之尺牘儘許傳薪讀主簿之文章不誇儉草頭昂天半為破壁之龍翮勵風前亦厲沖霄之鶚抱璞屢獻淬志彌堅大器晚成所積迺厚況復經傳靈素學究岐黃明六度以驅病魔調九候以療痼疾活人活國手抄盧相之方壽世壽身心折倉公之術煉元砂於玉洞陋他漢漫仙翁嚼靈液於瓊漿勝我希夷老祖故張巔困篤雖苦病軀而老子婆娑偏成壽

相蓋不第造清新之句開府詩工運靈活之機輞川畫就
僊心別有俗慮都消知養性之有方斯延年兮無極矣也
若夫交友以篤律己彌嚴揮財而橐籥吹輕恤貧而梓桑
惠遍裔流千里慨分疏傅之金天化一編聲振遒人之鐸
君似太邱道廣未歇餘芳人誇真容年延爲多隱德仁人
必壽理所固然夫人潘氏自穆閨儀克宣陰律鵾絃膠續
允爲琴瑟之調鴻案眉齊還作藁砧之助大惟德標彤管
故能和召金絲家賢則哲嗣華華三君望重鳳翔卜孫曾
婉婉五世瑞符而先生貽穀有謀含飴好弄擷燕山之桂
教有義方茁馬府之蘭愛無姑息歡聲吹萬卻欣奕葉流
芬樂事無雙自許靈椿不老得參光之精鋭古人入鬢眉
具高允之聰强健誇腰腳叟應稱橘老不扶節從知積厚
流光即是引年之驗翻笑長生久視未聞養身之原適逢
者慶逢六龝瑞集一堂周甲纔輪計栽花之有候先庚爲
祝齡擬折柳之佳期料知海屋春深鶴髮爭誇壽者相會
看華堂夜宴龍光遥映老人星慶誼忝通家心傾遵範數

名門於東海遥企者英頌吉語於南山式歌壽兮孝躋堂
路遠忝稱大董之觴介壽詞陳聊作華封之祝謹序

讀鍾記室詩品

南朝才子不一人著作之多等其身昭明文選人稱道鍾郎詩品尤超倫

選文不易詩益難月旦親評却苦辛漢魏以來多作者搜羅宏富删削頻

名詩精選百廿輩三品攸分藻鑑真序語清新冠篇首文理妙達如有神

最難論斷平且允不偏不倚醇乎醇吁嗟記室清才擅愬許聰明絕項臻

半石齋

讀司空表聖詩品

鍾郎而後有司空詩品名同實不同一論詩源一詩境兩相輝映不相蒙

司空立論有殊識妙契精微模寫工論詩深得味外味氣爽神清理亦通

廿四品分體兼備四言韻語何清冲平奇濃淡包括盡許多意境在其中

精細文心儔與匹詵鋒不讓劉勰雄即今讀者撫遺卷總任心傾拜下風

半石齋

米顛拜石歌　七古

我將倚劍踏穹碧俯視江山如片席招邀明月為友朋驅遣涼風供使役昂頭四顧意氣豪長嘯一聲天地窄胡為傲骨奇人褱俯首階前拜巖石米顛雖顛未為顛只是生平有奇癖抑塞磊落意不平玩愛奇石如拱璧一官匏繫牧無為仙吏逍遥性孤僻今雨不來舊雨疎疇堪把臂共晨夕忽聞有石怪且奇安車蒲輪還入宅醜態異狀立階前風骨嶙峋異常格怒虎猛鬭鷙鳥蹲成人楓兮害癭柏愈醜愈怪品愈高賞識何人具眼隻阿顛一見心遽傾任意摩挲手不釋匪為五斗偏折腰拜倒階前手加額拜經鬅鬙古人風拜佛窮作桑門釋一拜再拜敢云勞整冠肅帶意自適手舞足蹈樂不疲說甚將軍有揖容石怪人顛事亦奇拜罷狂歌叫聲裂帛顛人怪石兄弟行阿顛為仲石為伯廿載相思今始償投分忘形交能擇四海相逢碌碌多惟兄最契心莫逆吁嗟米老遺風微怪石依然時代易千載以下幾人顛不有顛人誰愛惜

詠閏魚　七古　有序

閏魚為物經籍罕載揚州府志謂是魚閏年自海出骨可為橋雖言之亦不詳以余所聞閏魚產於東台海下乾隆以前未置東台泰邑實濱於海故我泰人士類知閏魚之說閏魚形狀不一按其所閏之年枝生肖而變更焉如子年則鼠首魚尾丑年則牛首魚尾者是魚身長十餘丈非人力所能捕獲必大風雨漲湧海潮而上困斃沙灘乃能割宰（說見江都袁阜所著命理探原）宰割時萬材及齊舉彼此喧呼先下手者不詳魚肉甚精美而適口或云有毒不可食海濱故老言之確鑿其語不盡無稽今年歲在乙丑四月逢閏不知牛首魚尾之魚可更發見於海上乎爰為之詠曰

雨急風馳沙石走東海狂濤怒如吼有物宛轉泥沙中非馬非龍非海狗十丈雄軀狀絕奇魚其尾兮牛其首厥物名何曰閏魚維其時矣物其有山海奇經名不詳海濱故老傳聞久神物失勢任割烹聲聞霍

霍氣糾糾萬刄刲割齋喧呼不敢居先恐罹咎默禱
寧須驅文枚高無翊屠龍手折肢斷骨血流紅脊可
為橋肉適口神物變化應無常底事麋軀付漁叟我
聞凡閩有黃楊茲事聊堪與之偶吁嗟宇宙多靈奇
紀閏今逢歲乙丑我願乘槎到海濱親剖神魚下濁
酒

清代文人多壽年逾八十者約九人適符九老之數
各紀一詩仿白香山詩集一字至七字詩體以姓為韻并序
夫嘔長吉之心人憐命短洒賈生之淚天忌才多自
昔名流每嗟不壽斯誠大可怪矣顧亦有不盡然者
試觀清代文人如朱竹垞尤西堂方望溪沈歸愚袁
簡齋梁山舟紀曉嵐姚姬傳趙甌北輩誇著作兮等
身推文章之妙手班香宋艷無非翰苑之才蘇海韓
潮不愧詞壇之選豪稱一代名著千秋風雅傳流盡
是東都才子而星輝朗照允稱南極老人具高允之
聰強健誇腰脚得李光之精銳古入鬚眉倘教會啟
羣英應許圖成九老夫九老之名始於香山考新唐
書白居易傳會昌五年三月二十四日香山居士與
胡杲吉皎劉真諸人爽集皆高年不仕人慕之繪為
九老圖九老之名始此惟當時賦詩紀盛者惜僅七
老耳又考唐詩紀事香山分司東洛朝賢悉會興化
池亭送別酒酣各請一字至七字詩以題為韻於是

白居易賦詩王起賦花李紳賦月令狄楚賦山元稹
賦茶魏扶賦愁韋式賦竹張籍賦花范堯佐賦書各
紀一詩計得九首詩載白香山詩集補遺中今清代
九老既步武乎香山而紀詩人數又與興化池亭別
香山者適符洵盛事也爰仿其體作一字至七字詩
九首藉紀其盛而改為以姓為韻笑予儉腹非敢故
炫新奇偶爾效顰良以適符體例云爾

朱竹垞年八十四

玉石齋

朱學士通儒稱武庫號書廚名馳秀水聲滿皇都奇才蜚
譽久罷召拜恩殊官貴爭誇太史年高自號老夫研經博
物邀天眷皓首龐眉入畫圖

尤西堂年八十五

尤博雅清優真才子老名流西堂詞妙內府書流（留）數奇憐
李廣敏贍說譙周生愛文章游戲官輸殿閣編修手書罷
錫林栖鶴腰健何須杖倚鳩

方望溪年八十二

方孝毅清剛蓄道德爰篇章起衰救弊紓精吐光罪牽文
字獄官罷典書坊鐵針權當禮館金雞詔下刑揚聖恩高
厚身霑露臣貌清癯鬢染霜

沈歸愚年九十五

沈倦才雋品筆生花句裁錦綺緒儘（抒）紓清標風禀李杜紹
前徽高王乞餘瀋確溪遭遇雖遲蓬島聲華藉甚玉皇案
吏受恩多天子門生投分審

袁簡齋年八十二

玉石齋

袁詩伯文元文遊偏名譽喧才誇翰苑書滿隨園妙句頻
題鳳清班偶逐鵷仕宦怕隨俗吏門生不少嬋媛高騫仙
骨如雲鶴莫笑前身是洞猿

梁山舟年九十二

梁學博才長工摸寫能文章顛顏柳柏仲蘇黃聖恩承
玉陛家世紀錢塘鳴鹿重逢宴會扶鳩慣道康強老來歸
領湖山趣身後流傳翰墨香

紀曉嵐年八十二

紀鎔經鑄史蘊藉人風流士臣本滑稽君呼才子妙語善詼諧奇書窺究宴章堂曾記閱微綸閣榮參機揆潞公碩望冠耆英文達易名承諭旨

姚姬傳年八十四

姚貌古神超綿絕學樹旐標奇探鴻秘技陋蟲雕歐文能變俗宋學許承祧派衍桐城未墜經傳薑塢非遥年高應書英會性傲曾辭宰相招

趙甌北年八十二

趙明通夭嬌腹便便心了了書體能更戎機最曉探驪雨露新奏草雲烟繞南陽吏治爭傳東海寇氛休擾一官罷去樂偏多五岳漫遊詩不少

玉石齋

詠古四首

蘇東坡

千秋傳大江江詞玉宇清寒繫所思阜識仰激先帝鑒出頭難得老天知
賦成赤壁歌謳和詩入黃州句更奇遺憾至今惟一事黨人名籍挂殘碑

黃山谷

諳翁聲價重詞壇合與坡仙一例看尺幅素縑留手蹟兩間清氣入毫端
月藏渭水空題句風冷宜州屢罷官抗直易遭奸黨忌從今應識宦途難

范石湖

國書遠遞赴邊陲慷慨陳詞意不危折角早教巾幘換此心肯為笏標移
露章薦拔人材聚攬轡澄清抱負奇一代大名垂竹帛況兼餘事更工詩

玉石齋

陸放翁

騎驢入蜀趁斜陽畢竟才人意態狂兩字放翁餘小印幾
多妙句付奚囊
最難園廟家家畫却覺梅花處處香不是南園輕作記一
生名節自昭彰

玉石齋

卓錫泉

卓錫園中井自穿偶思小飲弄飛泉路通蜀道源能溯鉢
付曹溪法許傳
活水微波浸石隙輕風細雨裊茶烟呼僮掃葉煎香茗破
得昏昏一覺禪

玉石齋

歸鶴林

蕭蕭松柏起層陰清唳如聞響入林檀像虛無餘涕在草
亭寥落古苔侵
千年華表迷歸鶴一樹斜陽噪暮禽何處喚翁閒共醉傾
杯且把濁醪斟

玉石齋

浮香亭

橫枝古幹久凋零風雅流傳歲幾經一卷新詩多好句千
秋遺跡續名亭
香侵官閣風微颺人倚闌杆日正暝最愛小橋紅掩映曲
池波泛水泠泠

玉石齋

鹿女臺

羅塘東去路崔嵬天目山峯傍水隈渺渺神姑留異迹斑斑
斑斑野鹿蘊奇胎
白雲紅葉迷仙境暮雨荒烟鎖舊臺幾輩登臨歸棹晚隔
溪惟聽鳥聲催

玉石齋

西園訪菊 七絕十首 集句 有序
冷烟疏雨恰當賞菊之天老圃荒邱正是栽花之地
羅含宅裏不少芳香陶令籬邊爭誇秀艷作尋芳之
客我愛西園無送酒之人誰爲東道頻頻來就時不
恨乎重陽緩緩推敲詩且吟夫十首
兀兀出門何處去 白居易 西園南面水東頭 白居易 莫嫌
老圃秋容淡 韓琦 寒菊年年照暮秋 劉兼
柳陰烟合菊花開 白居易 清曙蕭疎載酒來 皮日休 更有
何人能飲酌 白居易 陶然共醉菊花杯 許渾
竹籬茅屋趁溪斜 蘇軾 極目蕭條三兩家 岑參 別境
容稀知不易 白居易 繞籬寒菊自開花 僧惠洪
地經山雨幾層苔 賈島 可有黃花帶雨開 陸游 不是
花中偏愛菊 元稹 緣何最老最先來 白居易
曉晴猶帶雨餘涼 楊萬里 為底寒花分外香 楊萬里 到此
詩情應更遠 洪芻 新添幾卷好篇章 白居易
一籬瘦菊一瓢詩 林景熙 無事長吟費撚髭 陸游 且欲

玉石齋

近尋彭澤宰 許渾　更將絃管醉東籬 岑參
忙閒皆是自由身 司空圖　閒步西園試一巡 耶律楚材　摘得
菊花攜得酒 白居易　不開笑口是癡人 白居易
先後花分幾度開 李頻　朝朝沒腳走芳埃 孟郊　籬邊
黃菊關心事 黃庭堅　多謝西風為剪裁 馬臻
蟲聲已盡菊花乾 宋慶餘　百遍相過意未闌 杜甫　乘興
不同訪戴客 白居易　狂心更擬折來看 方干
暫時相賞莫相違 杜甫　黃菊清樽更晚暉 朱元晦　霜鬢
莫欺今老矣 白居易　菊花須插滿頭歸 杜牧

公園春眺五絕十首 有序

乙丑三月余遊於邑之公園氣候宜人正輕寒而輕暖陽春召我儘獨往而獨來泛覽周觀頗多感觸賦詩十則藉遣余懷

春雨細如絲園林花木滋明朝春更好攜酒聽黃鸝

流鶯隔牆去有時去亦還啼聲喧上舍不許訟庭閒

烟樹碧相依人稀花更稀為怕東風妒春城花不飛

有屋兩三間悠然塵境絕雙扉掩不開疑防春漏洩

春山何嶙峋疑假亦疑真人世多假態山靈還笑人

青筍頴初脫鋒鋩何咄咄當路不避人操刀防一割

垂柳復垂楊因風作意狂晚來飛絮白我亦鬢成霜

紅橋非藍橋鴛鴦不可戲隔岸笑聲低却有懷春意

清溪春水綠風吹水不波莫道溪流淺無源可奈何

有亭名浮香亭空春暗藏古梅意深遠不爭桃李芳

太湖石 五古 集句

五湖千萬里 王維 水清石玲瓏 范成大 隱起磷磷狀 白居易
百態交相攻 裴松年 帶山疑似獸 岑參 攢集爭強雄 韓愈
天削琅玕筍 白居易 人如成人楓 吳融 殊狀寶難名 岑參
竅石何嵌空 朱子 拔從水府底 白居易 神工巧相礱 梅堯臣
我持此石歸 蘇軾 閒妥古橋東 僧宗泐 相看兩不厭 李白 馬
如清興終 杜甫

公園即景填詞 并序

頌周家之文囿樂與民同訪鄞郡之名園時闢容至
公園之設亩所以供人游覽也甲子夏余遊於邑之
公園見夫長楊映沼修竹壓簷嘉卉奇葩掩映成趣
亟嘆為佳境而菡萏敷披洲不深兮藕好梅花未老
亭雖小而香浮柳覆橋低欄杆曲折苔封石滑岫嶺
清幽尤足動思古之情寄因時之感看靈運從遊北
固想及林巢嘆元暉閒眺東田悲深花落辭雖蕭瑟
興卻幽深觸景興懷情難自已爰因管見填就蕪詞

(一)藕花洲 調寄踏莎行 用寇準韻

笑臉初開容顏未老淡妝爭羨青蓮小移舟水濺綠參差
風來池面波紋裊
亭裏香浮溪邊路沓鄞娃隔水雙眸照遊人幾許欲銷魂
採蓮偏惹多情草

(二)浮香亭 調寄離亭燕 用張昇韻

古幹參差如畫生愛風姿飄灑香滿空亭人獨坐雨過夕

陽斜射陽岸小橋紅髩髴山村野舍
醉後詩囊倒挂豪興伊誰逼亞聞道太虛題句好曾說參
軍舊話悵望倚欄杆怎把幽情拋下

(三)小橋 調寄眼兒媚 用劉基韻

疎欄斜倚夕陽西柳覆小橋低曲池波泛短亭風送古樹
烟棲
題辭枉羨相如筆生性愛山溪無心求富無心求貴只守
窮閨

玉石齋

(四)假山 調寄小桃紅 用宋元鼎韻

不必崑崙去不必蓬萊住小小園亭些些岩石偏饒古趣
看層巒叠障總清幽更烟雲繞樹
佳境人爭慕士女紛馳騖芳草無情夕陽有限催歸故故
嘆浮生原是假非真這機關誰悟

泰州市圖書館藏書

螢華文存 三

螢草文存卷三　耐菴夏兆麐著

目錄

豫籌平糶策

蓋聞水旱乃時數適然，籌防宜早豐歉乃國家代有經畫宜先周禮散財愛民綦篤李悝平糶作法極良年雖荒而不饑事有備而無患此今之為民謀食者所以預籌平糶也且夫籌辦平糶有當熟慮者三事一積貯二籌款三調查是也請先言積貯吾聞古之辦平糶者其道莫先積穀儲常平之粟紅朽何嫌開廣惠之倉赤貧無患穀其可不積乎而要非所論於今日在昔交通阻滯轉運綦難苟非積穀於先則平糶時驟難購米而今則輪船之往還甚速郵電之消息亦靈若辦平糶發一電至產米之區委可靠之行商代辦不難剋日而至此不必積穀者一也今之貧民其有待於平糶者非必因歲歉之故一地之米儘足供一地之食而有餘徒以奸民謀牟利或囤積居奇或私運出禁以致米價貴而民食艱耳豈真地方無米可辦耶此不必積穀者二也積穀霉爛損失不貲推陳出新尤多流弊故與其積穀不如積錢積得之錢存典生息無折耗無霉腐而循環出納利又可以生利遇有所需則出錢買米此不必積穀者三也辦平糶時糶民以米不若助民以錢蓋糶米所施極貧者每不沾實惠譬如市米每升二百文糶米每升一百六十在次貧者糶米得受減價四十文之惠彼極貧之人並一百六十文而無之雖欲糶米又烏可得惟酌助以錢按每升所減之價設法給助次貧者得錢可作別用如買柴買菜是而極貧者得此區區可買荒麵粗餅以充飢不須炊爨即可得食豈不甚善此不須積穀者四也雖然不積穀而積錢法誠較善而款之難籌則無甚異方今國庫空虛官吏催徵不暇何來餘款以濟貧民是則居今日而議平糶非先籌款不可請進言籌款籌款之法若按戶攤派殊擾閭閻若計畝徵收亦近苛斂為今之計惟有向紳富勸募資而行義糶而已紳富租穀到城按石抽一分其次則糧行下河而捐亦可酌收每石五釐不費力而成鉅款存典生息姑以三年一糶計之庶乎有恃無恐矣惟捐時有宜注意者數事捐收款項須推選地方真實公正真實慈善之士分年輪管屆期交代宣示人民革除中飽與把持之弊刁紳善棍不許與聞官吏亦但稽核其數不得干涉一也存典生息須用地方人名義不可以公署為名庶不致藉端挪用二也勸募須分區辦理捐得之款亦各分存本區一地方之人知款所存在可就近稽查自樂輸將而辦平糶時以本區之款濟本區之人惠尤易遍三也至於款既籌集則調查方法尤要周詳請終言調查調查貧戶嚮多委諸坊約惟坊約不盡賢良民難免冒領滋開諸弊而真貧者或反不得與列鄙意調查當分三期第一期由坊約先造貧戶冊第二期由戶籍主任按冊密查（此項亦分區委辦戶籍亦戶籍員職內事）察其人口詢其職業有其名而無其人或雖有其人而非真貧或真貧而反未列入隨時糾正第三期由各區真正慈善之士躬親訪確以期無弊蓋猶恐戶籍員官氣深多敷衍也如此審慎周詳雖有弊當亦寡矣以上所述積貯籌款調查三事皆籌辦平糶者所當熟慮而綜其大要則可兩言以蔽之曰必有款其事乃行必得人其弊乃絕

孝文時求得周官不見冬官一篇乃使博士作考工
記補之考

考工記漢博士所作非周書也何以知其非周書曰考工
記論周人上與並述乎上梓上匠之制論周人明堂兼取
乎世室重屋之制雜論歷代制度是焉得謂為周書此易
元章周禮總義所由辨之綦詳也且厲王封其子友始有
鄭東遷後以西周故地與秦始有秦而記言秦無廬鄭之
刀則史非周公手訂之書斷焉可識吾故曰考工記非周
書也然則何以知為博士所作乎曰亦以記文考得之也
記言橘踰淮貉踰汶鸜鵒不踰濟淮北濟汶皆齊魯間地
又所引通用語如終古戚速椑茭之類皆為齊語本鄭氏注盖
漢初儒士大抵為齊魯間人故所記多齊魯間語此足為
漢博士作記之明證顧或以考工記闕韋氏裘氏此為周
書遭秦火之證若為漢博士所作何為有闕文不知漢博
士本其所知而作記於其所不知而闕之此正闕疑闕殆
之微意也更安得因此而謂非漢博士所作乎吾故曰考
工記漢博士所作非周書也惟是漢得周官或以為武帝
時河間獻王所上非孝文時與禮記正義所說有異是則
孝考工記作於漢之何時亦不能遽定吾以為漢之求得
周官其人誠為河間獻王而其時則為孝文之時也漢書
河間獻王傳王以孝景前二年立按孝景前二年即景帝
初元之二年去文帝時祇兩年耳於是時就封可知其年
事已長修學好古匪伊朝夕周官之得當在孝文帝時不
必在就封後也自王得周官上之文帝文帝以冬官闕佚
乃命博士作記補之其原委當如是焉後人以王於武帝
時來朝獻樂乃並求得周官之樂舉亦疑為武帝時事此
則能讀書而不善論世之故也況孝文時嘗命博士作王
制矣則命博士作考工記以補周官之闕其事相類其時
自必相同說者又何疑乎更有進漢書藝文志云六國之君
魏文侯最為好古孝文時得其樂人竇公獻其書乃周官
大宗伯之大司樂章也使當時未得周官又焉知其為大
司樂章乎且禮記正義謂孝文時求得周官時之云者謂

得之於其時非謂求得之人即文帝也然則求得周官其人為河間獻王而其時則為孝文之時也有斷然矣即考工記為孝文時之博士所作亦可知矣考古者於古人文字之間悉心察物核自可得其實在又可必妄生疑議也哉

周官職方三江五湖考

間嘗乘長風破巨浪泛舟於江湖之間而漫遊乎大海以耳目之所聞見蹤跡之所經歷證諸古籍然後知周職方之揚州其川三江其浸五湖與禹貢之三江既入震澤底定境畛不同蓋禹貢以導水為本重在水道職方以疆理為本重在流域其旨不同而由夏至周其中更不知經幾許變遷地勢尤難盡合故治經之士未可以釋禹貢者釋職方也請就三江五湖而分考之三江之說至繁一爾雅郭注以岷江松江浙江為三江夫岷江之江即江漢之江職方於荊曰其川江漢而於揚曰其川三江使以岷為三江之一是以岷表荊復以之表揚矣烏乎可二吳越春秋以浙江浦陽江剡江為三江夫周職方之揚州其境兼包吳越浙也剡也浦陽也皆屬越境而不及吳是職方之三江祇限於越吳且為化外矣烏乎可三國語韋昭注以吳淞江錢塘江浦陽江為三江此三江皆入海而又跨吳越兩境與職方之三江似合然周之揚州甚廣其北境不僅至吳

淞由吳淞而東北不必無入海之江如韋說不且小揚州而笑職方之陋哉四吳都賦庾注以吳淞江東江婁江為三江是說與水經注同而在近世最為有力蔡牧堂王廷瑚均主之清蘇撫莊有恭奏濬三江水利疏亦本此說然而婁江湮塞已久東江亦無可考雖治河之臣有以劉家河白茆港當之者皆揣摩臆度之見不可深信且其所說皆就數千年來幾經變易之水道而言與禹時之水道固未必同而與職方之以疆理為本者尤不合也然則職方之三江持論最善者其惟漢志北江中江南江之說乎漢志於毗陵下云北江在北東入海於蒲底道詳北江所出丞異云東南至江都入海考毗陵即今武進縣治武進之東靖江江陰在彼時猶為海所據而江北之海陵適與毗陵遥對漢志海陵有江海會祠海陵即今泰縣治古北江至江都入海實在海陵境蓋毗陵在江南海陵在江北南北相值故漢志兩繫之耳此北江之說也漢志蕪湖中江出西南至陽羨入海考蕪湖在今安徽蕪湖縣東陽羨在今宜

興縣南中江即荊溪輿地紀勝云荊溪首受蕪湖東至陽羨寰宇記亦云荊溪即漢志蕪湖之中江經高淳溧陽諸縣至宜興東入海與漢志相合此中江之說也漢志吳南江在東南入海於石城又云分江水首受江東至餘姚入海考酈道元沔水注江水自石城逕吳國為南江元融云石城為南江之始吳縣為南江之委是則由吳入海之江即餘姚入海之江耳此南江之說也明乎漢志三江之說而周職方之三江於是乎定他書所載皆不必置辨矣或謂北江中江或本諸禹貢南江之名於經無所依據不知讀書貴通大義由北江而中江而南江自可推及故禹貢孔傳云有北有中南可知也至其中有與禹貢稍異者此則程瑤田所謂漢志三江為職方三江非禹貢三江也又何必强之使同哉若夫五湖之說亦甚繁複一說五湖非一湖且不在一地如司馬貞以具區洮滆彭蠡青草洞庭為五湖李善以洞庭彭蠡震澤巢湖鑑湖為五湖小學紺珠以太湖射陽丹陽青草宮亭為五湖皆是此其所指或

不在古揚州境內或經無明文皆不足信也又一說五湖非一湖而皆在太湖近旁如郭璞以胥湖蠡湖洮湖滆湖太湖為五湖張守節以菱湖游湖莫湖胥湖貢湖為五湖虞仲翔以滆湖洮湖射湖貴湖太湖為五湖酈道元以長蕩湖射湖菱湖滆湖太湖為五湖此其所指雖皆在古揚州境內然偏於太湖附近且有為周初所必無者如胥湖以伍胥得名而亦以當職方之五湖夫豈得當以予論之職方之五湖當為一湖非湖數有五一湖維何曰太湖是也蓋職方所掌當識其大者不必瑣瑣屑屑以胥蠡諸小湖列入也如必瑣瑣屑屑而以諸小湖充之則又不應偏於太湖附近且胥蠡諸湖既在太湖近旁言太湖即可以括之今必於太湖之旁指定五湖則其他附近太湖而不在五數之列者獨非湖乎恐未免舉此失彼轉多疑義也考史記河渠書韋昭注五湖湖名耳實一湖也張勃吳錄亦以五湖為太湖之别名是則以五湖為太湖固非予之臆說也惟或以太湖為震澤如齊召南太湖源流編所云則仍泥於禹貢三既入震澤底定之文其說殊未可採夫太湖為五湖而震澤則當為具區葉夢得避暑錄云凡言澤藪皆人資以為利者而浸則但水之所鍾也今職方於揚州曰其澤藪具區震澤既以澤名且有蒲魚蔆芡實之利其為具區無疑若太湖但為水之所鍾故止曰浸使以震澤當太湖是即以震澤為五湖矣又即以具區為五湖矣彼職方之揚州問其澤曰五湖問其浸亦曰五湖澤與浸將何所别乎吾故曰震澤當為具區而太湖即為五湖五湖實太湖之别名不必湖數有五也總之三江五湖之說言人人殊而周職方所掌以疆域為本要當與禹貢之所載以水道為本者不同而由夏至周其間經歷數百年之久地勢又不無變易斷不可以釋禹貢者釋職方也

春秋吳越戰地考

自魯昭公五年越會楚伐吳而越始見諸經自昭公三十二年吳伐越而吳越始直接搆戰厥後戰端屢起兵禍甚烈而其間戰地之卓卓可考者莫如定公十四年檇李之役哀公元年夫椒之役哀公十七年笠澤之役也間嘗即其地而考之一檇李春秋定公十四年於越敗吳於檇李按檇李為城名杜氏土地名檇李越地吳世家賈注亦云檇李越地越絕書語兒鄉故越界名就李就李即檇李也公羊傳則作醉李其城在嘉興縣治春秋杜注云檇李吳郡嘉興縣南醉李城讀史方輿紀要云檇李在浙江嘉興府西南四十五里央谷中其說蓋本之於舊志後世亦稱紫辟或作紫壁闞駰曰紫壁即古檇李是也其地甚為險要為吳越間爭戰之要地晋蘇峻作亂顧衆討之為峻將所敗退屯紫壁或勸衆渡江衆曰保固紫壁可保全錢塘以南五縣未可他去臨平人范明亦謂衆曰此地險要可以制寇不可委也因合軍復進峻將敗走若是則檇李之為險要也明甚此吳越所為作戰於其地乎一夫椒春秋哀公元年吳王夫差敗越於夫椒說者謂夫椒係二山夫即洞庭東山椒即洞庭西山皆在太湖中而杜注則專指太湖中之椒山而言按通典包山一名夫椒山賀脩曰包山西北曰夫椒左思吳都賦指包山而為期集洞庭而淹留皆專指椒山蓋詳言之曰夫椒山省其稱則但曰椒山也其地在今江蘇吳縣西南八十五里即所謂西洞庭山者是越語句踐之地西至於姑蔑韋昭曰姑蔑今太湖也蓋當時越地已至太湖夫椒在太湖中乃吳越分畛之所其形勢亦至險要昔隋既滅陳吳州刺史蕭瓛據州不下兵敗保包山明張士誠亦嘗結砦於包山藉拒元兵雖其後不免於失守而夫椒之為要地不於此可見乎此吳越所以戰於其地也一笠澤左傳哀公十七廿年越伐吳吳子禦之笠澤春秋大事表云笠澤即太湖也又謂之五湖吳世家越王涉江襲吳吳王聞之去晋而歸與越爭於五湖越語亦云越興師伐吳至於五湖然則笠澤即五湖又即

太湖也可知矣吳地記以松江為笠澤其說非也王廷瑚三江考云五湖形如箬笠又名笠澤其說最為明確故迹在今蘇州西南三十里浙江湖州府北二十八里縱廣三百八十餘里周回三萬六千頃其地居江浙數郡之中無事時為財賦所資有事時即要害所寄唐武德三年李子通為杜伏威所敗自京口東至太湖收合亡散襲取吳郡五代時吳越南唐往往相持於此明初平張士誠亦自宜興出太湖先取湖州其地固自昔用兵出奇之道也吳越之戰於此豈無故也哉以上所述皆吳越戰地之可考者也嗚呼江山無恙霸氣徒存後之人遊錢塘之江泛五湖之水見夫洶湧波濤漫馬東去而古人不作往事成塵其能無淘盡英雄之感乎

朱子生日考

今試執途人而問曰某月日非佛菩薩生日乎某月日非張真人生日乎此即荒村老嫗亦能唯唯稱是而叩以先儒生日則鮮能知之雖然荒村老嫗無識者也彼赫赫士紳富有知識宜能知之矣乃其所知者則某月日為某達官生日某月日為某貴人生日而於先儒生日亦莫能詳甚矣儒術之不昌士風之不振可即此而知之矣宋儒朱子以理學著稱紫陽學脉千古流傳羽翼聖經功猶不朽讀宋史者當能道其詳焉而獨於其生日史既不載而知之者亦鮮豈非咄咄怪事哉吾嘗考延平府志宋韋齋先生朱松為尤溪尉任滿後假館於義齋鄭氏建炎庚戌九月十五日考亭夫子生此朱子生日可考者一也又月令粹編九月十五日朱文公生此朱子生日可考者二也然則朱子生日其為九月十五日也無可疑矣吾人讀其書論其世烏可不知其生日乎吾故為之畧加以攷訂也如此

日本維新以前文學考

西方文化以埃及為最先東亞文化以吾華為最古故其文學源流均班班可考至於日本文學可傳述者殊不多覯然而淵源逆溯宜盡無稽文獻猶存非無可證簡書瀏覽史冊而詳考之然後知日本文學在維新以前約可分為四期第一期為胚胎時代當應神天皇之時百濟王遣其臣阿直岐貢馬於日阿直岐夙通經典天皇使其子菟道稚郎子從之學阿直岐又導其國博士王仁俱來王仁獻論語十卷鍾繇千字文一卷以言語不通學習匪易王仁乃先教一切有形之物然後以音義訓詁次第授傳授歷數年竟能通中國文字稚郎子既從之遊銳意研求遂通典籍日本紀元九百五十七年韓人致日本書語多無禮稚郎子見之大加申斥蓋此時已熟諳文學矣此為漢學入日之始亦即日本文學萌芽之始故為胚胎時代第二期為進化時代應神天皇之後經數傳而至繼體天皇徵五經博士段爾揚於百濟亦甚重文學迨推古女天皇時遣使至隋締結邦交中日兩國由是直接交通舒明天皇時亦遣使至唐修好除令人從遊日之僧俗習曆象天文地理等學外更選朝野優秀之士子來華留學先後人數頗為不少而其最先蒞止者以隋煬帝大業三年之高向玄理南淵注安等八人為首明年又有漢直福田至中國學醫至唐乃益臻其盛而成績卓著者則吉備真備阿倍仲麻呂為最仲麻呂至唐改名朝衡曾官於唐與李白王維諸詩人結交甚深天平中歸朝舉為大學博士發明五十音圖日本之假名字母造於此時而川島忍壁二人修撰本半之日本記亦於以告成其文蓋用和文而寓漢字也當是時中國文物直接入日不必假途百濟而日本之文學遂因以發達故為進化時代第三期為中衰時代日本由後鳥羽天皇至後陽成天皇時凡二十餘傳其時幕府爭權武人從事日本史所謂鎌倉室町時代也此時代惟武士道盛行至於文學一道幾乎中絕僅僅藉僧侶維持學術乃得延一綫蓋僧侶欲讀經典須借途於漢文故與

寺院鄰近之兒必令其入寺院從學藉為記姓名寫書信之用而已於文學上固無補也故為中衰時代第四期為極盛時代此時代在日本史稱德川時代初德川家康統一全國開府江戶以文教為經世治國之要偃武修文奬勵儒學文學於以復興迨綱吉之時創立學校延聘名師教以經書歷史刑政詩文諸科是時漢學國學俱臻極盛殆不啻春花之怒發厥後效法西方研究蘭學而洋學派遂與漢學國學相鼎峙焉故此時代文學當分三大派言之一曰漢學元錄四年綱吉移忍岡孔廟於城北神田台立昌平校並召諸藩立學厚遇學者而學者亦相繼輩出就漢學論講程朱之學者有藤原肅等講陽明之學者有中江原等講經史詞章之學者有物茂卿太宰純及源光國賴襄等皆文學畛中之名宿也二曰國學國學為日本固有之言語文字最知名者莫如北村季吟伊藤仁齋僧契沖荷田春滿荻生茂卿等其他之士於教育則有塙保已一於誹諧則有松尾芭蕉於小說則有井原西鶴於戲曲則有近松門左衛門等均深精於國學為文學畛中傑出之人材也三曰洋學自家康開港長崎與西洋貿易蘭學已露萌芽中經家光禁止未能發展迨家宣將軍令新井君美就羅馬人學其語言文字漸悉西洋情狀吉宗將軍因修天文學見荷蘭書嘆其精密令青木敦書及長崎人西川如見就學於長崎之蘭人雖苦無所得而所解語言已不少矣後醫師杉田玄白桂川甫周大槻玄澤等苦心研究或攻西醫或精蘭語洋學以盛其後更設翻譯局於淺草從事著譯歷史地理砲術物理諸學日益發明而明治維新之原遂兆基於此矣然則此時代中既有漢學國學又有洋學其文學畛之發展為何如耶故稱之曰極盛時代此明治維新以前文學史之概要也

夔弗能以文辭鳴辨

韓昌黎送孟東野序謂夔弗能以文辭鳴夫夔豈弗能文辭者哉特不以之鳴耳請得而詳辨之吾聞文辭之最古者為詩歌文辭之所需者為聲韻舜典帝命夔典樂曰詩言志言詩之必本乎性情也曰歌永言言歌之不離乎本旨也曰聲依永言聲韻之貴悠長也曰律和聲言聲之貴均調也凡此四者非精於文辭者難與言也夔而可與言此猶得謂之弗能文辭乎此應辨者一也舜命夔典樂教胄子責任至重設教之時敷陳大義其有賴於文辭者不少舜因風號知人夔而弗能文辭何由使教胄子此應辨者二也舜命九官濟濟相讓夔弗能文辭舜使典禮樂寧有不讓之理此應辨者三也夔典樂與龍納言同時拜命夫言之精者為文辭龍納言龍必能文辭矣而二典三謨之外弗聞龍以文辭鳴也豈龍亦弗能文辭乎殆未嘗以之鳴耳夔之弗以文辭鳴固亦猶是此應辨者之四也夔假韶以鳴猶唐虞假皋禹以鳴也孔子删書斷自唐虞二典之文辭義深奥不可因其假皋禹以鳴而謂為弗能文辭則夔之假韶以鳴又安得謂為弗能文辭乎此應辨者五也孔子假木鐸以鳴不能沒其删訂贊修之業而謂為弗
則夔假韶以鳴而謂為弗能文辭
能文辭又烏乎可此應辨者六也禮曰夔始作樂以賞諸侯使以弗能文辭之人而作樂則言之文行而不遠誰其賞之此應辨者七也史人紀良木紀於是夔行樂祖考至羣后相讓史但紀其行樂未嘗議其弗能文辭此應辨者八也竹書紀年帝舜倡卿雲爛之歌羣臣咸進稽首而和夔於是時職在典樂苟弗能文辭矣以為和抑羣臣皆和夔獨不然耶此應辨者九也呂氏春秋相傳有夔一足之語魯哀公以問孔子孔子曰一足者謂若夔者一而足矣非夔祇一足也夔苟弗能文辭矣云一而已足此應辨者十也有此十端吾故曰夔非弗能文辭也特不以之鳴耳況乎代遠年湮書缺有間夔之文辭又安見其不因散佚之故而失傳乎謂為弗能於義未可然則韓子之說非歟則又不然韓子之文不欲使一平筆故作序至此特曲轉

其辭曰𤼵弗能以文辭鳴人自假於韶以鳴弗能一語乃行文之筆法使然未可據為事實若必執是以訾議韓子則以文害辭以辭害意未可與論韓子之文矣有識者其以為然乎

唐古文倡始韓愈辨

人第知宋之古文倡始於歐陽而不知穆伯長柳仲塗輩實啟其漸人第知唐之古文倡始於韓愈而不知元道州獨孤及輩實開其先新唐書韓愈傳贊曰貞元元和間愈以六經之文為諸儒倡障隄末流反刓以樸剗偽以真然愈之才自視司馬遷揚雄至班固以下不論也又文藝傳序曰唐興已百年諸儒爭自名家大歷貞元間美才輩出擩嚌道真涵泳聖涯於是韓愈倡之柳宗元李翱皇甫湜等和之排逐百家法度森嚴抵轢晉魏上軋漢周唐之文完然為一代法此其極也宋景文之推崇昌黎可謂至矣然謂唐自昌黎倡始古文實大不然案唐大歷貞元間以古文名者正自不少元道州時議三篇淵懿樸茂賈長沙之治安策董江都之天人策殆無以過獨孤及為文長於議論毗陵廿卷饒有古風陳政一疏尤稱傑構梁肅師事獨孤文亦古奧權德輿積思經術無不貫綜其文極為雅正論辨一篇卓識宏才有足多者豈惟童蒙之集噪於一

時銘紀之文傳於千古已哉鄭貞公餘慶以古義上言介馬萬蹄之語雖不適時而好古博雅自爲一代儒宗凡此皆在韓愈之前以古文著稱舊唐書韓愈傳云大歷貞元之間文字多尚古學効揚雄董仲舒之述作而獨孤及梁肅最稱淵奥儒林推重愈從其徒游鋭意鑽仰欲自振於一代洎舉進士投文公卿間故相鄭餘慶頗爲之延譽由是知名是則愈之先以古文名者固自不少而唐古文之不昌始於愈也斷可識矣張文虎唐十八家文錄序起衰之功斷推元道州爲首第其文散漫未立間構若獨孤梁權規模粗具而猶苦肥重惟昌黎氏原本六經下參史漢錯綜變化冠絶百世要其學出安定而實淵源於毗陵則則未嘗無所因也趙甌北廿二史劄記令獨孤及文集尚行於世已變駢體爲散文其勝處有先秦西漢之遺風但未自開生面耳又如陸宣公奏議雖亦不能脫駢偶之習而指切事情纖微畢到其氣又渾灝流轉行乎其所不得不行此豈可以駢偶少之然則唐之古文如元道州獨孤及輩實已早開風氣而啟其漸特未若韓愈之杼意立言自成一家耳宋景文夙尚韓文於唐書列傳凡韓文可入史者必採摭不遺其謂唐古文倡始韓愈蓋亦其崇尚韓文之意也嗚呼魏晉以還爲文者多拘對偶鬬巧爭新積成世運文體之卑靡詭有如李諤所謂連篇累牘不出月露之形積案盈箱盡是風雲之狀者矣經誥之指歸遷雄之氣格誰復鑽仰愈乃深採本原卓然樹立其原道原性師說諸篇皆奥衍宏深與孟軻揚雄相表裏洵足以佐佑六經惟上溯淵源師承有自若必以愈之篤於古文而遽沒先河之功也甯得其當哉故不可以不辨

孫叔敖贊

贊曰大學有言民之所好好之民之所惡惡之孟子云所欲與聚所惡勿施爾也為民父母者不當如是耶孫叔敖施政教使民皆樂其生復市業使民得安其處不違庳車之俗而高閭里之梱使民自然從化尊民意重民情好惡與共此之謂民之父母至於辭封地請寢丘得相不喜去相不悔其行誼亦有足多者

子產贊

贊曰子產相才也放子南誅子皙息諸大夫之爭治民以寬猛相濟其內政善會申獻禮平丘爭承卻玉環之請對登陴之責事大國以禮而不苟徇其欲其外交善鄭以弱國介晋楚之間歷四十餘年而未有兵禍者子產之力耳故曰子產相才也太史公不為立傳而散入循吏其未當乎

清代名臣序贊

清代名臣多矣試讀東華之錄考中興之史觀其巍巍政績奕奕事功先後輝映如出一揆未有不心嚮往之者而求其於仕績治功而外或以道德著或以文章顯或以理學傳或以經術稱則崑山徐司寇乾學大興朱文正公珪河間紀文達公昀儀真阮文達公元睢州湯文正公斌湘鄉曾文正公國藩南皮張文襄公之洞其卓卓最著者乎之七人者政績事功皆由文學而成有文集無非自出心裁不讓唐宋大家者堪不朽而徐司寇則深於學張文襄則富於才紀文達阮文達則邃於經史朱文正湯文正曾文正則精於理蘊尤足令人傾慕而不已余故畧序其事而附之以贊

徐司寇贊

贊曰司寇立朝以正直不阿著聞於世蓋盛代之良臣也而纂修一統志終始其事清帝稱其學博才優又奬之曰博學明辨卓哉司寇其深於學者乎

張文襄贊

贊曰變法自强毅然興學公其識時之傑乎義和之亂保持東南危局民賴以安厥功甚偉至其才華掩映倜儻風流尤為世所稱云

紀文達阮文達合贊

贊曰紀文達不輕著述終其身盡力於四庫全書提綱扶輿而能貫通煌煌乎大才也豈惟語善詼諧為滑稽之雄哉阮公則著述宏富於經術多所提倡一代經師非公莫屬謚曰文達其敏贍與河間抗矣

朱文正湯文正曾文正合贊

贊曰朱公耿介節勵清廉湯公醇厚政持大體湘鄉曾公重扶社稷卓著武功中興之元勳也其刻勵實行篤守程朱悟性道之真闡理學之藴則先後如一揆焉然則三公者其皆端人正士乎名並不朽宜矣

泰州市圖書館藏書

螢草文存 四 全

螢草文存卷四　　耐菴夏

目録

大車三章義

七月賓八月師義

無總於貨寶生生自庸義

積善之家必有餘慶積不善之家必有餘殃義

安富義

恥貴輕寶說

士兵之說

又

禹貢怪石說

春秋無義戰說

左氏傳經多述二周典禮說

必有關雎麟趾之意然後可以行周官之法度說

淮海間其氣寬舒稟性安徐說

終風且暴宜從何解

鴻雁來賓解

乃瓜解

勞謙解

六書轉注當以何說為正解

則吾必在汶上矣義

洙泗之間有二義士焉曰魯連子曰閔子騫魯連處戰國時輕生仗節不肯帝秦因而有蹈東海之誓可不謂義乎閔子騫從聖人遊讀書養氣力辭權貴不肯仕季因而有在汶上之思亦不可不謂之義也然而魯連之義人所易知閔騫之義人所難識余故不論魯連而論閔騫騫聖門高弟子也當時權臣仰望手采思有以牢籠之也久矣無如閔子高尚其志不辱其身誘以利祿而不動迫以威勢而不移此季氏使閔子為費宰閔子所由以必在汶上之意辭之乎夫汶上何地也案之地理汶水在齊南魯北境上蓋齊魯接壤之地詩曰汶水湯湯又曰汶水滔滔是即汶上地也在汶上者何在非居之謂也乃赴之意也在汶上實即赴汶水耳所謂赴汶水而死者是也豈徒居處水濱如詩所謂宛在水中央宛在水中坻而已哉在而曰必者何必者絕辭有絕決不疑之意閔子言必在汶上實願赴汶水以死而無疑也至則矣兩字似無甚義然按其詞旨尤有迫不及待急不容緩之情非泛泛之助語詞也吾者閔子自稱也其意謂吾於季氏無仕之之心如季氏必欲拂吾意而再召吾吾惟有速赴汶水而死葬於魚腹之中以絕之耳費宰之為非吾願也此閔子對使者所由直言之曰則吾必在汶上矣也或謂閔子在汶上之辭實避地耳非赴水也不知閔子使非有赴水之心則魯之地廣魯之境大不必汶上亦可棲遲即與他國接壤者地亦甚多而必在汶上何為哉且閔子若第因避地而在汶上則閔子能居季氏之使獨不能往乎所謂我能往彼亦能往也或又謂閔子誾誾和悅人也當日對使者不應如是之愍然而和悅者其情而絕決者其義也吾故曰閔子在汶上與魯連之蹈東海也將無同

泰州市圖書館藏書

述而不作義

夫子述而不作一語人皆以刪詩書定禮樂贊周易修春秋為未嘗有所作之証不知就論語本書觀之其足為述而不作之證者已不可勝紀也夫鄉黨一冊半是禮經堯曰數章全書訓典論為君難則人言不廢識人無恒則南國有言述善人為邦之語則曰誠哉是言述隱居求志之言則曰吾聞其語三年不言述之古典素絢唐棣述之逸詩誠不以富亦祇以異而詩可述也不恒其德或承之羞而易可述也惟孝友于兄弟施於有政而書可述也聞不均不安之言而為伐顓臾者述之聞周急繼富之言而為請益粟者述之夫子所言固皆述諸古人而未嘗作一創論也他若出門如見大賓使民如承大祭此胥臣多聞之所記也而為問仁者述之視其所以觀其所由察其所安此文王官人之所識也而為觀人者述之己所不欲勿施於人管子以為古語而夫子為子貢述之克己復禮左氏以為古志而夫子為顏子述之三分天下有其二周志之遺文也而述之以稱至德陳力就列不能者止周任之遺言也而述之以責由求非皆述而不作之明証哉且夫作者謂之聖述者謂之明明者明乎前賢之所作也實則亦聖而已夫子自言述而不作說者謂為謙詞非也蓋夫子以天縱之資繼堯舜禹湯文武周公而起仰承先聖之緒凡治法心法與夫義理精微倫常日用之所急欲言者羣聖已作之於先夫子正不妨述之于後其述也即其明也其明也正其聖也述而不作又何必謂為謙詞哉

今由與求也可謂具臣矣義

夫子以由求為具臣所以遏季氏不臣之心而借由求以儆季氏也且夫天下之為臣者多矣其大奸大惡包藏村(禍)心如王莽之篡竊阿瞞之奸詐者不必論(論)矣若夫高居權要賄賂通行食何曾之萬錢營王衍之三窟是曰貪臣而非由求之謂也力可回天勢堪炙手賈似道堂中狹客和士開門外多人是曰矜臣亦非由求之謂也屈膝工媚讒諂面諛善拂相公之鬚憤起祭酒之容是曰鄙臣更非由求之謂也蓋由與求者所謂具臣也具臣者旅進旅退無是無非或為蘇味道(道)之模稜或為盧懷慎之伴食唯唯否否而無所振作於其間且推其所為則使之輔幼主必不能如伊尹之放桐元公之負扆使之臨大敵必不能如郭汾陽之盟(回)同紀冠萊公之盟(契)丹使之守偏隅必不能如武鄉侯之盡瘁岳武穆之精忠故謂之為具臣雖然具臣者三代下多有之夫子以具臣目由求夫由與求豈真具臣之謂哉以由求為具臣者蓋藉由求以明臣道而以臣道爲季氏隱遏其不臣之心耶耳豈由求之果為具臣耶不然由之治賦求之為宰其才卓卓何以見許於夫子也

小不忍則亂大謀義

氣聽命於心者豪傑也心聽命於氣者衆人也不聽命於心不聽命於氣而心與氣俱聽命於理者聖賢也是以古聖人賢人以理治心而不為心所治以理御氣而不為氣所御凡拂逆之舉牽制之事皆不足以惑其心動其氣無他有理以準之也夫子為修德者戒既告以巧言亂德矣而復言小不忍則亂大謀者所以為定謀者戒也夫小不忍有就心言者有就氣言者就心言者婦人之仁是就氣言者匹夫之勇是婦人之仁當斷而不斷也而衆人實近之匹夫之勇不當斷而斷也而豪傑實近之唯衆人當斷不斷故牽制文義優柔不明深恐以激烈敗大事而純以不忍出之其流弊每至於委靡不振委靡非仁也不忍也非不忍也小不忍也小不忍其能有大謀乎是以宋襄見挫於楚子陳餘見執於韓信項羽不從范增斬沛公而沛公卒致殺項羽符堅不從王猛執慕容垂而慕容垂卒致伐符堅無他小不忍之故也所謂當斷而不斷也唯豪傑不當斷而斷故性情決裂氣燄囂張深恐以委靡墮厥功而一以不忍出之其流弊每至於激絶激絶非勇也不忍也非不忍也小不忍也小不忍何能定大謀乎是以荊卿行刺卒覆燕宗子房狙擊幾陷虎口訓注誅宦官而召甘露之變齊黄削藩封而興靖難之師無他小不忍之故也所謂不當斷而斷也嗚呼當斷不斷者氣聽命於心也不當斷而斷者心聽命於氣也不聽命於心不聽命於氣者唯聖賢聖賢行事準之以理理所當斷不以心之不忍而不斷也理所不當斷不以氣之不忍而斷也久之理與心符心與理合自無寡斷之事理與氣得氣與理通自無妄斷之事故功業漸著而謀無不定噫此婦人之仁匹夫之勇聖賢所以俱不為也

百工居肆以成其事君子學以致其道義

羣之為義大矣哉萬物受形以後靈羣與頑羣分萬民受職以後此羣與彼羣分受形於天地職受於君相上古之羣以形分近古之羣以職分羣以職分羣亦以職合職分則羣分職合則羣合其不得不分者所以專各羣之業其不得不合者所以聯一羣之心獨則塞塞則野羣則通通則文上羣而後技巧士羣而後志專子夏曰百工居肆以成其事百工者傳所謂攻金之工攻木之工類是也肆謂官府成其事者即工欲善其事之意也此工之羣也又曰學以致其道學謂學校古者鄉學國學統以學名致至也學以致道者居學以至其道也不言居者省文也此士之羣也且夫士之羣與工之羣不相統也故其羣不得不分士之羣與工之羣又各相統也故其羣不得不合惟工與工合羣是以鄭之刀宋之斤魯之削各務其能粵之鎛燕之函秦之廬各精其業而且相語以事相示以巧相陳以功人能而已弗能焉弗措也已能而人已精焉弗措也所以成其事也事曰其事其者即指之詞也惟士與士合羣故進德修業務盡其功希聖希天必造其極而且父與父言慈也子與子言孝也其為臣者相與言敬也其年幼者相與言弟也皆所以致其道也道曰其道其者實按之詞也其事成其道致者合羣之效也昔管子相齊不使四民雜處處工就官府處士就閒燕而國以大治夫工不與士雜處者分各羣之業也工與士各有所處者聯一羣之心也羣何羣一智羣一力羣以智羣者其慮事周以力羣者其成功易士之羣羣以智也工之羣羣以力也子夏曰居肆成事學以致道者蓋無非合羣之精意也自羣治大壞而羣政不修工不居肆而工之羣不合矣士不居學而士之羣不合矣工不合羣羣之力分而事不成矣士不合羣羣之智分而道難致矣記曰敬業樂羣語曰羣聚州處其謂之何哉其謂之何哉

定於一義

無定者勢也難一者權也權與勢相因能定天下之勢者必先能一天下之權抑惟能一天下之權而後能定天下之勢梁襄王以天下惡乎定問孟子孟子對以定於一者蓋亦以一天下之權乃可定天下之勢也且夫天下之勢之不定也莫如戰國天下之權之不一也亦莫如戰國以土地論魏居天下之中似得操形勢之權者宜莫如魏然秦有崤函之固齊有泰岱之雄地勢非惟魏有也則魏不守能一守土之權以人民論魏之蒼頭奮擊且數十萬其他可想似得操保民之權者又莫如魏然肩摩轂擊齊之民衆矣強弓勁弩韓之民勇矣人民非惟魏有也則魏不能一保民之權以政事論梁惠王移民移粟兩河沐其仁政似得操善政之權夫惟權之者尤莫如魏然齊用孫子而兵政修秦用商鞅而財政理衛用李悝而農政精善政非惟魏有也則魏不能一行政之權夫惟權之不能一也故勢亦因之而不能定且非特魏不能自一其權也即六國亦何嘗能自一其權或爭地或爭城或合縱或連橫紛紛擾擾天下之大勢之亂而不定也殆數百年然則欲定天下之勢舍天下之權其奚以哉雖然古亦有能一天下之權而不能定天下之勢者矣秦一統而張耳陳餘何以興隋一統而李密王世充何以起若六朝若五代均非不有天下者而何以終不能定天下之勢也豈孟子之言不驗耶非也蓋秦之暴虐隋之荒淫奪天下之權者也六朝之割據五代之紛爭竊天下之權者也均非能一天下之權也既不能一天下之權又何能定天下之勢哉蓋天下之勢之定也由於天下之權之一執權以馭勢而後勢統於權權一矣則勢無不定者也故曰定於一也

來百工則財用足義

中庸來百工則財用足與周禮攷工記一冊意相發明百工者即攷工所謂國有六職百工居一者也來者來其人使羣萃市肆毋致散處攷工所謂一器而工聚也來者又來其心使各精其技勿為苦窳攷工所謂材美工巧也財與材同即攷工所謂審曲面勢以飭五材之材用器用也即攷工所謂辨器用之用財用何以足足者無不備也蓋工曰百工則天下之工不一工不一財亦不一而用亦不一必木工攻木財而後木之用始足金工攻金財而後金之用始足皮工攻皮財而後皮之用始足他如設色之工刮磨之工摶埴之工亦必各工攻各工之財而各後各工所攻之財之用乃無不足否則鄭之刀宋之斤魯之削吳越之劍器非不利也而不招來其工則其財其用不足也奧之角荊之幹妢胡之笴吳粵之金錫物非不美也而不招來其工則其財其用不足也然則百工之來固國家庀飭之一大經也可忽乎哉來之道如何弓人職曰上工食以有餘此以獎勵之法來之來其人也梓人職曰凡試梓飲器鄉衡而實不盡者梓師罪之此以懲創之法來之來其心也皆來之道也夫既來之則輿人為輿弓人為弓矢人為矢各司其事各盡其職有作必精無美不備而精良工巧之器山林藪澤之利靡不具矣而財用足矣故曰來百工則財用足矣

無總於貨寶生生自庸義

天下奚治民生理則治天下奚不治民生不理則不治善治天下者宜愛民宜保民使民各生其生而後上下相安貧富相養老幼相得反是則上不能生民之生民亦不能自生其生雖欲國治烏可得乎然而欲幾民之生生必先自無總貨寶始蓋貨寶所以惑人心而人心為理事之必要如明鏡然塵不集而後其照全一有物翳則照有不明而綏民之方不能無誤矣且所謂貨寶者非必如趙簡之玉梁惠王之珠也凡一切可喜之事可樂之物有與吾耳目為緣者皆貨寶之類而吾心清明之翳也即嚴以防之猶懼受俸刮謹之不重戒之不深謂區區者無足為累而聚之集之哉不特此也貨寶總而他欲生他欲生而萬惡作於是貨寶積矣而思所以盡貨寶之用則女樂與貨寶多矣而思所以藏貨寶之地則亭台建貨寶聚矣而思所以理貨寶之人則嬖倖進孽緣繼起弊端叢生夫如是而欲勸農桑為民謀生生之本薄稅歛為民清生生之源聖比閭合族黨為民遂生生之理曷可得乎宜盤庚以生生自庸勉臣而必以無總貨寶之詞戒臣也雖然予於此不能不服盤庚矣自來人君繩人者多責己者少而盤庚則必先責己而後繩人故必以不肩好貨為己任而後敢以無總貨寶勵羣臣必以敢恭生生為己圖而後敢以生生自庸勉臣子反復詳明申切告戒敬謹之至無以復加此殷道之所以中興也夫

積善之家必有餘慶積不善之家必有餘殃義

伊訓曰惟上帝不常作善降之百祥作不善降之百殃讀書至此未嘗不嘆天人之感應為至速也然觀夫世之人作善而或不得福作不善而或竟無禍則人心焉疑之以為天人感應之理其不盡可憑乎及讀易至坤卦積善之家必有餘慶積不善之家必有餘殃深繹乎積之意義然後知天人之感應不在乎一時積之久而始著如積錢然一日一錢十日千錢如積穀然今日一升明日一斗善不善之積亦猶是也偶行一善庸人未必不能偶犯一不善賢者或亦難免所判在積耳積非一朝一夕之故或積數年數十年或積數世數十世其積之者愈深則其為慶為殃所以報之者亦愈大也謂善人必有後何以伯道無兒莫延其祀林逋乏嗣竟絕其宗此無他善矣而未積也謂不善者必無後何以頑嚚之父母亦產聖人酷吏之子孫偏為名相此無他不善矣而幸未積也譬如山然積土可為山然僅覆一簣而不進何以成山之高譬如海然積流可成海然僅汲杯水而不繼無以成海之深此善不善之判所以當視其積不積乎夫使為善而積也則祥和之氣足以上感天心彼夫閥閱之家簪纓不絕者豈偶然哉積善致之也又使不善而積也則乖戾之氣能不上干天譴彼夫刻薄成家卒難久享者豈無故哉積不善以致之也為善必有慶為不善必有殃天人之間有感必應特慶與殃不於其身而於其子孫積久始發其來也漸故慶則曰餘慶而殃則曰餘殃也且而慶與殃不必其有形有無形之慶與殃或較有形者為尤甚祖宗累世修仁而子孫或未聞顯達似積善未必有慶然而家聲無忝子孝孫賢陋巷簞瓢自饒真樂則天之所以為報者固不在虛榮也所謂無形之慶也生平多行不義而子孫或且衆多積不善似未必有殃然而子姓雖繁或多愚騃詩書不識降為輿臺則天之所以為報者固不在顯禍也所謂無形之殃也而況乎積善之家門庭無損災患不生化險為夷得全性命則無殃即所以為慶積不善之家倖得高官勢能炙手

一朝失敗或竟誅族則慶之適所以為殃此其中感應之巧有不拘乎常迹者而為善無不有慶為不善無不有殃則無疑義此聖人所以斷而定之曰必有乎吾嘗謂天人之感應如水之流濕火之就燥不期然而然無不感也亦無不應也是故吾人為一小善勿謂無益而即此已為受慶之基特患不積耳為一小不善勿謂無傷而即此已為受殃之本特患不積耳明乎積之意義而後向善之心宜早決矣去不善之心宜益堅矣於感應之理更何疑乎

安富義

余讀管子至倉廩實而知禮節衣食足而知榮辱未嘗不嘆其為治之道深得周官遺意也周官司徒掌邦教於施教之初先之以養而養民六法則又終之以安富豈不以國寶民富而後教化成哉且夫富而曰安其義何在安之云者謂不以暴政相擾也吾觀叔季之世民生凋敝鮮能致富即偶有富者而暴政所施亦難安處里有叫嚣之吏吸髓敲脂民苦供給之煩疾首蹙頞政猛於虎難釋重憂毒甚於蛇徒滋怨讟擾民若此富奚由安極其弊恐不至於號呼而轉徙飢渴而頓踣焉不已也惟聖人知乎此故以保息六養萬民於慈幼養老振窮卹貧寬疾之餘更終之以安富安其心使無驚擾之虞安其身使無流亡之苦安其家使無離散之痛安其業使無疲憊之嗟其所以安之者蓋無不至也且也富而兼幼則安之吏有以慈之富而且老則安之吏有以養之富而為鰥寡是富者未必不窮即以安之者振之富而苦疚癘是富者未必無疾即以

寬之者安之至若由貧而富貧不終貧則恤之始於始者又必有以安之於終推其心必使凡民皆富充其量必使富者皆安由是而五家為比一比之人無不富即一閭之人無不安四閭為族一族之人無不富即一族之人無不安五族為黨五黨為州五州為鄉一黨一州一鄉之人無不富即一黨一州一鄉之人無不安無一人不富更無一人不安夫而後安富之宏量宏夫而後安民之功亦於此見此保息養民之後所為繼之以本俗安民乎皋陶曰都在知人在安民司徒之安民即皋陶安民之意也子路問君子子曰修己以安人修己以安百姓司徒之安民人即君子之安人安百姓也而其功要必始於安富嗚呼太宰有馭富之方而觀吏之道盡司徒有安富之法而養民之道成元公制禮典憲昭彰此其所以致太平也乎

恥貴輕寶說

且夫太和之民躬自菲薄恥纖靡而不服賤奇麗而弗珍心不亂其所在目不見其可欲不飾不雕志在守樸人去末而反本咸背偽而歸真其所以然者何哉上有大哉之君敷陶國風故下有可封之民也禮表記恥貴輕寶鄭疏恥貴不為辭貴也夫不為辭貴而但曰恥貴安知所貴之為辭乎羣經平議貴當作拂恥貴者恥其違拂乎仁義也其說附會義尤迂折應氏曰恥貴輕寶不敢徇一己之私欲是說最為得之惟以恥貴為儉於自用則是而以輕寶為薄於言利則非蓋寶非實利之寶乃貨寶之寶也奇珍異寶珠玉玩好皆為貨寶輕寶即不寶珠玉之意耳當夫時聖道淳沐浴帝化其君子不以服食之娛侈其用不以玩好之貨蕩其心是之謂恥貴輕寶今試有容遊於君子之門而進言曰滈京鯉鱠青州鰤骨肥狗之和犓牛之腴黃飴丹鷄霜鶴晨鳧鴇煎鱐臛羹炮鼈濡黍飫華鄉飯熟安胡擷瓊山之木禾掇秋波之芳菰伊公爨鼎易牙供廚

其小飯而大歠也無不有異而珍殊況復縹酒凍醪甘逾柘漿浮蛾鼎沸酷烈馨香芳醑之酤元碧之釀可以娛口可以和觴舉雲櫑而漱飲祝長夜之未央此酒肴之侈也子能從我而食之乎君子曰否否羹藜含糗吾性適然豈肴衎衎日食萬錢吾恥其貴也客又曰層台累榭邃宇高堂綱戶朱綴華榱璧璫梠楹間列棟桴高驤芝栭戢疊蕙欂擗張皓壁皜曜丹柱煒熿疊欒櫨而複枌橑森朱桷而虹丹梁玉階金戺四注連廊溫房而嚴冬生煦清室則中

夏含霜高門擬乎閶闔激日景而納光敏巧神怪穆穆皇皇甍牖繩樞之子躋其堂者罔不脈脈睬睬頫卬瞻顧而徬偟此燕居之樂也子能從我而處之乎君子曰否否予耽巖穴考槃寤宿大廈渠渠窮奢極欲吾恥其費也客又曰九旒之冕散耀垂文華組之纓藻繂繽紛黼黻之服爛縵如雲緹繡之衣煥乎有文紗縠之裳猗猗其紋金華之舄動趾揚芬服絺綌而不苦鬱燠襲狐貉而不憂寒氛雜遝曼婉幽若香薰紛紜綷縩聊樂我員至於蜀錦吳綾齊

縹鄭緆繁飾參差或雕或錯芬褥綺衾翡帷翠幙侈侈兮隆富景流兮光爍此又容飾之妙也子能從我而服之乎君子曰否否蒯茅毛褐可以溫膚衣裳楚楚炫廼麗都吾恥其貴也然則君子之所欲其在貨寶乎則又不然爾乃山川阜訖物產魁殊生生常厚繁賄紛賁其珠則蚌蛤之胎鯨鯢之目明月徑寸琅玕十斛精曜潛穎晢哆山谷碕岸為之不枯林木為之潤贊其玉則晉之垂棘宋之結綠魯之璠璵楚之和璞懸黎光含藍田秀毓或琬琰之佩身

或昭華之在握其琛賂則琨瑤之阜銅錯之垠火齊之寶駭雞之珍流離珂珹紫貝丹銀琥珀流耀璖瑋璘斌尤皆希世之寶皎然無緇磷者也以示君子其樂此乎而君子則漠然曰吾儕小民抱璞守真珠玉玩好奚取紛陳蓋君子之輕寶也又如此矣雖然此豈有他哉上焉者昭節儉示太素捐金沈珠弗侈奇麗是以君子感於其化耳目弗營嗜欲之源滅廉恥之心生亦莫不賤貨而貴德也於斯之時化淳風清無為無事史臣於此聞其故而覩其制相

與嗟嘆元德必將含和吐氣而上頌曰盛哉乎斯世

士兵之說

時有常變事有經權處常宜守經處變宜通權知經而不知權此庸人也非所論於至聖昔夾谷之會齊人將以萊兵劫魯君孔子以公退曰士兵之說曰謂孔子聖人周旋壇坫氣象從容不當以兵外為威以殺敢為能不知時有常變萊兵隱伏此何時乎禍變驟生危機已迫使此時無以應其變而猶以常道處之恐禍機一發君辱國危魯之亡也可翹首待矣惟孔子知乎此遽以公退而令士官以兵擊萊人此正通權達變之道也與曹沫藺相如之所為異矣或曰孔子以德化人萊人不當有兵劫之事汲黯在朝淮南為之寢謀司馬輔政遼人戒其邊吏以孔子之聖豈不逮是不知孔子當日道大莫容危於匡阨於宋雖有至德無斧柯梗頑難化萊為夷虜未必不為齊人所用也況尼谿之阻女樂之饋皆齊人所為齊之妬孔子者深矣安見其不以妬孔子者危魯君而即以危魯君者禍孔子耶兵劫魯君固意中事孔子通權達變知齊尚夸詐匪

德所能感而禍機不得不威之以兵使不敢輕犯魯之所以能倖存者孔子之功噫此孔子之所以爲大勇哉

春秋無義戰論

春秋何以作爲維持大義而作也行有當於義者則褒之事有悖乎義者則貶之其有似義而非義者則別白而存之蓋未嘗絶無義之者也而獨於戰伐之事則筆削所加或顯施斧鉞或隱寓刺譏從未嘗一予以義其杜漸防微之意至深且遠而後人不察猶復藉春秋爲窮兵之口實其不明聖人之旨也甚矣此孟子所爲明揭其旨而特示之曰春秋無義戰歟嘗考春秋一書書戰二十有三其他書伐書取書入書侵書圍書敗書滅之類關於戰事者尤爲不少而細意尋繹則未嘗或義其戰也有如鄭莊敢禦三國從王之伐且射中王肩繻葛之役非不義之甚者乎齊襄敢抗王人救衛之師且來歸衛俘納朔之舉非不義之尤者乎州吁以弑君之賊而弄兵修怨於隱四年有伐鄭之舉尚得謂之義乎衛輒以拒父之賊而滅倫絶紀於哀元年有圍戚之舉尚得謂之義乎無駭以大夫之職而專政擅兵於隱二年有入極之舉尚得謂之義乎季孫以執

政之臣而擅權為惡於僖十七年有滅項之舉尚得謂之義乎莒以小國而擅行暴虐敢於入向而肆毒義乎不義鄫以弱國而挑釁召禍敢於侵衛而逞兵義乎不義徐為吳之姻國楚不能敵吳而怨徐於昭十二年執其君伐其國是遷怒而已何義之有邾為宋之姻國邾不知有宋而欺鄫於昭十八年入其國俘其人是妄動而已何義之有衛背桃丘之盟而仇魯宋背曹南之盟而圍曹宋衛背趙之盟而伐邾是滅信背約而已何義之有狄間晉襄之喪而侵魯晉間齊悼之難而侵齊叔弓間莒人之亂而疆鄆田是幸災樂禍而已何義之有宋不念與齊圖霸之舊因其喪而伐之遂有甗之役齊不念宋襄立己之德因其敗而圍之遂有緡之役棄好尋仇何義之有命單會齊鄭之師而公乃詐戰以敗宋於菅賂莒而慶父以歸而魯乃詐戰以敗莒於酈陰謀取勝何義之有邾於魯小國也而魯圍之敗之一再伐之許於鄭小國也而鄭圍之侵之一再伐之曹於宋小國也而宋圍之入之一再伐之恃强凌弱深悖乎以大字小之義而取鄟取郜之類無論矣邢與衛同姓也而衛忍於滅之夔與楚同姓也而楚忍於滅之虞虢與晉同姓也而晉忍於滅之本根不固尤悖乎興滅繼絶之義而滅譚滅遂之類無論矣晉伐鮮虞欺其小而一再不已其不義也無異於魯之伐邾鄭之伐許宋之伐曹齊滅萊紀雖同姓而忍於相殘其不義也無殊於衛之滅邢楚之滅夔晉之滅虞虢他如隱四年公子翬帥師伐鄭强君力惡不義也莊三年公子溺會師伐衛幾忘父仇不義也故不書公子以示貶而莊二年公子慶父帥師伐於餘邱專兵伐國則又書公子以討其罪文四年晉侯伐秦急報怨而緩救患不義也宣九年齊侯伐萊貫狄難而伐無辜不義也故大書其爵以示譏而隱二年鄭人伐衛專征修怨則又削其爵以誅其惡書救未有不善然僖十八年狄救齊非許狄也罪宋也僖二十八年楚人救衛非許楚也病晉也又哀七年宋圍曹而鄭救曹豈許鄭哉明兩國之爭曹耳哀十年楚伐陳而吳救陳豈許吳哉明兩國之爭

陝再不可謂義也書次未嘗非褒然莊三年公次於滑非褒之也譏救紀無功也僖元年齊宋次於聶北非褒之也譏救邢不力也又莊八年師次於郎俟而書次豈褒之哉惡其無名妄動耳文十年楚蔡次於厥貉外裔書次豈褒之哉惡其窺伺中原耳不可謂義也又五年秦人入鄀為駸駸入夏之漸特書人以斥之未嘗義之也莊十年荆敗蔡師為僭王猾夏之始特書荆以擯之未嘗義之也召陵之師不可謂非庶幾王事然春秋於其伐楚也則書遂以譏其專善之而已未嘗以為義也城濮之戰不可謂非能遏楚强然春秋於其戰楚也則書及以誅其諭善之而已未嘗以為義也殽之一役不可謂非繼霸有功然春秋於其敗秦也則書人以刺其背德善之而已未嘗以為義也至若戰於郎失信助惡不得云義戰於宋責賂無厭不得云義戰於韓背施尋仇不得云義戰於泓師小妨大不得云義戰於鐵黨叛敵君不得云義戰於鞍乃强臣弄兵之所致史不得云義故書名書敗以斥之戰於大棘乃宋人庇楚之所致史不得云義故書敗書獲以罪之統觀春秋一書一十二公之間所載戰事極多何嘗一予以義乎則是矣春秋無義戰之說誠不誣也嗚呼奪地爭城從於霸烈窮兵黷武安得義師以五伯假安攘之名號召天下而聖人於其戰伐之事猶未嘗以義予之下焉者更無論矣彼藉口於春秋之戰伐以為口實而濫逞其兵威者其亦知所返也乎

左氏傳經多述二周典禮說

昔韓宣子適魯見易象與魯春秋曰周禮盡在魯矣韓子所見蓋周之舊典禮也周德既衰官失其守典籍之存留者諸侯又惡其害己而去之於是周家典禮淪佚滋多仲尼懼其久而不彰因魯史而作經上以遵周公之遺制而下即以示勸懲於將來也左氏受經於仲尼而為之傳或先經以始事或後經以終義或依經以辯理或錯經以合異經文於以昭著而其間所述尤恒引二周之典禮間嘗取其書而讀之見所述典禮至多有關於田賦者如宣十五年初稅畝述出穀之制哀十一年季孫以田賦述周公之典有關於官制者如成三年晋荀罃來聘述卿大夫之官制昭二十三年叔孫婼如晋晋人執之述列國之卿當小國之君之制有關於祀典者如桓六年大雩述郊雩烝嘗之典僖三十一年卜郊不從乃免牲述郊望之典文十五年六月辛丑朔日食鼓用牲於社述天子伐鼓諸侯用幣之制襄十年晋伐偪陽而封向戌述禘祭之禮有關於樂典者如隱五年考仲子之宮將萬焉述羽數昭二十一年天王將鑄無射述省風作樂之典襄二十九年吳札來聘述樂制有關於封建者如桓三年封桓叔於曲沃述分親等衰之禮僖二十四年鄭入滑述周封諸侯之制成十一年晋郤至與周爭鄇田述周初封建之旨襄二十五年鄭子產獻捷於齊述列國一同之制昭二十六年王入於莊公宮述建設屏藩之典有關於名器者如昭十二年楚人求鼎述周初分器之典昭十五年晋荀躒如周葬穆后籍談為介既葬以文伯宴樽以魯壺述封侯受器之典定四年劉文公合諸侯於召陵蔡將先衛述周室封侯分物之典有關於朝聘者如隱十一年滕薛爭長述周之宗盟異姓為後之制莊二十三年公如齊觀社述朝會巡狩之典僖三十一年王使周公閱來聘饗述象德獻功之禮襄元年邾子來朝衛子叔晋知武子來聘述諸侯即位相朝相聘之禮有關於盟會者如隱七年滕侯卒不稱名述諸侯同盟於是稱名之典襄二十一年會於商任齊侯衛侯不敬

述會朝之禮襄二十七年向戌弭兵述司馬析俎之制昭四年合諸侯於申椒述獻禮之制定六年公會吳於鄫吳來徵百牢述上物不過十二之制有關於凶禮者如襄十二年吳子壽夢卒述異姓諸侯臨廟之禮昭三十年晉頃公卒八月葬鄭游吉弔述士弔大夫送葬之制哀十五年楚伐吳陳侯使公孫貞子弔及良而卒述以尸將事之禮有關於軍禮者如隱五年公如棠觀魚述春蒐夏苗秋獮冬狩及振旅治兵之制桓三年公至自唐告於廟述飲至策勳之禮宣三年泌之戰述京觀之典有關於獻捷者如莊三十一年齊侯來獻捷述諸侯獻俘之禮僖六年許男降楚述祓除凶之禮成二年晉侯獻捷於周述告慶之禮有關於賞功者如僖四年許穆公卒於師述加等酬功之制襄十九年季武子以所得於齊之兵作林鐘述諸侯計功之禮有關於刑罰者如昭六年鄭鑄刑書述先王議事以制不為刑辟之典襄十九年齊太子光殺戎子尸諸朝述婦人無刑之典有關於正朔者如僖五年公既視朔述

分至啟閉之典文三年閏三月述履端於始之制等皆是也他如莊二十四年哀姜至公使宗婦覿用幣述男女贄敬之別則有關於覿禮襄九年公送晉侯晉侯問公年述國君加冠之典則有關於冠禮凡此種種非左氏述二周典禮之顯證乎至於以一字之微維禮教於不朽而周家之典禮即於此表見者亦復不少如刻桷非禮求車非禮納郜鼎非禮立武宮非禮如齊觀社非禮之類不顯述周之典禮而惟斷之曰非禮則典禮之應遵者自可想見又如鄭伯以齊人朝王得事上之禮晉士魴來乞師無失班爵得事大之禮晉荀罃士魴卒新軍無帥使什吏率其卒乘官屬以從於下軍得慎舉之禮等亦不顯述周之典禮而惟斷之曰禮也則典禮之不謬者自可證明盡禮與非禮非可憑私見以武斷自必折衷於周之典禮而後可以定也嗚呼周之典禮美矣備矣使官不失守遺籍猶存東周其尚可為乎惜乎平王無志不能舉固有典禮而恢復之惟藉邱明稱述之功以傳於不朽則典禮之可以備考者

聖徽幸也曾文正聖哲畫像記曰左氏傳經多述二周典禮左氏之功夫豈少哉夫豈少哉

必有關雎麟趾之意然後可以行周官之法度說

有治本有治法修齊者治之本也由修齊而達於治平於是有治法世末有本不立而法能行者是故人主於創造制度之餘體國經野有其文設官分職有其序而又敷司徒之五典以肅剛常申司馬之九伐以防變亂規模具舉未嘗不可以爲治然而葑菲或遺夫婦之情薄葛藟興刺昆弟之義乖則本之不立又奚以法爲程子曰必有關雎麟趾之意然後可以行周官之法度旨哉言乎蓋周官一書典章備法令垂周之所以爲治也而關雎麟趾之意則修身以齊其家者也周官爲治之法雎麟迺治之本孟子曰天下之本在國國之本在家家之本在身必吾身有以嚴一家之準而後度軌彰物家人父子之誼無不敦必吾身有以導一家之和而後推惠施恩朝野上下之情無不洽整躬以率物推己而及人惟其布化也有原故其獲效也亦大皐謨彰勵翼之治何爲以愼修居先愼修者治之本也羲易占風火之文何故以物恒爲準物恒者亦治

之本也中庸言至誠必以盡性為本而後人性物性洒無不貫論語言君子必以修己為本而後安人安百姓洒無不賅然則為治之道其可不本於修齊哉雖然修齊之事亦多矣而必取於關雎麟趾者何耶蓋夫婦為人倫之始有夫婦然後有父子有父子然後有君臣關雎者所以正夫婦而風天下也念深宮之窈窕而志和音雅油然見彝好之天真切假寐以悱惻而慮遠思深藹然繫君國之大計樂不淫哀不傷刑于之雅化足以遠御於家邦焉故有天下者必以河洲一什為開化之原荇菜三章正造端之始夫而後內宰掌內令陰禮必修婦職必盡而宗伯所司冬官所掌之法度本此矣夫而後宮正掌宮禁宮府有比衆寡有合而八柄馭臣八統馭民之法度肇此矣固不僅葛覃示儉后妃服澣濯之衣而典絲典枲之法度有所基也更不徒卷耳懷人后妃有進賢之志而興賢興能之法度有所昉也正內正外其理無殊宮中府中俱為一體所謂行周官法度必有關雎之意者其在斯乎且王者之治

必本於推恩孟子曰親親而仁民仁民而愛物孔子曰君子篤於親則民興於仁故舊不遺則民不偷其恩由親及疎其化由近及遠乃自然之理故君陳之施政必裕其原於友于放勳之平章必肇其基於親睦有天下者於子孫宗族之間誠能敦仁厚之風一如麟趾則仁恩所被自然化及羣黎族師之書睦婣閭胥之書任卹其法度之昭垂蓋有由來矣仁德所敷更可推諸四裔訓方之誦傳道懷方之來遠民其法度之昭著更非無因矣此又麟趾之意為周官所本也非然者行周官之法度而不本夫雎麟之精意宮闈之化未彰骨肉之恩未篤其為治之本已失縱令師氏教德保氏教道不足以感民心也即使司寇明刑司隸守禁不足以防民情也江漢之遊未必興歌夫喬木汝墳之地又誰載詠夫條枚法度雖存其何裨於治理哉又其甚者因襲周官新莽且視作文奸之具誤會周禮荆公更取為禍國之資召亂致禍弊且無極而何論夫治平則甚矣治本之不可不立也

淮海間其氣寬舒禀性安徐說

天地之運行無非氣而已矣顧氣有清有濁有厚有薄有陰有陽有柔有剛有正氣有邪氣有沖和之氣有悍厲之氣有營達之氣有沈鬱之氣天之氣因其時而異地之氣因所在而殊人生於天地之間各受氣以成形而禀性亦因之有異爾雅疏引李巡說云淮海間其氣寬舒禀性安徐所謂淮海非淮海惟揚州之淮海乃海岱及淮惟徐州之淮海徐州之域東至海南至淮是謂淮海淮海間其氣寬舒禀性安域徐此州之所以稱徐也且夫淮海之間其氣何以寬舒而其性何以安徐哉請繹以禹貢禹貢曰大野既豬野以大稱則其地廣博有寬大之氣無狹隘之氣禹貢曰東原底平原為平原則其地廣衍有安豫之氣無不平之氣禹貢曰厥土赤埴墳赤盛陽之色也（非見疏說）其地陽盛則生氣暢達而陰晦鬱塞之氣胥潰由是物得其氣則欣欣向榮故禹貢又有草木漸包之文漸包者舒暢之象也人得其氣則志舒意適更無不泰然相安者且人之所以生存皆恃夫衣食蒙羽其藝則淮海間之五穀熟而人民育矣厥篚玄纖縞則淮海間之老者可以衣帛矣衣食充足心神自必泰然然則李巡謂淮海間其氣寬舒而禀性安徐也固有由矣吾嘗論之人之性所存（存即氣所）惟其性安[illegible]徐縕蓄於中者為性運行於體者為氣故曰性所存即氣所存也且人之氣所存又即天地之氣所存天之氣寬舒地之氣寬舒斯生於兩間之人其氣亦因之以寬舒斯氣也以一人之生理言是為生氣以一方之民情言是為民氣一人之生氣寬舒斯一人之生性安徐一方之民氣寬舒斯一方之民性安徐其關係至為密切春秋繁露曰春氣愛夏氣樂秋氣嚴冬氣哀此天氣之關係於人也淮南子曰山氣多男澤氣多女障氣多喑嵐氣多聾此地氣之關係於人也晉之民儉嗇之民詐秦之民悍鄭之民淫原其所以不同之故無非天地之氣有以致之太乙人仁丹穴人智大蒙人信空同人武原其所以相異之由亦無非天地之氣有以致之天地之氣有關於人也類如此豈獨

淮海間為然哉顧或謂淮海惟揚州揚州亦瀕淮海何以其氣燥勁而稟性則輕揚乎曰徐在淮之北揚居淮之南南北之地氣既殊而揚州又近於江故其氣燥勁而不寬舒稟性輕揚而不安徐也雖然地勢變遷古今異致昔之寬舒而安徐者今或以變遷之故未必其寬舒而安徐也覘民俗者固未可拘守夫成見矣

終風且暴宜從何解

詩終風且暴解說各異釋文引韓詩曰終風西風也按爾雅西風謂之泰風古文泰作夳而終字古文作夂其形相似而易溷韓詩譌終為泰故依爾雅之義訓終風為西風此不可從也毛詩曰終風終日風也鄭箋以終風為竟日風與毛說同焦氏易林頤之升終風東西散渙四分終日至暮不見子懽說本齊詩而亦與毛合然則終風之義不當從毛氏乎乃自王氏經義述聞訓終為既謂終風且暴即既風且暴於是解經之士僉舍毛而從王不知王說雖新實未至當吾但辨王之未是則毛說之當從自可見矣夫使終風之終果當訓既則詩人何不竟曰既風且暴如既安且寧之見於棠棣既佶且閑之見於戎車既明且哲之見於烝民乎而乃轉其義曰終風且暴何為也且王氏謂終風之終當訓為既即燕燕之終風且惠北門之終窶且貧伐木之終和且平甫田之終善且有亦當訓終為既余姑勿論終溫且惠終窶且貧諸終字各有其正義不必

概訓為既即如王說既之義可轉為終但終溫且惠諸句皆承上文而來訓終為既語意猶順若終風且暴句居全章之首上無所承而一啟口即曰既風且暴寧非突兀不特詩三百篇中無此成例即揆之語意亦不甚合王說又烏可從耶惟毛氏訓為終日風其意較顯且王風葛藟終遠兄弟傳云兄弟之道已相遠矣是毛氏非不知終有既其於終風必曰終日風者實於義當如是也胡承珙云此終日與下三章不日有曀之不日意實相對然則毛說固至精確為解經家所當信從矣至暴字毛訓為暴疾則於義似未盡善按爾雅日出而風為暴終風且暴之暴當從此義毛詩傳疏云終日而風總釋三終風之義日出而風則專釋詩首章暴字之義言日出以別於霾曀也觀此則暴字當訓作日出而風也可知矣且毛公於二章終風且霾之霾訓為風雨土本爾雅陰而風為曀之義則首章終風且暴之暴亦當本爾雅日出而風為暴之義以為訓矣又何為別訓為暴疾哉

鴻雁來賓論解

禮月令季秋之月鴻雁來賓解經家於來賓之義說各不同陳澔集註鴻雁以八月先至者為主九月後至者為賓如先登者為主人從之以登者為客也此其說頗覺言之有理而要無所依據不免近於臆斷楊升菴曰八月鴻雁來大雁也雁之父母九月鴻雁來賓小雁也雁之子也此第以來賓者為小雁而於賓之意義未能說明亦無足取吾謂來賓之義解釋確者莫過於鄭注鄭注云來賓言客止未去也此說至確且當蓋鴻雁生長於北徼非中國之鳥也其於季秋之月自北徼而入中國飛翔於周雒之間向陽而止如遠道之嘉賓翩然戾止不遽然他去故稱之曰來賓陸佃曰來賓言寓中國如賓客也夫惟止而弗去乃有所寓故觀於陸氏之說而鄭注之確當愈無可疑張虙曰來賓言來而得所如賓之授館也夫惟止而弗去乃稱得所故觀於張氏之說而鄭注之確

當益可取信傳曰賓至如歸賓止而弗去安然相處如客子之歸來者然此之謂賓至如歸鴻雁之來賓與賓至如歸之意其隱隱相合乎沙渚之間賓之寄廬也汀洲之畔賓之旅舍也易曰鴻漸於逵鴻漸於陸詩曰鴻雁于飛集於中澤逵也陸也中澤也皆延賓之館也可以翔集焉可以棲遲焉賓有所飲飲於斯賓有所啄啄於斯賓有時而飛飛於斯賓有時而鳴鳴於斯賓有時而息則又息於斯倘焉徉焉止而弗去真有賓至如歸之樂焉稱之曰來賓不亦宜乎解經者若不明止而弗去之意第以意妄測無當也

或問九月之鴻雁稱曰來賓彼八月之鴻雁亦由北遠至何以祇言來而不稱賓曰八月之鴻雁來由周雒之彭蠡去而不止以視九月之鴻雁飛翔於周雒之間止而不去者固自不同故此稱來賓彼則但言來而不稱賓也至呂覽淮南高注均以賓字屬下句云鴻雁來賓爵入大水為蛤且以賓爵為老爵其說雖新而以鴻雁來三字為句與孟春之鴻雁來仲秋之鴻雁來同其語意究嫌詞複孰若來賓之義為正乎然則來賓之說固莫確於鄭注矣至於鴻雁之鴻有作候者蓋以雁之去來與節候相應故稱候雁也殊不知鳥之應候者綦多如燕之來也以春分而其去也以秋分亦與節候相應又豈獨鴻雁為然耶以鴻雁為候雁徒見其偏耳且夏小正一書亦紀物候者也其言九月遰鴻雁未嘗稱候雁然則鴻雁來賓之鴻又何必易之為候哉吾願世之解經者勿徒矯同而立異也

乃瓜解

乃瓜之說見於劉本夏小正其曰乃者急瓜之辭也瓜也者始食瓜也若傳本夏小正則作乃衣瓜其曰乃衣者急衣之辭也衣也者始創衣也兩本原文既殊解經者於此立說自不能無異有謂衣瓜者以巾覆瓜也此時瓜可食故衣之以進於君曲禮為天子削瓜者副之巾以絺為國君華之巾以綌可引為證此合衣與瓜為一事也有謂乃衣當為一節瓜當為一節者黄崑圃實主其說此分衣與瓜為兩事也余謂分衣與瓜為兩事或合衣與瓜為一事雖各有其理要皆就傳本乃衣瓜解之今既從劉本乃瓜之說則劉本初未言衣解經者即不當牽及衣字以余論之劉本乃瓜之說實為始食瓜之意乃與迺通始也瓜為實物不含有食之之義而其下文良蜩鳴之良字則當作食字蓋蜩本無良不良之分詩五月鳴蜩又鳴蜩嘒嘒皆不言良也而食與良字形相近良當為食字之譌故劉本原文乃瓜良蜩鳴五字當作乃瓜食蜩鳴乃瓜食三字為句蜩鳴二字又為一句乃瓜食者即始食瓜也按詩豳風七月食瓜周之七月夏之五月也詩言七月食瓜可為夏小正五月節之言食瓜作一確證然則今不曰食瓜而曰瓜食者何歟曰此倒句也經籍中頗多其例左傳肉食者鄙不曰食肉而曰肉食猶之不曰食瓜而曰瓜食也禮記有不粒食者矣不曰食粒而曰粒食猶之不曰食瓜而曰瓜食也漢書蘭公菜食憂民深矣不曰食菜而曰菜食猶之不曰食瓜而曰瓜食也說苑藿食者何預焉不曰食藿而曰藿食猶之不曰食瓜而曰瓜食也又論語鄉黨篇瓜祭必齊如也（從孔安國注）不曰祭瓜而曰瓜祭則夏小正之不曰食瓜而曰瓜食固與彼同一例矣而又何所致疑乎吾故曰劉本夏小正乃瓜良蜩鳴五字乃瓜良當為乃瓜食之譌而其義則為始食瓜也況簡策顛倒往往有之乃瓜良既為乃瓜食之譌則乃瓜食三字又安見其非乃食瓜之錯乎以乃食瓜之原文一誤而為乃瓜食再誤而為乃瓜良亦未可知惟乃瓜良於義費解故讀者遂或更以良字屬下

句而但曰乃瓜也史有進者劉本乃瓜之文余既正其謬也如是即傳本乃衣瓜之說亦未必非乃食瓜之誤衣字下部與食字下部其形固亦近似也一孔之儒囿於舊說不能正古籍之誤不能抒獨得之見此曰乃瓜彼亦曰乃瓜此曰乃衣瓜彼亦曰乃衣瓜人云亦云積非成是而卒莫得其真解是又何取乎吾人之窮研經籍哉

六書轉注當以何說為正解

六書轉注迄無定論鄭樵六書略以假借會意為轉注周伯琦說文字原以老字屬會意考字屬諧聲戴侗六書故從之裴務齊謂考字左回老字右轉是為轉注凡此之類皆泥於老考之例而未會其通者也蕭楚謂一字轉其聲而讀之是謂轉注張有復古編云轉注者展轉其聲注釋他字之謂也假借者不轉聲而假借為他用之謂也程端禮謂假借為借聲轉注為轉聲趙撝謙轉注五義取之凡此又闢老考之說而不免與諧聲混淆者也余謂泥守老考之例固非即力排老考之說亦未盡當按許氏說文序轉注者建類一首同意相受老考是也此為轉注之本義惟後人不明建類一首二語之義而專於老考二字求之以致轉注之說成為聚訟戴東原先生曰建類一首一其義類也同意相受互為訓詁也以互訓當同意相受其說甚確而以一其義類當建類一首之義凡為精闢解轉注之意者當以戴說為最正當也蓋六書肇造指事象形會

意形聲四者為造字之法轉注假借為字既造而用之之法一字數義者為假借數字一義者為轉注夫數字既同一義則以彼注此以此注彼彼此互訓如諸水之相為灌注交輸互受六書之用以廣老以注考考以注老老考義同得互為訓而又為互訓中之最親切而顯明者故許氏舉以為例準此例以推之姑不論艸部之茅注菅菅注茅葍注蔔蔔注葍言部之諷注誦誦注諷諧注詥詥注諧凡字之同部類者得互為訓即部類不同之字但其義同類亦得互訓如置與赦不同部也而置赦也赦置也可以互訓慚與媿不同部也而慚媿也媿慚也可以互訓斷與截不同部也而斷截也截斷也可以互訓損與減不同部而損注減減注損可以互訓召與評不同部而召注評評注召可以互訓且異字同義不以二字為限如寘窒皆訓塞則與塞為三字互訓矣裼嬴裎皆訓但則與但為四字互訓矣更進言之不獨本義之字可以互訓即假借之字亦得與假義之字相轉注如曾訓益而曾即增廾訓合而亼

即比皆是但取一其義類即得同意相受不必拘拘於部首之同異此猶爾雅之始也君也等為建類一首初哉首基林烝天帝等為同意相受以經訓經最為明確彼不明建類一首二語之義而因許氏舉以為例之老考偶同部類遂以為轉注之字必同部而後可者豈不大誤甚或有妄立異說以說文解字之部首當建類一首以義凡某之屬皆從某當同意相受之義則尤謬戾夫許氏建類一首二語所以解六書轉注之意非申己所作說文解字之例也說文解字遵六書古義而作非因說文解字而後有六書古義也六書轉注之義在周禮保氏而說文解字之分別部居在後漢周之保氏豈能於千百年前預為許書作凡例哉故段玉裁六書音均表序力闢其說江伯蘭亦駁之而斂以數字一義者為轉注且確定之曰轉注以義為主同義互訓也此與戴氏一其義類互為訓詁之說可以互證然則六書轉注之意舍戴說將安所取哉

玉如意

（清）嚴振先 撰

《玉如意》十六卷，清嚴振先撰，據南京圖書館藏清光緒二十六年泰興陳氏寶章閣活字印本影印。

嚴振先（一七五六—？），字鵬飛，號南池，清代泰興新市嚴家岱人。嚴氏自幼聰慧好學，十六歲即進學成爲秀才，乾隆六十年取中進士，選翰林院庶吉士，散館後授吏部主事，後升任員外郎。嚴氏之八股文聞名全國，詩取諸家之長，很得詩界好評。其他文體之文章亦得心應手，揮灑自如。工部郎中陳啓文曾在其文《哭嚴吏部》中稱贊嚴氏『詩備諸家，文兼百體』，足見其才華。

嚴氏著有《南池文集》、《北上草》，其所著通俗文學唱本《玉如意》在蘇中地區家喻户曉，婦孺皆知。嚴氏事母甚孝，據説《玉如意》即爲嚴氏赴任途中爲其母親所作。《玉如意》乃是一部章回體説唱話本，全書共十六回，計十六萬字。嚴氏以泰興南門外鄔、郝兩姓兒女親家爲原型，講述了姐妹易嫁之故事：鄔、郝二家在鄔家長女雲英與郝家獨子郝硯耕幼時，即以一柄玉如意爲二人定親，後來郝家家道中落，一貧如洗。雲英嫌貧愛富，臨嫁前不肯上轎，鄔公即以次女瓊英代嫁郝硯耕，瓊英不嫌郝家家貧，盡心盡力照顧郝硯耕與其年邁老母，後來郝硯耕高中狀元，瓊英得到享不盡之榮華富貴，而長女雲英所嫁富豪錢家却因爲貪贓枉法被籍没，窮困潦倒。該書揭示了封建社會世態炎涼，宦海沉浮的社會現實，歌頌了賢良淑女的善良，一併批判了負心人和貪官污吏的醜惡，故能作爲一篇『勸世文』，在江浙地區數省農村流傳二百餘年。《玉如意》中人物形象栩栩如生，躍然於紙上，且語言通俗易懂，明白如話。唱詞以七言爲主，間以長句，讀來琅琅上口。書中大量運用泰興當地方言俗語，極富地方特色，亦對於後人研究泰興方言有重要的語料價值。

（張　念）

嚴太史真稿

玉如意

光緒庚子年
仲秋新刊

本號開設泰興北门内高
橋南街寶章閣自梓童蒙
讀本代刊字戳包修宗譜
印訂書籍發兑

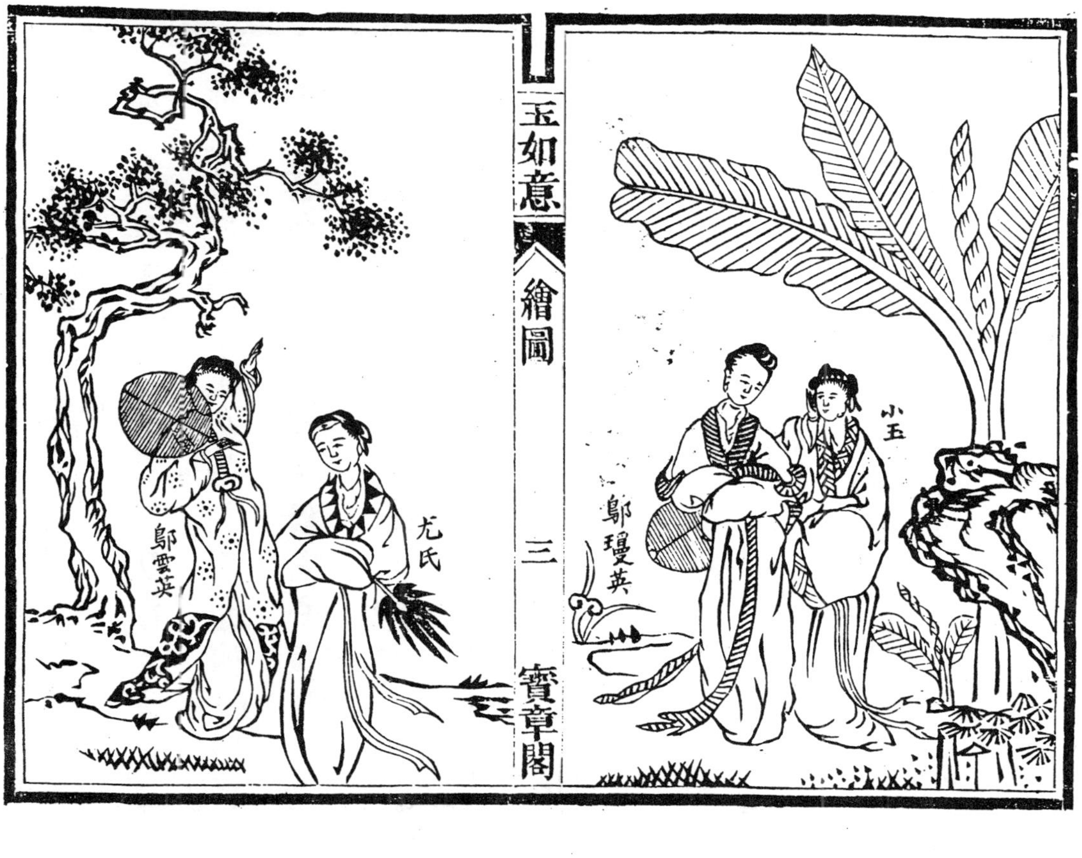

原序

東野談天南方說鬼侈夸詐於驕生混
和光於蘇于踳駁蔓誕張皇幽渺重矣
牛鬼蛇神漏蒼經之末注花妖木怪肖
禹鼎所難圖任澔吻之高張實雞肋之
無味固有識者所唾而無稽之勿聽也

玉如意　壹　寶章閣

別有擷藻揚華緝聲雕色拾牙後之慧
刻畫無鹽綴錦上之花衣冠優孟隨手
雜湊吟風弄月之詞信口播揚才子佳
人之目甚至采蘭贈藥誤認情鐘擲果
倫香競誇韻事既畔道以離經實傷風
而敗俗付之剞劂自謂嘔出心肝律以

犁泥直欲喑其喉舌巳邑有聞人鵬飛
嚴于金馬玉堂之器雕龍繡虎之才典
贍風雅淵博深宏文章則遠紹班韓詞
賦則近宗朱李通徹百家朱子下逮小
說之流辛摭巷議街談隱入稗官之史
於是出其餘緒著爲瀾言命意獨造和

玉如意　[illegible]　寶章閣

墨以藉談笑悅親有道灑筆以成酬歌
欲處順而如意本安常於郝郎是書也
廣長舌善提心釋憸邪遠諧世會俗其
義婉而正其骨隱而顯闢謬詞之誣戲
寫本地之風光吉水歐陽之文暨子皆
通香山白傅之詞老嫗都解琵琶索綏

非關劉四罵人榜栳波廻謔借裴談打趣遂使家家傳誦嘆同吳趨之歌戶戶謄抄畧貴洛陽之市劇憐夜月蓮菴油詩共續回憶秋風桂館險韻爭酬唱徹竹枝三返車攜之謔齋回館課首推駟及之篇方期臚唱鴻章詎意遽悲鵩賦艷君懿采若仙料得赴修文以鶴召者我類唐賓甚能無撫遺帖以含酸也哉

乾隆五十年春三月既望後樂山庄主人題於都門之宣南寓次

玉如意目錄

第一回

郝知縣廉吏家貧感動鄭氏報德

鄔太守良朋義重贊成陶對教兒

【引】唱人人愛聽唱小唱　我把小唱唱人聽　我只小唱唱得好　字字句句勸世文　說的總是口頭話　講的總是眼前情　幾歲孩兒都懂得　燒火老嫗也分明　聽到喜處拍手掌　聽到怒處咬牙根　聽到哀處哭紅眼　聽到樂處笑破唇　為臣的聽了使潔己　為子的聽了使孝親　為夫婦的听了倡隨睦　為兄弟的听了友愛敦　為朋友的听了義氣重　為親戚的听了情意增　為家主的听了存寬恕　為奴婢的听了發至誠　奢華的听了變節儉　懶惰的听了變辛勤　驕傲的听了變謙下　刻薄的听了變和平　此書莫作等閑看　晨鐘暮鼓一聲聲　先把題目提明白　玉如意是曲牌名

却說這玉如意的故事，不知是何朝代，只記得浙江嘉興有個進士，姓郝名廉，表字貽清，他夫人陶氏，養得一個兒子名喚硯畊表字有秋只硯畊是郝公三十歲上養的到了三十二歲逢着吏部挨銓郝公銓了山東鄉城縣知縣便同着妻子赴任家中所有住宅一塊薄田二頃付於一個老寔家人喚做曾忠的掌管郝公到任爲官甚是清正鄉城百姓沒有一個不感戴他【白】朝廷把官與人做　教他南面去治民　做官不是做生意　當作買賣賺金銀　好個清廉郝知縣　民之父母不虛稱　愛養鄉城衆百姓　把來看做自家人　勸人務農守本業　勸人讀

書望功名　勸人居家要孝弟　勸人處世學正經　若是坐堂來審事　處處酌理又準情　都要細細問明白　從無使氣亂動刑　夾棍板子都厭棄　不肯教他寃枉人　民間一草與一木　自來不取半毫分　堂上知縣窮如鬼　麥仁飯兒吶得疼　滿城士民多感戴　家家祿位供長生　也是鄉城該造化　只个知縣那裏尋【白】郝公到任之後謁見上司只鄉城是沂州府屬下縣分那時沂州知府姓鄔名原字德載是杭州府仁和縣人也是一个好

官只一日郝公來見原來他二人本是同年杭州嘉興又是同鄉今日做官又同在一處以此甚是相得一年之後往來越加親熱就結了一頭親事原來鄔公的夫人是閔氏所生二女一男長女名喚雲英年方五歲次女名喚瓊英小如姐一歲兒子取個单名喚做鄔用又小瓊英兩歲只鄔用已定了本城尤指揮之女爲配单有兩個女兒尚未許人鄔公便把雲英小姐配了郝公的兒子此時硯畊已四歲了兩個現任的官府結了只一頭親事真是門當戶對【白】沂

玉如意　第一回　二　寶章閣

州知府鄔德載　長女名字喚雲英　年方五歲青春好　許配公子郝硯畊　從來會揀女壻的　不看家貲只看人　人壞有家掌不住　人好將相出寒門　鄔公不是俗人眼　擇壻自然有眼睛　郝家世代多忠厚　看他該有好子孫　就把眼前來比較　也算門當戶對親　兩家現在爲官府　書香門第舊有名　相女配夫古來說　天平上面不差分【白】當時郝家下聘是個白玉如意鄔公接得便付與閔氏恭人道郝家的物還歸郝家人你與女兒

佩在身邊只一枚玉如意便是一道赤繩使他曉得
個一言既定終身不改的道理恭人接去與雲英佩
了不提做親之後過了半年鄔公改調了河南歸德
府郝公命道使備着禮物前去送行鄔公留住吃酒
二人在席上說些官場中道理郝公道親臺此去又
添我一番憂愁了唱從來仕路難着脚 怕的跳在
黃河洗不清 虧殺有個同心的 把個正氣來支
撐 親臺而今改調去 教我孤掌甚難鳴 我性
情本來多峭直 又兼虛名是个招怨根 愁是惹

玉如意 第一回 四 寶華閣

着燒身火 弄做玉石一齊焚白鄔公道親臺不須
過慮只是盡自己的道理便了唱官是做的朝廷的
何能依狗別人心 要圖上司同僚歡喜我 怕
是對不過君與民 我自問心無歉曲 半夜敲門
不吃驚 若要瞻前與顧後 只个好官做不成
吉凶禍福皆天數 我只是一篇到底沒改更白郝
公道親合所見極是唱我只栽我的冬青樹 管甚
麼獨木不成林 我只唱我的老腔板 管甚麼獨
絃不成音 就是平地風波起 也落個豹死留皮

人留名 做一日官來盡一日職 叫做和尚儘撞
去念經 不是親臺來賜教 我也是死不服降的
硬肯人白此時郝公有幾分醉意了當下席散到了
次日鄔公起身郝公又遠送了一程方纔回署自此
之後彼此自然有些往來沒有要緊的事不必說他
又過了三年郝公在任上得了一病求醫禱神總無
效應看看是不起之症了唱閻說判官嚶勾簿 先
註死來後註生 黃泉路上無老少 幾個是賀百
歲人 喉嚨若有一口氣 不放工夫半刻停 只

玉如意 第一回 五 寶華閣

要閻王請帖到 任你多忙要領情 也是郝公前
定數 大限不滿四十春 一病臥床竟不起 求
醫禱神總不靈白郝公自知病重將來沒有救星了
便喚陶氏孺人到床前吩咐道唱我一病臥床竟不
起 料想今朝沒救星 我有一言相囑咐 多多
拜托老孺人 你我並無三男與二女 止生一子
小硯明 雖然目下年紀小 是我郝家後代根
天假我年容在世 指望撫養教成名 誰知半路
來丟下 把只千斤担子累你身 你從今做娘兼

做父　一個人矜兩個人　好好盡心來領袖　休
教玷辱郝家門　我六載爲官無宦橐　沒有家貲
與子孫　薄田家中數百畝　你母子將就渡光陰
孩兒日後能成立　我九泉之下感你恩　結髮
夫妻今永訣　把我臨死話兒記在心【白】孺人聽說
泪下如雨說道老爺保重着郝盼咐妾身記得郝公
又與兒子硯畊到床前來此時硯畊雖祇十歲本來
生性聰明上了二年書房頗曉得人事郝公盼咐道
【唱】你是我一點親骨血　愛惜如同掌上珍　誰知
父子緣分淺　今朝骨肉兩離分　我算來萬事都
丟得　可憐你七歲嬌兒沒父親　我有一言來囑
咐　你年紀雖小到聰明　郝家世代多清白　一
脉書香到如今　我功名未立身先死　所望嬌兒
一個人　你爲人品行學端正　讀書發憤幹功名
你沒有父來還有母　從今教訓你須聽【白】硯畊
听罷大哭起來郝公又盼咐道【唱】我一生不肯濫交
接　眼前落乜少朋親　只有鄔公是我知心友
他熱腸一片最多情　你孤孀母子沒脚蟹　要个

泰山之靠纔放心　我將一點託孤意　寫封絕筆
音書寄故人【白】郝公命家人取筆硯過來孺人扶着
勉强在床沿上寫了一封書信付與孺人道我死之
後你將此信寄往鄔親家處你母子日後定然受他
照應孺人與硯畊又大哭起來沒多一刻郝公閉目
無言了母子越發大哭不止衆家人料理後事殯殮
起來申了個報故文書又着人到歸德府報了信並
將託孤的遺書寄去且說報故文書到了上司便着
個署印官下來只舊官家眷兑不得出署讓他孺人
便扶着棺木移寓在城隍廟裏那個署印官到任少
不得行香拜客放告閱城又是一番行逕了【唱】新任
郯城知縣到　滿城忙煞接官人　一行香來二拜
客　三放告來四閱城　第一項是閱城好　拏得
規例最現成　第二便是放告好　撞個主顧送情
分　第三還是拜客好　圖他來去有照應　惟有
行香沒出息　勉强把个故是行　新官諸事都忙
過　倉庫盤查要認真　查得前任郝知縣　虧空
庫項三千銀【白】你道只庫項郝公爲何虧空原來郝

公上任之初前任已經虧空此數上司縛住受了交盤郝公是個清官在任六年那有只銀子塡還他死的時節只道原數原交不曾放在心裡誰知新任的署印官十分利害少一厘一忽不受交代詳到上司便着郝知縣家眷塡還想他孤兒寡婦只銀子從那裡得來唱郝公是個清官府 死後全無積蓄銀 丟下孤兒與寡婦 可憐客死在鄉城 庫銀本是前任少 上司着落郝家人 少了酒錢尋欠戸 該問當初那個去拎瓶 爲何別人偷牛去 捉住

個摸榜的頂賊名 世上總是手長打手短 要講理字久矣見新不見陳 閻羅王家怕惡鬼 慣欺啞口的衆生 郝公前任是滑脚 郝公後任是凶神 上司只揀好説話 单教寡婦當災星 官債不是私債比 若不償還了不成 文書追比如狠虎 公子雖小帶家丁 陶氏孺人無可奈 只得着人轉請興 家中薄田二百畝 祖遺住宅在東門 事到如今顧不得 且把養命家産賣與人白此時孺人着人回去教魯忠變賣田房且説魯忠自

聽了主人凶信日夜哭泣又聞廢産更加悲感因此染了一病一切賣田賣房之事總不與聞了論起郝家田房該有二千兩時值怎奈而今只些貨口的慣會拏急説起來眞眞利害得狠哩唱你只裡捧着熱猪首愁沒廟 他那裡看着嫩茄子把老懵 你只裡扳任他下巴搖不任 他那裡掐住你咽喉緊騰七 你圖個一邊盤籃一邊米 他那裡自鹽只當私鹽稱 説甚麼現錢買加一 落脚攢得實傷心 拿定他的老盤子 論多較少便不成 你要走

馬來上任 怕不依他只尷尬白郝家田房因此只賣得一千四百兩銀子還有一層可嘆只個數目那有得幾到郝家原來那些人又要於中取利哩唱人無利息誰早起 那有吃飽飯江邊去救人 只班於中作保的 原靠在嘴上做經營 生來老鼠有条尾 淸水下米是不能 從前使費買主出 如今兩邊翻泥不稱心 還要暗中扣後手 做个作鉄補鍋手段能白郝家田價因此這剩得一千二百兩之數又有一層可嘆這個數目還沒有得幾到士

人原來那些家人又要乘機打刼【唱】世上幾個好
奴僕　有片負心幫主人　便是主人精明極　他
有二十四個花錢雞得你眼昏　况且鄭家母子只
好算啞子　便吃黃連說不成　倚仗他大尾把羊
無人管　欺他沒腳蟹不能行　大家做個强盜不
打臉　攔路腰刼去瓜分【白】鄭家田價因此這剩得
一千兩之數送到鄭城孺人接着要還虧空纔得三
分之一只得先把此數繳去再求寬限且說鄭城百
姓自鄭公死後滿城無不痛哭今見孺人虧空庫項

無力償還大家商議要公捐銀子整他那些百姓的
意思說道【唱】官長待我如草芥　我待官長如路人
官長待我如赤子　我待官長如娘親　莫道愚
民無知識　認得好歹最分明　鄭公在任人不覺
只道官清民安是本分　過着只個書呆官　把
個清涼世界變火坑　從前差人不進村庄裡　如
今半夜三更亂打門　從前農民不到公堂上　如
今五忙六月捉進城　住的還是從前宅　添些賊
盜魍魎來橫行　耕的還是從前地　添些錢糧漕

米要加征　回想從前的快樂　纔曉得六年父母
恩得深　我的快樂父母賜　父母憂愁我當分
行了好心沒好報　世上好官要變心【白】鄭城百姓
因此公捐一千兩銀子送與孺人孺人接得又繳去
了只是還欠一千之數沒處作法正在愁悶忽見郎
府差了一個家人倚了禮物前來求我又有一封書
信問慰孺人與公子你道郎公遣來為何來得恁遲
原來郎信去時郎公正往省中公幹所以担擱了孺
人接着來書便將近況寫了一封回書打發那人回

去來人當下起身星夜趕回歸德府日說郎公自接
訃音與託孤書信乃大哭數次一日家人從鄭城回
來呈上回書郎公拆開一看更加傷感便對閔恭人
說到鄭親家一死家眷受此大累我如今豈忍坐視
【唱】鄭公是我知心友　况且又兼兒女親　急難之
中不相顧　只個朋友算甚人　鄭公丟下累賠債
寡婦孤兒苦十分　田房賣盡不夠補　至今虧
欠在鄭城　有無相通責在我　除我之外那個是
至親　况有臨死遺言曾重託　怎好辜負故人地

下心　須與挪借一千兩　替他補足庫中銀同閉
恭人道老爺官囊如洗現在艱苦只銀子那裡得有
鄔公道恭人只種事不能自己打算了【唱】我的苦是
煎游池水未必死　他的苦是鳥入羅網望放生
我雖是個窮官府　緩急之間要分明　定要有餘
纔去顧親友　只勉力善事那個行　便是剩得一
碗飯　且分半碗與饑人【白】鄔公挪借了一千兩銀
子立刻教家人送往鄭城去家人臨要起身鄔公又
道且慢我想郝孺人呀【唱】雖然還清與賠債　料想

王如意　第一回　十二　寶章閣

手中錢鈔沒半文　柏木寄頓城隍廟　那有路費
轉加興　送佛送上西天去　做人做个徹底人
實搭不到七層頂　半截情兒不算情　另外再加
二百兩　些須路費算送行【白】鄔公又加二百銀子
着人送到鄭城來孺人接得感謝不盡繳清了庫銀
便揀了个好日子僱了船同着兒子扶柩回里那鄭
城百姓聽得孺人起身程个个前來相送【唱】只見這
个携着分貲送路費　那个備著禮物表人情　只
个點着香燭來拜送　那个提着酒餚來餞行　我

聞也有官離任　磚頭瓦塊打轎門　個個跟在轎
後罵　剝皮劊肉不作聲　現在官人尚如此　官
人娘子不必論　惟有郝公留遺愛　百姓不忘死
後情　捐銀替他還庫項　臨去送別更慇懃　一
直送出鄭城界　大家還戀戀不忍分【白】孺人見人
情如此想起老爺從前的好處不覺紛紛淚下衆百
姓前來安慰道孺人不須悲苦積善之家必有餘慶
我們禱祝公子還做我鄭城父母罷孺人再三拜謝
衆百姓方纔回去一路話休煩絮到了加興把柩木

王如意　第一回　十三　寶章閣

送入祠堂安葬那些親族鄰舍也沒有一個問信想
其來人情可嘆【唱】從前郝公在任日　人人都得做
官人　也有打他抽豐討盤費　也有託他舉薦借
面情　聽了耳朵芭蕉渠　只要沾搭便認親　如
今人死人情淡　說甚麼三厢加元帶上青　若還
留得家貲在　還圖个走入寶山不空身　如今一
孤與一寡　一貧如洗轉加興　望見帽子人便怕
怕的是兒多借少纏不清　離遠三步還愁打不
脫　怎肯又惹鬼上門【白】孺人曉得人情却也不去

纏搭親友自在城中賃了幾間房屋居住向就近有學堂處送硯哄念書學名取叫金門自己做些針線將就度日一班家人都四散另尋門路去了惟有老蒼頭魯忠此時病已痊好依匕不去孺人向他說到我母子一貧如洗他們都已散去你也自尋個生路去罷魯忠跪在地下大哭道太太與公子在此老奴死不敢離【唱】老奴今年六十五　自蒙太爺到如今　太爺待我恩無限　老爺待我又加恩　兩代大恩無可報　願效只犬馬餘力小七八　安樂之

時圖吃現成飯　患難之中自抽乾淨身　天理良心兩何在　而因衰有變更　公子而今年紀小　門戶不能自支撐　老奴雖然無甚用　使喚倚然能應承　若愁衣食不贍足　老奴操作敢辛勤　自己想個糊口計　不將閑飯累主人　服事公子能成立　也讓老奴一片心　老奴一生靠一主　斷不肯棄舊去投新【唱】孺人聽得甚是悲感灑淚說道難得你一片忠心你肯耐窮苦憑你意罷因此他母子二人倚著魯忠外邊使喚只也是萬不可少

之人按下不表且說鄔公在河南任上自見郝親家死後把官場上光景總看淡了又過一年便起了告病歸家的念頭他心中想道【唱】人在世上都是假　奪甚利來爭甚名　心中要作千年計　眼睛一閉有甚分　況且只个官場上　多少風波險煞人　若是官小猶自可　就是官大越擔驚　擺了朝廷重石子　便是騎虎之勢捉弄行　仕宦將窄從來說　何苦走到盡頭纔住程　郝公是我同年友　他年紀比我小幾春　一乘轎子來上任　四塊板

子轉加輿　仔細想來有何用　莫被只紗帽誤一生　如今歸得歸不早　到歸不得時便死也歸不成　不如告病回家去　做个逍遙自在人【唱】鄔公主見已定申了个告病文書同著家眷回轉仁和縣來到家中也不出門請个先生教子女讀書過了數日說道郝親家在鄉城物故我因官在身不曾親自臨弔今日回來正該前去一祭順便看匕孺人母子也好放心當下教家人備着祭禮同往加輿來且說郝孺人聽得鄔公致仕回來正要着魯忠前去忽報

鄔公已到見个了禮兒不得鄔公有一番問慰孺人也有一番稱謝然後鄔公同了女壻硯明同郝公墳上設祭鄔公行過了禮放聲大哭道白任他相識滿天下 算來幾个是知心 剛七一个好朋友 又被老天奪去不容情 記得沂州署衙三盃酒 與公慷慨說平生 誰想一夕燈前話 生離便爲死別人 自從所得公棄世 我也無心戀功名 公以幼孤重託我 臨終遺筆萬叮嚀 但使留我餘生在 叅在九泉可放心 視公之子如己子

架與同窗甚同分 我從今不管人間事 惟有教子教壻是責成 思公容顏不可見 思公笑語不可聞 留只一紙託孤是真跡 時時看閱如面親 與公生死雖異路 知公生有英氣死有靈 一陌紙錢一盃酒 公其勿却故人情 白鄔公大哭一場硯明還禮也是一番大哭祭畢又從墳前同到郝家來孺人又出來稱謝不盡鄔公問些近況又問起女壻讀書之事孺人道現在就近從師鄔公道也好我心中久已躊躇此事白女壻如今年漸長 正在讀書的時分 若到我家去就學 小兒現在有先生 但愁到底年紀小 早晚不便離母親 孺人又是人一个 孩兒遠出也掛心 孺人自是能教子 照常近處就從林 一切修金與紙筆 讀書之費我担承白孺人听了又十分感謝鄔公當下告別起身回到家中着人送些銀兩到郝家來貼補孺人家用與硯明讀書之費自是孺人盡心教子日間去上學夜間回來自己教他又過了二年硯明十歲了一日孺人在燈前做些針線陪着兒子念書到二更

時分硯明只是打瞌睡孺人喚他醒來哭說他一番說道白我郝家本是書香後 今朝望你繼家聲 似你這般貪懶惰 後來怎得有功名 你父親臨死曾吩咐 教你讀書要堅心 今朝纔滿三年孝 難道忘了床前囑咐情 不是爲娘心腸狠 拖你十歲孩兒坐深更 自古桑條從小抑 又道功夫鐵磨針 青春莫作等閒看 一寸光陰一寸金 爲娘豈不來痛你 怕是誤你好前程 若是後來沒出息 叫我怎對你死父親白孺人哭訖了一

番硯哵弔下淚來跑在母親面前說道母親教訓得
是孩兒知罪了孺人又大哭扶起硯哵來又說道我
兒便是你岳父只个意思你也不可負他咱常言人
在人情在　人死之後沒了情　我郝家不少親
戚　幾个雪中送炭人　便是兒女親誼嫡　他偏
兆時上更分明　任他銀錢堆出後門外　一毫不
拔待怎生　承你丈人多休貼　貼你紙筆與修金
你若不把書勤讀　枉了他提携一片心　曰硯哵
又道母親教訓得是孩兒敢不堅心自此硯哵發憤

讀書到十四歲上出去應考一切考費也是郝公用
的十五歲上入了府學不免報到丈人家來只報房
裡人因郝家報錢甚少看着這个財主岳老要發一
注大財爭鬧不了如今且把書歇着了等他們鬧報
錢的鬧來了再唱　　終

第二回

一　護嬌兒母梗父訓
　　嫌窮婿妹代姐行

曰郝說郝公子入了府學報到郝府來郝公十分歡
喜說到可喜故人有後那時大門前正貼報条只見
他兒子郝用走來郝公便向兒子說道你姐夫早七
入了學你還不上緊念書哩此時郝用也十三歲了
你道他對他父親說甚他說道只个東西要他做甚
麼咱秀才叫做窮酸子　荳腐渣換不到半斤　三

年一次要應考　盼兒歲考吊了魂　束修不个十
幾兩　通年坐得屁股疼　三十六行都可做　何
苦定落這窮坑曰郝用听了大不歡喜說道我兒你
不知道只秀才乃是功名第一關以後正有大出息
哩郝用也不等他父親說完接口道我曉得咱世上
秀才論千萬　幾个能夠出頭人　上了只条念書
路　便是種下一个窮字根曰不講沒有出息便有
出息怎麼咱任他會把狀元中　皇上何嘗賞金銀
一時榜上虛熱鬧　不過是个名好听曰郝公听

了大怒扯到庭前罰他跪下來罵道你只个不肖這般沒有志氣【唱】有志不在年紀大　無志孩抱定終身　你姐夫比你長兩歲　如今早七入黌門　人家養到只種好兒子　便是傳家寶和珍　你是一个長進的　就該趕上一步要功名　他也不是三頭與六背　你也不少鼻子與眼睛　世上沒有難做事　這要自己發虔心　若你是个蠢茶肯　開口就是沒蠟觔　看着別人有好處　甘心伏氣不如人　男兒自小沒志氣　便是鈍鉄無鋼打不成

玉如意　第二回　二　寶書閣

【白】鄔公正在動氣要打兒子這見閔恭人從屏門後出來說道老爺孩兒還小哩恕他一次罷鄔公怒道你說甚麽話【唱】你道他如今年紀小　轉眼功夫長成人　人生讀書的日子　總在二十以前見功程　父母膝下無一事　天落下來有个長子去把承　些微力量能培植　書房又有好先生　此時不把書勤讀　日月如梭不等人　輪到後來年紀大　便有許多外務來分心　娶親以後守妻子　當家以後想金銀　那時看看个書本　便是汰水團

沙攏不成　人家父母教兒子　總要從小教他惜光陰　今年笋子來年竹　那有等到上轎穿耳根　你如今慣他不打罵　須知他不是棺材淚不淋　輪到日後淚費了　他反要埋怨爺娘不認真【白】恭人道兒孫自有兒孫福也是不要勉強的鄔公听了越發大怒說道你這句話更是不通【唱】便是一根好木料　不動斧鑿器不成　便是一塊頑鐵上了爐錘有變更　常言火到猪首爛　總要工夫磨得深　你在旁慣打欄頭板　到底穿的長腰裙

玉如意　第二回　三　寶書閣

依你个船到橋頭自然直　怕不誤殺天下人【白】恭人見說不做聲了鄔公又把兒子細細教訓一番說道你這沒志氣的說只秀才要他做甚【唱】你莫把秀才當容易　是个上天梯子第一層　你看滿朝朱紫貴　都是藍衫一領的出身【白】便是終身做个秀才也是好的【唱】常言談笑强如哭　到底算个正路小功名　處處有个孔子廟　可曾見个白衣得進門【白】不但如此念書的好處多哩【唱】爲人吃點硯墨水　就如換了一个人　把那蠢形變了秀　把

那濁氣換了淸　忠孝廉節許大事　都是念書人
做成　世上沒有念書的　這个世界難支撑【白】你
說念書是个窮坑可知那幾个臭錢越發要他做甚
【唱】便是家貲有萬貫　可曾見个財主名字上縉紳
世上多少守錢虜　光碌碌目不識丁　數他
生平曉得的　只有戥子與天秤　算到只枝羊毛
筆　就要重似幾百斤　見人一團村共氣　沒處
開口敘寒温　就是扁担頭上脫到幾句話　也是
一个醋牟瓶　滿口說白不換氣　還要之乎也者
充斯文　你要與他講道理　真是對牛去弹琴
你說人做財主好　我說財主笑煞人　寧可做个
窮酸子　難道蘿蔔不如他杂做【白】還有一層就是
要脫窮字這念書的条路何嘗錯哩【唱】富貴二字是
連的　包你一箭雙雕射中心　書中自有千鍾粟
一那曾見餓死窮翰林　那條路硬想發財七不到
只條路不想發財七偏生　那條路發財純是銅
臭氣　只條路發財又帶書香名　只種一舉兩得
便宜事　難道猶是錯路把你行【白】鄔公教訓兒子

一番放他起來他走到母親跟前打滾放刁哭个不
住只見二姐瓊英走來勸道兄弟爺七說的好話你
是該听的【唱】兒女不要父母管　怕是浪費不成人
除却自己的父母　那个肯痛癢相關下苦情
道好話金子換不到　須要帶子頭上記得淸　你
如今嫌他不入耳　却不道良藥苦口醫好人【白】鄔
用听得帶着哭使罵二姐只見大姐雲英走來對二
姐說道爺七絮七叨七你又來火上澆油做甚麽不
是我說這个書隨意念七罷了斷要認真却也不必
【唱】守着一个死書本　慣去多少好正經　吃煞巴
七不當頓　滿服文章餓得心裡疼　為人難的是
銀子　船底有水自能行　你看世上有錢的　那
件功名幹不成　定要鋸倒樹去把烏鴉捉　難道
除却念書沒前程　可曾見死吊了屠戶就把帶毛
猪首吞【白】鄔用听了說道大姐說話纔合我式因此
住了哭歡喜起來看起來鄔用的不肯不必說使是
他姊妹二人的話也都听出好歹來了常言道一个
爺娘生九等兒女貞七不錯原來二姐是个賢良人

那大姐纔不覺得極哩劇的不說道說大姐年紀已
大瞧得丈夫家貧時常心中氣苦便有許多埋怨的
話哩囉如今女兒知事早　十四五歲起了心　爺
娘家是寄生草　公婆家是貨落根　公婆家富心
歡喜　公婆家貧氣煞人　若是一个臉嫩的　氣
在肚裡不做聲　如今女兒臉又厚　定做面皮寸
三分　血在裏頭映不出　談到嫁字不見臉色紅
一星　雲英小姐年紀大　曉得丈夫家裡貧　朝
七氣來夜七哭　埋怨堂上老雙親　東揀西揀七

不中　便七揀中窮酸丁　爺娘真乃沒分曉　活
活送人下火坑　女兒原是賠錢貨　爺娘那裡放
在心　湯裡水裡這圖去開手　管甚麼長鍋來煮
人　既然如今不顧他死活　何不養下來時賞他
水一盆　你把人害得足七的　只咒得你肉跳又
心驚　曰雲英在那裡一頭啼哭一頭埋怨道見妹子
瓊英走來勸他道姐七不要氣苦囉姻緣本是前生
定　暗中有条繫腳繩　不但媒人現成做　連父
母也是湊現成　爺娘養我人三个　十个指頭个

个疼　那有偏心與歹意　獨送我姐七下火坑
聽得當初做親日　郝家也是做官人　只爲運蹇
遭橫事　致得家業漸凋零　也是姐七八个字
命宮沒有旺夫星　世上不如意事十八九　那得
件七皆稱心　你處七要作進步想　便覺人勝我
十分　你處七只把退步想　便覺我高人一層
順算不來扒倒算　有甚麼怨天恨地自把苦來尋
曰大姐听了對二姐說道你那裡知那窮字的苦處
哩囉諸人的窮來倘自可　惟有念書的人窮得氣

總不得伸　不是个生意有利息　不是田務有收
成　處七日頭好把衣裳晒　那怕牛角稍裡鑽到
只叫親　窮富各人有來歷　我是快樂過慣人
已經做个婆七的　再做媳婦勢不能　曰妹子呀囉
我不想者虎爬山攀高去　我只要紉豹還鄉管本
分　教我米籮反向糠籮跳　只个筋頭跌得太傷
心　曰二姐道姐七只窮字是不必愁的囉若是命裡
有得的　天不餓殺瞎眼睛　若是命裡沒得的
痴心捉月是不能　人在世上儘著走　只順時听

天最安寧　還有一層說得好　大富由命小由勤
男兒不吃分時飯　女子不穿嫁衣裳　富要守
來窮要耐　各人努力往前行　各人有个飯碗在
那見天生餓殺人　白　大姐听得惱將起來說道你
罷你只太平宰相話　落得說的　唱　你飽漢不知餓漢
苦　慣在別人船頭鬧不清　不曾輪到你頭上
風凉話兒到好听　料想爺娘鍾愛你　將你定許
發財人　你口頭不假心頭話　不勞你做假牌七
白　二姐見說也便正色道　姐姐你說甚麽話　唱　我從

來性情多爽直　口是心非是不能　局外局中一
个理　我都是將心來比心　那遠心之語外人倘
難對　況是自家骨肉親　我把正言來相勸　白　姐
七呀　唱　你反把人看得太差分　白　二姐見話不投機
當下走開去了　原來鄔公平日見二姐賢良　他也十
分愛他　此時二姐已年登十七　鄔公看在眼裡替他
擇壻　只是高低不就　一來鄔公爲人孤冷　人不與他
合式　二來鄔公要揀个中意的女壻　却也最難　因此
担誤下來　看七又過二年　二姐到了十九歲　那大姐

便是二十歲了　鄔公見大姐已長成人　便與閔恭人
商議道　唱　女生外向終須嫁　女大終留惹議論
養女第一个訣竅　早七打發他出門　雲英女兒
年二十　遲早終是郝家人　郝家此刻家寒薄
那有銀錢來娶親　況且離得路途遠　一切非錢
不能行　不如招贅來家下　也替郝家省幾分
女兒女壻都在眼　你我二人也放心　白　恭人道　老
爺所見極是　但只請事可省　難道衣裳頭面　郝家也
沒有麽　鄔公道　恭人　你見解差矣　唱　人家嫁女的毛

病　慣與男家纏不清　又要爭他的揀帶　又要
索他的禮金　既然是个全親戚　就該彼此有个
体貼情　留住男家錢和鈔　也是女兒過去高豐
盈　浪費男家錢和鈔　也是女兒過去受艱辛
縱使郝家辦得起　寧可不及莫過分　郝家又是
沒得的　與他有个甚麽爭　嫁娶只是老實好
休圖誇耀人眼睛　多少人拉空架子　借債負利
苦殺人　把个眼前癖鬧好　可知割去心頭肉幾
層　況且女兒的嫁事　就憑粗畧辨現成　不要

此上這此下　休要虎頭蛇尾日後不如人自恭人
所得不做聲了鄔公當下使着人到郝家道及此息
陶孺人使喚兒子硯明商議道我兒此事爲娘的在
心已久了恨於力不能行如今承你丈人休貼要你
招贅過去乘此機會了却爲娘一件心事罷硯明听
說吊下淚來說道母親孩兒不去同我上無兄來下
無弟　母親膝下兒一人　兒今若到鄔家去　早
晚那个問寒温　加與縣到杭州府　中間遠隔百
餘程　倘然要个來往信　一時緊急怎知聞　兒

玉如意　第二回　十　寶華閣

到鄔家自快樂　母在家中受苦辛　縱然托天無
疾病　這是隔向不安心　便是爲功爲名遠着去
也是孝見博賒理不應　那有爲着要妻子　丟
下孀居老母親　兒非母親不成立　母親非兒靠
甚人　母子相依過一世　寧可親事婆不成自隔
人道我兒所見差了同不孝有三無後大　那有親
事婆不成　孝字要講大道理　不在早晚小殷勤
更要父母心上有怪樂　外面點綴是虛文　㑹
娘此刻身强健　身邊不要服侍人　况有老僕魯

忠在　外面使喚他聽用　你去三年或一載　央
媳婦雙雙轉郝門　那時兒媳雙行孝　方稱爲娘一
片心自硯明見母親如此說不敢爲拘只得依了孺
人便打發鄔府來人回去教他拜覆老爺承老爺如
此休貼十分感激少不得揀个好日送小兒過來當
時鄔府小廝回到家裡覆命不消說得只裡孺人揀
定二月初二日是个黄道吉辰先着人往鄔府通信
到了臨時不免有幾个親友前來相送如今世情𢿙
郝家這般光景儘可不休不保因鄔府面上不好意

玉如意　第二回　十一　寶華閣

思道得前來出个人情送他過去硯明當下拜別母
親孺人吩咐道我兒今日前去我有數言囑咐同你
自小不離娘身畔　今朝去進別人門　捧入碗來
伏人管　凡事須當要小心　岳父岳母二尊長
早晚問安要慇勤　大妻不可輕變臉　姊舅不可
輕反唇　妻子若是賢良的　自不挾勢驕夫君
裙帶頭上錢難用　怕的財多氣便欠温存　舅子
若是个好的　自言能識主人情　公子性情服眶
大　怕的坐家收入客自尊　你這自己讓一步

一个克己自無爭　便是下行衆奴僕　要知謙和
識奉承　謙和處七有人喜　狂傲處七惹人憎　縱
來搬嘴與弄舌　都是只班手下人　本來是件淡
七事　他加鹽添醬鹹十分　螞蟻不鑽無縫石
自己莫把破綻與人尋　做人之法說不盡　要緊
數言你記在心白　硯畔流淚道母親吩附孩兒敢不
切記母親保重孩兒此去不久回來看望母親當時
親友催促起身只得含淚出門到了鄔府他有許多
親友在那裡迎接七到廳上行過禮鄔公吩咐衆人

後堂與太七說快替小姐梳洗上頭衆人走到女兒
房中只聽得大姐在被窩裡咬牙切齒一哭一駡哩
唱雲英蒙着被窩睡　只管悲啼不起身　哭一聲
來駡一句　駡的郝家窮酸丁　可笑堂七男子漢
低頭來進別人門　招女壻是做把戲　娶不動
妻子覥甚形　我與你結髮簿上無瓜葛　對頭冊
上有姓名　黃鼠狼休想天鵝肉　吃个使君子打
斷他妄想心　寧可守我一世寡　發誓不做郝家
人白衆人聽得便也到床上來勸正要開口只見雲

英從被窩中伸出手來指着他母親說道唱你休花
言并巧語　你算我甚麽嫡娘親　我又不是抱養
的　我又不是晚娘生　你的心腸狠不過　全不
着熱與知疼　把我丟在窮坑裡　教我永世不翻
身　你活七送了人命也罷了　還說甚嘮叨戳耳
根白說罷又鑽入被窩去哭了衆人沒法着小廝去
請老爺鄔公正在前廳與衆客談話見小廝來請便
請二老爺陪客原來鄔公有个弟子名重字輿載也
是个文學秀士是个安分的人當下代鄔公在廳陪

客鄔公抽身走入後堂衆人接着便將女兒情由告
訴與他鄔公一听心下着急七忙走入女兒房中來
勸道唱我兒不必苦埋怨　不是爲爺誤你身　姻
緣總是前生定　郝家先富後來貧　你今嫁與郝
郎去　決不教你受苦辛　目下在我身邊過　鮮
衣美食稱你心　日後若歸郝家去　撥个庄田你
安身白雲英見說放聲大哭起來說道唱別人家廟
堂㘭不久　筵席沒有不散人　向人嘴邊去吹氣
惹得旁人笑破唇　我也不到郝家去　我也不

笲鄔家生　算來是个孤单相　寧可削髮做尼僧
【白】鄔公听了急得没法着小厮到前廳上教少爺陪
客請二老爺進後堂說話二老爺走入後堂鄔公把
此事告訴與他二老爺又到姪女房中好言勸說一
番雲英那裡肯听這見他哭道【唱】你們苦匕來相逼
料想婁我活不成　今朝拼得一条命　免在世
上活現形　投河只要三尺水　懸梁這用一条繩
甚麽是天喜紅鸞好日子　分明是喪門吊客凶
時辰　果然要我郝家去　還他一个死尸做新人

玉如意　第二回　十四　寶章閣

【唱】二老爺見姪此光景連聲道叫豈有此理豈有此
理鄔公臉都氣青了開口不得這向衆人跌足歎氣
道女兒性子你曉得的苦匕遍他貞正活不成了倒
不如另擇日子慢匕勸他回心罷鄔公听得大怒連
聲罵道放屁放屁【唱】揀定良辰與吉日　各家親友
在前廳　兩个府城誰不曉　豈有今朝不成親
鄔家養出不肖女　嫌貧愛富懶婚姻　明日此事
傳出去　教我杭州怎做人　娶媳看娘古來說
下梁不正上梁歪　是你養女失教訓　今朝累我

受罵名【白】鄔公與衆人嘔氣二姐在房中聽得怕爺
娘氣壞了不得已又到姐匕床前勸道姐匕此事還
宜三思而行【唱】嫌貧愛富人家有　郝家做出理不
應　爺爺是人爲官的　何當話把別人論　姐姐
賢名也要緊　你是香閨女千金　況且听說郝公
子　也是人家好子孫　古人說話不欺我　從來
破屋出公卿　世上理是循環的　只有郝家今昔
便分明　昔日家富今衰落　今日家貧焉知不復
興　暫時運蹇無妨礙【白】姐姐呵【唱】今日此事三思

玉如意　第二回　十四　寶章閣

行【白】雲英滿肚氣悶正没處發作听得二姐又來開
口大怒起來發詐道【唱】你只油嘴了頭休無理　胆
敢罵我不成女　各人管的各人事　輪不到你妹
子來批評　你不要局外滿口談匕道　這怕當場
一字難開聲　你說郝家公子好　讓你嫁他做大
人【白】二姐起初原有幾分不平之意又見姐姐罵他
止不住也作色道【唱】我把好言來相勸　你說話兒
不中听　婚姻自是各人的　爲何拖下我瓊英
不是瓊英自說嘴　各人有个本性情　自幼曾受

此事果然臨到我頭上來了唱我若半字來推諉
惹得姐姐翻嘴唇　真果局外曉七都是假　事到
臨頭也變心白二姐當下一想說道爺七此事理上
可行得麼他叔子接口說道有你父親做主怎麼行
不得唱理有呆的有活的　從權只要不離經　你
全父之名便爲孝　從父之命不失身白二姐道雖
有父母之命却無媒妁之言鄒公接口道何妨唱當
初兩家做親日　本來不曾有媒人　總因至好交
相信　片言面訂結成親　郝家當日來下聘　曾

有玉如意一根　我今把來交付你　即將聘物作
媒證白二姐道問名合庚當初已定今俱不相明合
倘或敗露反爲不美爺七叔七還要三思未便造次
鄒公道此事更屬無妨唱年紀是可假借的　你使
虛加一歲算生辰　名字原是我取的　我今便與
你更了名　此事只我家中曉　外邊那得便知聞
爲父秉性你曉得　光天化日敢分明　不是今
朝作此欺人事　正恐背舊賴新欺了心　要求兩
難之中尋个萬全計　休教兩家之女成了兩截人

閨門訓　在家從父理正應　從古到今千萬載
那見閨女自揀人　便是街坊乞丐漢　父母許了
跟他行　假如堂上爺和媽　日後替我託終身
縱比郝家窮十倍　決不是我姐七只条心白姊妹
正在關口他叔子在旁听得却觸起一个主意來了
便悄七對鄒公說道唱雲英是个潑皮貨　勸他叫
心想不能　左思右想無計較　惟有從權可過門
移花接木古來有　難得賢良小瓊英白且喜瓊
英未許配　只比姐七少一歲　不如與他來商議

今朝頂替做新人白鄒公聞言心下躊躇不決只
見小廝走來說道前廳上各位老爺教來稟上老爺
說吉時已到喜事不宜再遲了鄒公越加著急不得
已同着兄弟來對瓊英說道我兒你爺七有一句不
當說的話事出無奈只得與你相商你姐七只个潑
賤今日作此醜態把鄒家面皮削盡了屈我兒代姐
跑一行保全你爲父的只將破的臉兒遮纔准你姐
七的話你二叔在此做个憑証決不失信與你二姐
所得漲紅了臉呆了半晌口中不言心中想道不料

我做个信友行權終踐約　你做个孝女順親不辭辛　縱使風聞吹出去　我父女也不惹批評　我兒愁的忙中錯　我已仔細酌理又斟情白二姐見說便道悉憑爺七能唱不是爺娘枉養育　女兒何處有此身　此身原是爺娘的　爺娘命我敢不行白鄒公見女兒已允滿心歡喜便教恭人向雲英身邊取那玉如意來恭人向雲英去取只見雲英把个玉如意劈兩摜來不是落在軟處幾乎碎了恭人拾起來送與鄒公鄒公替二姐佩在身邊就教恭人

替二姐梳粧自己急忙走到前廳那時已是二更有餘衆親友實在候久了鄒公把別話粉飾了幾句席散之後送鄒公子入內與瓊英小姐合卺成親硯畊道道今日所娶便是昔日所聘那知其中有冒名頂替的情節自此日為始一對少年夫妻自是相德但硯畊時常愁眉不展含愁強笑被瓊英小姐看破問道郎郎滿面愁容有甚心思何不與妻子說知硯畊見說眼中落下淚來說道我的心思怎好瞞娘子唱多承娘子殷勤問　有話不瞞自家人　我在此間

言快樂　難捨家中老母親白二姐道原來爲此唱是郎君今朝說　此事奴也久掛心　適纔看你愁容滿　奴已先猜八九分　郎君不必添愁悶　明日回家看母親　料想家中用不足　奴有積聚數兩銀　婆七日下年紀大　閑備甘旨供晨昏　又有幾件春衣服　是奴前月親手剪裁成　喜春天氣漸七暖　肖得婆七動線針　不惟其物惟其意　些微聊表媳婦心　奴要與你同同去　猶恐爺娘不放心　煩郎同去道此意　先向婆七請罪

名白硯畊听了說道難得娘子一片孝心到了明日硯畊告禀岳父岳母要回家看望母親鄒公又贈些銀兩與他帶回安家硯畊拜謝起身奔回加與到了家中母子相見硯畊將銀兩衣服奉與母親又將媳婦的話告禀一番喜得孺人滿口稱讚說道好个賢良媳婦眞乃郝門有幸唱陶氏孺人心歡喜　滿口稱贊女千金　老身娶个賢媳婦　半世辛苦有後程　人家兒子在家少　總要媳婦肯殷勤　兒子面前媳婦好　背後還愁兩截人　如今世上孝順

少 打公罵婆不須論 滿口從把爺娘叫 其實看他眼中丁 早要湯來晚要水 沒法而已强酬應 兒子本來是好的 又爲媳婦變了心 娶一个來攢兩个 我眼中經看乜得清 不料老身多造化 今朝娶个知心貼意人(曰)硯呼在家住了數日孺人催促起身硯呼又挨了數日不得已只得把身出了門又轉頭回來數次叮囑了許多少話方才到鄔家來只且按下不表如今要話分兩頭了接連唱去怕的頭緒不清歇歇罷 終

第三回

錢知縣陞道官生子一雄娶鄔女

郝生員想媚母同妻瓊英回加興

却說杭州有个鄉官姓錢名通表字宜忠是錢塘縣籍現任陝西鳳彬等處鹽法道此人本是捐班出身從知縣做起不上十年就陞到道官你道他爲何陞得只快他專會刻剝百姓掙百姓的錢去奉承上司所以致此如今單講他做縣官的時節是何等行逕(唱)錢塘縣裡錢官宗 本是捐班的出身 此人不是好閑的 天上降下剋剝星 他的官還纔到手 百姓已經吊了魂 其實沒有別毛病 只是銅氣攻了心 棺材裡伸手死還要 況這未死的手兒掉更鹽 只要有人投狀子 便道生意來上門 富事有个定主意 無錢得死有錢生 憑你案情粘不上 他飛个點兒有了名 任憑罪条加不上 他扠个枝兒拍住人 遇到百姓家資大 恨不得與他平半分 遇到百姓家貲小 恨不得把來一口呑 不但地皮都捲盡 連地背地觜都剝

清　不知百姓那世少夙債　今朝把个舊賬來討
錚　地方有了這種好官府　弄得赤子含冤沒處
伸冤　此時地方上自然怨聲載道了　那還有許多人
歡喜他　你道歡喜他的是誰　原來衙門只班差與
役　不與百姓一条心　百姓指望官府好　差吏
生怕官府清　清官差吏難作弊　贓官差吏有錢
錚　堂上官府如老虎　要有這些爪牙纔吃人
硃諭籤子雖封票　日七下鄉捉平民　倚官來詐
聲勢大　玎玲瑺琅鉄索鏈　鄉下平民最忠厚

玉如意　第三回　二　寶章閣

望見縣差嚇子吃一驚　捉到縣裡鎖押着　先擺
个差房盤子要講明　聲七頭翁叫幫役　口七先
生求纔承　小禮随封都有了　纔容你到堂具訴
呈　堂上太爺標批語　隔堂帶訊彀有定時辰
只得日日來伺候　忍饑受凍苦傷心　等到三月
兩月後　還有个一審審不清　吩咐原差押下去
再候太爺親訊拷　此時書差使用　看
家務頭難遇判　若不早七走門路　官判堂上要
數刑　百姓嚇得無主意　賣田賣屋湊銀

經手書差又得意　討个辦事能幹名　大爺得
了大包去　這是衙例提鍛二八分　因此衙門裡
人都歡喜　說這頭上錢天委實青　好了衙門的
蠹吏　苦了鄉下的良民　麥田裡面罵知縣　罵
他燒背頭還鄉　要拆子與害孫　回只人錢道真七另
有肺腸他的意思說道　咱我也不圖脫靴留遺愛
我也不圖竪碑頌舊恩　我也不圖萬民衣傘來光
耀　我也不圖十里香花來送行　我有我的一塊
痞　姓錢人是要錢人　世上原無兩全事　那能

玉如意　第三回　三　寶章閣

圖利又圖名　我辦个耳躱時常熱　辦个鼻子打
噎噴　百姓罵由他罵　我賺的銀錢實實心
如今人要錢去做　那个人不好去奉承　空七情
字算不得　惟有實惠包兒有效驗　我把來送與
上司去　不怕没有好官陞　回　錢通因此陞到道官
自做道官之後勢焰越大從前不過刻剝百姓如今
又要剋剝下司了　咱　從前銀子論斗約　如今銀子
論担稱　下司往常有規例　合堂孝敬老大人
節七都要送賀禮　年七又要做生辰　况且遇道

衙門最鬧熱　商家銀錢如灰塵　只要大人賞點
虛体面　他使一挑一担獻上門（白）因此錢通搀了
一个大家貲綽號錢百萬他養了一个兒子名喚一
雄自幼跟在父親任上捐了个國學監生你道只錢
公子爲何不讀書哩（唱）他自幼也在書房坐　縱是
到晚不開聲　看見書本如仇敵　眼中添了一个
釘　開頭上了三年學　不曾認得上大人　直到
長成十五六　勉强念了部詩經　他一年要賴半
年學　整日不進書房門　剛乜坐到書房裡　又
被太乜呼與進後廳　不是奶娘丫鬟來傳命　便
是長隨書童來禀情　還有那些先生又世故　不
肯嚴緊教學生　生怕高聲說一句　號壞公子過
不輕　把个有錢東家打斷了　這碗舘飯吃不成
不如替他做乜件　庄家子弟念書原是名（白）
雄以此身退費　只好白零八兩買監生（白）只一
雖是个監生倚了他父親勢耀更大橫行無忌目中
無人便做起鄉紳排場來了（唱）狐騎狐尾從來說
開口擺出他父親　又兼他的家貲大　號稱百萬

杭州城　橫行塌道目無人　輕狂揚名少誠存
莫把監生看容易　居然做个大鄉紳（白）這一雄自
幼定過妻宰謝氏如今從父親任上同來正欲娶親
不意那謝氏死了因此央人四處做媒這些做媒的
曉得鄔府有个小姐尚未許人便來說只頭親事論
起錢家行運本來與鄔家不台但鄔公因女兒年紀
大了又見他潑皮不甚喜他原有个將就的意思更
兼只班做媒的總是說謊爲王錢家門第家貲不必
說单把錢公子說出許多好處來（唱）說他品行怎樣
卫　說他標格怎樣淸　說他心地怎樣厚　說他
學問怎樣深　他不考文學捐國學　只因心急赴
功名　現在把个三塲功夫用　要去鄉試南北京
他若肯把錢去買　久已聯入進士榜上登　只
因胸中有个眞才學　寧避不涌鑽刺門　原來只
班做媒的　說起謊來謊煞人　自幼投過謊師傅
有本謊書帶在身　滿天謊乜得天花頭上墜
脫空謊乜得皂角泥裡生　駕空謊乜得半空中起樓
閣　無影謊乜得白日見鬼神　吃謊飯是請媒酒

半是鎮江半紹興　禮扛禮盒剛收過　新人花
轎又到門　清道旗在前頭領　高腳牌在後面跟
上寫陝西臨汾道　又寫迴避與肅靜　抬鑼敲
得旺々响　一片吆呼喝道聲　劊子捆掷刀斧手
野雞毛只見豎到九霄雲　十班粗樂十班細
烏打烏打不住聲　更有一椿數不盡　幾百對亮
紗紅宮燈　提燈照得火龍滾　高燈照得滿天星
披紅的媒婆二十个　掛綵的家僮一百名　剛
々排滿五里路　落後鳥花轎一乘　大乱猩々新

玉如意　第三回　七　寶章閣

孫子　結綵裝花色々精　只說一頂新人轎　就
要花費五百金　人山人海都來看　閙動杭州一座
城　大的馱着小的走　小的攙着老的行　大肚
嫂々腰身痛　小腳姑娘雞眼疼　東街擠斷牌樓
柱　西街擠破栅欄門　前街擠倒染坊架　後街
擠濺官鹽盆　嫁娶看見千々萬　如此排場不曾
經　二十个嗩叭一齊喊　轎子扛到烏府門　關
王鞭似連珠响　起火射到九霄雲　鄔府門前炮
焰紙　足々鋪了三尺深　開門錢是八百串　抱

用謊錢是謝媒金　橫也謊來豎也謊　定要把
个謊圈子圓合成　日後謊圈識破了　辦他个草
繩扣謊精[白]這錢家雖與鄔家同城居住他公子跟
在父親任上鄔公却也不知他爲人詳細因此被他
只班媒人謊住了當時男大女大過帖之後便要過
門錢家擇定九月十六日前來迎娶一切衣裳首飾
禮扛禮盒都是當日隨轎過來你看好閙熱呀[唱]錢
塘縣裡錢公子　現任道官是父親　家貲豪富號
百萬　定下親事鄔雲英　九月十六良辰到　錢

玉如意　第三回　八　寶章閣

家行禮到鄔門　衣籠衣箱來開看　二十件皮襖
燦々新　十件大毛寒天用　十件小毛好過春
五色衫子五十件　件々看花人眼睛　十件綿花
綿夾襖　十條盤龍大鑲裙　釵環首飾無其數
只見金珠不見銀　但把打工大約算　二十个匠
人忙了半年零　衣籠衣箱纔收過　禮扛禮盒又
到門　羊十口來猪十口　鷄鵞雁鴨一羣々　肥
條鹿筋粗三指　大片的魚翅重十斤　遼東燕窩
白似雪　廣東海參渾身刺　四十罈名酒醽醁

一淚不變更　若是人家站不住　倒弄个話柄肥
人論　白少不得笑我道　唱你從前揀的奸對子　到
如今爲何依舊賣烏紗　道是鼻涕淌到口的話
教我那時把甚麽臉兒去對人　白我如今是放心了
唱鬧匕跳出阿鼻獄　便有金童玉女接引上天門
難道錢家這个大家業　算不得座萬里的長城
我已經坐得船頭穩　從有風浪不担驚　我打
破沙缸說去到底話　這快活場中要讓我過一生
白我是妹子只是我妹子從那裡說起　唱好吃棟樹

玉如意　第三回　九　寶意閣

菓子挂不到正月半　好木頭淌不到第二張橋門　好个
分明是个揀落貨　他偏要來做收疏人
不怕猪首臭　一樣撞着齆鼻神　如今落在窮坑
裡　熬受火燒與烟熏　白想起來也是他自作自受
唱可笑他從前嘴頭跟　假談王道充正經　只道
袖手旁觀落得說　那曉得這条路也要拉他來行
匕　教他舌頭咽上腭　弄得沒有話回人　這叫
做自家磚頭自磕脚　不由他不做替死的孤魂　白
大抵天下事總要從容一步便訂無限便宜我識

輻錢是二百金　司茶司酒各樣有　只嫌豐富不
須爭　鄔府家人忙不住停調　酒席亂紛匕　東
廂屋與西廂屋　左照廳與右照廳　一百張棹子
層匕擺　沒有个空縫好轉身　也算鄔府屋不少
滴水簷前坐了人　白當時鄔府吃了酒打發轎子
動身抬到錢府少不得又有一番鬧熱話說多了怕
人生厭不必再敘且說雲英妹了个發財的丈夫十
分得意因想道我的榮華富貴該在此處受用前日
若非拏定毛見豈有今日　唱他們七嘴與八舌　个

玉如意　第三回　十　寶意閣

个都來攛掇人　只要耳根軟一軟　上了王侉子
船只好隨他撐　終身大事豈是造次得　我只是
拏定脉子不依從　今朝是我降得過　跳出天羅
地網門　不是懶蝦蟆跳在戥盤自稱自　實在要
算福至便心靈　白我嫌鄔家太窮也不料就撞着這
个主兒我那時心裡却也愁的哩　唱我雖打脫舊頭
腦　這新主顧究竟不能自找尋　隔墻拋過飯箕
去　仰覆畢竟未得分　愁的一時捌了氣　依舊
塡頭換个爛破貨　就是嫌个小安妥　還愁西風

他拈个先頭去　姐〻不嫁並不担閣妹〻的工程
我慢人自有慢人福　做个痴婆娘等漢等得有
後程　看他快行無好步　出頭椽子先爛心　惹
出禍來是他行者去　如今取出經來要歸我們僧
曰說來說去婚姻大事不是等閒的各人有个命哩
唱到底命好終須好　黑夜跑路撞到燈　已經要
上扠頭路　是我陡然摺轉身　到底命醜這是醜
隔壁打破水缸盆　本來不關自己事　却把腳
氣激進門曰這裡雲英只管打算這會歡喜不必說

王如意　第三回　十　寶善堂

他再瞞郝硯畊在鄔府春去秋來此時已住了半年
有餘合家待他都好惟有舅子鄔用不甚與他合式
却怕父親也不好十分見諸辭色硯畊又依着母親
教訓處〻讓他一步以此也還相安但硯畊心內常
是掛着母親打算要同娘子回去唱好个孝順郝公
子　鄔府住了半年零　岳父待他多厚意　賢良
二姐更殷勤　穿也好來吃也好　還有那件不稱
心　可憐別有心中苦　只是記懷老母親　日間
對着个飯碗　想起母親無人進盤樽　夜間對着

个臥榻　想其母親無人理被衾　人家爺娘昌快
樂　兒女滿前一家春　我的母親受凄苦　一个
兒子靠別人　硯畊想起家中事　背後時常揩淚
痕　雖然幾次還家去　又被母親催起身　回家
便是爬山虎　離家便是螞蟻行　半年身寄杭州
府　心〻念〻在嘉興　要與二姐相商議　夫婦
雙〻轉郝門曰硯畊想道叫娘子一同回去此事有
些難處唱他是鄔府千金女　温飽之家過慣人
我家貧萬事難如意　此事相商恐不能曰又想道

王如意　第三回　十一　寶善堂

他若不肯回去我這一个人回去便了唱他既是鄔
府千金女　我也不必强他行　只好各人心上圖
安逸　教我背母戀妻斷不能曰又想道娘子賢良
或者肯回去時亦未可知唱他雖是鄔府千金女
箇性賢良實過人　他往常也把婆〻念　我日間
衷腸訴他听曰硯畊便把此意告訴瓊英小姐小姐
見說連聲稱贊道郝郎真〻是个孝子唱常言横竪
防饑兒防老　我夫妻歸養理正應　婆〻吃了半
世苦　撫養郎君得成人　郎君今朝有妻室　挑

離老母怎安心　人家媳婦要做甚　要他早晚問
寒温　我隨郎君大半載　未見婆ㄑ長短形　一
个兒子一个媳　一个母親半邊人　郝家親丁只
三口　何當兩處各離分　白　郝郎我還有一件心事
今朝索性說了罷　唱　此處原非長久計　到底葉落
要歸根　爺ㄑ年老風前燭　母親本是麪糊盆
兄弟如今漸長大　看來是个寡情人　早晚將來
娶弟媳　知道他是甚性情　常言人無千日好
又道花無滴下新　倘有三言和四語　你我此處

怎安身　與其日後生疎去　不如見機早ㄑ行　白
硯畊道娘子所見極是但有一件我家寒素家風你
若過活不慣如何是好二姐道郝郎說那裡話哩　唱
夫妻不是外人比　此話未免太容情　是甚日子
是甚過　是甚人兒進甚門　我從來不肯貪安樂
難道半年夫婦不知心　婆ㄑ郎君都過得　我
是何人敢嫌憎　還有一言郎須曉　苦樂在心不
在身　你我離着婆ㄑ遠　縱然温飽悶沉ㄑ　你
我隨着婆ㄑ過　縱然凍餓喜盈ㄑ　此是至性與

至理　郎君不必費沉吟　如今待我替郎去　告
稟堂上二大人　白　二小姐便將夫妻同家的話告稟
父母那閔恭人未免溺愛聽得此言甚不快活說道
我兒不要造次由自己打算着　唱　你早晚在我身邊
過　凡事總有我看承　你今若到郝家去　家業
蕭條難稱心　娘家好呀婆家好　難道刨的不比
你的圓幾分　你看着河水船不洗　反要自向旱
溝撐　戴鉄帽將加官跳　只怕吃力煞了不見情
你不要一時高了興　輪到悔恨遲時又怨親　白

二小姐道這是女兒情願去的怎敢埋怨爺娘當時
郝公便向恭人說道女兒要全郝郎回去侍奉婆ㄑ
此是孝念不可阻他　唱　女婿沒有兄和弟　他母又
是寡居人　母子不忍常分捨　回家侍奉母親理
正應　女兒既做郝家媳　夫到天邊妻要行　白　恭
人唱　你的女兒你愛惜　難道別人家兒子不掛心
白　恭人聽得不做聲了郝公道若愁郝家貧苦我心
中久已斟酌了自然有个照顧法兒又對小姐說道
你母親放心不下你可將自幼跟隨小玉了頭帶了

玉如意　第三回　十四　寶章閣

過去也好替𠮟手脚當時說定了過了數日是个好
日硯畊夫婦起身回去小姐拜別爺娘洒淚說道〔唱〕
女兒今往郝家去　撇下堂前二大人　養女生就
外家的　辜負爺娘養育恩　幸喜兒弟漸成立
兒離膝下稍放心　爺娘如今年紀大　早把弟媳
娶過門　辦一事來了一事　添个當家守舍人
女旣此去甘淡泊　爺娘知我柔性情　不要愁煩
女兒苦　又果老人白髮生　女兒但得身閒便
不久回來問安寧〔白〕郎公也含着眼淚吩咐道我兒
此去好𠮟過活〔唱〕安樂日子安樂過　艱苦境界艱
苦行　到了人家做媳婦　不比在家慣養情　你
婆𠮟吃了半世苦　靠着兒媳望後程　比那公婆
雙全的　孝養更須加十分　你夫壻是个文弱士
要个內助苦辛勤　你能担得家務去　他自不
分讀書心　我兒自是賢良的　不必爲父費叮嚀
只因好話要對好人說　望你理從是處更求精
〔白〕小姐聽得揩淚說道爺𠮟教訓女兒語𠮟切記小
姐又向兄弟郎用告別道兄弟〔唱〕我與你姐弟相依

玉如意　第三回　十五　寶章閣

十七載　今朝孤雁遠離羣　從此隔面時多見面
少　一言留別你須听　大姐已適錢家去　我又
隨你姐夫往加與　女生外向都無用　爺娘所靠
你一人　爺娘勉強持家業　頭上白髮已惺𠮟
你須体貼老人意　替𠮟手脚担𠮟心　爺娘安否
你須問　爺娘叫訓你須遵　成家之難攀陡壁
敗家之易落深坑　常將有日思無日　莫道無時
去告人　爲姐此言原過慮　不過是天好辦天陰
備而不用無妨碍　勸人畢竟非歹意〔白〕兄弟〔唱〕
我平日雖然無好處　你莫將丈𠮟不牢帶挈了丈
𠮟繩〔白〕郎用聽得口裡哼了一聲也不像个答應的
要他說甚送別的話越發沒有了當時硯畊兒不得
也有一番拜別一番洒淚不必再敘且說夫婦二人
到了加與進得自己門來二姐拜了婆𠮟又叫小玉
磕了太𠮟頭稱忠進來也磕了大娘頭陶孺人甚是
歡喜二小姐從此當家過活侍奉婆𠮟服事丈夫一
𠮟依他的父親的吩咐喜得陶孺人十分稱賀對硯
畊說道娃只个媳婦眞難得也〔唱〕他是郞府千金女

來進郝家茅蓬門　歡天喜地過日子　全無半
點怨恨心　就像自幼窮過的　不是富貴人家的
出身　這才是到甚地位說甚話　世上那有這種
安分人〔白〕孺人母子見二姐如此賢良把个窮苦日
子反變做歡喜境界了不但當局的人歡喜連今日
听書的也要替他家歡喜哩世上歡喜事是最少的
草々放个豈不可惜几歇了書大家把這歡喜的滋
味仔細咀嚼一番如何

終

第四回

錢壻回門消眼發涼看世態
鄔公娶媳傷心垂淚壞家風

却說郝硯畊夫婦回家之後合家相安鄔府不時着
小厮前來送些米粮錢鈔忽一日鄔府小厮又來了
帶着帖子倫了船來請姑爺小姐原來大姑爺大小
姐回門請早一日回去相會些硯畊夫婦帶着小玉
起身往杭州來鄔公又着人四散約些親友來做陪
客到當日眾親友都早々到了伺候了大半日不見
錢姑爺來忽有一个小厮走來報道大姑爺大小姐
都到了眾親友听得嗔怪道已到大門了還何不早
擻小厮道還未到門哩〔唱〕只望見遠々轎子影　黑
厭々一片如烏雲　又听得這々馬蹄响　踢躂々
數里地震驚〔白〕話猶未了接連幾个小厮走來報道
到了到了眾親友連忙出門迎接只見頭一起呵〔唱〕
一乘大轎前頭走　二十匹駿馬後頭跟〔白〕這自然
是大姑爺了又只見第二起呵〔唱〕一乘大轎前頭走
二十頂小轎後頭跟〔白〕這自然是大小姐了〔唱〕姑

爺家僮八二十　小姐丫環二十八　廿二頂大轎
二十四馬　四十八个轎夫擁到門　門前站的雜
親友　濟七楚七接新親　還有兩邊看的人無數
無非是往來過客與街鄰　此時鄔府大門外
幾乎擠斷了進士棋杆四大根　姑爺門前下了轎
小姐打轎到後廳　廳前扶着小姐出　二十个
丫環前來迎　無數桃紅與柳緑　簇擁着牡丹花
開一團香　無數金黄與玉白　圍繞着七尺珊瑚
無價珍　此時後廳鬧不了　不及前廳鬧五分㈢

玉如意　第四回　二二　寶章閣

原來前廳更鬧熱哩衆親友迎着錢公子進來錢公
子拜過了岳父岳母便與小舅妹夫及一切親友次
第相見敘禮讓坐少不得有許多打恭作揖獻茶扳
談少不得有許多問姓道名其間熱自不必說只說
錢公子跟的一班小厮捱七擠七排得好鬧熱呀㈢
一个七生得面龐俊　一个七選得年紀輕　一个
七時樣新衣才開摺　一个七高底烏靴不落塵
一半兒在椅背後　魚鱗兒似的砌幾層　一半兒
站在臺堦下　雁翅兒似的兩邊分㈢想起來這个

人要跟只許多小厮不知是甚麼使喚之法用得着
二十張嘴答應四十隻手捧扶哩這叫做富家習氣
公子排場帶得來做个樣子而已此時鄔公見了這
般光景已不歡喜又看那公子時樣㈢渾身衣服與
揷帶　足七裝了五萬金　做盡排場裝盡樣　骨
頭這好四兩輕㈢阿唷七四兩輕的骨頭裝了五萬
兩重的東西豈不把人壓殺了呀所者休笑並不是
謊話脫節骨頭四兩極形容他輕浮的樣兒其實沒
有上戥子稱過五萬兩東西但言其價值如此當言

玉如意　第四回　二三　寶章閣

道人是衣裝錢公子這般穿着鄔公似該看得上眼
了無奈裝出豪富樣子裝不出風雅樣子這一層竟
是無可如何的哩㈢他內裡沒有眞書卷　他外面
充不出假斯文　本行是个白肚貨　便有个字號
招牌掛向門　滿面浮光與掠影　無非是金氣銀
氣雜着銅氣腥　走到眼前便看出　不必聽他再
開聲㈢鄔公心中十分不納到了晚間吃酒只教兒
子相陪自己向書房裡去了那時廳上排席錢公子
居了首坐郝公子居了二坐其餘親友依次相序你

叫白覘叫看在眼裡甚是着惱索性不開口由他們說話那前廳上吃酒後堂也有些女眷陪着大小姐吃酒𠱁你道大小姐是何打扮日間下轎的時節人多眼花不曾看得仔細如今坐定了又在燈燭輝煌之下越顯出一位女菩薩來呀唱雲英小姐總豪富衣裳件七是斬新 早間穿的豹皮褂 晚間穿的貉猻 早間穿的銀紅襖 晚間換的灘尾青 大紅衫子鑲烏緞 月白衫子鑲銷金 八幅裙上盤龍錦 百襉裙子水浪生 頭上花翠高一尺

鬢光光紫氣籠烏雲 雙釵鑲的羊脂玉 頂簪雕的珊瑚做 珠花珠索珠球子 顆七珍珠有半升 席前擺動金蓮步 玲瓏掛絡响丁七 眼稍看看瓊英妹 荊釵布服一般人 莫把姐妹來相比比他了環差七分白論起二小姐還該有些陪嫁的衣裳首飾爲何這个樣子只因自入郝門見他婆七荊釵布服他也便隨分吉貫唱好个賢會瓊英姐爲人儉朴率本眞 婆七穿的布衣服 媳婦怎敢齊綢綾 婆七揷的木簪子 媳婦怎敢帶金銀

道那錢公子在席上談些甚麼白談的祖上家聲舊 談的父親官要陞 談的結交多鄉宦 談的來往各衙門 談的某年開捐例 談的某處起樓亭 談的銀賬討不起 談的租谷追不清 談的買了賤皮貨 談的換了貴人參 談的洗了新玉器 談的穿了好珠燈 揀的幾个攀談客 不是財主即鄉紳 郝家公子雖在座 他眼稍瞧不起這窮連襟白錢公子如此還有那些陪客更是可惱唱炎涼世態登時變 一隻眼睛兩樣睛 你若是个有

錢的 放屁都是香噴七 雙手上前來捧屁 還愁你沒屁把他聞 你若是个沒錢的 開口便嫌戳耳根 雙手向上來按耳 還愁你窮氣向他臉上噴 可笑郞家座上客 只敬衣裳不敬人 姑爺莫嫌不中吃 姑爺隨意點七心 姑爺不會有酒意 姑爺徇量入開首 姑爺不要嫌坐客 姑爺不要做新親 姑爺好歹要賞臉 姑爺好歹莫推情 姑爹姑爺聲七叫 這是開頭一拳大字指別得最分清 一般都是郞家壻 無人來保郝覘

可笑雲英眼光大　滿心笑他是窮人【白】大姐見
妹子這个樣子越發要在他面前擺富自己渾身擺
過了又擺到他的丫頭上來【唱】雲英小姐顯豪富
擺他身邊有人跟　才叫春香點茶吃　又叫秋香
把酒斟　才叫蘭香拿牙杖　又叫蕙香送汗巾
才叫蓮香進唾盒　又叫桂香取煙梳　才叫菊香
添爐炭　又叫梅香捧水盆【白】叫來叫去這二十个
丫頭那裡使用得完【唱】餘下丫頭沒處用　叫他一
个一个輪流搥背心【白】大姐辭力的擺二姐也不放

玉如意　第四回　六　寶章閣

在眼裡那大姐只管擺得逼近來了笑對着二姐說
道妹子你處此境界實在虧你【唱】我綾羅緞匹都穿
厭　你粗布衣裳怎見人　我美食珍饈都吃厭
你淡飯白粥怎入唇　我高堂大厦都住厭　你茅
草蓬子怎安身【白】二小姐听得微笑答道【唱】世上原
有窮和富　姐七自是大福人　妹子將甚來比你
只好將就過光陰【白】姊妹二人在席上說話那小
玉丫頭看得惹氣又听得惹氣心中不耐煩便走往
前邊去走到大廳背後只見些家人小厮在那裡指

手畫脚交頭接耳的談論哩小玉在暗中竊聽原來
是說的兩个姑爺【唱】說道大姑老爺生得好　臉嘴
富泰眉目清　說話猶如銅鐘響　走路好似龍虎
行　衣冠齊楚不必說　帽子底下有个人　到底
是个宦家子　跟个興財長旺好郎君　二姑老爺樣子
裝　科七褸七不成形　諸人席上有話說　他嵩
里嵩氣不做聲　諸人吃酒多豪興　他懨里懨巴
沒精神　渾身呆板是奴肉　滿臉縱橫是餓紋

玉如意　第四回　七　寶章閣

不是我門眼睛毒　此人一見定終身　只好做个
窮酸丁　日後沒有好巴程　可惜賢良二小姐
跟了此人活遭瘟　羊肉落在狗口裡　只怪老爺
沒眼睛　你一句來我一句　說的姑爺兩个人
耳不聽時心不惱　氣得小玉面皮青【白】小玉此時
更是氣上加氣到了席散之後忍耐不住把這話一
七告訴小姐二姐道小玉你由他們說罷【唱】生成富
貴有人敬　生成貧賤惹人輕　那原非有意去抬
舉　他本來坦得些奉承　道原非有意來輕忽

你本來覺得着嫉惜　世情大概都如此　不是件奇事與新聞　你要禁止人不說　除非另有个盤古闢乾坤　當面還要遭奚落　背後怎得免議論白小玉呀唱你捺着耳朵由他去　听得只當不曾听　你要水中作瀟硬滅別人口　不如返求諸己釜底自抽薪白小玉道小姐說得固是了頭毫在氣不過唱他們這張勢利嘴　把个有錢的牛兒當麒麟　其寔滿肚子包的都是草　不好對他去弹琴可知鯉魚雖然小　飛騰有路上龍門　不過暫

時落在淺水裡　被他鰕兒鱉兒个个相欺陵白了頭想來我既不與他較量了我也不必他奚落不如明朝大家回去便了二姐道此言有理你明日知會姑爺使了託言家中有事一同同去罷到了次早小玉夫對姑爺說知原來硯卿心下不平也正要同去又隔一日硯卿夫婦告別起身鄔公心中明白不甚留他恭人留他不往錢家兩口又鬧了十餘日方才回去這也不表且說硯卿夫婦回到家中硯卿滿肚氣悶對二小姐說到唱前日你家酒席上　妹夫把我不當人　座中誰容尤可惱　貧富兩字太分明　把他來雙手捧得熱如火　把我來一眼丟得冷如氷　淮陰市兒欺韓信　洛陽親戚笑蘇秦　千秋同洒英雄泪　此中着眼有誰青白二姐道如今世情原是如此唱時衰須果奴欺主　運蹇從來鬼弄人　炎凉世情無足怪　男兒身分要在自己爭　我郝家原是書香後　有甚根腳不如人　只爲公公棄世早　丟下孤寡苦伶仃　誰人保得千年富　那个斷得一世貧　困龍得水終飛去　枯木

逢春自報青　且喜郎君青春小　及早拏力有巴程　古來多少窮途客　都從酸虀冷粥成功名　婆婆望你前程遠　不是青衫一領便終身　老人頭髮容易白　要報親恩趁早時辰　你從今發憤自爭氣　埋頭苦讀要堅心　書中自有黃金屋　皇天不負苦心人白硯卿聽得吊下淚來說道娘子金石之言自當銘佩自此硯卿足不出戶發憤讀書你道他吃的甚麼苦呀唱富貴之家讀書樂　原亭暖閣書童跟　寒士之家讀書苦　夜來沒有一

盡燈　快活讀書嬲得讀　偏匕辜負好光陰　窮
苦讀書難去讀　偏匕用的工夫深　讀書本是窮
苦事　輪到快活不堅心　硯畊自聽閣中訓　發
憤攻書不出門　不論寒風與暑雨　夜匕都要坐
三更　夏夜貪着把書讀　不曉得蚊子如錐釘滿
身　冬夜貪着把書讀　不曉得炭爐灰盡冷如氷
才聽鷄鳴身〻起　只好畧匕閉眼睛　便是閉
着眼睛後　猶自夢裡咿唔不住聲(白)硯畊如此苦
讀又虧二姐支撐家務因此不至分心不然寒士讀

書若沒有一个賢內助便有許多難處哩(唱)你這裡
才要開書本　他報道囤裏米粮沒半升　你這裡
才想拈題目　他報道鍋前柴草沒幾根　寒士開
門七件事　件匕都要自應承　好匕兒書聲打斷
了　揣不着說有道無訴辞聲　好匕兒文心打斷
了　管不得焦頭愁長憔悴心　你便說書中自有
千鍾粟　他怎肯捧着餓肚等粟芽生　可是硯畊
多造化　室中有个賢婦人　除了讀書一件事
不要他問訊半毫分(白)硯畊在家苦讀了一年鄔公

聽得甚是歡喜不時有些贈送已成常例不消說得
其年秋季鄔公又着人來請原來鄔公子擇定日子
娶親哩硯畊貪着讀書不曾前去二小姐本來要看
望爺娘順便又好賀喜使帶着小玉隨來船回去了
你道鄔公爲何替兒子急匕娶親原來那鄔公子越
長大越不學好鄔公家教雖嚴他只不聽把个鄔公
真匕弄得無法可治(唱)爲人第一痴嘴事　養个兒
子不如人　憑你是个好漢子　他不替你把氣爭
也是鄔家該倒運　傳家沒有好後人　鄔公家

教非不緊　怎奈這嬌爺子教不成　磨針也要是
塊鉄　兩頭磨不出个針　從來不聽爺娘話　性
情是个弼馬瘟　教他念書揣不過　要學下流博
聰明　將來只儘鄔公眼　後去家業難支撐　一
張鐮刀又不快　鄔公嘆氣只連聲(白)鄔公見兒子
不肯諳事灰心與恭人說道你我年紀大了兒子又
不聽教訓早些把尤氏媳婦娶回來了你我的事能
恭人說道老爺說得是倘然娶个賢良媳婦連兒子
還有改變處哩鄔公因此揀定日子與鄔用宅姻誰

知這尤氏是个八敗命 才養下來他母親就死了不
多時他父親又壞了官 嫁到鄔家便是喪門星進門
合家吵的不得安了 目尤家女兒命八敗 當初是
个殺丹生 又是鄔家該倒運 惹了一个喪門星
嘴又凶來心又狠 好吃懶做無比論 朝七睡
到日三丈 還有个午睡七不醒 梳了頭兒工夫
少 辰時梳到午時辰 吃了午飯把房出 走到
廚房要黃昏 雙手從來不拈針 不曾扶過倒油
瓶 廚上煑了現成肉 到會揀肥又揀精 廚上

暖了現成酒 到會揀混又揀清 婆七說他不成
器 他說婆七不是人 婆七罵他小潑賤 他罵
婆七老妖精 婆七開口本一句 他回婆七兩三
聲 丈夫面前會騙打 扭頭環頸妖怪形 胭脂
搽到下𦧲上 雀粉泥到頰腮青 枕頭狀手天七
告 告得丈夫變了心 丫鬟打得要尋死 小廝
逼得逃出門 倚風爲雨無收歇 吵得鷄犬不安
寧 目說了半晌總是說他壞處 難道這个人竟沒有
一好處麼 說起來也有一件 目算來只有一件事

像个把家振業人 他省了鄔家多少水 通年
不用洗脚盆 目此時鄔公老夫婦又是氣上加氣了
二姐在家看見這光景怕爺娘氣壞了這是在旁邊
解勸你道這一回大小姐爲何不回來原來他家起
造樓房不得工夫哩二姐過了晌時也要回加與去
起身時又安慰爺娘一番說道 目爺娘不須苦氣惱
如今年紀上了身 老年第一要調養 又要時
常放寬心 他兒孫自有兒孫福 你人力已盡只
把天命听 處七把个倒算打 男婚女嫁是痴人

況且爺七爲人多厚道 不曾折害了兒孫 天
的待人總不錯 只要自己的培植信得眞 從今
鬧中要把靜來取 愁處須將樂處尋 只願託天
又託神 保佑个雙七堂上老康寧 目鄔公夫婦聽
得都哭將起來二姐又去別兄弟時鄔用已外面去
了弟媳才起身沒有出房哩二姐走向房中告別又
說了些話千叮萬囑無非把兩个老人家重七拜托
二姐說道賢弟媳 目我女兒是外家的 你媳婦是
自家人 爺娘堂上年紀老 處七要你去照應

老人靠着个兒媳　就如兒女靠娘親　孝順自有
天知道　日後定養好兒孫　弟媳自是多賢德
我一見如過便識人　你把賢名做出去　大家沾
你光輝二十分白又說道還有一膺要拜託賢弟媳
哩唱爺娘目下精神減　家務要你去當承　我兄
弟是个忠厚的　擎天柱子你一人　省也不替別
人省　自己把个後步存　做也不替別人做　自
已把个出息增　省有省的好處在　三年糊佽買
牛耕　做有做的好處在　掃篥頭上出黃金　弟

媳這个大家業　不是我擎小户比大人　要敗不
怕家萬貫　要賣不怕田連村　一个忍耐省了多
少氣　潑洒只爲打蒼蠅　一个謹慎免了多少禍
黃狗只鑽破籬門　弟媳是个才來的　我何當
交淺便言深　至親不是外人比　不過大家商議
過光陰　弟媳賢能信得過　料想不嫌我嘮叨處
小心白尤氏聽了覺得字乚戳耳便說了幾句奸言
巧語發付二姐道姑娘我們這樣人知道个甚麼唱
我從來不曾有个娘教導　這做媳婦的禮休全不

明　又是一个都沒用　除却穿衣吃飯無一能
現成日子我會過　當家立業沒我分　我沒有只
付肚子吃瀉藥　怎敢把个胸脯拍向人　多謝姑
娘拉我走　我還不會打嚯乚　告的曲子唱不會
唱倒的要讓个老挑頭來才知音　久鬧姑娘才啓
好　天大的家業獨担承　我比姑娘个甚的　只
怕草鞋還不要我拎　只怪郞家該倒運　做塌折
本的經營　把些金不換的便宜人家去　換个驢
包貨兒拉進門白二姐聽他滿口奸巧曉得是个不

聽好話的了當下别个走出房門鄔公又接着說道
我有一件心思還不曾與你說明哩城西有田一頃
前日你回去時便撥與你我想女壻是个讀書人不
慣田務又兩處隔截照理不便不如我代收租谷送
將上來所以不曾提破如今把此事定个憑據罷小
姐道爺娘些日心緒不定此事不須着急恭人道也
罷還是替他管理較爲近便鄔公點頭道也是小姐
當下拜别爺娘大家哭了一會正所謂記得二姐此一
次回去可憐他父女便今生不能見面了㠯雖鄭箴

死別說到此處覺得聲吞氣咽說不下去歇罷歇罷
吃碗茶再唱

終

第五回

孝子辭家赴選別淚千行
寒儒下第留京遺書一紙

却說瓊英小姐自娶過弟媳之後從鄖府轉回嘉興光陰迅速又到新年其年吏部開選十數省士子齊到京城好不忙呀唱吏部奉旨開文選　忙煞天下讀書生　也有己囊盤費足　也有借貸向朋親也有坐着車馬去　也有自背包袱行　近的跌跛數千里　遠的奔走萬餘程　少的努力要赶早老的歇手不甘心　可笑只班考獃子　被他考得苦煞人　考一次來拋三載　考三次來過九春把个矮屋間七都坐遍　只是考盤子不得離他身其實他不捉人考　人偏要送着與他考一生只爲內中有个果糖子　儘力要把个苦皮啃幾層一个雷聲天下响　驚動了公子郝硯畊聽得朝廷開選便與二姐商議要進京會試躊躇了半晌道只盤費何處得來二姐道一定要去盤費還好打算我爺七處諒有程儀贈送還有衣裳首飾可

以湊貼硯畊道岳父那邊自當告行娘子衣裳首飾
怎好廢得二姐道郎君說那裡話哩〔唱〕你赴科場是
大事　賣田併産也要行　衣裳首飾值多少　難
道我顧穿戴誤了你功名　小戶人家者實好　穿
甚綾羅戴甚金　自從我進郝門後　只陪嫁之衣
冰上身　留下我也用不着　有甚麼難割難捨費
吟沉　只好打一棒冰跳一步　但願有得併湊勝
似去求人〔白〕正說之間陶孺人走來對兒子說到今
年科場之期你須早為打點起身硯畊道孩兒正欲

玉如意　第五回　二　寶章閣

將此事告稟母親奈無盤費不能起程遂將夫婦商
議的話告訴母親孺人道難得媳婦一片好意沒奈
何只得如此了當下商議已定硯畊次日便往杭州
鄔府告行鄔公正為此事欲打發琪安前來送信女
壻忽見女壻前來大為歡喜備酒餞行送了程儀一
百兩硯畊稱謝鄔公道賢壻不必言謝〔唱〕我與你不
是尋常翁壻比　本屬通家故舊情　喜得故人今
有子　見子如同見故人　你能努力功名路　我
便拋郤一片心　不曾辜負紙上託孤意　死後對

得你父親　些微路費原自愧　賢壻知我力不能
只好算禮輕人意重　替你九萬鵬風助一程
此去功名定得意　我只洗耳聽佳音　我望子之
心已斷絕　惟有望壻之心日夜深　但願親手接
過泥金報　死在九泉目也瞑〔白〕硯畊道岳父過愛
小壻敢不勉力前途以副厚望鄔公又道你獨自一
人出門沿路沒有照應我家有個琪安小厮頗有忠
心教他跟你同去做个伴當至於你家中過活一切
事情自有我照看你可放心〔唱〕出門第一件苦事

玉如意　第五回　三　寶章閣

是個前走後望兩條心　外面吃了風霜苦　肚內
又愁着家窘貧　且喜今朝有我在　你這內顧之
心不必存　把心專在書中去　沿途正好用功程
記得當初少年日　與你父親同進京　車上馬
上和枕上　兩人細細其論文〔白〕想其來真正日月
如梭鬢毛催〔唱〕轉眼之間數十載　又見英雄出後
生　你父親久已歸塵土　我老來作亡不如人〔白〕
我的近況賢壻還沒有知道哩〔唱〕目下處的甚境界
弄做個不忍見來不忍聞　心中一件大恨事

不曾與你細談論　我飲食如今漸漸減　神氣如今漸漸昏〔同〕賢婿呀〔唱〕只怕你喜報到家日　我只好與你父親同在九泉聽〔白〕郎公口中說着眼中不覺吊下淚來硯畊也止不住淚下揩拭眼淚勉强勸慰道岳父老福悠長不須過慮〔唱〕岳父家中的近况小婿畧畧也知情　生成要把痴聾學　這个阿家翁纔做得成　你舅雖然棄書卷　轉博得个樂守田園事二親　功名最誤家庭樂　如我小婿今朝要遠行　岳父有官不肯做　本是會尋快活人

如今春秋漸高了　更要自寬自樂養精神　眼前花柳春光動　西河上面散散心　等到小婿出京日　還要做个膝下半子侍晨昏〔白〕當日翁婿深談直至更深方睡那郎用在旁竊听看見父親送壻贅與姐夫眼都黑了背後嘮叨道進京哩做夢哩〔唱〕如今人的臉皮厚　容易開口講進京　老鼠要吃猫兒飯　鵪雀兒想把鷲蛋生　自家有个甚本事也該睡到五更摸摸心　我睜着眼睛等着看少不得蘇秦求官空回程〔白〕嚇他避大着胆說甚麼

努力前途以副厚望哩〔唱〕生姜冲湯自煖肚　這嚇鬼大話嚇不動个人　秀才人還好微倖　那登科登甲是天生成　他因酸頭巾子易到手　便看着紗帽價錢一樣平　得一望二心不足　少不得鼻子扯得丈二零　不如省乜力氣家裡坐　有誰罰折他充軍　想是他前世少了路途債　今歲流年又撞着驛馬星〔白〕也罷他進京也有一件好處哩〔唱〕爲人要見大式面　原要外面走一巡　京裡凉月盤盤大　京裡招風重十斤　回來做過京排子

滿口京話合詐人　到底學過乖來的　不枉得當初進過一次京〔白〕如此說他有甚麼算不來處只是我家該晦氣罷了〔唱〕有我父親送他的　不費自己半毫分　便是我郎家喜佈施　也要他沾到實惠纔見情　拏去撞个寡門子　淨淨的丢在水中沒响聲〔白〕听者須知道郎用爲何惱他姐夫只因他姐失報秀才的時節他受了父親頓大駡又是一頓大跪把个不對的根就埋下來了後來他姐夫招贅過來書房中相處半年覺得不如他便越加妬忌這也是

相形見細老羞變怒世上這等人原不少些這且不
表冉言硯畊在鄭府過了一宿次早拜別岳父岳母
帶丁玳安回家二姐已將衣裳首飾叫愛忠典湊了
百兩銀子一面安排行李打點起身(唱)忙煞瓊英二
小姐　安排行李要送行　被蓋捲過重添絮　衣
裳縫過又加針　一切箱籠與包裹　親手點查件
七清　何處單衣是春服　何處細布是夏巾　何
處路的乾糧袋　何處裝的路菜瓶　賢良安排真
个好　不要堂上慈母再關心(白)陶孺人見安排已

定選个日子隔晚教媳婦備个家宴與兒子送行席
間孺人吩附道我兒(唱)你年少未慣風塵苦　算是
今朝纔出門　早晚風霜惜身体　一路行囊防小
人　你離家便作無家看　不要回頭遠掛心　爲
娘口說年紀大　其實未曾過六旬　精神還要算
強健　耳目還要算聰明　況有鄭家賢媳婦　同
心合意過光陰　想你父親故死後　靠你七歲的
孩兒作晨昏　窮自當來苦自受　一樣捱凌到如
今　只把今日比昔日　到底多个商量計較人(白)

我兒放心前去(唱)我早晚但把皇天祝　樂聽泥金
報佳音(白)硯畊道母親吩附孩兒切記孩兒此去母
親不要記掛心懷(唱)我囊中且喜盤纏足　一路州
車不苦人　況有玳安跟隨去　同作同行有照應
京都比這還不遠　往來信息易得聞　母親身
体自保重　莫爲孩兒常倚門　孩兒縱有思想念
處七還好解悶說　臨水登山多玩賞　交朋
友有談論　母親替把孩兒慮　便是个愁腸百結
無處分(白)母親教孩兒放心(唱)只要母親丟得孩兒

下　孩兒也去自放心(白)孺人道我兒放心前去爲
娘不記掛你孺人說着眼中已落下淚來了硯畊夫
婦眼圈兒一紅硯畊連忙奉一盃酒送到母親面前
說道母親滿飲此盃孩兒便放心前去孺人也連忙
收住了眼淚說道夜深了少歇兒時明日須當索早
行當下離坐硯畊夫婦送孺人安歇了歸到自己房
中二姐教小卞煖一壺酒過來親斟一盃送與硯畊
說道郎君滿飲此盃我有數言囑州(唱)你離家怎比
在家好　一路舟車要小心　坐船莫向船頭立

騎過須揀馬性馴　夜來住宿招商店　先有主人
可老成　務須未晚先投宿　惟有天明早動身
北方天比南方冷　早晚穿些厚衣衿　三餐茶飯
勉强吃　沿途沒有好點心　你身体本來多怯弱
雨雪風霜要自珍　到京如有便人趁　早寄平
安兩字音回　硯畊接過酒來道娘子囑咐我都切記
硯畊也斟了一盃酒送與二姐道娘子滿飲此盃我
也有數言囑咐唱從今我往京都去　丟下家務你
當承　堂上母親年紀大　早晚替我問寒温　老

人沒有別心事　只把兒女當寶珍　兒女若是離
身伴　便要望穿兩眼睛　全靠媳婦能行孝　稍
寬母親念子心　母親若有愁悶處　你做旁面化
解是　家裏沒有田和地　少柴無米要累身　女
工曉夜多辛苦　也要自家惜自身　精神少處休
勉强　天寒不要坐深更　倘然你有甚病痛　越
教母親不安心　我看家貧親又老　這一雙兒兒
怎得向前行　我只因娘子能行孝　庶幾付能得
其人　我盤纏隨着多少用　此去不須一百金

我分四停之三　留與你　稍爲貼補過光陰白二姐
接酒道郎君吩咐我都切記唱郎君只管放心去
家中不必你担心　婆婆我自勤侍奉　家務我自
會當承　縱然缺少柴和米　有我爺爺來照應
家中短少有挪借　路上短少沒親朋　縱然此去
行囊足　家貧路富古來聞　况且一主一僕四千
里路　這些些少盤費莫再分白是夜夫婦兩个說不
盡的話硯畊又吩咐小玉一番不覺金雞已三唱了
硯畊已把行裝安排停當了硯畊起身往中堂拜別

母親孺人道我兒去能爲娘不記掛你了硯畊跪在
地下要跕起時猶如軟癱子一般爬了半晌才爬得
起二姐接着又叮嚀道夜來所囑郎君務須一句説
沒有説得完二姐咽住不能開口了硯畊也答應不
出來只得把頭點了一點只見玳安進來磕頭稟行
小姐含着眼淚强扎掙説道玳安我有話重重託你
唱你今同往京都去　服事姑爺要小心　饑時勸
他加餐飯　冷時勸他着衣襟　他異鄉沒有親骨
肉　你是知疼着熱人　甚麼走來甚麼僕　道辨

患難之中一友朋　老爺選箇你同去　原因你爲人抱至誠　一來莫負老爺賞識意　二來推我今朝拜託情（白）桃安道小姐只話小人担受不起了小姐吩咐小人敢不盡心當日硯畊又叮嚀了番忠一番匆匆出門二姐跟隨入一同送出那个使凉冽況要說也不忍說的了（唱）人生不可提別字　提起別字要銷魂　安樂之別猶自可　窮苦之別哭殺人　郝家公子進京去　婆媳送出門前淚盈盈　走到門前又不走　叮嚀才過又叮嚀　婆媳有淚暗

收住　怕傷兒子丈夫心　硯畊有淚不敢哭　怕傷母親妻子情　硯畊強把心腸硬　匆匆扫馬往前行　幾番要把頭來望　怎奈淚珠揩不盡　可憐婆媳門前望　兩眼何曾暑轉睛　直等影兒瞧不見　婆媳含淚才進門（白）如今按住他婆媳不講单說硯畊上京一路風餐露宿一月有零到了京都尋个客店住下自然要場前靜養許多時等候考期了次日早起忽然有一个人投帖來拜帖上寫着同學教弟貝中一頓首拜硯畊請進相會敘問起來原

來也是誰選的秀才同店居住姓貝名中一表字有才那貝有才說道小弟來得甚早一向頗嫌寂寞昨見吾兄到此知爲我輩特來就教硯畊道不敢小弟年幼無知幸近德鄰正好朝夕聽教談了一會起身別去硯畊免不得要去回拜因此不時往來原來那个人竟是个虛心下氣孜孜好問的人他問的話多哩如今也不能盡記只就大處留心的略說數條（唱）他問道孔夫子姓甚的　他問道大學中庸是兩个甚麼人　他問道六部尚書爲何存一部　他問道

易經難懂理當教難經　他問道夏商周三代是誰家宗支譜　他問道河南程氏兩夫子　可是程氏婦人跟着兩男人　他問道諸子之中有楊子　爲何羊子入了猪子羣（白）嗳喲喲只貝先生好會問呀如此經書子史廣衡博引叫人如何對答得來硯畊只得付之背後一笑漸漸不甚應酬他只有自己打算進場便了到了三場之期硯畊滿腹文章只消筆尖兒畧扭一扭已是七篇錦繡了這也因他平日用過苦功所以如此（唱）似个蠶子桑葉吃飽了　只見

他千絲萬縷往外噴　似个馬兒秋膘養足了　只
見他風馳雨驟向前奔　不是平日功夫足　怎得
如今筆下能　你知他如花似錦三場卷　都是寒
窗燈火心血痕（白）這也是不能勉強的卻如那貝先
生不知坐在那个號房裡苦眉𥈭眼搜索枯腸哩（唱）
筆着一枝羊毛筆　苦眉愁眼口裡哼　口裡哼不
出个字　要到肚裡去找尋　尋來尋去尋到烟奔
裡　只有之乎也者虛字幾星兒　又是東一个來
西一个　怎得把他連貫成　求教肚子不中用

只得再去求教心　心又七顛八倒的　把我幾个
虛字都串得來成文（白）那時要怪肚子肚子說道（唱）
你平日把我當做酒囊與飯袋　何常有一星墨水
與我盛　我本當的現成事　攝入寫出沒減增
你臨時要多把出賬付　你須要先把入賬存　你
從前西瓜大的字交結我幾个　我如今扁豆長的不
曾缺少你半根　你要原數之外硬搜索　便把我
肚子翻過來也沒處尋（白）是呀肚子說得不錯怪不
得他那時怪心心又說道（唱）天本生得我一个　誰

教你五花六花弄得亂紛紛　又要叫我盤點賬
又要叫我記嫖金　有時藏我在肋膁肯　有時丟
我到背脊心　我本原有七个竅　被他把茅草塞
得緊騰騰　叫我終日昏頭與搭腦　你還說是天
生剔透與玲瓏　便是今朝幾个虛字交給我　我
已經把心管子都扭得收（白）是呀心又說得不錯怪
不得他怪來怪去還怪自己罷如今曉得貝先生的
苦處纔曉得郝公子的樂處三場已畢硯明十分望
中到了放榜之日果然報得來了只听得店門口一

片鬧聲說老爺大喜喜得琪安連忙去問探報
的是貝老爺高中硯明榜上無名竟做了落第的秀
才了奇怪呀奇怪（唱）說道進士本來是難事　大海
裡面去摸針　既然摸不着郝公子　爲何反摸着
貝先生　貝先生文章不曾請教過　前日已經請
教過談論　學問二字是通的　難道問上不通學
上精　若說科場有弊作　這也令嚴禁已到二十
分　若說是主考大人不識貨　這閱卷的都是前
輩老翰林　除非是神差與鬼使　他真果臨場福

至使心靈(白)想來想去這件事只好存个疑案去過
一邊罷我輩的得失窮通只說个前定二字罷了(唱)
功名遲早前生定　不能勉強半毫分　年頭該中
自然中　鬼書符兒嚇動人　年頭不中誰能中
錦繡文章刺眼睛　也是硯畊考運壞　不曾擠着
个朱衣星　看着別人中進士　隔壁的歡喜沒我
分　硯畊止不住英雄淚　挑燈獨坐自沉吟　如
今若不回家去　白髮紅顏靠甚人　如今若要回
家去　蘇秦慚愧舊蘇秦(白)硯畊左思右想總然定

玉如意　第五回　十四　寶文閣

了个念頭道我只是不回去罷(唱)一來難對生身母
枉費斷機教子心　二來難對賢娘子　空勞燈
火伴三更　三來難對老岳父　辜負了臨行贈贄
錢　左思右想無計較　歸家不得且留京(白)硯畊
定了留京的主意便與玳安過來吩咐道你須打點
包裹明日打發你先回去我一人在此要等下回科
場哩玳安听說便道姑爺你也見差了(唱)姑爺若不
回家去　太太小姐要掛心　寒士出門須打算
本來有數資囊沒多金　一路盤纏到今日　已經

三停之中去二停　京都飲食從來貴　在此非錢
不能行　便是白粲老米兩頓飯　也要一日開消
二錢銀　身邊盤費用完了　客店之中怎安身
這人山人海大地面　那个認得你外省人　寧吃
家鄉一口水　不飲他鄉酒一樽　人離鄉賤從來
說(白)姑爺呀(唱)你瞻前顧後再思尋(白)硯畊道玳安
你那裡知我心事呀(唱)我功不成來名不就　枉做
半世讀書人　如今落魄還家去　有誰看我上眼
睛　本來寒士無人保　又添个蹭蹬窮途落第人

玉如意　第五回　十五　寶文閣

別人錦衣歸故里　我獨黑貂裘敝轉家門　男
兒爭的一口氣　何顏復見故鄉親　今生不把頭
名顯　寧做个飄泊天涯本土萍(白)玳安道姑爺不
可負氣呀(唱)兵家勝敗是常事　遲早一樣的功名
今年馬上看花客　總是前年失意人　一鞭下
挖不成(白)非　一步不能跨過門　好處還須慢慢
走　急火飯煮得怕要生　果然有件寶古董　自
有个識寶的回子來找尋　眼前勒掯不到手　英
雄豈將成敗論　縱然免不得傍人口舌那些俗

脹俗腸向足半(白)貼爺呼(唱)你回家再把科場爭
莫爲炎涼意不平(白)硯畊道我主見已定不須苦勸
了玳安見勸不過來灑淚說道既然姑爺要留京時
不要打發玳安回去罷(唱)回家便要同回去　留京
索性同留京　倘然打發玳安去　在此舉目更無
親(白)姑爺呀(唱)你忍心我與你一刻　你受凍我
與你一樣冷　臨行小姐曾吩咐　我玳安斷不敢
離身(白)硯畊听見吊下淚來說道玳安不要執意你
回去有幾層好處哩(唱)一來你老爺處替我問安好

玉如意　第五回　十六　寶文堂

二來你太太處望我寄問音　使是三封五封書
信着人寄　抵不到自己的人兒稟得清　我家爹
忠年紀大　又托你兩頭走走好照應　我命中該
吃窮途苦　買个饒个何苦又累人　多一人來多
一事　道盤費更不勾支分(白)玳安呀(唱)你體貼我
心腸回家去　比服事我身子更見情(白)玳安听了
哭呆半晌沒有法含着眼淚只得打點回去當夜硯
畊在燈前細寫家書好難下筆呀(唱)若要提起京中
事　一字半句不能說衷情　若要問起家中事

千言萬語總寫不盡　緊着筆兒含着淚　筆未下
時淚先淋　兩封書子燈前寫　寫到五更哭五更
可憐封皮已經封好了　重新拆開又添細字幾
層七(白)書寫成了天早玳安起身硯畊交付與他說
道這一封書帶與太太小姐一切說話依照書中
意思說(唱)你說我身邊盤費還充足　你說我目下
飯量頗加增　你說我功名難失意　到也自信有
命不愁心(白)太太與小姐若問起我留京的原故你
便說我的意思呀(唱)一來省一番往來費　二來爭

玉如意　第五回　十七　寶文堂

名於朝理正應　三來離家事比在家少　圖个讀
書無二心　我昨夜說的一番話　書中不曾提一
聲　若使太太知此意　要愁我頹氣窮途欠老成
(白)玳安道小人省得硯畊又說道這封書信帶與你
家老爺太太(唱)你說我多多謝愛注　你說我特來
問安寧　你說我千里奉書無他說　望你兩个老
人加餐寬懷自保身(白)玳安又道小人省得硯畊交
付了書子取出十兩銀子來與玳安做路費玳安道
路費不要只許多留下一半與姑爺用罷硯畊道十

兩不多還愁不夠哩玳安道姑爺不要愁我唱我路
上要買飯來吃　只取碗粥湯點匕心　路上要把
酒來吃　只討點開水潤匕唇　再把兩脚趕些趲
過了黃河有巴程　若把盤纏儘着我　容㚘還
有幾多存　我回家不過一个月　你留京要度三
个春　一錢急煞英雄漢　何處開口去告人　你
多一个是好一个　連這五兩銀我還拏得心忔憎
白硯畊聽了止不住紛匕淚下收了幾點碎銀揣在
玳安包袱裡玳安定然不受又說道小人還有話稟

玉如意　第五回　十八　賞奇閣

姑爺哩唱小人從此回家去　丟下姑爺一个人
早晚那个來相伴　只有一卷詩書一盞燈　饑時
自把茶飯吃　飽餓不均最傷人　冷時自把衣裳
換　傷風咳嗽沒人問　更須急覓安身處　有川
早慮沒時辰　輪到盤纏用完了　便愁這水远火
難接應　硯畊灑淚說道這話我都曉得你起身去
罷在路小心要緊玳安磕了个頭揩哭起身剛走出
門這看見好熱鬧呀原來是貝老爺那邊報喜的道
喜的討喜錢的索喜酒的鬧得不了哩看見別人家

鬧熱越覺得自己倭涼走能走能不要管他不要說
他　終

玉如意　第五回　十九　賞奇閣

第六回

誇喜報七門勢利淡輕唇薄舌
忘病人在床忤逆兒狗肺狼心

卻說硯畊下第留京打發珙安回家那時郝公子在京候京錢公子正在家熱鬧哩你道爲甚熱鬧因他父親錢道在陝西任上坐陞了本省按察不多時又陞了本省布政他自已又加捐了個知州職銜捷連兩報七到鄔府來此時鄔公已氣惱成病了卧床不起外面管待報子打發報銀總是鄔用做主把個鄔

用歡喜得眉開眼笑手舞足蹈幾乎歡喜殺了囙捷報貴府令親翁 高陞陝西封疆臣 又報貴府令姑爺 知州五品新前程 鄔用本是勢利漢 顛頭播腦發報銀 拏了兩張報條子 叫人貼出大墻門 抬頭忽見門墻上 貼了當初入學人囙原來郝硯畊報秀才的報子還貼在門上哩那鄔用一見想起從前爲這一張報子受了一頓大跪大罵就如讐人見仇人一般把一點舊恨直湧上來喚家人道你們快來把這張舊報子與我撕吊罷囙他秀才是幾品職 也叫報子報上門 靠着這兩張新報子 有如蘇布嵌錦金 官府的報子貼不盡 那有坐位輪到這窮酸丁 替我快七撕吊了 做個三十夜打掃舊門神 囙詩猶未完只見一個小廝跳上去一手扯碎下來了原來那个小廝名喚巧兒是鄔用跟前最得用的巧兒扯了報條對鄔用道少爺你看門墻上比前覺得眼目鮮亮了鄔用道可不是麼 囙小戶人家貼報子 不論鄉紳老人樂舞生 只要門前有个捉報字 便拾高三尺鑽頭神 我

們大家的門樓子 是要紗帽條兒才相應 他把秀才看尊貴 碗大的胡椒辣不殺个人 小鬼伴內充大王 鄉下鼓兒只好敲與鄉人聽 不曾看見个官場大式面 看見大耳朵佛吃一驚 囙巧兒你看我只兩張新報子是何等勢耀連字肚裡總有寶光泛出來哩 囙一个現任坐八轎 一个候選管萬民 本來是件大貴 不是一兩个餞湯水做得成 只種報条貼出大門外 才像官宦人家結的親 南來北往人看見 个个要把舌頭伸 他

想駁我姓鄔的　也要先打个閒心　牽動盤籃帶動斗　怕的打草把蛇驚　不是我把自己威風長·要靠大樹去遮陰　我鄔家雖是舊鄉宦　到底徹過去是燃差幾分　如今人是馬上好　六月裡賣扇正當令　我本來打若好根基　他錦上添花更出名　只叫做一家打墻兩家都好看　不似那攔障雖扶站尋人（白）巧兒想起來撕去這酸子的報條轉使宜他了不如留住他爲妙（唱）只兩張報條狀豎也　留他做个小的兒大人　分明是一个泰山

壓頂勢　壓得他頭不擡來氣不伸（白）巧兒道也罷少爺便宜他點罷（唱）弄得他戰七兢七的　不要把个醋罈扑潑在大門（白）少爺（唱）只算慈悲做好事掐吊个蒼蠅頭兒去放生（白）衆家人听了都笑將起來鄔用也止不住笑巧兒又說道少爺還有一層少不得早晚少爺捐官自己的報条也要貼在大門上坐早些打掃个乾淨地方最好（唱）怕他酸氣浸入磚頭裏　一時打洗不得清　累我少爺坐在大門外掰住鼻子不敢聞（白）衆家人听了又都笑將起來

鄔用笑罵到道奴才薄嘴鄔用口裡罵着慢七的走進大門來坐在廳上覺得心上暢快只管想道人家親眷眞是等七不一（唱）我鄔家不少親和戚　唯有總家是一門高攀親　人家結个好親眷　沾他光輝三十分　人家結个窮親眷　提起名字醜殺人好親眷若還來到了　開了大門接上親　窮親眷若還來到了　擋到門前不起身　好親眷是處七好　打狗還須看主人　窮親眷是處處厭　連跟的人影子總覺漲眼睛　鄔川正在心中想　忽

見珉安走進門（白）原來珉安從京中起身一路趕得甚快此時先到杭州在自己府中來見了少爺上前請安鄔用問道呀你是進京去的爲何回來呀珉安稟道姑爺科場不中自己留京特着小人回來有書呈與我家老爺與郝家大太鄔用一听冷笑道他原來不曾中麼（唱）他定要去水中來撈月　今朝把个春夢纔做醒　鶴子還是兩隻脚　媽媽依舊叫萱親（白）他從前說勉力前途的哟原來人力竟勉强不得麼（唱）到如今空拳徒費力　悔當初寡活枉勞神

叫做覇王雖見江東面　講甚麽力大能舉鼎千
鈞白我的眼睛就看得透哩我原説他是蘇秦求官
的呀唱他拏定是个上七名　不曾問七當道神
我个冷眼旁觀看　己算定了此行不必問功名
他肯早來投我教　我教他安七頓七免費心　如
今臉兒想黃了　纔曉得金口玉言說得靈白說起
來我要算生而知之的哩我自幼就說那秀才是做
不得的哩唱我父親只要捉我考　我只是不進陷
入坑　若從秀才任了鄉　一世祇用爛麪觔　要

從秀才翻上去　千難萬難登大門　看他如今上
不上來下不下　弄做个狗子去爬盆白珉安道少
爺功名遲早是等七不一的鄔用又笑道功名雖有
遲早也要看人哩唱灰堆上長不出靈芝草　羅漢
魚怎想跳龍門　功若原非等閑的　不是頂著帽
子便有分　一錢落地八个字　還要骨格去担承
我眼睛驗个人多少　不曾見這个晦裡晦氣文
曲星白珉安道少爺嘗言道有志竟成姑爺發憤留
京等徛科場焉知下一次不中哩鄔用又冷笑道想

是他要做第二个夢哩唱頭一次畫餅充饑空咽
第一二次畫蛇添足再現形　總是痴心掐不斷
這磨頭運還有三年春　不如死心蹋氣的　打道
回衙管正經白珉安你做个憑據唱若是紗帽得到
他頭上　把我鄔字倒寫了與人白珉安聽了滿肚
不平忍不住說道少爺這死話是說不得的呀唱海
水斗量七不盡　凡人逆相七不真　少爺把个權
兒釘死了　只愁要拔之時拔不成白鄔用一听大
怒罵道你這狗才是我家的人跟了他窮鬼幾日便

做一路了口裏罵著走向前來一腳把珉安踢个跟
蹌珉安不敢做聲往後堂去了鄔用回頭對巧兒說
道你看這狗才如此可惡那家窮鬼真七惹不得跟
了他好狗子都變癩了巧兒道不錯珉安從前對少
爺却不敢如此鄔用道你看我慢七相待他鄔用說
着便走入自己房裡去尤氏接着問道今日前庭好
閙熱呀鄔用答道今日連接兩姑爺的喜報尤氏道
爲何兩姑爺都有喜報鄔用一笑說道唱先報錢府
大姑爺　加捐知州新前程　又報郝府二姑爺

原任秀才舊僞門白尤氏也笑道錢姑爺家喜報我
已知道了原來郝家竟沒有中麼不是我說人的窮
富不是等閑的唱古人說的話不錯　窮有出來富
有根　郝家眞果窮乾涸　錢家實是有錢人　好
歹不須講別的　這兩个姪兒使是天生成白郎用
笑道姪也有好歹麼難道我郎用該做烏龜麼尤氏
罵道沒志氣我姓郎的要戴烏紗帽些夫妻兩个自
在房內調笑不必說他且說珉安走到後堂來見老
爺此時郎公臥病在床珉安在床前叫聲老爺叫了

頭把姑爺書信呈上郎公一看嘆了口氣也不言不
語撂向床裡睡了是晚病体越加沉重郎用竟也不
來問到了次日珉安來禀老爺要往嘉興去郎公吩
咐道你使寄信小姐教他速速回來唱我臥病以來
將一月　不曾送信到嘉興　因你姑爺京都去
小姐家內怎分身　我初時還望醫藥效　不料病
勢如今漸漸沉　我有千言萬語和他說　望着父女
一見了今生白珉安你去對小姐說說是老爺講的
唱爲父一死無牽掛　只愁他苦命女兒一个人

來早還見活人面　來遲使哭死屍靈白珉安哭着
答應起身而去郎公使叫恭人喚兒子說話恭人去
喚時郎用已不在家原來往錢姐夫家恭喜去了不
曾禀明父母只向妻子說了去的郎公听得越加躁
急在床上只是氣喘恭人連忙着个小厮趕向錢家
去請少爺回來那小厮飛也似的跑去了却說郎用
來到錢府姐夫那不在家郎用向後堂去恭喜姐姐
問道姐夫那裡去了大姐道不要說他你家姐夫連
日苦得狠些唱又要家裏應酬客　又要外面回拜

人　還有這些朋友不体貼　請酒的帖兒不離門
前日赴的營裡席　昨日領的縣裡情　連日吃
酒吃成病　要求饒饒總不能　只得回來只得謝
惱了本地多少大鄉紳　今朝又是却不過　捉
住要去擾府尊白郎用道也罷這是苦得有興的人
家要求這个苦怎能勾哩大姐道你姐夫平日身子
不是這落的郎用道也怪不得他唱常言道財多身
子弱　不比那窮人兒飯袋酒囊体氣夯白大姐道
這幾日幸而甚好虧你姐夫應酬得來的些郎用道

不用愁他【唱】常言道財發精神長　不比那窮人兒
運倒時衰疾病生【白】大姐道有許多懶去應酬的地
方你姐夫寔不耐煩去郞用道這个自然【唱】常言道
貴人不肯踏賤地　不比那賤骨頭三兎兩舍亂胡
行【唱】大姐道還是應酬的去處多要帶你姐夫肯降
尊的哩郞用道理當如此【唱】常言道貴人抬眼福星
照　不比那賤骨頭五角六張不入羣【白】郞用又說
道姐姐曉得郝家窮鬼沒有中麼大姐道此是意中
事不要等到如今曉得的呀【唱】他纔起身進京去

玉如意　第六回　九　賓章閣

我和你姐夫便談論【白】你姐夫說道【唱】他頭上想換
烏紗戴　只怕舊巾兒與頭髮結了親【白】我說道【唱】
他縱然想不到烏紗換　定有个尖頭角能改換他
秀才巾【白】郞用笑道原來姐夫與姐姐也是這樣說
姐姐曉得他留京等待下科麼大姐道這却是意外
事料不着他如此不識進止可憐要多吃些苦了【唱】
他果知功名不可着力氣　着了力氣沒功名　看
你姐夫安坐在家裏　便有官來送上門【白】兄弟不
講他沒有出息使有出息怎麼【唱】憑他後面着力趕

要從秀才巴个知州難殺人【白】姐弟兩个談了半
天郞用竟不提父親的病体大姐也不問及父親的
病症正說間只見郞家小厮慌慌張張走來說道老
爺病重請少爺快些回去說話哩郞用道好說罷了
做甚麼這般着急大姐道正是我日前便聽得爺爺
有甚麼病那小厮道太太還說的請小姐也回去哩
大姐道我久已要回去無奈沒有工夫兄弟呀這幾
個錢是有不得的爲姐姐的如今竟是个罪人了【唱】
前日匠人在家裡　被他吵了半年零　起了個園

玉如意　第六回　十　賓章閣

複道十間閣　添了明三暗九一進廳　東園造了
梅花塢　西園起了桂花亭　雖然不要我勞力
這查點支派最勞心　所以兄弟大喜事　我總不
曾得抽身　剛剛匠人纔歇手　思量休息養精神
天生又有晦氣事　接到公公報喜音　早上公
公喜報到　晚上你姐夫的喜報又到門　鬧得耳
聒都聾了　忙得氣總不得伸　你姐夫本來不管
事　況兼連日是个走腳僧　爺爺雖然病体重
教我這家中正事怎放心【白】郞用道姐姐正事要緊

不回去也罷兩个人又談了一會那小厮催促道少
爺回去罷老爺等哩鄔用大怒駡道我們在此談正
經話要你這狗才扠口雜道老爺病体就立刻變重
了大姐又叫家人搬出酒餚來鄔用便坐着吃那小
厮在背後嘤唔道老子等着要死做兒子的還在這
裡吃酒說寡話反駡我狗才這等兒子還沒有這張
狗皮肯被在他身上哩鄔用慢匕的吃了一陣然後
同着小厮起身走到半路又撞着平日相好的一班
朋友看見鄔用滿口的少爺公子叫个不住要留他

玉如意　第六回　十一　寶章閣

又要請他好鬧熱呀一个道唱寒舍不遠請光降白
一个道唱假館奉邀盃水情白一个道唱屈尊同上
湖舫去白一个道唱陪駕西園看戲文　難得公子
來到此　賞燕光輝與友朋　我們平日攪公子
一飯之德記在心　不比世間吃人的　抹匕嘴
忘了情　今朝借花來獻佛　做个東道小主人　衆人
寔是心裏一點的孝敬　縱有公冗說不成
擱住鄔公子　怎肯當面放走這財神　地方鬼的
高帽子　公子頭上帶了幾十層　把个公子掐做

十八塊　我拉你扯不匀分　公子脚下都淨了
被他們抬到九霄雲　公子又喜又感激　看匕意
思已打停　正要跟着衆人走　又來了家中二番
人白這見鄔家又來了一个小厮跑得上氣不接下
氣着見鄔用說道少爺回來了老爺病勢危急專等
少爺說話哩衆人還要强留内中一个老朋友說道
罷了老太爺既有貴恙放公子回府改日爲情罷衆
人纔肯放鄔用回去原來這老朋友是杭州第一个
篾片姓花自幼綽號叫做花面兒如今年紀大了便

玉如意　第六回　十二　寶章閣

有許多小篾片跟着學吃篾飯因此杭州城裡又叫
他篾王那小篾片是誰一个姓滑一个姓刁一个姓
賴一个姓白不知他們叫甚名字總是綽號出名唱
那姓滑的叫做滑油鬼　姓刁的叫做刁鑽生　姓
賴的叫做賴皮子　姓白的叫做白吃人白當下鄔
用去了篾王對衆人說道你們略急甚麼後去日子
長哩你看他父親病危適才還要同我們要子這樣
人大理上不容他有日子過的等他父親去世我們
体貼大的意思取用些怕他逃往那裡去麼衆人道

所見極是我們到底是个嘍囉抵不到大王高見箋
王道不要說你們想吃這碗箋飯實在要拜我爲師
哩衆人道正要請教箋王道也罷我們這个箋教門
也要教出些徒弟來哩顧我不得指敎你們一番(白)
箋片是硬難扣軟　我箋與勝是他箋靑　箋片的
面子要沒節　箋片的底子要虛心　既然請教我
斧們　顧不得箋師與你們析又條分　今年箏子
來年竹　不要弄斷了箋片根(白)衆人道是呀請教
箋王道箋家秘訣有一本三字經哩(白)箋片不是箏

玉如意　第六回　十三　寶文閣

鬧的　古來傳授有專門　老臉板是要拏得出
醜花面是要做得像　開盤笑是要裝得滿，急口
令是要叫得應　就地滾是要打得趣　瞞大謊是
要掉得靈　順風旗是要搖得足　軟尖刀是要戳
得深　一裝裙是要兜得到　兩家跳是要踏得輕
一糖菓子是要暗留自己吃　屎磚頭是要拾把別
人撒　悶葫蘆是要人識不破　硬篙子是要一世
不去撐　我在裡頭淘漉四十載　得這本箋家心
法三字經　生薑要識老的辣　諸公這算半路出

家人(白)衆人聽得此聲稱贊道有道理有講究我們
從今不叫箋王要叫箋師了今日吃个投師酒先要
箋徒做敬罷大家笑着鬨入酒店去了此是閑文丟
開一邊且說鄔用回家走到父親床前適七的站着
恭人道老爺孩兒回來了鄔公道在七那裡恭人道
在你面前哩鄔公道我七兒我有件未了的心事說
與你七須聽我(白)我城西有田一百畝　撥與你二
姐做女分　我當初有言曾準過　休叫我做失信
人　一來你遵從父命便爲孝　二來又盡了同胞

玉如意　第六回　十四　寶文閣

姊妹情(白)鄔用沒有做聲恭人連忙答應孩兒曉得
了鄔公說了幾句話更加氣急心下却甚明白聽得
兒子沒有答應又掙着說道我我兒你七打个倒算
罷(白)你只道爲父不守業　這幾畝祖遺沒有存
你只道爲父多一子　這个家貲要兩分　就是爲
父身死後　也要花費些喪葬銀　你在死者身上
禮從簡　換這一百畝濟七生者貧(白)鄔公只幾句
話宛轉哀鳴聲七酸鼻鄔用是个禽獸到其間也要
動心了因此答應了一聲止說聞鄔公的弟子興載

來了鄔公使對他說道兄弟正要請你來做个憑據我城西有田一頃撥與瓊英今日當你面與你姪兒說明與載道是了哥〻吩咐姪兒有何不遵恭人道老爺放心罷病体保重要緊歇了一回鄔公問道外面甚麽時分了恭人道初更了鄔公道嘉興人還未到麽恭人道早間珌安纔去還趕不及哩鄔公道須再着人去纔好恭人使叫兒子喚个快趕家人速〻趕上嘉興鄔用外面去喚小厮時只見尤氏走來說道公〻趕請二姑娘回來定有些積聚與他哩不着人去爲妙鄔用听着老婆的話便不依他父親了只在外面料理後事就像專等他老子死的一般世間有這等兒媳聽到這裡少不得根〻頭髮要鉄豎起來把帽子都要沖落吊哩怒氣傷肝且平〻氣再聽爲妙

第七回

眞悲酸孝女問病不見生爺
虛鬧熱富增獻齋偏逢窮戚

却說珌安從杭州起身往嘉興來一來送郝公子京中家信二來送鄔公的病信要接小姐回去郝家婆媳聽硯呭下第留京好不悽慘人也唱婆媳接着一封信　只消平安兩字已銷魂　不曾知道書中說甚的　那淚珠兒已經千頭萬行淋　一頭哭時一頭折　拆得指頭戳競〻　一頭哭時一頭看　看得眼睛花昏〻　看罷了時要說話　要吐出一个字兒總不能　婆媳捧着一封信　似兩个淚人兒相對暗吞聲白珌安在旁道是安慰魯忠也帶淚相勸孺人哭着說是珌安你姑爺書中的話都不是真的呀唱他起身盤費本來窄　怎得場後尚多存　他在家本來飲食少　怎得客中轉加增　況且功名又失意　這萬苦千愁不必論　想是金榜無名心恨毒　做个窮途抝氣人白這書中叫唱他還句〻安家信　他還字〻慰娘親白珌安我豈不知道

回他是愁的我年老添憔悴　因此只把平安兩字報遠音回小姐心下原明白書中的意思只是不好在婆七面前說破却被婆七一聲哭將出來了小姐心如刀割一般把个臉轉對着壁那個袖頭兒都被眼淚濕透了琥安說道太七小姐放心姑爺書中是眞話孺人只是哭小姐怕婆七哭壞了身子自己忍住哭來勸道婆婆放心你孩兒書中是眞話勸了半晌孺人哭纔住了小姐問道琥安你還是從京中直到這裏的呢還是從杭州來的琥安道小人是昨日

先到杭州的小姐道老爺肚子可好麽琥安要開口却又忍住了心中一想要說老爺病重又恐怕小姐更加愁悶且把重字藏過只說病久罷因對小姐說老爺卧病將近一月望小姐回去看七哩小姐听了心裡又添一張刀子眼淚又吊下來了也不及細問立刻叫琥安顧一隻小小快船速七回家那時小姐苦上加苦好不切呼回小姐听說父親病　遠在夕七要動身　身子還在加興府　一條心已到杭州城　頭也不去掠一掠　面也不去勻一勻　隨身穿着家常服　生怕脫衣換襖担時辰　等着僱船七未到　恨不得乃鞋三寸先步行　當時憑在堂中去　來向婆七稟一聲回小姐告稟婆七道爺七有病媳婦要回去看親婆婆在家保重適纔媳婦又細七問琥安的你孩兒書中果然是眞話孺人道你自回去便了我在家决不掛念當下僱船已到小姐別了婆七帶着小玉慌忙出門琥安也跟着回去小姐在船上覺得神魂不定問琥安道老爺得病已久爲何早無信音琥安道怕小姐家下無人小姐含淚

道如今寄信與我想是病重了回我自去歲回家後　你姑爺正待要進京　從你姑爺進京去　我又要侍奉婆七難離身　心中掛念爺和媽　教我肚腸一日九迴輪　春間兩寄問安信　還說堂上二老總康寧　我指望等你姑爺到家日　抽身好看老雙親　誰想到風雲天不測　卧床一月不知音　一月病人無信到　信來斷爲病深沉回琥安回你把老爺病体寔告我　省得我眼跳又心驚回琥安道小姐放心小人是才回家的却不知老爺症候

的詳細只據小人親眼看見阿唱昨日小人歸時節
老爺還親口致叮嚀　看來精神還自在　聽來
說話尚清明　料想大事無妨碍　小姐是个心疑
猜鬼神白小姐道據你說來老爺病休還不妨哩如
此才對小玉在傍說道小姐起身時沒有吃東西了
頭梳了乾粮點茶在此小姐隨意用些罷小姐道小
玉你叫我怎生咽得下唱我不是心忙不顧腹中
餓　我是个要下咽喉塞不能　你老爺臥病一个
月　我不曾得做床前嘗藥人　不知他病人茶湯

何人口　叫我這婦人的飯粥怎粘唇白小玉唱你
不要勉強來相勸　我胸前飽悶已十分白小玉道
小姐既不吃東西此刻夜深了連衣睡七罷小姐道
小玉你教我怎生睡得着呀唱你老爺睜眼巴七望
着我　听更計點問歸人　本來等人容易久　病
中况復更焦人　他老人床上料應如翻掌　我兒
女枕上怎能閉眼睛　我爬一里近一里　只好挑
燈不睡數路程白正說話間艙外忽然鬧將起來只
听得那船戶口裏亂嚷道你雖我慢除非有脚的船

纔得快來操哩原來是珉安催促船戶因此在下的
口珉安當下惱淘氣担擱時辰自己轉了个灣好言
相商道老哥你不要動氣你還操些我多與你些酒
錢罷那船戶向船頭上一坐大意洋七的說道你另
換快船罷我不去了珉安又近前去再三陪下情道
老哥我適纔沒有說甚麼恐有得罪到岸另打四兩
算陪禮何如那船戶把頭搖向別處口裏自言自語
道罷七天又暗種路又壞我也不希圖這幾個船錢
你另換快船去罷原來那時正到曠野地方沒有船

催珉安心下已經火起又忍一忍反裝个歡喜臉兒
道老哥當要麼那船戶變着臉狠聲狠氣道我當真
不去珉安忍不住跳起來打他兩个招風指着他臉
上大罵道你只瞎眼狗才還沒有認得人哩唱你把
眼睛睜七大　認七我是甚麼人　杭州城裏鄔知
府　難道不聞我家老爺的名　這个船中坐着的
便是府中小姐女千金　你在此地來行對　俺
明日與你細談心　拏我老爺的名帖送你官裏去
打斷你兩條脊梁筋　把你這瓜皮船兒收上岸

敎你人家打光精　你們這些不識好　都是輪子裏翻觔斗入　說道你胖要喘氣　有了一點顏色就開染坊門　你太歲頭上來動土　惹着了我該遭瘟　我只要用些吹灰力　教你直手直脚穿衣襟〔白〕那船戶被打了幾个耳摑還有个發詐的意思听得一駡站起身來迎忙改口道大爺不要生氣我小人與你說着頑的賊安睜着兩眼雷也似的大喝道狗才誰與你說頑話那船戶躬着腰垂着手倒退了幾步滿認罪了說道小人該死小人不應賊安

歇了半晌略把氣才平下些來說道也罷不替你小人較量恕你一次罷趕擺走那船戶連忙拏了䌊繩一頭走一頭答應道是是飛也似的走去了原來世上人總是欺軟怕硬的奈着不走打着倒走的這船戶還是偶見一班哩話休絮頭那船戶自一扣一濕之後果然快趣到得杭州才是上午時分賊安教了一頂小轎請小姐上岸二姐走出船頭這听得頭上烏鴉連叫幾聲二姐十分疑忌雖然離家不遠那條急切心腸更了不得了〔唱〕小姐走到船頭上　頭上

烏鴉叫幾聲　沒心事人听不覺　有心事人吃一驚　小姐膽下原虛怯　早被烏鴉叫斷魂　把个懸心腸搖不定　怕的少吉多凶待怎生　時中只把蒼天祝　好歹保佑病中人　老天是个有耳的　我苦求哀告當知聞　若得天意垂怜憫　頂禮燒香終我身　倘然天數難改移　願將女兒一命替父親　小姐坐在轎子內　手中提着一个心　離家不過幾里路　就如隔着萬水千山難到門〔白〕二姐此番回來也算趕得極趣的了常言道閻王

註定三更死誰肯留人到五更誰知鄭公半夜時已歸天去了臨終氣時日中還叫了一个瓊字二姐到家見父親已死撞頭磕憐嚎啕大哭死而復甦者數次到了下午大姐也回來了晚間大姑爺也來了鄭用做个孝子一切喪事都是他叔子做主少不得入殮之後掛孝訃聞開喪謝客有許多事不必細敘如今單講五七日子錢家前來獻齋擺祭甚是熱鬧〔唱〕大姑爺來做好事　前來超度岳丈人　三班道士來打醮　三班何尚來念經　如今世上爲喪事

這要幾卷經懺開處文　可乚嘴乚敲幾日　便是
死者面上大人情　那裡有甚天堂路　那裡有甚
地獄門　善報惡報眼前報　近在自己遠兒孫
生前不敬孔夫子　死後求救釋道李老君
果然自己造下孽　不是何尚道士消得輕　還有
一層更該殺　說甚麼渡橋破獄去超生　兒子看
着个父母　竟是个坐監坐牢有罪人　雖然說是
禮從俗　士君子之家斷不應自所以鄔公在日從
來不信邪教就是他臨終遺囑還教喪事中不用許

玉如意　第七回　七　寶章閣

着和尚道士尼姑鄔用若是个好兒子該當依從父
命錢家雖有此意務須力辭才是鄔用那裏曉得此
等道理這是大家鬧个開熱而已他叔子雖做喪主
却也禁止不住這得隨他們混鬧了自鄔家僧道都
來到　旛杆竪到九霄雲　道士拜的梁皇懺　和
尚念的般若經　南無南無不住口　聲乚叫的觀
世音　誠惶誠恐不離嘴　聲乚喊的元始尊　何
尚要爭道士勝　只靠佛衣裝架闊鮮新　道士要
爭何尚勝　只靠十番吹打牌兒名　鬧得千八耳

聒鬧熱　鬧得坐客頭腦疼　姑爺柩前來擺祭　整
猪整羊兩邊分　兩張桌子並着擺　堂屋擺到天
井心　橫一碗來竪一碗　無非是海錯與山珍
一枝降香兩个人才抬得動　一對蠟燭折半稱上
八十斤　一百个金庫與銀庫　一百件冥衣掛得
滿堂鄔自那時柩前設祭孝幔裡有个人在那裡哭
些只听得二小姐搥胸頓足好哭得苦呀聲乚哭
的不孝女　未曾報答父親恩　在家故養不必說
出嫁處乚勞看承　從前有我爺乚在　泰山之

玉如意　第七回　八　寶章閣

靠我放心　如今爺乚歸大去　苦命兒女靠甚人
一去年秋季回家後　爺乚對我淚滿襟　我萬語
千言來稟告　只求爺乚息養老精神　誰料蹉跎
大半載　不孝女兒未歸省　不知爺乚病症從何
起　不知爺乚病症緣何深　多因為着兒和女
因此食少思煩丧了身　爺乚卧病將一月　不孝
女兒未知音　蒼天蒼天情何毒　教我父女永無
見面辰　郝壻功名多蹭蹬　辜負了爺乚期望心
如今流落在天涯外　還加个九泉之下目不瞑

二姐哭到傷心處　猶如亂箭來鑽心　把个孝服染成都是血　這才是淚出痛腸點七心白又听得大姐也在那裡應酬故事跟著哭哩唱大姐也扶着材頭哭　妖聲鶻氣十來聲　想來不曾有眼淚遮着臉兒嘶的條汗巾　大姐本來心腸硬　眼淚難得出大門　只有前年不肯嫁家去　撒了一个賴花到如今　况又不和父親對　只好遮七人眼睛　自家的女兒尚如此　那不賢的媳婦更不必論白雖然如此說却見尤氏也在那裡做張打勢

揩着哭哩唱尤氏也扶着材頭哭　纔要嗜口又不開聲　口裡要哭心裡笑　教我這乾吼實在是難星　我且竟死了當家長　猶如拔去眼中釘　那个剩下的老婆子　只好丟他腳後跟　合家的世界輪到我　從今一跳八丈還怕甚麽人白尤氏想來想去這想出快活處想不出著急要哭竟没有哭的由頭除非大笑一塲轉笑出些眼淚來倒未可知尤氏索性不去裝腔走來扯大小姐道大姑娘不要這等丧心吊膽的哭罷你的身子不比別人哭壞了

不是當耍的哩那大姐正在哭不下去的時候却也不好自己便住沒法兒只得又掙了幾聲听得尤氏來勸就像放赦的一盤立刻住了當下兩个人手攙手走到後邊尤氏搬出些茶食來請大姐吃兩个坐着閑談尤氏道大姑娘公七今日的鬧熱都是多謝你家了唱多謝姑娘來攏祭　多謝姑娘念獻經我公七養女非一个　只好算你一門親　似這个女兒纔算養得着　似這个女壻纔有半子情　一个如來抵十个　那個沒用頭的算不成白大姐道

弟媳說那裏話來唱我家只點些微禮　只好柩前畧表情　別家還有禮重的　弟媳難道不知情白尤氏道大姑娘又說巧話了除却你家還有誰家的禮重大小姐指着前面說道你不听得那孝幃裡人麽唱他早也哭來晚也哭　眼淚哭吊幾缸盆　一粒珍珠一滴淚　你算七這副厚禮要值幾萬金白却是哩白尤氏笑道不是我說實在哭得討厭哩唱人已死了便罷了　料想哭不得他轉魂　只管扁着嗓子吼　鬧得棺材裡面不安寧白還有一層孝

念孝念總是个念頭爲主所以我們只是苦在心裡
不必哭个甚麼【唱】不論兒女與媳婦　這要自己信
服一條心　何必猫兒哭老鼠　裝个假慈悲臉兒
算人情【白】二人正在此說話却句々被小玉听去了
走到前面孝幔中對他小姐說道小姐不要哭罷人
嫌你哭哩那二姐哭到苦處那裡止得住眼淚直到
恭人來勸方纔住了哭二姐住了便隨母親走向後
邊來大姐坐着沒有起身尤氏不好意思站起身來
說道二々姑娘哭起興來了你的精神轉比我們好些

玉如意　第七回　十一　霞章閣

想是平日補養得好哩且坐々罷二姐坐下來大姐
這願吃茶食過了半晌慢言慢語道妹子我記起一
件事來了要問你哩【唱】我問爺々今朝開丧口　二
妹婿爲何不降臨　難道是祭軸裝未就　難道是
祭禮辦未成【白】大姐這話分明是故意譏諷二姐的
那二姐還當做實話來便道姐々原來不知你妹夫
留京候試沒有回來麼爺々面上禮缺這好後補了
尤氏在旁插嘴道大姑娘我替你說罷二姑爺在京
裡求官哩求得官回來便與大姑爺今朝一樣前來

擺祭獻齋了怕不是穩的麼【唱】我公々真果該造化
修到兩个女婿來爲情　一筆現賬已經到了手
一筆欠賬又許了大願心【白】大姐聽了冷笑道妹
子你知道麼【唱】如今世道不從古　古話有些也不
靈　妹子從前最信古　好談古話與人聽　我至
今髣髴還記得　說甚麼破屋出公卿　我想妹婿
要把公卿做【白】妹子你回去時【唱】該把屋上草兒折
得他碎紛々【白】尤氏聽了冷々大笑二姐不覺臉色
一沉說道姐々何必如此奚落常言道【唱】有眼不識

玉如意　第七回　十二　霞章閣

前頭路　休要輕易斷終身　多少忍饑受餓漢
苦盡甘來有後程　多少豪門富家子　時衰運退
不如人　你我不是外人比　千朶桃花一樹生
勢利不可壓鄉黨　況是同胞姊妹親　你滿口奚
落窮妹子　便把爺娘不當人【白】大姐見妹子發作
登時也變了臉站起身來指着二姐道你又說古話
麼只話上了幾萬年灰塵了【唱】你說多少饑餓漢
苦盡甘來有後程　孤老院裏就該出官府　可曾
見王花子做了大鄉紳【白】這一層我且不問【唱】你說

多少富家子　時衰運退不如人　分明把我錢家兒　索性把大話說你听白且住不要唬倒了你怪我不照應你坐穩着听我說唱我公乜任上爲布政　賺的銀錢糞土向家奋　銅錢堆得串爛　銀子堆得上銅青　論百錯論百棧　白殼子流黃沒處着个針　腳底下掃一掃　夠你郝家過一生　任上算个搖錢樹　家裡算个聚寶盆　就把沈萬山家來相比　也不弱他半毫分　大風括不倒太山頂　蚍蜉噴不動桑樹根　本來掙得聲勢

大　穩乜寶乜不担驚　不滿年乜滾出息　便是坐吃山空也須過到幾千春　你替我擔憂真不必泥菩薩過河請你自保身白尤氏見二人爭論起來在旁邊插嘴道二位姑娘不必爭論我有一句公平話與你們解和罷唱我郎家沒有窮女婿　兩个姑爺讓我一評論　大姑爺是个現任發財的　二姑爺是个候選有錢人白尤氏此言似乎解伊其實還是譏諷二姐的兩个人一吹一唱不怕二姐氣死到底二姐生性溫良自己走開去不和他們鬬口尤

氏見二姐去了便拉大姐坐下來勸道他這樣人大姑娘和他較甚麼唱他鴨蛋要帶石卵子磞　你金剛怎肯得與他小鬼爭　一分財氣一分量　休和那窮人窮馬牽不清白大姐道豈有此理他轉要惹我發作他哩尤氏道大姑娘身子要緊你們我們一樣總是氣不得的人呀唱他穿在身上吃在肚　拚死無災一个人　你我挑着重担子　常言道家有千金身子值千金白大姐道你听見他咒我錢家麼尤氏道我們有身分的人嘴才靈哩這樣人的話

作不得數的唱窮个人搬不動我八个字　本來命裏帶旱生了根　憑他一家飽煖千家怨　少不得越咒越鮮新白大姐道郎也是我氣得他夠了尤氏道夠得狠了再說甚麼就不值了唱吃焦糊也要陪唾咽　一樣自己費精神白大姑娘你的嘴要怪你哩唱我怪你和張窮爭向下　把个金口玉言看得輕白大姐笑將起來尤氏道何如還是我們一路上人才談得合式哩請向我房裡坐乜罷當下尤氏拉了大姐到自己房中叫丫鬟搬了些酒餚來原來

煖鍋煖碗煖壺房裡總是現成的他夫妻平日偏背
駝个老人家關着房中受用慣來的此時搬出來與
大姐對酌兩个人　談一說去吃了郑說小玉丫頭
見二姐受了他們欺壓在旁氣憤不過恨不得把自
己的舌頭伸在二姐口裡回覆他們幾句纔稱心忽
見二姐走開去小玉臉都氣青了隨後跟着小姐說
道小姐爲何走來他們口狠怕他个甚麽二姐道小
玉你由他們狠罷唱不是人狠是錢狠　從來窮不
與富爭　墻倒不怪衆人推　只怪自己墻脚打得

不曾深　凡事我去認个錯　休要輕易惱別人
便是他有意來淩辱　我只是理從是處讓三分
不過姊妹與弟媳　算來總是一家人　我若稱他
一般見　免不得彼此要高聲　倘被旁人聽了去
便是家醜外揚大家壞聲名　堂上母親要氣憹
爺々在棺材裡面也不安　不是我人窮便氣短
寶救我一口難吞三句話　寧可打下牙齒往肚
裏咽　不做自家狗咬自家人白小玉道斷小姐大
量了頭實在氣不過唱任他簸箕口兒大　我怎肯

服々貼々把他吞　叫我這寒天吃冷水　點々滴
々在心頭白二姐道也不須氣他我們過了七同回
去罷我也放心你太々不下哩正說間只聽得人聲
喧鬧把前邊屋裡都鬨浮了一般不知爲的甚麽事
丟下了書歇々再聽

終

第八回
誇親官狂公子侈談驚座
違遺命鸞媳婦助虐賴田
却說瓊英小姐正與小玉商議回家忽然前面大閙
吃了一驚小玉走去看時原來是錢姑老爺要回去
鄔家一班親族留他不住鄔用自己從孥幔中跳出
來死活的拉住他不放大家簇做一堆因此喧閙的
錢一雄見嗰得懇切的喚一个長隨過來吩咐道【唱】
叫他們入戸休散動　一齊伺候大墻門　老爺今

夜回府哋　要等掌燈已後纔動身【白】那長隨答應
道是連忙去了一雄又喚一个吩咐道你再夠外邊
去【唱】叫他們預先準備前火　照耀須同白日明
四十个亮大的長火把　二十對亮紗的錢府燈
【白】長隨答應道是又連忙去了一雄又喚一个吩咐
道你再夠外邊吩咐去【唱】叫他們高轎打回去　換
頂暖轎老爺乘　老爺身體關係大　怕是黃昏風
露要傷人【白】那長隨答應道是又連忙去了一雄又
喚一个吩咐道再你向外面去吩咐【唱】叫他們不許

多貪酒　伏待老爺要小心　倘然夜晚路上有失
錯　一个乜難過老爺門【白】那長隨答應道是又連
忙去了原來錢一雄此番排場比回門時又大不同
了前日做公子嘅的是些書僮今却是一班長隨了
一切言談氣宇總要裝出做官的樣兒來恨不得把
个候銓知州四个字如賊子刺字一般刻在臉上纔
是快活到了晚間衆親友陪他吃酒一雄要在衆人
面前擺官衆人因爲陪着官吃酒又不敢輕易開口
一雄又沒有因頭好自己提出个官字來心上甚是

焦躁忽然生出一个主意來趁着衆人勸他吃酒便
起身推辭道下官告罪下官不能再領下官當罷下
官已經醉了想下官一盃能接連四五个下官引得
衆人都談起官來了【白】這个道【唱】姑老爺的銓期快
不論单雙的月分【白】那个道【唱】姑老爺的部裡有
關注　定得个好缺衙門【白】這个道【唱】姑老爺做
官才情好　都察能員要數第一名【白】那个道【唱】姑
老爺做官容易做上去　耍與太老爺一樣飛上陞
【白】衆人席上你一句我一句說得一雄抓耳撓腮搖

先學个忘八担子好罵人白郎用道原來官場中
道理多些一雄道豈但如此其餘官排子官樣子官
架子官勢子還有許多細微曲折可意會而不可言
傳者也要在本人熟極生巧自然粹於面盎於背把
个官守處處發現出來衆人道這也是姑老爺世代
官家所以諳練如此郎用道世代官也要分別个會
做不會做唱郎如做家者怕會做官　做得官囊
飽足官又凶　我家父親不會做　做得兩袖清風
落虛名　我若做官要發格　不可一誤再誤學先

玉如意　第八回　寶書閣

君　唯有如夫家教好　有个現成樣子照着行白
一雄道各做各官也不盡有家教下官自幼跟在家
君任上處處留心如今忝居州牧五品之尊有兩件
報國安民的大事業下車之初第一要衆人和郎
用道請教一雄道唱我最惱的窮佃戶　把个租額
不找零　我最惱的窮欠戶　把个利錢算不清
家君忒心太寬鬆　每遇此等案件只辦到十分
還有十四分留着不曾辦　等我一朝權到把台行
僅七比真不算數　是要挈他上天平　僅七卿

頭擺尾快活不過郎用在旁說道我也要指官哩不
知可會做哩一雄道做官的道理不日也要講究的
衆人對着郎用說道正是你要做官早些請教你姐
夫指教一雄道做官也不難有幾件呆道理先要曉
得第一要得官體衆人道何為官體一雄道體者體
統也唱做官的身子是个貴重的　動搖動手不動
身　坐在大堂暖閣上　把个格式兒要做得尊白
第二要有官威衆人道何為官威一雄道威者威風
也唱做官的臉上要有个惡樣子　睜着一雙圓眼
睛　驚堂一拍聲一喝　把个堂下百姓號斷了魂
白第三要成官款衆人道何為官款一雄道款者款
式也唱做官的衣服要時款　纔是馬上的時人
至少備辦二百套　趕上他个時時改變局局新白
第四要走官步郎用道步法該怎麼樣走一雄道唱
一擺二擺有定格　要把脚下分寸排得勻　若還講
見上司去　另有幾个撿步走得要身輕白第五要
別官話郎用道話怎樣學一雄道唱把些土字鄉談
都去下　个个官板要剔得清　一時恐怕學不會

玉如意　第八回　三　寶書閣

號不算數　是要教他披石燉　既受朝廷的官職　要做朝廷辦事人　既做百姓的父母　要做百姓除害人　這兩件大事若辦了　自然地方弊絕又風清　這是我一片忠心同日月　要去上致君來下澤民【白】那席上有些收種放賬的富翁所得此言䢖聲稱贊道好呀好呀這才是青天父母哩內中却有幾个種租田借利債的暗中咒罵道好狠心呀好絕子絕孫的手段呀肚裏罵着口裡却還要周旋答應斟了一盃酒向前勸道姑老爺談得勞神了滿

用一盃罷　一雄又接連吃了幾大盃吃得酒興發動越發高談濶論起來了說道區區州官還做不出甚麼大事業來要做到督撫才得隨心所欲些衆人道容易容易姑老爺是个大福命官一雄道若要論命我却該有步走上哩前年在家君任上那上司薦了个談命先生來姓胡名能言綽號賽神仙他曾把我八字細細算的【唱】他說我官星透露財星現　命宮裡両坐貴人　日干偏印正用事　時上有重好食神　二十歲後交小運　過了三十大運行　小運亨通行十載　大運飛動五十春　命好更兼運氣好　功名一路總隨心　當朝宰相不敢許　督撫司道定有分【白】衆人道這胡先生好靈呀姑老爺新得知州豈不是二十歲後交小運麼日後大運不消說了一雄道想是靈哩只據他算我兩件都應驗的【唱】他說我比肩不得力　怕是桂林一枝沒弟昆　他說我妻宮犯刼煞　怕是偕老須牽第二絃【白】想我今無兄弟又原配謝氏未及過門而亡豈不是都應了鄔用道靈哩靈哩督撫司道做定了一雄道那

胡神仙原比泛常算命不同當時他也向我說的他說道【唱】算命留情留不得　留情算命算不靈　我只據命來談命　任他王孫公子不留情　我將少爺的貴造　細查剷度算五星　實在是个龍虎雙合格　句句判斷遵子平　少爺若還不相信　如今不必謝先生　直到日後應驗了　我到督撫任上來取命金【白】鄔用道如此說得切切實實還有甚麼不穩呢衆人道命理精微我們也不懂得只據姑老爺的尊相豈不是擺在眼前要做大官的一雄道

若要論相我也該有步走七坐前年打衆君任上回
來走到河南省城聽得有一位相面的先生姓馬名
區招牌上寫着鐵空子三字出名得了不得因此我
着名相訪到那裏時果然好鬧熱呀唱只見四面圍
七人圍住　招牌底下坐着一先生　那先生抬頭
看見我　忽然把校椅推開忙起身白那先生把身
來迎接道暖喲來了一位大人了唱他說相人相過
千七萬　今朝相到大貴人　我看尊品不是等閒的
教我望氣心先吃一驚白那時我便說道先生不

玉如意　第八回　七　寶章閣

必過譽正要請教法眼老黃指點那先生連忙讓坐
問過了姓名說道晚生有一句小氣話貴人不要見
怪唱我泛常相人不爭價　都是相過之後輕重取
人情　惟有貴相來賜顧　須要先惠後談論白當
時我送了他二兩銀子相金那先生不受說道唱大
人做事原不小　我晚生論理不該爭　我把相金
奉送不敢領　只賞个預先喜報銀唱那先生這管
要爭直等送了他十兩銀子方才肯相七得却實在
細呢唱他說我印堂豐滿耳端大　祖基福厚不必

論　將來仕路登最早　額角方濶好天庭　行到
眉運眉開展　行到眼運眼過清　一路功名多得
意　安然穩七不担驚　四旬以後了不得　鼻子
好个高山根　這个部位行到了　定做封疆方面
臣　況且下富承部地角好　晚年應有好兒孫白
那先生又教我轉過背後來一相說道妙呀唱三停
四政都合局　腦後背絡與前慿白那先生又教我
伸出手來一相說道妙呀唱一生福在指頭內　一
生衣祿井字紋白那先生又教我站起身來一相說

玉如意　第八回　八　寶章閣

道妙呀唱兩肩亭七頭頸直　好似鳳凰高立在鷄
群白那先生又教我走幾步路他相七說道妙呀唱
兩手臘七身軀穩　好似虎步龍驤氣自尊白可不
是那先生相得細麼眾人道實在細此話自然是準
的一錐道設若不準我怎肯送他十兩銀子呢那先
生當時原對我說的白他說道唱自幼學的麻衣相
中年傳授遇異人　雲遊走過十三省　道號鐵空
子三字天下都聞名　若有一毫相不準　把我招
牌打得碎紛七　打碎招牌不算數　直頭剜去我

一隻瞎眼睛　白　郞用道　如此說來早哩準哩　大人做定了一雄在席上趁着酒興高談闊論已到三更時分還不曾散　那外邊伺候的人夫等得心焦　又兼肚裡餓了　看在背後好駡呀　唱　駡他滿口嚼蛆子　只管坐着不動身　這一个說嘴已經狂上青天去　那一班阿郞的還要撮上他九霄雲　拉七牽七剎不斷　席七聯成一串鈴　鄉下人兒看告示　似乎一片道理大議論　其實一句不上線　都是班丧心病狂嚼舌根　還搬出些古董話　把五百年

前事兒來翻陳　白　日間呵　唱　郞要意走如風雷火　白　此刻呵　唱　不走就是郞爛板墩　大酒大肉只顧吃　忘却外面甚時辰　馬上不知馬下苦　教我們伺候到三更　我們縱然吃得飽　吃在肚裡已轉經　撞着丐家奶七又小氣　辦的下桌笑殺人　一碗齋飯是冷的　一壺燒酒沒半斤　荳腐千子和百頁　刪七塊蓋子心　還有一碗豐盛的　犒賞我們動大葷　薄七片子頂上蓋　全是骨頭兒把个架子撐　帮果我們忙不過　搶着把雙快子伸　若是快子伸慢了　連骨頭帶子都没分　我們小人吃要緊　常言顧嘴不顧身　又是一个大肚子的羅漢　燒香延鬼吃得不漫心　只要吃得我快活　教我湯裡水裡去　總能　如今捧着痴肚子　那見朝廷使餓兵　要我東倒西歪空心渋掐你做我酒囊的死尸靈　少不得轎子裡頭翻斤斗　路上跌得你遭瘟　白　轎夫在背後咒駡把老爺耳朶也該駡熱了　老爺只道是酒吃熱的　那裏省得直到將近四更方才散席　周家這且不表　且說郞

家的班和尚道士整七鬧了三日　然後散了　白郞公丧事以來忙到如今　家中才得有點安靜　恭人因客散無事　對兒子說道　我兒　你父親的遺囑　教撥與二如的百畝田　趁他在家當面交給了罷　郞用答應了　到晚間郞用便把此話告訴老婆尤氏　一听便問郞用道　你的主見若何　郞用道　這是沒奈何的事呀　唱　一來父親臨終吩咐過　二來母親現在提此言　三來二房叔七是憑據　此事怎好不應承　白　尤氏聽不得郞用說完　山他臉上啐了一啐　說道　呸　你好

倘運呀這件事都打不開去麼唱死無憑據從來說　你父親的言語去開不必論　你母親是个沒主意　只消幾句話兒打他東壁根　叔公雖是頂而証　他平日也是个忠厚人　事不關己奴丟手　他斷不追求到十分　我馬騎在身底下　奴的是不曾賣糧秕　任他們人多嘴多舌多來爭執　到底白口白話不作憑　你把嘴根子放硬了　回他二个緊匕不開門　我再看縫兒來下樺　做个軍師劉伯温曰鄔用聽了老婆的話便定了主意要說

槓話了到了次日恭人又向兒子催及此事鄔用便改了口對他母親說道他郝家負果還要此田麼唱他在家裏沒用處　我鄔家動船的粮米送上門　他上京去沒盤費　我鄔家成封的銀子送起程　算他用我鄔家的　沒有這本賬簿記得清　難道人心不足蛇吞象　再要這一百畝田還他前世債　主人曰恭人道噯喲這是你父親吩咐的你如何說這个話呀尤氏聽得趕過來扠嘴道大家都是至親該是郝姑爺家的東西有甚麼不與他惟有這女分

田之說却有些不信呀唱既然公匕曾準過　爲何陪嫁之時不撥清　嘴風筆跡這是常說的　就該有个贊書作証憑　二姑娘是个識事的　他也要到手才算是功名　他怎肯牛過了河來拉屌靶　把此非担擱到如今　雖然我進鄔門晚　舊事摸不着个根　到底理是擺明的　那見沒紙沒票硬討銀曰恭人道媳婦你不知道你公匕因郝家隔截不便照管年匕替他收管租谷所以担遲下來的不曾立个筆據尤氏道這話我又不信了唱不過是一

年租兩次　有甚麼隔山過海難照應　那見世匕田多的　塊匕總靠自家門　便是替他收籽粒　也該賣豬離圈分个清　難道立了个筆據　再要染手使不能　凡事只是一刀兩截好　省得後來惹葛藤　公匕做官斷了多少事　沒有這个道理總不明曰恭人道媳婦別的話不曉得難道你公匕臨死遺囑沒有聽見麼尤氏道那遺囑又靠不得數哩唱自後我進鄔門後　不曾聽見公匕提一聲　話要說明鼓要响　清匕白匕何不早叫明　想是

後來病昏瞶　有些譜話不分清　難道茅山神照遠不照近　反把兒子的東西送與人〔白〕恭八被媳婦一頓說了開口不得心上十分着急暗地裏叫我安去請二老爺來告訴他這一番話鄔重听了說道豈有此理此是哥乜臨終遺命當着我面吩咐的怎容他賴得因對我說道請你大爺來我安去請鄔用鄔用推說心疼病發睡着了只見尤氏着个了鬟過來請二老爺後面說話鄔重這得隨班後堂尤氏迎着說道叔公你姪兒心疼睡着哩叔公呼喚有

何話說鄔重道不為別的你二姑娘女分田一事教姪兒交給了罷尤氏道只个不能可〔唱〕我鄔家沒有多田地　靠着這幾畝薄產要養生　你姪兒又是个沒用的　不像大伯乜外面會經營　用處多來出處少　自己要把後步存〔白〕叔公你要替你姪兒打乜算盤哩〔唱〕他本來是个過河泥菩薩　怎能夠又從井邊來救人〔白〕鄔重道這話說不起此是你公乜的遺命尤氏道〔唱〕公乜雖有這句話　其實有說無行不作準　欺待郝家情不少　再要割皮割肉

是不能　卽如叔公也有田和地　怎肯無事無故送與人〔白〕叔公你也要自己打算哩〔唱〕你把姪兒弄窮了　只怕少吃無穿要乜你家門〔白〕鄔重見話不投機便道此事且等姪兒起身再說罷尤氏道你姪兒起身不起身總是一樣這田是不能撥的〔唱〕從前公乜在世日　他就把家貲分完我斷不做聲　如今家業到我管　只主見我也要做八九分　從前說不得如今話　如今提不得從前情　常言道一廟有一主　又道一朝天子一朝臣〔白〕鄔重已要出

門聽得尤氏這話又站住了說道這玉見還輸不到你做哩女今上有婆乜外邊還有丈夫只怕此田定要撥的哩尤氏見他叔公發作打算此事不鬧破了頭不得收頭了索性放開喉嚨來大鬧道這田是定不能撥的哩〔唱〕我整乜齊乜田百畝　泥塊子不許誰來碍一星　你們憑空設出這條計　要來吞我命產去瓜分　乜个倚着幫手來撒賴化子　一个倚着族長來做硬見証　家裡拳頭往外打　裡應外合起了一枝兵　還要抬出个大題目　假他遺

號二字來做名　棺材裏公已不說話　怎得你們血口噴　你道是六點還五點　却不道孫子有理還打得太公沒做聲(白)不妨私理說你們不過和你們當官說去罷(唱)當言道官憑文書私憑票　到底要个筆據才服人心　官府是吃鹽米的　不能教舌頭底下壓殺人　你當官呈得筆據出　我把此田送上鄔家門　你當官呈不得筆據出　少不得審出同謀串騙情　我寧把一百畝田充公去　做个任斷不濟老降星(白)也罷你們假公濟私憑空掉

謊我也有个主意了(唱)既然舌頭一掉算得數　大家卻將牽頭巾　我便說太公七當初有遺囑　說我兩房家產分未均　教你次房撥出田百畝　撥與長房與長孫　那時節看你肯撥不肯撥　且弄个家務官事打不清(白)尤氏匾着嗓子鬧出一串鈴來鄔重站在格子外面看氣呆了說不出一句話來過了半晌一頭往外走一頭口裡說道莫慌我和你丈夫去理論當下也不到恭人那邊回覆竟從過道裡回去了回到家中時淝肚子悶氣告訴自己的兒

子媳婦原來鄔重的兒子叫做鄔有是个做生意極長進人媳婦薄氏也是个掌家理緊的鄔重因兒媳能幹早把家業交付他們管理了此時鄔重回來把尤氏一片話告訴了和他們商議道此事如何處置兒子沒有開口媳婦說道公公別人家事好管便管不好管就罷(唱)常言道多一事來不如少一事　那尤氏蠻子不是个省油燈　他說得出來就做得出　少不得裝瘋撒潑真果鬧上門　本來不爛自己鍋裡米　何苦把个虱子捉到自己頭頂心　只

好各人自掃門前雪　不要攪在渾水裡牽不清(白)鄔重道此事是你伯公遺囑我若置之不問如何對得過死者薄氏道這件事本來根上錯了(唱)如今世上人狡猾　便有大憑大據還怕有變更　奈何憑着一句話　信得別人七條心　他本來是个沒韁繩馬　要拐道兒你拉不住他一根繩　你如今去把下扇磨子轉　他如今反把高枝登　任你說下靈天表　到底還是白曲星　既然不能幫親眷何苦費了力氣討个兩面不見情(白)公公還有一層

唱他私情私理不依說　難道出乖露醜真果鬧公
庭　好與不好是兒媳　那時節死者心上更不寧
白鄔重聽了嘆了一口氣說道罷ㄟ由他們去罷只
是你二姑娘出嫁之時我在那裡也準過他此田的
他若向我說時教我如何回他薄氏道且等ㄟ姑娘
出頭說明再作道理唱道開場白要他本人辭　我
抱个不哭的孩兒後面跟　太斧入鑿ㄟ入木　這
風波不是自我生　便是大房叔ㄟ嬸ㄟ要怪我
我還好拚个乾淨身　如今他們頭ㄟ全不動　爲

何我們杆子忙着要射人白鄔重聽了他媳婦一片
話把此事弄過一邊了恭人因不見動靜又着找安
去請二老爺他兒子鄔有回說不在家裡恭人没法
把此事告訴大姐大姐接口道你帶我省住點力氣
罷唱唱你果知道空把惡人做　横財不發命窮人
他家也有田和地　須得寸草總無根　生成
是今生八字　燒香磕頭招不住个田頭神　你是
把雪填井不中用　可曾見過糯米粥晉藤扶得硬
白還有ㄟ一層不撥田他轉是體貼他若撥了田他我

反替他愁哩唱窮鬼發財如受罪　王花子本來抬
不得金　你請姑娘不要反把姑娘害　少不得累
得他麥子稻子栗子荳子商議幾年種不成白恭人
道噯喲你也是這樣說譲好勝我正要請你出來商
處此事哩大姐道正是我原要出頭哩恭人道好呀
如此才是姊妹情分大姐道我出頭却不會調處我
要出頭爭論哩唱一般同是鄔家女　个ㄟ總該有
一分　那个爭是親娘養　那个爭是晚娘生　手
掌手背總是肉　不好當面薄俏人　若要一處生

爺兩樣做　大家把个場子鬧不情白也罷我手中
此妹子略好些看母親面上也做一件克己的事讓
妹子佔个面子去罷唱十个指頭有長短　不要一
个錢眼一个釘　他整七分去一百畝　我這要九
十九畝帶點零白恭人聽得知他是故意作梗越發
開口不得了唯有坐在房中暗地垂淚而已却說小
玉丫頭久知此事詳細心中不服便來聳動他小姐
出頭理論說到小姐這項是容不得他們財滿的唱
一來老爺當面曾填過　二來臨終遺言有証憑

此話人々都曉得　難道樓板空響不見人　堂上
太々是家長　二房老爺是族尊　三个愚人作官
算　那容他們掩耳來偷鈴　人怕當面鬼怕法
大廷廣衆把理論　任他銅嘴與鐵舌　担受不起
這个不孝名目小姐與閨你當言不言爲懦夫　伸
手瓜籃怕不得腥目二姐道此事不必提他罷閨窮
苦各人有个命　勉强發財是不能　田地既是别
人的　何當指望吾我分　便是他分多肯割少
也只好听其自然不可爭　况且你大爺家計重

靠着這點出息去支撑　同胞姊妹須体貼　那有
多田送與人　我那家窮苦已過慣　那怨外之財
莫起心目小玉道小姐如此說可曉得太々那爲此
事氣得狠哩二姐听說轉去安慰母親道女兒撥田
之事母親以後不要提罷閨々飲一啄皆前定　母
親不必苦爭競　爲着女兒身上事　怕是娘兒婆
媳嫌釁生　縱然母親爭論出　也教女兒受屈不
安寧　區々田畝是淡事　一家和氣值千金　母
親莫爲女兒慮　世間多少沒田人　那家受恩已

不少　得隴原無望蜀心　只當爺々從前無此話
大家心跡一樣平目二姐此一番話把衆人滿肚
氣惱都消散了因此把女分田事大家丟過一邊了
過了兩日錢府着人來接大姐大姐要回去那用夫
婦堅留不放那用把轎夫打發回去尤氏把衣服搶
下來直等到大姐變了臉作起躁來方才放手大姐
起身那用夫婦白船懸懃忙過不住轉便宜了錢家
一現丫鬟要來服侍大姐竟沒處伸手你道他是甚
麼應酬的樣兒與閨大姐要去掠々髮　尤氏把梳

子篦夾箏現成　大姐要去勻々面　尤氏把胭脂
雀粉放調停　上邊替他提々領　下面替他整々
裙　大姐的衣袖碍着粉盒子　尤氏連忙替他拉
拂清　臨行重敬三盃酒　怕是有風進轎門　隨
後又是茶一碗　怕是酒渴又燈唇　早攙手的送
他上轎去　摸々坐褥鋪得勻不勻　看他與子坐
好了　把个伏板兒端々正々放得平　看他與手
伏好了　把个掛簾兒從々容々放得輕　轎子等
着抬了走　又送一袋香烟路上消時辰　說了一

千聲有慢　叫了八百聲多承　不久望你重光降
臨萬千萬務必務必又是幾千聲(白)大姐回去之
後過了幾日鄔公斷了七二姐在父親柩前大哭一
場也要起身回去恭人心裡只是還要留他過幾日
不好自己做主因對兒子說道你二姐要回去哩鄔
用道回去叫个船罷恭人見兒子不留又對媳婦說
道你二姑娘今日要回去哩尤氏道回去早得狠哩
待吃了午飯回去也不遲恭人見媳婦又不留只得
讓女兒回去了二姐起身尤氏道二姑娘一定要回

去哩(唱)我不好苦七來留你　你是一个忙財人
不曾吃了我無錢酒　担誤了你的有錢好功程(白)
二姐聽得也不計較同着小玉轉回嘉興聽者休要
生氣此般炎凉在七總是如此不足爲怪吃一袋煙
歇七再唱下卷還有風流好笑故事唱你們听且看
下回分解

終

第九回

錄近名賢囊小姐貼身割愛婢
怨姑妻酷鍾虔婆坐口說偏房

却說鄔公卒事之後鄔用夫婦遵了父親遺命撥了
他姐七陪嫁田百畝還莫小姐也不計較同着小玉
轉回嘉興並不提起些須話告訴婆七只是做些針
黹與婆七將就度日但爲丈夫在時刻放心不下
(唱)二姐獨坐閨房內，憔悴丈夫在帝京，孤身作
客四千里，一日思家十二辰，你在家書向樁前

讀，我侯茶鐺伴深更，你在家詩向花前發，我
緣硯池共短吟，如今苦讀有誰問　如今愁吟有
誰賡，寒窗風雨孤零七　客店燈火冷冰七　料
應吃盡他鄉苦　總道爲功名耐守累了八。二姐
想到傷心處　止不住紛七淚滿襟(白)二姐想道我
在此悲愁不知婆七心上又是怎樣苦哩當上止了
哭走向婆七房來走到房門口又退回幾步把衣袖
揩盡了眼堂淚痕定了一會强粧个歡喜的臉兒然
後進房(唱)好个鄔家賢媳婦　百般安慰婆七心

婆七背後千行淚　婆七面前笑盈七　滿肚淚珠
滿面笑　笑時苦比哭時深　哭時之苦七欲散
笑時之苦七結凝 白 當下走進房來這見攤八在那
裡沉思悶坐 唱 二姐道婆七把心放寬些攤人道媳
婦你叫我如何放心得下 唱 從你公七身死後　我
兒不曾久離身　便是就婚杭州去　他不過時去
時來見面情　如今遠隔大進外　說甚麽失散掌
中珍　分明一把離情劍　割去心頭肉幾層　我
身在家中心在外　離夢之中總不寧　小遠山遙

玉如意　第九回　二　寶華閣

四千里　沒有那一个夢兒不到京 白 媳婦我往日
夢見孩兒習以為常不足為異唯有昨夜一夢甚可
驚駭恍惚間見我孩兒呀 唱 臉兒黄似一張紙　骨
兒瘦似一條筋　他眼中對我雙流淚　倚枕呻吟
叫母親 白 那時我正要將手扶起他來忽听得一片
聲响驚醒 唱 原來是西風吹動竊林竹　淅七瀟七
一片聲　一聲打破南柯夢　斜月虛窗向四更 白
媳婦你道這夢好不添我愁悶也 唱 我愁他披星帶
月疲勞甚　我愁他背井離鄉憂鬱深　他身心交

因禁不起　怕他果然臥病在京城　我昨夜此上
夢醒後　翻來覆去到天明　可憐滿把思兒淚
濕透了慈幃枕共衾 白 二姐安慰婆七道只是婆七
思兒太過之故常言日之所思夜即為夢信他不得
的 唱 年老之人心血衰　睡夢顛倒理之恒　總因
日間思慮過　致得心虛胆怯夢魂驚　又道夢裡
吉凶每相反　怨夢奇異不足憑　婆七但能放得
心開闊　自然枕上神安魔不生 白 婆七如不放心
早晚待孫安前去討个平安信攤人道甚好我也

玉如意　第九回　三　寶華閣

久有此意只是路費從何而來孩兒在京料想費用
已盡也須带銀與他纔好你的衣裳首飾久已當盡
除非與你兄弟相商到底是骨肉之親挪借這數十
兩能二姐所說心中想道欲待開口又住了半晌沒
奈何只得告稟婆七道 唱 得把媳婦親骨肉　婆七
未曉其中情　若還有我爺七在　早贈盤纏送上
京　如今我爺七歸天去　母親不能自主分　兄
弟是个吝惜的　況兼弟媳又無情　說甚麽自家
親骨肉　沒錢便是路邊人　你要向他來挪借

他有萬个難字告你听　揩邪眼淚別處哭　休將
熱臉兒靠他冷冰七　白孺人道原來如此怎生是好
二姐道媳婦已經左思右想沒有他法只好把少玉
丫頭賣幾兩銀子罷孺人道此事如何使得　白他是
你手前腳後貼身婢　自幼跟隨你到如今　我家
又沒有第二个　早晚使喚他應承　若是把他賣
出去　只零碎家務累你身　爲婆年老精神減
還靠你向前力不能　你鍋頭竈腦何曾慣　陡然
累你不安心　白二姐道婆七說那裏話哩白婆七年

玉如意　第九回　四　寶善堂

老該服事　媳婦那裏要人跟　鍋頭竈腦我都慣
不勞婆七代費心　開口告人是難事　到底求
己勝求人　算來止有只个法　奸變盤錢送上京
白孺人道沒奈何隨你做主罷二姐使喚曾忠悄七
的吩附了幾句叫他央賣婆去　曾忠奉了小姐之命
走到街坊轉有湊巧恰好撞着一个有名的賣婆原
來那賣婆姓談是嘉興城裡第一個說腳掭號叫做
談必成你道這談賣婆爲何要算第一呢白談家賣
婆了不得　鉄嘴行裡數他蓋嘉興　白腳猫兒家

家熟　專走城裡城外大墻門　不論稻紳與鄉宦
馬桶縫裡皆哥情　那一家太七是甚麼性　那
一家奶七甚樣心　看縫下檻个七看　看菩薩燒
香个七豐　那班太七與奶七　最歡喜的小慇懃
人家不要緊的事　談七說七最喜听　這个談
媽少不得　像个藥裡甘草處七用得成　一進門
來喜不過　合家子媽七媽七叫得不住聲　不論
錢米與衣服　偷七瞞七做人情　不知只花言巧
語是个都騙子　是多年狐狸成了精白那時曾忠

玉如意　第九回　五　寶善堂

便把此事託他談媽七聽了七的說道好機會呀這件
事到有些稀夯哩前日有个姓阮的大爺是北門口
開醋坊的頗有幾千兩家貲託我娶个妾的正我不
到个合式的主兒你家小玉姐我看見過的好个人
才等我去說七看曾忠道使請你去說要个好人家
我家大娘纔肯呢談媽道人家是沒得說但有一層
阮大爺是个慳吝主兒捨不得大身價曾忠道大約
有甚數目談媽道他只捨得四五十兩銀子讓我婆
數天說七看說成了來把回信你家當下談媽辭了

玉如意　第九回　八　寶書閣

魯忠來到北門阮大酺坊裡來阮大見了說媽便問
道媽乚我的事兒如何談媽笑嘻乚的說道特來恭
喜大爺的我找到一个好主兒了阮大听見眉開眼
笑的請談媽到店後小閣子裡坐下細乚問他是何
以見得有甚麼好處你總談媽的嘴好不會說呀這
必是賣婆的行常　全靠三寸舌頭掉得靈　頑石
頭被他說得活潑乚　爛狗屎被他說得香噴乚
小家是个村丘女　他說是九天仙女降凡塵　些
微有些分色　他說是南海出現觀世音　談家
賣婆有名的　賽个張儀與蘇秦　看他手好萬好
來湊合　不相對稱號叫做談必成這談媽固然會
說這小玉也真果好哩當下談媽對阮大說道大爺
這主兒是從前做知縣郝老爺家的使女說來好處
多哩大爺不要等到手只說聽你听乚就要被他想
壞了這這个主兒好不過　年紀纔交十七春　漏
紅綢白縹緻臉　不肥不胖苗條身　弓鞋這好穿
三寸　一挽烏油髮似雲　他是郝府陪嫁女　本
來乚歷原正經　自幼見過大試面　走到人前知

玉如意　第九回　七　寶書閣

禮文　他小姐平日又教導好　性子軟和又温醇
針線剪裁樣乚會　飲食烹調件乚能　緞的綾
的任甚麼大衣服　不請裁縫自動針　十席八席
什甚麼大筵宴　不請厨子自延賓　自從陪到郝
家後　我便看他上眼睛　雖然目下爲使女　不
像个到老終身伏侍人　日後定然有發達　要跟
个財主官家有福人　況且又是福分相　宜子宜
孫有後程　不知那个能造化　擇着只个旺夫星
大爺把他娶來託我　我跑壞了兩个脚後跟
東看西看乚過人多少　只是看得不稱心　世上
好的本來少　似只般主兒那裡尋　若還我有一
字謊　情愿把你打嘴唇這阮大听了只是抓耳撓
腮連聲說道好呀好呀你快替我作成了罷談媽道
好自然是好的這是有一層難處哩這他小姐生平
最寵愛　不肯教他輕離身　他本來是把上白米
叫做千个行家雙眼睛目阮大蹙眉說道只却如
何是好談媽道不妨有我哩這有我个穿珠婆子在
沒孔要把孔來尋　你肯重乚來謝我　我使千

萬百計去用心曰阮大道只何消說我那七謝你就
是了談媽道不然空說个謝字算不得唱你不要虛
前滿口許菩薩　過後忘却了願心　須把个數目
訂明了　只教做後君子來先小人曰阮大道是了
我謝你五兩銀罷談媽搖頭道這事不必說了說也
不濟事阮大道爲何談媽道唱你要我做个前路先
鋒法　須知兵馬未動粮草行　你坐壇空把將來
遣　第一教令箭就不肯多發兵曰阮大道是了我
謝你十兩銀罷談媽搖頭道還少阮大道二十兩何

如談媽道還有个說處阮大笑道媽七你如今只
管手段老辣了談媽正色道大爺不是只樣說唱我
從來是有取舍的　不是一概施行不認人　倘若
是件容易事　何妨賣个白人情　這事實在封得
緊　要用二十四把鑰匙不知可開門　我辦七籮
八斗胸中話　吩咐三寸舌頭根　怕是口燥唇乾
說不動　要你只二十兩銀助七神曰阮大爺唱我
擎你銀子替你用　你這算一舉兩得順便做謝金
曰阮大道媽七說得是你與我快去作成了罷談媽

道我今日便去但則還有一件也要請教在先唱有
錢難買不賣物　須拚得大價動他心　常言一分
行貨一分價　休想拿个黃銅換赤金曰阮大道大
約要甚麼數目談媽道非一百不可我儘力去說該
看能唱省得下來替你省　怎好拿你東西做人
只是賣主買主當面事　我行家斷不沾染半毫
分曰阮大道媽七既那裏話憑你斟酌便了談媽道
旣然如此你先交我十兩銀我也用些小錢買路兒
打吼兒哩兩日後來報你喜信當下阮大把十兩銀

子付與談媽去了阮大坐在店中暗七的歡喜了一
番又呆七的納悶了一番你道阮大爲何納悶原來
阮大的妻子是強氏最伶俐又最老靠阮大雖然與
談媽說定心中躊躇此事不是瞞着做的欲待說明
又恐怕老婆不依納了一回悶想出一个主意來走
進房裡裝个愁眉不展的樣子夜飯也沒有吃坐在
燈前只是嘆氣強氏問道你滿臉心思却是爲何阮
大道我的心思就是你的心思唱我今朝在个朋
友處　聽他衆人席上來談論　只个誇他的好兒

守　那个問他的好郎君　有个朋友年紀小是我
　他已經見了兩个孫　我和你年過四旬外　還
沒有一點後代根　從去日子漸漸短　我兩口兒
老來靠甚八　便是苦掙下个大家業　也是爲他
人作嫁衣襟白強氏道原來爲此七是勉强不得的
事呀唱命中若該有兒子　遲早有个定時辰　命
中不該有兒子　三妻四妾枉勞神　我與你雖則
年紀大　還指望晚稍發塌有收成　此事不好着
得急　你自安心把个天命所白阮大嘆氣道奶七

的話原說得不錯但也要先盡人事再听天命我如
今年紀大了奶七又身子多病不趁早想个法兒怕
的悔後遲了強氏道你的意思我知道了我何當不
替你趁早想法呢唱我也曾三番五次將人託　託
人替你覓小星　人兒看了好幾个　只是看不上
眼睛　看來都是孤单相　不像个旺夫旺子有福
人　因把此事担擱了　我其實心中急十分　倘
然有過俗式的　我使把此事替你趕緊行白阮大
道奶七果然有此好意麼強氏道嗳喲原來你還信

我不過麼唱我的肚量大似海　爭風喫氣沒我分
　不像人家眼睛窄　烏珠上着不得一點灰與塵
我口中不說心中急　不曾在丈夫面前賣虛情
你問我此言真和假　難道把我當个醋夫人白
阮大听納喜逐顏開說道奶七原來有此真心我送
个富信與你罷現有个好主兒人作成我哩強氏正
在那裡賣虛情扯空架說得高興忽然听得阮大此
言像半天裡一个霹靂臉上氣色頓時變了問道是
誰作成你的阮大道是談媽來說的強氏搖着頭連

聲說道嗳喲七嗳喲七談家老狐狸是个拐騙子說
的話三錢釘听不得兩茶匙哩你快些回絕了他不
要上了他圈套嗳喲七嗳喲七你做事好不妥當呀
阮大道奶七不但談媽如此說我也曾細七打听的
實在人好哩身價又便宜我已經與談媽說定了兩
日後就來成事了強氏听得臉上氣色頓時又變了
起初像个攏花抹的肉胖子如今又像个雀粉泥的
白消了呆了半晌上氣不接下氣說道你七你只个
喪良心你七好心腸呀唱你七便是有只个意思

你匕也該與我先講明　你匕竟把事兒說定了
你匕說也不與我說一聲　你匕先來與我好商議
你匕難道就進了甚時辰　你匕把我拏在手巾
做　你匕要來硬上起不能自强氏歇了一口氣冷
笑道我說這怪不得回來做鬼曰你原來肚裡有
肇歡喜賬　你却來臉上裝个惱悶形　你把針鈎
兒來鈎我　你把草圈子來套人　你本已成的事
已定　你還要話裡機鋒綿裡針　老娘不是懞懂
的　你在此做鬼弄圈杆費神　蒼蠅蚊子門前過

公的母的我還認得清　你那裡脚甲頭兒瞎个
蹺　我只裏眼睛珠兒徹底明　我此事本來是肯
的　你只般做作冷了我的心　從今把你妄想打
斷了　不要再提此事討个臉悴青自阮大見老婆
變卦反羞成怒也動了氣了說道依你說我便不要
小屋我已經說定的事定要討哩强氏大鬧起來指
着丈夫道你討你討曰看他包着幾个胆　那一雙
脚兒進我的門　試匕老娘的手段　棒頭拐杖一
匕㪷現成　你喜他臊狗纏人多中意　我教他飛

蛾投火自燒身　賞他一天兩頓打算飯　問他有
幾根脊梁筋自阮大氣不過也大鬧起來道反了反
了有我在此誰敢打誰敢打曰落匕要替他惣相
動匕要替他鉴金　你个對頭是要與他作對　我
只護身符護得他緊騰匕　你想撩他撩上千丈井
我便抬他抬上九霄雲　蔡姓道當沒有你　把
他扶作正夫人自强氏听得急得火星子亂冒走將
去把家伙亂打亂摜鍋子也碎了碗盞也碎了家人
去扯天奪那裡勸得住蔡姓拿起一張大凳子來走

到機房裡把堆的醋罈子一个一個排次兒打去一
口氣打破了三四十個弄得屋子裡外醋流成河那
一團酸氣薰得滿城人掰住鼻子聞不得阮大見這
個光景氣得瞪口無言强氏從醋河裏渾身淋匕漓
匕滴匕落匕的走出來又指着阮大一頭哭一頭數
道你討小去你討小去我也有个主意了曰你饒我
尋個野漢子　我許你討个小夫人　你正路不走
匕斜路　我大門不開匕後門　隔鍋子飯香誰不
曉　饞猫見偷嘴大家換匕新　你做榜樣把我看

少不得你在前走我後跟　纔算是夫倡婦隨好
家教　只擱棹板強如鼓瑟琴目阮大更是開口不
得忍着一肚子氣被家人拉向前面去了强氏在家
整乚吵鬧了兩日兩夜吵得阮大飯也吃不成覺也
睡不成强氏佔了强阮大不得不軟了自此把只娶
小的念頭漸乚淡了到了第三日去尋談媽教他把
此事擱起怡如談媽正來回他兩个剛乚路過原來
談媽將此事去向瓊英小姐說時小姐意思不肯把
小玉與人爲妾怕的被大娘凌虐因此不允教談媽

玉如意　第九回　十四　寶善堂

另尋門戶談媽沒法只得來回阮大所者試想談媽
此時心上還是氣也不氣目可惜談媽只作事　費
盡唇舌用盡心　要圖謝儀二十兩　又打夾賬五
十金　拿定大財發不住　誰知到手的飯碗不得
上嘴唇　連這十兩先交數　還要原璧歸趙不姓
秦　想是人老運氣退　只談必成弄做談不成目
談媽正在着急一頭走一頭打算被阮大對面走來
撞見了喚住了他拉他到僻靜處低聲說道媽乚想
是來同我寫信的枉費了你心了我家不賢的老婆

認真不依哩談媽無意中撞見阮大又羞又惱正在
開口不得忽然阮大先來回他乚又生出主意來了
登時臉兒往下一變說道好呀你把人做弄哩目我
爲你費盡千言與萬語　說得口中起血腥　剛把
个生意圓全就　被你半路悔來又辭主人　從來
我們的行當　總要斬釘截鐵沒改更　我買賣做
到五十載　只因个信字服人心　你把个倒棒鑼
朝我打　教我只做後鐘的話怎同个鳴　少不得
說我談媽話不應　只嘴舌飯碗從今吃不成目阮

玉如意　第九回　十五　寶善堂

大爺你要包我一牌哩目你拿我經營打斷了　你
要包我衣食過一生目阮大見了呆了半晌陪笑道
媽乚不要動氣事雖不成謝金全數奉送談媽道只
个不能那十兩我已替你用了這十兩銀就勾我一
生衣食麼阮大又陪笑道媽乚不要取笑謝儀二十
兩之外再加十兩算我設席陪禮罷談媽定了半晌
嘆口氣道吃虧人長在也罷圖个後日主顧能大爺
這是我不害你淺了阮大道媽乚大人有大量包涵
點感謝不盡當下談媽跟到阮大店裏又拿了二十

兩銀子兩下方才兩交所者須知爲賣小玉說了半天的收頭話只也是有事湊巧順便有此情節落得說乜才曉得醋鍾子酸氣遮蓋不住哩如今言歸正轉且說說媽另習小玉等了个門兒乃是本城一个大鄉宦人家買同去小姐房中服事的身價五十兩二姐又與談媽訂明了三年之內準照原價回贖兩下說成了寫了身契少不得人銀兩交了只件事二姐起初還瞞着小玉到了此時小玉悉然听得此語你看他放聲大哭打滾撒賴只是不肯前去好可憐

呀唱丫頭見說將他賣 嚎啕大哭不住聲 跪向小姐膝前去 扯住小姐的衣襟 聲乜只把小姐叫 我自幼跟隨十一春 多感小姐恩待下 飽煖饑寒放在心 丫頭若有不是處 只有好言慢語勸我听 不曾輕手打一掌 不曾失口罵一聲 何當把着下賤看 自家兒女一般疼 我這願伏侍小姐直到老 在這受恩深處過一生白二姐見說止不住淚下如雨雙手扯住小玉的手半晌說不出話來小玉哭着又說道小姐呀唱我服事小姐

十一載 知我丫頭做小心 小姐才要把梳掠 丫頭先捧洗面盆 小姐才要拈花繡 丫頭先穿引線針 小姐才要歸香閣 丫頭先掌進房燈 小姐才要倚倦枕 丫頭先理覆床衾 丫頭雖則無甚用 到底小姐心力替幾分 況且太乜年紀人 姑爺又遠出在帝京 外面雖有翁忠在 裡邊使喚我各應 太乜有甚愁悶處 小姐做個化解人 小姐有甚愁悶處 丫頭算個打拟人 如今打發丫頭去 苦殺了小姐孤伶身白二姐哽咽

說道小玉呀唱你在我家豈不好 替我手脚知我心 我原不忍把你捨 其中緣故你知情 你故爺京中資用繫 要笑盤纏送上京 我也曾左思右想來打算 我也曾前走後望費沉吟 絲毫若有變通處 我怎肯把个貼身伴兒賣出門 事不從心無可奈 這般痛處一刀兩離分白小玉呀你听我說好乜丢罷唱你留身戀主情厚重 你賣身爲主義更深 日後你姑爺若有青雲路 便記你患難之中第一勳白小玉跪在地下只是哭二姐又

說道小玉你不過暫去少不得三年之內還要贖你回來哩〔唱〕你今朝暫且听我說　我日後終須贖你身　人在世上隨境過　悲歡離合是常情　譬如你姑爺遍作京都客　也要母子夫妻兩離分　捱過了眼前苦日子　隔面終有見面辰〔白〕小玉倒在小姐懷裡哭道小姐呀我依着小姐小姐是定要贖我的呀二姐哭道小玉我斷不哄你呀〔唱〕我的心腸你曉得　不是憐新棄舊人　我每頓少吃幾口飯　每日多拈幾度針　從你今日出門去　我便積

玉如意　第九回　十八　寶華閣

儹這贖身原價五十金　縱然窮苦還依舊　我定把你窮苦伴兒巴進門〔白〕談媽在旁說道小玉姐小姐不哄你契上寫明準贖的魯忠也含淚說道我眼見寫的契三年之內小姐斷贖你哩小玉無可奈何不得不去了乃哭着問談媽道媽々那人家去此有多遠呀談媽道不遠就在本城不過一里之地小玉道媽々呀〔唱〕我使今朝依你去　我是要不時同來走一廵　看々太々的身体　問々小姐的安寧　求不得跟前常服事　見々爺兒放々心〔唱〕媽々呀

〔唱〕你肯舉口之勞行方便　便是小玉一世的大恩人〔白〕談媽道是了我替你去說依你罷了小玉爬將起來向太々磕頭太々吩咐一番又是大家一哭帶着哭磕小姐頭前道小姐我去々了小姐扯住他手哭道你去々罷小玉呀〔唱〕雖然你是聰明女　此去要加倍打精神　生處不如熟處好　未必他心是我心　你做事不可使性子　說話須要帶眼睛　倘或不中主人意　愁他打罵不容情〔白〕小玉又大哭起來說道小姐吩附丫頭記得丫頭去了太々與

玉如意　第九回　十九　寶華閣

小姐保重要緊小玉摺轉身來又拜了魯忠一拜說道大叔你從今要內外兼管了太々與小姐處要費你老人家的心勤々照應呀魯忠揮淚道我知道姐兒放心去罷當下談媽催促起身小玉這得去了臨要出門又回來向小姐哭道小姐呀是定要贖我的呀小姐哭得說不出話來只是點着頭揮手教他前去小玉大哭出門跟着談媽去了此一番郝家主婢分離不但魯忠在傍跟着同哭便是談媽只个硬心人也淌了多少眼淚想當然听唱書的免不得替古

人担憂也要哭哩如今再要唱去他家苦處還多哩听書是要開心的不要反傷了心且就此剪住罷 終

第十回

王母聽讒赤心奴遭屈棒

客裝遇騙白手人泣窮途

却說瓊英小姐將小玉丫頭賣了五十兩銀要打發琲安送盤費進京正要着管忠去找琲安却好琲安來了原來琲安安安受了一場屈氣這件事便是二小姐起身回來之後鬧起來的說起根由自琲安京中回來沖撞了他大爺大爺便不喜他又兼前日女夘田一事太七稽琲安請了二老爺兩次巧兒便在郎用和尤氏兩前誇扎琲安覷道大娘前日二小姐擾田之事二老爺出來作對大娘知道內中有鬼嘘尤氏道鬼是誰人巧兒道便是琲安尤氏道他怎麼做鬼巧兒道說起來都是他哩㘔太七本來無此意他才唆太七提前因　太七後來無主見　他攛掇太七請中人　二老爺那邊請兩次　都是他穿梭似的去獻勤　不是大娘才精能鬧發　幾乎把一百畝田送在他手掌心回尤氏道是呀怪不得前日二老爺請你大爺說話也是只狗才走動的哩巧兒

你與我找他來問他的話巧兒得了令即刻出來把
玳安拉到尤氏跟前尤氏一見罵道狗奴才你好大
胆呀唱你是我家乜生子 你的胆兒包着身 你
挑火撥粥來算我 你裡鈎外連去幫人 想是你
夜窩睡熱了 六月裡芥菜起了心 你在我主人
面前打虎跳 我問你乜什獲的骨頭是那一根白
玳安摸不着頭腦跪下來磕頭道小人無罪不知大
娘是罵的那一件事呀尤氏大怒道狗才還推聾裝
啞唱巧兒你替我打他的嘴巴巧兒答應道是走向

前來打了玳安幾个嘴巴尤氏罵道唱你又不吃郝
家飯 管甚麽女分不女分 你請出二老爺那个
大頭目 壓伏你大爺只个小主人 不是俩裡有
家鬼 怎把外鬼引進門 虧我家堂菩薩手段好
一棒兒打散了你只班衆鬼魂白玳安哭着磕頭
道大娘發怒原來爲此乜事並非小人之過是太乜
叫小人去請二老爺的尤氏道巧兒再替我打他的
嘴巴巧兒答應道是走向前來又打了玳安幾個嘴
巴尤氏罵道狗才還要降嘴唱便是太乜叫你去

你也該先禀我一聲 你道太乜是家長 你可知
奶乜如今管了一掌金 你捧着香燭把頭磕 先
問个菩薩靈不靈 你還眼中把我看不起白今朝
阿唱看你太乜的符兒可護到身白玳安打得發昏
只是哭着磕頭道小的該死正鬧之間郝用從外面
進來尤氏把此事告訴與他郝用道不錯此事正是
只狗才弄鬼的他跟了郝家窮鬼幾日和他做了一
路前日從京裡同來便與我作頂我還没有工大相
待他唱我大爺說的一切話 都是上係上線談

正經 你們底下人聽了 只該一个是字諾乜應
連聲 便是略有差池處 不如和我擲翻盆 我
看你坐在蒸籠裡 可能降得過燒火人白玳安向
郝用磕頭道大爺前日言語冒犯實是小的該死惟
有今日此事小的委寔不敢欺心現有太乜和二老
爺可以對質的尤氏大怒道打嘴唱你開口太乜抬
出家堂長 開口二老爺抬出房族尊 你和他們
做一路 自然護黑漢的是穿靑 說出話來沒上
下 且問我是甚人你甚人 誰和你東拉西扯人

告饒　把个是非場于闊不淸〔白〕玳安又哭着磕頭
道小的說話該死小的是在受屈不起大娘說小的
刁唆是誰告訴大娘的大娘說个明白就打死小的
也是甘心的呼九氏含笑道我要誰告訴我〔唱〕我緣
來不听小耳朶　我是個未卜先知劉伯溫　你肚
裡要做折壁鬼　我腰裡有個樟柳神　你要問我
討見証　我只兩個耳躲就是你頂面針　何七是
我親所得　只供单兒怕你不招成〔白〕鄒用道不消
說了巧兒你來〔唱〕你來把他拖出去　批得直通七

玉如意　第十回　四　寶章閣

的草他筋　你便與我儘力打　打他四十竹荊條
打過之後赶出去　不許進我只大門　這種家
人還了得　任憑天王不准說人情〔白〕巧兒一聲答
應把玳安拖出去打了可憐玳安受這一頓屈棒又
不敢向太七求恩眼淚汪七的到老爺柩前磕了個
頭又到太七跟前磕了個頭哭着出門去了只說鄒
用夫婦與贊了巧兒幾何巧兒揚七得意眾家人中
未免有埋怨巧兒多事的巧兒道他惡得極哩前日
他進京我教他帶一張小刀子火鐮子與我他都沒

有不枉有今日哩听者試想巧兒這等小厮鄒用夫
婦反信用他却把玳安趕了出去如此用人七家焉
得不壞此是後話且不必說只說玳安自趕出之後
無處棲身又無處訴屈因此到二小姐處哭訴此事
小姐听得歎息了幾聲又安慰他許多話從後說道
教他進京送盤費與姑爺去玳安踴躍答應小姐道
你行走狼狽傷痕未好將息幾日去罷玳安道不妨
小人便去〔唱〕姑爺京中無盤費　此去是个救難星
早到一日如一日　遲起一程誤一程　我口才

玉如意　第十回　五　寶章閣

說去身便去　足尚未行心已行　可恨不如天邊
鳥　插上翅兒飛到京　我最吃得是辛苦　我最
耐得是痛疼　說甚麼傷痕行不得〔白〕今夜呀〔唱〕我
四鼓雞鳴便起身〔白〕小姐道玳安不要勉强我的書
信還未寫哩玳安道〔唱〕小姐把書信忙書寫　小人
把包裹緊安停　不是玳安要勉强　委實此刻精
神長十分〔白〕不走呵〔唱〕疑滯了血氣傷難好〔白〕但走
呵〔唱〕活動了筋骨傷轉平〔白〕陶孺人听得連聲歎息
道難得難得如此忠肝義膽的人鄒家反赶出來豈

不可歎當下玳安認眞要走攜人把十兩銀子與他
做路費另外四十兩一封和着書信帶與他兒子硯
畊玳安把書信銀子扎个包裹連夜起身攜人吩咐
道玳安你去說與我兒听罷唱他京中沒有安身地
暫且回家再理論　京中若有安身地　堅心苦
讀望功名　他若問起家中事　你只說合家大小
總安寧　你莫說我爲娘爲他勞夢想　你莫說你
小姐爲他受苦辛　你莫說衣食艱難無生計　你
莫說親朋淡泊少人情　教他勤把詩書讀　休爲

玉如意　第十冊　六　寶華堂

內顧担憂分了心　你莫說小玉賣去了　吩咐言
語要記眞白玳安道太七吩咐小人記得攜人又道
玳安你到京須作速寄信同來音唱平安便寄平安
信　病患便寄病患音　我要討个遊子他鄉眞下
落　休將紙上虛言慰倚門　從你今日起身去
我便掐指算路程　你到京急把回音寄　不要望
穿老人雙眼睛白玳安道太七吩咐小人都記得小
姐又吩咐道玳安你見姑爺唱你說太七身康健
早晚茶飯轉加增　你說小姐心安放　針上隨

意惜精神　你說魯忠年難老　看守門戶尙殷勤
你說手中出息雖稀少　且喜米糧價賤歲豐登
這家務不用勞牽掛　教他順時自保千金身
三載科場容易等　一時失意莫焦心　功名遲早
前生定　轉眼杏花十里春白玳安道小姐吩咐小
人記得小姐又道玳安唱姑爺京中無伴黨　此去
不必赶回程　有你同作天涯伴　到底比个孤客
離鄉少放心　家中要望平安信　另趁便人寄嘉
興　姑爺若要教你同家轉　你只說是太七吩附

玉如意　第十冊　七　寶華堂

教留京白玳安道小姐吩附小人都記得吩咐辭別
了起身才要出門小姐又與任道玳安我還有話說
哩唱你老爺不幸歸天去　見了姑爺不得不稟明
受恩深處關情切　萬不料半載京都異死生
傷心人聽傷心事　少不得苦中加苦七十分　你
須見機緩把凶信報　不要急切之中提此情白玳
安道謹依小姐吩附小人去了玳安出了門小姐又
喚轉道玳安回來還有話說唱你把銀送往京都去
姑爺必定問來因　你切莫把眞情訴　莫說是

丫頭身價銀　姑爺知道了頭去　又愁我身無做伴入　你信說鄭府情如舊　向他挪借只五十金【白】琥安道謹依小姐吩附小入去了當下琥安背了包裹上了道兒一路曉行夜宿不必細敘過了黃河聽得西大道發水便由東大道山路前進原來琥安前次進京都是走的西路只東路不曾走過又兼山路崎嶇獨自走了兩站路甚是胆怯一日向晚下了坊店只所得左邊屋裏有人叫道琥二哥往那裡去呀琥安抬頭一看原來是中進士的貝老爺的跟班

玉如意　第十回　八

姓計名多從前在一个寓所同住兩月所以相熟兩下手拉手敘問起來琥安道小弟主人榜後留京小弟同去了半載多時如今要進京看七哩那計姓道奶呀有个同行作甞了做主人榜下得了知縣到任未久爲一件盜案處分此去要替他料理哩打夥同走豈不是好琥安所得也甚歡喜因此兩个一路仝行那計姓頗肯用錢琥安沾他光處甚是不少【唱】逢到日中打中火【白】那人道【唱】只小東兒讓我爲个情逢到晚問投宿店【白】那人道【唱】只彷錢兒總算最爽快　逢到早上偃性口【白】那人道【唱】只脚費兒不必再派分　琥安不肯破他鈔　他再三再四意殷勤　帶眼看他行李內　大封兒一包一包个七沉　他本是進京料理的　李少囊中也帶下餘金【白】走了一日晚間同歇了那計姓向琥安附耳低聲道一路北去地方荒險老哥包裹內有甚累重須要小心琥安道正是銀兩也不過些微無甚累重計姓指着自己行李說道我只些累重東西甚是担心虧得有老哥做伴只路上不是耍的有騙子哩【唱】這条長

玉如意　第十回　九

安道路上　積古騙子最多名　身邊帶了重包袱　不敢单身獨自行　賊子面前打虎跳　任你眼快手緊難照應　逢人只說三分話　知人知面不知心　我因老哥是知己　所以才肯吐真情　我受了主人重寄託　倘有失誤待怎生　便是老哥帶的銀兩少　怕有个不嫌少的來找尋　一路前去多荒歉　你我大家關切打精神【白】那人說着又悄悄的開了門四下一望然後關門進來琥安道計兄所見極是豈有不互相照應之理因此兩人打幫

仝行更是十分關顯又走了一日到晚間同歇了那
許姓道我們兩人如是相好拜个異姓兄弟罷說着
便向自己行李打開大銀包拈出三兩一大錠來往
店外換錢瑞安那裡攔擋得住不多時捧些了三牲
和香燭來了登時掛起神馬紙來點着香燭許瑞安
對神發誓瑞安却不過他美意只得依了瑞安磕頭
發過誓那許姓跪下來發誓道菩薩(唱)我和瑞安本
異姓　義氣相投結弟兄　今朝各拏良心出　當
着菩薩發誓盟　菩薩眼睛最明亮　看是那个肚

玉如意　第十冊　十　寶善堂

裡有黑心　若還有點斷心事　菩薩必定教他先
報應　教他出門阿翻江又落海　教他家裡阿人
死又牛瘟　教他自己阿大跌又地滅　教他後代
呵折子又害孫　若是當着菩薩現說瞞心話　教
他舌尖兒上立刻害个梅花(白)瑞安听他十分眞
切甚是感激那許姓道小弟為人大哥還未知到詳
細哩(唱)我把朋友義氣看得重　銀錢枝是看得輕
虧苦留着自已吃　便宜讓了與別人　不會有
一个相與不到底　不會有一句話說不見心　來

將來得有皂白　去時去得有清明(白)若不是如此
阿(唱)你想我子人銀子千餘兩　怎肯重託我上京
(白)瑞安听了更是十分敬服當晚兩人把做神的酒
肉歡天喜地仝吃了自此哥弟相稱越加親熱又走
了一日晚間下了坊子正坐定了只見一个大漢滿
臉絡腮鬍髭身上衣服披兒掛片的走進門來向着
許姓道阿呵是外甥叫久不見了許多連忙起身叫
聲娘舅登時臉色通紅的那鬍子道外甥你如今發
了財我娘舅流落只个樣子你看見麼許多道外甥

玉如意　第十冊　十一　寶善堂

那得有財發哩那鬍子道老賢甥(唱)我娘舅窮得有
骨氣　不是今朝來捎你外甥　你從前窮時靠着
我　的負外甥不離舅家門　舅佬每吃荳乜飯
果然娘舅園子有你外甥分　知恩報恩當照舊(白)
今日呵(唱)要請你外甥點乜燈(白)許多道外甥現在
我尋門路一路沒有盤費還是這位瑞大哥相借的
哩那鬍子冷笑道老賢甥休瞞我(唱)我知道你跟着
貝老爺　樓下知縣好缺分　你是二爺裡頭得用
的　到任教你管宅門　如今門上了不得　第一

專權有錢勢　本官是個貪贓的　便拿加三加四
隨封銀　本官是个懦弱的　還要賣法舞弊串募
賓　只見老虎吃人不吐骨　那見猫兒捋齋不吃
腥　只看你穿的與戴的　掙的錢已滿眼睛白我
娘舅呵唱兩手精光都窮鬼白你外甥呵唱滿把抓
撒大財神　此位瓜兒既是同行伴　叙公道語請
教一推評白瓜安摸不着頭不好開口計多道娘舅
還不知外甥細底哩唱我們跟班的行當　專講究
的鋪盖與衣襟　裝幌子來擺架子　其實打的个
把勢是空心　叫做描金箱子白銅鎖　外面好看
裡面沒貯盛　不是這位瓜大哥肯挪借　我這披
掛兒久已當在王家當白那鬍子道是了好說是不
依的一不做二不休索性揣你外甥一次罷說着搖
起手來便去解計多的行李計多着了忙口裡喊道
那是瓜大哥的行李呀一面喊一面相着瓜安睒嘴
瓜安會意向前認賬道舅爺這行李是晚生的那鬍
子抬起頭來說道既是尊駕的不好動得丟開手便
去解那邊的行李其實那邊行李是瓜安的瓜安已

經把計多的行李認做自己的輪到要開自己的行
李卻不好攔擋了又見那鬍子的樣兒來得甚是凶
惡唱只見他捲手捋膊的樣兒像個虎狠帥　稍草
鬍子蹺々的　又像個瘋狗要咬人　解開瓜安的
行李　登時抖得亂紛々　先抖出大封銀子四十
兩　又抖出小々一包散碎銀　把來揣在懷裡去
又抖枕頭套裡亂找尋　手裡搜來嘴裡嚷　嚷
道窮娘舅今朝發詐聲　縣門不閉府門開　你去
動个忤逆呈　恐怕媧娘舅要打三十　撕个官事
輸了你外甥　搜來搜去沒甚的　又拉了幾件衣
服算我零白瓜安看了十分着急那計多這是向瓜
安擠眼搖頭又漏空兒悄々說道且敷衍他去我自
有處瓜安沒法這得由他看着那鬍子那着銀子衣
服一頭出門一頭鬧道我且去買碗酒吃明早再談
心說着去了瓜安道這從那裏說起那計多嘆了口
氣說道這也是沒有法的事呀唱他是我的媧娘舅
姓賈名字叫有成　我是他自幼撫養的　所以
他說个知恩該報恩　他如今人窮便志短　知道

狹路相逢難過門　旣然撞着个打扠鬼　便是我
的破財星冝琊大哥你也不必替我着氣我打個算
了還造化哩省得多哩冝他適間要開我行李　幾
乎鬧出大扠岔　我想大哥包裹銀兩少　他便儘
數拿去不過幾十金　險我慇留生出个掉包計
又虧大哥台手山子推得靈冝如今呀冝我照數補
還不必說　還要另外重乙送謝金冝計多口裡說
着便向自己行李裏拿出五十兩一封的兩大封銀
子來攏在棹上教琊安收起琊安那裏肯收說道我

玉如意　第十四回　十四　寶章閣

大小兩封銀不過四十幾兩何須要還許多況且一
路同行便到京也不遲那計多見琊安不收便自己
拿起搬大封銀子來硬撒入琊安包裹裡去琊安丟
攔阻時那計多說道大哥不要執古哉另有个說處
冝我的行李本來重　果裡累墜不好趕路程　你
看毋日牲口馳不動　那鄉夫沿路嘮叨不住聲
我們王好的兄弟　原不必計時算賬計時清　你
這算替我暫收着　圖个大家路上担乙輕冝琊安
如見世說這得依了看着他把一百兩銀子奴乙捲

入包裹了琊安道老弟明日我們須要早走免得你
那位舅老爺出來牽罣計多答應道是兩個睡了一
會起五更動身走下去不到五六十里道斫得後面有
人喊着趕來琊安一斫說道不好了你那位舅老爺
又來了計多赫得慌乙張乙說道大哥我先行一步
在前頭十里店等着你乙替我解个圍罷打發他好
轉去琊安答應那計多忙乙的打着牲口去了琊安
住了啊不多時那鬍子果然來了冝這見他吃得醺
乙醉　三生路外酒冲人　東一倒來西一歪　前

玉如意　第十五回　十五　寶章閣

一衝來後一蹲，琊安不曾招架得　搶到面前揪
住鬍子纏　不問清明與皂白　滿口啊嘍叫外甥
冝那鬍子拉住琊安嚷道好外甥呀要溜呀我娘舅
要和你談心哩心還不曾談得完哩還要大談心哩
滿口醉話纏得琊安沒主意琊安道碎誰是你的外
甥你認錯了人再說此時天色未明那鬍子在月光
之下捧住琊安的臉一瞧說道你不是我的外甥你
果是个甚麼姓戴的想起來你與我外甥拜个兄弟
的要算我的堂外甥哩我的嫡外甥那去了要京紿

我哩珖安道你只人好不曉事我與你外甥昨日不過偶然一遇今日起早趕路想必你外甥還在店裡哩爲何教我交給你外甥那鬍子道嘆外甥你不要哄我[白]你一路上同着我外甥 爲何今日不見我外甥 想是得錢賣放七走了我外甥 想是半路拐逃拐騙了我外甥 想是謀財害命害殺了我外甥 我不問你要外甥 我問誰去要外甥 若不交給我外甥 只外甥的窩子就要拉你做外甥 曖𡁻我的外甥呀 曖𡁻我的外甥呀[白]那鬍子口

裏呼手裡把珖安亂推珖安見是个醉漢不便和他計較耐性子再三哄勸誰知他越攪越醉開發不去珖安焦躁起來將他一推跌開去了那鬍子倒在地下亂叫亂賊道反了外甥打娘舅了此時天色已明驚動地方人都擁將來看鬍子又在地下喊道衆位看七叫外甥打娘舅哩衆人听得把個指頭指着珖安亂怪起來說道[白]你是何方的蠻漢 你是何方的野人 好與不好是娘舅 有理只該把理講爲何動手動腳的 可知毆傷尊長自罪名 荒田

殺人鬧地主 直漢路見抱不平 我們說天公道話 你快七磕頭求你娘舅情[白]珖安急得話都說不出來半晌說道諸公他不是我娘舅呀衆人一片聲大喝道打嘴打嘴真果是大蠻人了[唱]你打了娘舅不算數 索性戳起帽子來不認親 我們只个地方上 容不得只種欺公滅主人[白]張大哥[唱]敲斷他蠻背[白]李大哥[唱]拗斷他䠂筋 大家替他娘舅出口氣 教他伏七帖帖做外甥[白]珖安喊道衆公容我告稟完了再伏公打不遲衆人道是了你說

珖安即把前末根由細七說了一番衆人都笑起來說道原來如此因對鬍子道他不是你外甥何得亂說那鬍子又喊道諸位他不是我嫡外甥是我堂外甥呀他和我嫡外甥結拜過的衆人又大笑把衆說道原是醉漢不必理他珖安謝了衆人要走那鬍子從地下爬起來又揪住珖安喊道你不是我外甥你到底要交給我的外甥哩我要靠着外甥養老的呀衆人喝他不住只得反勸珖安道也罷你既與他外甥全好看他外甥面上多少周濟他一點罷珖安沒

法身邊剩得四百大錢拿出來與了他方才開交鬧
了半日已是下午時分玳安忙赶到十里店去找計
多把个十里店跑翻了不見影兒看七天色已晚玳
安只得歇下心裡想這恐是等得心焦又赶走向前
面去了明日再赶他罷但只身邊半文俱無這得要
開大錢封把換錢開消房飯了唱玳安一頭拆封一
頭想 其實不該動他這封銀 他既待我丟義氣
我也對他要光明 自古明人不肯做暗事 丈
夫財上要分明 不是今朝沒錢交房飯 斷不碍

玉如意 第十一回 廿 寶華閣

他半毫分 玳安取出銀封子 這兒桑皮紙兒包
得緊騰七 上面寫着紋銀五十兩 下面註着庫
色足潽平 輕七折開原封紙 去了一層又一層
拆到臨了吃一驚白噯喲唱為何這銀子三稜八
角不成形白玳安定眼一看不好了上了騙了唱原
來都是些石頭塊 那是上好的皮色塊七青白這
一封如此那一封不必瞧了急忙打開一看唱原來
也是些石頭塊 都是氣色黯七的只好算八成白
玳安氣得目瞪口呆定了一會不覺大哭起來店主

人听了來問玳安把前後情節說了一番店主人道
此是串騙無疑了老客本來你自己不好你還不知
出門的訣竅哩唱寧可自騎驢來自喝道 不好輕
易搭交人 知是好的是歹的 怕的額角上沒得
雙亮眼睛 他是个借波來入港 等你个引線自
穿針 他一黨鑽縫打孔用計策 你只裏揖盜早
已自開門白你看他起初待你殷勤便信他麼唱你
信他花言兒多花鬨 却不道花枝兒上面有个棘
似針 你信他甜語兒多甜淨 却不道甜菓子裡

玉如意 第十回 十九 寶華閣

頭有人核似釘 別人的酒食輕易吃不得 別人
的銀錢輕易用不得 你但要討他便宜吃 便是
吃虧大後門白你說他與你結拜兄弟便信他麼唱
他為你腰裡家兒四十兩 叫了聲我老兄幾百聲
他心裡果有真義氣 何必燒香點燭去盟神
他心中沒有真義氣 任他賭咒發誓總哄人 你
看世上多少冤仇賬 偏從兄弟窩裏起刀兵白老
容你看他們真果是甥舅麼唱起初一个姓計的
你上了他計自不明 後來一个姓賈的 你看他

假當做眞　世上無計不得假　世上無假計不成
這消一計與一假　弄了世上無數人（白）想起來
在怪不得你（唱）世上多少覰鑽的　說是慣走京都
老出門　輪到自己上了檔　揚任鼻子不做聲
你從來不曾經驗過　怎知他做的圈套巧煞人
經一事來長百智　你從今以後處處纔小心（白）店
主人一番話把個七透兒大凡開店的人閱歷多年
自然有个老江湖的見識了琊安此時只是叫苦到
了次日只得把幾件餘剩的衣服典當了幾吊錢開

消房飯此時到京還有十四五日路程一路北去果
然地方荒歉伙食甚貴走了兩日盤費又完了只得
把舖盖分開又典當了幾吊錢敷衍使用琊安痴心
還指望趕那討多豈知討多自在京時拐了他主人
銀子逃了如今在山東道上搭夥伙伴做只串騙
行當此刻久已同那夥子分贓去了琊安走了兩日
走到太安地界誰知禍不單行又撞出晦氣來你道
是甚晦氣哩要知晦氣緣由請恣吃盃茶歇七且听
下回分解　終

第十一回

走荒原再遭暴客乞食度淒凉
卧蕭寺獨抱病身接書哽咽

却說琊安被騙之後一路典當度日甚是淒苦因的
沒有盤纏更要追趕路程一日到太安地界天色已
晚又沒有投宿之所心中正在慌張忽然撞着些逃
荒的百姓見琊安是个孤客肩上背着小七包袱料
應有點東西大家打个唿嚕一齊向前把琊安捆倒
在地琊安要待喊叫那夥人拾些土塊塞住他口又

在荒山之中那得有人來救應只好憑他們作惡了
（唱）一夥人把他包裡搶了去　一夥人向他腰裏亂
找尋（白）一个道好哩包裡內有些油水哩（唱）把个包
袱打開看　只見布被一條半舊新　另外有个稍
馬子　包着銅錢五百零（白）一个道沒想頭想是油
水在身邊哩（唱）把他身邊摸到了　摸着一个瓶口
袋兒繫在褲腰繩　打開瓶口袋來看　只見一封
書信封得緊騰七（白）一个道別人家信不如動得我
們要積陰功哩（唱）丟開書信又去摸　摸着摸到一个紙

包兒攜得貼七平 打開紙包兒來看 到底是何
物在當心曰好了 血水在這裡哩咱原來是兩張錢
票子 寫着認票不認人曰 一聲說猶未了 傍邊一
人伸過手來把兩張錢票搶去了 衆人見搶了票子
如何肯依 大家向前亂扯亂奪攪做一堆 不得開交
內中一个人喊道不要混搶 七壞了錢票大家沒用
衆人是的好七拏出來看是多少數目 取錢來照數
叫牙郎 因此大家住了手 拏出票來仔細一看 曰原
來一張寫的通和典 當了一兩八錢銀 一張寫

的元興典 當了一千二百文 曰衆人見是當票 都
嘆了氣 一个道晦氣 窮鬼又遇窮鬼 一个道包裹衣
服也值幾文 說着 大家把玘安剝了衣服帽子鞋子
盡行拿去 玘安捆在地下 衆了半个時辰方遇到走
路的人解放起來 玘安此時苦中加苦 坐在路旁大
哭一場 心中想道咱我玘安命中行絕運 連七撞
着晦氣 是 銀子被人騙去了 衣服行囊又打劫
空 臨行小姐重託我 只四十兩是滴淚滴血賣
人銀 叫我送往姑爺京中用 又是个救苦救難

等水活枯鱗 曰今日阿 曰若要趕向京都去 空手
難奔特怎生 若要回向嘉興去 何顏復進郝家
門 替人辦事誤了事 受人之託害了人 此等
人在世界上 何必在長這个無用身 曰玘安心中
悵起來 要尋自盡 忽然抬頭一看 見那邊地上丟着
一封書信 走去拈在手中 轉過念頭想道咱這是太
七小姐親筆迹 千里迢七一紙書 寫着千言和
萬語 教我怎慰遠人心 我便萬死之中求一活
也要親手將書送到京 京中姑爺望家信 此

望盤纏望得深 教使盤纏成失望 又道 家書一
亂值千金 曰今日阿咱我若窮途尋短見 這封書
信托何人 曰 玘安轉个念頭 把書信收起 仍舊向大
路進京 一步一捱的走 此時正十一月天氣 身上好
冷呀咱大紋襖兒都丟了 只有一件衣服貼在身
辛虧不曾騙剝去 還算強盜有良心 頭上沒
得个帽子 只好光着腦袋根 腳上沒得雙鞋子
只好襪子底兒着地行 冷冰七霜氣雖得骨頭
弘瑞 怨喇七北風吹得打寒噤 便是個鐵漢禁不起

況且肚裡沒食人 白 琉安此時冷餓兩兼又兼沒
錢買飯吃 這得做叫化子了 唱 琉安做了叫化子
沿路討飯苦煞人 討飯也要有時運 輪到琉安
不遇春 山東路上多荒歉 十家閉了九家門
走到一个村子上 望不見竈絕烟一星 聽在一
家大門外 老爺奶々叫連聲 東西不曾叫到吃
竄出个黃狗子來 咬了脚後跟 白 愛喲不好了咬
傷了 當下琉安跌坐在地 只見大門裡走出一个白
鬚老者 對着琉安說道 唱 你這叫化學着做 想是

初出茅廬第一遭 叫化有个護身訣 爲何打狗
棒兒也不帶一根 白 琉安見那老者問他 便將自己
苦情告訴了一遍 那老者合掌念阿彌陀佛道 可憐
可憐 原來那老者是念佛行施的 當下教家人取了
些舊帽舊鞋并一件舊棉襖出來與了琉安 又與了
二百大錢 那位老者 連聲念着阿彌陀佛阿彌陀佛
轉面去了 想起來原來世上也有好人 唱 天理良
心四个字 世々從來不斷根 琉安討飯沒得路
一樣撞着行好人 送了他衣帽與鞋子 賜了

他銅錢二百文 只个白鬍子老者真難得 比不
得那絡腮鬍子賈有成 白 琉安此時路上略煖些 又
好向前捱了 唱 琉安捱命向前走 捱一日來近一
程 日間沿門做叫化 夜投古廟去安身 虧他
捱出一条命 要算琉安命牢根 遠々望見城樓
子 今朝到了北京城 白 好了到京了 琉安進得城
來便向舊店訪問 [illegible]問道 這店中有个浙江那老
爺麼 一个當槽兒問道 沒有甚麼那老爺 琉安道 是
春間在此會試的 當槽的道 春間會試只有个貝老

爺中了進士做知縣去了 並沒有甚麼那老爺呀 琉
安聞不覺頭腦 只得別處尋訪去了 你道此時那公
子住在何處 說其來話長哩 自打琉安出京之後 公
子便託人覓个館地 論起公子學問 該有人請做西
席 原來京都地方 要求个館實在難哩 唱 京都求官
是難的 京都求館更艱難十分 千託萬託七个
薦館的 處々替我要留心 薦館的規例不消說
一月修金算謝金 前任的據着窩子不推手
後任的鎖着孔兒要進門 恭喜得了一个館 使

是个官府榮任領着憑　怕是一个兩个月　又要
降級離任昕處分　眞正京都是个大都會　只爲
那時何止二千五百人白京都要做先生的固多那
要請先生的也實在講究得極求个合意的先生難
哩唱第一要的有名望　第二要的好性情　第三
要的好供給　第四要的寡修金　第五要的身不
動　第六要的嘴頭勤　第七要的條教好　第八
要的從不打學生　世上人才原不少　要只个萬
無一失的先生那裡尋　教他請个孔夫子　怕他

東奔西走不進書房門　教他請个孟夫子　怕他
高談濶論好與應酧人　教他請个程夫子　怕他
從容睡覺東窗日紅不起身　教他請个朱夫子
怕他著書立説只顧自己用工程　教他請個柴夫
子　怕他智質不通誤了人家好子孫　教他請個
參夫子　怕他拙口鈍舌不會講書文　教他請個
師夫子　怕他才高意廣少存誠　教他請個由夫
子　怕他性氣暴躁亂去打學生　算來算去都不
好　那肯請到郝硯畊　自硯畊尋館多時竟不可得

忽然一日荐館的來説有个館地了只个東家想是
識得硯畊學問的了其實不然唱他學問原不識好
歹　是个昕着人説採虛名　天下文風三江好
他昕得郝先生是个浙江人白不要問他有了館地
且坐着再説當時擇了个開館日期忽然那東家又
來回了不請了却是爲何唱那東家不是爲别的
他昕得郝先生年太青　他要請个長鬍子的　怕
的嘴上無毛欠老成白硯畊空打張一番仍舊無館
在店裡住了晌時店主人見他是個單客佔了他一

間房子要長他房錢因此硯畊移寓在個大悲院裡
那也幽境便於讀書但只是日支日消身邊幾兩銀
子要完了唱一日風來三日雨　印板日用少不能
只有用處沒來處　盤費着七要靠根　銀子喜
的是鬧熱　要向大堆子把伴尋　偶然落在寒士
手　他胆怯神驚不肯久留停　公子看着囊中盡
客况艱難待怎生固果然應了叫安命　没處開
口去告人白公子此時　愁愁着自己又兼愁着家
裏哩唱愁着自己是愁在眼中見　愁着家裏是愁

從脇而生　愁着自己自愁還好自消遣　愁着家
裏愁人便要愁殺人　公子体質本來弱　怎禁得
這兩个愁把匕在身　况兼孤身冷暖無調護　因
此內憂外感病侵臨　我愁家中家務事　叭安一
去不回音〔白〕公子此病是從憂鬱而起又帶感冒起
初牛起牛眠不免央廟中一个道人請个郎中看匕
此等症候先要發表散邪然後寬中開鬱自然好了
誰知請的幾番郎中纔胡鬧哩〔白〕一个說道是火症
用的犀角黃連天瀉心　一个說道是寒症　用

的附子炮姜去理陰　一个說道是虛症　用的熟
地當歸與茯苓　一人說道是實症　用的枳殼巴
豆與生軍　凉一陣來熱一陣　補一廵來瀉一廵
頭一个先生藥不效　第二个先生來批評　第
二个先生藥不效　第三个先生又議論　只顧他
們打反掌　把个三分病人醫成病十分　不是公
子命根好　久被他們送了見閻君〔白〕說起來只班
郎中學問高哩〔白〕他記了草藥幾十味　便有个门
休方脉牌掛門　仲景丹溪認不得　何况素問與

內經　他教病人將性命　與他藥方鬥輸羸　若
是病人鬥得過　便算葯方有效應　若是病人鬥
不過　只怪性命太無根　他還要指下按三部　把个
拉住人手背把脉尋　他還要口裡講五臟　把个
賢字識做賢字音〔白〕也是公子該晦氣撞着只班對
頭郎中醫得病体日深將所剩幾兩銀子開消馬錢
藥錢都用盡了公子心中只得聽天由命不吃藥了
那廟中住持忽然又薦出一个郎中來說道此位郎
中非前日那些先生可比委實醫段好哩〔白〕此位郎

中手段好　名醫第一蓋京城　人匕叫他賽神仙
醫到成功病除根　四路八方都知道　就醫的
人兒日匕擠破門　若要請他來看病　此个伺候
大人難十分　轎馬錢有定例子　一到開消二兩
銀　公子若還圖惜費　道就把病養在身　公子
若還要病好　你試他一試纔曉得世間有異人〔白〕
公子此時望病好的心急听了住持的話顧不得沒
錢把箱籠中衣服央道人當了幾串錢來夫請那郎
中請了五六次方才請來胗脈開方開定了个醫案

所用的藥果然與前日一班先生施乎各別唱他既
公子不是別樣病　公子的病在血分　用的紅花歸
尾延胡索　竟是替公子調月經白不錯這位郎中
果然是个異人手段實在好比前日那班先生更曾
殺人哩能了罷了不敢領教還是聽天由命罷從此
公子不請先生服藥匕匱在床上病得好凄苦人也
唱公子臥病大悲院　心裡大悲七十分　人生無
災便是福　况且他鄉作客更要幕不安　家裡害
病不覺苦　有人伏貼病人心　外頭害病苦不過

没人床前問一聲　公子病從思鄉起　病裏思
鄉思更深　而皮消得無血色　骨瘦如柴不成形
公子枕上靜思想　這病將來深救星白公子想
道我郝硯耕爲功名到此難道如此結局麼唱男兒
只爲功名急　功名兩字最誤人　折匕的娘兒夫
妻團圓樂　便是窮苦自有一家春　如何拋別不
相見　直到病病纒身始悔心白今日叫唱我硯耕
爲着功名死　做个冤魂入涯野鬼魂白硯耕死無
他求只兩件事不能瞑目呀唱一丟下堂上生身母

不孝孩兒未報恩　自從七歲父親死　千辛萬
苦撫養成　記得書窗寒夜教子　記得扶杖斜
陽暮倚門　實指望我顯親扬名白誰知今日呵
唱丟下鬢邊匕哭這人　二丟下結髮閨中作　糟糠
夫婦意恩深　自從來到郝門後　守分安常不厭
貧　也曾燈下指針作夜讀　也曾頭上拔釵送這
行　實指望我封妻與蔭子白誰知今日呵唱兩截
恩緣半路分　公子正在心悲切　琨安尋找入廟
門白琨安四處遍訪匕到此間正待進門一个道人

唱道何處叫化不得亂走琨安任了脚告訴了他情
由那道人方把琨安領到公子房中來琨安跪向床
前叫聲姑爺只見公子遍閉雙眼哩唱公子枕上來
開眼　看見來了个乞丐人　頭上祗剩半个
衣衫破碎不成形　披一片來掛一片　大小幾十
个補釘　背上背着叉口袋　腰裡繫的稻草繩
一雙襪了没得底　一雙鞋子没後根　公子當下
開口問　你是甚人甚姓名白琨安道姑爺認不得
小人麼唱我跟着姑爺大半截　叫我不認半个呀

想是病眼多昏瞶　難道我與舊的玳安認不明
白公子道你乜就是玳安　玳安道小人正是公子連
忙問道太乜好麼玳安道太乜好公子又問道小姐
好麼玳安道小姐有太乜小姐書信在此公子連
忙道取來唱玳安把書來取出　公子挣着要抬身
可憐身子抬不起　總一轉身骨頭疼　玳安所
書來呈上　公子雙手捧寶珍　可憐雙手瘦剩骨
拎在手裡戰兢乜　玳安拏書來就看　公子再
三揩眼睛可　憐眼花看不下　看到中間頭發昏

玳安收書教且歇　公子勉强要支撐　可憐勉
强看完了　伏在床頭氣喘呻白公子把書看完喘
得不止半晌睜眼道謝天謝地太乜小姐果然都好玳
安你爲何只人樣子玳安哭道姑爺不要說起唱我
一言難把情由訴　訴其苦來苦煞人　黄柏黃連
一齊吃　怎好把苦事又訴苦人听白公子道難道
你路上擔了歹人麼玳安把遭騙遭刼之事說了个
大畧跪着床前磕頭道小人該死唱小人誤了姑爺
事　剩得一封空信到京城　姑爺正在貧寒病

教我小人萬死罪不輕白公子道玳安不怪你事都
是我自己命苦唱是我命中行絕運　不該有盤
費來救應　常言一个有福帶一屋　一个有災累
衆人　你如今吃盡窮途苦　總是我命苦的姑爺
害你身白也罷玳安不要煩惱了唱我看病症垂乜
死　只辦做鬼還想看母親　迢乜要問高堂信
料想今生今世不相聞　今朝存得一口氣　捱到
平安二字音　我把這封信帶向棺材裏去　便是
客死他鄉目也瞑白公子說着大哭起來玳安也哭

着勸道姑爺不要哭罷唱你有病在身須保重　莫
添憔悴惹病生　姑爺病爲思鄉起　愁的太乜小
姐兩個人　如今得了平安信　姑爺愁腸便該從
此輕　太乜小姐家信內　千叮萬囑要保身　姑
爺若不自愛惜　便負了太乜小姐一片心　常言
財去人安樂　災星已過福星臨　我玳安如今來
到此　到底茶水湯藥有人應　但使留得青山在
柴草何愁沒處尋　姑爺你且丟下心中苦　待
等病回再理論白玳安勸了一番公子收淚問道你

家老爺太乙好麽玳安依着小姐吩咐答應道老爺太乙都好公子道爲何老爺沒有書信寄來玳安道小人起身時老爺事忙不及寫書教小人口傳實信更好當下玳安又揀兩件的好話說了許多公子心中漸乙開放玳安早晚小事虧道自然不比那道八了公子箱籠中還有些衣服典當度日但只公子病症被那班郎中耽誤一時原氣難復不能起身玳安早晚在觀音大士面前燒香禱祝菩薩保佑雖得他一片至誠心呀 囙玳安爲着姑爺病 燒香求告觀

玉如意 第十二回 十四 寶華閣

世音 早一夜來晚一次 把頭磕得腫又青 聲聲叫的好菩薩 端乙坐在紫竹林 看乙我家姑爺病 菩薩爲何不顯靈 現成有的楊枝水 倒只一滴甘淨瓶 登時救得病人起 纔算救苦救難大慈心 菩薩要的人行好 我家姑爺是好人 況且我家老太乙 平日徹誦白衣經 菩薩保佑姑爺好 不枉太乙心虔誠 日後太乙逢着大悲院 便替菩薩修廟又裝金 囙玳安禱告了半月果然公子病休漸好可起身了原來菩薩的楊枝水

此那班郎中的藥木好得多哩公子病已全好所愁沒有盤費自古道天無絕人之路大悲院裡漸來一个住持叫做证果卻是鄒城縣人問起公子來歷驚道原來從前的郝父母是老太爺麽如今我們地方上還日乙念頌哩常言善有善報公子後來定有大好處哩自此之後正果留公子在廟不要他房租飯錢公子感激不盡又觸想父親起來哭了一場過了晌時玳安提及鄒公棄世的話公子十分傷感又哭了幾場至於病愈平安家信前日病起時已托人寄

玉如意 第十二回 十五 寶華閣

回去了公子此時在京讀書等待科場却也無事但只家中婆媳兩个自打發玳安去後日食不周甚是艱難如今又要丟北頭說南頭了正丁出外路兒隔着話兒不得不隔斷了

総

第十二回
鏽線壓寒閨吃盡荒年茶味
金泥鬧破屋鑄傳平地雷聲

却說郝家婆媳自打發珴安進京之後家中過活甚是艱難你道為何〔唱〕一來郎公死後無照顧 二來陪嫁裝奩典賣盡 三來丫頭活計小姐做 把針工出息減三分 內裡婆媳人兩个 外有魯忠老家人 上下人兒共三口 日計艱難可憐々 有了鍋上沒鍋下 開門七件那裡湊 小姐女工來

餬口 三口兒靠了一个針 魯忠會打草鞋賣 一日貼補幾十文 只此兩項是出息 其餘來處沒星々〔白〕想起來郎公雖死那閔氏恭人豈無母女之情雖不能如郎公在日成虆的餽送只零碎帶墊自然是有的無奈內中有條門檻不得過哩〔唱〕恭人有甚東西送 瞞不過尤氏小狐精 偶然落在尤氏手 十停抽稅剩五停 若有三停送了去 多少不等也是情 外面經到巧兒手 又是个攔路打劫强盜心 自家留在屋子裡 說道已經送上

郝家門 不但哄着老太々 連尤氏也瞞得沒風聲 老太々是佛菩薩 騐着个慈悲臉兒不認真 尤氏這个鬼神道 巧兒還石灰籮裡翻眼睛 從前郎公在世日 都是叫珴安來往跑嘉興 珴安分毫不沾染 實在經手的賬兒交得清 如今巧兒管了事 弄做个兩頭落空便宜中間人 因此恭人雖有甚東西送小姐 只是不得到地頭根〔白〕只一分該有的照送又沒有了二姐只得專靠針線度日了〔唱〕早也不離一条線 晚也不離一个針

可憐十个尖々指 个々摩起苦窩紋 寒天臘月猶苦楚 皮膚裂斷深三分、 日間婆々要服事 鍋頭竈腦要分身 針線工夫沒多少 總在夜間坐五更 不論寒風與冷雪 瞞着婆々關着門 婆々枕上睡醒了 听見西邊剪刀聲〔白〕孺人便叫媳婦你還有沒睡麼〔唱〕你身上穿的衣单薄 為何坐到這時辰 陣々寒風陣々雪 做成病痛待怎生〔白〕小姐答道婆々說得是媳婦睡了〔唱〕小姐雖然答應睡 依然坐着不動身 他留神不放剪刀

晌　生怕婆乜側耳聞(白)小姐房中雖則無甚响動
孺人枕上心静覺得媳婦到底沒有睡悄乜起身來
看果然小姐還坐着哩孺人哭道苦壞了你呀(唱)你
莫倚着年紀小　勉强支持坐深更　爲婆從前吃
過苦　那時不覺病痛生　輪到如今年紀大　起
風落雨常頭疼　爲婆從前坐深更　還有嬌兒讀
書伴吟燈　你今獨自燈前坐　更比爲婆苦十分
　可憐郝家兩代艱難境　教我苦命的婆媳聚一
門(白)小姐也哭道婆乜你起身做甚(唱)婆乜莫怜媳

婦苦　縱苦不是婆乜深　婆乜從前苦時節　那
歲的孤兒不憐心　如今媳婦雖然苦　便有婆
婆着熱與知疼　婆婆但請自保重　爲甚半夜天
寒自起身(白)當下小姐連忙送婆乜到房中安歇說
道媳婦真真睡了(唱)小姐雖則歸房睡　和着衣裳
枕上眠　畧把眼睛閉一閉　又悄悄挑燈把五更
(白)小姐雖夜辛苦習以爲常一夜坐到三更以後只
听得窗外有人叫道大娘還沒有睡麼小姐听是魯
忠聲音問道你老人家怎也沒有睡魯忠道正是老

奴手中活計還沒有完哩大娘你知外面大雪麼(唱)
老奴正在燈前坐　忽听屋外樹枝拆斷聲　老奴
驚起開門看　門外雪已三尺深　只見一線亮光
照雪地　知是大娘房中點着燈　此刻寒雞啼半
夜　棒乜梆鼓打三更　大娘身體要保重　紙窗
茅屋冷侵人　老奴烹得茶一碗　老奴炊得火一
盆　送與大娘驅寒氣　因此要驚動大娘請開門
(白)小姐听得開了門說道生受你老人家了你老人
家睡罷(唱)你老人家年紀大　不比我是少年人

少年深坐不覺苦　老年深坐筋骨疼　况且血氣
就衰後　寒風冷氣更難禁(白)魯忠(唱)你好歹要把
身子惜　外面支持靠你老人身(白)魯忠答應道是
老奴睡了魯忠去了小姐固然坐着可憐魯忠每夜
打草鞋要趕五雙也深坐哩因此兩頭出息尚可將
就餬口過了半年誰料遇着今荒歲米價頓長比往
常雙陪有餘只過活更難了(唱)去年鬧荒山東省
今年荒又到嘉興　偏災流行偶然事　可憐苦煞
郝家人　大戶人家不要緊　陳米陳粮家裡囤

小戶人家苦不過　一托錢買米一升　瓊英小姐
忙針線　呆板出息沒多爭　賣的不貴買的貴
爭的不勻吃的勻　魯忠一雙草鞋價　剛換一个
饅七一口吞　從前勉強好餬口　如今一日一頓
不接應白魯忠見如此光景向小姐說道大娘何不
遣老奴向舅老爺處暫行挪借度此荒年呀小姐心
中不願躊躇了半晌魯忠又道骨肉至親凶荒大變
豈有不相周濟之理小姐道既然如此你去見我母
親替我問安當面訴了苦龍當下魯忠起身便往杭

州鄔府來可憐魯忠到底年紀老了只路好不走得
苦呀唱嘉興府到杭州府　一百幾十里路程　魯
忠年老精力少　這路奔波久不能　今朝領着家
主命　勉強掙扎往前行　不去家主餓斷命　一
去家奴跑斷魂　寧可老奴拚一死　與替主人求
一生　跑一步來難一步　看七難到鄔府門白魯
忠到了鄔府管門的問明是嘉興二小姐家來的數
魯忠任着等稟過太七進去管門的走到大廳前見
了巧兒告訴了他原來巧兒此時十分寵用是內外

大總管了巧兒一想不去稟知太七卻來告訴尤氏
尤氏道鄔家着人來做甚巧兒道大奶七你想唱料
然沒有別的事　不是借糧便借銀　窮親萬个是
沾宅　那有好事來上門白正說間鄔用走來听得
說道可憐遇此荒年沒奈何自得應他一些兒巧兒
道大爺唱他窮坑本是難填的　一次應了使要欢
七應　他是个討得鹽來又討醬　你須要送着酒
去連着瓶　十次應了他九次　一次不應惱傷心
終久惱字兒不得　不如不開例子到老成白大

奶七還有一件唱你要免得親眷惱　前日女分
田事已經惱十分　他既然吃了淹心苦　你使糖
搭他嘴不見情白尤氏道巧兒的話不錯正說未了
鄔用叔一班朋友無非是篾王花面兒之類請着西
湖上耍子去了只剩尤氏對巧兒說道一定回他但
是怎樣回法哩巧兒道唱我說太七身子不自在
進日有些怕見人　適纔已經通稟過　吩咐來人
不必進後廳白尤氏搖着頭連聲說道不好不好唱
你說太七身子壞　二姑娘又要倚着名兒看母親

剛七招惹一个麥口貨　教我添出碗閑飯養閑人
〔白〕巧兒不如只个回法罷〔唱〕你說太七是二房請去
了　不知担擱幾時辰　教他有話說在此　等到
太七回來代禀情〔白〕巧兒搖着頭慢七的說道只也
不𠮩大好〔唱〕要說太七同來快　他今晚明朝等着
不勤身　要說太七回來緩　他十朝半月何從又
登門〔白〕依小人愚見不如斬七絕七回他得妙〔唱〕推
開橘子說亮話　把他來意先𠮩明　直頭門兒關
得緊七的　教他針鼻子眼沒處鑽〔白〕尤氏躊躇道

王如意　第十二回　七　寶章閣

如此是明做惡人了巧兒他來人是誰巧兒道𠮩做
魯忠尤氏道此人果曾來過麽巧兒道此次初來尤
氏道如此有个絕妙回法了〔唱〕你去向他細盤問
問他面生可疑是甚人　雖然所得有个姓魯的
豈能口說便爲憑　爲何不曾有書信　怕的其中
有騙情　你便一手推開不認賬　𠮩他兩个山字
請出門〔白〕巧兒道大奶七高見此法甚好當下巧兒
便出來問道嘉興人在那裡魯忠連忙上前答應巧
兒道想來有書信來的魯忠道小姐教請大七安當

面禀話的沒有書信巧兒做鬼道嘜喲沒有書信怎
好通報魯忠道小姐處使的人只得我魯忠一个大
叔們想是知道的豈敢假冒巧兒發話道胡鬧你口
裡說是魯忠誰認得你是與不是管門的趕他出去
不許進門可憐魯忠此來跑得要死在大門口等著
又餓得要死被他們不由分說往外亂趕氣得話都
說不出來了定了一會想道只從那裡說起〔唱〕他也
不察奪个情節可合拍　他也不審問个話語可對
頭　把人亂推亂嚷的　不由分說赶出門　難道

王如意　第十二回　八　寶章閣

他下人敢如此　只主意定纔出王八　他胸中打
算有成竹　怕的是借長借短惹葛藤　與其開了
臺兒當而不好下　不如當頭一板拍得緊滕七〔白〕
是了我大娘原不願𠮩我來的〔唱〕大娘雖然看得透
我想來是在不死心　便是我魯忠上門求个覯
也該有个意思慈老與念貧　爲何嫡七親七眞
骨肉　全無絲毫厘忽半點情　你看門前繫的高
頭馬　養得充七足七驃十分　你看門裡走的看
家狗　養得肥七胖七像驢形　可憐一个窮姐七

捨不得一碗飯兒救他的殘生　眞乜不料世界上　竟有只樣無情寡義人白此時魯忠越想越氣忍着餓肚再走回家比來時更苦了難到家裡把情節告訴小姐小姐哭了一場可憐日已向午竈上還沒有動火正在台家凄凉忽听有人打門魯忠去開門一看原來是小玉來了小玉手裏提着个籃兒包兒走進來眼淚汪乜的磕了太乜小姐的頭拉住小姐手大哭道唱我丫頭去了大半載　今朝看見小姐喫一驚　小姐從前是个甚樣子　如今樵

憔悴這般形　丫頭自離小姐去　念乜掛憶到如今　日裡人前不敢哭　夜裡敢哭不高聲　幾回問信沒處問　幾回要來沒空身　去時只道路途近　指望時去時來見面情　不料侯門一入深如海　要想回頭難煞人　費了千求與萬苦　今朝乞得主人恩　許我暫告半日假　來向太乜小姐問安寧白小姐也抱住小玉哭道小玉你如今是別人家人了還要來做甚又帶這些東西來做甚小玉揭籃兒包兒解開說道唱只包兒裡是做的兩雙粗

鞋子　只籃兒裡是買的兩个粗點心　另外還有一點小數目　送與太乜小姐算不得人情白小玉說着又從身邊取出兩串有零錢和一兩多銀子來送與小姐小姐哭道小玉你在人家做下人的那得有銀錢來送我呀小玉哭道唱丫頭自到他家去一月規例有幾項脂粉銀　又兼節下領點小賞賜我便積少成多不曾用一星　可憐丫頭手長衣袖短　看着太乜小姐受苦辛　犬馬尚然能報主丫頭自恨枉爲人　年歲荒歉米糧貴　一家過

活怎支撑　別的親戚不必說　難道杭州大爺一向全無半點情白小姐見提起杭州二字又大哭起來說道小玉呀唱世上人原無貴賤　各人有情與沒情　你是我賣出的舊婢女　回頭還戀舊主人他是我合娘胎的嫡兄弟　橫眼不認骨肉親白小玉唱你不要再提杭州字　提起杭州萬箭亂穿心白魯忠在傍把適才從杭州回來的情節說了一遍小玉哭着勸小姐道唱小姐不要自悲苦　料想皇天不絕人　各人掙着往前過　除了荒年還有

新年成　丫頭兩眼巴巴的　望着小姐贖我身
自從那安京都去　姑爺可曾有甚好信音[白]小姐
見提起京都二字又大哭起來太太也大哭起來小
姐道前日接到京中書信據說天冬有點感冒風寒
當時好了如今寓在个廟上讀書哩[唱]他那裡客單
衲帶病身體　我只裡家貧又遇荒年成　他那裡
卧薪嘗胆無人問　我只裡斷火絶粮難自存　一
家吃的兩處苦　兩苦并的一樣辛[白]小玉[唱]你已
經得了生路去　不要回頭再進苦人坑[白]小玉听

了又大哭提來當下小玉來了半日便大家哭了半
日小姐收淚道小玉你去罷担擱多時了怕主人要
責問你哩小玉見天色已晚只得含淚起身臨要出
門又把身上衣服除下兩件來留了小姐哭道丫頭
去了再來看看太太小姐罷小姐哭道小玉此地不
要再來了[唱]你既吃了他家飯　怎許你常進我家
門　不要爲着掛憶我　累你惱却新主人　你自
幼未少棒頭債　怕的一時受打受罵難担承　我
也是个吃了夜飯儘量走　不知要捱只条苦命果

能不能[白]小玉[唱]只怕你回頭再來看望我　只好
棺材裡看看死尸靈[白]小玉又抱住小姐大哭一場
而去沿路想道[唱]人說好人遭磨難　我家小姐實
在磨得太傷心　恨無伏虎降龍術　不能偷富去濟
貧　眼看着一盞孤燈漸漸滅　不知誰做个添油
送火人[白]小玉帶走帶想早已到了侯府進入內庭
才上樓只見侯家小姐看過太太出來問道你只
丫頭我半天沒有看見你却望那裡去的小玉道小
姐[唱]丫頭偶憶西園內　好花好木晚甘霖　不忍

見死竟不救　飯後去放灌溉勤　偶然培植得花
木好　也算婢子愛花自有賞花辰　因此担誤時
辰大　失陪小姐恕罪名[白]侯小姐道你既在西園
灌花爲何臉上有些淚痕的小玉道小姐呀[唱]丫頭
園中灌花去　想起人爲萬物靈　物因枯槁望灌
溉　人到饑寒望朋親　觸景傷情這一想　止不
住腮邊淚盈盈[白]侯小姐听小玉的話微微一笑說
道小玉你只言語支離其中必有别情莫非掛意舊
主今日偷去看看的何必瞞我但你既看了舊主回

來絗不將他目下境界說與我　所小玉起初打算不
說却被候小姐一語猜破只得向前跪下稟道不瞞
小姐說丫頭適纔從舊主人那邊回來見他所處的
境界好不淒慘人也唱小姐要听舊主話　丫頭未
說淚先淋　人說黃連有多苦　我舊主人更比黃
連苦幾分　目下過的只日子　弄得愁上加愁七
煞人　內愁婆七外愁夫　愁腸百結沒處分　又
遇只總壞年歲　敢嘴猝身只靠一个針　一天一
頓難接應　少柴少米沒有方法生　窮與雖非陳佮

地　怕的絕粮一厄久已經得　廷白候小姐道你舊
主雖只貧苦難道全無親族鄉友挪擬　二姨小玉
道唱鄉家本來親族少　實是告貸總無門　況兼
婆媳雙七女流輩　何處開口去告人　只好閉門
來守困　望梅止渴坐深更　倘然命中不該絕
料想皇天要睜眼睛　白候小姐听了嗟嘆不已說道
你舊主賢良我久仰不料他一寒竟至於此我心中
却不忍得賢良人過苦欲與他拜成姊妹做个患難
相顧的朋友此事要你去說唱待我與他稟太七托

言覓繡貨你行　叫拿兩隻褶裤料　暗帶幾兩私
房銀　多七拜上你舊主　恕我心敬欠身勤　求
他好人做相識　休嫌寒門沒光明　但願肯將姊
妹拜　異姐同胞一般情　此事要在你安排　我
才倚託到德鄉　白小玉道小姐如果不稟此事有丫
頭去舊主人斷無不依候小姐道你出來多時了纔
太七身邊去另日辦罷郝脫二姐在家依舊靠着針
指將就度日只茶飯的苦處真七一言難盡了唱有
一頓來沒一頓　上頓下頓不接應　頓七只傭婆

七飽　零茶剩飯自沾唇　一碗半碗將就過　肚
子背心還得做一層　有米煮的婆七飯　自己糠
糧做點心　有油澆的婆七菜　自己乾嚼白菜根
又還恐婆七來看見　要吃預先關竈門　白一日鵲
人看見了止不住兩眼流淚叫聲賢良媳婦我累殺
你了唱你忍饑養得爲婆飽　你受寒博得爲婆溫
一世間那有只等賢媳婦　連自己女兒也不能
我老人不能將恩報　只望孩兒日後有升騰　倘
然博得官和職　那時尊你做夫人　自古好心得

好報　料想皇天有眼睛（白）小姐含淚說道婆七不必作此客話（唱）你孩兒前往京都去　臨行託我萬叮嚀　萬囑叮嚀無別話　道說堂上老母親　從來孩得京都信　又添叮嚀幾萬聲　媳婦自已慚無用　供養婆七難稱心　你孩兒日後重相見　我還愁無顏見夫君　婆七反是如此說　越叫媳婦添罪名（白）孺人听了只是連聲稱贊說道賢哉媳婦真七難得話有未了小玉走來二姐問道你又來做甚麼小玉道我奉侯小姐之命前來看望小姐的

二姐道你禮重了我是何人怎當得起你家小姐問候小玉便將侯小姐餽送禮物以及要拜姊妹的話備述了一遍二姐道小姐是有身分人只恐高攀不上（唱）我是个孤零孤落孤寒相　他是个大富大貴大福星　我是个綠窗搆夢貧家女　他是个紅樓酣眼貴佳人　麻布難把銷金配　鳳凰怎好比鷄鶉（白）小玉道只个不妨只是侯家小姐情願的（唱）侯家小姐爲人好　曉得小姐是好人　求教好人相結識　好去好來好照應　你好他好終久好　只

件好事要應承（白）二姐道你大小姐旣不嫌貼辱我就尊命只是高扳他了小玉見二姐已允說斷好話隨又拿出十兩銀子來送與二姐道只是侯大姐的薄敬二姐認眞不收小玉苦勸方纔留下小玉告別回去訴知侯大姐甚喜擇了好日叫小玉約定二姐兩下暗中結拜自此暗結拜之後侯大姐不時打發小玉帶些銀兩過來看望小姐因此才將荒險年頭捱度過去所者思想郝家婆媳正有大好處在後若果餓死豈沒天理了但吃苦不到緊處吃不出甜

來那年春天又是科場之期婆媳兩个坐在家中望信不免談論哩（唱）郝家婆媳人兩个　今坐閨中說這人　三載光陰容易過　此次功名可有分　婆七去打金錢卦　媳婦跌名來求神　婆七去起六任數　媳婦占夢問可靈　夜來便向燈花卜　早起又驗喜鵲音　側耳所聲處七是　風吹草動總驚心　放榜日期算得出　京報十日到加與　倘然有个托天處　此刻正當有喜音　婆媳正在思悲切　忽所門外亂敲門　孺人忙着開門看　原來爲出

通共名字三百六　你便仔細把排再找尋【白】小姐又細〻看了一遍說道真果沒有呀孺人吃驚道怎麽魯忠說是中了魯忠那裏原來此時在前面屋子裡收飾打掃備辦捷報哩听得太〻呼喚連忙走來太〻道魯忠這録上沒有你公子名字呀魯忠大笑道太〻眼睛差了怎麽沒有【唱】魯忠接過題名録指與太〻看分明　左一指來右一指　他甲頭兒好像个奈王亂點兵【白】太〻道在那裡魯忠強頭道乜奴明〻看見的怎麽没有【唱】魯忠拿着題名録

移到亮處看分明　東一看來西一看　他眼珠兒好像个偷油的老鼠精【白】太〻道在那裡魯忠沉吟道老奴却像看見的怎麼沒有魯忠又看了一看忽然大叫道只不是麽太〻小姐連忙看時原來五十三名有个姓郝的名字糊塗偏旁有些相似下面籍貫註的是順天大興太〻嘆氣道魯忠你看錯了【唱】雖然有个姓郝的　郝是同姓不同名　况且籍貫又不對　不是加興是大興【白】魯忠【唱】你因望的心腸切　看見个影兒當做真　惹了一番空歡喜

買們米牛升【白】孺人便問魯忠道你在外面听得有報喜的地方麽魯忠道老奴也打听得不曾听得甚信哩孺人歎了一口氣道料然又是沒望了【唱】容易功名容易極　手到拈來不費心　功名難時難得極　三番五次枉勞神　若是郝家〻運好　前年榜上已題名　一回落空二回怯　料然又是空頭星【白】魯忠若是別處已經報過便該有題名録賣了你向外面再打听者魯忠答應了出門而去只裡婆媳兩个痴〻望着把魯忠買回來的牛升米擱在半

邊也不去動火不多時只見魯忠跑得跌〻蹶〻的手裡拿着一張題名録從門外闖進來道好了好了公子中了婆媳兩个聽得歡喜不迭來接題名録看【唱】孺人手執題名録　口裡謝天謝地謝神明　且喜我兒今微倖　不知中在第幾名　孺人從頭看到底　不曾見有郝硯畊　小姐旁邊幫着看　四隻眼睛兒不轉睛　孺人回頭問媳婦　你見了名字也不曾【白】小姐道媳婦沒有看見呀孺人作驚道【唱】我老人眼花看不出　為何你少目力也不〻

更把煩惱加十分白魯忠听了痴著張嘴前兩天了孺人含着淚對媳婦說道此番又果然絕望了唱從前京報先報喜 然後全錄寶題名 題名錄已經處ヒ賣 那得還有報喜音 可憐他鄉杆吃三年苦 矮屋空當兩欠辛 前年榜下春風淚 又向春風榜下零白他孩兒啊唱坐盡甚麽名不就白你媳婦呀唱咽盡糟糠苦未停白我老人眼唱白髮誰七鬢上添 不遂著魯家子心 我兒縱有功名望只恐趕不上老人雙眼睛 孺人哭著對小姐

玉如意 第十二回 十九 貳章閣

小姐哭着對孺人 婆媳正在悲啼處 忽听門外連ヒ炮幾聲 孺人未及問緣故 幾十个報子打進門白喃ヒ報得咏可好鬧熱呀唱報子進門把頭磕 个ヒ猶如搗蒜盆 老太ヒ與小太ヒ 口裡恭喜不住聲 磕罷了頭忙扒起 開首先爭搨錄銀 魯忠急忙來安點 嘉興知縣已到門 知縣道喜方才去 嘉興知府又來臨 巡檢司衙投手本 守備把總報花名 鬧動了南街與北巷忙煞了西舍與東鄰 從前欠不到一升米 如今動把的做人情 從前賒不到半斤肉 如今整猪子算頁分 可惜那家房屋少 愁他擠破毒蓬門白原來魯忠起初貢的全錄是假的如今纔是真的哩當下揭錄一看那硯瞎高中第一名會元唱捷報貴府大老爺 高中會元第一名 黄紙報条金燦ヒ 碗大的字兒寫得明 可憐那家黄泥壁 沒得一个大墻門 勉强貼在門壁上 詹頭掛到腳簷根 家中報上無歇處 變攤打舖層ヒ層 魯忠的宿場佔去了 一夜不睡熬眼睛 儿喜魯忠

玉如意 第十二回 二十 貳章閣

越老越康健 想是把住精神有喜神 足ヒ忙了一个月 還有个大忙在後頭跟白不多時又中了狀元了此時那家更是十分熱鬧不必細敘且說小玉丫頭當在侯府準其三年贖回那裡有偷閑的工夫贖同來哩唱婆媳二人忙不過 沒得工夫去把小玉贖回程 太ヒ小姐常把小玉放在嘴裡念只是偷不到个空時辰 剛ヒ算計叫魯忠去找談媽去 忽然喜事又臨門白報上又到了恭喜太ヒ小姐道大老爺中了狀元了狀元報子貼在門首那

時小姐顧不得忙拿了五十兩銀子忙裡偷閑叫魯忠煩談媽去贖小玉談媽同魯忠走到侯府說道原來為小玉一事當初講明三年贖回侯府听得鄒公子中了狀元沒有一言推辭並起說了多少好話當時把小玉賣身文契查出當面毀了魯忠把銀子也拏出交點明白鄒侯府人家說道帶回鄒府算賀儀罷听者你看魯忠怎肯把只項銀子帶回去哩談媽在旁便開口說道侯老爺收下來罷多蒙府上只个意思戀情不過了如此侯府方且收下來當下談媽叫小玉謝々太々小姐老爺們好同去了唱小玉此時把頭磕　太々老爺叫連聲　丫頭到府三年整　太々并無半言罵奴身　一謝太々待丫頭好　二謝太々準我轉回鄒家門　三謝太々體貼我是新來的　四謝太々件々事照顧我丫頭身　多蒙太々待丫頭情甚重　丫頭何常報答太々半點恩　可恨今世不能常爲大々用　但願來世爲奴伏侍太々身　磕了頭時又磕頭　謝了恩來又謝恩　多承多承一不住嘴　得罪得罪又是幾千聲白那

時侯府太々見小玉如此情重流下淚來說道丫頭起身同去罷你們主人在家望哩快的同去罷小玉又磕了幾个頭方且起身小玉此時合家磕頭合家謝恩不必細敘你看小玉告別起身出門是个甚麼樣兒呀唱小玉剛々走出侯府外　兩腳如梭往前奔　左手招來右手掄　急々忙々赶路程　大步跨來有三尺　小步跨來也有二尺零　不講小玉心中多歡喜　只听得旁人驚駭聲　那个說道此人是獃子　只个說道此人是瘋病　那个叫道你頭上簪子落吊了　只个喊道你腳下褶褲吊地塵　那个叫道你落吊假頭髮　這个喊道你寄腳帶子落街心　鞋子跑來翻去了　畏腳頭拖出尺有零　人々看見哈々笑　个々看見舌頭伸　魯忠在後面喉嚨噪啞了　談媽在後頭笑得肚裡疼　魯忠叫他慢々走　小玉那有耳聰聽　心中歡喜腳裡走　恨不得一步跨進鄒家門　瘋子小玉街前走　鬧動嘉興城裡人　木匠店內看見斧子斫破了腳　鐵匠店內看見火燙了手肘正　裁縫看見

把衣裳裁錯了 剃頭的看見剃去人的耳朵根
塑 陳行裡看見把斗斛量錯了 雜貨店內看見記
不得收錢文 燒餅店看見燒餅燒焦了 抬轎的
看見轎扛撞得人腰疼 騎馬的看見嚇跌下 推
車的看見磕了人的脚 挑担的看見扁担撞人面
皮背 撑船的記不得把灣轉 地理先生看見不
向東西南北替人家亂葬墳 讀書的看見拈筆不
知寫何字 切菜的看見刀背朝下切不清 吃斃
心的看見攢了背脊心 當舖裡看見記不得寫當

玉如意 第十二回 廿三 寶華閣

票 銀匠店看見忘吊去燒金 燈籠店裡看見也不
貼堂號 錢店裡看見錯去許多錢 京貨店看見
也不來算賬 上街的看見不要東西嚇得只是往家
奔 鮮貨行看見卻不得稱甚麼 送信的看見跑
過了門 通衢不把生意做 个个蹦起脚來望着
只个瘋子形 只个說道他是爲的甚緣故 那个
說道他是爲的甚事情 只个說道他們往何處去
呢 那个說道此人向那裡行 （白）嗳喲七怪不道你看
他向郝狀元家去的怪不道他不歡喜麽肯大爺說

道想必是郝狀元的妹妹莫大爺說道郝狀元沒有
妹七 賈大爺說道他是郝狀元姨七查大爺說道郝
狀元的姨七我久已認得㗎（唱）肯大爺肯不到像个
盲食鬼 莫大爺摸不着頭惱摸不清 賈大爺假
得不道地到要假熱人 查大爺查來查去查不明
（白）所者你看通衢上的人鬧得不亦樂了直等到傍
忠同許嫣從後面來了曉道方知是郝狀元家賣出
去的使女贖回來的大家且是明白 當下小玉到了
家中看見太七小姐好歡喜叫（唱）頭也記不得磕一

玉如意 第十二回 廿四 寶華閣

个 叫也忘吊叫一聲 看他向太七身邊擠 太
七被他撞倒在埃塵 望他向小姐懷內跌 小姐
被他跌得翻跟頭 （白）太七小姐號得慌七張七的說
道小玉呀（唱）莫不是侯家不許你回家轉 莫不是
侯家捆綁吊打只般形 莫不是路上遇了歹人短
了路 莫不是出門遇了騙子嚇吊魂 莫頭赤脚
只个樣 叫我心中左思右想全不明 （白）太七小姐
見小玉開口哨語又不開聲說話太七驚得跳七亂
七的說道小玉呀（唱）果爲的我家不曾早贖你 累

爲的我家把你小玉不掛心　果爲的今日回家來
避了　果爲的不曾親見報子報上門　不言不語
爲的何緣故　叫我心裡時七刻七不放心(白)却說
小玉此時跑得上氣不接下氣的只見他笑嘻七的
嘴這是谷眼這猫頭這是攢身這是搖手這是舞脚
這是蹈蹲又不像蹲的跕又不像站的小姐問道小
玉呀你頭上怎樣的小玉向頭上一摸就是哈七的
一笑也不開口太七問道小玉呀你脚下怎樣的小
玉低下頭來一望又是哈七大笑并没有話說(唱)小

姐此時慌張了　連忙拉他往房內行　正要與他
從糚儲　談媽魯忠走進門(白)當下小姐同談媽向
房內拿了腰裙襌與小玉穿了又拿十兩銀子與
談媽算謝金去了小姐問魯忠道他好七的從侯府
裡來就遇了瘋神了太七道魯忠你快些去把董郎
中請得來與小玉醫瘋病罷魯忠就去小玉此時歇
了氣定了神急忙開口說道不要請甚麽董郎中(唱)
小玉那裡有甚麽瘋病症　不必去請甚醫生　見
我姑老爺狀元中　愁苦心改換歡喜心　我的病

是姑老爺醫好了　憂患病醫成安樂病　我心中
好似半天見了月　心中勝如挖到幾萬金　我心
中不知解開多少結　我心中好似擲老洋　十八
點起雜化洋透心　我小姐從前受了人欺壓　我
如今且喜小姐作了天(白)如此看來小玉不過歡喜
的心重所以如此那時小王自有許多的話與小姐
談哩不必細敘原來鄒公子此番科場毫不費力連
翻直上就中了一个狀元了(唱)正是踏破鐵鞋無覓
處　得來全不費精神　爲人只要運氣到　久

有个得意辰　莫怪江風不與船家便　行到順風
還收不在蓬脚繩　耐心肯在河邊坐　自有大魚
來上鈎　試看公子吃了半世苦　今朝平地上青
雲(白)想起來公子的文章自言前後一首從前原說
過的中與不中確七有年頭的哩前番呀(唱)十拿九
穩便不穩(白)此番呀(唱)萬有一分竟有分　不是前
番武藝醜　不是此番手段能　狀元不該是你的
掘在荷包還怕遇到剪綹人　狀元若該是你的
坐在家裡備着嚮盆送上門　世上人說現成話

說道公子近來學問深　提出膿來好膏藥　取
出魚來網板也會開紫唇　其實中的不盡是好的
只看上一科的个貝先生〔白〕此時閒話按下不表
且說公子自放榜之後少不得要丹陛引見瓊林賜
宴跨馬遊街打轎拜客把公子忙个不住〔唱〕新科狀
元郝公子　龍虎榜上頭一名　兩朶金花三盃酒
天子御賜宴瓊林　明日早朝午門外　三呼萬
歲謝皇恩　遊街三日人爭羨　到處誇贊小後生
狀元本是人間乇　个乇看他乇上人〔白〕公子雖

底是大器量人中了狀元全然不動聲色〔唱〕富貴
貧賤兩个字　要人骨子去担承　乞丐原是人做
的　便做宰相也應分　古來會做宰相的　都是
會做乞丐人　可笑世人器量小　一窮便要出詐
聲　輪到陡然得了志　又要狂上九霄雲　一隻
窮眼何曾換　認不得个人　好个大量郝公
子　中了狀元色不驚　窮時窮他不得倒　發時
發他不動心〔白〕公子雖然如此却把个耿安得意煞
了〔唱〕公子打轎前頭走　耿安騎馬後頭跟　穿草

鞋的足兒登了粉底靴　頂破帽的頭兒戴了烏紗
巾　渾身衣服換一套　那舊衫兒做抹布還嫌污
手心　耿安想起從前事　只叫乞丐做得有後程
從前我向人求教　老爺奶乇去奉承　如今人
來求教我　沒有个大叔二爺不開聲　從前不吃
苦中苦　怎得如今人上人〔白〕呵唷乇說錯了我耿
安在人家爲奴是个人下之人怎麽以人上之人自
居雖然如此對着主人講是个人下之人在只爲奴
僕朝件內也算个人上之人我如今有个兩全的說

法〔唱〕我耿安不吃苦中苦　怎做得人下人的人
上人　自古宰相家人官七品　強將之手無弱兵
一个狀元豈是尋常的　我做二爺原該站身分　到
甚地位說甚話　不是我耿安背頭輕　從前主人
乞不敬　爲他窮低怎得有體門　如今主人乞爭
敬　總要木長纔抬得他船起身　多謝姑爺來携
帶　便是貴人抬眼福星臨〔白〕呵唷乇又說錯了只
姑爺的稱呼如今用不得了堂乇一个狀元自己沒
有个小厮要向丈人家借　〔唱〕我耿安仔細來思想

只姑老爺的稱呼實不應　我本來原是鄔家的
大爺已將我趕出門　不是我喜新來棄舊　實
是我棄暗轉投明　我索性算是郝家的　從今只
把老爺俏白我父打算已定從此不叫姑爺只叫老
爺了公子朝考之後點了翰林院修撰要等三年館
滿方得出京這翰林院的報子又報到家中來了眞
七是三報連捷好忙呀好忙呀忙得吃力咀歇七罷

終

玉如意　第十二回　廿九　寶章閣

第十三回

刁奴欺主巧騙脫釵

浪子敗家忠言擲石

郝既郝公子聯元之後點了翰林負七是三報連捷
家中鬧熱不必細敘只報条自言要報到鄔府來鄔
用所得吃驚不小連聲說道咤異咤異他也會做官
歷乃兒道大爺道件事便說人也不相信唱郝公子
身來窮樣子　委實不像个做官人　除非京中官
如爛泥賤　舖街塞巷迷眼睛　進了城門隨手拾
只要濟下腰來便有分　嚼屎嚼到豆瓣子　摩
磚摩到一塊金　世上多少冤枉事　似這等冤枉
沒處伸白鄔用道我從前却不料他到此功見道大
爺從前原料他不錯自古道君子道其常不道其變
唱這曉得鯉魚化龍上天天　那曉得螻蟻長翅也
飛騰　只聽得八哥兒剪舌能說話　那聽得鹹鴨
子開口會叹人　情理之中料得透　情理之外料
不眞　大爺據着情理說　偏是議論走着也無傷
見識明白鄔用道是呀你便知道只个道禮如今他

玉如意　第十三回　壹　寶章閣

既報來我自當要前去道喜乃好巧兒道依小人的
愚見勸大爺且緩步唱他家是个新貴客　大爺是
个白衣人　倘被旁人瞧不起　豈不留个笑話在
撇與　況且錢姑老爺知州職　鄒姑老爺及翰林
大爺也要有頂烏紗帽　纔像香爐脚的三門親
白鄭用道你說得是我從前原說要捐官的巧兒道
小人原所得大爺說過所以把此事勸大爺辦的唱
寧可有行而無說　不可有說而無行　大爺當筵
酒席上說得高興與人聽　只把大爺當君子

一管既出郎爲憑　不要半夜上揚州尘封贴　漕
鼻子吃酒虛銑名　況且做官的道理都講過　錢
姑老爺既得最精明　學會了這副好本領　何不把
家聲再振繼家聲曰鄭用微笑兒說動了心因說道
甚麽官好捐个從九品或是未入流需銀子還少些
巧兒道大爺不要省銀子這小衙門做不得的唱
從九放的是巡檢　未入流放典吏廳檢巡　衙門
要熱鬧　不過坐堂打巧兵　第一發財做生日
派各保正與貨分　與吏管的是鹽捕　賊子頭兒

他有名　第一樁錢抽規例　合着些私鹽販子做
經營　兩个衙門賣官事　論挑送米不送銀　還
要活人開死店　花臉官兒做得要調停　雖然轎
前也打鑼三棒　紅帽哈來黑帽停　其實本地鄉
紳看不起　只有幾个職員監生横着膀子進衙門
大爺做官要做大的　這芥菜子官辱殺人白鄭
用道捐个布政司理問或是州同罷冉大無力不能
辦了巧兒道既如此州同强是理問唱理問缺少銓
不到　有虛銜無實衙門　一个杭州城圈裡　幾

百个掛名理問聽　不如州同還可做　是个六品
正前程　比那鄒姑老爺翰林院　內官外官居然
一樣尊　就比錢姑老爺知州職之正堂副堂不過
差一層　一个齊頭齊腦没高矮　一个肩上肩下
等弟兄　本來帖子是姻愚弟　不要換个卑職手
本去上門曰鄭用道說得不差一定捐个州同罷要
辦此事自然是你錢姑老爺的門路最穩當了巧兒
道錢姑老爺處雖然穩當却不能赶速唱錢姑老爺
投捐事　是從陝西任上作人行　雖然當馬熟路

無差步　怕是轉灣抹角担時辰　如今要趁熱火
飯　禁不得夾底鍋子多一層　不如家裏選个能
幹的　教他拏着銀子直進京　飛星趕月登時去
一走馬上任立刻成　好教大爺光着頭兒等烏紗
擺七擺七去上都　家門曰郎用道說得不差但在
家裡選人除非是你了　巧兒道任大責重小人不敢
擔承　唱　小人平日在家裡　雖然經手賬目管得清
此去担子担更重　單身要帶數千金　白　一則路
上阿　唱　首人搭人要謹慎　白　二則地頭呵　唱　見事撩

事要調停　小的不是自己說嘴　都在少年之內算
老成　比着家裡家人都停　却要讓我手段爽利眼
珠明　至於一片熱腸挖得過　大爺平日知我心
不是小的很難談　先輩傳與古人云　自然外
事不得誤　又愁前出後空內事能無人　曰郎用道
家中事有巧的们應過進京非你不可你便速七打
點起身　巧兒沉吟了半晌道也罷顧不得小的明替
大爺效个犬馬之勞罷但有一事小的要預先說大
爺的思　唱　自古道重賞之下有勇士　賞前用時討

必成　小的這番苦差役　拚一副熱腸對主人
回來辦事妥當了　小的要算賬下有功臣　不求
大爺賞別的　只求到任之後賞我管宅門　白　郎用
笑道這何消說你去就是了當下郎用措辦銀兩原
來郎用近來支吾匪人在外花費手中漸七空了此
時要湊這項成塊銀兩一時難齊想起老婆尤氏有
些私房積攢便來和他商議尤氏聽得說道我那裡
有銀子呀　唱　我是管的現成飯　哄人都有清賬存
東手接來西手去　似个過水洞子不留停　我

要用錢我問說　討羅討鼓怕甚人　為何叫人做
暗事　鬼七祟七積私房　你把混賬心腸來待我
果知我這天白日不像你只混賬心　白　郎用道能
呀你不要瞞我　唱　銀錢經到老婆手　个个要把後
手存　沒有過關不抽稅　沒有擠着草箍不丟買
路錢　他有个倒逆鬚鈎子在手上　落在掌心不
得離掌心　他有个悶葫蘆在房裏　進了寶瓶不
得出寶瓶　便依你作个過水洞子說　也有木底
水脚瀝不清　白　尤氏道不妨我的箱籠都在這裡你

提就是了唱做賊拏財從來說　且等人賍現獲討
賊名　不要寃良爲了賊　那時反誣加等罪不輕
白郎用道誰說你偷呀唱大凡會做人家的　有時
節儉沒時辰　你平日趁着大市裡　提个厘頭作
已分　譬如饅首分剃子　不過一个指下處一星
原是零星積儹着　滿恼一時膝氣治正經　如
今我許榮耀事　不是外商浪費可比喻　我若得
了官兒做　你便是个官太人　現在錢家都家倆
姐七的廂祖蔭睦吉命尊　你是說紫貴氣的　怎

玉如意　第十三回　六　寶章閣

肯滾在錢大腳後跟　一來替我把个威風長　二
來自己把个体面爭　豈不是快刀切豆腐　兩面
光輝總是我夫人白老爺本是个心高氣硬的人被
郎用說動了心歇了半晌說道我的銀子是我做女
兒時積攢下來的不是你郎家的暫借與你是要還
我的郎用道這个自然唱富貴二字是連的　沒有
富人不貴是　如今錢去買官做　將來官大把錢
賺　你看錢姐夫家官囊飽　任憑甚麼沒得這樣
心　我這要走馬上了任　我便財源滾七來進門

等把皇上庫頭來支借　也要填還官太七的內
帑銀白尤氏所得越發高興起來便舉了丈夫一千
兩銀子郎用歡喜不迭又凑了三千兩共成四千兩
銀子催促巧兒起身郝說尤氏私房平日都是巧兒
經手放賬有二千兩餘賬目在外巧兒知道尤氏獲
滑恐不放心先把四五个箱籠裝得札七實七的封
鎖好了奇頓剝尤氏處來又把經手的紙票一七查
繳上來說道奶七的賬目待小的回來催討罷唱小
的此去還得快　至多不過兩月程　凡事問个開

玉如意　第十三回　七　寶章閣

首的　一綠到底總得清　不要又經兩番手　致
得東扯西扯起葛藤　那時有甚失錯處　小的不
能担負咸白尤氏道是了各賬自然等你回來內中
有該轉票的麼巧兒道唱該轉票的早已轉　都是
過唱要過期的由他過　怕他過月利錢不照日賺
利上滾利不差半毫分白尤氏道有過期的麼巧兒
清白尤氏道如此就是了巧兒道紙賬匣子奶七要
收儲得好七的失落了一張不是當要的唱只紙匣
便是个藏銀庫　只紙票便是个兑銀憑　个个欠

戸挑得好 沒有一个拆角沿洛沒斜根 筆七抵
項踹得寶 沒有□鞋張冠李戴有弊情 從來放
儎圓梆里 怕的有去無來脫線箏 惟有奶七這
个賬匣子 塞在小人貲了心 又要任頭磕幅背
得里 又要應手合拍還得消 抵田換約剥了手
□背商書早穿了鼻子繩 奶七但把紙賬收好了
□卷在我八討个半滴不漏盆 白小的回來替奶七
把賬討齊了此後勸奶七莫放賬諸如此等爲甚
药兒道白太爺搁轎轉了缺 奶七□圍着上衙門

沒有做了官太七 還要加二加三剥錢盤剥人
奶七彼時是个大耳佛 零碎生个耳朵不稱心
白不講奶七唱便是小的沾着主人惠 也要想个
趁首大翻身白尤□爲道小奴才貪心不足箱兒籠
兒許多在此還要想發財哩巧兒道我的箱籠沒甚
東西奶七都要安頓在个謹慎地方小的起身去了
巧兒臨起身鄔用又叮嚀他趕趕巧兒道太爺放心
唱小的是个飛毛腿 四十日之外听喜音 大爺
不要忙别的 先把報錢辦現成 織繡蟒衣買一

套 辦備應接各鄉紳 軟扛官轎買一頂 備辦
回報各衙門 還有鐵姑老爺教的官場訣 大爺
要早晚習學更求精白說得鄔用笑盈七的滿口答
應着他把四千兩銀子周七整七紥束起來動身這
裡鄔用倚着早晚做官越發放心灑落把錢不當事
了唱鄔用本是敗家子 父親死後不正經 又兼
倚着官到手 灑落逍遥更放心 結交都是眞朋
友 朝七三五結成羣 鄔用眼內無珠子 好歹
全然不得分 第一知心舊相識 無非是刁滑白

賴一班人白滑油鬼來說道大爺西湖上有某花院
裡有个粉頭實在好哩唱花魁浪子賽不過 車馬
朝七擠破門 一擲千金爭買笑 無非是風流公
子富王孫白鄔用听了歡喜和他們去頑耍了幾日
刁鑽牛又來說道大爺西河上面某戲院裏有个小
旦實在好哩唱杭州崑班幾十副 壓班數他第一
名 晚來燈火打飛轎 都進的豪家子弟大墻門
白鄔用听了歡喜和他們又頑耍了幾日懶皮子說
道大爺西河上面某唱舘裡有个婚子實在好哩唱

十一二歲小孩兒　女扮男裝是童音　多少官場
大筵席　沒有這兩个妖嬈不鬧樽〔白〕鄔用所了歡
喜和他們又頑耍了幾日白吃八叉央說道大爺西
河上面某酒館裡賣的東西是在好哩〔唱〕做的湯水
多潔情　調的滋味又鮮新　隔水細炖鱔魚腸
悶鍋大燒鮰魚羣　肥母雞湯會螺子　大板鴨肉
煮海參　五香雞會樣七妝　冬蹄剔得骨頭清
幾回打從館前過　陣七香味鑽腦門　滿口只把
饞唾咽　舌頭拖到腳後跟　大爺何不做个東道

玉如意　第十三回　十　寳章閣

主　論七小的白吃人〔白〕原央白吃人的張嘴饞饞
哩衆人講的頑耍止有他單講吃的鄔用所了一笑
又和他們去吃了幾日如此在外日七吃要都少不
得賃王化面兒做个坐壇老將若有不出門的日子
便一齊坐到鄔用家來陪著賭錢了〔唱〕不是百二十
五張鬪葉子　便是六个骰子趕洋盆　衆人擲的
不同與五子　鄔用擲的檾子和龍燈　衆人鑽襠
都所到　鄔用所的二五八并不得成　只怪局運
不做主　止有輸來沒有贏　可知他們偷牌換張

做一路　還有些鑽鉆骰子來瞎詐人〔白〕除了賭錢
便是吃酒吃起酒來又鬧得不得開交了〔唱〕三盃黃
湯下了肚　一切正經不理論　猜雷行令無休息
三五七八亂把甲頭伸　贏家吃酒輸家唱　輸
家吃酒贏家去請人　日七深更與半夜　鬧浮三
間大廠廳　吃七鼻子吃熱了　大呼小叫要換大
盃斟　吃七眼睛吃定了　白閃白閃相對牽不清
吃七牙根吃硬了　阿哩阿囉還嫌酒不溫　鄔
用吃得逃了席　賃王吃得打瞌睡　滑油鬼吃得

玉如意　第十三回　十一　寳章閣

坐不住　蹇在棹子底下只是嘔　刁鑽生吃得往
外吐　幾十个狗子圍住他在天井心　賴皮子吃
得打跌倒　一个筋斗撞碎了一座琉璃屏　稚有
白吃人的肚量大　還在那裡自斟自飲把些冷殺
吞　眞七天生就的付肚子　叫他放開量來白吃
人〔白〕鄔用如此作樂與七賭吃嫖搖作七全了家業
焉得不壞他母親閔恭人只有背地氣腦是不能勸
說兒子的〔唱〕他本來不見母親面　見面也不過叫
一聲　母親剛要開口說　他便稀七步兒在外行

怕者子孫入遊手　怕娘的人便難爭　更兼郎
用是个獨種子　他母親自幼愛過分　慣替兒子
來護短　只圖瞞過他父親　常言棒頭出孝子
忤逆都因慣養成　豈有娘不慣兒子　怕是慣得
不成人　到如今生成眉毛長成骨　要向他哈口
氣兒總不能回全　於他乞婆尤氏只圖自己積點私
房　治家的大道理全不省得　又不肯勸說了丈夫的
唱常言道家有賢妻橫事少　算是丈夫化解星
扶當雖在船家長　也要掌舵的肯當心　又道家

玉如意　第十三回　十二　賓章閣

裡沒有聚錢斗　縱有金華錢好手家不成　這个
尤氏不賢婦　從不諫說丈夫一兩聲　丈夫整日
出門去　他悄偷个些兒瓜些糧食賣與人　丈夫
招惹些賭客　他圖拈个頭兒入己分　丈夫將交
些酒友　他圖利个便兒肥嘴唇　他本來是好吃
懶做的　夫妻兩个八兩與半斤　一条串子兩頭
拼　將來怕不拼成一条光串鏈　白當時郎用的叔
父看見姪子這般行逕　便走過來說道　我看你搭交
的朋友沒有一个好的　唱少年出來初處世　第一

要眼睛認得人　搭交幾个好朋友　步七引你正
路行　搭交幾个壞朋友　步七送你下錯坑　近
硃者赤近墨黑　休要攪在渾水攀不清　白郎用對
他叔父說道　我的朋友都是鬧七熱七有用情的　他
叔父說道　這班人的朋情算不得的　唱這班鬧熱的
朋友　渾名叫做瘃了心　縱然有个心還在　也
要向他助賺當理爭　他口裡說話甜如蜜　套你
个高帽虛奉承　臉上相與熱如火　打你个貼賬
假慇懃　腰間有把暗錐子　个七要錐你脊梁筋

玉如意　第十三回　十三　賓章閣

白如今你是塊肥羹肉　他七盡七想着蠅七輪到
手中沒油水　只怕不撇下羹肉人白郎用聽了只
不做聲　他叔父又說　唱你看着這班人在花柳叢中
走動有甚好處　唱烟花行裡做表子　待人那得有
真心　送舊迎新古來說　不過圖的是錢銀　他
有一副急眼淚　是个看家拳頭慣打人　世上多
少嗤獃子　被他暗鈎子鈎得緊騰七　有錢之時
留在院　沒錢之時請出門　你看毒蜘蛛張着迷
魂網　不曉得害了多少蝴蝶與蜻蜓　白郎用聽了

也不做聲他叔父又說道你還要聚些賭客日七在家你又有甚麽好處唱你又不想吃賭飯　日七招些賭友來上門　他贏的撿了現錢去　輸的把筆父賬存　霧迷天想放鴿子　有去無來的七其不論輸贏總是你折本　便拈个頭兒也不夠備供應白郎用聽了也不做聲他叔父又說道這嫖賭二字最易惹事的唱應然開了只条混帳路　便引出多少狗黨狐精等　你閙香衾他撮氣　个七要誇嘴進門　因嫖生愛七生妒　因賭生貪七生爭

玉如意　第十三回　十四　貳章閣

不是竊與把角閫　便恐防外有枝生　他們這班光皮棍　不稀乎衣無腰裙　拆要你連破要你補　弄出事來只抓有頭髮的人白郎用听了索性也不做聲他叔父又說道你嫖賭之外又要嚼搖敗家之事樣七全了唱上人丟下好家業　都是省吃儉用苦掙成　銀錢落到子孫手　全不播兩與觔斤　你父隨常布衣穿　你如今打扮得个泥子形　你父隨常菜飯飽　你如今頓七下飯要葷　不曉得創業艱難處　只閫潑灑潑用自稱心　鵲見頭上有限的髮子　沒得个金山銀山來接應　窮漢只爲三个不打緊　日逐日消怕殺人　用一个來少一个　到用完了時只好向人翻眼睛白郎用見他叔父絮七叨七不耐煩听他倚着呼人拏茶走向後面去不用來了他叔父見只般光景嘆了口氣說道教成未結成寃何必向必當下也同去了听者思想他叔父這一番話眞七句七金石之言怎奈郎用听了如耳邊風一樣唱正是任你好言來相勸　他只當你害他人　左耳聽進右耳出　看上潑

玉如意　第十三回　十五　貳章閣

冰毫不浸　世上不少敗家子　只要聽說肯回心　若還再不听人勸　便是沒藥醫的都敗星白郎用不听他叔父的話仍舊只一班朋友吃酒賭錢日七正在家賭得高興忽然擁進一夥人來把紙牌搶去口裡閙道好呀青天白日聚衆窩賭七其錢拿在此且出首去嚇得郎用等面七相覷摸不着頭腦做不及手腳有着一夥人閙出門去了半天霹靂大事詫異歇了唱打听打听着到這班拿賭的究竟是誰

終

第十四回

訟火連遭蕩盡田房基業

饑寒初殆驗出柴米夫妻

却說花面兒一班餓片正在鄔用家裏賭錢敲一夥人撞進來拏將你遶遶遶誅拿賭的是誰原來都禍根生得久了杭州城裡有个光棍姓閙綽號閙風怕因他蠻力甚大人又叫他野牛這闸對牛看着花面兒等歡着鄔用大吃大用甚是羨慕也要挿身進來分點肥潤你想花面兒一班人怎肯容他入夥唱亦

言多个青虫吃棵菜　外來狗子怕咬羣　鄔用這點小家業　已經十隻眼睛用任他一个人　一个一个判官只勾五鬼鬧　一个葷盤只好台請五路神　五牛分戶剛台局　容不得再添一个野牛精　杭州城裡閙風怕　惡心的光棍最有名白杷初阿唱不過扯破來蓋腳白將來阿唱只怕借刀要殺人　進了山門打師父　有了他的沒我分　我們留塊羊肉慢七吃　禁不得他一笊籬搭得乾七淨白肉些花面兒們不放閙野牛入夥野牛懷恨在心說道

你們要獨樂七麽我弄个法教你們樂不成唱我又不啃你身上肉　不个大家同夥嚼別人　縱然該是你下飯菜　我便挿雙快子少你幾口分　難道五个甲頭抓卵子　不容我加成六个去奉承　你要據定你的兜牌子　我便打翻你的狗食盆　我拚的工夫伺候你　教你落在我手掌心　聞七我老閙的毒滋味　看到好閙不好閙白野牛伺候已久這回打听得他們在鄔用家賭錢便約幾个伙伴進來拿賭拿了一直往仁和縣裡出首仁和縣

立刻出了籤子拏人首犯便是窩賭鄔用鄔用曉得不敢出頭央人買囑原差稟復个出外未回暫圖緩限鄔用和尤氏商議道這事不妨我去指官的部照到縣方去廳審唱白衣人扶見官府　自己要把小的稱　老爺說錯好重說　小的說錯打得嘴巴疼　倘或當堂掛了名　豈不是陰溝裏面風浪生　我等部照到了手　便可擋抵風浪免些驚　從來官七都相護　又道民不與官爭　我帶着品級傾于上堂去　料然輸不了我做官人白鄔用正在

打算差人又來了原來起初的差人回去京裏時仁
和縣大發雷霆才是利害哩真乜像个秉公辦事不
肯狗私的哩㗎說道賭博久已奉例禁　況在京城
裡面敢胡行　窩賭的郎用是首犯　賭真賭誑俱分
明　我本縣要照例嚴辦理　你原差竟得錢賣放
人　喝把原差打四十　革条除去頭兒名　另標
火速籤子差捕役　定限朗日堂回不得過時辰
不講知府的公子　便是知府還照知法犯法加倍
論　本縣是个包鉄面　一毫關節不通情㗎郎用

玉如意　第十四回　二　貳韋閣

所得越發不敢出頭知道事情緊急等不得部照下
只得賣了二三百畝田央人去送後堂禮兒仁和縣得
了項起初的利害一點也沒有了把閒野牛審成誑
賭打了四十大板取給完案郎用贏了官事花面兒
一班來替他道萬謝神仍然吃酒鬧熱誰知閒野牛
打了板子越發懷恨在心想起初本是恨的花面兒一
班如今是真恨郎用了口裡揚言道不妨不妨我和
他有得牽哩㗎他替我寃仇從此結　我和他官事
打不清　我辦屁股打板子　他辦銀子送人情

我的屁股辦一板　他的銀子辦一斤　我的屁股
現成的　只怕他銀子不現成　我的屁股越打越
老辣　只怕他銀子越用越光精　老虎也怕貓猻
搠　蛆子只愁螞蟻釘　他是清乜白乜的　我便
站在屎裏拖他下深坑　賭博官事打過了　還要
和他打奸情　說他慣會贏官事　不但奸情事經
得我同贏㗎野牛平日養了一个野老婆叫做胭脂
虎不多時果然合起他把奸情鬧　郎用在錢塘縣
裡嚇詐錢塘縣立刻移文到仁和縣關提奸夫郎用

玉如意　第十四回　四　貳韋閣

郎用又嚇得不敢出頭心裡怨恨為兒辦事遲誤沒
奈何想到錢塘縣是錢糧去的地方官煩他去說句
情錢一雄憑允打轉到錢塘縣求懇說此事誰知錢
塘縣又是利害哩又真乜像个秉公辦事不肯狗情
的哩㗎他說奸由婦人口　這呈詞歧得緊騰乜
此案只有秉公辦　不能屈法庇令親　尊大人現
在居坊面　老大哥不日臨萬氏　若是遇事狗情
面　豈不把皇家律例付空名　小弟自從到貴處
最惱地方有奸情　令親還是个貴公子　本來

做事太不應 老大哥要帮我均風化 纔像一方
正氣大鄉紳 不是大胆敢方命 実在關係弟考
承 且等小弟詳出去 老兄再向上司求府尊回
錢塘縣一席話說得一雄沒處開口了一雄出來回
覆郎用 郎用沒法只得又賣了二百畝田央人去送
後堂禮兒錢塘縣得了項 起初的利害一點也沒有
了 把胭脂虎審成誣奸 發落完案郎用贏了官事花
面兒一班又來替他謝神道喜 但這郎用的出不過
七八百畝 此時已剜去一半 來望閒七花面兒勸道

玉如意 第四回 五 寶章閣

大爺虧他做甚麼 少不得早晚做官有救本處哩 回
本來要走取人的 先要把些送與人 他升明做乖
把我學 我家發揚之時照樣行 雨小雷大勢子
惡 虎頭蛇尾好收蓬 這是一切做官的訣竅
不但賭博與奸情 大爺記着這个經紀訣 加其
價來做經營 線兒放長魚兒大 丟吊蝦子捉久
釣到鯉 回說得郎用又歡喜起來了 日夜望官報來
豪轎子也買了 新蟒袍也買了 這是巧兒已去三个
多月不見消息 尤氏也十分着急 恰好錢一雄着人

進京打點選用 郎用便托他討信 又一个多月錢家
人回來了 說道細查部捐班次並無姓郎的人 郎用
聽了吃驚不小 向尤氏說道 咱 難道他勾我出門投
了 難道他走到半路病纏身 難道他與河裡
面遭風浪 難道他山東路上遇歹人 左一想來
右一想 想不出他耽擱爲何因 料然巧兒只个
赤胆忠心僕 斷沒甚麼拐逃走失情 咱 尤氏所得
更吃驚不小 他肚裡也有个鬼胎哩 咱 郎用愁的捐
官以 尤氏愁的放債銀 拿着一个紙帳兒翻

玉如意 第四回 六 寶章閣

來覆去又翻七查一遍 个个名下有花押 張七
紙上有年庚 既有欠票爲了據 自然認票不認
人 我但憑票討錢料想討得出 便沒有巧兒也
賴不吊紙上名 回尤氏一想 便等不得巧兒回來 另
着一个家人開賬去討 這家人奉着尤氏命 照着
田地坐落問庄名 問來問去問不出 此地並無
這个人 甚麼張三壓田借了一二白兩 甚麼李四
抵產借了三百金 原來都是假捏票 填的鬼姓
與鬼名 止有一張欠票是真的 有个者佃戶借

了三千文自家人叫來一說氣得尤氏目瞪口呆手
脚亂戰真正怪不得他氣呼這他揭了半世的腤鬼
他做了半世的苦人　積聚了幾千兩私房賬　誰知
睡裡夢裡抓在心　只說針鈎子也鈎不去　誰知
一火搭被他搭得打光精　打了半年盞飯米　只
夠一頓臘八酸粥齋了他　倘然包七札七收在箱
子裡　料然長不起翅膀飛出門　也是貪心不足
圖生息　致得遭精折麵盡了根　人家婦女有積
蓄　最害倫七歸七借與人　拏到紙票不識字

玉如意　第十四回　七　寶章閣

任憑當个烏龜癩鱉不分清　他還團得好七的
把他只分家貪細在身　豈知票子算不得銀子
算賬掃來討賬貧　試看尤氏上了人脫騙　只得
捧住一个紙賬匣　哭道我的銀呀我的銀　你那
裡去了我的銀自事到如此只得鬧出來了鄔用听
得搖頭不信說道豈有此理巧兒不是只種人尤氏
記得巧兒有四五个箱籠寄頓在自己房裡因把鎖
撬開了看時都是些磚頭瓦塊尤氏一頭哭一頭罵
道這个狗肺狠心的好毒計呀鄔用看了也氣得目

瞪口呆知道真七上了騙了捐官落空不必說了這
正是世人莫道江河險　不及人心險五分　班安
路上遇騙子　可知鄔用家裡騙子更成精　他有
偷天手法遮人眼　他有瞞天謊話哄人心　如今
踏破關捩子　纔曉得從前幾括用得深　可笑鄔
用夫婦沒眼力　日朝把他當好人　巧兒長來巧
兒短　果然巧人巧計不怪巧兒名　始知用巧不
如用拙穩　大凡謀事總由巧字根　自鄔用夫婦這
一件事真七氣得不可分解了這鄔用氣得要臨屏

玉如意　第十四回　八　寶章閣

尤氏氣得頭發昏　鄔用氣得爬不起　尤氏氣
得瘋病生　本來肚內有底氣　借鼻孔出氣亂罵
人　巧兒一人犯了法　就像个七家人有罪名
爬不動冬瓜瓠瓢子　打不着蛇打草根　拿着別
人來撒氣　叫做巧兒的替身自尤氏平日待下人
本來刻剝這回氣得發瘋揮着便罵惹着便打把房
裡一个丫頭逼着吊死了真七晦氣到了不是一件
双弄出人命來了再要經官又不知要花費多少銀
子不如私和了罷原來這丫頭沒有爺娘但只開箱

處也不少哩嘷丫頭有个堂叔子　是个正經苦主
頂面針　丫頭有个嫡娘舅　是个外拐苦主旁插
盆　丫頭有个晚老子　是个濕沾苦主類花精
苦主剛七安頓了　還有多少雜項要派分　一項
派的是地保　二項派的是凹鄉　三項派的是鄉
約　四項派的是街兵　這四項是有名的　還有
多少沒名沒色把手伸　原來人命私和和不得
个七安來發詐聲　私鹽包是人都要拏把柄　軟
艄子是人都要捻膿根　吃生飯的魍魎兒　爭野
錢的草鞋兵　你也裝來伸个腿、他也要來抆个
唇　剛七把些孤魂退去了　又來了个公報私仇
的野牛精曰閙的牛走來大鬧道好呀禁城裡面私
和人命難道又是假的鄔用此時已用去若干銀子
怎肯又鬧到官只好央人把銀子與野牛買他个不
開口此事共討算來化了一千五六百銀子把所存
四百餘兩田賣了鬧七盡手此時花面兒一班漸七
不來走動了二小姐處前日為賭博事着人來問候
幾次此番又着人來請閑茶入解悶茶入正在氣苦

便在縣與去了只裡鄔用沒錢使用打算要賣房子
此時鄔用的叔父已死堂兄鄔有來勸鄔用道房子
是个架子不可賣的賣了你存身何處鄔用道嘷我
手中沒有錢利鈔　空住一所房子不稱應　既然
箱子裡沒有貨　何取外面好看誇擺盆　捧着鉢
碗討飯吃　教我滴水全無怎的靠乾盆　我把房
子賣去了　暫借祠堂去安身曰鄔有道伯父棺材
還在家裡也要鬧七熱七先行安厝了纔好賣房子
哩鄔用道嘷上人不保佑我子孫好　子孫那有光
輝去替上人增　只好說事且論事　扯到田裡便
安盆　你是有錢的說話一　我是沒錢的章程　你
既勸我不賣屋　我便尋你做个債王人曰鄔有听
了開口不得鄔用因把房子說成了變價銀二千兩
約定次日銀契兩交誰知天理不容當夜三更時分
失火燒起來了好火燒利害呀嘷只听得呼七哈七
是風响　膈七膊七是火聲　廚房裡面起的火
接手便封了鄔用臥房門　夫妻兩个睡呆了　忽
從睡夢之中驚起身　鄔用搶了一个衣套子　尤

氏御隻鞋子一隻存　冒烟逃出兩条命　燒盡尤
氏髮鬓根　廂屋燒了燒正屋　大廳燒了燒小廳
鄔用窮得要請會　撞着个紅鬍子請會单把鄔
用籌　輪到衆人來救火　鄔家早已化灰塵〔白〕却
有一樁奇處〔唱〕四圍團匕都燒盡　止有鄔公靈柩
的三間屋尚存〔白〕這也是鄔公做官清廉所以神靈
呵護自起來天道真毫髮不爽哩可見鄔用敗家是
自作自受與上人無干要時閒將田地房産一些早
也沒有了〔唱〕這纔是東扯西扯張西扯　六十年財

玉如意　第十四回　十一　寶章閣

主三家分　世上銀錢是呆數　大家輪做收管人
夜來頭上有亮月　料不準明朝陰與晴　只道
開花時節多熱閙　霎時滿地落紛匕　請看鄔用
敗家子　弄得家貲打光精　算來不到三年話
像个湯潑雪來風捲雲〔白〕鄔用夫婦便在燒存的三
間屋裏栖身想起來他從父親死後並不曾伴个靈
柩如今要算他補做孝子了當下身邊止留一個細
了頭其餘家人听其各自謀生四散去了閔恭人在
嘉興听得此信哭个不住二小姐勸慰道母親兄弟

與弟媳性情乖張夫意要磨折他一番育可改變毕
甚得爹匕靈柩無恙便是天理昭然可據此時不必
爲他們憔悴女兒看來正是可喜可賀之事極則必
反等他們自作的罪孽受盡了還要商爹匕的遺福
哩當下二姐只着人過來問慰了一番其外沒甚饋
送鄔用夫婦自燒過之後嚇得要死又氣得要死自
下本來沒錢使用更兼失火之後一切都沒有了鄔
用想道二千两房價雖然未曾到手而陝停柩三間
屋尚可變賣因而又四下請人說合事有奏巧賣了

玉如意　第十四回　十二　寶章閣

一百兩銀子當時鄔用夫婦搬入祠堂安歇將鄔公
的棺木亦寄頓祠堂裡面誰知房價到手不多時都
用完了你道爲何哩〔唱〕店賬還去數十兩　衣裳被
盖又置用了幾十金　竈裡物件都要買　家中傢
伙又要置幾名　米粮一粒都沒有　還有許多的
使用記不清〔白〕鄔用夫婦自房價用完之後在祠堂
中衣食不周他夫妻兩个自然要收些苦楚了〔唱〕鄔
用夫婦人兩个　祠堂裏面苦凄凉　他手中往常
用慣的　如今一个錢兒沒處尋　他嘴裡往常吃

慣的　如今半碗飯兒要求人　他身上衣裳穿慣
的　如今兩片布兒不遮身　慣窮之人窮不怕
他付窮骨頭平日磨鍊成　暴窮之人窮難過　渾
身脫骨與柔筋　陡然跳了窮把子　眸口兒嘮乜
叨乜出許聲　白鄔用問老婆要銀子用　老婆回說沒
有　鄔用道　近年以來我家銀錢都是交給你管的　唱
我把你當做金不換　教你一日托千金　原怕我
土地老兒不是把財鬼　要靠你看財童子做護法
神　自從賬目到你手　我不曾盤查問一聲　就

像个黃楊木年乜倒縮縮　縮到如今跳了根　白尤
氏道　我管賬目我不曾誤你事　唱我也曾有些私
積聚　留个算盤做後程　都是你痴心捉月想官
做　白日談天準我做夫人　你已分送了三千兩
騙我慣吊一千金　如今若有千金在　也還療
乜的驚兒抓雞稱　白鄔用道　呵嘴你的積　不止一
千金　單其餘那裡去了　唱你紙匣子藏乜的　爲何
有紙有票不討銀　你磕頭送了別人去　搦住鼻
子不做聲　丈夫用了你錢幾个　你便放在嘴裏

墊舌根　鄔道　巧兒替你放哂賬　紙上欠戶也是
我鄔用的名　白尤氏被鄔用說急了　罵道　天殺的　你
把家業弄完了　來和說牽誆哩　唱你賭起錢來　沒晴
夜　都了拜墊磕頭送與人　就像孔夫子的被囊
子　只見輸來不見贏　你吃起酒來　沒天地　恨
不得鑽在酒罈子裡方稱心　就像豬八戒的簇奚
嘴　不知酒味吃人參　爲着十个甲頭癢　賭吊
銀錢算不明　爲着三寸吼嚨癢　吃吊的銀錢算
不清　爲着兩隻膝灣癢　東撞西跑要子吊的銀

錢更記不清　都是你自作還自受　弄得今朝赤
手　白鄔用道　說起來這家事就不是我个人弄完
了　唱人命是誰逼出的　是你心毒手毒亂打人
若是待人能寬厚　自然上下相安沒事情　火燒
是誰惹也的　是你身懶嘴懶不担心　若是治家
能勤謹　自然夜乜竈前打掃清　一个毒字送了
我四百畝　一个懶字送了我二千金　我零碎祈
糖猶自可　怎禁得你兩个大瓜齊結在稍藤　白尤
氏罵道　天殺的這家業就是你弄完了的　唱人命火

总是天數　年災月刦不由人　你頭一件官事打
賭博　第二件官事打奸情　一塊好田送了胭脂
虎　一塊好田送與野牛精　兩件官事丟了太元
氣　惹出捘乚連乚晦氣星　你本來是个窮命鬼
致得棒打失時人　自郎用道我的命却本不窮哩
唱我郎家花乚世界　都壞的你這个八敗星
自從嫁到我家裡　沒有一日得太平　像个王婆
乚駡街虎　就像田三嫂攪家精　人家老婆娶得
着　一家的柱子靠他撐　人家老婆娶不着　一

玉如意　第十四回　十五　寶章閣

世的業賬累殺人　我郎用好乚的日子　死在你
雞眼裡不翻身　自尤氏惡起來大罵道你這个天殺
的郎龜却丧良心哩　唱女人還他多有用　抵不到
丈夫脚後跟　你是當家男子漢　頂天立地要你
長子去當承　我只好現成飯來多嘴舌　現成睡
來閉眼睛　隨夫貴來隨夫賤　女命從來靠夫星
跟着叫化做叫丐婦　跟着官人做夫人　你把
人家弄完了　連累老婆受苦辛　老婆不來埋怨
你　你反把惡語來相侵　你抬塊西瓜皮攤在屎

缸裡　買个戲臉子遮在你見不的子形　一个老
婆養不活　枉把張人皮被在身　不知我那世裡
該晦氣　跟你只窮命鬼來活遭瘟　就罷了時常
淘哭　瘟烏龜死烏龜爛烏龜臭郎龜駡得不住聲
自郎用見老婆哭个不住轉弄得沒法只得反來勸
他道唱我也不來把你怪　你也不要把你嗔　從
前大家圖灑落　兩担乚錯最公平　如今生米成
熟飯　埋怨也是空頭星　除吊死法想活法　我
們還要大家商議過光陰　自尤氏越發大哭大駡道

玉如意　第十四回　十六　寶章閣

我和你沒甚商議　自瘟烏龜我要飯吃哩唱你不能
叫我痴着肚子來度日　自死烏龜我要衣穿哩唱你
不能叫我漏着奶傍去見人　句爛郎龜我要梳頭油
哩唱你不能叫我秃着頭髮做个蓬頭鬼　自臭烏龜
我要裹脚布哩唱你不能叫我赤着雙脚學那觀世
音　你把樁乚應點我　我便諸事開交不理論
若有一件不稱意　我和你大鬧大宮不得清　鬧
遍仁和錢塘兩縣界　鬧上杭州五城門　你的商
皮不值甚　替你祖宗三代出盡醜態現清形　唱郎

用所得越發沒法只得叉奶七長奶七短的來奉承他道白奶七唱只怪我問心自不是白奶七唱只怪我開口錯怪人白奶七唱本是掌財的　只怪我敗家浪子學燕青　奶七本是命好的　只怪我周瑜連累大哥身　奶七好歹不要鬧　外人听了不成形　如今屋少來房舍淺　出門便是大街心　這說道鄔用夫妻鬧不過　陶聲台氣不安寧白尤氏見鄔用下氣於他越發放開喉嚨來大鬧道唱人到窮時不要臉　大家破開臉來鬧頭巾　柴米夫妻

常說的　有甚麽一夜夫妻百夜恩　有柴有米合得好　沒柴沒米噪不清　你怕外人听去了　我正要四路掛榜鬧與外人听白鄔用急得沒法呱下來道是磕頭尤氏方才住了鬧說道既然如此你的活法兒在那裡鄔用道我自有法你平七氣歇一會兒听我說就是了

終

第十五回

冰山見日錢布政犯法抄家

枯木逢春郝狀元省見歸里

郝說鄔用見老婆哭个不往弄得沒法反來勸他道唱你也不必把我怪　我也不要把你嗔　從前大家圖快活　不曾打个算盤想後程　如今生米成熟飯　埋怨也是空頭星　曉得遺尿夜不睡　這晦氣話兒說得裹勞神　除吊死法想活法　我們還要大家商議過光陰白尤氏住了哭說道有甚麽

商議我又沒有娘親爺故沒處想活法兒鄔用道不妨我到二房裡哥七嫂七處或米或錢借他些來再作道理鄔用說着便往二房裡來原來鄔用的叔子此時已死了鄔用便向哥七道及來意他哥七說道兄弟你如今也認得哥七麽唱你有好酒與好食只請你的好友朋　何常有个水點子　順便灑到你弟兄　弟兄原是沒用的　不怪你丟在腦後根為何有時也用着　陡然認得自家人　你好酒好食請別个　少柴少米上我門　你有你的好朋

友　休把我只个沒用的哥七來找尋曰郎用被他哥七搶白了一頓開口不得呆在那裡他哥七又想道到底是自家兄弟沒奈何不好回他當下走入裡面去這兒郎用的嫂子接着丈夫問道大房裡叔七今日來做甚他哥七說道兄弟家裏斷了頓要借幾吊錢哩他嫂七听了這句話便說道好想頭呼唱他往常避的些日子　夫妻兩个快活到九霄雲　男人從不管家務　女人懶得不成形　把个家貲庐完了　要來纏答自家人　我家銀錢不是容易的

都是骨頭上磨錬成　我起早睡晚吃了千萬苦　把他大潑小用去稱心　他家從前做官府　娘根裔粹比我勝十分　如今自作還自受　我不是他家的塾空人曰他哥七說道雖然如此到底兄弟分上不好意思他嫂七又說道甚麼叫做兄弟唱他家也有親姊妹　待他何嘗有點情　同胞的骨肉尚如此　你道隔壁賬的兄弟淡煞人　二十五里路鐃响　隔層肚皮算不得弟與昆　那个能夠顧那个　這好各管各的自家門曰他哥七又說道怎

好叙他空七回去就沒錢也量幾斗米他七嫂七又說道你量隨你想起來我何必做甚麼惡人哩唱我替你把个人家做　一个錢恨不得穿在筋　你不把東西來偷事　动不動就要做人情曰啐我有法唱你顧你的奸兄弟　我顧我的娘家人　大家把个家貲作完了　替你這个窮鬼弟子一般形曰他哥七聽得痴着張嘴不做聲了他嫂子便出來對郎用說道叔七適才你哥七說你的來意躊躇了半晌沒處替你想法叔叔我如今手頭你曉得的唱我公

公一死花消重　連日虧空急煞人　各家店賬來歸處　討債的主兒不離門　不是手長衣袖短　斷不叫你空回程　你沒得曉得沒得的苦　不要揀這淺水來下魚哥曰郎用見他嫂七回他哥七又不出來再要開口想也無用只得起身回來出得門心上越想越氣他想道唱我與他一筆寫不出兩郎字　說道天虎還是自家人　就是張三李四來兑借　尚且人有見面情　自家兄弟開了口　你把門關得緊騰七　雖直有个大出手　夠養弟子過

一生　到底沒得多來有个少　也算哥〻嫂〻的情分　你偏〻有張凶兇子　專在家裡殺窮人曰鄔用想道哥〻的意思還是有的只是嫂〻做主間我的唱人家兄弟是好的　老婆一變變了心　別人說下靈天表　抵不到老婆哼一聲　本來說的話中聽　世上有幾个硬耳根　爲人不听老婆話　除非是个鄙野人　老婆答應說道肯　心肝五腸爬與人　老婆搖頭說不肯　牛身上休想拔他毛一根　宣把飯後鍾話旧朋友　老婆的穿洞

鼓是要打得靈　今朝不是嫂〻狠　難道我哥〻恁無情曰鄔用又想道只老婆一關原是最難打得過的唱你帶他合着油瓶蓋　他歡天喜地過光陰　你替他打着反巴掌　他啕聲合氣不安寧　任你是个好漢子　也做得你伏〻降了心　將心比心莫把別人怏　我也是个山下過來人曰鄔用一頭走一頭想走到酒店門首只听得裡面有人猜拳賭酒聲音好似相熟鄔用向裡一望原來五个人都是從前來往的朋友鄔用想道我肚裡正餓進去擾他

們一頓也不爲過鄔用當下走進酒店門來你道只班人甚麼待他的光景唱一个摺轉頭來朝裡向，一个稀〻歩兒往外行　一个低頭故意來觀看　一个洋推酒醉打磕睡　止有一个老朋友有情意　還把鄔用叫一聲　從前叫的是公子　如今只把老哥稱　叫聲老哥請坐〻　你好壞的嘴食分　若是早些到一脚　添雙快子奏現成　如今殘餚與剩酒　不好意思虛邀人　那人說了還坐着　通棹上沒有一个起〻身曰鄔用看見只个光景

肚裡作氣便對他們說道諸位在此我鄔用有句話兒與你們相商唱你穿我衣裳說不起　吃我酒食算不成　也有該我賭錢賬　也有欠我沒利銀　常言我好你也好　有來有去是多情　我鄔用如今窮完了　諸位要幫襯我今難中人曰那班人听見這話一個說道你見鬼了我少你甚麼銀子又一个說道青天白日在這裡做夢哩又一个說道不好了窮得發起詐來了又一个把酒盃一推跳起來說道他詐我我還要詐他哩他少我的銀子多哩鄔用所

得臉都氣青了跕起身來也要發詐還是那个老朋
友向前勸道不要動氣大家是家裡的兄弟惹人笑
話酒保再打四兩酒來暖些替鄔老哥陪禮酒保
打得酒來鄔用那裡肯吃那人再三苦勸鄔用只得
坐下那人就道鄔老哥你聰明一世懞懂一時了我
如今把句老實話替你說个明白〔唱〕從前我們奉
承你　一不是奉承你个人　因你手中有錢鈔　所
以少爺公子叫連聲　世上要人奉承的　原要下
點本錢去做人　世上奉承別人的　原要圖點利
息自肥身　你所有的是錢鈔　我所有的是奉承
拿我奉承換錢鈔　這筆扯直的舊賬算不成〔白〕
鄔用所得到弄得沒處開口那人笑了一笑又說道
鄔老哥想起來這筆賬我還不肯替你扯直〔唱〕你銀
錢是家裡現成的　不要你勞力又勞心　我們這
个做篾片　說起來寔在苦煞人　吃酒總在末席
坐　走路總在後頭跟　看人臉色去說話　都要
有雙快眼睛　遇到大老官喜時節　就是滿肚子
作氣也要開笑聲　遇到大老官腦時節　就是滿

玉如意　第十五回　六　寶章閣

肚子得意也要揩眼淚　奉承主人也罷了　連他
的小厮總是陪小心　只知道强盗吃酒肉　可曉
得强盜受罪時　拿你現成的錢鈔　換我苦楚的
奉承〔白〕鄔老哥〔唱〕不是我今朝說笑話　這筆賬你
還該貼補我幾文〔白〕鄔用所得到笑起來了那人道
何如我是天上降下的化解星幾句話把你們的氣
都消弔了大家從此丟開罷鄔用當下沒法只得別
過出了酒店心裡想道只班人真真相與不得的〔唱〕
他渾身萬个是沽字　全不記別人恩不恩　他要
吃我用我的　就像我的家貲本該有他分　我要
吃用他半點〔白〕你看呀〔唱〕今朝四兩酒還不是本心
他吃了菓子忘了樹　過橋便把橋板推在河中
心　我叔子從前原說過　我只道他刁唆我朋友
生　那知我老人說的話　个个字是對病來下針
真真是酒食朋友朝朝有　急難之中沒半人〔白〕
鄔用回到祠堂尤氏接着鄔用便把嫂嫂回他的話
說了一番尤氏道你的沽法兒又死了鄔用道不妨
我的沽法多哩我沒有好族還有好親哩〔唱〕我一个

玉如意　第十五回　七　寶章閣

姐夫候選知州既　一个姐夫狀元新貴人　我鄒
用還算个窮鄉宦　不曾到借貸總無門　白　尤氏道
鄒家雖中了狀元你與他有點心跡不可去你只向
錢姐夫家去罷我想這條路有點穩氣我可寫包票
與你　唱　你當初想到二房去　本來錯打定盤星
貧人口裡去討食　他怎肯把頸項裡錢送與人
空頭棋子走不得　到底要見兎去放鷹　錢家這
个大家業　你要寶貝原該海龍王家尋　況且太
姑娘本來與我好　不像你那一不賢嫂七太無情　白

玉如意　第十五回　八　寶章閣

鄒用道你說得是我如今就去　唱　鄒用又把祠堂出
要往錢家走一趟　一頭走來心中想　這條門
路穩十分　捧着一本化緣簿　到底要過个施主
纔齊偕　大人做事不得小　出起手來總不輕
數自我也不多說　不要一太斧鑿得腦漿淋　留
个地步留下次　只借銀子五十金　十兩辦脩還
店賬　十兩辦脩贖衣襟　其餘買些柴和米　夠
過一寒與一春　數着菓子裝盤子　也要這个數
日纔得夠支分　不是我架縫來術權　本來拿穩

在手掌心　眞七一人不及二人智　我夫妻兩个
的算盤打得靈　白　又想道趕速些走趁早回來還有
件要緊的事要辦嘿　唱　我想諸事還可緩　惟有一
件事要趕今朝行　先拿一兩銀子不算數　俗个
衣舖開七心　起水鮮魚買兩个　五花猪首買三
斤　再打一壺好陳酒　夫妻兩个吃得醉醺七
不是我苦中想作樂　黃栢樹下還弹琴　本來這
張油嘴熬得久　今朝借他算命要開葷　道要鷹
嘴鷹腳抓到吃　那小算盤我是一世打不成　白

玉如意　第十五回　九　寶章閣

吩我忘記了　唱　不曾賒會老婆子　預先把个鍋寵
打洗淸　白　鄒用一路打算十分得意看七前面已望
見錢府了這見錢府大門外擁七擠七有許多軍兵
簇擁在那裡　唱　鄒用噴七來稱羡　到底像个大鄉
紳　又是何處官員來拜見　不是府縣就是營
天七這个鬧熱樣　此有司衙門勝十分　我鄒用
今朝來到此　要算宰相門前有窮親　鄒用正要
將門進　被那把門的軍兵劈頭喝一聲　白　鄒用正
待進門那把門的一夥人大喝道那裡大胆的狗頭

敢來拚門拏下了鄔用嚇得一跳魂都落了急退轉
身向就近店口等一个人去問他个緣故那人擺乚
手抵聲說道不好多嘴的事你快乚走開去罷鄔用
摸不着頭腦又不敢開口痴着張嘴只得擱身打回
了〔唱〕鄔用打轉路上想　眞乚天緣不湊人　我十
拏九穩來借銀子　不曾得進債主門　叫我摸頭
不見講　撞的是班甚麼惡鬼神　把个算盤珠子
激平了　只求財卦打得又不靈　世上那一件事
拿得準　預先打算總是妄想心　空頭廠着鍋蓋

子　等米下鍋是不能　求是興頭巴山虎　奈得
个落湯雞子轉回程〔白〕諸事罷了只是我這張嘴又
替他錯算了命了〔唱〕只說他好運今朝到　誰料他
當頭坐着五鬼星　把个剩的飯碗拇潑了　脫他
饞蟲子裊出有半升〔白〕嘴呀嘴〔唱〕你把口饞唾咽
下去　替我致意五臟神　教他不要空指望　還
道好細粮子粥管本分　不是我有欸竟無請　本
來只酒席辦得不應心　我且把脫空謊兒說一次
做个禮缺後補情〔白〕想起來是我不是〔唱〕我且等

頂兒到了手　再想辦事也不遲了甚時辰　銀錢
還在鏡子裡照　便要買東買西肥嘴唇　隔壁人
家粿粽子　三个四个那个有我分　說甚麼鷹嘴
鷹腳抓到吃　痴嘴都是說嘴人　到如今枉把頭
兒想尖了　纔曉得別人的錢財叫不靈〔白〕我老婆
還等着哩他寫包票與我的讓我要他一要鄔用進
得祠堂尤氏接着問道借到銀子麼鄔用不做聲尤
氏又問道這回想是有的了鄔用這不做聲尤氏罵
道天殺的〔唱〕還是有來還是無　爲何氣總不見嘆

一聲　我看你臉上像借隊大麥　嘴上剩好掛油
瓶　難道又是白星曲　兩个拳頭空把程〔白〕鄔用
道這回到不是空轉來的哩尤氏又罵道天殺的〔唱〕
既然不是空轉來　料想已經借到銀　你還不快
拿出來買柴米　只管裝甚麼假斯文〔白〕鄔用道銀
子是沒有尤氏又罵道天殺的〔唱〕既然不曾有銀子
爲何又說不是空手轉回程　不曉得你葫芦裏
賣的甚麼藥　快替我徹底澄清說个明〔白〕鄔用道
我替你說罷手裡是空回來的肚裡却是飽了尤氏

罵道天殺的東西【唱】你只管你肚裡吃得飽　不管
你老婆餓得心裡疼　銀子既然借不到　喫他碗
飯也醜煞人【白】鄔用道我的飽到不是吃的飯哩尤
氏道不是飯難道是草　鄔用道不瞞你說我氣受飽
了尤氏又罵道天殺的你說嘴的口【唱】你說你鄔家
還有好親眷　只个好親戚你爺　不借銀子也罷
了　到把一肚子惡氣奔送做人情【白】鄔用道那裡
是受的錢家氣我何嘗進他門的尤氏道又來了你
去做甚麽爲何門都不進鄔用便把適纔要進門被

玉如意　第十二回　十七　寶章閣

些甚麽軍兵喝阻的情節說了一番尤氏听得走近
前來向鄔用臉上一啐說道【唱】怪道你姓名叫鄔用
眞乜是个無用人　就是門前有攔阻　也該問
个皂白與清明　難道你把威風就倒了　被他一
喝就喝退了麽【白】鄔用道你罷【唱】你那裡曉得勢頭
惡　你到說得嘴不疼　看人担乜不吃力　媽乜
家事曾在家裏做囚神　我也曾找个人來問他
教我不可亂開聲　說是多不得嘴的事　料想其
中決有重大情【白】夫妻正在鬪氣這見看守祠堂的

人從外面來說道街上喧傳說錢布政家抄家哩夫
妻兩个听了把舌頭一伸說道原來爲此就不做聲
了且說錢家爲何抄家原來錢通在布政任上貪賍
無厭有人告了御狀那時陝西督撫恐怕事發連累
他便逃他一程題奏了他許多條欵朝廷大怒一面
着錦衣衛帶了二十條練子到陝西鎖拿錢通進京
問罪一面傳旨意到浙江巡撫處着他抄沒錢家
家財那錢通竟問成死罪立刻處斬這種做官的道
德死還不必說他再說浙江巡撫奉了聖旨點上本

玉如意　第十二回　十三　寶章閣

部下數百名軍兵怕乜來錢府將前後大門把守得
鉄桶相似你道那時錢公子在家做甚麽哩【唱】公子
坐在大廳上　高聲吩咐衆家丁　看着幾个送租
的　拿加一斗與他的筋　若還要我打完字　連
一升半合要我零　押着幾个少錢的　限在今朝
要找清　本乜利乜不消說　連過月錢不許掛分
文　佃户欠户把頭磕　求叫老爺開乜恩　今年
乜歳不大好　放我小人暫過門　公子見說心大
怒　放屁連乜罵幾聲　我銀子等着要滿庫　租

谷等着要封囤 錢府債豈是少得的 休想拖欠
半毫分 衆人依然把頭磕 又求老爺開乜恩
老爺當看做好事 修福修祿修子孫 公子一听
心大怒 不要小人來奉承 我錢家福是現成的
我錢家祿是二十分 世乜代乜杭州裏 讓我
錢家做鄉伸 你兒我也兒不到 你保佑我也不
稱心 公子正欲發雷怒 來了門公報您情 叫
聲公子不好了 有許多官兵帶了鉄繩來鎖拿人
白公子嚇得一跳 正要問个緣故只見撫台轎子已

玉如意 第一卷 十四 寶章閣

到廳上一聲吆喝纔把錢家人口無論大小男女都
鎖押着然後一乜搜查得來這番抄沒好不利害 唱
撫台奉旨來抄沒 囑咐錢家前後門 一切人口
都鎖押 不許放走一个人 連那幾个送租少錢
的 也跟在裡面套鉄繩 還要一乜來搜撿 怕
有夾帶藏其身 前廳抄到後廳屋 左房抄到右
房門 上面拆去天花板 下面翻起滿地屏 箱
兒籠兒都搬去 櫥兒櫃兒看分明 家中處乜都
搜到 還恐夾墻裡面有藏銀 白這錢百萬名字眞

眞名不虛傳你道他家抄出多少東西來 唱 撫台吩
咐開单子 一樁一件都要報朝廷 多少珠來多
少玉 多少金來多少銀 多少衣裳與飾首 多
少帳幔與衣衾 綾羅綢緞多少疋 絲綿蔴絮多
少斤 珠寶細軟都抄過 還有精工器皿要查清 幾
幾百个桌盒金鑲玉 幾百付盃托玉鑲金 幾
百把酒壺茶壺廣錫好 幾百个香爐火爐古銅眞
犀角杯子幾千个 象牙快子幾千根 精工器
皿數不清 連尿鱉都是足色好紋銀 精工器皿

玉如意 第一卷 十五 寶章閣

都抄過 還有粗重傢伙要查明 紫檀香几乜乜
好 花梨坐椅張乜新 滕穿的涼榻材料細 木
磨的棹子工夫深 珊瑚衣架紅似火 水晶屏風
照見人 粗重傢伙數不盡 連則缸都是頂好碎
磁紋 粗重傢伙都抄過 還有米粮貨物要查明
幾倉子麥子飛蟲出 幾倉子白米蛆虫生 幾
千包浙鹽白又白 幾百缸膽醬味上陳 米粮貨
物數不盡 連棚椒也有三百担的一大囤 米粮
貨物都抄過 還有騾馬牲口要查明 東馬房養

的赤兎烏錐馬　西馮房拴的黃膘海騾青　幾百
條水牛大似象　幾白个綿羊高似人　騾馬牲口
數不盡　連房狗也有幾百个帶金鈴　騾馬牲口
抄過了　還有田地房產要查明　高田低田幾千
頃　租衝堆起一丈零　大房小屋幾千處　估了
杭州半个城　田地房產都抄過　把兩張十字封
皮封了門　撫台收了抄单去　立刻寫本奏朝廷
可憐錢家一个大家業　到今朝連泥也沒有半
毫存（白）撫台把錢家抄單申奏朝廷朝廷見錢通家

玉如意　第十三回　十六　賣章閣

財太多說貪賍之罪死猶不足又發部議要將他兒
子問罪帝部議從覽奏道罪在錢通與伊子一雄無
涉但伊千加捐知州此銀亦從貪賍而來理應革去
官銜斤為平民朝廷準奏即刻又降旨將錢一雄知
州之銜革去此時錢家夫妻兩个弄得上無片瓦下
無立錐只得搬在鄉間去住乃是舊日與佃戶住
的兩間草屋因為不成个屋故此抄沒之時遺落下
來兩口兒住在那裏甚是淒凉苦楚道錢家的窮法
倒也窮得爽利真乜昨日今朝大不相同了（唱）昨日

住的高堂屋　今朝茅草蓬子沒得門　昨日睡的煖
床榻　今朝竈板床上斷了楞　昨日蓋的十錦被
今朝蓋碎棉袋狗爛筋　昨日穿的綾羅襖　今
朝穿的舊布褂子上補綻　昨日坐的軟藤椅　今
朝坐的沒腳板橈倚壁根　昨日吃的珍饈味　今
朝粥粃子湯當點心　昨日廚子辦筵席　今朝缸
鍋箱煨烟薰眼睛　昨日家人捧茶水　今朝洗臉
沒有木面盆　昨日不知今日事　今朝不是昨朝
人　就是錢家窮得快　他還捱了二三春　誰料

玉如意　第十三回　十七　賣章閣

錢家這窮法　更比錢家爽十分　况且一雄是个
刻剝種　爺兒兩个一樣心　當初他在時頭上
目中何嘗認得人　輪到目下運倒了　个乜听見
喜十分　說道如今天理近　阿彌陀佛念連聲
只說這小忘八狠一世　一樣的帶我一般形　一雄
走道街上去　前指後戳有駡名　一不講兒郎與借
貸　併起沒處開口去告人（白）此時錢一雄真乜走
頭無路了心裡想道前日都逆標中了狀元送報條
到我家來我還沒有去恭喜今朝借个恭喜名色上

門走匕又想道從來沒有上門一个人不好天與鄔
用舅子同去豈不是好 主意定了就走往城中而來
唱 一雄走到街坊上 舊宅房屋何前存 一雄看
見嚎啕哭 幾千間房屋沒有分 我父親起造這
个屋 雕梁畫棟費金銀 樓閣廠廳起得好 樣
子用的雙倍餉 那知替人來起的 如今狗咬城
墻塊磚沒我分 白 一雄傷感了一番又往前走可憐
晦氣又來了 唱 一雄剛匕往前走 撞着前日送租
人 劈面就把一雄罵 你只个錢家小因根 你

家犯了抄家罪 連累我也鎖鈇綁 你收起租來
狠不過 一升半合不容情 今朝你田地那去了
殺你那今加一斗用不成 螃蟹落在魚翁手
看你今朝可橫行 說罷了將揮拳打 早把一雄
臉上已打青 虧得旁人來解勸 兎子飢鷹孫漢
走脫了 神 白 一雄走脫了心裡想道這是那裡說起
行走行走三分晦氣也罷我有我的正事不帶他計
較罷 唱 一雄又往前頭走 想起從前也不應 我
本來結住眉毛竏 致到他今朝眼上起浮雲 我

肯把他放鬆些 何至狹路相逢難過門 一雄正
在心頭想 又撞着前日少錢人 一雄看見嚇一
跳 只人又是對頭心 白 還算一雄造化那个少錢
的性子不像那佃戶暴躁 唱 他開口便把公子叫
你有甚貴幹要進城 前日我該你那筆賬 本
匕利匕總現成 曉得你錢府債不是少得的 怎
敢拖欠半毫分 你只把紙票查與我 我立刻當
面交代清 白 你想一雄抄家之後只紙票那裡還有
一雄聽得是句好話連忙作揖道大哥前日事不要

提罷得罪大哥請到城中買茶陪禮那人見一雄小
心招陪便不做聲去了一雄見那人去了方才放心
說道這又從那裡說起 唱 你聽這个人說話 字匕
句匕綿裡針 那硬拳頭打在浮面上 抵不到那
軟尖刀戳得深 世上偏有只等凑巧事 剛匕撞
到這兩个人 常言說得被蛇咬 看見条草繩嚇
一驚 我結的冤仇木不少 不要走到前頭又討
村 不如放開腳步走 快匕走進祠堂門 白 一雄
走到祠堂門首正要進門這見鄔用從裡面出來見

丁如天請進去一雄請出尤氏見過一禮然後與鄔
用敘賓主而坐唱姊舅兩个東西坐　失時人對落
泊人　鄔用把久違道一句　一雄把彼此說一聲
白鄔用道唱不知爲到失迎呢白一雄道唱輕造尊
府罪不輕白鄔用道唱我火燒賣在燒得苦白一雄
道唱我抄家委實抄得清白鄔用道唱我近來苦楚
難瞞你白一雄道唱我目下艱難不必論白鄔用道
唱我家中連日斷了頓白一雄道唱我小弟今朝餓
得慌白鄔用道唱我衣裳總在天字號白一雄道唱
我穿的算到就在身白鄔用道唱我要想借貸無門
路白一雄道唱我夜處關日去告人白鄔用道唱我
人窮時常受房下白一雄道唱我道不打得面皮青
白鄔用道唱兩人害的一樣病白一雄道唱你八兩
我半斤白鄔用道唱你有何貴幹來光降白一雄道
唱我有件小事要勞尊白鄔用道唱吩咐敢不遵台
命白一雄道唱既然如此所奉呈白一雄便把要往
鄔家煩他同去的意思說與鄔用听了鄔用道我也
沒有去恭喜壁一同前去最好只見尤氏從房中走

出來說道你們且慢去如今才去恭喜嫌遲了听得
狀元只在早晚回來等他到家一同前去接風才有
个說話鄔用听得說道此言倒也有理一雄道所見
極是一定等狀元回來大家同去罷如今且告別了
唱一雄口裡說告別　只是坐着不動身　他來時
本根肚裡餓　說話又談了多時辰　指望等个便
飯吃　替个腿子壯乚神　鄔用本心要留客　只
向老婆翻眼睛　巧媳婦煮不出無米粥　教拿甚
麼東西去做人　一雄望了又半晌　看只光景不
從心　鍋不動來竈不响　料想道五臟廟修不成
坐到晚來餓到黑　不如早乚轉回程　一雄便
把身來起　鄔用還開口假留人　被他老婆瞅一
眼　鄔用心下才分明　急忙轉口說道不敢屈留
你　恐怕夜晚難出城　一雄出得祠堂走　郎裡
郎當轉家門　從此這監齋兩耳朵　打聽狀元回
府音白如今話分兩頭且說狀元在京三年館滿大
考時又取了一等一名陞了翰林院侍讀學士不多
時又陞了監察御史狀元因離家日久便上表懇告

要回家掃墓省親聖旨準奏狀元謝恩揀了个好日帶着玳安併一起人夫起身出京此番衣錦榮歸船上大旗兩面一面寫的狀元及第四字一面寫着奉旨省親四字好不榮耀也唱狀元新拜都御史 奉旨歸家要省親 船上大旗豎兩面 船頭敲動大鑼聲 逢州自有州官接 逢縣便有縣官迎 驛丞關吏偹供應 督撫司道送下程 沿路夫馬無担擱 望見揚州一座城白狀元將到加與吩咐玳安道你先往家中報信我日間登岸怕驚動本城官府捱到黃昏帶暗進城罷玳安領命先到家中來此時家中不提前日受了原來自報捷之後那興府縣出了一千兩銀子替他把住宅並田地都贖回來又重新改換造了一个大府門玳安走到門前抬頭一看比就時光景太不相同了這是唱門前多口獅一對 門外高棋杆兩根 門上一个豎頭匾 狀元及第字乚新 照壁墻上報条帖 條乚報的老爺名 玳安一見心歡喜 這纔像狀元大府門 玳安便把門來進 早有門公問事因 門公把話問

玉如意 第十五回 廿二 寶章閣

明白 方許玳安進後廳 玳安站在後廳外 請見太乚與夫人 丫鬟便把太乚請 雲板叮噹响一聲白雲板一响太乚到了中堂玳安上前磕了頭把老爺回來與黃昏進城的話稟乚太乚太乚道我兒富貴不驕真乚難得玳安見了太乚又來見了夫人此時郝府家人忙个不住準偹黃昏時分迎接老爺唱狀元不敢驚官府 捱到黃昏方進城 一頂小轎悄乚走 道不喝來鑼不鳴 趁着微乚有月色 轎前不打郝府燈 狀元府前下了轎 忙到中堂見母親白狀元到了中堂見了太乚夫人鋪下毡条來磕頭說道母親在上孩兒久離膝下罪該萬死唱自從一別京都去 六載光陰到如今 丢下白髮生身母 無人膝下問晨昏 母親吃了萬般苦不孝孩兒罪不輕 今朝托賴母親福 博得微官轉家門 不是孩兒才學能如此 皇天不負母親心 兒有一道誥命來奉上 願母親百年壽考戴皇恩白太夫人受過禮雙手扶起狀元來說道我兒唱你揚名顯親大孝子 還有甚事請兆名 也

玉如意 第十五回 廿三 寶章閣

賀都門頭有号　出人光前裕後人　一來託賴皇
缺伯　二來承蒙聖上恩　三來你父親爲官多清
正　積下陰德與兒孫　爲娘有甚功勞在　今朝
忝做太封君（白）狀元見過母親便來見夫人說道恭
喜夫人　夫人請上下官今日有一拜（唱）自從一別京
都去　丟下家務累你身　一累你堂上早晚勤侍
奉　二累你女功勤苦度晨昏　倘然不是夫人眞
賢孝　我六載京都怎放心　夫人受了多少饑寒
苦　換得我今朝一科名　我有一道誥命來奉上

玉如意　第十五回　廿四　寶章閣

願夫人百年偕老戴皇恩（白）夫人道恭喜老爺老
爺請上妾身也有一拜（唱）你爲功名京都去　我侍
奉高堂理正應　我茶湯不稱婆七意　辜負郎君
託我心　我今朝正要把罪來請　反承感謝慚愧
生　你十年窗下多辛苦　博得个一舉成名天下
聞　妾身有甚功勞在　也帶鳳冠霞帔做夫人（白）
狀元送過了兩道誥命太七叫院子安排香案與老
爺夫人一齊拜謝皇恩太夫人謝過皇恩向狀元說
道你岳母在此一併拜見罷狀元又拜了閣恭人然

從府中家人小厮都來參見老爺此時小玉丫頭已
讀同來了也來磕了頭合家大小歡天喜地太夫人
叫擺酒與狀元接風是夜暢飲其快活可想而知到
次日早晨這狀元同來的信息傳了出去把滿城都
鬧動了那些文武官員與本城的鄉宦以及一切親
友都旅恭喜的恭喜請安的請安好鬧熱呀（唱）狀元
昨夜纔回府　悄七寂七不驚人　外面便有个長
耳聰　一夜工夫盡知聞　一傳十來十傳百　鬧
動都與一座城　何増等到日頭出　轎馬喧轟滿

玉如意　第十五回　廿五　寶章閣

府門　空轎打在前街去　空馬拴在海脚根　府
前這塊寬展地　只剩些人兒還擠得皆　今朝過
路來往客　這條街上走不成　報名帖的人小半
報上本的大半人　除三十夜晚起火擠不上
像蛺蝶兒飛來數不清　把四十个門公忙不了
八十隻手接得不在成　受的名帖與手本　內房
裡堆得難回身　拿去開了紙馬店　只怕還要兩
鋪分　看七只新立的門簾上　到要記完叫訂新
門公出對衆人說　我家老爺未起身　衆人連

忙來回答　我們伺候老大人曰只一日無數的人
來拜狀元只夠在衆應酬不曾出門到了次日狀元
打轎出府拜客去了且說鄔用所得狀元同來使與
尤氏商議道二姐夫同來了帶个信錢姐夫約他同
去能尤氏道你只管你罷兩个窮鬼做一塊太滚人
眼雖道他認不得加與麼鄔用道也是當下鄔用別
了妻子走往加與府來圖鄔用到在狀元府　一頭
走路自問心　我當初輕把郝家看　有眼無珠不
識人　只道姐夫沒出息　誰知遠甚个文曲星

玉如意　第十三回　廿六　寶章閣

我隔年不借米下種　姿把臨時佛脚恐不能　他
心中若把前言記　只怕今朝沒有盤纏轉回程曰
鄔用又想道我的幾句輕忽話是在我家我安面前
說的想我安不必待訴與他我這顧放心前去圖鄔
用轉過念頭想　此事還斷不着痕　我不曾當面
來奚落　不過是背後罵談論　我安雖則跟他去
當初不是我家人　雖道家裡舉頭往外行　在
他面前斷古根曰鄔用又想道便是我安把我的話
告訴他也不妨唱他大人想不記小事　自古宰相

肚內把船撐　只算我當初放個屁　他拾七手兒
我就過門曰鄔用又想道我安面前的話還淡這是
當初父親的遺囑教把一百畝田撥與二姐我不曾
肯依此事那對不過他圖父親當初有遺囑　教把
一百畝田做女夯　我將此事來瞞過　郝家那得
沒風聲　可恨運氣不做主　又將此田賣與人
這道萬古千秋田姓鄔　父傳子來子傳孫　那知
田地沒根絆　雖个十字就沒我夯　原來道張杜
絶契　不是拿死活文書打併成　如今出迹也沒

玉如意　第十三回　廿七　寶章閣

有　不由你護得緊騰七　早曉得這个田主人做
不久　落得當初做人情　可恨空把惡人做　致
得今朝沒新副厚臉天上門曰鄔用又想道我此事
畧刻博些真意我爹親在日待他不差圖且喜我父
親先在日　待我姐夫不薄情　不看金剛看佛面
他到底受過我鄔家恩　就是將功來折罪　也
該稱鈎打个釘　者着面皮這顧去　料想不欺我
窮親　鄔用一路來打算　五花肺子在花心　心
裡想來脚裡走　看七走到加與城曰鄔用進得城

來到了郝府拿一个愚內弟帖子門上夭投那川來
的門公是從老爺任上跟同來的認不得郎用看了
一眼見他不成个樣子也不係他勉強接了帖子也
不替他傳進去只說道老爺拜客未同你等着郎用
沒法只得在那裏痴等了[illegible]郎用難進狀元府 站
在照壁墻邊根 站得多時站不動 石頭獅子旁
邊蹲一蹲 蹲得多時蹲不動 坐在棋杆座子上
安乜身 坐得多時坐不動 要睡在大門檻欄上
又不成形 把个郎用等煞了 足有三个牛時辰

肚又餓來腿又軟 竟要吃力殺个人 世上第
一椿苦事 莫乜是伺候大墻門 [illegible]郎用等得急起
來心裡焦躁想道[illegible]做官未必多大樣 可惡是這
班門上人 你沒有个禮兒到他手 他把你貼斷
膝灣筋 [illegible]郎用越想越躁口裡自言自語道豈有此
理待我都是只个樣子[illegible]只既叔叔將可眼 一概
施行不認人 難道我舅老爺來到此 也要个門
包才許進門 [illegible]郎用正辨趲作道見[illegible]安從裡面
出來郎用便把此事告訴他 [illegible]安道不要怪他們認

不得舅老爺[illegible]安當時領郎用趲府到役廳上恭喜
了太乜又恭喜了姐乜又夭叫了母親太乜吩咐[illegible]
安請舅老爺前廳上坐了奉茶[illegible]安領着郎用前廳
來使有個管茶的小斯獻了一盃茶郎用且吃 終

第十六回

妄先靈敗子欣承後嗣

赴新任鄉民喜頌舊恩

且說郎用一个人坐在廳上又沒有主人陪他只得來與玳安說些寡話對玳安說道你老爺中了狀元衣錦榮歸也算難得玳安道舅老爺說得是頂七難得哥哥我老爺萬分負微倖　他其實太不自揣分功名豈是等閒的　他是何骨格想妄心③郎用說道你又來了老爺現已做了官怎麼只个說法玳

安道舅老爺不知我老爺只官委實意外得來的③夜排上竟長靈芝之草　羅漢魚居然跳龍門　不料這一頂烏紗帽　今朝落到他頭頂心③郎用听得心下明白了想道這奴才倒賤從前的話哩郎用當下便不與玳安說話掉轉頭去故意扯淡道見那送茶的小廝在那裡摸桌子角頭哩郎用便說道這小廝手裡拿你在那裡做甚麼哩那小廝沒有做聲玳安接口答道舅老爺不曉得只桌子角上樁釘得不好他要拔起來重釘哩只是拔了兩日還拔不起來

郎用連為何這樣難拔的玳安道舅老爺不知③當初太把這樁釘死了　如今要拔難煞人　我要替世上匠人說　從今後切不可把死樁釘③郎用听得心下又想道只奴才又是何陰毒話我只是不識他跟罷過了半晌玳安又說道舅老爺適纔在門外等候多時想來不曾有个名帖所以門上人不肯替你傳報郎用道說那裡話既來道喜豈有不名帖都不曉得投一个的玳安道當真有的麼郎用道難道說謊不誠現在門房裡哩玳安道③果言有个名帖在

借與我玳安看一看③看七舅老爺名帖上　都寫倒寫起不曾③玳安這些何話分明是拏一把刀當面殺人了③郎用聽得心大怒　這奴才實在欺負人　幾番捺不住心頭火　要對新兒罵他的新忽然轉个念頭想　狀元府裡怎使村　只說我舅氣吼七的　不像做舅老爺的身分　千不怪來萬不怪　只怪我輕易跑來報喜　郎用想起自不是　道得忍氣又吞聲　坐在那裏不開口　臉皮紅到耳朵根　這恨無底洞兒鑽滿地　沒有地洞

好鎖身　鄒用正在無道處　忽听前頭吆喝聲，
八字府門開兩扇　狀元并客轉回程　回 狀元同到
府中鄒用前來道喜　狀元與鄒用行過一禮　狀元道
岳父大人棄世甚覺少情　後來大舅遭變不得得來
看望　有罪有罪　鄒用將錯　豈敢　狀元又道　我今日拜
客明日要在先坐祭祀　少不得另擇日子來拜岳父
柩前設奠　鄒用又答道　豈敢　鄒用對着狀元也沒有
一句話說　回 鄒用對着狀元坐　眞乜是小的見人
人　身子縮也不敢展　白閃白閃翻眼睛　動着

開口來說話　撚茶會總何文　虧他還把牙關
啓　豈敢豈敢兩聲　回 當 鄒用留在鄒府宿了
一宿　到了次日鄒用要把去　二姐與了他幾兩碎銀
帶回去零用　鄒用歡喜作別起身　回到家中　說與尤
氏知　到尤氏也十分歡喜　說道　大人自有大量　只總
是个不欺剎窮親的　鄒用道　人家親眷原是等乜不
一　回 我鄒家不少親和戚　雖有錢家是門高扳親
人家結個好親眷　沾他光輝十二分　人家結
个窮親眷　走到門前躲身人　鄒用正對妻子說

忽見錢姐去走進門　回 鄒用見錢一雄來大家談
生　一雄說道　听得狀元同來了　我們幾時同去　鄒用
道　不瞞你說　我已經去過了　恐怕你們幾日有事　所以
不曾來約你　狀元難得他記得　過不得就扶起會不
到　不如改日同你去罷　一雄听得大不快活　坐了一
忽兒　也不說就起身去了　鄒用留他不住　鄒用見
一雄去了　向尤氏說道　你看錢家郎夫因我不曾約
他同去　有些惱　尤氏道　怨他惱　怪他這个落拓
夫時錢嫂子也惱不道个人　不是我說人的窮官員

乜不是等閒的　回 讀書人說話眞不錯　窮有出頭富
有根　鄒家那个學得到　錢家是个變不全的人
好歹不要講別的　這兩个姓　錢是天生賊　姓
錢的如今錢沒得　姓鄒的果然轉成　回 鄒用听
得說道　是呀由他去惱　又說道　鄒家人學不到　貞乜
不錯　听得說他家明日要上祖墳祭掃　此事是奉聖
旨的事　料想有百二十分熱鬧哩　尤氏道　原來我說
的話就是鐵板數　鄒用夫妻只在家中談說不題
如今再講鄒府祭掃　該是怎樣鬧熱　回 狀元祭

上來祭掃　前廳吩咐衆家丁　來安進安人兩个
領先引掃舊祖塋　來福進福人兩个　押着祭
禮一同行　長松長發人兩个　捧着誥封紫泥金
受祿天祿人兩个　拿着紙帛與零星　天壽進
壽人兩个　夾着把傘後頭跟　進財天財人兩个
準備簾子讀祝文　長慶吉慶人兩个　知會本
城賀禮生　狀元一一吩咐罷　便請太七與夫人
只所得轟咚轟咚三聲炮　三乘大轎出府門　白
前日狀元到家不擺排場是他富貴不驕的好處今

玉如意　第十六回　五　寶善堂

朝奉旨祭掃這是光宗耀祖的事是該鬧熱的但見
唱第一對牌來上寫着　奉旨祭掃香衍員　第二
對牌來上寫着　狀元及第字乜精　第三對牌來
上寫着　欽點編修入翰林　第四對牌來上寫着
侍讀學士又高陞　第五對牌來上寫着　監察
御史品級尊　隨尚大鑼四个人抬　十三棒敲得
震天響　一對金瓜亮錚錚　一把金傘繡心新
一對御史清街棍　一對提爐把香焚　背勅旨的
穿補服　捧令箭的帶盔巾　第一頂轎子亮玻璃

的　抬的誥命老封君　第二頂轎子亮紗的　狀
元老爺自已乘　第三頂轎子水晶的　坐的鳳冠
霞帔正夫人　八个抬來八个擁　一頂轎子十六
个人　三得三十二六十八　一其轎夫四十有
八名　雉尾掌扇旁邊罩　還有無數對馬後頭跟
白狀元到了祖塋叫人擺下祭桌又教人把誥封捧
上來供在上面大家行過了禮又讀了祝文太夫人
向丈夫墳前灑了幾點眼淚說道唱白打從前父遺
囑　字乜刻乜總在心　教我日夜添憔悴　熬的

玉如意　第十六回　六　寶善堂

是辜負你床前莊子情　三十年來到今日　纔把
个千金担子卸了身　若還此刻你還在　也要算
个有福的老封君　可惜只个狀元報　你不曾得
親眼看見報上門　今朝是你孩兒榮歸日　奉旨
前來祭祖塋　活的死的心一樣　你與我都隨了
望子的大慾心　白狀元當下也跪向父親墳前放聲
大哭說道唱自從七歲大人背　不見音容二十春
不孝孩兒罪既甚　今朝纔博得小功名　大人
在日孩兒幼　未能報您半分　愉到要把恩來

報　孩兒又不及事大人　子欲養時親不在　樹欲靜時風不息　在是墳前祭禮多豐盛　抵不到一茶一湯親手獻雙親　孩兒今日奉聖旨　把我道酷命獻先靈　雖則功名未副大人望　聊慰從前囑附心　白　祭掃已畢　回來已是下午了　只一日無事　狀元便向夫人說道　你爹七歲抛棄寄頓祠堂　我須與他開喪安葬　稍盡父子之情　以報前恩　夫人所得狀元如此說　道老爺不忘前情　誠盛德之事　妾身感戴不忘　狀元當下擇定日期　先請八請鄰朋老爺來說知此事　一面着人去到祠堂修整打掃　一面又着人去請大姑爺與大小姐一同前來　到了擇期之前兩日　狀元便與夫人全着尤氏太太又帶了琳安小玉　一班下人都到祠堂裏來　此時鄰眾散去的眾人小廝見狀元替他家老爺開喪　都來參見狀元　狀元便教他們在這裡辦事　且說二姐到了祠堂　尤氏瞧着倒有許多破舊　比不得從前光景了　回尤氏所得二姐到　急忙前來接夫人　笑容滿面求相攙　恭喜賀喜不住聲　尤氏便把姑娘叫　久

不見面渴想深　貴人不肯踏賤地　今朝光降到寒門　尤氏便請姑娘坐　自把衣袖拂七几上塵　急忙又把茶來泡　拿个盆碗細細敘　都是特地預備的　這茶葉總是好嫩針　白　吃罷了茶尤氏向二姐敘話道　屢次承情不消說　如今怎樣多謝你　唱　多謝姑爺多盛意　把丞七喪事獨担承　我丞七養女非一个　只好算你一個親　像只个女兒才養得着　像只个女婿才有半子情　白　二姐所得微七冷笑　小玉在旁說道　大娘不要着　此客話　常言道　唱　一个好的抵十个　我姑娘是个不數算的人　多承大娘來稱贊　只怕沒用頭三字別人要批評　白　尤氏一听心裡想道　只丫頭把話尖我哩　便故意在二姐面前粉飾從前的話　又向二姐說道　姑爺今日中了狀元　可聽得我從前的話說得不錯　唱　我鄉家沒有窮女壻　二姑老爺是候銓有錢人　个日此話應驗了　要算我看人有眼　白　二姐听得又微七冷笑　小玉在旁又說道　大娘如有你只眼睛的人也少　唱　到底這候銓有錢的　怎抵那現任

發財人　世上多是圖現在　這候趁的等到他甚
時辰　直等到現在卸了任　再另尋个主顧來奉
承〔白〕尤氏听得又是尖他十分故意不去正在說話
人報大姐同來了你道大姐這番回來是何打扮〔唱〕
一件加布衫子穿舊了　白不白來青不青　一件
襯布衫子穿苦了　半年没有下水盆　一条单腰
裙穿碎了　一轉邊子像有鱉魚香　一对布綁褪
穿破了　綠面子上幾个藍補綻　手上不帶金鐲
與銀鐲　連銅戒指也没有半毫分　頭上不帶珠
花與珠案　這有根黃楊木簪子拴住扎柄〔唱〕記
得大姐同門的時節有二十个丫頭跟的如今後面
有跟的麼說起來〔唱〕大姐雖說是窮了　他身邊還
有伴當哩　他從來不肯孤单走　有个自己影子
緊隨身〔白〕原來大姐是獨自一个人回來的二姐與
尤氏大家起身接他進來大姐坐定便向二姐說道
恭喜賢妹七丈如此顯達可賀可賀二姐未及開口
只見小玉在旁揷嘴道大小姐我小姐當初說過的
〔唱〕我小姐說的真不錯　那公子是人才好兒孫

莫道孤老院裡無官府　莫道玉花子做不得大鄉
紳　世上人原無一定　破屋果然出公卿　大小
姐可知世道還從古　古話看來到底靈〔白〕大姐听
說滿面羞慚二姐便罵小玉道丫頭不許多口快走
過去小玉走開去了只是二姐又問抄家之事大姐
便道家門不幸遭此意外之變只見小玉又走來揷
嘴道大小姐我小姐當日也說過的〔唱〕我小姐說得
又不錯　時衰運退不如人　大風竟刮倒太山頂
螞蟻也頓動桑樹根　真正是過河泥菩薩　那
个保得自家身〔白〕二姐大喝道你這賤丫頭實在無
禮還不快走過去小玉又走開去了二姐怕姐七着
惱便要與他敘七談七又問大姐近日光景何如大
姐道不瞞賢妹近日光景實是艱難只見小玉又走
來揷嘴道大小姐你愁甚麼〔唱〕你家中銅錢串糨爛
你家中銀子七銅青　縱然如今出息少　何不
回去掃七園腳根〔白〕二姐听得大怒站起身來赶打
小玉小玉一溜煙跑往別處去了只听大姐又羞又
惱欲待發作又見妹子赶打丫頭只得把口氣忍住

丁唱大姐又惱又慚愧　只个丫頭也來欺負人
滿肚子悶氣貯不下　連脇肋裡也覺漲得疼　要
從喉嚨來發出　方到口邊又捺到丹田心　口中
不語心中想　只丫頭轉會使聰明　他何乜覆的
我從前話　就像裁衣針稿底頂針　我把逢兒扯
滿了　被風刮斷篷脚繩　我從前請他吃冬酒
他把乍洒覆我情　詩看茅屋簷前水　點乜滴乜
不差分　千不怪來萬不怪　這怪我過頭話兒笑
報應白大姐正在氣惱只見玳安走來說前面大姑

老爺也來了小玉便對玳安說道到底大姑老爺好
唱今朝是老爺開喪日　大姑爺原該早降臨　料
想他祭軸都裝就　料想他祭禮都辦成白大姐听
見此言又是覆他從前的話越氣越苦便去扶着父
親的棺材大哭這一回不比從前他自心裡想起苦
來那眼淚是鎮的了二姐听得便叫小玉你去勸乜
大小姐小玉走到大姐身邊勸道大小姐不要哭罷
唱你早也哭來晚也哭　眼淚哭吊幾缸盆　一點
一滴非小可　何苦把這些珍珠送與人白大姐听

得又越加氣惱越哭个不住小玉正在勸不住這見
尤氏走來小玉便對尤氏說道大姐大小姐正在勸
不住你來勸乜他唱大娘從前說得好　人死哭不
他轉魂　教他不要扁着嗓子吼　把个材頭鬧不
清白尤氏听說滿面通紅也不來勸大姐似前頭不
做聲走開去了如今不睬大姐與尤氏愛小玉的氣
且說狀元在前廳上吩咐家人料理開喪之事原來
鄢家祠堂甚是寬展做事還算方便的亦這只一日
如何佈置但見唱對街一个大喪報　靠檐兩座高

銘旌　報敲的在大門外　兩邊兩个吹鼓廳　打
點的在穿堂後　靠喪棚坐的一班細樂人　前邊
右廂賬房處　前邊左廂更衣亭　大廳上面是坐
客　十六扇分開軟圍屏　滿堂桌椅都扫扮　案
脊背心與腰裙　裙棚裡面更齊整　面乜欄杆都
是絲結成　布棚都是新做的　掛幾十對琉璃明
角燈　祭軸總是寶藍緞　輓匾總是月白綾　進
棚便是舖單處　兩邊兩个喝禮生　再進便是拈
香案　一队高的燭台瓶　再進便是供設桌　有

許多古銅認不眞　再進便是靈柩處　兩个白綵
子掛孝房門　家人把諸事安排定　只等明日弔
紙人回到了明日是開喪第一天便有許多客來了
論起鄔用那裡還有甚客來只都是狀元面上來的
同棺材面前看孝子　不是弔死是弔生　現在的
圖他消來去　那棺材裡面不見情　死後有个好
兒子　人七都來磕頭送祭分　死後沒有好兒子
六个錢紙鏁强扎掙　據鄔用只个都不肖　這
怕沒有鬼上門　只因靑的狀元面　曉得這喪事

是替他行　不說是鄔用的老子　只說是狀元的
丈人　白鴿子只望亮處飛　个七加二來奉承
滿城官府來弔孝　本地鄉紳來支賓　祭扛祭盒
祭分子　把个賬房鬧不淸　也算賬房人不少
這見忙得不住成發香燭的肚裡餓　查禮物的頭
發昏　發脚錢的手膀子軟　寫回帖的指頭疼
還有一个記賬的　只是坐着不動身　不講別的
吃力處　屁股上坐起兩个老蘭瘢　第七三日之
內來的客　五百條號數還有零　一个三日喪事已畢

到了第四日唐祭供設之盛不消說鄔用先行過了
禮然後狀元拈香進爵也行了禮便教歇了鼓吹把
祭文宣讀這祭文是狀元自己做的做得情意懇切
衆人听着念道　維某年某月某日某子壻　哭祭某
官岳父靈　岳父盛德今無比　岳父古道寔照人
昔我先君在世日　與岳父心交結契深　小壻
本係年家子　又因相好結姻親　我先君不幸棄
世早　家門遭變苦零丁　多承岳父慇懃意　至
今感激不忘恩　一感激自解囊中俸　替我先君

還庫銀　二感激厚贈還家費　送我先君入祖塋
三感激念我書難讀　整補束脩請先生　四感
激望我功名切　幫助盤纏上京城　五感激知我
家寒苦　早晩屢次蒙看承　岳父待我多恩德
小壻負罪實非輕　第一罪岳父卧病後　不曾床
前問一聲　第二罪岳父歸天日　不曾扶材哭一
聲　第三罪六年之內多担擱　未盡柩前半子情
一記得上京來拜別　臨行岳父萬叮嚀　如今話
在人不在　一別便成永訣人　岳父衰運中衰落

小埍悔知實痛心　山緣氣數說如此　與我郡
家當日不差分　丈埍從來是伞子　這我事我敢
不代行　岳母自有我侍奉　大舅夫婦我看承
小婿若是能勉力　定要賬回田地與他們　岳父
居官多正直　積善之家必中興　今日入土爲安
差　九泉之下可放心　嗚呼哀哉我岳父　倘其
求官難求款回祭文聽罷狀元放聲大哭滿座的人
都听得用下淚來唐祭已畢衆人吃了鮮鹽酒飯狀
元點了主忙了一夜到明朝發引起棺送下田去安

玉如意　第十五回　十五　寶華閣

葬已畢大家回到祠堂中歇同出求留住衆親友吃
同桌的酒狀元右席上陪衆客說些閒話一排也在
座中只不做聲想起來不要怪他你教他有甚麼話
觀嗎總要談祖上折害得子孫這个樣　話要父親
做了孫豬人　要說來往六親都斷絕　要敢新交
這好孤老院裡等　要話那樣沒有巴掌大的地種
茶地　要說銀賬已經是脫線的風箏　要說食員
算過幾日齋似餓　要說屋裡訓嘴的漏洞總不
能回錢一　雖回錢沒有得讓這些生客那一首个皆

他話裡回鄭家留吃同我兩　不過還是從前幾个
觀　幾元長來殷元般　聲匕哩的新貴人　學士
長來學士短　聲匕叫的大翰林　大人長來大人
短　聲匕叫的御史身　一般都是鄭家婿　無人
來保只聞錢生回這些人在席上吃酒那鄭用的家
人小脚又在那裡折手畫脚交頭接耳說兩个咐咐
俞哩他說回錢如若劉家樣子娘　委實不像个掌財
人　眉毛淡光耶毛上　鼻子沒有過三根　兩个
娘眉瘦雖去　臉像黃蔡葉子形　說話猶如破鑼

玉如意　第十六回　十六　寶華閣

聲　走路像个病鴨形　不是嫌他穿得娘　帽子
底下沒得个人　雖然穿件好衣服　裝點鞋兒還
紫唇　虧他還是官家子　走到人前沒體文　不
是我們會相面　滿臉晦氣帶死紋　只怕窮了于
還沒得他過　走廿九郎還是富貴家　說姑老爺
生得好　實在說有狀元分　兩隻眼睛有秀氣
兩邊高眉八字分　天庭地角格匕好　臉兒豐滿
係銀盃　不是我說嫁成話　人的福相天生成
就是從前鄭時節　本求肯嫁劉是人　雖然咁件

布衣服　不惹人嫌不討憎　不像錢家只窮鬼
失時落拓只般形　我們從前原瞧得　此人必定
有後程　我家老爺揀女壻　只个揀得有眼睛
只班小廝鬼搨鬼　談的姑爺兩个人　自古道岸
上說話水裡听　吹到小玉耳朶根　白小玉走來听
見了說道你們今日如此說法可記得回門時節是
甚麽說法的嘍　我到好笑　唱真乜嘴是皮兩片　說
話從來有改更　翻過葫蘆揩過瓢　自已前後沒
照應　從前替錢太老爺爭身價　如今看他銅錢

玉如意　第十六回　十七　寶章閣

也不值半文　從前把郝姑老爺捺到底　如今拾
到他九霄雲　既然認得他是塊真金子　爲何當
初只把黃銅稱　既然曉得他不值个屁　爲何當
初把做香袋聞　你們只些勢利漢　只是向火不
向燈　把張輕薄嘴兒收拾起　自已拿个巴掌打
嘴唇　白這班小廝听他說得頂針都不做聲了是日
席散之後各自回家過了些時狀元替郎用把賣去
的田地贖回來又替他在舊宅基上起了房子送岳
母閔恭人同家郎用夫婦也從祠堂搬回來了從此

重整江山合家感謝郝家不計閔氏恭人便對兒子
郎用說到我們如今安逸了你大姐苦得狠哩帶他
回來過幾日罷郎用答應正要着人去只見錢家着
人來送一雄死信原來一雄自送喪之後一半氣惱
一半饑寒得了病不幾日就嗚呼了恭人听得不免
傷感便教郎用你替他着个人送个信與你二姐處
又說道你須自往錢家看乜料想後事辦不來你還
該畧爲幫襯些　唱從前你父親棄世日　他錢家曾
費了齋醮銀　你有辦得來的事　在你姐夫身上

玉如意　第十六回　十六　寶章閣

畧用情　白郎用答應帶了幾兩銀子往錢家來替他
敷衍辦了後事當下二姐也着人來送了弔禮一來
棺木不大二來家裡窄狹當時就送了下田郎用便
同着大姐回來此時郎用待他大姐的意思頗好尤
氏也沒有說不賢的話都是爲何這因郝家待他十
分有恩把他夫妻兩个的心腸都感化好了他夫妻
三人心上想道唱我待郝家多刻薄　郝家待我向
有情　他錢家不曾虧負我　難道我就不看承
彼此一樣是姊妹　也要對得過郝家人　我如今

原過訓人的日子　只倒算盤沒有打不成　他夫妻轉了只个念　把勢利肚腸減五分　可知歹人也有改變處　他是个人到底有个心白因此大姐在家還過得下去過了些時却說那狀元一日無事在那月光之下步月走到府前西首巷口轉灣有一个人家關門未睡听得是夫妻閑談說道那老爺到此地位狀元听得都老爺三字卽站住脚側耳听他說道到底鄭府大小姐沒福好匕的个丈夫讓了二小姐也是二小姐福分好此刻欲小姐窮得不像个

樣子又听說做了寡婦只怪他當先不肯跟了鄭公子臨嫁悔賴如今怪那个埋都狀元稱新一番心下不得明白雖道從前許配我的是大小姐㕘待我同夫盤問二小姐就明白了白狀元在不覺月來家內夫人房中連忙站起身　狀元笑嘻匕的對着夫人說　我有一件事兒到今朝不得明白你家大姐許配錢府還是自幼做親的些還是大來做親的夫人道老爺爲何今日追問此事其中有何緣故狀元道夫人呵唱我今細匕與你說　我在外面入家听得清　你也細匕與我說　當初配我還是你奶匕還是你本身　二姐此刻瞞不過　只得一匕告與丈夫聽白都狀元听得夫人細說方才了然說道夫人你眞正是个賢人了唱可敬你不嫌我家貧窮日米鑵裡跳在糠鑵裡無怨心　可敬你孝順婆匕年老得飽煖　穿的吃的總是裱的與留自已吞可敬你不把丈夫當个貧窮來輕慢　一樣的敬重都是怀心度辰昏　可敬你一般姊妹你偏賢和孝正所謂皇天不負父皇恩　也是你姐匕前生不

該配與我　到底他命醜不及你的好命根　人總是火燒眉毛把眼前顧　你偏睜着眼睛把老鼠藥來吞　你眞是大賢與大孝　那个及你脚後跟此話母親不曉得　我將來還要稟告母親表你賢孝名　夫妻談話更深後　來日天明同起身　從此夫妻恩愛不消說　更把夫人來當人白却說那狀元事已辦畢要起身進京去帶了家入行裝一路般上過的地方官府迎送不必說了到了早路僱牲口趲乾晚間歇店一日歇在村庄遇見一人好像當

日會試時跟具兒的家人原來騙珠安的那个許多
慣在人的寓所騙人狀元在路上不過隨常的衣服
又不像个官府的樣子許多見他行裝甚重想要騙
他狀元因從前騙了他銀子方且恨他卽叫家人喊
他來說許多原要到他跟前來熱鬧才好騙他
所得賊他連忙到狀元面前狀元道你認得我麼許
多同道小的不認得狀元道可記得當年同你王八
具老爺在京同寓的人麼許多猛然想起肚裡說道
是那老爺說道不好了（唱）他現在做了大官府　我

拐騙他銀子怎得過他門　只得連忙把豆磕　我
小的有眼無珠不識那大人（白）那狀元道你好呀你
騙的銀子果有了麼許多道小人罪該萬死望大人
開恩饒々小的一次罷狀元隨叫請本地官來叫他
拿許多同夥的幾人訊問一次每人重打四十大板
吩咐每月逢朔望點卯看他果能改過以除人患（唱）
知縣陪罪把許多帶同去　嚴訊同夥不饒刑　他
只說　入銀子無妨得　那知狹路相逢不饒人（白）
卻說那狀元起身進京去了二姐便着人來帶大姐

二姐想道只小玉丫頭嘴太尖利前日得罪了大小
姐我還沒有教訓他如今帶大小姐來又不要有些
冷言冷語如何使得須預先儆戒他一番當時就與
小玉到面前來說道小玉你前日在祠堂待大小姐
的聲口太是不聽（唱）他從前說了過頭話　自己娶
不起張嘴唇　你如今就裝个啞子　他心中慚愧
已十分　何必定把个嘴上便宜討　拏他的底板
子揭个清（白）小玉說道小姐我還少說了許多話哩
（唱）那位小姐來說話　原輪不到我丫頭扠嘴唇

怎奈那時喉嚨癢　竟忍不住不做聲　只鬬氣在
肚裡七年整　今朝是他出頭辰　都是從前吃的
寒天水　點々滴々往外噴　丫頭平日何當敢胆
大　偏々那時節不說不稱心（白）二姐道你只說雖
似有理要曉得乘機報復肚量就淺了（唱）爭可他待
我無義　休教我待他無情　他已經吃了嘴的苦
你又在嘴上把苦尋　只顧說得你快活　可知
道尖酸話兒句々刀殺人　你當初受他的氣心恨
毒　他如今受你的氣難道就甘心　況事都要看

爲人只要學小姐　便是世上天下第一人　我丫頭焉能學到此　這好勉力去遵行咱二姐道我的爲人有甚好處咱我適說的一番話　我這假能說不能行　我待人甚有不到處　你們也該告我所　休因毛婢來拘執　父有諫子君有臣　從今要彼此相勸勉　大家學做个好人　咱正在說話人報大姐來了二姐接進來大姐見過了陶太夫人　然後姊妹敘些家常少不得大姐有一番訴苦　二姐有一番安慰不必細敘大姐在狀元府內看見這个榮華

富貴的光景心中想起從前來未免有些懊恨想道　這个人家本根原是我的咱我本來有條大路走　眼睛認得不分明　自己走入針柴窠　却把个好坐位讓與人　錢家非不勢耀　輪到我來不逢春　我當初這把眼前顧　何常想到有如今自己　想道這業雖富貴讓我妹子受用他是貞七造化咱　這姻緣本不是他的　合着古貞七是上轎穿耳根　鴇雀做了好窠子　却讓班鳩分現成　我如今忍饑受寒做寡婦　他如今鳳冠霞帔作夫人　這

對面　不可任着自己的性情自小玉道小姐教訓得是丫頭知罪了二小姐又道小玉人的張嘴原是最苦的咱不過舌頭打人滾　嘴邊其實又不疼　可知只張者嘴開不得　舌頭底下一樣壓殺人　只要一句半句話　就可拆盡自家大福分　失火燒了山萬頃　起頭只爲火一星　你說我日邊留半句　不要爲嘴自傷身自小玉道小姐教訓得是丫頭從此謹言了二姐又道小玉我索性把做人的道理說與你所能咱遇到人只欺我的　我只是退

轉三步讓他行　常言吃虧人常在　只忍字的受用最安寧　遇到人是讓我的　切不可把他來欺凌　爛泥一樣踹到剌　休因个軟癖子來搶人　凡事都要留餘地　存个日後見面情　不要嘴上行剌剌　不要臉上擺聰明　失時不要歎了氣　自已恨苦去修行　得時不要改了樣　還把个本來面目對朋親自小玉聽了說道小姐這話真乞現身說法了咱我丫頭自幼跟小姐　曉得小姐的身分　過承小姐一番話　總是閱歷之言字乇金

爲當初錯一點　想一回煉燒餅隱不能曰又想道
只都是各人的命惧悔也無用唱到底命好終須好
拾到塊銅變做金　到底命醜只是醜　打到个烏
兒又落在別人家竹園心曰又想道雖則是命到底
是我不肯唱一言許配終身定　何當二意併三心
只說窮的窮到底　誰知死灰也有發熱辰　這
說富的富是富　那料扳高跌得腰眼疼　干不怪
來萬不怪　只怪我混賬心腸受報應曰大姐正在
呆想只見二姐從向前過來衣風飄動露出那枝玉

玉如意　第十五回　廿五　寶華閣

如意來原來二姐自他父親把只玉如意交付與他
他便時常佩在身邊的大姐觸目傷心又添一番懊
惱想道唱當初這个玉如意　跟我身邊十九春
我把他當个都棄物　這道如意二字是虛名　早
知如意真果能如意　我怎肯把如意事兒讓與人
曰大姐只番傷感勢所必至但已經錯於當初不必
說了過了半年郝家接到京報說狀元點了欽差放
了山東巡按要接太夫人與夫人一同上任大姐便
要回家二姐贈了他些衣服銀兩送他同去了當下

打點起任把一切家務付與珉安掌管此時小玉已
配與珉安了教他夫妻兩个同在家中照管揀了好
日僱一隻大官船太夫人與夫人兩頂大轎帶了許
多丫頭小厮起身出府便有許多親友來送此時郝
用已早七到了送到船上這見船頭上插的簇新的
門鎗船兩旁裝的玻璃窗隔船艙口掛的狀元及第
一都府的燈籠船桅上扯的欽命巡按山東的旗子鑼
聲一响鬧動了兩岸的人都擠七看他開船而
去這見看的个七羨慕大家在那裡談論哩內中有

玉如意　第十六回　廿六　寶華閣

一个說道郝家如今竟到了這个地位唱真七將相
本無種　男兒要自己掙功名　爲人掙到這地位
一分不枉做个讀書人曰又有一个說道你這句話
說何容易唱爲人在世八个字　不容你轉動半毫
分　便是秀才臨生而程小　也從前世到今生
況且狀元不是等閒的　天星臨凡有幾人　你看
多少念書的　他命裡沒有就半老了青燈也枉然
曰又有一个說道你這講命七理渺七茫七我是不
信的到底還自己苦掙的唱爲人這把命字講　這

還坐在家裡等功名 便是天上落下烏紗帽 也
要自己拈來帶在頭頂心 你知他十載寒窗何等
苦 今朝方到這身分 萬事由人不由命 到底
詩書不負人（白）又有一个說道道也不盡是他自己
的功勞言道（唱）要得好來祖上好 水有源來木有
根 世上多少為官的 總是（唱）檷子的菲孽受報
應 惟有這郝太老爺在世日 好个清廉慈悲人
今朝他公子能如此 休說皇天沒眼睛（白）又有
一个說道他太老爺固然好太夫人也好（唱）這狀元

玉如意 第十六冊 廿七 寶寧堂

七歲長了父 可憐苦熬太夫人 教子讀書非容
易 守着十个指頭請先生 他公子設使無今日
便枉了孀居一片心 苦中沒有點甜滋味 也
上恐無吃苦人（白）又有一个說道他父母好他夫人
還更好哩（唱）世上幾个賢良婦 跟着窮丈夫沒有
怨恨心 況且他本是千金女 倒着孀養更要做
身分 只夫人嫁到郝家後 安七都在苦中行
他吃口生薑喝口醋 硬其頭來把氣挣 為人在
世只要守 一樣有个天之光照到身 我勸日人

要把夫人做 只要苦心肯去做窮人（白）又有一个
說道他夫人好因他本然前郝老爺為人世上
就少哩（唱）世人只曉得个錢是命 恨不得鎖在錢
眼內 若要教他熬七年 限非錢當認家門 若
是窮親來來告 就像个包斷羅織羅總無情 那
郝老爺為人好 心腸最肯体貼人 有的聽得沒
飯吃 不他女婿身上用了多少情（白）又有一个說
道惟其為老爺待狀元有情所以狀元也以情相報
這叫做（唱）有情換得有情報 這情字原不做弄民

玉如意 第十六冊 廿九 寶寧堂

郝老爺雪中曾送上門炭 郝狀元病裡怎忘下
藥恩 郝家七業已完了 如今枯木又逢春 不
是郝用能如此 是他父親種下情字根 我勸世
人只要肯樹 怕沒有栽時節把原乘（白）又有一个
說道郝老爺固然有情這狀元也算難得（唱）世上多
少忘恩漢 反過臉來怕然人 他患難之中父丁
墓 賭咒發誓要報恩 輪到陡然得了志 猷其
个賄了不認親 他有了新時的板壁 那舊籬笆
那裡還在心 到底狀元為人多厚道 還把筆天

年的陳賬記得清白又有一个說道狀元厚道到底
是看人的待他錢家姊夫就沒仔待鄒用舅子的意
思哩唱當初錢家興旺日　本來認不得窮親　只
是把火去燒竈　不肯向冷處用點情　你待人沒
有一點熱心肺　人待你有甚隻冷眼睛　弄得家
破人亡這个樣　沒有一个人起點憐念心白又有
一个說道錢家七心破人亡也不枉得就是狀元報應
亦不中用唱錢家七樂那來的　本是當初刻薄成
來得不明去得快　天理昭彰現報應　天網恢

玉珮意　第十六回　廿九

七遮得過　勸人把刻剝扣兒鬆一鬆白又有一个
說道如今錢家就剩得一个寡婦聽得說還有筆究
莊賬哩向前本是這寡婦許配狀元的他嫌朝家窮
不肯嫁他所以他父親把他妹不做替身的如今看
來真七有天理哩唱他自己揀的丈夫好　他壞的
數剩人當災星　那是肯去吃苦的　黃連藥醫好
了肚裡疼　這是指望吃甜的　砂糖裡石屑子嚼
壞牙根　世上這班嫌貧愛富的　看七郎大如
也該爲七心白又有一个說道你們說來說去說到

得不得斷頭了唱別人做了大官府　想與你我沒
有分　這个說道是由命　那个說道是日人　只
个說他的父母　那个說他的夫人　還要添些枝
頭話　說他岳父與連襟　你一句來我一句　難
道爛了自己鍋裡米不成　十八畝田裡落耙齒
由他去能有甚爭　常言道只掃自己門前雪　我
們大家同去還要赶上白衆人聽得一鬨鄉散了
且說郝府家眷過了黃河就從乾路進發一日行到
山東鄒縣地界那官員迎接不消說得又見那些百

玉珮意　第十六回　三十

姓个七焚香禮拜圍住太夫人的轎子太夫人教住
了轎掩起轎簾對著衆人說到從前我先太老爺在
此做官棄世之後虧空庫銀多承你們衆百姓公捐
代補至今感激衆人道從先太老爺在此真七是我
們父母我們還沒有報恩哩自太老爺去後我們就
苦到如今如今狀元老爺又做了我們山東的官又
要重見天日了太夫人安慰一番方才起身到了濟
南狀元擺了全班職事出城迎接入署中行了禮擺
酒接風酒至半酣太夫人說起鄒城百姓焚香迎接

之事狀元道這都是父親當日遺愛在人太夫人道
我兒可見得做好官哩(白)你父親為官多正直
至今遺愛在鄭城　把你父親做榜樣　只好官做
得有後程　你父親當初官還小　種德不過一縣
分　你如今山東一巡撫　只一塊大田種得更稱
心　你父親把陰德種與你　你也要種些陰德與
兒孫(白)狀元道母親教訓得是敢不听從(白)此狀元
在任做官甚是清正就與他父親做官一樣三年之
內鄭氏夫人生了一子叫精一聞得侯大姐已經出

嫁也生一女狀元因從前父過他照顧就替兒子求
親於侯氏從此與姐姊妹結為秦晉之好只也不提
過了一年夫人又生一子叫純一狀元任滿進京陞
了禮部尚書又將二子送入學堂讀書極其長進此
時老僕魯忠自鄭公上任之後鄭氏夫人叫小春
丫頭配與魯忠不多時也生下一子取名叫爲化龍
鄭公見其生得聰明伶俐也叫他送入書房與二位
公子伴讀甚是相得只才是枯楊生枝老蚌得雛矣
如今話分兩頭且把玳安的事情細敘一遍便了(白)

玳安自招小玉女　紹營家務在衙門　如个有能
有爲者　理煩治劇作七能　再者盡心并竭力
不負鄭公當日寄託情　自到如今已過十一載　不
覺玳安也有好兒孫　所生兒郎共五个　承先香
煙後代根(白)話說玳安招過小玉之後養了五个兒
子長子叫履仁次子叫履義三子叫履禮四子叫履
智五子叫履信斯時玳安見兒子稍長切欲望其成
立方才稍心見以遂目與妻商議道孩兒們然在家
須要怎得成器不如送入京中伏侍狀元老爺日後

倘有提拔慮必有發達之時小玉道夫君言之有理
須待㕑娵孩兒去罷(白)他夫妻兩个商議定妥便叫
孩兒去赴京　行囊包裹都打扮　沿路盤纏帶了
數十金　五人拜別父與母　上了道路放步行
關山難越一身多困憊　風霜滿目正愁人(白)
剛七行了一月整　望見京都一座城　連忙走進
京城裡　轉灣抹角不住停　陡然抬起頭來看
到了鄭公府衙門(白)那時兒弟五人識認不真將信
將疑連忙走向前去把門公尊稱一聲問道只果是

郝大人的哥門麼門公道你是何乃人氏問甚麼
衙門兄弟們道門公在上且待稟吉唱氏們家住浙
江加興府　本是同胞兄弟五个人　我安就是我
家父　在他管理家務門　今奉父命來到此　特
來伏侍郝大人　敢煩門公在裡報　我們言語請
叫報一聲白門公所得只一番言語暗々想道原來還
是狀元家所用的人麼不得不報當下急々忙々通
報狀元ㄦ刷稟明狀元吩咐道快々叫他進來門公
道是唱門公領了狀元命　引見兄弟進衙門　見

玉如意　第十六回　寶章閣

丁狀元忙不迭　磕頭猶如搗蒜盔　郝公一見心
中喜　暗々笑來兩三聲　不枉爪安吃了一場苦
一苦盡甜來有後程　吩咐兄弟五人來站起　且
把家鄉事情細問明　忙傳化龍來到此　領到後
堂拜見太々與夫人白狀元自此收留兄弟五人在
府効用見其相貌堂皇體態維乖異日可成有用之
器所以命化龍同到書房伴讀詩書十有餘年及到
科場二位公子連提而上點了翰林化龍屢次不進
因而棄文習武就領了兄弟五人到後花園裡習學

武藝那知兄弟們甚是聰明永到期年之間刀鎗劍
戰件々皆通只且不表唱按下郝公府內事　提起
當今萬歲君　獨坐深宮心內悶　要時出京閑遊
衍々神　遊到襄陽城一座　驚動落草爲寇八
姓郎名巧兒八一个　綽號叫做奔波大王身白話
說英寇是誰原來就是巧兒自從騙了他主人的銀
子四五千兩與尤氏放債的銀子五千餘兩又有自
已積聚的銀子數千兩共約有一萬餘金逃入荒山
結識兩府就與綠林中強人結拜兄弟巧兒年長居

玉如意　第十六回　三四　寶章閣

一焦額豹第二巴山虎第三後有開野牛爲兩件官
事輸了有點無顏只得遊行在外忽然走到襄陽地
界聞得奔波大王本係是杭州的巧兒在此招軍買
馬聞野牛所得是巧兒也投山寨入了夥件坐的第
四那洛腮鬍子計多也在其中自此聲勢浩大招軍
買馬積草囤粮不時下山擄掠人家婦女強刼來往
客商其凶害爲己甚矣唱一班強盜多暴虐　林々
總々數萬人　大王坐在高山上　忽所探子兒郎
報一聲　報道聖駕出京閑遊玩　到了襄陽一座

城　帥巧一昕大歡喜　陡然起了不良心　便與巴焦來商議　大家用計害聖君　巴焦將把言來說　務須乘其不備進京　倘若一此妙計適中當　須知他萬里江山一旦傾　說羅吩咐傳人馬　點起嘍囉數萬名　奔到襄陽城一座　四門圍住緊勝匕　烏雀飛不過鑰頭上　蛇攢不透馬龍鱗　那時襄陽總兵忙出戰　折了多匕少匕兵自鄔巧焦頷豹巴山虎等將聖駕圍困襄陽城中總兵屢戰不克此時甚是危急立刻寫了緊急的招

文着人星夜趕進京城俄與兵部尚書急速發兵來救聖駕都公知道連忙與兵部尚書商議聖駕有難速匕去救不可遲悞將本部有衆丁六人情願送軍前調用兵部道好呀曰兵部李者爺忙傳令　點了十萬掛甲兵　炮响三聲催人馬　浩匕蕩匕往前行　一路行程來得快　到了襄陽一座城　元帥馬上忙傳令　離城三十里扎下營　李者爺壓帳高聲叫　那一位將軍闖賊營　一言未盡人來了總是都家六个人曰那曹化龍履仁等上前答曰

小將願往望元帥吩咐令日初旧闖賊营盤務須勇往向前小心要緊得令曰一衆將軍忙上馬　手執兵器闖賊營　闖到營中高聲罵　無端反賊屬幾聲曰咋何方毛賊焉敢如此猖狂抗恨聖駕今日大將來此快匕交付聖駕免汝一死倘有遲延賊下只驢頭話言未了只見營中闖出衆賊上前廝戰那知只些小英雄平日在後花園裡習學武藝俱精步法今日戰各自拿出本事來以顯自己的手段看只戰搗大殺真正令人可怕只見曰只殺得黃沙㿜匕迷

队　只殺得日暮昏匕日不明　只殺得人頭落地如瓜滾　只殺得血染沙場草不清　曹化龍一刀砍焦貂豹頭落地　履仁鎗刺巴山虎盡命喪履義斧劈野牛分尸爲兩段　履禮一鞭打斷了許多者梁筋　鄔巧見一昕魂飛散　打馬加鞭走路雲　履智搭上一枝狼牙箭　前心一直射到後心　小賈有成一見魂不在　履信一腿送他的命　小英雄一班如狼虎　殺盡嘍囉無數兵　多虧六人有武藝　救得聖駕轉朝廷　只昕得喜殺匕的難

鼓金鑼响　又听得笑嘻嘻的齊唱凱歌聲　一路
威風休細表　朝廷有事該當承　人馬屯在教場
內　寺待皇上降旨文　次日萬歲陞殿　单
傳兵部尚書李大人回都督五更三點聖駕坐了
早朝論功賞爵兵部奏運神上交戰得勝乃是禮部
尚書家丁皇上即傳禮部上殿郝公將玳安與小玉
患難是倚奏上回聖上見奏龍心喜　加他忠義世
罕聞　御賜玳安廣東爲布政　封他正子爲總兵
魯化龍封爲襄陽侯　各領衙門夫上任　再表

玳安在家常思想　五子上京時刻不放心　不知
何曾到了京都地　不知可曾投奔郝公府衙門
一玳安正在心中思想切　忽听聖旨到前廳　大喝
一聲聖旨到　忙擺香案接旨文回聖旨到跪听喧
讀詔曰今有奔波賊寇作亂削朕襄陽頼卿的五千
滅寇除賊平定天下奠大功勞封卿廣東爲布政有
到之日速七州京無負朕意欽哉謝恩吾王萬歲萬
萬歲謝恩玳安讀過皇聖旨　香案供着不住停　欽
哉聖旨多威顯　速七赴州帝京城　飛星戰月不

必表　早到京都裡面存　先到郝公禮部府
叅拜郝太太與夫人　次日五更謝旨畢　擇其吉
日去赴任回話郝玳安與太夫人道當初公子在大
悲院內得病多虧了正果和尚提携病好又在觀音
廟前許下大愿太夫人听得一説就備了三牲九禮
装金塑相起造廟宇又買了數頃田送與廟上做山
田以作香火玳安到了好日同妻子往廣東上任行
香拜啓之後郝本地方上下司官與本城鄉紳自要
來謁見談及造反的人初從杭州而來騙了王人鄉

知府家少爺的銀子將近萬金臊到荒山將三千畝
荒田都開成熟田使民種田爲業草粮廣足因而造
化要做皇上皇上多虧玳大人的少爺滅寇玳安听
此一番話方知是巧兒造反後來吉老歸家與郎用
夫婦談及巧兒造反被魯化龍履仁等殺盡了郎用
夫婦方知大理報應毫髮不爽郎用也生了一子名
成金中了進士被他祖父的書香那時大姐做了寡
婦怨恨今生不修便修來世因此做了尼姑二姐在
京時七有些贖送只是本來無甚處錢家香烟自此

而絕惟郝家福壽駢臻大夫人壽自九十九歲終曾
忠壽至一百零五歲終狀元奏知聖上聖上大喜敕
賜忠孝匾又賜百歲坊郝公夫婦出是偕老眞如
詩所云俾爾昌而熾俾爾壽而康黃髮台背壽胥與
試矣只此是個好人自有好結果　惡人自有惡
收成　眼前好歹不算數　總要有雙遑眼睛
天上賬是拉直算　不曾錯打定盤星　請唱一部
玉如意　喚醒多少世上人　終

偈曰

天上人間呼吸中　精誠所至鬼神通
人心作俗人謀遂　人事初成天意窮

新編頤光先生詩集 文集 外集

（明）陸顒 撰

《新編頤光先生詩集》六卷《文集》一卷《外集》二卷，明陸顒撰，據上海圖書館藏明景泰元年刻本影印。

陸顒，字伯瞻，號頤光。明江蘇興化人。闓弟。洪武中由明經辟舉，後以禮部主事出使朝鮮。永樂元年與修《太祖實録》。屢試詩文書畫，成祖以『三絶』稱之，轉户部員外郎，分治水利，董運江淮。官終禮部員外郎。

本書卷首有高穀等序、像贊，卷末有景泰元年白珂後序、陸瑄跋。陸顒卒後，遺稿由其子陸瑄及高穀彙集整理，刊行於世。詩集六卷，按體裁分爲選詩、歌行、律詩、絶句等。文集一卷有贊、記、序各體數篇。外集卷一爲同人往來詩歌，卷二爲出使朝鮮同人贈詩等。

陸顒能詩善畫，明清書畫録等多記其畫事，其詩亦頗有名，《明詩綜》、《明詩紀事》各收其詩一首，其詩集中有不少題畫詩，山水詩、送行詩亦較多，讀來清新自然，充滿畫意，如『鱸肥蓴脆正秋風，緑水紅橋宛轉通。不獨季鷹思故里，扁舟過此戀吴中。』（《吴江道中》）本書外集具有較高文獻價值，卷一同人往來詩歌有湘王、遼王、朝鮮国王李芳远贈詩，頗爲少見。卷二出使朝鮮贈詩，收集許多朝鮮官員的詩歌，可作爲考察明代中外關係的重要資料。

（周　忠）

頣光先生詩集序

予幼時聞鄉先達禮部主事陸公伯瞻文學政事㬋出人右欲見而不可得永樂改元初公適丁內艱來歸因獲覩其風裁聆其緒論誠有如所云者公精于翰墨妙于繪事尤深于吟詠高情雅懷撫景觸物必形於詩焉是發每一篇成人爭錄而識之予雖喜誦其言以時習舉子業未暇請益致企仰而已厥後公遂朝擢戶部員外郎分治水利督漕江淮大肆厥辭於聲歌名譽赫然傾動于南北當時朝之鉅卿若西昌楊公少師南昌胡公祭酒華亭李公尚書廬陵胡公學士錢塘王公侍講皆推重之及予忝科名拜官翰林公間投以作詩之法且曰文章無他術在詞理兼備理到而詞自順詞順則音節隨之未有理不足

而曰能形容者予既籍記之復取公平日所作觀之信乎理達而不失其詞者欸公既沒其子瑄乃裒集成編得夫古選歌行律絕四百餘首將鋟諸梓以廣其傳蓋欲章公之志且慰公於九泉以予辱知於公頗久俾為序引嗚呼公以清新捷敏之才發為忠厚和平之句譬如清廟之瑟諧中律呂有一倡三歎之遺音如大羹玄酒不俟造醞有澹泊自然之味如冰壺夜月表裏瑩然而絕去瑕纇如銀河秋水湛然一碧而清氣襲人又如高賢善士志存恬退見之者悚敬不暇又如太空雲霞絪縕卷舒觀之者靡不饜羨故其運意措辭各臻其妙求其至到有非淺乎言者所能及也公之履歷凡在朝奉使居鄉念親與夫吟風弄月登山臨水每有所得必因物而賦形

隨事而中理肅然恭敬隱然悽愴洒然和
樂之態溢於筆札間可謂取之無窮用之
不竭者也公平生製作最盛惜乎曩值覊
寓留滯間闗世故致使遺珠滄海不克覩其
全藁為憾茲姑掇拾所餘以傳其未收輯者
尚有望於四方之君子公諱慤伯瞻其字也
其曰頤光者則
湘獻王為名之其曰思雅齋者則
遼簡王為名之其曰師古齋者則公自名
也嘗與脩
先朝實録校讎木天兩使朝鮮得專對之
體云
資善大夫工部尚書兼翰林院學士同知
經筵事興化高穀書

頤光先生詩集序

予曏昔纂脩
木天時閱伯瞻陸先生名籍甚後持
憲蘭臺每於士大夫所見其揮染山水
小景淺膝深潤多自題咏之辭翫之書
法復整蕭藍之隨以不得一睹為恨
去此三十年得於 北都識其子瑄不二年
瑄以賢良主予邑勾稽政且屢因索先
生之物後而尚歎其不可朽者未彰也
今歲秋得瑄書述尊甫宦跡流止與平
素吟藁請為之序噫遐荒大林卒莫能
掩貂豹孔翠之纖華者以謂物之奇至
罕世固難棄矣乎畫從理識夕夕簪纓
玩藁中所製幾五百篇五七言古律長
歌絶句皆隨煅淬懸懸亮可法非久於
翰墨未易及此瑄謂頗稿多失存者

百一二另牛鬼蛇神之足駭雪車氷柱
之足跡者並止於千而已惜哉先生諱彩
伯瞻臣字頤光其號揚之昭昜人黑代
業儒任吏部主事從武中使朝鮮継
脩實録積勞應陞遂授奉政郎屢
獻詩
天子嘉賞　上嘗以三絶称之由是
英聲動一時嗚呼物之寡者炳僅把玩在
於十載間矧其文也梓行于世揚芬千後
千百載燁燁乎餘輝矣皆
大明正統三年歲次戊午冬十月哉生魄
賜同進士出身前監察御史中順大夫大
理寺少卿長城楊復序

頤光先生詩序　三

頤光先生遺像

頤光先生遺像
儀貌巍然心胸坦然才名三絶伊誰與
肩幸際
文皇之盛運荐膺
嘉命於芳年官雖不出郎署政則秉乎
時夆一脩信史兩使朝鮮薄海内外
皆知其賢此其所以譽聞先世慶衍
於曾玄也

里中高穀拜贊

學慱才清行高心古秩〻德音堂〻
器宇惟正笏以立
朝進崇階於儀部三絕名揚
九重恩溥其可嘉者不辱
君命於箕子之封其可重者堅守臣節
于湘江之滸吁斯人也可謂
盛世賢能
明廷公輔宜其子孫秀裴掇巍科而
步武也歟

鄉生魏秀麒拜贊

新編順光先生詩集卷之一

選詩

清夜懷鄱陽劉彥昺二首

湛〻清夜徂懷賢阻良會㡬欲夢相從郡堪不成寐
金波薄杏梁玉露滋叢樹偃仰默含情裁詩道離緒
鷄鳴郡郭通月落荊門曙隄柳散晴絲風波蕩離緒
騎馬欲何之天涯故人去情容自難分心歸豈堪住
旅邸戒行裝孤帆隱江樹回首君已遙青山不知處

題練江秋意

舟開白蘋岸江口潮初落不為故情濃那知別懷惡
林寒墜葉蹤山晚孤雲薄目斷碧天秋相思杳如昨

淮西田家

茅屋背崇岡老農擇佳處東皋雨新足披簑覘泉去
暮歸已忘倦斗酒聊復聚涼風吹南牕明月照高樹
但願歲多稔輸租百無慮

高氏世經堂

黃金未爲貴白璧奚足論爭如高氏賢遺經傳子孫
大易玄理析春秋王道尊聯芳折丹桂衣冠榮一門
相去數十年聲華孚後昆猶子治尚書玉樹臨風温
年少登巍科蚤承霄漢恩努力繼前修善俗期彌敦

送楊導路之澤州校官

道路無南北遠近同別離佇望車遙〻驚塵亦相隨

去日猶恐速来日猶恐遲縱知會有期寧免長相思

謝韓驗封惠酒

故人念岑寂遠致一尊酒白衣何為來時非九月九
冷冽未沾唇清香已薰手野籟僕旋挑山肴家自有
開尊成獨酌寧堪會多友春明紫陌花鶯囀沙隄柳
興洽回天和誠為掃愁帚半酣有餘樂奚須盤升斗

將往長蘆留別同寓諸友

會時朔風寒別時芳草綠年華冬復春睽合焉可卜
所念同袍友相逢偕客居朝遊西郊路暮閱南華書
柴門積雪深晨卿罕人迹聯鞶儀群仙相過話疇昔
呼僮啓新甕清香潑醅濃爐炎炙初熟饌頻潮春紅
興來輙成詠賓酬即為樂不厭往來頻惟慙欵留薄
將謂長相逐遽然獨南行鯨川豈無散寧如傾蓋情
揚舲溯河邊我心殊惻惻高柳帶啼鶯清川映晴色
還領舊遊處遙憐田舍家今夕想無寐長吟山月斜

夜宿怡庵東軒二首

珠林夜方寂偶與高僧會華燭映清觴山肴雜蔬味
悟澹塵慮忘放懷眾無寐顧結方外歡相親勿相棄
瀟灑林外秋明明懸棗燭佳賓集高齋醉飽於寓宿
談諧雜吟嘯適合遂所欲聊從一時樂莫問僧與俗

贈怡庵長老

悠悠雲川水古今流不息賢才何代無誰繼玉堂迹
怡庵有道者靜學人未識書法本鍾王功深獨超逸
涼雲疊高峯飛雪隊寒石枯藤倚危柯閒花避殊色
遺墨流世間往々見珍襲顧我載華簪官學兩無得
裁詩誦清譽聊以表胸臆

別張賓暘主事之崑山

掛席破秋濤離群獨難去還思夜來會清談達天曙
遙指崑山雲回望姑蘇樹人生萍梗蹤安得長相聚

秋夜宿怡庵東軒寫懷

涼露滴高樹林堂今夕清簞居自無寐況乃聞鍾聲
理民愧無具抱沖寧有營惟餘耿々懷坐待東方明

沈溪二首

清溪抱山回山窮路轉東陂農事成秋興逍遙中闊
風度吳粳香嵐與爐烟合沿洄自無悶倚棹未能發
羣山亘如馳清川去悠々誰解今日冬都非昨日秋
砧聲動墟落鴈書猶未收所存公與勤肯為寒暑憂

訪翁梅軒不遇

花堦午陰轉坐深生遠思君來我已出我來君到遲
涼雲澹晴萍林風清酒巵永懷未能見塵抱枯桐枝

題杜司訓山水小景

高齋裂霜綃爽氣颯然聚昔向山中遊今見山中趣
嵐嶺帶林霞回谿映寒樹惆悵景雖同佳期渺何處

題琴清軒

泠泠太古音宛似霜臺心唯諳澹中趣不受塵所侵
牀高山月白風停江水深何當訪遐躅班坐挹冲襟

安杜司訓宅

西齋晚逾靜泮池凝碧寒相陪數君子高宴情盡歡
華罇累獻酬歌詩勝鳴彈常恐别離易當知會逢難

題小景

遥壑帶晴峯遥林衍寒緑依微村逕深蕩漾舟如屋
桃源空復聞崇祠滅高躅安得携素琹相伴西岩宿

遊道場山寺

望山長憶山入山愛山好捨舟乘肩輿飛步出林杪
數里聞松聲ミ岩衙歸爲涼飆度疎鐘空香散雲表
祇園景殊豁珠林趣深窈瑶席映清池紅亭蔭叢篠
蓮座儼金容花臺幾昏曉奚師笑相迎目擊心已了
法妙席潛蹤機忘猿自到共携登絶頂孤城浸寒潦
杯視太湖慳萍開蒼弁巧鷹塔與闌齊漁舟如葉小
翻思昔賢遊驪珠映晴昊百世仰餘輝千古同此道
我生逢盛朝逍遥恣探討憑高紀勝遊裁詩謝同調

贈醫士吳秉常思濟軒

達者抱高術所懷拯斯民孰知方寸心萬古同一春
玄源啓先哲妙契聖與神丹葩歲長開橘泉流愈新
欲俾竊劣徒咸爲仁壽人我聞芝山陲有士同此倫
篤言適從游臨軒寫情真

效古一首奉别親友

明日與君辞揚帆出江路遥ゝ别鄉邑行ゝ屢回顧
豈羨武昌魚將爲省親墓殊域詎無歡新知亦非故
我懷自紆鬱千峯豁晴霧麥龍雅初鳴官亭葵欲吐
遊覽聊復寬長吟寫情素

夏夜濟陽驛會飲

明月照高館置酒臨前除夜深君聲動息涼風清有餘
不惜花前醉唯憂夔虛清時遂行樂何異故園居

送杜宗表丁外艱還金華

春闈方校藝夕館俄聞訃揮淚别相知遂尋越山路
長風吹白楊年芳宛如故不見庭訓人空餘壟頭墓

送人還富陽

佳會倏易度别離良獨難日昨宴高齋今朝遽然還
餞送魯水湄持杯強開顔來知從此去何方復同歡
悠ゝ海岳雲迢ゝ富陽山浩歌一分袂相憶無時閒

寄楊仲信

交游滿鄉曲無如君最親吾榮不動色吾閒長念貧
嗤彼風前花寧如霜後筠以茲感知己長歌懷若人

春日宴舟中

清時屆陽春宴賞借歡東風扇微和方舟足盤桓
雖無管絃盛肴核陳已完觴詠各占醉不知罇屢乾
回首鳥鳴樹夕陽掛林端永結宦海遊從今期歲寒

題郭城倪主簿母節孝卷

蕭雝深閨婦皓首成佳名中道喪所天保此氷玉貞
撫孤盡母儀奉嫜罄乃誠上玄諒昭鑒畀錫禧與齡
季郎蚤從事佐縣緯有聲憑高睇流雲千里版輿迎
花前具綵服堂上羅饌豐頹怡白忘憂終歲享康寧
適來汶水上臨文倍多情欽祗聊復歌與世為民經

寄端靖

鵑鳴過疎雨悵然憶親友坐見寒暑移行聲廣陵夕
無處寄鄉書何由接杯酒雲樹遠依微臨風幾搔首

貽中易瑀還家

中郎我所愛省侍來關河問寢禮方洽趨闈情已多

東山雨初霽揚舲泝回波好存陟岵心遲尔陸鳴珂

貽季男瑄省母

季子侍側久遠離情不盡雖慰倚門愁應疎過庭訓
悠々烟樹渺漾々春帆順到家毋淹留拭目望安信

夏日端居寄部中寮友

微雨滌炎燠閒庭有餘清蟬鳴高樹間綠竹復滿楹
值此簿書簡賓僚盡冠纓非才謬恩祿俯仰獨含情

谿山文會圖

公餘暇休沐何處堪行樂相携數君子共向青山郭
花香芳醖濃詩章相問作誰為寫新圖清風耿如昨

丹陽道中

苕溪日已遠京華日已近時逢好雨多帆飽天風順
欣々木向榮汩々泉無盡齋沐演朝儀行當謁清禁

竹林書屋

娟々脩竹林匝繞南山麓幽深輸鞅稀雅称高齋讀
陰侵芰製涼色映帛編綠悟澹百年中於心自云足

雨中有懷

疎雨薄江渚城隅含夕涼永懷中林士高情未能忘
援琴度幽意思逐秋鴻翔由來同調難匪獨知音良

贈武昌道者

雲來萬嶺陰雲去千崖綠中有宴寂人栖々抱幽獨
茹芝絕膻羶單居恒寡慾寄跡鶡冠流遊神向天竺

薦有曾一空超然等榮辱我客武昌城論議素已熟
愧無少陵才何以詠高躅

客中酬友人

江皋雨初歇銀雲散遙空端居誰為情好鳥鳴林中
緬懷素心人迢々間高墉忽枉金玉篇冷然灑清風
羈懷久寥寂弥感存眷隆窮通惜殊軌嘉會寧屢同
旦夕倏風發翩々起冥鴻相望桂花陌鸞珮何日逢

居易齋

蜀棧豈無路所憂觸險艱羊腸共云阻中道行獨難
爭如孔顏樂逍遙有餘閒飯蔬腹長餓簞瓢心自安
俯仰無愧怍清風洒幽蘭我欲懷其人渺然芹泮間

狂吟道㠀趣歲寒期往還

文會堂

光風轉蘭蕙霽色滿南軒雖無絲竹音欣聆君子言灝灝太古心悠悠洙泗源六籍論尚餘千古道彌尊來者踵遐躅薌薰襲色溫高懷足獻猷奚用倒芳樽泉聲寫幽意空香澹無痕塵談未為薄歲寒期與論

歸淮南寄翰林故人

柳變春已歸懷賢思方切還思玉堂夜聽鐘候雙闕宛如昨日歡復感今朝別淮海隔瀛洲相看共明月

贈友人見訪

幽居人事疎掉毫向南牖不知誰扣門乃是高涉友倒屣揖相迎斯來信非偶呼童烹鯉魚漉我床頭酒林行無定巡無味復何有丈夫意氣合不在交游久西陽照春山東風蕩烟柳高城將掩關臨別屢回首

自過舊宅有感

去家二十載今始欻然歸鄉邑復存舊太半耆民非吾廬北門外園池昔堪依藹藹嘉樹交濛濛花露晞香凝伯牙絃風翻萊子衣寧知別重來境與初相違林疎鳥雀散門閑車馬稀豈無營構心宦游身久維哉詩寄朋儕思逐青雲飛

慰勤齋喪伉

素琴斷商絃惻愴難為音儀鳳失其凰哀鳴懷故林憐彼結髮歡奄忽異枕衾遺形寄空木哭送青山深歸來總悵夕誰復知爾心嗟余渺千里聞訃思一臨引領涕交頤孤雲澹無陰唯君達生者自解攄憂忱

送劉廷昜還鄱陽

清時諧勝會濩爾懷里閭晨出郡南門冠蓋擁道衢祖餞江之濱聊復相與娛羽觴雜佳殽雅調和笙竽對此不為樂追慕良以迂常恨識荊淺忘年情獨殊微言屢開奨新詩多啓予坐覺方宴闊義轡難久徐臨沙理歸檝漢水涵空虛衆賓悉已散而我獨踟躕相期保貞素早寄烟風書

送奚伯瑄還武昌

相逢恨來遲相別恨歸速斜日短亭西離歌不堪續山明楓對紅天遠烟波綠回首舟已遙望思猶躑躅

良夜懷洽上人

遥漏肅清夜端居掩高閣還思竹林院偕師坐談謔山明夕照移齋罷爐烟薄適別今始歸相逢已如昨

題嚴主事雲溪書舍二首

松岩雲氣薄花塢溪流急佳哉山水間於焉搆幽室魚訛魯史文篆落周彝漆一從明詔徵戎道安車出榮膺春署郎高綴金閨籍還思今日歡卽是當時逸何以寫中懷裁詩慰疇昔

英英瀧雲間泠泠溪水淨山中畫無事獨坐高齋靜

琴歌啼鳥和書幌踈華睒俯仰而自娛終期古人並

送鄭季宣還浦陽

背々江路直望々離𦕅遠但恨去日長寧愁會時淺
新花發舊枝流年若輪轉安得浦陽山移來眼中見

題梅雪軒

空山歲云晏端居抱清適𥦗角暗香來溪頭素花積
心清萬慮遺世遠孫踪僻持此欲安歸徒成今與昔

與成公昺話舊

君家城南住我家城北居昔為垂髫童與我同讀書
我從江漢遊別家十餘載思憶故鄉人迢遞隔淮海
今年客神京寥寂難為情欣逢故鄉人論舊逾弟兄
南軒雨初收華月升東嶺相看夕忘寐刻漏傳更永
見君懈疇昔別君將奈何道遠思弥長西風水增波
君還過我屋種竹東墉畔歷歲飽風霜青々想摩漢

看花有感

朝出花滿枝暮歸花滿地豈無一罇酒感此流光去

喜穆軒敬齋遠至

高館盃盎洞微鐘坐追遊
微雨散春江歸舟逗烟渚懽來出郭迎握手花間語
相離已如昨相思情已屢日暮送還家聽鐘尚容與

林壙游矚

積雨滋清池涼颸薄高榭地偏人跡踈我獨躭佳趣
好鳥時一來和鳴復飛去心境苟同然何必山中住

舘中對雨柬在席文士

宵雨濯塵途虛堂夕含爽茸々草色深汩々谿流長
坐對芳景徂欣陪洽清賞華尊屢獻酬篇詩互來往
顧言畢終好力策方歸鞅（選詩云洒然一水隔无由稅歸鞅）

雨中酬友人

高齋忽已暝飛雨灑中林泥途寡輪轅足㪅靜者心
羣帙浩盈案登覽弥在今懽來寫衷曲賴此丘中琴

寄徐郡傅

閒庭斂空靄遙望東城隅故人去咫尺久不詣我廬
函巷綠苔遍新林芳宴虛年華已過半重感離群居

雨後望田家二首

宿雲尚含雨煙虛村逕深柔桑已盈條布穀鳴高林
田夫覘泉脈荷鉏行窺尋延佇極遐矚微涼侵衣襟
方諳中野趣稍復太古心羨矣沮溺儔千載為知音
東郊三日雨農事欣已足芃々麥覆陂剌々秧含綠
踈籬暝烟外繅聲響喔喔雖無附郭田彼農猶已蓄
即此知有秋酣歌自捫腹

對雨述懷

霖雨久含清涼雲度高閣岸幘坐南軒頹覽春衫薄
向來花卉情俯仰俱成昨逍遥閱歲華寸生自云樂

夏初懷沈含書

初日破危烟喬林靄芳綠還思東城夜會宴倉曹壁
罇空簷斗添烛盡催燈續對景令莫同令人悵幽獨

吾僧惠迪

微雲斂漢林塘月娟々遥憶迪上人讀易青灯前
幽夢難接枯桐誰與絃迦賴有贈舍思寫中悄

懷斗南和尚

浮雲逐飄風一散浩無處近得北來書知伊朔州往
關河望已遥夙昔耿離緒還尋舊遊園斜易下芳樹

送錢先生還汚

結歡豈云易分攜良獨難相逢昨日遊詎知今日還
生平耿介懷臨別多苦顏嚴栽啓清曙扁舟寧少攀

頤光先生詩集　十二

飛鳥戀舊林孤雲歸故山物情各有適而我心孔艱
念彼遲暮年蕭疎秋鬢斑尚希崇令德永與諧歲寒

晚過善公禪房不遇

瞑尋淮文對林迢遥陟蘿逕寮舍來僧開空堂一灯映
跡鍾度雨華清梵諧孤磬不見遠公還迦知獨坐難定

宿福應寺

涼雲度淮泗雨散香臺暝蕭々林氣回沉々竹林靜
莎堦蛩獨鳴蘿幌螢初定坐來塵慮空於焉遂吾性

曇公西齋

背水結幽廬綠墻樹佳木憑高俯闤闠獨縱千里目
淮山亘雲長草色際空綠日暮聞鐘聲令人了忘俗

題陸嫩漁卷

涼風吹澄波藻魚游不驚綠蒲翳孤舟澹然無所營
翻嫌設網罟寧忍傷物生棲遲甘養拙孰呼漁者名
素心弃雲間高歌寄深情浮塵焉不染焉用濯我纓
取樂百年間莫知獨與清

萱樂堂為工部王主事賦

睠彼忘憂物言樹北堂垂葱鬧壽且康孝子心獨怡
綵衣炫晴晝蕤捧黃金卮起舞影婆娑浩笑花參差
宜男復宜老當弃喬松期

頤光先生詩集卷之一

頤光先生詩集　十三

福　杖　子
文　丑
身宮　印　未
壽午　朱楷
命宮　空亡
紐辰
庫卯
貫寅

頤光先生詩集卷之二

歌行

宜陽親舍圖

秋風吹蕩天南雲吁々烏烏傷離郡儀曹郎署久為客十年鄉信空相聞鄉關迢々幾千里遥望宜陽隔江水宜陽山下是君家榕對陰濃鶯乱語中有慈親獨倚門奉歡朝夕頼有孫君息如海未能報此心寧報春暉恩聊托霜縑寫中曲歴々家山如在目他年優詔許婦榮却把新圖置林屋

和韻送王思賢

春風扇暖收殘雨蕩漾離舟艤沙渚三春相會一朝

歸錦遮唱徹黃金縷間關啼鳥送好音臨岐把袂難為吟兩情相顧詎恐別柳花吹綿香滿林當年我亦鸚洲住未及相逢名已著別來湖海千里遥誰料清源偶相遇羡君意氣凌九秋幾回騎鶴上揚州花匝玉樓明月滿酒開金甕綠醅浮香飄桂陌人曾覩翻笑関山行役苦人生取樂富亦為奚用芳籌深夜數沖神蕭散樂有餘疎財仗義誰能如只今別我向何處遠山凝黛青模糊蕣梗無踪散還聚鷄黍相期終有攄那堪回首碧波長目極瀛洲渺雲樹

題吳氏貞節卷

余谿之水通三㵎郎船一去無回書鄰翁婦來負遺骨妾身恨不同丘壠膝前兩兒汗血駒妾身殉葬誰倚閭柏舟自誓寧敢續賴有夫書教兒讀誨言諄複遂成詩要使家聲繼前躅妾身本為酬所天姓名豈直罨坡編兒能成名妾能守良人瞑目歸黃泉

題海月上人卷

雪濤澄徹龍宮冷兔杵無聲桂香靜播弄驪珠十夜光分明照見山河影祇園老衲定中看幌漾金輝碧眼寒九天回首須弥外一勺沉浮七寶丸

遊興化得勝湖

城南地薄無好山賴有名湖東接關名湖況是旧游處十年不到烟波間今日重來復如故依稀記得當

時路岸邊草色幾回青沙嘴潮痕自朝暮往而千古況復情忘機歆與鷗同盟寄言江海清襟士不獨滄浪可濯纓

酈高元昭先生留飲

城中久不入先生獨憐我身我苦挽留華堂具尊果向言春欲歸鳥啼花復催如何不痛飲強却萬金罍年來已疏舊知己笑向何家曳珠履倘緣禽木遶門墻毋惜攜琴日相與

白髮歌擬葵花歌

去年一莖白今年數莖白去年顏色好今年顏色老人生安得長青春嬃歌貰酒付醉負黑頭一白難再

烏君不見秋草枯

送何秀才歌

何郎文采温如玉春日相逢淮水曲笑談未了畫船開悵望雲霄起黄鵠黄鵠高々直向東今宵知聽廣陵鐘欲期别後相從處鸾珮多應桂陌逢

秋夜宿怡庵東軒

拓提迥與紅塵隔四面烁光湛寒碧老禪方丈倚雲霄坐譜楞伽適幽寂我來夙契三生緣東軒借榻夕未眠燭光照席朗如晝玉壺送酒疑通泉醉看明月升東嶺風度疎鐘發深省但覺詩成有神助寧知放浪憂俱屛與師同際盛明時相知猶恨相逢遅青雲

靈境兩殊迹安得琴鶴長追隨

題張賓暘主事長江萬里圖

欲窮江水初發源靈踪正自岷山起一葦前奔騰万壑鳴千派滔々會南紀大别東來日夜流龍蟠金犁帝王州想當趨赴朝宗勢宛似群臣拜冕旒紫髯郎署青雲客遊宦湖山慕京國為表忠貞一寸丹半幅生綃寫秋色

遊道場寺和東坡先生韻

吴興城南美林麓遠勝嵩高弁盤谷探奇肯憚白雲遥清勝逼人吟不足祗園天雨花漂々四山積翠猶龍蟠日華當午搖陰直松風蕭颯漂田滿山僧愛客

文節出竹屋茶香撲禪席為問經今臘幾多老檜参天手親植望中金盖鎖煙鬟掩映樓臺畫圖間却憶當年蘇内翰留題千古照茲山雲境長存幾昏旦安得結茅栖嶺畔自是輪蹄不解遊到此憑高發何歎

失鏡歎

吾家寶鑑吾所憐由父傳来僅百年錯落古儀含翡翠綵粧繡袋色鮮々憶從弱冠長持照一泓秋水芙蓉笑出入千廻不離箱繞生塵翳即磨光今年旅寓開河舘朝夕空房藉為伴詎意更初隣火飛煌々烈熖褁燮昇疾趨不問倉中粟共訝鏡亡尋不得撥盡寒灰不見踪想應拾者愛青銅雖然有處還堪買手

澤何時復再逢窓前乍無忘醜好以此朝々誠憂惱縦知得失総非真秪緣感物倍思親

憶家

家住秦郡正東北經歲離家心惻々縱得平安一紙書傳語喃々復何益桂花幾度缺復圓清光夜々照孤眠誰解離愁唯仗酒々醒鄉思復綿綿

海珠寺遊為主事陳允宗賦

羅浮積翠擘穹蒼南冥凝碧通扶桑山高海闊渺何許棲遲今古誰遺芳曲江别業迷煙草後來學者如君少十載寒窓不廢書春風夢上長安道正值天朝文運興戔々束帛聘賢能待將素抱經綸術丸

萬鵬程快一登親交詎忍匆匆別載酒尋幽歌白雪隔岸珠林景趣多寧知令尹華筵設相迎出戶强挽留力辭歸袂風颸颸滿懷清興浩未已呼童撥轉沙棠舟陪遊賓從迤池往荒祠半掩漁洲上列坐盤陀拂紫苔涼過金罇愜幽賞葛衣飄香殘暑天榕陰滿地初鳴蟬醉來秖解文字飲命題分韻聯詩篇詩成珠玉照錦帙才名咸與曹劉匹彈冠相慶遇明時蕙帳無心羨閒逸揭來霄漢司白雲晨摇飛珮趨鵷序舊遊回首付陳迹令人悵望懷清芬

送別清河韓縣丞

柳花飛綿香滿天東風潮長征帆懸一罇慷慨叙別

意舉觴聽我歌離筵聞說韓公下車日德政敷施遍淮邑九載哦松政治聞千里朝天展雲翼攀轅父老顙重留酒盡沙頭輿未休欲看遺愛知何處雨過棠陰翠欲流

題米元暉山水

墨花淋漓淡復濃銀濤半擁金芙蓉遠村近浦諸樹合石梁迥與挑源通小舟蕩漾臨孤墅疑是漁郎問津處安上空知山有仙仙人肯着山中住

夜行曲

長橋長短橋短姝水菱花香滿滿吳娃爭唱採蓮歌越浦迴谿音不斷蒲帆掛月去如飛不知涼露濕儂衣官船那比商舡緩百里郵程一夜歸

賡送春韻

句芒回轡傷離索撩亂殘紅點烟箔縱知代謝還復來一尊肯為東風薄夕陽亭館醉歸遲青山歷歷雲漓漓明年有約重迎候分付鶯花好待詩

為達善作山水圖并賦

家住郡城思樂閒興來只寫經行山白雲仍鎖半岩樹香風不動柴扉關高堂簾卷南薰午彷彿桃源在環堵坐客胡為久滯留此畫我作緣非古

玉湖清隱為房彥齡賦

扁舟濯纓叟心與湖俱清不解住何處焉能知姓名

怕愛湖山趣早同鷗鷺盟鷗鷺總忘機湖山如有情湖波蕩漾湖山高此翁非漁亦非樵一聲笛下西岩月明朝覓跡空雲霄

題雲樵石室

近山不愁薪出門翠擁千林春住山不愁屋石厂天生堪寄宿有薪有屋遠市朝此生取適非真樵長歌憩嶺不知瞑雙屐躡雲忘路遙以此優游竟朝夕姓名不係官曹籍乍可追隨麋鹿遊寧堪伐木勞形役鬖閭高躅思興期況復相逢江漢涓嘴君來往柯山道休看仙人一局棋

林泉清興歌為吳輿舉文賦

中山兎潁森如戟漬緑濡玄巧如織文機截贈水晶綃寫出胸藏錦盈尺東風未歸花已開玉龍宛轉穿雲來香車逸騎何曾到幕帽蘿衫狂欲吽要將苦釀兩行詩聲焰與山同不移畢郎年少心便畫熏炙休文觧揮灑好剪苕溪三級浪更向高堂洗屏障

王節婦詞

憶妾初嫁時與郎白首以為期誰料郎先亡徒慙比翼雙鴛鴦鴛鴦匹鳥尚同死妾欲同殂有二子辟纑教子讀遺書小兒已違承明廬妾報所天心事了敢望恩光下旌表

雲峯為陳州馬訓術賦

雲峯高高幾千仞颯沓松泉茅屋近陰凝灝氣影半垂翠滴芙蓉涼欲沁山人住久應忘歸囊中靈秘知者稀有時尋龍向深處不知露濕青蘿衣我欲相從問真訣悵望蹤跡難越奇書倘許世人傳鐵杖行挑紫岩月

射虎圖為與安伯賦

明時天將何英武兩年冬獵馮塘浦幾度彎弧馬上飛累獲東村白額虎迴看原隰葭葦空平沙絶迹無腥風韔中金鏃尚含血寢皮食肉羔羊同藍陽畫吏称名筆張世祿 點染霜毫妙無敵他年遺像寫凌烟應與斯圖換顔色

贈張惟謙赴太學

金粟花開香滿天城南有客登離舡離船南去知遠近王尊有盡情綿綿聞君蚤射南宮策太學儒生久相識九重恩命錫榮歸此日鄉閭出顔色我亦長為粉署郎趋陪鵷鷺捧天香他時依約重相見同竭丹心報聖皇

又贈前人

秋高河漢明且清祖筵餞客西南行客行况是故鄉友一罇酒盡沙頭情當年君去朝京闕我亦辞家失為別于今相見未盡歡他日相逢

情轉切君才翡翠联蘭苕䌥翮雲霄積漸高莫歎逢蒿栖息下大鵬終見起扶搖

榮兒歌為劉肅教諭賦

頭磽磽眉刷翠劉郎生得非常類神凝秋水不驚波見客嘻嘻如欲語高堂對酒心亦孩却憶我曾從此來不知後輩催人老蔓向家山只如小應知菊圃久流芳遺徽綿綿慶緒長他日榮孫身及第作歌莫忘尚書郎

顧光先生詩集卷之二

顧光先生詩集卷之三

五言律詩

贈高世用吉士

當年期顕達，今日見成名。天近蘭臺肅，香浮秘閣清。坐陪群彥讌，飽食大官羹。鄉校思齊者，螢光徹夜明。

送楊導路

數年同里閈，今日異鄉關。淮楚海邊邑，高平雲外山。目隨車北上，書候鴈南還。千里遙相憶，何時慰別顏。

長門怨

寂寞秋宵永，長門有所思。飛緣新妬積，不是舊恩移。羅幌瑩微度，金鋪月上遲。相看圍又缺，何異寵衰時。

繡衣見過

適逢烏府舊，不減往年情。過學勞相問，開門遠出迎。一尊官酒綠，四座暑風清。明發應知別，還期會玉京。

逢鄉人

魯音方少解，吳語復難通。南北常為客，飄零已作翁。衣沾穆陵雨，帆掛雪溪風。偶遇還鄉使，封書意萬重。

寄楊仲信

散步詠郊墟，懷賢暮雨餘。目窮情更遠，心役夢應疎。山暝雲歸後，林高葉下初。因逢廣陵使，聊復寄鄉書。

送朱雲溪知平陽

驛路雪初消，江梅發故條。景憐新歲近，人惜去程遙。花縣臨滄海，仙鳧出絳霄。永嘉民吏喜，今尹得王喬。

送張醫士還姑蘇

朝田方叙別，分袂又東歸。故郡行看近，京華相見稀。雲開千嶂出，江闊一帆飛。後夜勞清夢，聽鐘憶禁闈。

幽居

初未念鄉邑，住久已為家。種柳皆成樹，栽桃又作花。林泉蹤世跡，詩酒度年華。離別無南北，人生信有涯。

寄高郎中

開河分袂後，倏尔又旬餘。徒有懷人夢，全無寄我書。山長秋樹遠，鴈度晚雲初。何日重携酒，還來問起居。

宿道場寺

到山情不盡，今夕定相留。簾捲千峯月，溪停一葉舟。林聲清似雨，雲氣冷如秋。暫可忘歸興，茲行是勝遊。

挽處州王千戶

雲濤鼓夕陰，海寇逼城臨。不盡捐軀勇，焉知報國心。襲封渝白璧，全節重南金。嬡爰睢陽列，長吟感慨深。

寄懶漁先生

故鄉別來久，還思舊遊處。微風清客軒，凉沁香檻對。長吟藉杯酒，遣興日佳趣。預卜竹林期，乘軺復相遇。

挽常仲平先生

亭屋俯清川，斯人陽九泉。高閒千首在，清白一經傳。鵑怨悽風裏，苔荒竹徑邊。寂寥身後事，今古共同然。

題無倦堂

畫堂瀕楚水講授足怡神坐列青襟滿門橫絳帳新寒梅清弄玉露草暗生春盛世終期用寧堪効隱淪

送友人

府僚咸俊乂清暇沐同休春日溪山別芳年閬苑遊酒闌啼鳥散詩就片雲收千古蘭亭會憐君復繼脩

題多雲樓

香閣翠微外勢同翔鳳高一簾嵐氣四壁擁銀濤散處因風蕩濃時為雨飄去來非有意倚檻興偏饒

題雲洞

山中有虛室幽趣若為同不見氷花墜長如桂魄通淨疑銀色界高壓水晶宮時與僧來此心澄萬慮空

出郭偶成

步出高城外經行近郭村不知連夜雨添到幾家門綠樹江邊沒青山野外昏無因登大別疏鑿復誰論

喜友見訪

賀鍤進初散多君遠訪來雙扉將欲掩尊酒復重開燭並香煙合風驚暢影回相逢應恨晚談笑惜多才

送曾典史

花縣通蓮幕憐君治劇才二年清案牘一舉上蓬萊驛路舉篷設官河畫舫開春風承聖澤好為寄書來

題芸菴卷

東莊成別墅門外有池塘桑響傳谽谷書聲出草堂客來惟看畫僧至自焚香擬欲為鄰並何年復故鄉

姑蘇懷古

蔓草迷陳迹空傳吳苑名昔人無復見來者獨含情水殿虛烟色郊臺自月明登臨何處所惆悵倚高城

遊天皇寺

蘭若東城外青山暎郭斜林邊開士宅雲裏梵王家清磬飄虛吹天香送雨華偶因陪妙躅回首愧塵沙

送鄭掾史還七閩省親

祖筵多士集孤棹獨南還戀闕頻回首寧親已破顏秦淮通驛路閩海近鄉關為報相期候鶯花二月間

贈田侍御

江漢傳文字秦淮每問公客中思一見闕下偶相逢白簡清霜肅朱衣湛露濃還期九霄上歲晚各輸忠

和胡太史遊鷄鳴寺四首

蘭若邊西郭松陰夾逕涼塔高香霧合山迥綠雲長浯澹機心息觀空色相忘獨憐支遁癖遠向沃州藏

又

望望中天近遙遙萬井卑上方來客少勝事昔人為對裏听經梵岩邊坐詠詩清遊多士集況值盛明時

又

山與重城並高明近國都日華隨望轉嵐氣入春無

臺榭開兜率林泉畫圖登臨天咫尺不敢重相呼

又

繫馬長林下鐘聲出寺鳴松風清寳地花雨散瑤京
物色閒中換流年暗裏更偶因休沐處聊復話無生

送龔貟外省親

別路都門北鄉園浙水東地連吳越遠江與海潮通
祖帳開晴雪歸帆逐便風相看還分袂離思逐征鴻

題許侍中翠微書舍

舊隱池陽日依山結草堂隔窗青嶂合卷幔白雲長
琴帶流泉古書遺汗簡香名高謝安石丘壑趣難忘

晚次青山

敕建湘獻王享堂碑嘗爲書丹與脩實録乃秉載事之筆屢陳詩頌重獲嘉賞
上嘗以三絶称之陞本部貟外郎改戶部分治水利董運江淮壽逾五紀竟以疾殁于官嗚呼吾先君爲人丰姿典雅襟度汪洋剛不吐柔不茹書得晋人法詩效唐體山水人物翎毛各臻其妙琴棋醫卜與凡諸子百家靡不究竟此其所以萃衆善於一身而得名於三絶歷官雖不出郎署而蒙
恩受錫寳超等夷嗟予小子可不知所繼述思以表彰厥美圖垂不朽以荅眷眷之萬一允於是謹集平生所作遺失之餘録呈泣求翰林鄉先生尚書尚公編選分類命工繡梓用廣其傳是集所以有成也尚賴四方賢士大夫或與先君子交好者乞録附以成全集幸莫大焉近得文七篇附刋于後今將
湘遼二殿下所賜吟咏及文人碩士賡酬詩在
朝公卿大夫餞別卷朝鮮國送行詩文刋于卷末是爲外集瑄不敏謹狀世系行實與識諸集末以俾
繼述云耳

大明景泰元年歲次庚午夏五月吉旦大治縣主簿
愚男陸瑄頓首百拜謹識

更轉蓮花漏香消貝葉書已能忘客夢明發意何如

題清暉堂

獨羡幽棲處高齋得趣多窗含吳地緑門挹雲溪波
空翠浮書幌琴聲雜棹歌重來懷謝眺佳句未能過

送兄歸廣陵

昔年同入楚此日獨東歸懷舊翻成夢傷心淚滿衣
松楸先隴在詩酒故人違徒有還鄉念無由逐鴈飛

送式長老之戴山

戴山從此去幾日復歸來獨向祇園住盂看雪洞開
素琴閑竹几清梵歌花臺料得非長別題詩首重回

題道愈心雪齋

栢府秋霜肅寧如内境清靈臺元有素虚室自生明
散作豊年瑞融爲澤物情陽春誰與和貞白著芳聲

題西翠軒

高齋背東岩清景復如何陰深初月少光暎夕陽多
香氣和青靄經聲轉綠蘿宛同慈嶺外龍象幾回過

贈穎川吳太守

官柳帶晴烟雙旌訪畫船相逢顔未識共話意俱傳
小店春醪薄高城夕照偏從知成醉別還念使君賢

題竹深處

望望叢青靄沉沉障綠雲輪蹄不到處鸞鳳自成羣
涼影逢陰合晴光向午分王猷今已矣清賞復遺君

黃崗即事

荒村背流水長日掩柴關地僻人稀到心清政自閒
風蟬鳴野樹暮雨散淮山吟罷懷京闕何時奉璬還

送項城朱訓導考滿

軒蓋擁離亭絲繮繫玉瓶來賓方出祖群弟仰遺經
楊柳風前綠蒹葭雨後青雲霄期遠達去去速揚舲

寄鄉友

游宦江湖久歸來摄結歡異鄉思最切同里見猶難
孤館尊空置高城月自看溪亭乞爲別惆悵水雲寒

謝許員外

重訪民曹舊仙郎意頗濃花前烹一鳫柳下畫雙松

清轉澄潭月凉生粉署風別來渾不忘昨夢儼然同

登淮陰驛樓懷陳孟芳

幾日同歡宴今朝獨遠遊舟移淮浦夕路入楚雲秋
歸夢無憑據清尊罷唱酬深情何處寫多在驛邊樓

送趙仝主簿 代人作

谿上柳枝稀尊香蠏正肥雨偏留客飲風已逐帆飛
驛路通楊子鍾山遶御畿邑人懷惠久凝望綵鳧歸

潞河寓舍

久住頻看雪天寒未見花經年長在客聽鴈忽思家
春重眠多夢年侵鬢有華何由遣懷抱唯仗醉流霞

春曉言懷

旅館鷄先唱窗明曙色催年光閒裏度鄉路夢中迴
鸞鏡慙新照鶺鴒行想舊陪東風來早晚無處探江梅

雪後望西墅有懷寓中諸君子

群賢相集處悵望倚柴門想共花間宴遥看原上村
流鶯啼對杪殘雪擁籬根安得爲鄰並時來倒綠尊

友人別墅

塹別郎官署聊爲野老鄰琹尊長待客冠蓋異居人
鳥喚方知曉牛耕始識春殊非詰里俗歲久自相親

會宴陳吏部

出門何處去言訪故人居杯酌情何限言談樂有餘
春風生几席斜日照村墟歸去無多路休煩驷馬車

題睽雪讀書圖

山人知養素林下結幽廬坐對千峯雪閒看一卷書

擁門寒氣重照牖玉光虛孤棹夷猶者將尋剡索居

次楊村

河流逼滄海路轉岸欹斜畫舫臨沙驛青帘賣酒家

水鄉無古木地冷少春花來往通霄漢長乘奉使槎

望長蘆時有鄉人俞公褒通判僑居於此故望之

雙櫓去翩翩況與春風遇綠水睽回塘新花滿芳樹

撫景殊自樂放懷澹無慮天外數峯青滄州在何處

望雲思親為侍郎李友直賦

慈幃知別久音信若為聞長捧丹霄日遥看翠嶺雲

鄉園如可住鵷序復離羣迎養毋辭遠傾心侍

聖君

清明過衛海道中有懷

令節今朝是年年不在家困斟寒食酒遥念故園花

綠野鳴春雉荒林噪暮鴉懸知分杏酪應詫客京華

途中即景

北來風景異三月似冬天煖帽猶遮耳寒衣未去綿

草芽纔出土柳眼尚含煙自笑乘槎客應須貫酒錢

秋夜懷施孟莊

涼露濕清夜坐來生遠思故人隔淮楚數月無來書

江月破暝色林風清酒卮永懷不可見虛抱梧桐枝

初晴舟行得風

麗日破輕寒征帆趁晴浪廿草渡纔過杏花村入望

詩淹綠酒中興繞青雲上壯遊值明時離懷自堪放

錦江送別

想當分袂處路出錦官城多士難為別扁舟忍獨行

山迴紆水勢樹裏听猿聲回首離群久臨風憶舊盟

送裴二守瀛易州

歸路向山州茲行遂壯遊碧雲瞻鳳闕晴色炫貂裘

驛店金臺外封章易水頭懸知郡人喜別駕得裴休

玉湖清隱為房彥齡賦

君家煙水外茅屋枕清流返棹千峯夕開窻一鏡秋

飲邊留舞鶴靜裏狎眠鷗欲訪橋南卜相期賦遠遊

送善上人東遊

祇園敷講罷思逐雨華飛歲晚郁堪別春初定約歸

晴江孤棹發煙寺暝鐘微他日重相見爐香滿衲衣

送僧還笠澤

隨僧南國久旅寓尚囊螢永夜獨觀易長年忘誦經

心馳吳對綠目斷楚山青明日河橋別有杯過洞庭

五言排律

題秋野堂

別野瀕三泖端居面九峯水光搖枕席嵐翠濕簾櫳

暑退村南雨涼生對杪風清狂追賀老耕樂慕龐公

鷗鳥無時下琴罇累日同林泉自成趣誰肯謝閒踪

遊天聖寺

逕轉紆塵鞅山迴寶地深昔聞城北寺今日特相尋
室静棲禪影潭空淨客心雙梧秋色老高嶺夕陽沉
坐憂香雲合泠然一曲琴

元夕觀燈應　制

鳳闕丹霄上鰲峯紫禁前清時調玉燭午夜放金蓮
合殿開閶闔層臺奏管絃千官看詠序百戲進當筵
白雪清歌度春風妙舞旋燈光深月色瑞靄接爐烟
寰宇熙恩幸華夷樂有年小臣歌拜手
聖壽頌齊天

頤光先生詩集　三十二

題挹翠軒

風軒抗塵表佳趣異岩阿卷幔三山近開窗雜對多
綠陰生枕席黛色映衣羅興為憑高發情因觸景和
別來鄉邑遠歸夢閒雲波

進脩齋為厂伯純賦

第宅瀕清潁高齋俯郡城劍光搖素壁書眼照寒檠
閒寢鷄先唱彈琴鶴自鳴柳邊驕玉勒花外倒金罌
蚤解文儒貴都將綺縠輕頤言歌雅什德業邁前英

頤光先生詩集卷之三

頤光先生詩集卷之四

七言律詩

題譚太守松谿卷

剖符淮海古諸侯遠別松溪幾度秋林下已非當日
夢水邊寧復少年遊冰霜秪促名臣節清白期分
聖主憂正尔郡人懷惠澤豈容解組賦歸休

和吳教授見贈詩韻

解組歸來已有年片帆欣到楚江邊萍蓬渇友慚公
謹書劍從軍憶仲宣滿逕綠陰初雨後隔窗啼鳥午
薰先古今心跡俱同調忽遽裁詩莫浪傳

題雲泉沈先生卷

幾年為客駐揚州閒裏吟身謾自由坐看隴雲心共
逸行臨流水興俱幽殊鄉琴鶴黃花晚故里蓴鱸白
髮秋留取一編傳世業休文芳緒待伊收

頤光先生詩集　三十三

和高吉士送行詩韻

偶然相遇復東還欲論鄉情去住難豈為冰霜淹玉
節因承雨露拜
金鑾醉乘匹馬郡山曉遥望賓鴻遠道寒家住滄浪
期必到故人應識舊衣冠

縣中飲罷晚過學遺興

河陽宴罷欲黄昏秉燭來敲泮外門故里重遊情自
好斯文相見語偏温高城畫角催寒漏踈牖梅花帶

月痕遙憶十年行樂處芹香波綠倒芳樽

雪後寄高原昭先生

氷合滄浪雪滿村此時清絶與誰論蘆花被暖方裝夢蓴菜羹甜正掩門應笑党家金作帳翻嫌石氏玉為罇高風不與雲臺競老遂桐江亦漢恩

題長興呉山寺

東風三月訪禪林寺外千峯紫翠深門俯龍谿流不息塔傳獅子古猶今依微對色沾花雨飄渺鐘聲雜梵音到此登臨足清賞何須靈鷲遠相尋

經梁太師王彦章基

曾於國史羨忠臣誰解祠墳魯水濵驍勇絶倫生出将忠貞不愧死為神煙籠幽幔焚金篆露浥荒苔臥石麟聖代秪今崇祀典息光到處総田春

挽薛大賓

半生芹泮事遺編飲恨知君獨可憐華組未聯群辟後綵衣今沒二親先谿迴旅櫬驚寒吹月滿家山泣暗泉欲把椒漿何處酹白楊哀草思綿綿

和原昕高先生贈卞元亨韻

羨君家仕海東邊不向城南受一廛閉戸讀書聲籍籍卷簾焚篆月娟娟青鞋已重王符隱白帽誰憐管氏賢況是高年心緒静却從蓮社醉逃禪

留別盧主事

官海同遊見頗稀相逢共訝久相違正嗟兩地經春別詎忍孤帆帶月歸陌上叢葵傾景發林間高鳥恋羣飛獨慚淺薄陪趍事尚約聯班侍禁闈

挽宋昌裔

辰陽迁客已云亡南望天涯淚數行無復才華追屈宋空餘書法繼鍾王墨池波冷鵞群散筆塚秋陰鳥跡藏莫向西風歌楚些英魂淒恨海山長

逢朱郎中話舊

民曹郎署舊心知汶上相逢訝有期十載交游情似漆幾年離合鬓成絲鶯啼柳外春將晚酒滿花前醉起遲何幸雲霄同官達獨慚無補盛明時

杏花脩竹為禮部郎中胡以道賦

丹鳳城東粉署西杏花脩竹已成蹊香紅帶露春前看空翠生凉雨後題繼嶺仙旌翻羽葆石家歩障卷金泥嗟予新作蘭臺客猶憶南宫酒共携

送李希武御史

霜臺侍御七閩歸千里相逢願不違官舍會時無欵曲鄉關行處有光輝晴峯黛色明金豸秋水芙蓉浸繡衣驄馬豈堪留住久寸心知向五雲飛

奉寄尚書李志剛

謬忝明時粉署郎追陪冠盖近清光星邊聽履趍丹

陛日下鳴珂出建章夾道柳陰金帶重隔簾花霧玉
樽香那堪回首歸田里獨倚淮雲望
帝鄉

齋居南宮

紗窗粉壁映朝暉曲几方床與俗違禁籞香來秋祀
近閒庭吏散夕書稀雲連遠巘凉初透風激鳴蟬暑
漸微況值清時事齋沐已知簪紱勝荷衣

贈朝鮮國王李芳遠

遠衘恩命到朝鮮獨羨東藩世代賢風俗久淳千里
地聲華遙達九重天明時講學開書閣清晝崇儒設
醴筵歸奏

龍顏應有喜勲名定敕史書傳

懷道塲寺燊師

遙望谿南隔翠微白師別去悵多違上方月曉踈鐘
遠下界雲深過錫稀塵榻獨聞寒葉墮客窗長夢雨
花飛何時更遂東林約少憩亭前一振衣

送原昭高先生長安莊開講

獨抱遺經設董帷谿頭水落去帆遲村墟近郭非長
別賓主同鄉久託知香滿芸牕朝課誦花欹銀燭夜
哦詩佳期只在梅開後擬向春風倒玉卮

和兵曹盧主見懷之作

曾送離舟濟水邊別來數日似三年狂吟總為兵曹
賦尺素頻煩驛使傳思切啼鶯花冪冪夢回高館月
娟娟料應南北相思處何異雙旌兩地懸

懷都水夏時雨員外

偶遇仙郎駐綵舟忽忽歸興浩難留多交故舊偏青
眼共感流年易白頭風送征帆山漸遠雲連芳樹雨
初收可堪相見還相別幾度長吟更倚樓

贈白侍御

聲名籍籍動霜臺妙柬分巡濟北來往歲談經期獨
步當時夢柏兆先開憑高攬轡看山嶽到處觀風及
草萊此日相逢俱宦達青雲傾盖喜趨陪

冬夜宴集送高世用貢士

高堂開宴藹清歡銀燭光搖夜不寒鳳管莫吹俱是
客龍頭高中即為官吏將玉漏寧辭度酒注金壺莫
厭乾明發應須重會面五雲深處共驂鸞

贈安山監張監生

秋風獨泛濟河船客裏於來慰客邊握手論心如故
舊把盃談笑類忘年繞山紅樹牽歸興夾岸黃花照
別筵此去重期趨事了功名行見及才賢

贈下邳湯揮使

去秋相別嶧山前此日重逢濟水邊離思茫茫非一
日風光冉冉又經年每回雲樹長凝夢為惜琴尊不
下船料得河橋分袂後倚蓬看書醉忘眠

宿道場寺

遠望香臺出半空近環千嶂隱幽踪路緣石磴高低上舟入田谿宛轉通鳥度暮雲孤頂塔雀驚秋樹下堂鐘今宵為借僧房宿應與人間夢不同

秌夜宴周郎中

秌夜迢迢此會難使君駐馬暫為歡應將別後詩頻誦莫惜筵前甕屢乾銀燭光搖村落静高梧葉下露華寒戀知明發長河道雲漢星搓到處看

和周訥郎中韻

水邊楊柳繫離船幾度経行設祖筵儘放高歌酬遠別不知明月滿前川通宵共話慚無欵千里相逢詎偶然明發星搓從此去定將詩話七閩傳

和劉御史呈張信侍郎韻

曾聞持節濬官河不日功成注碧波千里閩山通險阻東方父老尚謳歌時逢聖代風雲際名亞司空雨露多獨羨栢臺吟最妙陽春難和欲如何

送劉子偉之官南詔

幾年宦海托深知詎意重逢汶水湄宦達正當明盛日旬宣況值少年時山連南詔雲偏闊路逼鄉園馬度遲偶尔別離情未盡巴江荊樹不勝思

別同郡陳李主事

海門遥近廣陵東幾欲行游願莫從故里數年長是別鄉人今日始相逢臨流置酒情無限促席談詩一笑同明發星軺從此去還期聯珮候朝鐘

題臥雪軒

蓮宮勝槩浄無塵粉飾開房寄此身眠處只如銀色界夢回疑是玉堂春寧同槃可求心法應笑袁安傲世人一榻了然俱白業毛衣長被雨花新

壽平江伯

初熟蟠桃會列仙春風虎帳羨耆年商家未數籛鏗壽漢室寧論戶牖賢滿獻霞觴調錦瑟共看玄鶴舞華筵戀知勲業超先代麟閣芳名百世傳

寄友人

一別江湖歲月深書來欲訪遠難尋數年踪跡空疑夢兩世交游總結心流水暮雲隨去棹東風啼鳥隔前林何時重到文遊地詩滿行囊酒滿斟

贈朝天宮羽士

雨過天壇絕點塵況因齋沐思俱新裁詩偶集梁園客下榻欣逢閬苑人臺殿月華明照夜池塘草色暗生春翻嫌白晝勞形役誰解仙家静裏真

秋日喜友見訪

青梧落落晚朝暉方覺秋從葉上歸正訝流年驚遠別復欣高士過忘機杯浮綠蟻新開甕香滿青袍舊

賜衣從此論心數來往莫鬥城郭故相違

和醫士鄒先生韻

萍水相逢各異鄉羨君家世總材良談經已得傳先秘醫國親承肘後方遶檻波光芳草緑隔簾雲影杏花香重來握手情偏好莫為狂吟惱客腸

贈沈大年

維陽醫道沈門專拯濟沉痾不計年故老共推三世業高名今達九重天香紅遠映林間杏凝碧深通橘下泉他日詞臣書偉績猶勝騎鶴訪群僊

挽沈大年先生二首

京華旅寓舊相依同住長安對竹扉退食居家長過問把杯聯句醉忘歸別來雲樹情應罷沒後鄉園夢絶稀惆悵故人悲獨喪傷心空有淚沾衣

又

聞持裏經近還鄉誰料翻從地下郎為善不應年復短養生非是藥無良杏林踈雨鶬啼慘蕙帳秋風鶴夢長痛惜交游成永訣九原何處酹椒漿

武昌省親墓奉別昭易諸友

乳燕喃喃槐影垂行行南上別親知目馳丘隴情難盡舟出滄浪意欲遲村外夕陽芳草遍天邊山色楚雲移臨岐預約歸來日紫蟹初肥酒滿卮

送王郎中守制

客裏相逢未半年忽從分袂話留連瞻雲無復思親舍揮淚空還拜墓田京國舊游鍾阜下鄭城鄉路太行前到家應是秋容老朔雁南來信好傳

夜尋舊宅

夜過南徐覓舊蹤獨騎官馬認橋東籬邊緑水今平壤門外青山已合松往日容儀今漸老向時親友半成空相逢促席俱忘寢秉燭裁詩候曉鐘

次吳勤宿正旦早朝韻

百官趨候禁鐘聲左掖初開擁珮行仙仗夾班晴日轉御爐當殿曉風清三呼拜舞依丹陛九奏簫韶遍玉京共荷新年覩休瑞侍臣初報泰堦平

和拾遺朱先生見懷之韻

鳳城初霽靄春暉百囀流鶯繞禁闈朝罷獨憐官舍近時平應覺諫書稀池南柳色緣隄種花外鐘聲出苑微樗散自慚無以報忝陪鵷鷺沐恩輝

別金陵之姑蘇

久謫新除治水官東尋笠澤泛盤桓才緣無補情方愧心已忘憂夢亦安鱸美吳江香稻熟雁啼沙雨蓼花寒承恩誓欲蘇民瘼搔首明時竭寸丹

九日過呂城

去年九日住臨清今歲重陽過呂城觸地總非鄉土趣百年多是宦游情登高未見黃花吐落帽應慚白

髮生聊把一杯歌一曲良辰何幸際升平

訪迪菴不遇

憶會梁園久別離偶來笠澤本無期松門宛似相尋夢塵壁猶存寄贈詩日轉長林留寺晚風牽帰錫到山遲尋師不遇仍惆悵還似湘江聽雨時

吴興與何太守話舊

粉署趨陪久見親別来踪跡渺吴津天涯遠憶情尤切客裏重逢認未真五馬黄堂榮過昔一官華髮義如新同逢盛世承恩澤獨愧無能報紫宸

宿夔公山房

花宫岑寂夜迢迢静愛僧房遠市朝詩就彩毫情未

盡香浮猊座酒全消月移嵐嶺開寒霧風歎林松帖翠濤向曙疎鐘滿清聽不知眠處近丹霄

贈邵御史

忠節名邦秀两鍾栢臺冠蓋渥恩濃繡衣奉職横金豸鐵印行權控玉驄泮水菁莪沾化雨魯隄楊柳沐清風獨慚淺薄將何贈客裏裁詩意萬重

贈卜者三奇

客裏相逢衛水邊獨憐推卜正青年明時講學惟探易永日垂帷不論錢窓擁岩花凝夕露香浮蓍草篆朝烟郁堪又作津亭別有約乘槎訪廣川

寄杜先輩

鯨川一見即相知交托忘年恨獨遲好客每分家釀酒添丁因贈老生詩當窓柳色啼鶯後籠幔南薰入夢時同在異鄉如故舊從今来往亦無期

春曉寄吴太守

月過船窓漏漸稀夢回翻覺故人違坐銷銀燭同歡飲醉拂雕鞍獨自帰花外啼鶯嬌語滑郡中高柳緑烟微懸知未作臨岐別猶恐征帆逐便飛

別吴圭太守

條風向晚失餘寒解纜沙頭去獨難幾度清尊憐共飲今宵月色與誰看重城柳色春將徧夾岸梨花雨未乾千里壯遊從此別待憑雙鯉報平安

和李長年立春日雪中見懐之作

東風向午散餘寒佳句新裁墨未乾歳逼青陽交最早調高白雪和應難溪南弱柳期同折窓外瑶花想獨看淺薄將何酬令節多情猶勝惠琅玕

春日訪吴貟外叙舊

毿毿江柳雨初晴偶遇仙郎話舊盟落月満梁凝遠夢荒村同宿想深情一尊佳醞寧辭醉千里孤舟不易行共沐恩波趨事久寸心何以答升平

嚶嚶黄鳥囀高枝撫景論心想共知暫會一時仍命酒別来半載豈無詩河因凍解流將満花為寒多放較遲此日尊前不同樂何勞两地遠相思

留别吳員外

江頭春水正茫茫浪拍桃花滿棹香壯歲相逢猶恨晚異鄉爲别柰情長烟綿草色連淮浦鳥帶晴雲向潁陽共荷明時沾雨露怱怱分手莫停觴

送吳潁川赴河南文衡之召

五馬踟蹰擁别筵校文西上汴河船明時特選循良重多士咸推匹石賢嵩岳雲開初霽雨庭槐花發稍凉天懸知撤棘歸来日小録猶煩寄一編

寄酬韓驗封

仙郎高獨寓禪宫門俯横塘一逕通雪裏相尋難辨屋枕邊遥憶但聞鐘酒香併與茶香和蔬味寧堪肉味同料得吟餘唯獨步長廊寂寂少僧逢

次流河述懷

長河春晚猶爲客閒向蓬窻舉一卮鄉路别来應少信孤舟到處可無詩深塘草緑蛙鳴早絶塞天寒鴈度遲最是外方居獨慣只憑行樂適清時

送舒孟安先生還陵縣

庭樹雞鳴促去裝客中送客柰情長相逢正欲酬高義此别那堪在異鄉日上千峯開霽色舟回一水泛新凉懸知兩地應相憶書劄頻煩鴈寄將

一樂堂爲何秀才賦

嚴陵臺畔結幽廬誰似君家樂有餘盛世庭闈俱在目前年兄弟復同居香飄綵服催称壽露浥荆花賦讀書愧我松楸離獨久臨風長詠益踟蹰

賡滄州同知李伯震求寫真之作

誰求綵筆寫真容即是風流赤縣翁傳粉易增雙鬢白施朱難藉少顔紅影遺後世長相見名著當時貌不同一笑總超形跡外此心如月印秋空

贈東海隱者卞元亨

陰陰喬木暮田廬山澤誰知有隱儒刺虎昔聞林下勇登龍今訪海中居苔花半蝕前朝劒芸草幽香累代書客裏相逢又相别歸帆揺颺意何如

題石首令顧襄伯春暉卷

知憶慈闈日倚門楚雲湘水欲銷魂難將寸草區區力報荅陽和蕩蕩恩千載故家傳德業百年文獻付諸孫春風岸幘南樓外綵筆題詩墨尚溫

懷兄伯陽

無事經年兩别違可堪春晚鴈先歸逢人近覓来書少入夢寧知見面稀閒館隔簾花寂寂重城聽雨滴微微樗材久愧無裨補何日持觴共綵衣

賡春宴之作

遠勝吹笙遊洛濱那堪清賞霽容新雲中綵仗飛隨輦池上繁絃響逐人空翠拂衣涼殿午晴花匝檻苑臺春枚乘授簡應多賦況有宸章荅令辰

琴書清隱爲孔宣文賦

棲閒久與世相遺況有琴書足自怡下指龍吟清澈澗開牕螢火夜通帷臨卭未許傳情薄彭澤猶嫌解組遲幾欲從君幽勝遠看山立馬謾題詩

題望雲思親卷

宦遊江漢久遲留竟日含情獨倚樓渺渺孤雲隨望眼茫茫親舍阻歸舟書沉遠道衡陽晚衣帶征塵澤國秋回首天涯倦爲客何時想慰倚門愁

送陳道士沔陽省親

相逢琳館處相遠將憐天涯獨倚扉短褐尚餘慈母線清齋長憶故山薇封含秋色墟烟暝江帶寒雲夕照微東去竟陵千里道可能雙鶴應期歸

送王敬軒之浙

吴越江山我昔遊憐君東去值清秋千崖紅葉藏蕭寺萬里寒潮送客舟到處有詩堪遣興閒中惟酒可銷憂秪今梁苑需文獻爲報歸期莫久留

題匡廬清興卷

舟泊潯陽覓勝蹤吟身獨上最高峯路迴風壑泠泠瀑寺隔煙蘿杳杳鐘元亮昔年曾入社謫仙此地欲巢松應知歷覽題名處春雨莓苔幾度封

送人

尋常攀餞惜離群況復忘年我與君花覆石壇春講易蕉鳴溪館夜論文歸期已協吴臺夢去棹難移遂水雲明日肩輿城外別一尊惆悵若爲分

題懶漁卷

湖上依依野趣成湖邊風月道閒情何爲釣具勞形役肯着羊裘諂隱名醉卧每同孤鶴夢機忘自與白鷗盟懸知今古渾如此一曲長歌山水清

寄通玄風

真僧七十住南山靜閱流年晝掩關香滿石床初入定苔侵籬逕獨能閒氷泉暗逐孤絃響野鶴遥隨去錫還幾欲相尋無處所朝朝空禮白雲間

贈呂童大尹

明時令尹獨才賢百里長聞惠化傳堂上鳴琹勞撫字雲中飛舄屢朝天橋通清廟河縈帶畫難陰廊像儼然秪恐丹書徵卓魯甘棠先植縣衙前

望雲思親爲侍郎李友直賦

太行南望片雲飛遥憶慈親獨倚闈目斷北堂應悵別心馳雙闕未言歸跡鐘迢遞趨青瑣孤鳥蒼茫遡翠微不獨懷英成故事多君忠孝兩無違

送友人之官邵武

侍臣出守向南閩畫舫移家遠問津夾道雙旌驚過客專城五馬慰居民路經彭蠡風波息封遠杉關雨露新別後想應何處會遥瞻珮俟楓宸

挽劉溧水

形歸冥漠見無因，景物依然想故人。公舘独看楊柳色，僑居誰領杏花春。凄凉帰櫬苕溪路，蕩漾孤舟立水津。應頼有兒容絶似，欲憑毫素寫遺真。

贈劉御史

堠館鷄鳴駐玉驄，別来何幸復相從。臨堦握手髙情洽，對席談詩一笑同。座擁繡衣明署色，冠簪金豸凛霜風。共承雨露趨朝久，期竭丹心報九重。

奉懷王雪先生（作于都御史公有破口見懐之附於本集後）

濠梁見憶書先達，柳站相逢願不違。歲晚共知為客久，天涯誰道故人稀。傾懐官舍傳籌飲，回首征帆逐鴈飛。今夕想應何處泊，望髙寒月楚山微。

題東皐舒嘯圖

陰陰桑柘俯柴關，知是名家住此間。種徳自能傳世遠，遺安豈為慕髙閒。忘機獨與鷗同調，賞静常隨鶴並還。顧我塵纓猶未濯，無由載酒復何顏。

留別南陽通守俞公裳

南來北往屢相從，交義憐君有古風。北送直過滄海上，南陪曽到廣川東。香浮琴薦流泉細，酒瀉金尊琥珀濃。明日又從霄漢去，應知桂陌會當逢。

頤光先生詩集卷之四

頤光先生詩集卷之五

五言絶句

次毘陵二首

烟蘿覆古垣，長河暎空碧。柳外鼓聲髙，舟到毘陵驛。

輕煙澹遠汀，落月明沙渚。何處辨殊鄉，人作吴中語。

題僧房墨竹

迎風鳥篆蹤，帶雨鳳翎濕。空堂磬聲罷，獨伴高僧寂。

暮秋憶家

迢遞鄉關遠，那堪音信稀。秋風動蕭索，猶未寄寒衣。

曉起言懐

金闕鐘催曙，紗窓月半明。夢廻呼僕起，錯喚小兒名。

題墨竹

夜泊湘南岸，秋聲入夢多。不知明月裏，誰唱竹枝歌。

題小景

古木倚雲根，幽篁響寒玉。相對懐舊遊，我家塘水曲。

題墨竹二首

秋風動蕭索，青鸞鏡中舞。對此心遙遙，美人隔湘浦。

蒼梧澹烟雲，佳人渺何許。日夕不勝寒，空窓墜青雨。

題挾彈圖

年少朱衣客，閒騎白馬行。戲拈金彈子，何處有流鶯。

雜詩

官舍俯長隄，開河往来久。時問廣陵船，家中寄書否。

題大理施寺丞扇小景二首

仙閣排雲起桃花夾岸開林間行樂者誰似少陵才

凍雪封千嶂氷花着樹開剡谿孤棹客興盡好歸来

秋懷故園

吟露蟬初罷經霜葉半紅遥憐故園景此日此時同

題小景二首

歸雲度層巘柴門俯江渚高樹涼風来前村初過雨

石上霜葉跡水邊寒玉清春風一披拂翻憶故人情

題春夏秋冬四景山水斗方

策蹇度谿橋尋芳何處是洞口桃花深人家香霧裏

山閣柳風清凭欄興無已何處小舟来群鷗逐飛起

高林風已秋虚亭啓弘敞獨有素心人乘閒自来往

千峯玉為屏開軒景初霽漁人蕩槳来無限江頭趣

訪山居

樹色崦邊深谿聲蘑外近幾欲訪山家坐待雲收盡

題小景

篁逕俯澄潭南山最佳處不知秋欲来涼蟬滿高樹

贈友人二首

别時端陽前歸時重九後遥把菊花枝慇懃為君壽

泉聲散煩燠松風清容心相逢林壑裏况復觧鳴琴

題荔枝

香含白玉漿名重黄金帶未許鳥銜殘明光薦應待

題山水斗方

高樹俯清潭孤舟傍危石明月上東巖相看坐遥夕

題竹枝鵓鴿

巢畧春秋絶當逆善舞名幽篁棲息處呼侶弄新聲

題薔薇錦鳩

何處鳴鳩来花枝猶裊裊雙聲啼未闌東郊雨初曉

題讀書室

两山幽絶處唯聽讀書聲閉戶何曾出高名滿鳳城

重遊慈感寺待怡菴不至

昨日去城郭今朝猶未歸前山雲樹隔相望思依依

題小景四首

山深春意多尋幽渡谿去不是林下人寧識雲間趣

絶巘擁青鬟面溪帶芳樹漁榜繫沙頭收綸洽歸去

雲根露華蕩涼風觸鳴瑞羡人隔秋浦千里遥相望

盤浦流雲液星槎究轉迴搘機石猶在清夢憶松風

清河驛鄉思

鄉園南去近官驛暫為家不道秋如許滿汀紅蓼花

題北照寺潮待詔雙林小景

祇園絲色涼花雨石苔滑不見講經人何由問空法

題郭熈畫小景

野曠渚雲閒天空洞巖敞清景迴難同知君獨延賞

留龍道中有懷吳貞外四首

昨晚同聯榻今朝独在舟相思猶未已心逐水東流

芳樹連雲闊征帆帶雨飛相看離漸遠獨望異鄉歸

被酒酣無語緣情詠更多舟移江口岸延想問春波

綠柳帶啼鶯花明宿雨晴韶光隨處好翻憶故人情

題二友論心圖

偶坐長松下論心利斷金澄江水如許不似故情深

題梅竹二首

白雪天香味黃金碧玉柯逋仙若相見詩思怎能多

玉仙飛珮處香影傍湘裙兎魄憐幽絕清光露幾分

題錢舜舉畫菜蔬二首

吾生非老圃到處種佳蔬爭似無聲畫年年見落蘇

春園香雨夕葉葉淨無痕縱有顏瓢樂何如味菜根

和高吉士送行詩韻

射策久知名榮趨白玉京一杯從此別莫忘故鄉情

題漁樵圖

尔魚得幾尾我樵得束薪易錢貰生醞爛醉沙頭春

宿寓館

夢覺見旅衾罩高齋夜清悄不知初月上錯訝東窗曉

思歸

吾出春三過望月月重圓歸去期難定虛還買卜錢

題蒲萄

折枝寫生意蒲萄造神妙茫　海闊日觀應難到

題吳氏貞節卷

自君之出矣抱恨泣寒缸心逐金溪水長流向越江

題梅花練帶

尾如白練帶嫋嫋弄春風為厭紅芳賦飛來萬玉中

題折枝桃

天台常見花瑤池知幾熟寫實不堪嘗秋風派林木

題枯木竹石

潮落珊瑚出風翻翡翠低月明飛鳥絕穩稱鳳來栖

題菜

味勝藜藿甘色联南園綠微雨晝生涼殷勤荷菜斷

題墨菊二首

玄霜傳不銷秋香澹無味空餘載酒來不與陶潛遇

經冬不改色着露寒無夜猶勝教霜枝年年一開謝

題赤壁泛舟圖

涼月印澄波簫聲出江樹不知清夜闌但見東方曙

寄元昭高先生

翟公廷尉羅門外可張羅不是人情改爭緣世態訶

六言附

題漁樵圖

業次鷗波萬頃生涯雲樹千林偶尔相逢談笑應知

異迹同心

顧先生詩集卷之五

頤光先生詩集卷之六

七言絕句

和高元昭春日閒行詩韻

柳繞長隄水滿谿黃梅雨過日沉西卷簾欲作渾無興恠殺林間紫鵓啼

題高元昭所藏淵明圖

擲却朝簪換酒巾醉中清詠見天真辭官不為田園樂千古高風晉一人

留別親友之湖廣四首

北郭交朋亦寂多年來念我數經過分攜千里非長別預約花前醉後歌

閒居田里久相依出郭常來扣竹扉明日長亭一杯酒我當西上子東歸

溪雨初晴爽氣凉短亭双棹似翻翔往來淮楚俱堪樂詩滿吟囊酒滿觴

臨別交深倍有情煩君遠餞出南城杖藜明日門前過定筭離家去幾程

題小景

雙峯迢遞翠相連憶昔梁谿泛畫船一棹遠尋雲外寺蹤蹬絡繹聽鳴泉

題石菖蒲

九節叢生碧澗幽不隨紅葉逐波流空聞花放稀曾見服食寧饒雪滿頭

寄權齋

竹林風月與誰遊日日溪邊望楚州縱有琴尊銷旅况蓴鱸寧似故園秋

和高元昕韻

望盡黃茆邊海道春深啼鳥自相呼子今誰問成都卜縱有金錢無處沽

訪李彥彝

依依楊柳蔭東莊茆屋秋風晚稻香老鳧綠波搖月色此時不換尚書郎

題枯荷鶺鴒圖

銀塘昨夜西風急菱葉蓮房寒露濕吳娃舟遠綠波平鶺鴒飛下枯荷立

元昕高先生求予作君平賣卜圖題詩其上

演易成都與世違厭看車馬坐垂帷祗因海客通清息天漢高名自此知

和高元昕詩韻

日上三竿霧氣收水雲深處泛歸舟秋風搖蕩菱歌遠不似西湖越女謳

懷元昭先輩

槐影沉沉護絳帷故園耆舊最相知幾回同醉滄浪酒膽寫雲箋數首詩

和黃御史韻
河邊柳眼半青青好似霜臺聆客情縱有彩毫模未
就秖緣梅雪擅清名
經龍潭驛
籬落依山菊始花小橋流水夕陽斜數株疎柳衡茅
靜疑是柴桑陶令家
舟中憶小兒璃
南北相隨不暫離秋風惆悵獨歸遲應知今夜寒牕
宿還憶趨朝喚起時
題安吉蕭大尹林亭小景
越山吳水嵌空青花縣琴餘盧草亭爲問郎官向何

處雙鳧飛入秋冥冥
題嚴陵釣澤圖
出處隨時道已尊澤中誰爲遠侯門高風獨抗雲臺
列蕭散桐江總是恩
題小景
霜清山郭曙鐘和宿酒纔醒散曬魔何似小軒偏覺
暖東窗先得日華多
遊天聖寺
絕頂林踈落葉重白雲深處隱高蹤欲依丘壑隨緣
住自信紅顏未作翁
題羲之觀鵞圖

稽山翠拂鑑湖波内史風流世不多一卷黃庭寓書
法豈從道士換家鵞
訪竹屋長老不遇
曾謁鍾山雲外踪照人先相蔭寒松重看高節相隨
處心印親傳萬古風
題小景
夾道蒼松覆石苔重重金碧擁樓臺休言見畫多情
思曾向林泉數往來
夜會素菴山房
坐斷班爐裊裊煙燭光如月酒如泉秖因香閣鐘聲
動方解禪關醉未眠

題浩然踏雪圖
烏帽風欹雪滿肩尋梅多在霸橋邊形骸只爲吟詩
瘦贏得清名與世傳
和韻題漁樵
秋盡霜林落葉重短蓬孤棹趁幽踪白鷗自是忘機
物何事偏飛近釣翁
用前韻寄道場怡古長老
對杪香臺紫翠重溪頭長望隔幽踪幾時心緒渾無
事一棹來尋面壁翁
題合雲樓
絕頂香含萬玉姝白雲長日淡層樓登臨不是流連

景爲愛名山到處遊

夜過金山寺

秋水微茫浸獨峯疎星斜月耿長空十年不到金山寺今夜初聞㶿外鐘

錫山道中

秋穀垂花香滿村鷄棲豚柵對柴門只知民享升平樂總荷深深聖主恩

遊惠泉憶王孟端五首

半嶺松聲生夕凉雨花時復送天香坐來清興忘歸去一任他鄉即故鄉

絕頂雲飛欲雨天獨乘欵段覔山泉便須洗鼎烹佳茗應覺詩人懶上船

篷外𤍠聲雜雨聲燈前相對坐深更官船明發姑蘇道却憶青山此夜情

槿籬蕭蕭籬逕深半巖雲氣美秋陰臨軒欲賦憑誰和一派流泉是賞音

秋水芙蓉引畫船梁谿只在岸南邊王維已去丹青少誰伴吳儂寫惠泉

題懸崖墨竹

洪崖倒掛珊瑚塵萬葉娟娟淨如洗一夜僧房坐不眠隔窗飛起青鸞尾

吳江道中

鱸肥蓴脆正秋風綠水紅橋宛轉通不獨季鷹思故里扁舟過此戀吳中

吳江望太湖

太湖西望洞庭山橘柚叢叢煙水間七十二峯青不斷鷗夷孤棹去忘還

夜發姑蘇

官船夜發虎丘山歌數吳兒氣熟閑唱到採蓮情極處鴛鴦飛起月彎彎

和勤翁

綺窗風度桂香浮共泛金尊白露秋醉憂蠻坡良夜永不知明月向西流

寄從叔中齋

北郭柴扉掩數秋短琴誰伴竹林遊賓鴻未到書先到心逐秦淮碧水流

寄鹽士

故園東望路迢迢楚尌淮山帶暮潮夜雨西樓十年夢杏花香裏共吹簫

送人還武城

百里絃歌舊武城明時令尹振前聲年來已說清如水更比澄江徹底清

良夜懷洽上人

勝水名山靜愛僧朝出江艤蘭若思俱澄歸来惆悵鐘聲
遠獨倚江樓望塔燈
送翟給事還鄉
臯司璽轂郎官草闕下方迴故里車誰料十年題柱
後錦袍猶勝馬相如
送兄歸武昌二首
相念無過弟與兄一年辛苦兩來京揶揄又作臨岐
別暮雪寒江獨自行
昔往荊南憶武昌歸心迢遞夢維楊于今東作京華
客却望荊湖是故鄉
秋日應　教

雨餘金殿碧蒼蒼風灑瓊林帶晚凉詞館小臣無以
報白頭文翰侍賢王
奉使荒山遠見招戎裙何幸列文寮思沾藩府宣風
化萬歲千秋翊　聖朝
題錢舜舉金碧山水應　教二首
翠屏疊疊綠雲低風剪殘紅襯馬蹄回首欲拈金彈
子黃鶯飛過綠楊西
春水平橋帶落花小舟如月映江沙錦袍公子娛清
賞共泊金鞍過酒家
題山水圖
嘉樹垂垂倚澗阿青山高處白雲多一時清趣琹中

適絕勝樵歌與棹歌
楊花分韻得紅字
春光欲去落花空繚亂楊花泊曉風飛入誰家庭院
裏海棠枝上伴深紅
過康狼山謁忠臣廟
戈船来謁忠臣廟英氣堂堂若在生寄語後人當自
勉丹心報國得留名
又
朱旗畫舫戰鄱昜烈烈轟轟做一場四海于今歸
聖主千年血食享蒸嘗
大孤山

山上神堂山下湖湖光蕩漾泛輕鳧西邊絕頂匡廬
近北望天關是小孤
又
日暎山螺擁翠崔嵬怪石樹瀟森幽崖百鳥聲相
和助我詩懷如有心
閨怨
太液池邊水浸天芙蓉爛熳勝當年深閨快樂應孤
獨幾度凭闌見月圓
過螃蠏磯
天流地老瞰江臯石足盤旋滾怒濤我愛秋光橙正
熟長江作酒尔為觳

觀麥浪

涼氣蕭蕭兇似秋，際天麥穗翠光浮。溶溶漾漾微還驟，流到風停更不流。

和施大理韻四首

一別蓬山悵莫同，浮雲流水竟西東。此回相見情如舊，華髮殊添綠鏡中。

十載江湖覓故人，偶然相遇見情真。聯舟觴咏聊為樂，別後離懷慎莫論。

金殿掄需柱石材，萬年神木効靈來。郎官銜命先來轉，會見恩波遍九垓。

幾年遊宦各西東，誰料琴尊此日同。水面風來殘暑退，不知歡宴在舟中。

送別二首

長河隄上柳青青，飲罷沙頭白玉瓶。醉裏不知人去遠，半山明月酒初醒。

芳草和烟驛路遙，東風催別馬鳴驕。離人一去來何日，不及春江有定潮。

題丙翁畫五龍圖

苑中神品世無同，獨數僧繇與葉翁。何必畫圖論肖似，趨朝日日見真龍。

送別

偶然相遇本無期，臨發孤舟去獨遲。莫道任誠從此

別，千山雪滿望來時。

和劉季箎侍郎韻三首

數年湖海慕高踪，此日寧期客裏逢。可恨會來還又別，野雲千里思無窮。

流水浮雲無定踪，相逢何似未相逢。可堪握手還分袂，悵望千山意不窮。

溪頭尊酒欵行踪，惜別多緣不易逢。濟水東流滄海闊，此情如水似難窮。

題聚禽圖

霜濯溪山萬葉拋，只餘寒翠壓冰梢。獨憐禽鳥先春意，總向朝陽鬪結巢。

汶上聽吳歌

娟娟山月照寒潭，香裊班爐酒半酣。忽聽吳儂歌欵乃，錯疑東魯是江南。

題秋江獨釣圖

荻浦楓林渺渺秋，短蓬隨處狎輕鷗。人生多少林泉住，唯有漁翁戀一舟。

開河寓館對雪

清時無補忝為郎，久別民曹住一鄉。向晚懷歸心轉劇，那堪風雪滿迴塘。

題蓮塘鷺鷥圖二首

碧天空闊雨初收，正值江南八月秋。水渚蓮開香旋

馥飛来白鷺滿沙洲

露冷芙蓉碧渚秋偏宜鴛鷺逐群遊谿長汀遠無人見飛去飛来只自由

送人還海寧

青山渺渺是江南離思鄉心総不堪向晚餞行人盡去獨留亭上望雲帆

題山居圖

中天積翠接丹梯流水桃花路欲迷自是仙居随處好漁郎休泥武陵谿

過僧院偶成

籬逕縈紆接翠微夕陽深院一僧帰客邊不解秋將

《顧先生詩集》 六十三

半萬玉凉生白苧衣

題水仙圖為清口戚先生賦

雲作衣裳月作璫塵生羅韈水生凉仙踪縹渺知何處空剩寒花寓遠香

題小景

幾重嘉樹幾重山松下茅亭掩映間都鮮白雲無繫絆寧如世外一身閒

題鍾呂傳道圖

玉洞尭花隔世情相逢聊復話長生最憐靜裏忘言處雲自無心水自清

贈奚上人

泉外松風薦晚凉麻衣草坐自焚香猩猩亦解無生術時逐鹿麋来上方

題山水圖

水邊盤石鄰踈樹恰似儂家舊棲處坐看雙鳥度前山自怪秋来不帰去

崦裏茅茨俯澗隈楓林沙浦水縈迴橈聲驚起雙鳧去知是故人相訪来

題尭花馬

片片桃花襯玉驄青絲籠出御橋東奚官不敢輕馳驟知是天閑八尺龍

題子猷訪戴圖

萬壑氷填暮雪時剡谿佳興有誰知非関寒夜航行

《顧先生詩集》 六十四

樂自是王猷憶戴逵

題紡績圖

玉洞桃花樹樹紅雲遊滄海偶相逢誰知物外無塵處猶事人間紡績工

題鍾馗圖

終南進士盛唐人象簡藍袍歲歲新夢裏驅儺成故事尚憐吳道寫能真

寫竹棘幽禽圖贈郭士敏題詩於上

雪中五色逞離披羣鳥深藏獨見伊枳棘豈能棲得往應當飛上萬年枝

題山水小景

蕭蕭綠樹倚閒亭，泪泪泉流帶遠汀，好是白雲知客
意，尚畱隱偏露數峯青

題劉浣氏家藏洞賓畫

岳陽城南楊柳青，回別曾駐朗吟亭，仙蹤一去知何
處，月色空餘湖洞庭

秋江書樂圖

楓葉飄紅白露淒，薜蘿樹石靜無寒，分明記得滄浪
獨坐扁舟把易看

題自寫山水小景贈大年況先生二首

層層金碧映春霞，流水橫橋石逕斜，欲訪蓬仙何處

住，只看丹杏滿林花
霜樹窗邊淮葉未飄，一簇寒雪勢歸湖，畫評須解當時
意，輞得人間有雪蕉

寓臨清

牆外花枝映夕曛，誰家羅綺燕紅裙，親朋集飲俱歡
樂，孤客愁多似不聞

題竹石

秋風林壁久蕭條，賴有幽篁伴寂寥，況值春來生意
滿，會看鳴鳳上丹霄

還鄉偶成

二十餘年歷宦途，歸來鄉里辟相扶，從今有酒邀皆

去，應勝停驂白下酤

題墨竹

溪南谿北玉參差，好似湘江夜雨時，獨臥客舟聽不
盡，曉來吟就幾多詩

重經南徐

憶昔成童此地遊，綠林啼鳥破春愁，于今景物非全
少，絡甚蒙深雜潤逢秋

挾彈圖為荆州衛鄭揮使賦

塵土今年滿鐵衣，閑騎駿馬踏晴暉，停鞭不放黃金
彈，醉向花陰宿處歸

宿福慶寺

高樹含秋爽氣涼，微微花雨散空香，分明記得龍河
夜，齋沐聽鐘宿上方

懷王雪先生于都御史

水邊行復見寒梅，的的憐人去別催，千里命舟當雪
夜，相逢猶勝剡谿迴

客中春思

雨餘沙柳葉初齊，搖曳春帆度水西，正是離人歸夢
覺，那堪雙鳥隔林啼

潁陽道中

草綠沙明映碧波，潁陽今夕定相過，春江畫舫如天
上，坐看青雲得意多

留別吳員外二首

寒勒黎花蝶懶飛暫時相見又相違西來流水如延
別爭奈東風故逼歸

曾與仙郎並玉珂十年淮海最情多無端又折沙頭
柳聽我花前一曲歌

江口道中

村園無處不花紅景物依稀與昔同草廟臨江沙岸
轉前行半站是留龍

題梅竹聚禽圖

娟娟翠袖倚璃姿正是溪南雪霽時群鳥總知春意
好今朝偏集向陽枝

陳光先生詩集　六十七

題諸葛孔明畫

未遇聊為梁甫吟三分割據豈初心出師前後俱遺
表留得忠名貫古今

酬汝州同知姜信

官舍邊村過者稀憐君長是扣柴扉胡逢握手情無
盡送去依然送我歸

南北同遊歲屢更花間幾度听啼鶯洛陽今日重相
見並立東風話舊盟

陽和布暖柳依依同客殊鄉久未歸他日南行期作
伴桃花浪擁片帆飛

異鄉鄰並豈無人與子論交我獨親月夕風晨長會
面笑談應忘客中貧

寓中懷舊

東風料峭胥烏紗酒幔高樓有幾家却憶南江行樂
處銷箏紅袖賞名花

聞鴈有感

關河春晚鴈初歸啼過寒窓聽漸微雙足共知能繫
留故園來處却空飛

晚眺

向晚憑高遠望春雪消沙軟淨無塵乘閑便欲尋芳
去猶恐香車破緑茵

留別吳員外

陳光先生詩集　六十八

此去重來已後期相逢無酒對花枝那堪又作臨岐
別還似當年未見時

清明道中有懷

時景無偏處處同秖緣南北異鄉風女郎撩亂成行
隊競出鞦迁紅杏中

江南曲

緑柳紅桃學艷粧鴛鴦兩兩浴迴塘碧紗窓裏春嬌
睡激烈山歌何處郎

道中

草緑花明兩岸春掛帆西上是通津分明記得經行
處隔岸青山似故人

酬友人九日送酒

節届重陽菊未開客邊何處可登臺故人還念陶彭澤特遣兒童送酒來

贈送蒲扇

蔣生惠我蒲葵扇便覺清風助笑談細看只宜鄉里物令人從此憶淮南

題赤壁圖

一鶴西飛露氣浮滿篷涼月泛清秋坡仙去後簫聲遠萬古長江水自流

題李止善白頭翁

海棠花發雨初晴翠竹娟娟掩映[illegible]顧我壯游頭未白笑看啼鳥若為情

送柳莊衣廷玉先生和靈谷項講經韻

鑑湖歸棹勝商顏綠水紅蕖往往還遙想樂游鄉國裏肯將清夢落人間

寄跡鼇坡未識顏那堪歲晚遽言還明朝縱有思君念空望吳雲越水間

春晚謾興

琱鴨沉烟透碧紗喚迴歸夢怨啼鴉東風不解憐春意故向簾前舞落花

重遊慈感寺怡庵不至

寶地重遊逸興清夕陽紅樹半山明料應飛錫隨緣去空待香臺起磬聲

張騫乘槎圖為高元昕作并題

銀浦橫秋去路遙西風烏鵲未成橋當時不假星槎便那得仙遊到紫霄

送春

攪雨揚花啼杜鵑春深無計可留連臨亭不是耽詩酒纔得相逢又一年

谿居

風驚書幌霽晴曛兩兩黃鸝隔岸聞谿上露桃花發盡半塘烟水浸紅雲

暮春雨中

小雨如烟拂曙霏輕寒特襲綉羅衣一春行樂渾如夢花落林庭燕自飛

初夏

綠槐如霧蔭通溝麥逐風來只似秋却憶淮南楝雨霽畫船撾鼓過揚州

賡春宴之作

翠靄參山映苑斜池邊臺榭俯清沙不知誰和陽春曲聞到東風第幾花

賓客應劉解咏詩錦袍新賜宴歸遲花間妙舞翩迴雪好似垂楊裊綠絲

紅亭芳樹靄葳蕤醉草金華錦繡腸謾說鏡湖堪載

酒若逢賀監更清狂

山櫻過雨綻紅肥竹裏行厨慰客思回首穊堆明已

過殷勤移席近荼蘼

題黃鶴樓

飛甍疊樹俯層城樓外烟花暎晚晴仙客去來黃鶴

遠清江惟有水長生

題郭熙所畫山水小景

江上晴嵐鎖翠微石梁斜度入巖扉疎鐘欲動前村

暝惟有樵人識路歸

送錢先生還沔

旅棹曾經沔上居門前秋水浸芙蕖十年重會荊南

道白髮那堪又別予

送人還練江

江涵暮色自東流惆悵離人懶上舟回首孤帆看不

見青山紅樹鴈啼秋

南山秋色

千峯過雨淨朝曛紅葉黃花遠近分却憶潼關秋駐

馬翠微高暎九空雲

懷劉彥昺先生

汎汎孤舟日漸遥楚雲荊水思迢迢交情自比江頭

竹縱遣秋風葉不凋

懷貞木先生

悵望仙臺郡郭西獨憐棲鶴伴幽栖芳尊忽念花間

飲回首秋風旅鴈啼

晚過笁公禪房不遇

寂寂迴廊宛轉登水邊遥見隔林燈香風满院鐘聲

罷趺坐雲龕四五僧

送別

歌闌折柳夕陽收目送寒江渺渺舟明日重來空悵

望千峯迢遞水東流

詠梅

玉想風神氷想肌水邊偏稱月明時莫看萬玉俱開

後雖探先春第一枝

題牡丹禽鳥圖

信傳金母錦雲來國色天香相暎開莫恋林園棲息

穩好隨丹鳳上瑶臺

送僧還笠澤

振衣東望故園遥鴈度空江欲上潮千里送僧歸笠

澤暮烟寒月憶楓橋

贈醫士

父子令人種杏花如今遶屋是丹砂渡橋野老休相

問不比尋常賣酒家

顒光先生詩集卷之六

拾遺

平胡詩 有序

臣聞

聖人授命表正萬邦遠夷不庭天討必尅尒者北虜
殘孽肆逞兇暴背
恩德獲重不悛
天子曰噫敢旅朕武神謀天同乃親率六師征之
天威所臨易如振槁肅清沙漠俯綏其初登封山川
告成
郊廟自古帝王功德隆盛未有如今日者也臣某獲
罪深重欲新無由伏覩盛事不勝欣抃謹撰七言
律詩一首雖不足仰頌
聖功之萬一然葵藿之忱未有不能已者誠惶誠恐
稽首頓首以
聞

聖主奉
天承
泰運殘胡尤敢動邊塵
金戈一指山川靜
玉輦終巡雨露新沙際紫駝頻獻捷秋高白鴈遠來
賓只令四海清無事
永樂升平萬萬春

時水泛漲 永樂二年寓湖廣作

雪消巴蜀水初來數日驚濤百尺臺高浪拍天流不
盡濕雲拖雨密難開城邊連筏通江口樹杪浮槎接
岸偎遙念故園淮海上凭高幾度首頻回

題飛鳴宿食鴈

翱翔秋冷度瀟湘幾點呼呼喚夕陽睡醒灘頭江月
白湖田啄食正飛霜

夜會素庵山房

昔會別已深相思復相過南軒風色寒林梢葉俱墮
酒從鄰舍酤詩與山僧和今夕醉忘還閒分雲榻臥

曉起書懷

素幙護春融酣眠不知曉泥深客過稀風冷花開少
庭虛雀自喧梁橫燕飛繞憶昔造鵷班聽鐘起長早

題玉壺清隱卷

山轉抱湖迴波澄巖影倒濯濯洗篆人相看默含笑
跡混接輿流歌寄滄浪調烟寒夕景沉凌風鼓歸棹

題梅雪軒

獨羨烏臺客開軒俯翠微正憐梅欲綻况值雪交飛
香動侵雲關光添晃繡衣何勞遠尋探吟苦不知歸

題美人圖

窓外春陽照碧紗佳人睡起鳳冠斜酥胸如雪香生
汗閒倚闌干看落花

顒光先生文集卷之七

醉琴篇

顒光子乘畫舫道出濟水之陽聞有一士焉年方向盛居具慶下丰儀秀整襟抱冲然事親之暇冠章甫被掖朝藝薰弦三尺之桐以娛意其執古道而深造夫樂之情者且以醉琴自號顒光子聞而疑之乃步屧踵門請與之見遙聆風度希音嫛然而無新聲之渝由是萬慮頓澄恍尔而醒知其至暫輟延至賓席顒光子乃詰之曰舉世皆知琴者先王之雅樂也採桐於嶧山之陽伐梓於泗水之濱合而成質以象陰陽絙以氷綺以明君臣徽以金玉以表正閏然後諧

之音律寫以曲調其用足以理中和復古民物以之而昇彝倫以之而淳明感上下幽動鬼神其哀不傷其樂不淫宜乎協簫韶之九奏而姬孔之篤好古今之通尚也且聞非齋沐不御非莊敬不彈今子以醉名之不似近於褻乎於是士乃俯而嘻俛而吁喟然歎曰愚之設意殆非君之所詰也請以為喻舉世孰不知醇酎之為美人皆飲而甘之其味同其酣又同盖得夫妙理而沉酣者為亦鮮也愚之於琴也嗜醇酎泥之猶沉酣夙承庭訓以肯綮之妙獲從事斯每遇月白之夜風清之秋羣鶴嘹空孤鳳鳴境之俱會得之於心應之於手音著乎耳趣造

飄飄乎如憑虛獨立熙熙然如春臺之不知琴之為愚愚之為琴斯盖有不能傳其所傳者然也大抵善飲者味不味之味善聽者賞無聲之聲且聞伯牙鼓之而六馬仰秣時有古今音無古今玄酒味淡大音聲希音不在樂在乎其人非深造夫樂之至情奚臻此哉感彼如是應耶顒愚嗜而未得其腴者焉敢自謂至夫睟面盎背也哉竊匪獨琴之為然大凡精義入神者皆然删述垂憲聖王醉乎六經也著述發揮先賢之醉乎群籍也叙事簡潔馬班氏之醉乎諸史也其他諸子百氏沉浸濃郁而造夫堂者亦猶是也獨琴乎哉予復懋之曰子之言至矣盡矣蔑以加矣宜

當進之以聖賢經史之學以忠孝自將世濟其美慎毋以一藝自畫斯可以遠且大乎於是士乃揚袂而起揖而進謝遂倚青琅玕鼓水雲一曲為別士名栻江西参知政事同里夏公時雨之冡子也

慶源堂讃有序為刑部尚書劉鐵撰

余嘗聞公卿大夫以宏材碩德膺天禄享榮名俾聲實貽于當時休光垂於後世者未必不由善源發之也盖濬其源君既深承其流者斯遠未有不濬其源而能衍其慶者矣永樂乙未夏資善大夫刑部尚書劉公持節督運于淮之陽余獲從事焉公退之暇拾至寶舘出示積善録盖公之手筆也故書得言實而

既其詳三復為之斂衽復命賛詠之義弟獲辭素聞公蚤歲績學負抱材德首擢巍科登庸

天朝敭歷中外為時名卿輩英騰茂蓋有所自矣寔由遠祖府君温濟其源於先得和府君衍其流於後繩繩繼繼嗜善若飴代不乏人厥積乃發於伯仲而膺此多祜也范文正公有言吾祖宗積德百餘年一旦而始發於吾得至大官茲奕世積德又豈止百餘年而已哉宜其伯也位司喉舌而秩照卿也而仲也仗義宣力爵膺武弁報施之道昭昭矣尚冀來葉世濟其美則積善之錄將與太史氏大書特書並傳詎不儷美而交輝巳乎俾文正不獨專美於前矣乃拜

手而為之讃曰

太行之陽易水出焉德星之聚會為慶源天胙名族代不乏賢篤生大中有開必先再傳守信寄傲丘園下逮聚甫克纘厥緒孝友淳良好施樂與高齋繼紹讀書明理脩身踐言周窮恤匱里有曲直公能辯明民罹非辜公能再生發之厥昌由積乃豐顯顯名卿登庸科第廟堂之具圭章其器為群有聲耳目斯寄累陟機衡左右康濟桓桓武臣克忠于君克孝于親龍興而雲從龍樹勳金章紫綬世襲乃勲天道無親常與善門慶衍無涯裕其後昆拜手陳詞鋪繹猷美言不盡意庸俟太史

一塵不到辯　為恭襄平江侯撰

有一清淨居士以幅巾蒙頂披鶴氅之衣不茹膻葷肌膚若冰雪顏貌類處子嘗居峨眉峻絕之椒輪蹄所不能至靜究性源意泊如也乃於广屋之前大書一塵不到四字適有無垢道者仰其高風不憚險阻裹粮攀緣直造彼處作禮問言居士所揭得非所處之高而纖塵罔侵乎雖然捨空青之外山林微塵何處無之彼石也根有沙焉彼木也根有土焉冷風飄旋大吹則大颺小吹則小歎無隙而不入無拚而不穿孰謂居蛇盤斗祈之隅而能絕其埃塵乎吾斯之未能信居士弗應咯言而臥無垢道者亦譟時夜將

半彤雲密布六花繽紛黎明千峯俱縞大地盡白纖塵弗驚萬里一色儼乎太素之境無垢起而問曰日昨之叩甚鄙諒不足以發其洪音茲覽其趣而原其所揭之實意有在於斯乎處士瞠目而視曰子來前吾語若凡若之所問皆涉乎形迹之累言未嘗及乎道殊不知人各有心心各有性其体也至虛其本也真靜包含萬物而無不備其初也何有染着彼染着者皆由外鑠非固有之也汝能游心於淡合氣於漠順其物之自然而毋容私於其間則於塵也何有意目之於色也茲非有情之塵乎耳之於音也茲非有聲之塵乎口之於食也茲非有味之塵乎鼻之於香

也茲非有氣之塵乎其他嗜慾之所萌念慮之所撓出入無時莫知其鄉雖䀚〻者寧能免其昏〻耶惟彼至人其瑩如鏡不爲物翳其止如水不爲物波豈容一毫聲色嗅味之塵而列其中耶若斯美矣不過養生葆光者之所爲未聞達道者之所爲也爲人臣者當效漢諸葛孔明爲相二十年無尺寸之增於家未嘗憂其貧至今令名垂于不朽斯非事君一塵不到之效欤爲人子者當效晉李令伯奉厥祖母零丁孤苦篤於孝行陳情辭榮願乞終養光昭信史千古如生斯非事親一塵不到之效欤姑援二事有関彝倫者張其本較之避地養生離群遠塵長往不来者

豈不大有逕庭以乎子之設意如是非所欲好高鶩奇以駭俗也第汝弗能啓其扃鐍以達其機緘之妙泥於形迹而弗能忖度其源斯吾所以應難也若乃今知之乎吾無隱乎尔無始憮然爲間曰得之矣

送徐司訓

士生文明之時任文儒之職而又處文物之所豈無樂乎其心哉盖生不遇時有不可得而見也遇其時矣任或非其職道不可得而施也遇其時矣任其職矣處不得其所化亦未易成也兼斯三者惟吾友徐君爲然國朝誕興文治學校之設遍天下某自童丱時爲其邑弟子員優游庠序中十餘年矣業成行脩鼓篋太學太學士子數百千人出踐華要者重相接也而處教職者罕焉盖重其事也今年春

朝廷以郡邑師席多曠妙柬太學生學行優者充之某入太學未數日蔚焉首選非其積學有素安能至此既而授古杭司訓以去武林名郡其民多業儒好脩以某孝行訓迪之吾知其化之有成也若某者可謂遇其時處其職而又得其所者矣吾不知其心之樂乎否也或者謂其英儁之姿不得馳騁自觸而低徊于𡪃究疑其心之不樂也是不然文儒之職無事書期會之煩無謀訴金穀之冗獨與其邑之髦士秀民討論墳典求古聖賢之道德功業以裕諸己以效

諸人孔樂朋來孟樂育英其樂之大無踰是矣講肄之暇童冠從遊傍花隨柳絃杏壇之琴繼舞雩之詠意之所適樂亦隨之視夫典一邑任一事僕〻焉憒〻焉期會之奔趨案牘之纏糾而食息未暇萬不同矣余忝教事湖湘久矣可樂之事惟余能知其践是職莅若事意自得其樂而信吾之不妄矣於其行叙以告之

玩芝軒志

玩芝軒者淩君從隆思親之楣扁也從隆世業軒岐之術厥父芝軒昔當採藥于昭山之易得五色芝因號焉芝軒翁即世已久從隆恒思其親而不可復見

乃揭玩芝軒三字於楣間朝夕起敬如見親之在上值予東還掃墓謁予於家屢請無倦色言之泣數行下謂吏也不幸蚤失所怙不克既養罔極之恩圖報無地仰斯如見親之容色敢斷先生為我發揮厥義俾生榮沒先幸莫大焉吾聞夫芝和氣所鍾地不恒產不常有於天下綠莖朱葉曄々煌々非徒可以療飢也為聞世之瑞豈凡卉之可並哉想夫先世累積陰功濟物良多可方乎橘井杏林之遺澤芝軒揉藥於易山之時將為活人之用也一念之誠芝為之見且不一色而是茲非有所感而遇耶所以光其他日若子若孫以方醫自持如芝之盛不獨謝庭佳子弟之

美于晉命軒之意其在於斯乎噫斯人逝矣而繼其芳者從隆也從隆念親之不置復增玩之一字於故扁之首非玩好也將謂朝斯夕斯起敬於是玩索厥義永言孝思於無窮也而今而後從隆第能心其心而業其業則遺澤不係乎芝之有無而一家之祥應將在於子之身而爰及其來裔矣奚必謝庭云乎哉詩不云乎惟其有之是以似之從隆有焉予重其請書以歸之

盤桓

大凡士君子遊聖人之門故紛紛日討論咨問習復應對未免神思罷儳必資遊息之所以暢其懷以充厥道以凝其才舍是雖硏硏窮年將何以就其學乎嘗觀於越鍾扶輿清淑之氣為東南山水窟宅昔人有言千崖競秀萬壑爭流使人應接不暇意其必為魁吾卓犖之士生于其間為世用者吾邑大尹呂公其卓犖之士乎起家新昌簪纓蟬聯世濟其美蓋又稟乎山川清淑之氣矣少游鄉校涉獵經史穎悟絕倫討論習復之暇恒以短琴自隨從倚乎長松之下恍然似有所得懷以之而暢道以之而充才以之而凝固非考槃碩人潔身之比也嘗以盤桓顏其游息之所蓋取乎大易屯之初九盤桓利居貞之義永樂庚寅夏公以霜臺從事來蒞是邑下車之初慨然有志

於政蓋廉足以律乎己惠足以使民誠足以祀神不朞年而政平訟理百廢俱興公退之暇忽思盤桓之樂如在家焉援簡於予俾為志之余惟撫孤松而盤桓此亦靖節自適之辭斜無所取特取易之盤桓有柱石居貞之義焉且震居屯之九以剛德處下有爲屯之才有居貞之利譬猶公之初進於學其志其銳雖有博施之方時焉未至弗敢操動也必堅然如石挺然如柱以俟匠石之顧以應明堂之需及乎時之至也若駕長風破雲濤翱翔乎霄漢之上隨遇所施名適其當故從事於霜臺也凜然有冰雪之操藹然有澤物之恕及乎臨民也帶月而理彈琴而治政聲

洋溢豈但百里而已哉由是推而上之其進未可量也茲非道充才裕之效乎還視向盤桓之所雲山邀焉好隱不無今昔之感俾余寫其趣復請弁其端余重其克體大易深明養學之功而無山澤好隱長往之偏於是乎應命候夫知言者之擇云

贈典史曾榮宗應薦序

雨雲曾榮宗氏典貽邑之久牘將期二考時值朝廷求賢同官者論薦于上郡劄且下即日促裝瀕行過余言別予宅憂制中諒闇以故弗得與析柳之列請以言贈之然而嘗聞公之處乎寮幕也佐一邑之理總六曹之事糾其違而稽其怠無壅滯之弊有從容之樂由是上官咸奇其能而弗擾猶惜局於位而不獲大施其能也茲應明詔而出宜乎同官者之交薦也然則士民猶有顧留之色豈非理有未達欤噫薦賢為國非為私也在一邑則一邑之理在大方則大方之惠烏得以寮案妨衆哉由今而往將隸天官寢躋通顯舍其卑而進乎崇辭其小而就其大所登雖有崇卑之分所就雖有大小之異然推此心加於彼未有不同者也雖然向之有所未盡則當脩已以盡之向之有所未施則當竭力以施之他日政成於己望重於人庶不負求賢得人之效貢舉得人之實抑亦為某者之榮矣於其別也就書以為送行序

送趙主簿考滿序

為士而膺民牧之寄為政而當考績之期此人情之所榮也然職分雖有崇卑之殊苟平乎政而得乎民又豈拘乎位也哉政既平而民得之矣或以他適而弗能終其考者比比有之且一邑之民所仰者令其次曰丞曰簿凡僉署公文必自簿始簿曰可行令丞曰弗可否也令丞曰可行簿曰弗可否也必也令丞簿同署而無異詞方乃施行若此簿之為職弗輕也較然矣乃永樂壬辰秋吾邑判簿趙公于茲三載矣其處心也寬厚鞭撻不妄施于民凡民之賦役也必議之令丞而使之均同寅協慕而無傲色由是政平

咸得乎民之心是可尚已茲惟考績之期將如京師效實于天官大尹呂公以其有同寅之好臨亭敘別有繾綣之色徵予言以張之余惟簿之政聲固不待言民已傳之矣復當榮滿之期誠可賀也其疇昔令丞簿交好之情吾與飲餞之間見之矣是行也譬猶臣商之行貨南金大貝不求善價而沽之者其肯舍諸雖然頤終其惠而望其速來者非尹之獨然而吾民之同然也請濡于素以為他日榮歸之徵云

頤光先生文集卷之七

外集卷之一

湘王殿下賜

往歲談経九曲亭，近來萍梗歎飄零。青衫皓首江城客，無復天邊處士星。

遼王殿下贈 有序

禮部主事陸顒奉

上命，為先兄湘獻王建祠豎碑，遄克成美。今將復命還京，求予言。予知卿博學多才，為當今之能人，予無以頌卿者，謾成唐律以贈。

昔持使節出神州，襄事勞卿廣運籌。上代文章書偉蹟，千年廟廄祀靈兵。桃花水長添新浪，柳絮風輕送去舟。回首五雲天咫尺，班聯玉筍拜宸旒。

朝鮮國王李芳遠賡顧光先生見酬詩韻

紋綺香羅麗且鮮，榮頒特遣近臣賢。汪洋濊澤深如海，感激誠心格上天。春滿乾坤承寶曆，日臨樽俎秩祊筵。君歸達我祈傾懇，顧守東藩永世傳。

又賡前韻

春來草木正芳鮮，萬里馳驅賦獨賢。旦播聖恩臨海國，還將使節上雲天。相逢數日欣傾蓋，尋恨今朝敞別筵。珠玉贈言須記取，章頒綸命更來傳。

于都御史過峽石口有懷之作賡詩見集中

峽石中分二水流，扁舟一葉似輕鷗。驚濤直下灘聲急，落日遥憐樹影浮。醉和紫簫遊赤壁，夢騎黃鶴上揚州。懷賢夜半清無寐，千里蟾光碧海頭。

劉彦昺求寫懶雲莊圖

老米已矣方山逝，江海丹青少奇跡。故人胸次出神機，寫法誰能識天趣。倒翻墨汁金蟠蠏，珊瑚翡翠相縈紆。遠樹浮青氣黯淡，遥山疊翠烟模糊。洞庭八月波如鏡，一片玻璃三萬頃。白蘋香老雁啼霜，九點蒼梧落秋影。煩君為寫懶雲莊，樹根絡石苔連墻。丹崖深處三間屋，坐弄紫簫書滿床。

滄州同知李伯震求寫真之作賡韻詩見集中

感君為我寫真容，五十纔過已類翁。吟鬢儘交愁裏白，衰顏還向酒邊紅。無心富貴從人說，入畫衣冠與世同。解誤一生身後事，水歸滄海月行空。

光禄寺卿李伯震求畫之作

三嗅芝蘭味有餘，清香長日襲幽居。金舂玉應聞韶舞，鳳翥龍拏看草書。內史風流誇逸少，上林詞賦重相如。淮南自古多名士，陸氏才華信不虛。

芹藻香生翰墨餘，雁知為我寫山居。梅邊桂杖閑呼鶴，竹裏開軒更讀書。音信久無成契闊，交游雖好近何如。誰能得及文園令，待尔重來賦子虛。

李伯震東頫光先生（賦此詩時未歷光祿卿後月餘陞此職誠謂詩言志信不誣矣）
朝退從容出禁坡　玉音頻紀萬言過飛龍內廄來
天馬上食珎廚進子鵞禮樂既承宣大雅頌聲哥作
更鐃歌金河柳色迴青眼地近東華雨露多
廣西道監察御史王繼行用葵軒韻贈
奉使之金臺適然過葵軒清幽類仙館門無車馬喧
辟閭古畫圖鮮鮮顏色繁奇葩傾太陽一見清心竟
陸公効忠節旦夕心常存永言此花同勗哉宜自敦
僕不與執事相見者十有八年矣昨客途一
遇良覿第恨不獲久奉談笑也別後瞻仰無
已謾賦二律奉寄　金華杜桓再拜奉藁

一別垂垂十載餘客途相見意何如從容自覺情懷
好避逅能容禮法疎粉署聲名齊閣老茅齋興味類
村居素心不忘交游舊回首西風肯寄書
監運官河擁使旟風流全似玉堂仙恐無逸軌能方
駕賴有知音未絕絃海嶽真形開畫苑江山清思入
詩篇一時籍籍才名盛三絕何勞數鄭虔
周郎中納寄麂皮冠賦
高人清愛鹿皮冠持贈寧諳小與寬紗帽共籠雙髩
雪綸巾同庇一頭寒瓊林錫宴歌仍好村巷迷群夢
亦安卻羨微村深有韋應隨日日拜　金鑾
周郎中賦詩求畫

游官如公有幾人一時傾蓋見情真開軒小室題葵
字酒盡雙壺過夜分吳郡文章尤典雅輞川筆法更
精神年來我欲留真跡只在公餘半日勤
鄒先生贈（賡韻見集中）
文采飄飄別故鄉交游長日憶賢良儒門道義存喬
木禮部才名播遠方一氣親聯棠棣秀同袍官挹蕙
蘭香嗟余老困鸚洲畔喜得相逢訴曲腸
兵部主事盧永見寄
憶共承恩雨露邊托交渾若舊忘年詞華獨羡機雲
富毫素尤精馬董傳春日江雲思浩渺曉風晴雪闘
嬋娟蹇予衰病嗟何補第有丹心似日懸

青雲冠蓋日相逢德量無如陸士龍績學蚤為明世
用存心期與古人同過庭詩禮誇賢嗣到處軒車望
下風我念別來今半月誰憐客鬢已秋蓬
劉季篪侍郎會飲賦（賡韻見中）
霜清向初曉沙乾水微落遇我意中人停舟且同酌
別去已過期相逢又非約但存平素情毋分今與昨
劉侍郎奉爾佳韻因以為別
夜泊開河驛鳴鷄曙色遲雷鳴催急作叙別敢言詩
別意醒難遣須憑酒未闌風帆纔頃刻又隔幾重山
官署新河堡恩霑雨露濃蓬萊天咫尺有夢定相從
春近冰將泮波融帆影移明年從轉便良晤未須期

風清萬里一泙踪情好雖深不易逢令日開河
恋筆乔忝竄意無窮
風帆不定水雲踪久別如今得易逢非為公家人
促交深相欵尚無窮
春日喜侍陸先生東魯行計廿餘程臨別不
勝慕恋之情抖擻五十六字少寓區區之意
幸賜正之可也　盧永頓首再拜
有美機雲幾葉孫列官郎署藹朝紳一朝共沐恩波
洽千里同舟淑景新契結金蘭知道合言霏玉屑見
情真東風明發開河別肯把音書慰遠人
顒光先生外集卷之一

〈顒光先生外集　二十七〉

[illegible]

顒光先生外集卷之二
送春官主事陸伯瞻使朝鮮國詩序
皇上嗣登寶位四裔君長罔不梯山航海來脩職貢
而朝鮮為尤勤使臣冠蓋相望於道洪武戊寅冬
上乃遣春官主事陸顒往宣　德意賜以織文綺縠
今年春繼遣通政使章謹申錫　恩命寵賚有加
謹未至其國顒畢事還朝朝鮮遣陪臣賓來獻土
産良馬藥物中布　上將復遣顒勞焉召顒
廷諭君曰惟朝鮮世表海東為我國家藩臣予嘉
其克循彝典以服事我中夏尔其往綏撫之
勑內帑賜文綺有差顒陛辭戒行廷臣咸疑曰蕃
國之君非藉
天子威靈則其號令不能獨行諸臣民朝鮮在昔雖
稱荒服外然　聖朝幅員之廣亘古所無遼東至
于平壤計旬日可達蓋已同於內附郡縣彼之勤
於職貢乃所當然朝之使臣下報者一而再再而
三其禮不已辱乎汝玉忝在班末敢出位而言曰
天子之臨萬方猶天之覆下土故天以生物為心
天子體法乎天以仁愛為心至於威武刑殺之刑如
天之風霜雹雹亦有時而或施也是以遐荒遠服苟
能自効忠順則褒冕之褒河山之誓無所吝惜学
以報使之數為過厚哉其或自外聲教則推枯拉

〈顒光先生外集　九十〉

朽之勢有所不容已也竊稽史册中國之有事於
東方者不止一役在漢中葉其王右渠納漢亡命
武帝遣荀彘楊僕伐之分朝鮮為樂浪臨屯玄菟
真番四郡唐初其國不奉中國命高宗遣李勣薛
仁貴等征之遂平高麗俘泉男產男建以歸彼其
臣民為回蕩嬰鋒鏑者何可勝道也今
朝廷重乎使指欲往者將命副所倚而適其宜宣德
化以廣同　仁之澤顧惟伯瞻是咨詛過孚於彼
哉伯瞻尚勉之歸為吾儒得人之賀云

姑蘇王汝玉撰

朝鮮國居遼海東拜表遠達蓬萊宮自陳
聖主御八極海水無波年穀豐頒脩職貢効臣節接
跡遣使輸丹衷堯天蕩蕩靡不覆
天顏悅懌嘉其忠金符玉帶五色誥不惜胙土疏王
封儀曹郎署負奇氣才藻絢爛浮青紅去年持詔
使彼國詠宣
聖澤張　皇風將命得宜善專對始知學問非無功
天朝擢士選奇俊簡注久屬
龍節布　朕德意安疲癃金錢錯落照雲日錦綺
輝煌明綵紅亦特賜費加撫勞仍許市易交相通
象蹄駃牝不計價紫騮黑駱連錢驄南風開帆發
海舶船頭伐鼓聲銅龍同行況得張景順腰佩檣

具鬭弱了出揚天威百怪避驅叱海若鞭蛟龍微風
不動海濤息萬頃一碧磨青銅朝鮮畫禮知事大感
恩服化心懷恭驪黃畫在伯樂顧渴烏昂首飄風蔡
天關奕奕見佳氣房星一點明秋空二師無功豈是
數文静有才那敢同歸朝指撰及秋暮名光史册垂
無窮

錫山錢仲益

專對才能屬俊英軺車纔到又宵征三韓途路風塵
舊萬國梯航雨露清冀北馬群終有價斗南人物豈
無名回朝應怪羅衣薄鴨綠江寒候鴈鳴

河南王鈍

海闊天無際風颿盡日程節須新錫命路憶舊經行
日出嵎夷近煙消蜃氣清別來雖數月莫忘故鄉情

河南高遜志

東朓來王荷寵褒遥宣
聖德厲儀曹重錫予　皇恩重萬里驅馳使節勞人
仰中天紅日近星環北極紫微高來迎父老應相語
風不鳴條海不濤

池陽黄觀

聖德宏敷及遠邦每頒玉節遣仙郎秋風千里横鵰
鶚旭日三韓覩鳳凰寶劍夜鳴牛斗暗瑤琴時弄水
雲香東藩自古崇名教喜見文風化一方

峴山廖[illegible]

寰宇同文日春秋一統年仙郎辭粉署天使泛樓船
海極神鰲際天涵旭日邉何慚張博望勳業著青編
臣民歸正朔名分重繁纓蕃國忠誠切朝廷寵賚榮
日邊龍節去海上使星明重續東方傳誰論漢將名
姑蘇王汝玉

建極送使臣陸君也
天子嘉朝鮮入貢之恭命二使以勞之故作是詩以
為贈焉
天子聖明建極寧民乃生髦士以倫庶臣或才或哲
或肅或敏或勤于邇或事于近維祝獻甫孔敏溫旦
伯詹氏陸秀達而文獻也在朝自我

先皇閑厩郊牧職馬之良瞻嗜古訓習禮慎言周典
官儀既飭且嫺惟彼朝鮮易姓東海自
皇祖世于今二紀厥父得國伯子嗣之伯也善諒惟
弟之貽爰來請命以定其位　帝綏以德俾弗震
懼藩臣稽首　天子聖仁豈臣之私念此遠民訓
以彝倫錫以爵命璽書煌々恩礼交盛載脩貢篚
良馬先之奔走來庭　天子賢之乃命政臣朝鮮
甚忠亶直也忠克順克恭命瞻與獻尔其予使曷
勸其忠蔹幣往賜藩臣之父之兄之弟之姻之戚
陪臣大吏咸錫良幣以示寵嘉使乎將命崇重而
華蔚彼東藩士多才諝勿縱辯言惟誠是與誠斯
動物公乃勝私廉以服衆智以察微理義是誠人
罔不化術以欺人將汝詐明々
天子聖德宣融昭臨八表如日之中誰謂國遠靡有
不燭視彼要荒無異甸服管蔡擣難東征三年昔
有越裳今也朝鮮軍國所資中土攸乏效尔馳驅
罔俾遺闕滄海茫々溟水漱々往厥纖絺歸思重
來龍節丹英餞車闐咀式遄其征匪遯茲別天步
清夷海宇晏平生擧胥樂懌我
皇情我其望之匪遠孔邇勗慎令猷歸受多祉

美質多才羨子賢兩銜　詔命使朝鮮已辭　内

殿持龍節還向東萊上海舡藩國封疆長近日
聖朝仁澤廣如天邊臣荷　德當思報拱衛中華億
萬年　天台葉惠中

陸賈承恩重出使朝鮮又識漢威儀一官觥
曹重五色文章外國知大地番夷朝貢日當今
堯舜聖明時唯君專對能如此不惜送行頻賦詩
雲間胡

壯歲才華擅美名又持使節出神京天書已降九
重命藩國仍趍萬里程遠道舟車過海嶽大廷制
作有公卿佇看神駿來東土錫燕
金門荷寵榮　廬陵吳勤

銀漢初四八月槎又聞丹詔遣　皇華逾山浿水
榮　天寵鳳錦龍繒絢海霞月夜慣聽邊戍角陽
春歸捧
御筵花到藩須向賢王說四海車書正一家
金華張秉彝
綸音再捧使朝鮮玉節生輝羨獨賢
聖主推仁恩屢布名王拜命國新傳扶桑日湧雲烟
散遼海波澄象綈懸宮綺煌〻須予後更將礼樂
重敷宣
建安趙友士
使者重將命東行盡海天洪濤一萬里遺俗幾千
年路出鷄林外帆飛蜃氣邊

聖皇恩澤厚按節為敷宣
中吳曾堅
詔下東藩雨露均直潭恩澤到陪臣藥須珎品甚醫
國綺錫花紋各称身日上搏桑山色近凉生遼海月
華新朝鮮郊外雲千騎夾道爭迎舊使人
天台林昇
送陸禮部還　朝詩序
天地之心
聖人之心也四時行焉百物生焉無不覆燾者天地
之心也普天之下率土之濱一視同仁者　聖人
之心也　聖人所以繼天立極贊天地之化育者
奈何黄河清而　聖人作不易遭逢也我

皇明聖〻相承仁覆天下士之生于盛時誠千載之
奇遇也朝鮮在瀚海東北箕子之舊封也俗素知
君臣上下之義臣事中華欽奉正朔文明嗣運朝
貢尤勤
聖天子憫其慕義嚮化之誠久而弥篤遴文臣才良
行脩者須曆授時筐篚仍實以錦綺勑書往勞之
群僉以礼部主事陸君之賢聞于　上復以行人
之賢者林君與偕館閣暨大夫士侈文詞以艶其
行使軺在道載脂載轄其往也瞻望風采人莫不
榮之其還也氷清玉潔人莫不嘉之視礼部質美
而氣充學博而才敏周旋辟雍薰陶礼樂外物不

足動其心富貴不能移其操發于文章游于翰墨
脩然有物外趣其為人賢否從可知矣觀夫館閣
文章爛乎照目飄〻乎風雲之氣鏘〻乎韶濩之
音揄揚溢美殆非虛譽其為人賢否又可知矣予
想至朝鮮也彼邦之人稽首於郊外不啻景星鳳
凰爭先覩之為快及夫宣布德音誠意交孚若披雲
霧而覩青天也若激西江而甦涸轍也隆寒之遇
春陽大旱之得甘雨未足喻其歡呼蹈舞也其山
川之出色草木之爭妍不言可知矣蓋一視同仁
聖天子體天地之心而衣冠文物外邦御中國之盛
上下之間氣同心合歌頌太平篇章盈溢乎卷帙

之問非　聖化漸濡移風易俗同歸于唐虞雍熙之治而能然耶禮部羽儀　天朝典章制作已足楷範萬邦是行也邦域風土之異鳥獸草木之名周爰咨諏允足以廓其襟斐博其見聞他日所就其又可量耶譬夫純鈎湛盧不遇犀兕不足以別其利飛黃紫燕不行千里不足以見其良士大夫之蘊長才不遭盛時不足以伸其志今禮部復何慊乎哉然德益脩而益崇山益培而益高乃祖宣公之風節既流膏藝术其前則禮部之事業當繼祖武於其後俾前後炳燿於汗青允君子之所望於其别都指揮揚之仲子仲淵倡爲歌詩予不揆僭踰敢弁于卷端云　臨川周得舉序

古今文物重中華喬木千章在故家絳闕迎春頒宝曆滄溟帶月泛星槎素懷清浥金莖露文藻香凝玉樹花聲教誕敷歸覲早長留芳譽滿天涯

淮右楊弘

鳳曆榮頒日月邊使星光彩動朝鮮　聖恩真典乾坤大生意穿教雨露偏山擁翠鬟迎去馬江浮鴨綠送歸船陸機自昔才華好文賦何妨海外傳

淮右沈暹

文星一點照扶桑田首青雲道路長槎泛好風銀漢迥詔頒遐域紫泥香三春詩思鶯花裏一路歸心日月傍共荷
聖恩深似海遠人歌頌樂時康

綵鳳啣書出九重銀河萬里使槎通中華錦繡承殊渥昭代文章識鉅公劍佩行瞻雙闕迥車書共喜萬方同藩臣稽首傾心處日射扶桑曙色紅

淮右揚泉

聖主恩同四海寬遠承優詔出金鑾鴨江水暖沉蛟鱷鶴野風清舞鳳鸞玉帛來朝開萬國文章制作照三韓遥知歸路雲霄闊鴛鷺行間遣羽翰

富川馬濤

風送仙槎過海東銀濤萬里與天通使星臨照三韓遠寶曆分頒四裔同禮樂尊崇瞻化日文章光燄貫長虹華夷共識綱常重已在乾坤覆燾中

永嘉李文秉

迢迢廣陵樹湛湛長淮流仗劍去鄉國馳驅東海陬回瞻廣陵樹心隨暮雲浮美人渺何許何以寫我憂翩翩陸禮部文釆珊瑚鈎文星臨東夷簪盍情悠悠攬轡追後塵維舟鴨江頭春盡野花粲雪消草揉還車乙識脂臥轍焉可留明朝萬霄漢鳴珮登瀛洲

廣陵皇甫懋

迢迢銀漢間乘槎者誰氏乃知機雲孫文釆風流士奉使來東東歡聲動邊鄙我

皇猶仁風入貢多琛異萬里持節歸〻朝報　明主

吳興沈觀

使節皇皇下九天錦帆度海至朝鮮遥岑隱〻連
夷甸古道迢〻接翠烟
聖詔已頒排陸賈仙槎何以謙張騫來廷遠貢歸仁
化永藉恩波播八埏　竹塢裴日英

後序

國朝逾遼海而東殷箕子之所封也世謂三韓之地自秦罷侯置守以來勢羈縻爲外徼乃至有國曰高句麗焉世奉正朔於華夏暨我　國朝混一區宇航海獻琛奉職逾謹乃命其國改號朝鮮令累使入貢嘉其忱　詔遣禮部主事陸伯瞻氏副以行人林廷俊氏偕使奉　勅往報之道經襄平闖都闖楊侯之子仲淵有能詩聲渴欲一見仲淵造焉因留宿刻燭賦詩盡歡而退至是使歸襄平仲淵以爲人之契誼相合爲難得惜其别也乃作銀漢乘槎圖相率爲詩以餞之予謂乘槎世傳爲漢張騫出使之事若謂其不憚艱險而能委曲成就夫事功者夫以張騫之立功異域世人傳其事畫者畫其跡至今照耿目赫〻若前日事誠爲專美古今者欤今伯瞻之出使朝鮮踰江蹈海衝鯨波涉駭浪張帆乘風一瞬千里殆亦若乘夫槎之

顧完先生外集　九十九

謂欤此銀漢乘槎圖之所以作也吾聞伯瞻之至朝鮮俾其國之君臣凛〻屏氣喘息莫不交骂騈圭抑首就位降陛趍庭下拜　王命翼〻乎與俯跪起之容鏘〻乎環珮衝牙之節目瞭氣奪莫敢仰視得非吾伯瞻申命之嚴戒諭之謹有若決河漢轟雷霆者然欤視彼之僅能專對而不辱者相去爲遠矣今日之畫者畫之明日之史氏書之使後之視今亦猶今之視昔又詎不能不有追夫乘槎之美奚俾漢張騫之專美於前也欤今是畫也揆之事勢雖非有侔於乘槎之張騫其風韻矩度殆亦有不減於是不與之齊驅而並駕乎盛德之稱烜赫之美又烏可不爲之張大者耶是爲之叙　　富川馬濤書

已上詩文皆當時在
廷公卿大夫奇儒學士之所作也如茹公少保解公學士楊公士奇楊公弘濟諸公所賦皆失無存今止存者翰林王公汝玉等詩文并遼東都司楊公之子相率作銀漢乘槎圖爲贈及朝鮮國餞行詩序
湘府殿下
遼府殿下所賜詩其他酬和之作俱録附卷末以爲外集用紀先君子一時之遭遇云

顧完先生外集　一百

附録朝鮮國送行詩文為外集
送陸禮部使還詩序
欽惟
皇明混一區宇薄海內外罔非臣妾
聖天子嗣大曆服修德媛武一視同仁元年春我當
遣使進賀越二年冬又遣使賀
聖節天子召見勞問謂朝鮮人好學慕義 勅詔文
廟謁宣聖因宴辟雍得與耆儒學士相獻酬為禮
所以寵異之者甚至及其將還命禮部主事陸伯
瞻副以行人林廷俊齎 璽書來賜曆日匪頒我
國王率群臣出迎于國門外儀仗左右鼓吹前奏

導至宮俯伏拜興呼萬歲者三禮意甚謹所以欽
天子之命也伯瞻氣專而容秀言謳而色和周旋進
退安詳雅重而又修之詩書六藝之文宣布德音
諭以柔懷之意國人觀者莫不景慕愛悅之無已
宜乎遭遇
聖明從事於春官而流聲實於四方也國之士大夫
始榮其至今惜其去相屬為詩以慰行邁之思而
屬予序予惟吾東方爰自箕子八條之教俗尚禮
義知慕中國世講事大之禮當王氏之有國事宋
歷元無替厥職欽遇
聖明高皇帝龍飛淮右誕臨九有首先歸附奉表稱
臣及王氏祚絕狂狡逞兇將謀反噬我老王舉義
討除效順益虔 上嘉之許以為王命更國號以
復朝鮮之美稱王心感激乃遣親男之賢有德者
入見 帝庭即令我王是已老王倦勤命立我王
王以天倫固辭乃傳位于前王孫國二年又以疾
辭王不獲已遂權國事而朝使之來適至詔諭丁
寧賚與稠疊恩至渥也感化之情既益深而奉職
之禮又益謹矣且伯瞻先世旦公佐唐為貞元名
臣文章勲烈著在簡冊伯瞻今遇文明之主使於
四方敷宣德教諮諏博訪開心見誠必欲使風化
廣被羣情畢達上下交孚通遐洽和緌成雍熙之

治挽回世道於虞周之上伯瞻勲烈豈但宣公而
已哉今其還也立玉墀方寸地獨對
天子之清問下國之情益以上達而東漸之化覃及
無窮此伯瞻所以自期而吾所以望於伯瞻者也
若夫道途之阻跋涉之勤別離思念之情顧非士
君子知輕重者之所介于懷也烏足為伯瞻道哉
大明洪武三十五年壬午十月吉旦朝鮮國奉常大
夫典理摠郎藝文舘應教知製教書進侍讀官金
瞻序
离熙重明萬國安群生咸被
帝恩寬詔頒堯典羲和曆春湘箕封并馬韓使節動

星方發彩詞源觀海更增瀾鹿鳴宴勞應優渥濟
濟千官刮目看
曾向文淵嘆服看焉將淺術得觀瀾瞻前忽後難
窺聖肆外宏中総似韓
御札幸蒙奎壁煥儲恩更沐海天寬小生無力酬洪
造倍祝　皇圖萬世安　陽村權近
聖朝聲教遍華夷文軌方臻混一期使節来宣十行
詔侯封更祝萬年釐舉杯幸遂新知樂染翰還題惜
別詩歸覲耿光承異寵好將經術佐明時
月城金自粹
嘗聞陸宣公高步貞元中仁賢固有後餘慶宜無

窮今觀禮部彥忠義傳家風欣逢
天子聖志欲收奇功輿圖大無外萬國車書同乘軺
駕言邁膚澤流天東談鋒新發硎文焰高吐虹相
逢意欵〻遽別心冲〻鴨江柳初緑鳳山花欲紅
揮手浩然去逸驥追征鴻歸朝對
清問為達吾君忠　晉江鄭以吾
高皇建有極聲教曁八荒雷厲遂異類正統接
皇王衣冠復華夏礼樂邁虞唐昧爽日聽斷至誠親
蒸嘗垂統正家法光岳騰禎祥維　帝善繼述文
德敷萬方寬仁斥苛察任用皆忠良賑窮恤惸獨減
租免流亡納民太和域皡〻謌時康日月之所照

靡不争梯航吾邦古箕封遺俗重綱常所以謹事大
世守東海旁况我今權國夙為民所望孝友出天性
移忠向　帝鄉繩勉述所職盈虔無敢遑茲蒙　詔
命降篚篚分天章協時須夏正萬象含春陽君臣共
感激懽呼動穹蒼老羸及幼稚踴躍填康莊翩〻陸
禮部文彩如琳琅出言必忠信動作安且詳念昔充
賤介萬里朝明堂稽顙赤墀下仰瞻穆〻光賜食上
西閤錫以羅綺香寵榮遇涯分寸心安可量歸来誇
國人永矢不敢忘昨聞使節至喜氣倍洋〻乃緣病
纏綿未即獲趨蹌今聞欲言旋愧歎縈中腸敢辭薰
且浴強起一相將幸遂識荊願談論何汪〻學問有

淵源筆力凌蘇黃相見已恨晚况復如參商遼海山
水稠齊魯道路長諮諏有所得不啻詩盈囊珎重慎
跋跡好去相乾剛永觀四海清景祚垂無疆
晉陽河崙
丹詔来天上皇華耀海東從容宣
聖澤蕭灑有儒風許國忠懸日凌雲氣吐虹小邦傾
嚮懇幸為達　宸聰　安城李𤇆蕃
皇明御六合美化漸東方星軺照鰈域喜氣如春陽
謙〻春官彥明敏且精詳才名凌屈宋彦力到程張
陪遊歡未央却恨歸期忙惆悵西郊外携手相彷徨
関山五千里道途何茫〻願言慎行邁百歲無相忘

安平李舒

風流瀟灑兩儒仙，持節聯翩降自天。綺帶叅光恩更重，曆須平秩化無偏。雨晴候館山如畫，日暖江郊草似烟。歸近丹墀承錫宴，想聞工奏鹿鳴篇。

平城趙浚

帝命儒臣遣海東，邦人拭眼慕華風。周身禮樂夔龍盛，餘事文章賈馬雄。客路已經山雪白，歸鞍還趂驛花紅。他年儻得覲光去，會向春官一笑同。

鐵城李原

皇明誕作寰宇清，旂旄不復餘縱橫。西琛南金筐篚盈，頓賴北闕爭來庭。東方有國隔滄溟，爰自箕子風化行。知尊中國有義聲，世脩執壤無遑寧。惟吾老王賢且英，剗除叛亂功乃成。高皇曰嘉示寵榮，許以王爵更國名。玉拜稽首深感銘，誓萬子孫為藩城。父以傳子弟讓兄，兄辭弟受教親情。縛心一力嘗靳傾，繼々益篤輸忠誠。今天子嗣真聖明，仁濡普率安群生。温溫陸郎金玉精，褭然遣遇飄長纓。親承玉節辭　帝京，萬里原隰侁侁征。手奉丹詔頒新正，解解綺羅浮光晶。君臣拜受龍若驚，齊呼萬歲聲喧轟。每懷王事有常程，對酒不飲催歸旌。鴨江漫々鶴野平，春風馳駟如飛星。丹墀入奏天必聽，海外億萬命生靈，永世皞皞鑿與耕。

平原趙璞

芝詔下青冥，迢迢萬里程。江山邀漢節，風雪過遼城。玉曆頒寅月，香羅荷聖情。那堪還遠別，佳節近清明。

泰安李薈

聖明天子御海内，南面穆穆垂衣裳。雍熙至治比堯舜，制度文章超漢唐。東漸西被聲教濟，濟濟冠佩羅忠良。萬國稱藩皆入貢，梯山航海遥相望。維吾小邦執臣節，世脩職貢無怠荒。下詔褒嘉示殊寵，三韓喜氣浮春陽。開緘玉曆協天道，滿篚文綺蒸霞光。吾王欽奉拜稽稽，千秋萬歲期無忘。使華況是吾儒宗，風流文彩傾東方。小生幸蒙半面識，懽諾未洽催歸裝。請君朝天佐文治，永使四海安畊桑。

驪江閔渫

聖主臨中國，同仁撫四夷。海邦雖甚陋，天命寔先知。職貢曾無怠，藩維永不虧。詔書勤慰諭，使節載驅馳。侃侃能專對，溫溫且有儀。開緘分　帝賜，頒曆授人時。俯仰乾坤大，涵濡雨露施。旋車對清問，須慰我心思。

花山權遇

冠冕辭雲闕，文星照海傍。節旌翻日影，筐篚襲天香。益感　皇恩重，維祈寶曆長。此心常欵々，願子永無忘。

光山鄭龜晋

男兒本自志四方，奉使專對亦不易。聞君高義動儒林，意欲往探病為祟。蟻床覓句不成章，把筆欲下還

增悵念昔朝天過揚州垂楊舊道惱征思春深馬上
若相思須折一枝憑驛使　魯山李天驥
僻在箕封地欣瞻使節臨青春隨玉曆白日照葵心
已見車書混偏承雨露深欲留安可得離思正難禁
月城李升商
自是中原第一流爲傳天語到東陬相逢良晤猶嫌
晚悵望歸期不可留松嶽風烟牽别思鍾山花木待
清遊丹墀咫尺應承寵從此偏邦更荷休
密城卞季良
一劄傳明詔三韓喜氣融皇華還海北我馬過遼東
闕里春風暖鍾山曉日紅往來由魯道應得望蠡蒙

洪州李詹
聖帝承丕緒寬仁御八荒至心敦孝治正統植天綱
一視恩無儻重熙業更昌車書通道路玉帛競梯航
小國依棠域神州隔海洋慕華崇禮義事大備儀章
蕩蕩思周道遙遙望　帝鄉忽蒙傳鳳詔欣得荷龍
光寶曆授民事彩羅薰御香仰瞻堯日月想見舜衣
裳感激情何極誠祈壽且康星槎萬里客文賦少年
郎氣逸青雲表名高白玉堂南宮司禮樂北闕效忠
良奏議家聲著評茶道味長郊迎雲旌伏宴勞月臨
觴會面未云幾分襟何太忙龍江春渺渺鶴野路茫
茫有美鸞凰侶肯留鷄鶩場若爲生羽翰霄漢共翱
翔　鷄林金時用
中華
帝業復義軒　聖德神功恊典墳禹貢山川歸大統
箕封民俗荷洪恩榮頒紫綺霞光爛拜向丹墀日色
温王事有程留不得春風歸興满乾坤
雞城李来
九疇遺教有淵源千古箕封禮樂存文物已令從本
俗侯封曾是作東藩既將風化宣遐域須採歌謡獻
至尊莫恨相逢即相别如今四海一乾坤
咸原金繡
王節飄然出　帝京三韓蹈舞荷恩榮宦遊萬里山
河迥心注中天日月明千首新詩驚鬼膽片言壽世

感人情丹墀如問東漸事爲奏熙熙樂太平
昌寧成溥
聖帝持盈御八埏天書忽降海東邊君臣更感
皇恩重父老方知使者賢賓館月明聞玉管馹程春
暖著金鞭朝鮮自古尊　中國須續圖經子細傳
坡平尹珪
海水重瀾波不揚文星照海耀光芒仰瞻
帝日四靈唐更覩使節臨扶桑磊落文章南省郎風
前玉樹含春光詩聲義氣满東方胷虹萬丈横穹蒼
若爲將轄井中擲於焉逍遥永今夕自懷靡及棄我

適別恨悠悠芳草綠山川阻脩路迴曲顧言加滄悵
行役　南陽房士良
皇明德配乾遣使慰藩宣掛席來踰海披雲君覲天
闕緘紅錦爛展詔紫泥鮮鳳曆頒春至羊存告朔虔
家聲繼文賦風味有茶泉辭令稱專對馳驅任獨賢
相從未云久話別更酸然珎重無窮意臨岐贈一篇
甫山趙庸
聖上承帝緒四海仰皇靈小邦固懷德述職勤趨庭
宸眷敦撫綏以為東戶扃賢哉陸禮部妙齡窮聖經
膺茲專對道篤言登前程粲粲文星彩萬里搖滄溟
粹盎氣英奇詞源如建瓴頌正且錫賚聯翩示恩榮

顧先生外集　一百九

吾王敬迎待擁仗出郊坰莚秩宴以娛琴瑟諧中情
小生慕華風夙昔常斷傾亦既見君子云胡不儀形
我心不可轉我歌子試聽歸朝對清問為達東人誠
晉山鄭澤
車書同萬國禮樂啓千年使節銜天詔文星照海堧
詞華高出衆風彩望如仙馬上新詩句毋嫌塞外傳
永嘉金爾音
高帝聽天命一起區宇清三韓首慕義遣使朝玉京
聖心知忠烈恩禮加華縈歲歲獻方物欵欵竭朝正
服事三十載有如葵藿傾　嗣皇守成憲文治開休
明吾君奉職貢益虔無變更同仁視無外庶想嘉其

誠陸郎承休命來慰東人情君臣咸敬仰父老爭瞻
迎　詔書何寄勿
天意真丁寧玉曆授民事彩帛分彤庭蹈舞仰
恩數謳歌思德馨憂者亦以喜病夫俱得平　王事
懷靡及遑遑旋旆旌江梅餘殘白岸柳含嫩青去矣
慎行邁慰我心惸惸古來王佐志所存非小成顧言
崇令德終始同阿衡　平江李遜
使華持節降
丹宸俱是當今翰墨臣耀日彩繪隨鳳詔明時玉曆
布王春星辰拱北環　天極聲教漸東溢海濱燕勞
想知謌四牡三韓頌禱為敷陳　鐵城金科

顧先生外集　一百十

文彩風流望若仙特啣
恩命此來宣
九重雨露霑殊寵萬世藩維誓永堅遼海雲晴波渺
渺浿江烟暖草芊芊征車又向
天朝去回首西郊獨黯然　雞林李橧

顧先生外集終

文江蕭淵持蕭英昆玉刊

頎光先生詩集後序

大冶縣判薄陸公叔温彙其先大夫禮部員外郎頎光先生詩文若干卷質諸翰林侍講高公編選類次詳序其端將行刊梓復徵予序其末予愧晚生素乏閎深博特之見於先生之集何可容喙哉徵再益堅誼不容默竊惟有德者必有言文與詩尤言之精者也此古之君子脩辭以著其事業必本諸道德以成章故其言温厚和平簡淡沈實大而無所不包小而無所不備遠而播諸四方垂諸後世而不泯此有德者之言也若與化頎光先生以弘遠之器藴之以和順之德以明正之學持之以廉潔之操其歷官從政之由

朝廷寵異之賓前序載之至詳且悉然其素藴所發而形於觚翰之間者或頌

聖德或謌太平或寓交游故舊離合之情或述感時觸物起興之懷體製雖殊音響節奏無不各詣其極文則根柢六經出入子史詩則淵源風雅沈浸騷選理到矣氣充焉詞嚴矣意婉焉該博而不流於綴緝明白而不失於淺近其言鑿鑿若秋霜肅殺水落而石出其氣雝雝若春陽和煦木秀而花妍不雕飾而華彩不鍛鍊而精純一皆性命道德之宣著而不啻於町畦讀之使人可以想見其形容而興起者信乎有德之言也彼世之為文與詩好於奇者語或滯於險澁好於古者言或出於怪僻或隱晦其意自以為深或突兀其體自以為高不知簡淡之味和平之音正直之旨微婉之辭乃詩家之格律文章之正宗也其視頎光之集為何如哉予因是益知先

生之製作擬諸前人固不多讓方諸後學未易企及誠儒林之翹楚也使當時列居廟堂之上當大有為之任其文章德業炳炳琅琅必將敷張治道扶翼世教黼黻徽猷經綸天地上規乎典謨訓誥而與國風雅頌同一音嚮節奏也予茲嘉其賢嗣判簿公能盡其繼述使其先大夫之言板行于世垂諸不泯故序卷末以答其請云

景泰元年正月朔旦大冶縣儒學教諭毘陵白珂序

先君子洪武初由通經充德安府安陸縣儒學訓導一以德禮淑人人亦服其教化其德故其譽望斯揚知名

湘府殿下日召以賡和詩詞為事賜廨宇僕從薦舉以斯大用章奏既行竟寢以他故尋陞刑部主事未幾借禮部選使朝鮮益謹臣節不以山海險阻為慮務以不辱

君命為先所以名重外邦忠誠

朝廷永樂初簡在

帝心眷顧愈盛署禮部堂上事賜衣襲白金先君益謹忠誠夙夜匪懈惟恐一事不謹有忝厥職及奉

勑建湘獻王享堂碑嘗為書丹與脩實錄乃秉載事之筆屢陳詩頌重獲嘉賞

上嘗以三絕稱之陞本部員外郎改戶部分治水利董運江淮壽逾五紀竟以疾歿于官嗚呼吾先君為人丰姿典雅襟度汪洋剛不吐柔不茹書得晉人法詩效唐體山水人物翎毛各臻其妙琴棋醫卜與凡諸子百家靡不究竟此其所以萃衆善於一身而得名於三絕歷官雖不出部署而蒙

恩愛錫賚超著矣嗟予小子可不知所繼述思以表彰厥美圖垂不朽以答春暉之萬一焉於是謹集平生所作遺失之餘錄呈泣求翰林鄉先生尚

書尚公編選分類命工繡梓用廣其傳是集所以
有成也尚賴四方賢士大夫或與先君子交好者
乞録附以成全集幸莫大焉近得文七篇附刊于
後今將
湘潭二殿下所賜吟咏及文人碩士賡酬詩在
朝公卿大夫餞别卷朝鮮國送行詩文刊于卷末
是爲外集瑄不敏謹狀世系行實識諸集末以俾
繼述云皆
大明景泰元年歲次庚午夏五月吉旦大治縣主簿
愚男陸瑄頓首百拜謹識

沈山人詩續集

（明）沈霈撰

《沈山人詩》六卷《續集》十卷，明沈霑撰，據上海圖書館藏明刻本影印。

沈霑，字伯雨，號雨田。明江蘇興化人。

本書詩集六卷由宗臣編纂，卷首有嘉靖三十九年（一五六〇）宗周序，李春芳繪像及像贊。六卷按詩體古詩、律詩、絶句排列。續集十卷爲王中孚編纂，卷首有嘉靖四十三年（一五六四）王中孚序，卷末有萬曆四十一年（一六一三）王百祥跋。續集十卷亦按詩體排列，首二卷爲楚詞和樂府。明代落第舉子、下層文人喜稱山人，沈霑即如此，其與宗周、李春芳爲总角之交，頗有詩名，爲後輩宗臣等所仰，故得刊行此集。宗周言其詩歌風格爲：『逸而不俚，艷而不靡，婉順而不急徐，冲古而不淺淡，蓋備王孟二家之長焉。』觀其集中詩，抒寫田園生活，描繪自然美景的篇幅較多，確有王孟詩歌清新脱俗、自然淳樸的神韻，如《别言》：『重别黄花舊釣磯，洛陽塵惹緑荷衣。相思莫唱陽關曲，蓮子花開趁雨歸。』《齋心》：『萬籟此俱寂，孤月正當空。欲放籠中鳥，還栽石上松。』

（周　忠）

沈山人詩序

沈山人者雨田先生諱霑伯雨字與予髫齓結游也山人童時即籍籍有聲譽予嘗與山人受業予仲父山人性靈敏古今書傳經一涉獵即能條悉大旨與人論世事畫成敗率常嘆賞一座情閒曠而沖美不少淆溷世坌中故發為詩歌逸而不俚艷而不靡婉順而不急疾

沖古而不淺淡蓋備王孟二家之長焉山人多作詩不喜存集舊稿予自肇慶入比部乃拈山人為秣陵之遊始僅索其稿凡三百篇吾兒生從稽勳郎出叅閩政予以山人集授之生亦予告曰先生素善我者南北風塵中嘗彼此有唱和及歸芙蕖館每舉觴而詠之生喜山人詩恐終託諸溟涬也行將裒編萬花谷集此集蓋不可少然竟未能去及已未歲生督學閩上適盧子首乾潘子啓明二君以諸鄉先生稿寄生蓋山人集與焉時生疾已劇得之甚喜曰此可以畢吾志恨不能強起為一傳述也遂以所與酬荅者命梓之付其僕曰謝予父輩為敘其故謝沈山人狀予疾未能也庚申夏日乃得其所梓歸予深嘉山人

之詩復以重哀吾兒之志也因以弁諸篇云

明嘉靖庚申歲季冬吉日

奉議大夫南京刑部江西清吏司郎中

廣陵復庵宗周序

序畢

沈山人小像

會丈沈雨田先生小像贊

逸効之才明達之資瀟洒之度俊偉之姿夙游情于翰圃早掄秀于芹池揮藻邁文節之酋勁高唫逼陳思之雄奇憫時抱賈傅之長嘆持身步孔氏之遺規韜荊璞而莫售甘憲貧而弗咨東湖命棹曲逕編籬燈前碁局月底彈絲寄曠懷于物外委用舍于不知匪縱情而忘世惟守正以俟時乃若承歡菽水樂孺塤箎又其至情之所鍾而不假以人爲者也故不知者或謂其青襟偃蹇而以軒以輕予則知其澠池終奮而可仰可師噫嘻斯其爲雨田子之梗槩而非繪事者之所能章施者歟

雨田子予少同碩石友也別且踰年思一覿顔而不可得遂閲繪像輒寄短贊以紓嚮慕云

戊申秋日

賜進士及第翰林院

國史修譔里人李春芳譔

附石麓詩

喜雨田兄至

早春聞命駕日日掃寒齋秋半君方至嚶求意不乖黄花浮桂醑朗月坐苔堦跋涉寧辭勩授懽愜素懷

惜别

秋風千里又長河纔得相逢奈别何操瑟浮名憐偃蹇貫心佳會近蹉跎清狂不賣黄金賦俊逸時揮白雪歌海上舊游離歸好葺青樽碁局待予過

沈山人詩集目録

一卷五言古詩

猛風吟　感悟十二首
悯旱　夏夜獨坐懷趙南石
夏日偕諸友飲劉墀石宅
後感悟　南風吹接籬
寄兄　寄劉墀石

二卷七言古詩

送俞理問之河南

悲紅顔　登西山留别李石麓
一子賣魚行　壽詩四首
白雲篇　壽馮母
念舊　薔薇架
寄徐梅村　任刺史母夫人壽
維車行　贈方官池画史
酬李學士　王節母
送王九溪　贈泰興張惟賢中舍
長相思　對月浩歌
擁盾歌　田家鼓
懷遠曲　行路難
乘小艇觀穫西疇墮水戲作
與王懷泉月下聽簫代輕薄少年作
悼成十三　寄顧行可
虞姬劍歌　洛陽遥寄顧廣文

三卷五言律詩

贈張貞峯　秋雨兼懷宗孝功
與陳駕部李太史移舟送友人返鶴城

宿李太史樓　觀天地壇
遊西山　碧雲寺
村居成文渠携具見過
贈鮑渭岡　酬鮑與位見招
寓士橋壽宗兄橋翁太守
酬東橋兄携具見訪
書懷　送陳節推之太平
贈趙將軍　同陳使君遊采石
登娥眉山　謫仙樓

泥山詩　目

四卷七言律詩

泥山詩　目　四

沈山人詩卷之一

首乾盧學易遴選
子相宗臣　編梓

五言古詩

猛風吟

中宵耿無寐虛簷急風聲惟宜滌煩暑云胡恣
奔驚一咈仆庭草再咈撼户荆三咈振林宇四
咈迷大清五咈怒巳極巴峽如盡傾維時揚征
飈妖氛蕩日星汝復肆狂勁草木增行兵黃埃

蔽九區橫波卷八瀛豈不厭烽火乃類為縱橫
前年更猛烈驅濤走長鯨海堤漸為壑郊墟偃
作坑吾民竟何辜九死希一生獵獵林杪間復
作驚人鳴穿惟欺髮絲而實搖心旌仰干十八
姨無訊太乙精且須暫消歇勿為常喧轟蘇此
四野禾慰彼三農情

感悟十二首

皎皎楚狂子濯濯白雲翁玄鳳巳高逝雲羅施
安從思之不可見委羽有鷲鴻浮榮亦所羨其
如商山空
聖人既巳遠道化久淪寂鴟夷者何子扁舟五
湖疾鳥栖思茂林兎走樂深窟嗟哉和氏珍抱
之向誰泣
絕頂有名山白雲時往來玄猿嘯孤清好花悲
獨開而我既閒曠胡為自崔隤茲當整塵憂來
共此悠哉
携琴就綠苔把筆沿碧梧月露衣袂泠風泉節

竹孤轉臥時向壁童子不敢呼宇宙果何物詎
知滄溟枯
昔登羊腸坂車輪忽摧折日暮秋山空凄風鳴
鶗鴂豺狼距中路虎豹蹲以烈云胡不歸來江
雲隔寒斷
悠悠傍淇水籊籊把竹竿獵獵河中蒲采采長
坂蘭飄飄蓮葉舟岌岌箨皮冠末景豈不好庶
憂褫我歡
瞻彼桃李花春紅競芳樹種子復成陰綿綿夾
岐路娉婷簇金苔鞍馬自西來况當明媚春徘

徊向人開采之各盈把歸插黃金臺一時被寵
渥疇復念根荄
飛鳥急西歸皇皇有餘情啞啞遺之音裹曲如
盡傾毋翼忽摧委飲啄不自營坎坷懷宿昔辛
勤念平生生死豈預保聊以慰孤惸下民抱豈
聲空庭自吞聲
鴈行忽中斷匪故欲自離庭荆折其榮安用烹
伏雌芳艸被陵壑幽蘭夾路岐所思在只尺采
之更遺誰況匪金石壽胡可頃刻移
短髮不覆額與子結偕老十五入君門姑顏惜
衰稿婦道孔不修提挈托兄嫂相偎鴛與鴦相
對糟與糠嘉會生不逢豈然下高堂仰彼西飛
景常願借末光
青春不再逢相悲各白髮婦顏爲夫頹毋情因
子竭豈不愛琅玕不比隻玉盤豈不惜襜褕何
如明月珠所望既已遠朱顏竟不返報子以賤
嗣羅跪勸食飯
絲蘿不獨生喬木偶托根霜露摧百草忽辜綢
繆恩容色豈不好思君倏忽老膏沐猶在篋痛
此隻髮稿憶昔嫁君時嬌妬總不知參辰隔中
路會面安可期願君保新歡妾身將安之

憫旱

朝雲不出山暮雲復西歸煒煒南流景何殊三
春暉衆芳胃堦庭豈不懷芬菲惜哉苦燔灼甫
灌而即晞寧惟悲綠華禾黍委炎煇白髮安所
適黃口不柰饑平生愛明潔風塵常振衣于焉
被囂坌深溺不可揮四方戰鬭聲況復薄京畿
嗟嗟歲云暮值此中道微

夏夜獨坐懷趙南石

凱風自南來吹我綠綺琴明月奄西匿復照隻
桂林黃鵠忽已遠美人去不返桂林憭高枝瑤
琹盡日掩同心勿復念浮雲易舒卷
之子遠從役棄捐五十載蕭蕭鏡中絲遲暮應
不悔何如死別離可望不可待隻鳥栖深林有
翼寧勿飛悲風起天末相失兩依依傷哉閨中
婦洒淚濕羅幃

夏日偕諸會友飲劉堦石宅

庭樹團綠陰亦日不受暑觧葛暫棲息主人具清酌歡樂難重陳形骸忘爾汝揚歌流羽觴當杯安可拒自昔締文會二十有餘歲努力結綢繆巨川期共濟豈不愛景耀恒恐日月逝奄忽稱老翁所幸有高第同學俱不賤而我獨捐棄棄捐勿復言志意我所存長鋏委衢路良不愧高軒厚終冀共保頤言長托根不見龎子陵舉足加至尊年來異途轍會晤難與俱浮雲暫相

聚頃刻東西踰手酒焉能酬劇飲濡長鬚骨肉期皓首慷慨抱區區

後感悟

孤竹緣雪霜結根詎自固芙蓉夾江生嚋能委衢路嗟哉漢顏駟眉髮悉凋素胡爲重會稽而故賤帛布文武殊所尚妍蚩復不悟風塵奄衰老恐懼獲寵遇北邙匆驅車風生白楊樹

所愛不可即所厭比朝夕賴有九畹蘭邑之以自歸湖水瀠素波瀾月皎秋色素波滌我纓皓色蕩我宅安用榮華軀而故棄泉石

宛彼雙白鷺皎皎河之湄遊魚逝深波長日恣樂饑鸕鶿沒江底縱縱獨隨所宜既不賤腥穢亦不汚濁泥謀生豈獨苦雙鷺拙若伊賦性本明潔泠泠君子儀羽翼豈不庶孰爲之等夷

彩彩錦衾鳥日朗山氣清臨流照顏色風動波泠泠顧久目隻眩兩翼不自擎豈謂容飾美而遂捐其生聖賢貴道德哲人知幽明江水能載舟亦能令舟傾不如縱杯飲把菊飡落英

丁蘭何許人刻木像母儀想維欝陶甚哀極不可支持斧向木泣緬懷高堂姿一刻一凝思再刻再顧之裳衣圖宿昔容色儼在茲寂水竭朝昏有爲仍致辭茫茫不復返聊爾慰相思

倚徧塚邊樹日向塚頭泣塚中人不知北風吹獨立憶昔未亡時親恩總不知盡濕塚上土不如灸一匙

西隣何氏園青雲自芳樹上有並蒂花紫煙夾衢路主人具樽酒徘徊孰能顧歸彈綠綺琴曲

懷不堪訢

落日薄西川行役田野閒青洋集深池黃鵠鳴
高山農人荷蓑歸役匕不得閑狂風捲衡茅對
子多苦顏烹藜日云暮舉趾淒足艱轗軻無寧
期淚下空萑蘭

南風吹接䍦

磁石能引針緣與鐵性宜日處黃金傍安能頃
刻移飛鳥集高樹游魚潛深池假令易所處胡
可保斯須士各貴所適南風吹接䍦

寄兄

旭日如流光徘徊輝我堂奄忽驚飄風濁塵恣
飛揚飄風一何悲濁塵濁如泥汨匕東南來汚
我三重衣匕垢不可澣雙鬢亦已短蕩滌胸臆
氛且令杯中滿

舉頭見明月忽自東方來萬里揚素輝般勤入
我懷恩愛兩不斷暫遠疾足哀方舟莫浪解合
歡復誰待凝霜棲九畹幽蘭不堪採

寄劉埰石

薄暮起廻飈蘭芷慘不芳波濤安從生分飛鴛
與鴦依匕懷遠人淚下霑羅裳何當乘飄風頃
刻來我傍春鶯鳴上林名花散奇香與葯有所
寄胡為守其常返景射桑榆咫尺延末光豈不
惜沉溺其如川無梁

朝露不能緩落暉不可挽驅馬紅塵中倏忽下
長坂浮雲薄太清風來自舒卷樂哉此良朋胡
不長嬿婉頊為比翼鳥飲食恒行匕莫鋤合歡
花會日良不遠努力整塵裳嗟匕鬢髮短

沈山人詩卷之二

首軋盧學易遴選　　㫨明潘　應詔校正

子相宗臣　編梓

七言古詩

送俞理問之河南

青旂翠蓋九花斗繡紱盤金照陌頭雲擁香車芳草合遠看驪駟入瀛洲昔年共讀長楊館七步三都愧才短飄然逸氣凌紫氛滌筆氷甌香雪碗遥憶洛陽花滿峽看花君去踏紅芷無事觴君家世代綰銀黃暮夜不遺城府肅底須緘放衙亭正午清風滿地白雲司翡翠屠酥鸚鵡事入青緗

悲紅顔

二十四橋明月輝紅顔絕代晃朱幃芙蓉臨水照顔色含羞不敢呈芳菲鴛鴦繡帶誰家子金鞭搖颺落花裏徘徊顧步入娼家楊柳傷心嬌欲死娼家歌舞得人情欲輸簪珥學新聲鸊鵜坐瀉琉璃月雙去雙來逐隊行頭白郎君懸玉佩豪奢自許凌七貴石崇金縷重吳娃十斛明珠買嬌媚郎君待之如遇仙携歸塢裏擬嬋娟主家意色頗嬌妒紅顔自分誤芳年低眉歛袵傾心素韓蹙蹙供朝暮忽驚結髮謝璇閨赤霄鸞錦承殊遇屈膝盤金玉作釵朱衣畫袴抹丫髻六宫粉黛羨明潔共擁夫人拜玉階玉階何似青樓好公子無情輕窈窕瑶箏錦瑟坐芳春啼鵑不省青山老却嫌富貴伏危機别有權豪怨紫扉手把雙奴啼不歇紅摧緑謝惜花飛君行別妾憂色深伏君劍兮傷君心黃狐白兔不可保欲覓君身何處尋天恩仰荷如山嶽不遺離魂共銷落玉關迢遞領征塵琵琶馬上西風惡草綠搖白雲吐黃湘裙飄墜翳金香行李蕭條秋雨妬掐損羅裙雙鳳凰何如嫁作征人婦征人有日重相聚從渠一去不歸來深閨猶勝関山路関山路險險於天悔將好惡誤姻緣寄言後代紅顔子還嫁娼家羨少年

登西山留别李石鹿

漢家城闕青天上阿閣金莖屹相向龍門猷錦
奪香霞楊柳春旗開王帳望〻明河不可親山
高眺遠屬遊人錯落冊青隱麟閣氤氳瑞靄護
楓宸（楓宸 拂曙）瞻雲蹕麟閣連延何崒嵂河清海晏
自年〻水殿飛龍隔九天一曲太平歌聖德滿
身涼露拂香泉飄〻白雲子楚〻玉堂仙玉堂
正對黃金闕白雲輕捧中天月歸去山中釀作
霖付與夔皋濟枯竭

一子賣魚行

君不見江燕飛〻遶茅屋覓得魚兒飽兒腹又
不見林樹聲〻急脫烏風雨傾巢護落雛東家
少年重遊冶黃金能絡青絲馬日暮揮鞭扶醉
歸父爲彈冠母拂衣痛惜西隣鬻魚子紅塵滿
面伴芳菲得失榮枯各有時膠鬲塗泥安所期
莫謂老翁忘鈷犢手持蔾藿動傷悲

詩話

春風吹雲黯斑衣白髮紅顏酒力微淹留歌舞
入斜暉文章照耀機絲爛雲碧天空紫鳳飛

二

錦城明日是元宵六十年前誕毋朝銀燈高爇
百花穠絲雲片片團芝盃瓊草春臺生幾苗

三

衣裁雲錦玉爲裳旖旎瑶華石鼎香夫人高坐
紫薇堂寄縫深鎖玉孫匣他日恩聯玉節郎

四

蓮燈手製上華筵紫焰煇〻散絲烟珠簾翠幄
舞胎仙飛瓊不數千齡筭愛聽梅花太乙篇

白雲篇爲李曲河賦

深山深〻臺復高白雲初起即非遥山人望雲
香難度野烏一声天欵暮十載秋風吹敝衣夢
中寂寞新豊路尺素爲圖畫不戍白髮絲〻撫
上生嶺猿啼未歇似奐愁心入鳴咽寒花歲〻
開麋鹿仙翁何日來山人夜坐山堂裡淚滿青
襟歌陟彼石鼎烹茶烟金爐行磨蟻黯〻立山
皇〻泣山鬼花落空幃月滿樓我亦不曾無
此愁朝登山暮登隴春雨濛〻春水湧此時與

君愁萬種況復白雲來樹頭斷腸夜ゝ叫鉤輈

壽馮毋

綵服郎君將進酒白雲垂照高堂毋茆簷十里稻花香金管仙人氷雪藕夫人元是孟家姬孤燈促織夜光熹共看馮豹翔天表氣吐烟霞袖紫芝青蛇錯落精光满飲馬長城應不遠黃金騕褭映垂楊歸來細覲客縫裳

念舊

前年花開深巷東今年燕巢南苑中美人扶病對花泣燕子來時春寂ゝ黃狐塚上水聲深白雲城邊愁人心借問此愁深幾許綆斷轆轤無處尋

薔薇架

我住君鄉君海下一春辜負薔薇架君復西歸我已東薔薇架上花又紅人生聚散如翻掌架上有花須共賞君不見邯鄲富貴歌舞新香車寶馬如雲屯黃金欲去留不住粉黛銷爲樓下塵又不見齊人有子徒于虎手把金戈却胡虜

伐鼓鬭兵身不歸誰捧拼漿濕黃土我歌我歌君試聽花落花開不暫停更爲殷勤語鶴老薔薇架底莫推枰

寄徐梅村寓跡海陵溪

城北徐公豪俠子黃金散盡延多士玉麈臨流朝賦詩金鑪促膝夜談棋慷慨聞鷄時起舞氣豪欲縛南山虎把袂傾心馬少游入幕忘形楊德祖非時速客入長干燕子乘春柳色寒銅鞮勸酒陽阿笑翡翠屠蘇紫玉盤青山不肯留人住承恩捧檄天南去梅花飛夢嘯吟身拜迎官長鞭黎庶忽憶陶潛五柳陰況逢華髮不勝簪平頭奴子催歸急獨鶴高摶萬里心昔年歌舞半闌珊只有沙鷗對客閑海上誅茅重築屋谿邊垂釣一開顏紅蘸翠壓箜篌月人世紛ゝ輕白髮會須載酒海陵谿與爾同傾消汨没

任刺史毋夫人壽

梅花受風香蒲庭金盤新膾五侯鯖鳳吐流蘇明錦帳雲移翡翠列香屏域中瑞靄分華嶽天

上龍光擁福星釆〻朱衣來紫禁娥〻紅粉入
册青（不册青盡）入間巧紫禁恩波何浩渺不有夫人入
錦繡腸曼卿瑣〻空文藻庚星元近紫微傍〻
靈幻出金光草龍門獸錦奪香霞麟閣鸞翬揮
電掃金馬交花柳拂鞭蘭臺聚裡見神仙日邊
樹色開三般階下花陰歷八磚樹色花陰聖澤
同八磚三殿領春風賡歌燕鎬歡無極獻壽横
汾樂未窮
天王宵旰何明聖欲令四海風塵静端居自覺

諫書稀搢軺忽下求言令即看學士鮮金魚封
跪朝〻侍　帝居西掖兩年無闕事鳳凰啣詔
引征車姑孰風流今渤海明時亦有龔黄在雨
香雲淡鳥相呼水膩山春花受釆松蓋團陰獨
鶴栖詩成倚馬寧須待若教何遜到楊州梅花
賦罷應蘭莛梅花蘭莛屬幽人不受東風半點
塵明月一江歸逸興却裁詩句後名賓名賓詞
賦真飛動頡川華祝儀朱鳳王階羅跪拜瓔裾
繡幕歡呼歆紫甕金甌罌爲棠棣作幬君侯猶着

銜縫衣頓將海水添金筆共捧斜陽連曙暉

維車行

古城日没烏欲啼把酒維車風凄〻蟲聲引淚
滴秋草車上征塵車下道望〻青山意轉深白
雲出没愁人心伯勞隨車度梁苑應共黄鸝留
好音車塵日巳遠車轍日巳湔何年何處無别
離白首論交歳華短君不見滄浪亭下日維車
萬樹千山轉首虚

贈方官池畫史

天津杜宇啼未徹武陵桃花笑不歇千聲萬聲
幻想中一片两片色即空憑君寫入畫圖裡披
玩堪悲亦堪喜高堂空翠不勝寒石城粉壁嵐
煙起浮雲不歸山白鷗長日閑與君對此意無
限我巳龍鍾君妙顔憶昔君翁椎絲筆春來花
鳥常戚〻君復圖之手不停洞庭瀟湘何時寄
欲買漁竿坐釣石併將詩句入册青

酬李學士寄贈紫絨短袖衣

逃罵老翁穿敝履手援釣竿坐緑水湖上俄驚

短褐秋奚奴挾筒呼不起故人走馬黄金臺鳳錦爲裳何壯哉錫鐙遥贈白雪孚燕紅冉冉瑶函開春雪蔽膝雙短掖坐映江花紅的的襟上襟下陽和生袖前袖後紫烟馥風亦不能爲之疾雨亦不能爲之佚季子貂裘安足道王恭鶴敞同悠游臥白雪歌陽春片片梅花點鬢銀吟成三百十一篇篇飛飛贈蘭臺人人在蘭臺迥出群金堤白馬氣如雲他年歸覓神仙侶緑酒霜螯眠夕曛

九

邑有王節母從桃夭之年堅松筠之操因共為詩以壽之

平陵雲壓孟光廬草樹生愁翠慘虛遊水悲悲收不得杜鵑一夜落孤株雙栖並語繡襦翠蕚緑花誰剪除撇地分飛青鳳小烟梧殘月紫鸞孤天荒地老無消息寒夜孤衾淚橫臆起看河漢漂流螢黄姑目斷支機石幽愁那唱白頭吟錦瑟湘靈千古心朝宗不見西歸水一任黄鸞飛上林

送王九溪歸句容

梅花兩月雪中開同醉蘭臺學士杯馮鋏倦彈星斗暗吳鈎猶在鬓毛摧白藤束書書笈小勞勞走馬長安道長安市上雲錦裳不識荷衣白髮須老燕子重來花欲紅文章莫遣老雕虫送君先渡春江水賦詩酌酒深山中山深深花陰陰流泉滴沙如洗心直教洗净人心百年垢清風朗月摩衣襟却恨青編墮我昔時淚瓶中有酒那能斟落葉驚秋壯心苦翻然掃石調短琴君歸句曲去我欲武夷遊莫教零落棠梨樹返照蕭蕭起暮愁

十二

贈太興張惟賢中舍

少年倜儻張公子銀瓶買酒新豐市新豐三月梨花春燕刀輕剪石榴裙公子翻嫌歌舞劇翩翩奮鵬聯青雲青雲有路莫拋棄我為丈夫不得意倩人走馬黄金臺前度看花今又來與君把袖仞傾盞我未能鍾君慷慨共看鳳凰樓觀起中天勝遊賴有淒幢在

長相思

郎歌白紵近黃昏妾挽青絲暮倚門墻頭月底遥相望牛渚機絲空斷魂凄髻呂婢子千金縷傳得芳心隋花語碧海桑田愁殺儂寒禽野水心相許

對月浩歌

南風吹衣饕朋酒主人兼頳客長壽素壁天空雨洗塵入興狂歌欲揮帚羅綺參差金作冠手持玉麈橫欄干買絲繡出芙蓉帳亦有奇花秤

合歡雲擁流沙高並山斗龍不敢輕躋攀天昊失意海若怒野田平碧東西路藤蘿兎魄老不死茫々覆照天河水天河水沒黃姑津靈鵲啾々飛不起此時神鯨歘上天萬山溟々泉消々王子吹笙種瑤草不吸汚樽吸百川

擁盾歌

甲光熒々皎于雪金鈒歘虢北風烈咸陽王氣光赤龍亞父空悲腰下玦雄鳴萬里氣如雲能廢西南虎豹群排壁橫矛九楹裂兕々天上殪

將軍一肩生彘腥獲吻進前斗酒須臾盡絕臏剸腸死不辭烏號背指高墉隼鼓吹無聲錦瑟停君王半醉半猶醒可憐玉斗尋常碎漢水秋風兩鬢星

田家鼓

夏鼓不停秋鼓催隆隆鼕鼕聲徘徊栽秧穫稻脚無力露衣塗躰將奚為莫打鼓打得人心苦穫稻上塲芒未落入暮船來曉蕭索待到明年鼓復催道上唯供行者樂

懷遠曲

黃鸝格格春草香春風搖搖江路長檀郎夢隔湘水遠空庭落花隨意捲殷勤重擣舊時衣只恐檀郎歲暮歸

行路難

行路難長安在何處白髮糟糠相對貧十年不上長安路妻嘈嘈兒號號童僕含情拂孟嘗長安一去一回老馬羸兮勁風如刀妻莫失笑兒莫嗔豈有天涯金就身天河落處漢水遠十一

楼中生暗塵

乘小艇觀穫西疇墮水戲作

五十山翁一葉册老農漾槳過西疇秔稻手翻鸚鵡粒珎珠三百寒光流回頭咲與老農語五山忽墮袁宏渚渚水深來十尺強老翁盡没芙蓉裳手把扶桑根身在寒汀洋忽逢巫山女拯于出沅湘屈平欲語留不得起來怒撞黄頭郎天池鯤龍門鯉波間出没深無底山翁頃刻不能居何緣與爾同馳驅

與王槐泉月下聽簫代輕薄少年作

明月鋪練烁庭空美人如坐水壺中自停紈扇情凝睇側身何處鸞聲細竹柏影芙蓉衣別花塢惜花歸折藕聯絲蒐欲飛孤梦寄空幃一雙香蝶趁芳菲蓬山元不遠相望兩依依明夜玉簫吹不吹

悼成十三周

霜威半落江草萎夜半坐詩泣江鬼泣罷家人總不知黄塵掇碎青鸞尾紫臺蘭蕙氣氤氳靈陽不返西山雲三百水田猶戀我五千錦字空懷君痛殺鶼栖烏日對覆綺禽孤飛還歎棲明月相知心何緣邊作連理枝交枝疊葉花陰陰鶺鴒原上聲棠棃塚邊樹白雲西飛烁忽深望望陰崖不知處

寄頑行可

海上堪憐牛秀才襄陽虚遣尺書回誰東深源在高閣蒼生淚應哀聲落朔風瀟瀟秦嶺邊論功猶記漢皇年此日君王重端拱徒令羌笛滿

燕然温常寂寂抱書卧開卷秪應難字過龍門猒錦屬他人閉户寧湏萬卷破

虞姬劍歌

赫赫千將利于錐兮夜迢迢兮宿誰幃兮泉臺路香魂歎飛兮欲立湏臾金鼓催兮

赫赫千將皎于星兮燕歌楚舞何時停兮月映毡幃魂梦清兮霜風凄凄猶未醒兮

赫赫千將白于雪兮落花辭條安用説兮君王忍愛背流血兮北風吹衣何烈烈兮

洛陽遥寄顧廣文行可

洛陽遥在天上魏闕平臺屹相向梁園花柳自年年白馬豪家紫玉鞭風流顧况嫵羈束欲共春鶯醉管絃吾與梓河同意氣約買青山看花去梓河忽化龍白雲戀山不能從洛浦春雲江北樹兩地相思悲駏蛩安得我為商山芝渠為九畹蘭假彼種王手同植瓊臺瑶池間四方上下無纖塵交香並采如合歡渠為黄河天上水我為青海城頭月我不恚明滅渠莫莫圓缺歲歲年年相對顧不問人間有離別

沈山人詩卷之二終

沈山人詩卷之三

首乾盧學易遴選　啓明潘應詔校正
子相宗臣　編梓

五言律詩

贈張貞峰

落葉時經席秋風欲戀衣問名逢乎野開卷擬玄暉生計同蕭瑟閑情指蕨薇與君整塵坌山月許歸依

泛跡舟車穩驚心草木黄江山懷故國風雨滯維揚鼓瑟非齊好歌與任楚狂紅塵能脫屣分水濯滄浪

秋雨蕪懷宗考功

促暝當簷急懸緜入夜微嚣憐場圃净聲辯芰荷稀菰米方新熟鱸魚此正肥無因駐秋色共待季膺歸

帶霧迷江郭從風亞樹枝似尋幽息處剛有不愁時月實逕宵暗風燈得火遲新涼滿堰落忽動故人思

與陳駕部李太史移卅送友人返鶴城

李白遺供奉陳蕃滯豫章來邀白雲叟相送紫薇郎落日一歌中盡離情去後長野人無以贈聊爾頌時康

宿李太史樓曉逢袁使君北歸

日落黃金竿星明白玉樓投懽攊並榻不寢聽傳籌　聖主方高卧羌胡已犯秋故人凌曉入消息自　神州

觀天地壇

聖作隆千古壇開冀兩儀八觚瞻日月四陛肅郊圻天命於昭在皇圖儼若兹何期草茅士越分領鴻禧

遊西山

朔氣肅高秋西山此日遊水亭泉溜過石竇月光留雙闕天中近千花象外浮微生一何幸歌郢頌靈脩

碧雲寺

雲碧毘盧寺天空祇樹園記遊兹獨𢘿對景已

忘言泉下溪皆應山高衆所尊適辭雙樹去歸路馬蹄繁

村居成文渠携具見過

田家足雞黍吾意在桑麻不知人世裏何以度年華明月將金鏡重陽待菊花喜看村酒熟兒有客情賒

贈鮑渭岡

吾愛鮑夫子蕭然一敝廬中原麟鳳少明主網羅疎詩思蒼藤杖梅花太乙書茂陵堪偃息何必曳長裾

酬鮑與位見招

林垧風物細雞黍故情長玉露秋衣濕金天客夜凉白髮朋從少青雲眼界狂所忻獨不棄燈火洽茅堂

寓土橋壽宗兄橋翁太守

九日吾兄壽茱萸泛酒香蒲頭餐野菊千里拜壽安荷裳甘棠松竹存孤節烟霞借末光巳能棄簪弁應

問壽黄花徑稱觴綠野堂務其宗族長吾忝宗兄行世事空雲水生涯自稻梁一州如敝屣五馬有輝光

酬東橋兄携具見訪

片月寒潭外孤燈小榻前兄方将酒至弟欲捲書眠戎馬驚心劇秋霜點鬢先数來懷抱好此會獨凄然

回溪悲偃蹇浮世信低昂獨飲吾兄意芙容念敝裳蕭寺特分席秋風舊裹粮無慚原憲窶猶似稱倘狂

青懷

好鳥過庭樹山窓掛薜蘿書裁貴游少詩咏落花多武夷壓夜夢鳫宿冷秋波有日扶笻去看雲到苧羅

頹波日東注吾屋即瀼西遠水浮帆去秋雲映樹低楚壁今存匣吳鉤未剸犀何能縱杯酒常日醉如泥

送陳節推之太平

栖枳三年鳳遷喬二月鶯驛亭初上日山郭遠含情王室虛公輔清時重老成回悲石濠夜寂寞有鷄聲

花叢隱客涘燕語掠征輪漢吏誰能借隋珠世所珍白髮存知巳清風問故人蒼生如有頼騘馬再逢君

洒翰光裒白看山愛薜蘿君行補華衮我欲着漁蓑海樹留餘蔭江亭起浩歌風塵淹落日如此别離何

贈趙将軍

江郡雄三輔干城斷百蠻雕弧閑白日緑蟻伴青山舒嘯乾坤外紆籌匕筯間便宜應有畧振旅幾時還

同陳使君遊采石

散騎從芝盖霜風度板橋山雲低拂樹風葉亂侵袍石壁留詩草松門駐節旄相看意不歇長嘯俯林臯

登蛾眉山

仙臺迭翠微人立孤峯下乾坤不在眼萬古一長夜蒼波渺牛渚白雲鎖僧舍山人只愛山皺眉為誰畫

謫仙楼

窈窕飛丹閣蒼茫拂翠岑酒星天上近禅月水中深詩壁薫蘭酌松風調玉琹驅車日欲暮囬首悵江潯

水府廟

古徑苔花碧新祠王樹齊使君重過馬山曈欲棲鷄石壁翻龍象江濤震鼓鼙千帆靜牛渚何必更燃犀

村居雜典

春入休文墅何如在輞川浪喧新柳岸風烈暮雲天蠶月驚心早漁竿盡日懸悵看青箬笠懶賦白雲篇

不語成孤坐徘徊深我情浮鷗侵屋近飛燕掠衣輕姑孰春雲色長安夜雨聲懷恩寧萬里况是一帆程

岩居非避世野嘯本忘機石火供炊黍春雲作採薇孤禽隱高樹千山明落暉獨有貧家婦噫鬲淚潚衣

黃鶯飛上林掃石坐鳴琹忽作琵琶語如鶯出塞音松雲不在眼戎馬正關心絃斷疇能續飛花潚葛巾

豈有黃金屋惟餘紫石潭著書童子笑烹蕨老妻耳愛着淵明屐羞停晏子驂春風如不棄庭草自清酣

潢甸風光迥商岩荻麥新短吟時倚竹落日遠懷人歌頌酬知己江湖縱病身不堪吳越裏攘攘逐風塵

頻年夷虜偪吳越困烝黎花鳥驚戎馬絃歌易鼓鼙迢迢天上將壘壘斗間霓西北尤堪慮休屠罷白題

菀菀池邊柳依依陌上桑採之不盈掬聊爾慰春陽越女凋愁鬓吳姬落靚粧前年芳草合何處不承筐

武夷何處是鴈宕夢中親白髮先秋至黃鸝對
語頻鼓鞸山路險烽火佛堂塵青鏡流年迅相
看一愴神

白髮驚朝暮丹砂事有無長生如可得買笑恐
堪圖不作三珠樹應殘九節蒲何如塵世裡海
上月同孤

好奇當日事習懶此時情不染從鬚白長眠聽
鳥鳴雨荒三徑菊鼠齧背燈枰野老從藜杖山
花不問名

山房晝無事染翰落紛紜童子亂不理老妻嗔
欲焚黃庭虛管氏白練憶羊欣百忍書方就憑
誰獻　聖君

憶昔從兄棹春江夜入吳飯香逢水店酋滑買
山夫峰翠沾衣足車塵上刹無別來仍有約豺
虎擁征途

月明照沙舸此處是安流坐占滄溪水詩分白
鷺洲煙霞殘簡誤蹤跡野雲浮會買登山屐花
枝笑白頭

漁竿消落日恋匕此登臺水碧浮萍碎風輕掃
浪迴干戈近已戢衰謝底須偕看花不辭醉乘
吾懷抱開

隣子具舟楫山翁任所携採蘋驚白鳥踏藕破
青泥擬泛寰中嘯忽聽空外啼哀匕意無限云
是杞梁妻

惜别寄宗考功

山庄常晏起旅鴈忽先聞書報雲中信人離海
上羣花洲香白蒲蘿月席誰分試罷江亭酌賡

歌頌　聖君

鶯花三月暮曾此惜離群別袂堪重把交情許
暫分風旂斜度鳥江樹遠含曛君去如相憶裁
詩賦白雲

懷李太史

烽火黃塵莫瀟湘白雁秋懷人覽長短聽雨一
江流散騎迴天苑慈恩洽鳳樓直廬有應賦早晚
寄滄洲

遥匕銀漢夜彩匕石堂煙炼色平分楚清輝半

在燕雲迷回雁渚霧濯賞花天歌有蘭舟在寒
江正顆然
歲月虛蘿薜寒灯共隔年意隨歸夢到青托長
兄傳禮樂窺吾隙桑麻過雨偏悒然迷出處所
志在乘川

答江兄六十

六十初稱壽吾兄鶴髮長賦詩黃菊徑倚杖白
雲鄉九藥酬花鳥耘田足稻粱汝鷗忱埜性不
忝芰荷裳

看書叟短髮聽雨一長檠蕭灑輕遲暮聯翩重
弟兄詩吟白雪足衣紉綠荷成為採山中藥都
忘世上名
白髮從兄後蕪陵倚玉生人皆傳沆約我獨愧
宣城細雨交垂釣春流共濯纓常將一壺酒莫
為二毛輕

贈塀石

長劒掛孤壁時聞風雨聲軍麾四方滿舟楫五
湖輕掩卷頻經濟端居憶　聖明秖餘花外酌
歲匕故人情

壽比部宗公

聯璧怡叟壽鳴金羨二難紫雲仙闕近脩竹玉
堂寒彤管春調鳳名姬夜舞鸞封書自天上珍
重祝加餐

集宗考功芙蕖館得衣字

江城通野徑詞客欵山扉勸酒翻新令燃燈繼
落暉月斜臨水鶴香逼近爐衣燕賞叨陪久陶
然取醉歸

一水風塵隔空庭木石圍野雲低度鳥霜月冷
侵衣詞賦違人遠酣歌入夜稀遊才復不棄白
髮有光輝
紅燭分題易金尢失道稀謝庭猶問雪莘野半
無衣四海方戎馬群才尚側微末光如可借茲
會肯相違
買竹沿江郭看花坐翠微南雲懸綵服比極念
宵衣勳業終彝鼎折絲綸豈釣磯謾勞頻宴會青
瑣待君歸

附

冬夜沈山人偕諸文學徐山人集芙蓉　宗臣
館分得前字
客到孤城暮亭開萬水邊晴虹標野渡巖雪
動平川吾愛滄浪曲誰聽白石篇羣鷗驚落
木孤鴈下新煙楚澤樵漁在吳雲涕泪偏一
尊聊永夕雙鬓任催年　春入寒衣後歌停夜
漏前出門看嶺月任爾姤嬋娟

中烁宗考功見招

明月幾時滿山中總不知瑶篇開尺牘駿馬就
枯箕吾意非關酒君才欲賦詩農人荷鋤去如
訝錦障泥
白髮當風亂烁衣攬鏡　衣柳枝低拂帽岡勢斷
垂韁入暮孤城迥迎人落葉黄吳姬呼貰酒策
馬過橫塘
開筵面南浦左席尚虚予命酒籌前筭呼厨饋
後蔬風光座上滿楊柳笛中踈吾意黄花識循
能侍起居

坐久起還立京飈生夜深歸吟白水曲醉拂青
松岑月明倒石壁潭影空人心入門即問寢老
妻嗔薄衾

附

中秋遣騎迎沈二丈北莊　宗臣
遥憐滄海上獨對白鷗群客自殊方到秋看
此夜分麦風孤騎遠掃徑一鴻聞明月湖南
早君無待暮雲

中秋無月呈席上沈二丈諸君

翩翩携杖至愛此河中洲不見關山月空分
天地秋魚龍潭水黒松桂石門幽瑶瑟何人
抱湘靈未易求
寂寞自松逕蒼茫任草廬高雲莽不止明月
竟何如席上頻窺酒盤中僅辨蔬天風如可
馭吾欲摘蟾蜍

徐州道中雪霽

彭城山下路燕子雪中樓疲馬寒逕日晴雲煖
裘表計程京國遠問酒僕夫愁還憶衙門婦含

情向比陬

晚渡汶水

落日穿林抄征車下汶陽里緑東魯直水入蜀山長城逈馬行疾烟寒鳥度忙帝鄉何日到沽酒宿平康

曉發東阿

野色分林月霜華滿面風征行不謂早栖断獨憐翁始旦魚山出交衢闕里通啓翁勤懷魯叟迢遞指黃公

萬壽聖節朝天宮觀習儀

遠人依左掖群辟肅西清歌吹傳閶闔龍蛇繞旆旌露溥偎掌嫩日射玉華明冀覩天王壽遥瞻愧此生

丁祀前二日百官謁廟

泰山東魯外北斗帝城中萬古瞻依在千官禮樂同松陰團翠盖文璧焕黄宮報禮寧今日誰刊造化功

報國寺憩紀上人山房

蘿逕挹朝暉松門開翠微妙香翻貝葉嬌鳥度金衣入定潭栖月觀空竹掩扉夕陽清磬裡悟後欲皈依

大寧寺觀市

一逕招提遠門前五柳遮慧花開澗水法藏轉天車拜佛因觀市逢僧許啜茶鮫人渾未識徙倚賣龍紗

廟市

編氓時列肆估客亦分壟滌器憐司馬吹篪識伍員人歸休市路囊剩買花錢只有春秋在千金竟日懸

遊神樂觀

玉壘乾坤位朱旗日月懸黄庭披蕋閣仙呂奏鈞天虹飛卅鼎外鶴度御香前望匕星河近衣裾帶暮烟

靈濟宮陳令尹表上舍二丈招飲

窈窕秋雲閣陰沉古木堂一樽惟故舊千里一家鄉吹笛聞衰柳流塵恋夕陽無令白髮短留

醉午橋庄

新秋将別李太史

片雲天外起叢菊眼中踈兒女書回後江湖鴈到初水村明月近花署緑尊虚已分遣京邑翻悲在草廬

龍兵馬見招

馬上新秋色壚邊舊主人天涯頻對面庭烏亦相親星斗時看劍河橋欲問津持觴莫盡醉江海再逢君

陪李太史夜酌

白髮經年別黄塵隔歲來忽驚庭月上已照槿花開滄海思君淚清秋送客杯水門明釣艇何日寄書回

送宗吏部分守福省

寶劍掛青春鳴鞭去紫宸花枝抽驛路柳葉媚江瀕拜別情俱惓留題墨尚新數回青瑣立不見曲江人

丰標寒水玉詞賦鄂州花問姓憐驄馬投函報柳衙一帆天外遠萬樹省中斜惆悵過逢地亭松綰落霞

天津衛呼漁人市蝌

忽覩故鄉物遂起故鄉思玄蝌暮對酒白雲朝賦詩探囊出金錯倒罌釃緑醑草堂亦不遠客途聊觧顔

沈山人詩卷之三終

沈山人詩卷之四

首乾盧學易㵾選

子相宗臣　編梓

啓明潘應詔校正

七言律詩

秋日雜言

遠樹蒼茫鴻鴈哀草堂斜對鷺湖開魚當逆水翻仍去燕到辭巢喚不廻白首自冝江上宅青春巳度掌中杯悔將詞賦干明主却遣烟波誤釣臺

忍拋長鋏對斜暉回首朱顔志巳違虗遣終思懷璧去秖應种放拂衣歸青霜欲度芙蕖老香稻礿齊鴈鶩肥書亂𤄙林饒晝睡一天凉雨閉荆扉

玉樹春風年少時楊花零落鬓成絲閑居有賦蕪潘岳到處無人說項斯歲月闗愁天地老烟霞入夢鷺鷗知自便散地供遅暮坐對江籬讀楚詞

一丘栖遁水雲閒蘆荻花踈釣艇開鷹脫敝韝秋闗瞋後鶯落木夜啼山紫黄欲墮欺愁鬓黄菊初開破笑顔風景有餘情興減獨將樽酒對柴闗

西山王氣鬱岧嶤萬古登臨際　聖朝御苑麒麟瞻北極天門鳷鵲俯晴霄泉聲汩汩山徜靜塞路蕭蕭草尚驕悵望天台何處所桃花別後恐蕭條

城郭交游迹漸踈江村事事稱幽居遂羣細數摩空鴈判水鷺看受釣魚花徑月明歌獨步石潭香細學人書不知誰有王猷興儘把園蔬手自鋤

同張碧峯坐草堂值三春上人携酒至席上賦得兼柬一松禅師

水雲高調伴琴臺細草新花夾岸開流水遶門雙犬吠夕陽艤舸一僧來村燈夜雨同樽酒蘆葉秋風絶點埃問訊旻公此佳景莫勝卓錫訪天台

望徐中橋不至

天涯一望一徘徊沙艸重移竟獨回老去不應
虛料事春來常悔錯開醅一年菊徑中秋近四
壁燈花昨夜開總爲浮名催白首幾時長笑共
登臺

懷兄

吾兄衰髮復多秋瘵魯今經第幾州酒力不堪
從客醉家書應是避人脩行隨彩鷁三千里春
在𠂢霄十二樓況有帝臣爲地主且同懽賞暫
淹留

遠寺持觴正可憐非關離別意淒然笙歌歷亂
新豐市樽酒蕭條白髮年細雨寒生維鷁處野
烏聲度落燈前更堪夷虜東南逼海上經時起
暮煙

送謝判簿還吉水

鳳凰巖下秋露清雪浪閣前秋水明主人獨向
五陵去江草萋萋連恨生芙蓉猶含別時淚鷗
鳥應多相見情珍重光庭轉林麓二頃柿陂春
復耕

感事

癸丑秋過高文義公墓感而賦詩歸呈
太史李公公讀之惻然及還
朝道經鄭中丞與話其事鄭公知文義
尤稔乃作傳以表宿昔移文有司葺其墓
且恤其後人此亦不負作詩者之意哉聊
短述以志喜

文義公孫松栢姿坐餘歲月鬢成絲誰憐黃閣
遺香在惟有清風戀屋吹太史聲華窮海望中
丞慷慨百寮師漫教細雨將春色一洒寒巖泣
露枝

宴高沙陳雙梧園亭

君家奕世綰銀黃淮海于今正有光迤邐樓臺
連樹聳參差欄藥逝春香雲峯半引藤蘿月花
徑重開翡翠觴紅燭照人歌旣醉暫將詞賦荅
春陽

水環茅屋借居北洲小舍

堂于草堂圍白波背村尤更受風多却笑蛙翻

有底急司柰雞棲無處何東隣宅舍我暫住此
道主人誰復過乾坤在在容白髮鼓枻夕陽聊
爾歌

寄陳駕部

海上兵戈忽憶君鹿門秋鬓怯風塵生涯處處
虛籬舍燈火昏昏泣並隣青雀不逢滄水下緇
衣空賦楚江蘋尺書誰遣泰淮隔不問甘棠令
尹新

悼王武略死難

江草凄凄烟雨生江津無路問歸程四天鼓角
黃塵暮滿地旌戈白髮驚何處沙場虛馬革舊
年海上渡蠻兵獨有將軍能戰鬪功成不數二
師名

過陳德光宅未由晉訪却寄是詩

山青水白江湖迥花老鶯虛歲月多正恤頻年
雅問訊又從五柳一經過馬氏白眉應卓犖王
家坦腹近如何別來生事都無累只有斜陽伴
獨歌

倭寇犯東境有懷袁二海

聖主龍飛憶往年提封直到海東邊朝儀近時
先露遲流水環門攄是仙此日兵戈呼類起中
原將相托誰傳故人何處牽凄淚幾向城隅落
照前

傷司徒別業

蕭葭楊柳鬱蒼蒼三徑重來尚未荒細雨岡連
秋草暗曉風棲足稻花香盤飧此日虛鱸鱠簪
弁當年愛菊裳一代風流何處問水聲山色共
微茫

胡憲副祠

九關魚鑰先閶闔五夜金門有諫書漢苑飛花
爭送客藍山秋草速征車玉壺春酒傳鄉行朗
月冰心照帝裾祠屋荒凉蘭芷細先生應自愛
吾廬

淮流

柴門臨水俱潮生風急林皋送雨聲寂寞自然
堪下淚漂流無那訴離情泰關正牧胡人馬禹

貢宜歸漢將營世亂民窮兩無賴可能垂白見
昇平

○寄贈宗子相

鳳凰樓下列鵷鸞翠輦朱旗拂路看香袖動携
金殿曉霜鍾不負黒貂寒春城過馬花交面典
御傳餐王作盤却笑山中麋鹿侶也依北斗望
長安

附　宗臣

○○○寄沈二丈

長髯短鬓近何如湖北湖南足卜居琴東瀟湘
中散曲池邊風雨右軍書秋來雙逕誰看菊月
下清尊自摘蔬舊日綸竿還好在豈能終負楚
江漁

悼江允秀

憶昔春風花滿園非特聯轡過君門孤燈刻漏
清宵話細雨閑庭緑樹樽飛絮半隨流水去夕
陽惟共舊家存黄昏再過逢迎地明月猶能照

軒　徵

客魂

寓真州資福寺承韓水部見留

兩年兩度留江國江草江花共客情自覺山靈
厭車馬况經潭水照逢迎陶潛菊徑元多典司
馬才華舊有聲日暮聽經臨水坐頻令居士悟
三生

青山隔水千峯出古寺深林一徑開塔影倒看
晴日過廊音空響夜僧歸漫開石洞閑仙梵欲
採池荷製道衣相識幸逢韓八座竹門時過訪
逖羈

○贈任棠山刺史

聖主宵衣念京輔江城刺史拜銅符乾坤一水
環姑孰風雨三山接帝都丹詔幾時傳寵渥彤
襜隨處有懽呼與君酌酒留高興爲問東南振
旅無

悼劉梅東

寒商黯黯落朱霞平起英雄末路嗟竹牒巳虛
天禄閣錦文深惜鄂州花案頭不共青藜火歷

下常看白鼻騧腸斷高堂雙短鬓夜庭風雨泣
慈鴉
○贈呂水山
忻從幕府識君顔金馬才華對㸚班龍劍夜彈
珠斗合鳳書晝天遠草堂閑滄溟坐嘯雲中月華
嶽行吟醉裏山天子於今重豪俠無人策馬負
魏闕
留別倪逸庵十洲伯仲
季冬愁鬓客江城十日山房始識荆獨樹振風
淮楚淚雙峰呼酒弟兄情郊祁不數文章貴張
范猶傳雞黍盟落日分違正無那鴈聲横過水
西亭
挽虞古泉
不共登樓已七年經過只在客堂前有時訪妹
即欲出豈不懷君始少延簡翰已收書笥裏琵
琶猶掛酒壚邊青山十里埋君骨只有斜陽浮
暮烟
懷袁使君宦廣南

天涯莫悔宦游身銅柱朱崖總帝臣萬里明刑
還暫去一尊學荔未全貧關城草色春隨馬海
樹猿聲泪滿巾聖主恩深霄漢遠共知黄閣有
絲綸
海上風塵何日起天涯簪紱幾時歸共看合浦
人南去莫啮衡陽鴈北飛瘴嶺星霜凋緑鬓楚
山花鳥對斜暉年來故舊多淪落跡混漁樵賦
採薇
懷陳使君遣价不遂
栢府青霄隔歲登石窗殘雪漫山稜名香久卧
支公榻複道時傳太傅燈彩鷁忻從天上下綈
袍况是客中承兵戈阻絶秦淮使倚杖南雲意
不勝
懷繆將軍
荒荒落日掛孤城江闊遥憐送我情塔過黄山
滿襟淚洲回白鷺片帆程崆峒劍氣尋常現吴
楚軍麾日夜驚何日滚西駐車馬與君酌酒話
昇平

新秋與俞帝庵湯鶴亭諸老遊壽安寺

古寺頹垣覆野棠秋風先至葉先黄老僧帶髮開前殿山鳥呼名過上方竹葉掃爐惟乞火石碁敲酒漫分京故園香稻今應熟欲褁生公一月糧

寓蕪城秋日有感

楊州七月瓜果貧主人有酒誰復覩黄蝉白蒲骨肉遠草閣泥垣覓夢真井梧枝老曲當户野蟬聲高鳴向人鬓邊華髮不堪數欲着荷衣垂短綸

◦ 酬陳駕部江亭留宴

釃酒臨江逢使君徐看飛動五花雲山人不愛黄金竿詞客能書白練裙池上鳳毛應萬里苑邊龍種討空群憑君莫憶玄都觀豈有桃花絢錦文

◦ 送胡廬山歸泰和

青鬓暫為滄海客白雲遥捧紫薇堂亂山積雪南平路長劒凌霄玉節郎道自五峯衡岳重家傳水部漢書香子虛不久淹司馬早晚泥金發建章

◦ 己酉中夏之京留别會中諸友

榴花樽酒正愁予共指紅雲説帝居負郭謾憐蘇季子長門只數漢相如烏聲斜度江門外客夢新驚驛漏初豈為别離成悵惘敝囊深愧十年書

◦ 金臺留别陳小岡

同滯天涯獨歸去牽衣惆悵不勝情孤燈僮僕

夕風急遠道音書秋鴈鳴馳驅總為青袍誤潦倒先驚白髪生夜思千重君在念山中碁局酒新成

◦ 送李石鹿太史還朝

鳳池共待夔龍去草閣重逢揖遜稀入袖爐烟還細細向人花鳥自依依風揺緑樹齊征蓋酒盡青山對落暉回首鄉關意無限野鷗常伴釣魚磯

玉署金門隔兩年黄麻重捧 聖人前李邕手

采盧先賞司馬文章實刻傳海上青山縣斗壁蓰中銀榜照神仙承恩錫宴歡無極為寄橫分獻壽篇

歲與家兄時一共被喜而有作

數憐同被眠清夜更喜看花到白頭堂裡庭前然暮紫意中池草結真游湖村作客頻多夢四一為堂並艤舟頼有鱸魚供野酌天高莫問海門秋

贈徐海村

雲間遥見海門秋下有山翁似隱侯烏榜得魚春釀熟黃冠東髮道心酣凉生獨夜蒼蒼月水迷孤亭細細鷗寄語青雲盧絳帳莫因徐稺久淹留

獨坐

階除紛草綠烟濃獨坐茅齋意幾重鏡裏年光窺白髮酒邊詞賦臥青松陶潛有約教栽菊諸葛當年是臥龍斜日不勞傷暮景已將生事付春農

高玄殿

紺殿巍巍連碧霄殿頭片片閃紅標五雲常護仙人爵三洞時聞王女簫香駕暫旋開醮籙羽衣不唱誤銀橋瓊臺鸜鵒聲聲巧交坐春風表聖朝

○璇波臺

奕奕高臺肅紫清涓涓仙露擬金莖波涵碧玉中天見雲擁青螺萬界明環壁春融瑶草合方壺雨歇翠煙生深慚花裡行猶徒歸到南山有頌聲

○陪李太史宴馬内相宅

璇波臺畔内臣居紅藥階除細雨餘天仗詔開金孔雀水亭留醉玉蟾蜍從光禄分來美酒自卿筒醒後疎不謂青華佳麗地得聆學士步聲徐

籍田

一一看題識禁名偶從田畯說躬耕共知聖主明多稼故傚司農列上卿禹貢金籍逢歲稔豳

霧若濟鬵苦寧東南暗憶軍塵滿誰慰流亡未耜情

◦萬歲山

山上陰陰萬木齊山前片片五雲低東來王氣連穹宇北去祥光射白題龍卧海門將霧繞鳳翔天闕借春栖

◦紫光閣

先皇駐蹕清華地不獨臨崖聽鳥啼

紫閣金波日夜浮九重天外覲宸旒錦裁織女機頭巧露挹仙人掌上秋十煥珠璣纏帝座雲開紫翠見真斿朱城燈火元宵近誰上蓬萊第一樓

◦萬壽聖節百官來壽宮叩壇

寶座香排紫翠峰葳蕤削出緑芙蓉雲間瑞鶴飛雙下花裡詞臣立一叢

萬歲仙顏何處喜　九重天語近臣通瑶壇叩罷承　恩出十二宮袍分外紅

◦南宮勝槩

銀榜新題映日懸金鋪舊閣借春研重華奕奕千門靜複道垂垂萬柳鮮對局呼盧憑内史栖雲丞見畜是何年不知西伯居憂地野草寒花幾變遷

翔鳳樓

彩毫不見當年鳳紫禁猶存此日樓白雲黃鶴菰江口秋浦錦衾鳴殿頭沙幕風煙晴歷歷離宮星斗夜悠悠月明弄玉雙飛去何處洞簫生暮愁

飛龍橋

九五高齋丞夕暉龍兮胡不飛蒼雲夜吐星斗暗白虹朝生霜露晞金沵斜日照朱紱錦水落花明翠黴鯉風滿袖雙鬓濕老僕新從天上歸

◦望清馥殿

清馥朝看翠雨齊寶旛遥在鳳城西雲開五色爐烟起水擁三花石溜低韻轉琅音風細細春鋪王路草萋萋中官忽報

鑾輿近急把金丸禁鳥啼

新構帝真殿未就

天畔靈臺工未賞殿庭先得帝真名琱詹矗矗千章麗碧瓦璘璘萬浪生楊子少玄霄漢近公輸佩玉古今榮蓬萊處處居皇府惟聽人間擊磬聲

○蠶室

明光候草禁鐘初蠶室于今是直廬天子去朝清馥殿中官不奉上陽車西掖金吾何處酒夜郎驃騎隔年書飆風亭畔伊周立共說東華福　聖居

泌山人詩　卷之四　十七

○洗粧樓

異代粧樓留至今棲鸞高蓋晚陰陰天孫爲製秋雲錦織女教穿午夜針蟬鬢不梳春色老龍池猶在水聲深風飄碧瓦徘徊立寂寞誰傳與帝心

鑒戒亭

遼主高臺白兎山飛龍滿地蘚斑斑嶙峋玉砌藏春洞縹渺金扉掩月闕象筋至今遺俗美士偕元不爲時艱　君王厭對珠簾巧鑒戒亭前水一湾

○内市

宮市何年開禁苑一壥横過百花亭越人不買珊瑚樹中使頻移翡翠屏錦繡作堆圍　帝闕江山入畫煥　皇畜杖頭留得青蚨在只把新詩換醁醽

○夏日憇海子亭

池内荷花池上亭亭邊隊隊浴鵁鶄龍舟一繫金鰲口鳳闕雙聯白玉京水殿倒懸旛影亂蕭臺高落梵音清衘　恩暫憇支磯石乞得南薰吹宿酲

泌山人詩　卷之四　十八

○重宿碧雲寺

山頂藤蘿飛翠烟山腰瀑布帶香泉春從碧澗流花出鶴在清陰伴客眠萬壑錦雲連　帝闕一堤金縷俯皇州十年再過文公榻梁翰猶存講法筵

旃檀曉立松門靜鍾磬稀聞法界空白髪悔添
塵鞅東青雲元在翠微中天花墜水沉雙眼海
鶴聽經向一叢落暮酒香山芋熟清齋暫許野
人同

○與徐伯書李茂才𡰥仲泉亭泛觴

玉噴雕龍萬斛圓水亭元在洞門前豈從凉溜
氷朱果學泛清觴替綺筵隔樹落霞紅藹藹啓
花啼鳥翠娟娟山僧久住渾閑事只問楞嚴第
二篇

西山歸道中即事

夾路池荷開正紅池邊士女一叢叢花香酒氣
撩秋鬢鳥韻歌聲趁好風不爲貪奇寧駐馬秖
緣駝勝類飄蓬何年重奉山東會醉倒燕姬酒
令中

酒樽花擔一行歸駐馬湖亭戀翠微彩石清泉
流滾滾穠花嬌鳥坐依依新蘿殿閣雲間賞老
眼詩篇霧裏揮歸到蓬茅狝棲息此懷應與世
情違

赴京宿天長夜雪

盧龍井前黃雲垂石梁城邊揺青旗遠天漠漠
落日靜長路遥遥相識稀朔雪嚴冬有底急孤
燈客夜如何其明發衝寒兼尊酒千里首途安
所辭

泗州道中

泗水蒼茫積雪遥餘程無柰馬聲驕二千里外
雙蓬鬢三十年來一敝貂鮑叔祠開山下路徐
君寒入塚中宵不辭遠作荊門客且喜林僧早
見招

○盧溝橋

飛虹緑水自明昌曉月秋波共渺茫遂有後覘
毆虎侶誤疑烏鵲度牛郎棄乾東下河流細潭
柘西來鳥道長匹馬霜風經歲晚不移瞻對欲
斜陽

臘盡抵都中與李太史話舊

長安雪盡馬蹄乾相見都忘道路艱重拜衣冠
如昨會即煩尊酒罄交歡遥遥客夜供鷄黍隱

隱寒鍾語肺肝爲問故人逢世難轉悲白髮歡
加飧

○李太史宅守歲

六街騎吏徹明喧住近天河署不昏童子候朝
先秣馬厨人慣客復開樽律回賓榻春應借節
奏梅風臘尚存新歲期君將雨露徧滋楊柳到
青門

○元夜觀烟火

觀燈直欲火花開紫玉紅衣次第栽三洞樓臺

何處起九天星斗倏然來豈無玉燭分東壁賴
有珠躔掩上台後夜金吾猶不禁虛勞鍾鼓再
三催

遊題盧宮

高臺傑閣領秋雲蜜樹繁花約午薰幢節當天
風歷亂爐香滿院氣氤氳洞簫隔水聲疑濕海
鶴摶空影漸分學道欲依黄石侶相思無奈白
鷗群

張太師園亭納凉

火未西流暑正煩太師別有納凉園當簷密樹
團青蓋接席飛泉濺碧樽蝴蝶花邊歌謝逸琵
琶樓上撥崑崙浮貲滿院風吹凈直待荼蘼月
一軒

與李太史夜坐悵然不忍言歸

秋屏銀燭夜迢迢相對朱顏半未凋一代勳名
自伊呂五湖風日老漁樵可堪惜別同樽酒欲
問相思向柳條安得草堂青瑣近不妨辭賦贊
清朝

中秋夜陪朱𠫤二秀才宴李太史宅日下
言歸賦此貽之

去歲扳歡高士宅寓徐雙橋宅上隔月今年遊宴謫僊樓
清光朝野惟孤月白髮江湖第幾秋連璧有人
同入座菊花無主待歸舟且拚痛飲如泥醉後
夜相思是獨愁

與李太史張園言別

石楠偏向別筵紅太傅園林此日同禁裡光輝
紈扇在日邊榮遇錦書通實緣病渴憐司馬莫

擬通家失孔融早晚恩歸丞相府倉遽不定倘
因風

別李暉

老去忻逢鄴下才帝城春煖百花開論交不問
長門賦作客同沾學士杯晝省分香連卧榻璇
波携手一登臺淮流直下平江口他日思君有
夢來

李秀才昆仲作餞都門賦此酬之

龍鍾搖荷弟兄情載酒都門送我行黄菊皆除

空月色白雲雜舍白江聲斗間合璧琅玕净闕
下三槐雨露清他日山中玄度在肯題尺牘問
餘生

晚次德州

城烏半落角聲繁指點維舟估客喧秋蓋月明
猶相府夜來鄉夢在平原新軍戰闘聞乘勝舊
業荒凉喜尚存留得白雲黄髮在江湖猶有一
輕綸

歸渡吕梁

秋風摇落越王城歸路仍從險處行漢業已隨
流水盡楚臺空對夕陽明濤聲驟起魚龍見楓
葉初凋烏雀驚篤問安流何處是紫鮀湖上雨
新晴

沈山人詩卷之四終

沉山人詩卷之五

首乾盧學易遴選　啓明潘應詔校正

子相宗臣　編梓

五言排律

秋夜獨坐

玉露下銀床清宵坐草堂影憐鴻鴈斷風識芰荷香河漢三星遠乾坤萬籟藏掃亭驚落木占候應鳴蛩白髮逢秋早金天覺夜長流年度瞬息客思轉凄凉淮海誰知巳芙蓉問敝裳大鵬

横宇宙孺子濯滄浪天地存吾跡江湖着野航歸來何用賦松菊不曾荒明月逼仙夢虛舟小洞房幽蘭歌楚調芳芷吊沅湘架竹牽蘿薜潛溪聽女郎繞花開曲水命酒繼流觴江雲雨後碧池柳笛中黄偃仰從心賞喧呼學楚狂

送徐山人歸東吳

徐子五湖彦來從淮海遊青春囬桂楫隔歲下滄洲避世嗟蓬鬢焉儒一弊裘半江表虎調何處鎮西舟泆逐寒花落書須稚子收斜陽意無

限後夜獨登樓

雨

影斜當逕密聲集近池多燕逗沾簾額蛙翻觸芰荷興慶休鋪錦諸王恐鬪鵞花歌勞捧架雀隱費張羅斐斷淋鈴曲辛勤覆郭莪陽臺還近遠裁刺訊巫娥

風

雲飄易黄昏飛花自到門飯香菰米熟徑易薜蘿翻辦送梅花信應驚燕子魂野雲連復斷秋

浦靜還喧草勁何須疾江清不奈渾更堪秋木杪蕭瑟滿梁園

登楊觀瀾水樓

放棹新秋興登樓此日情昔賢開緑野時輩仰芳聲五柳煙中合群鷗浪際輕廻波映江碧返照射窓明剥樹輝花萼瓊簫吐鳳鳴獨懷黄鶴遠鹿賦子虛成香稻秋場近寒蛩夜語清竭來仍共榻相對暫開枰

送宗子相還朝

前路征夫動秋風吹薜蘿津亭催酒換驪駟遲人歌手把卮成塵衣裁織女羅王程淩曉發帝里踏花過翠壁江雲亂朱旛海ㄋ摩傾都寃去鷁候吏肅前呵省覲情逾切趨朝意若何天池需集鳳禁馬企鳴珂雲吐蒼龍氣枝交碧玉柯神仙麗文藻劍佩拂星河學究天人際名傳孝弟科丰標和氏璧筆陣魯陽戈日月光杯斝簪裾帶芰荷銓衡明主寄聲氣庚氏和豈癖黃金壑能珎白鷺蓑簡書鄉曲重賓幕布衣多別路看江碧流年惜髮皤他時復池館長詠俯滄波

王武畧卮虜難贈指揮僉事

將軍椎劍氣日月閃征旗飛騎先挑戰蠻兵正偃師黃埃栖馬革蒼霧捲魚麗海嶠横鷹隼天山折虎貔中原懷頗牧聖主憤鮮卑三錫光祠屋重泉賁羽儀生封虎大將死戰亦男兒成悲復成喜聊以慰相思

散步

散步古岡邊秋容落鴈前滄波重別浦碧樹間遥天倚杖聞呼酒聽歌識採蓮水烟浮淼淡山鳥語綿綿筆海摩秋棟詞條帶暮蟬誰知馮衍意慷慨事明賢

酬宗子相留宿芙蕖館見寄之作

行吟三楚客假寐百花洲童子依山榻星河帶水樓酒醒明月夜夢冷素衾秋蟋蟀紛悲語芙蓉亂夕愁宗慈能愛客沈約巳忘憂隱顯殊生事江山共品流仙舟今李郃詞賦古錢劉鳴佩趋青瑣看花點白頭新題傳彩筆使吏下滄洲空谷如相慰明珠莫惜投

附

雨夜沈二丈至　宗臣

榻有何人下君能此夜過寒蟬吴客賦衰鳳楚狂歌雨氣千江入秋聲萬木多明朝寒浦望搖落有漁蓑

樹色迷寒渚江流沒石梁驚風孤鴈下聽雨一燈長蟋蟀夜堪賦薜蘿秋可裳相看愛容鬢特序有新霜

五賢朋壽卷

白社何年廢，香山此日同。冠裳三代侶，風格七賢宗。合璧聯光彩，分群異事功。形禬仙吏出，剡徑野舟通。詞賦傳司馬，壺觴識孔融。共為林下醉，牋有洛中風。次第廻花甲，參差勸碧筒。看山春雨細，揮麈借塵空。儼若神仙侶，終非田舍翁。詎知王者佩，寧不有非熊。

壽陳駕部二十韻

簪裾明鳳藻，壽考入嘉平。山色聯杯紫，梅花逼水清。盤龍嚮寶炬，銅馬舞金莖。白玉粧琴瑟，黃金媚兕觥。人疑天上客，冠佩日邊纓。汗血飛龍種，金甌柱石名。十傳衣鉢古，百葉羽翰明。墨草黃庭妙，詩裁白雪輕。天池閑劍佩，江郡藉權衡。枳棘棲鸞鳳，雲霓仰旆旌。滄浪無限意，圄圄不勝情。竹馬兒童淲，山碑鐵石盟。鄗儒廿腐草，君子尚璚英。詩賦憐司馬，綈袍念范卿。裁書臨沙水，泛雪入江城。別淚逢重洒，離杯聚復傾。招提頻過馬，宴會動移鐺。繼粟貧人愧，充庖瓦缶鳴。

巧當花甲賞，重聽麥丘聲。試罷南飛曲，巡壚和太羹。

淲山人詩卷之五終

沈山人詩卷之六

首乾盧學易選　啓明潘應詔校正

子相宗臣　編梓

七言絶句

秋日村居雜興

水色陰森殘暑消天低平碧見秋鵰村醪識處
旐堪貰野酌開時客易招

秋場面面平如掌露穀紛紛聚若丘打鼓賽田
忘帝力水禽山鳥共優游

天廻斗柄指銀河絡緯秋聲此夜多涼月紛紛
侵白髮小年唯聽太平歌

叢樹邊雲小苑同廻波迭澗曲池通還緣种放
多相識能得君王遣畫工

菰米秋風苜蓿盤短衣聯席野人歡沙鷗莫占
滄溪水留與楊雄照漢冠

萬世共傳常曲勝無人不愛輞川圖王闗名利
甘如薺縱有閑情付織烏

秋水落霞埼共醉碧霄飛鶩同孤未銑陶令

歸三徑不減鴟夷載五湖

剡溪秋水明於鏡社墅寒沙緑似苔欲學長生
此習静洞虗前日寄書來

貪看王鏡秋衣濕愛誦黄庭夜月長只有奚奴
知此意將蒸爇火静焚香

東郊路轉白雲隈竹裡茅堂逐水開方罷緑桐
教鶴舞不勞中使日邊來

寄張碧峰

到處塵埃蔽莫耶秋風吹鴈幾行斜石楠花落
城東寺故國重來不問家

一簾明月據胡床兩袖春雲繞洞房蕭眼山川
人對語曲終身已在瀟湘

村居寄李石鹿

澠池秋水計聯翩次第風雲二十年白馬金羈
天上客紫䑸黄菊地中僊

兩年秣馬兒童慣十里封書魚鳥稀江雨霏霏
春草細玉堂銀燭待人歸

鷗

月明沙島氷心靜風動烟波玉羽輕白髮名利客江湖初到不知名

明妃

雲擁旌干雨洗兵千群横過受降城〓嘎馬上紛胡語惟有琵琶是漢聲

單于射獵漢長城繡幕花氊紫玉罌教撥琵琶羌管有時吹出斷腸聲

笙歌別院夢醒時不似笳聲管別離莫道君王展圖畫長門冷月亦相思

戍婦吟

聞道黃華復豁圍賞功邊騎去如飛封侯總是男兒事只願年年一寄衣

落盡楊花不啓門凄風冷月度黃昏一聲何處丁都護羅幙平銷萬里魂

桃花叱撥錦障泥銜破休屠舞白題博得凌烟兩行字不勝砧杵數聲啼

手冷梭寒日易低空房愁殺寶家妻憑誰傳與君王聽織到相思不敢啼

北風飛霰度長沙寒自君邊寄到家淚點濕衣渾欲凍黃昏何處坐吹笳

霜風吹過御堦前聖主宵衣念遠邊內裡戰袍承王旨讓教人結後生緣

青樓怨

歸嫵小髻學鳴箏白馬春風遠送行莫向章臺種楊柳柔條頻折不勝情

銀河半落百花宮共指牽牛怨恨同馬上琵琶青冢月絕勝歌吹玉樓中

湖上懷兄

五十暮兄真忝竊相看不恍鬢毛班蓬門海上成真隱春色江南憶妙頻

寒水瀟瀟蘆荻黃小庭一半映斜陽鴈聲忽作東西去唯有離人易斷腸

老去春光悲荏苒風花臨路月臨川西窗暫許同尊酒湖上相違又一年

沿堤徧挿新楊柳此地猶存楊柳名欲結小廬依釣石綠簑烟雨待吾兄

楚舞吳歌非我意野鷗沙雁亦忘情世途雅與
分明道花鼓元宵滿市城

村居寄劉埠石

滄浪秋水靜無塵不寄愁心與故人後夜扁舟
載村酒與君月下說汪淪
借君綵筆賦郊居莫擬終南種林墟不愛若王
遺畫盡自便蓑笠事春鋤

楊州兵後

西望蕪城兵氣消遥聞大將掩征鑣髑髏莫近

河橋塞恐斷行人聽玉簫

勝湖夜歸

黄河倒接勝湖隈一帶依依指岸回鴈影俯從
檣底度笛聲遥自月中來

别言

重别黄花旧釣磯洛陽塵惹綠荷衣相思莫唱
陽関曲蓮子花開趁雨歸

送王九溪南歸

三月都亭草尚嬌王孫重度劍門橋遥遥馬首
東西路剩得離情在柳梢
芳尊忽墮休文泪紅燭應懸太白樓一片相思
嶺頭月照人清夢下楊州
春風蕭地道途賒歸到江南看柳花猶憶長安
衣上雪馬蹄同出狀元家
華陽山中花獨開山人歸去月徘徊袖中拾得
珊瑚草疑自崑崙頂上來

沈山人詩卷之六

滮山人續編詩敘

滮山人伯開者，揚之興化之令族也。少有雋才，尤精於舉子業，思與山人同游，以彼時見者，能有志於科名，大為時望所屬。既而屢舉不第，遂投筆歎曰：名我中自有樂地，何屑屑於此名利為哉？于是退耕於東湖之醴，日以著書立言為事，不汲汲仕進。意東湖饒有勝業，適山人臨息花塢寄也，田野皆樵漁畊牧之地，凡市朝一切塵囂之語俱不及耳，為業業當東湖之勝，寔為一邑風气之會，山人起息其間，神爻以契，其有得於湖懷風物之勝者，寔多，故其發為詩文，驅雜不羣，淵源莫測，其揮有許曾載者，讀山人之詩，以視儀起於上表

滮湖諸名家不啻特欽山人，許其為有集刊行已久，其續編有五七言律詩、絕句、有樂詞、樂府、歌行、古風諸篇，思家居時嘗有為之於山人，且是山人以書投思於函，則以迟其子之為焉，其刻之以務其為，且以言其志，而有益唯山人於之著行，具見其集焉。

大宗伯石麓李公之賢

蜀太君使庵宋公之敘，其詳且悉也。翁後伊之刻既竣事，唯拜手以志年月云爾。 岩

嘉靖歲次甲子九月望日

西鹽山人吳中宇拜首書於

南宮之寓舍

沈山人續集目録

一卷楚詞

二卷樂府

三卷五言古詩

四卷七言古詩

壽劉一丈　王斗歌
趙比部席上賦　送道者入山
送金畫史壽親南歸
寄徐仲業
五卷五言律詩
喜盧潘二文學見訪七首
答翁兄灸艾　謝宗弟潤甫
宿牛首寺　遊祖堂
登獻花臺

宗比部招飲徐氏園亭
雨花臺　宴韓正郎官舍
夏日漫言二首　池荷
村暮　苦雨二首
贈江右凌公十二首　答黃學究二首
遣興　寄許上舍
憶西隣二首　菊譜成有作三首
送王化遠會試二首　送袁子雲會試三首
會飲王化遠宅二首　哭姪二首

哭姪孫二首　村居二首
懷兄三首　東潘啓明二首
湖上　兄至二首
秋風　懷俞仲貞二首
懷宗太守二首　寄宗子培二首
與劉國珍宴李氏園亭二首
新秋飲李鴻臚宅二首　喜俞仲貞選歸二首
鮮應儒母夫人壽二首　袁使君應擢東歸二首
寄許性之二首

秋雨姤菊蹙然興懷二首
懷人　泛舟
送盧首乾設帳海上二首
觀樵二首　種菊二首
病犬　雨餘惜菊
淫雨望李使君二首　雨餘寄城中諸友二首
積雨二首
六卷七言律詩
白下留別宗子培二首　宿真州

懷人二首　短恨七首
齋心　短劒
偶成四首　西樓
古意　秋月
閨思　巧雲二首
山中訪友不遇二首　塞上曲二首
獲鯉　閨情二首
送道者入山　滿斗
憶姪二首　憶子二首

憶衡孫　自遣二首
書懷二首　夏日二首
甲子第八孫生

十卷七言絶句

寄陳元卿四首　将過西壽觀獲
淫雨二首　與李鴻臚夜話四首
劉一丈誕辰四首　遣興
秋懷　秋光
送徐汝賢之京五首　秋思

送道者入山二首　村居即事二首
野人貰酒　失瓜
秋晚　漁者
望胡二丈不至二首　惜菊二首
賦得努力加飧飯　採蓮曲
田婦　悼李鷹
幽人　曉窗明月
布衣可終身　良時無停景
非必絲與竹　門有車馬客

湖上雜言
獨坐
種菊三首
夜坐　草堂獨坐
悶

沈山人續集卷之一

楚詞

子雲袁孟龍遴選
化逺王中孚校梓

四珍

我所珍兮紫石潭龍池春暖生波瀾狸毛飲汁金星寒蒯鰲深悔延陵劒徒步贈之情戀戀硯兮硯兮徒爾奇范喬不見空傷悲

我所珍兮綠綺琴䟫屏月色冷陰陰野猨沙鶴共知音武陵常恐徵書至黄鵠高飛龍早逝琴兮琴兮且括囊南風滿院卧羲皇

我所珍兮尚父笠单衣短布夜漫漫巨鰲何處滄溟乾玄蟬叫落一天露青溪嫋嫋無人度笠兮笠兮爾莫愁安車不來天際頭

我所珍兮太乙舟白雲滿地凉颼颼漢水中央多好仇長風吹雪落萬里童子晝眠呼不起舟兮舟兮任所之剡溪恐是夢酣時

長相思

懷佳人兮眄鳳匕於碧海之青天垂羅舞縠匀鉛粉鵝黄蟬綠鬭鮮妍陽臺高兮隔花語翠被寒兮不成眠遊絲牽惹合歡枝冰盤折藕兩相思情黙黙兮掩淚各惆悵而懷疑天涯別去䰟夢遠繡戸欲歸兮徒易悲月纖纖兮難忘羅衾實幔帶餘香行雲兮冉冉流水兮茫茫不願為赤霄孤飛之鸞鳳願為清池交頸之鴛鴦嬌面兮昔含羞蛾眉兮今攢愁得成連理不畏死飛花片片使人憂

夢遊天闕吟

七月七日秋夜長乘風掉臂紫微傍銀河水落

半在地迴星轉斗天茫茫忽逢赤城之真人傾懷倒素語諄諄飛雲繫我足紫烟覆我身飧霞飲露坐東井白榆拂衣眠北辰鳳翔烟濤龍吟青冥羲和攬轡望舒列軒霓受風兮黯黯雲歘雨兮青青嗟余元是神仙侶誤將寶劒干明主豈虞明主網羅䟫赤霄忽墮參差羽此夕竟何夕松風噓歷歷白玉樓中登薄軀青蓮會底分春色嚱嗟戲胡為乎有此夢哉寂寂山房仍碧草茅簷水濕生莓苔人生榮瘁只如此何須臨

既生悲哀

瑶琴七掩

瑶琴七掩悲已志也總角聞道白首無成秋園蕭瑟怛然内疚

嗟余之無裨於世兮實為虚生悔時命之弗登兮務博謇而嬰情憫修姱之不逢兮日徂月征念美人之各天兮涙下沾纓瑶琴一掩兮恨未平秋風入我户兮雲晶晶

岵屺之危兮草木蕭蕭北風其凉兮猿嘯鳥號

昔考覽余之峻茂兮匪艾與蕭緑佩余以芳馨兮惟蕙與椒毋也天只兮山孰與高門户單兮撫諸孤於寂寥瑶琴二掩兮恨難消羌余之壹欝兮心忉忉

朔風逼我户兮鴻鴈高翔忽背飛而改路兮各天一方義節乖違兮志意傷思繽紛兮心徬徨緬塤篪之並奏兮鸞鶱鳳昻幸素髮之未凋兮仍綢繆而頡頏瑶琴三掩兮流恨長草殷殷兮生池塘

惆悵伏雌兮孰奓廖而長泣徘徊短鋏兮抑携竿而拘瑟憤彘弧之弗試兮曷不毁其彀率豈天下之皆拙工兮胡枘鑿之難入年年洒涙湿羅裳歲歲西風吹獨立瑶琴四掩兮鳥飛疾覧巉巖之黯黮數行日

余既覽芳蘭於九畹兮又紉荃蕙於百畮朝飧秋菊於芳園兮暮茹瑶華於翠圃曷為乎雜糅而侘傺竟𦐇翅兮莫與為伍或降於九原而交朋咸或升於九霄而比天姥羌棄余延佇乎末

路哀蕪穢兮如孤洲之宿莽瑶琴五掩兮不再鼓每有良朋心獨苦

嗟余之有子兮亭亭乎三槐之堂猗繽紛其並秀兮皆競進而彌章葚杜蘅之與芳芷兮嬿美乎秋菊之餘香怨蒼旻之浩蕩兮忍使余良驥之遠亡哀余年之已矣兮罹此禍殃怙余身於顛隮兮曷以相羊瑶琴六掩兮摧肝腸沾巾涙空浪浪

溯羲皇之謝節兮匆促以迫嗟余孫之無知兮

惟夭夭之草木野有畝畝兮架有書俟汝長大兮耕以讀孫兮孫兮莫大愚殷勤念汝何能穀瑶琴七捲兮泪簌簌一天凉月照孤屋

琵琶三弄 悲王嬙

摧玉戶兮摵金鋪君王忍愛兮憤羌胡碩婢嫒而掩涕兮裂畫圖匪靈修之故兮寧偭恩而服誅馳驊騮兮取長途蹇曲艱兮馬痡瘏朝發漢庭暮躋九陵猿狖晝號鵂梟夜鳴单于飲我以腥酪兮撫我膺自揚枹而督行兮不暫停吁嗟手琵琶兮寫此中情一弄張絃揚哀聲

其二

緬長門之寂寞兮我仇衆多沐芳華而對嬋娟兮撫景而歌縱重華之莫幸兮長錫衣羅碩以氈裘而為裳兮摧我雙蛾雙蛾顛頓兮容半臧佩繽紛而旖旎兮情緒懶以女須為鏡兮謂余不芳咲单于之浪忻兮指為琬琰吁嗟乎琵琶兮悲音欸欸再弄茫茫秋夜短

其三

推手為琵復手琶紫檀槽撥天之涯四絃忽斷不可續哀哀血淚濺黃沙琵琶琵琶空復彈单于聽之心鼻酸一撥彩雲碎再撥銀河乾黄鵠兮杳杳青天兮漫漫芳草兮闇闇玉露兮漙漙吁嗟乎琵琶兮莫與為歡三弄悽其飛紫鸞

燕来巢

燕兮燕兮巢我梁鳴喈喈兮栖雙雙與君相識何曽忘花雨沾泥泥滓香任君點汚羅衣裳燕兮燕兮褻我堂玉鈎朱箔任翱翔良人杳隔山之陽羅帳春風吹錦襠與爾同栖明月光

荅迓招

秋風淅淅兮茆屋孤高秋水凼凼兮桂檝道遥玄雲泱鬱兮鴻鵠騫舉明月窈窕兮烏鵲歸巢蘭有馨兮菊有芳荃可紉兮芰可裳余既已羌羌焉超出乎八表又安用亟亟哉往觀乎四荒綺夏非無心乎王庭之左子陵真有意於帝寢之傍吁嗟兮衆芳之不可以蕪穢何不翩翩焉迓頎而翱翔幸聖哲之揚靈於廟堂兮儼九官

之穆穆從閔子逊名於汶上兮又奚不可以振紛拏之頹俗頓山林之不樂於市朝猶軒車之弗珍乎泉谷淮南好士傅賢王八公詞賦聲琅琅嗟哉此倚不可作笑對南山歌楚徃

玄蟬吟

嗟彼玄蟬於樹間兮洒我以清風颯颯兮嗟彼玄蟬於林間兮濡我以瓊露斑斑兮嗟彼玄蟬於竹間兮振我以高標閑閑兮羌余行之不與世闕兮斯與巢由若是班兮信大藥之能駐吾顏兮又何歆乎瓜田之執鋭兮

沈山人續集樂府卷之二

横塘詞

家住横塘邊舟繫横塘口日日採蓮歸纖纖明素手游冶經年恋竹枝那記横塘日出時從渠一去不復返無柰翁姑兩鬓絲

行見月

白雲莽莽月初出行子離家三百日看蟾十度上徘徊閨中夜夜𢧐清輝漢將承恩玉關道鳴金伐鼓青春老孤城獨夜不但悲羽書天馬嘶芳草我客空傳蕩子名誰令先出漢陽城車徒日夜不得息輝輝露彩若為情

● 古意

窓户玲瓏秋月白芙蓉寂寞夜光瑤羅衣冷薄抱箜篌歌彈不彈風滿楼轆轤何處断金井空階半落梧桐影飄飄銅雀翠裙裾君王元不愛羅襦安得移来紫微曲暫停檀板聽欷歔

東方未明

殘月在天東方未明蟋蟀已歌銀河盡傾金瑤

枕邊墮蛾眉徹明鎖起來臨鏡掠青螺一日垂簾番覆坐

白苧詞

裁白紵歌白紵白紵鬆鬆只宜暑將奈何歌且住八月九月風露清家家俱急搗衣聲夫婿衣單不堪著況有白紵愈蕭索何當貧病兩相隨翁嫛粥婆飲藥

慈母石

慈母石空嵂屼 子不來身畔立鬼啼哭猿嘯

哀璚草丰茸花亂開山頭一坐五千載夜夜江聲和雨來

楊白花

楊白花開江水寒美人䞓碎青琅玕歲歲見花還見月黃金肘後不曾看匈奴徤如扁驕作白題舞去歲班超生入關今年戍卒餓羅鼠夫婿生歸未可期楊白花莫亂飛

胡騰兒

胡騰兒未應貪聽涼州詞馬前生縛黃沙地鞍上橫拈亦羽旂青絲粉面正年少定遠觀之嚬且哭悲風慘遭聽咿嚘胡舞番歌皆絕妙金刀頃刻断羌胡幕下翻為侑酒奴却思舊國歸何日泣涕來親牧馬夫

烏夜啼

隴上烏哀吟如訴復如呼誰令夜夜隴中泣起傍西窓掩扉立閨中有婦復有親黃口嗷嗷愁殺人明夜還飛別隴去如啼切莫語諄諄

艾如張

艾如張機事深我禽飲啄無機心觸之不解增哀吟水可犁陸可鋤不勤四體虛居諸余何負汝汝負余艾如張還汝盧莫負余

君馬黃

君馬黃臣馬華紫榆關外天之涯雲貛瀚海矐靈斜鈌騎西征功未賞直教朱紱梟龍沙昔時端拱承明殿百囀流鶯開鎬宴今朝臣馬逐君行唯聽胡笳啞啞鳴君馬黃臣馬華秋風苜蓿忘還家

羅嗊曲

郎行久不歸轆轤明落暉一轉一惆悵再轉再徘徊

旭日上高臺柴門臨水開春光九十日日日望郎來

經時不見月見月即便拜檀郎何處棲忽自解裙帶

隴頭水

流水晲來急橫塘花亂飛曾經渡郎去不見渡郎歸

浮郎隴西去經年音信稀相看猶不歔謝爾浣郎衣

君馬黃

君馬黃臣馬瑲鍾浩不來孤九辟芙蓉闕下列千官兩馬金堤如合璧銀匜匜錦模糊叢叢嬌鳥哢屠蘇承恩未了金烏墜又進宵遊覊國圖

自君之出矣

自君之出矣不採水中蓮悔得羅衣溼橫塘多少年

自君之出矣不採陌頭桑一任春蠶死怕逢遊冶郎

長相思 懷揚州故人

客堂夜夜秋風起懷君念君三百里扁舟長繫野堂雲邗江畫瀉天河水憶昔逢君海月樓錦屛楊柳弄春柔琉璃光泛徘徊醉寶鴨香生紫翠浮谷口故人書斷絕文園不起相如渴交情無限漏聲沉坐聽征鴻過天末噫嘻吁細話當年事可傷葵花零落午橋庄此夜相思更何益空令白髮鏡中長

竹間路

竹間路通何處負舟莫向長干去長干市裡落花多家家皓齒發青娥妾有羅衣君賣取休教輕唱奚奚歌

遼西

秋去霜風遠書回塞鴈遲吹笳坐寒夜是妾搗衣時

斑竹枝

斑竹枝生九嶷英皇蹙損雙蛾眉血淚斑斑宛然在洒向竹枝光陸離此斑何日滅天地有窮時一望蕭關堪白首每臨粧鏡數青絲

穆護砂

拾翠凌碧波荷香雜衣襟寄語隴頭人歸来倚已謝

蕭條琴興

烟樹深深鎖碧峰朱絃蕭瑟晛樓空五千言外

雙瞳倦三十年来萬事慵湘水泠泠秋月白指間曾落文君魄杜陵草閣亦虛聲虞舜清宮揔陳迹琴兮琴兮負爾心我與不来空好音細雨濛濛秋欲盡桐花半落淚沾巾

直鈎

稚子敲針曲曲彎嚴陵未老已投閑不知釣得虛名否帝座何如七里灘我欲直鈎不作曲坐對南陽山水綠縱使長竿不得魚絕勝腥水汚衣裾

擬古龜雖壽 濮宗學憲

龜雖壽出涅滓鴻鵠高飛一舉千里龜雖壽其行塞鴻鵠高飛千里一息南國有佳人修容美且都舉袂揚清風儵然坐氷壼忽焉厭塵世彭咸與之俱喬松挺其姿崐崙像其儀日月昭其文大華豈其碑千古如一日彼壽将奚為

丁都護

丁都護歸何暮塞草茫茫南北路生来不識黃花戍丁都護兩人同去一人歸荒荒落日心驚

怖丁都護風塵莫振衣消息憑君訴丁都護丁都護難回互流水落花春不住冥鴻飛向天南去主家紒邑盡消魂悲號手挩丁都護何日戰幾時亡沙骨可曾收我欲招魂向何處丁都護杳杳漢旌旗濛濛細烟霧瘴海遠如天星槎不可渡不如勇絕赴黃泉綢繆握手傾心素丁都護

田横曲

秦失鹿兮天步艱人共逐兮世漫漫臨風慨慷

登巑岏薄九虬兮輕八銮嗟哉項籍撫長劔騅不逝兮江水寒英䰟凜凜生波瀾我縱封候非所安

踏歌詞

别樣纒頭鮮白繒大堤春水碧澄澄花酣秀野林陰合爭遣相如卧茂陵

美人遥在百花叢六幅湘江帶浅紅雲鬟恐驚金翡翠水亭莫採石芙容

沈山人續集卷之三

五言古詩

閒適三首

結廬湖上村中本有所激詎知山水情日久仍成癖五載不歸城冠屨寡儔匹士農兩忘形相對數朝夕漁竿掛落日披卷倚高石田園揔未蕪三逕亦頗餙此意良不勝篇章盈几席

塵鞅日已遠雙鬢日已短琴書足消憂饑劬渾不管吏去租已輸食飲常衎衎敝衣荆布茸糗糒兒女潚栽灌有時息胡床正春幾歲功雖未暈樂此意消散不知園綺心云胡亦自轉

朝亦荷鋤出暮亦荷鋤歸疇知荷鋤者幽意獨徘徊農人哂力衰未鋤先自疲亟亟舍彼穮翻翻耘我畦村釀忽已熟湖鱖忽已肥耦坐談往古渠亦解是非世短安足嗟解顔對斜暉此意如早會白髮寡傷悲

吊宗憲副子相

青陽發潛頴逆翮凌紫宵簡珠麗明堂珪璋肅

清朝瀰翰驚神仙九陔恣飄飄奇齡邁四海紫鮀荒羽毛結綬當要衢丹葩明燕寮清風洒琅玕白雲飛瓊瑤所志在千仞翻然違九苞八閩耀朱旂層空颯霜飈島夷逐東土紆籌戢弓刀文章煥斗宿海宇傾時髦紛紛桃李姿鬱鬱松栢標一時萃藻彥長風衝巨濤芳譽徧八埏興起褱中豪忽焉寒節升東璧昏重宵素魄奪靈輝青燈暗蘭膏吞舟不自運空江落寒潮昔爛日邊花今藉缸中茅竹素覔芳姿恍惚如神交

日月有餘光蘭芷無靈苗行人亦隕涕香魂安可招

贈盧卿首乹

少玄不侶世誤落風塵中觀書含饑劬談道鑿淵窠宛轉青陽徂徘徊圓景窮高張調愈急緩歌聲益雄沉冥緣物理居常覩化終春花謝早妍秋條數暮榮明月出東井流光射丰容駟馬宣我襟高蓋颺我風萬木振宿雨千山明朝虹流運苟不迓茫茫寰宇中方舟執為禁窮髮俱能通漱海採石華爽江弄芙蓉把酒歌舞雩陸顛嘯新豐志意山巳廣目睫日巳空形骸寓八表蜉蝣依六龍洪崖拍我肩陵陽癸我宮借問籠中鳥何如天外鴻

贈潘啓明

我昔誨君童君今翊我老理義本相維澤麗豈不好君為寒水玉我為蕪徑草濯之而愈瑩暴之而愈皜珪璋亮有觀荒穢期自掃頗君振高翮玉臺麗華藻結膏蔭芳莚流光照秋杪夾路

傾惠風窮崖明琴蓀問耕豈廬親歡舊敦雅道新霖入奇懷沾濡足行潦東皐遠流眄卜揆歲當飽三徑且葱蒨餘絢落襟袍倚杖發高吟農人同皞皞無為忽兹辰茅茨遠紛擾安能接瑶華臨景恣傾倒

自述

依依楊柳花泛泛浮萍草蕩蕩三春暉融融岸沼軒車滿衢路不佩紈與素錦綺爛群葩相映越羅紗旭旭春陽暖華滋鬓邊滿飛絮點河

流胍胍芳魂断奄忽露華濃茅屋起秋風蟋蟀
悲寒宵白雲鳴征鴻深谷不聞律鳳去椅梧空
耻為彈鋏哀不媚操琴容峻節美無度奮翩雲
霞中洒翰溺張顛放歌泣袁宏醉卧西窓月起
步南山雪俯仰嘯青門凉風中夜發篇什漸成
堆匀髪有光輝龍鐘何足嘆尊酒對斜暉

卜葬仲子不遂

霏霧濕我衣零露沾我襟原隴何蕭蕭舉足多
苦心俯視清源曲仰觀雙樹林卜築良不易紆

欝難獨任念彼孤飛翼忽忽不可尋彷彿雲漢
間啞啞遺之音悲風起宿莽朝日慘北岑還撫
堂中柩深夜發哀吟徘徊重徘徊且令塵坌侵

擬古七哀詩悼馬暉使

繁霜翳坤維浮陽蕩窮谷俯臨極浦隈離離出
叢竹飛鳥驚回飈舉翩何迫束荆榛滿中路羽
翼委孤木歸魂不返林巢燕語空屋偃鼠臨巨
津所飲不满腹云胡悠結綬乃爾縶牽纆輕塵
聚都門芳𦬊耀雙目奄忽如朝霜賢哉季主卜

不聞雍門言牧豎歌躑躅田文氣如雲雙淚何
瀫瀫
流目上叢臺瞻彼丹樹林北風厲微凉南枝何
森森逢迎豈磬折好悪生荆榛驅馬舍康莊失
路良可矜少年樂齟齬老大無知心暉匿不可
挩昌不為世欽驊騮忽隹隤林頭無黃金瑶琴
偃明月楓林足秋音鸞凰鎩羽翰不如芳樹禽
九原胱不寐悠然開重襟

寄宗竹岡

楊子夂不作大玄日寥寥東方有佳人脩容寄
雲霄濯足春流中飲酒秋山坳奇花間窓虛香
蘭噓散袍挈壺命方舟欻然登林臯清酤感斟
酌白雲從逍遥富貴逐寒暄貧賤[illegible]深交萬物
憑化遷子年空勞勞

悼新河令碩一仕

渺渺眺重岡悠悠數行月憶自洛中歸徽音夂
斷絶盡抑平生歡攢念沉痛結脆促悲往化空
名併隕㓕綢繆三十載寒風厲凄冽聚訟恒玻

顏終竟合軌轍驅蛩恣行遊曾不憂硊鼿岩衎
入雲霓而我竟差跌何當沛涓滴菰蒲潤枯竭
金石忽委墮飛泉癟決裂虞淵慘栖薄太行怨
摧折引睇勞痘痟拊膺淚横頰延州信未酬楚
老意已恊長嘆眷彌重悲凉自天末

種菊

在昔陶徵君幽懷頗相契開徑南山下種菊桑
麻際南山寡軒車桑麻樂有餘墟里發華滋荷
鋤迸煩紆翻然脱塵網不為疏蠹拘所以人稱

之至今如其初我亦愛明潔俯仰耻干謁編籬
迾蓬茆孤竹挺高節下植淵明花澆灌不停歇
芟爇去傍枝汲井就清冽蔽日感朝雲搓露挼
新葉爪隙斷虫絲沿封剔蟻垤晨興忘盥櫛披
衣步曲折三徑閲光榮徘徊恣懽悦少年懷百
憂晚歲苦迷迭何幸雙鬢華兒女妙羅列市塵
遠匡廬湖流抱巖穴百年非所希聊以終歲月

自訟

剃樹搽庭宇三歲氣不磨徘徊爪其膚隱隱明

綠蘿草木尚有知如此乖違何遥林起悲風平
川流画波既有盈觴酒曷不為高歌且展合歡
扇須臾生太和

其二

佳節不再逢逝波難蹔停所幸者三良雙鬢皆
星星長當從此歡坐對兩忘形百年那可期奄
忽升青冥擊節賞梁父臨流歌濯纓綢繆以偕
老庶不辜綠醽

知命

鴻鵠奮脩翼不肯棲卑枝豈無凌霄翮騫舉會
有時達人貴貞性貴賤安能移不見孟獻子道
德為等夷五子懷有家寧惟識者嗤所以嚴子
陵加足不自疑藐哉天子尊詎知漁父卑窮達
苟在我溝壑安所辭

泷山人續集七言古詩卷之四

題畫

月明千里故人来相逢一笑草堂開與君髙歌劇飲一百日任教緑楊繋舸生莓苔君未讀武昌老人説笛歌氣力已微雙鬂皤夢中一曲吹落梅花雪黄鶴欲登秋色多洛陽園刻溪曲紫茸白石飛黄鵠管鮑不作金石空秋水一庭閑竹栢空山不見君思君看白雲白雲常停隴頭樹今日君来白雲去與君莫話行路難酸風泠

雨鬓毛班與君莫言離别遠鬼嘯猩啼雙淚滿羡君能輕千里途白藤不束十年書且須吸盡槽頭酒莫使踈鍾曉漏成踟躕月色照空庭凉風終夜發都将平生壮士心付與箜篌增激烈二十四絃生碧波明星耿耿盃薜蘿故人莫向武陵去笑共桃花奈爾何

壽俞光禄八袠

與翁相逢拂翁杖我方强仕心猶壮重陽重見菊花妍短筇揖翁翁耋年春風憶昔坐翁席藥

欄照危紅的的銅盤子夜爍蘭膏緑醑青蘇共生色壓翁榻暈翁醴薜羅明兎光芙蓉媚秋水白雲滿地起相思萬樹盃楊三百里翁家世代綰銀黄粉沿青簡蠹痕香我翁不作彈冠態佩帶一笑領年光蕭蕭鶴髪麋鹿姿文窓繡戸玉鸕鷀我来重啓黄金甕還續梅花第一詩

寄孔平徐一丈

水滿平堤穀滿田荷花開到小亭邊去歲戰鑼夜不歇今年簫鼓聲駢闐亂離偏懼清江叟桂

玉唯闌白髪年憶昔與君曾共榻黄獨葉肥花亂發風生高閣月搴帷波濤背指粉城隈披襟劇飲夜光紫紅簾半捲明星盃共言歲月能長久不悟與君同白首白首猶宜揷菊花請看的的春楊柳五株楊柳傍湖栽湖上茅堂迥絶埃待到明年花事好請君来看野棠開

河畔水懐許上舍性之

河畔水漂流萍西復東若為情回眸轉盼少微星許詢暫向長安去馬首遥遥南北路月光飛

上紅亭樹
河畔水浣茅堂淒復清簟紋涼夜深月在子雲牀許詢不住山中屋千里加飡勸童僕荷底飯香菰米熟

懷王一子寅促句體

青草湖頭明落暉薊門遥望烟雲飛天畔王孫歸不歸三百青蚨一斗粟長安俠兒厭粱肉嶺西夜夜秋猿哭故人胡不歸來兮黃茅白水亦堪棲我欲裁書君正迷憶昔與君邁奇齡我行

黍竊君亭亭兼葭常倚玉壺氷而今流景不肯待鬢毛衰落朱顔改故園唯有黃花在滄溪東去水聲深年光流盡夜沉沉故人不見愁人心去歲不登今已熟籌中喜豈十斛麥儘堪八口供饘粥君若歸來共掩関願將數畝買君開尊酒新豐亦醜顔

寄月樵胡二廣文

去年五月麥風清戒車整旆送君行今年三觀月露滿思君念君青鬓短芳時愛客花滿堂素娥纖手欝金香嬌歌冉轉徘徊醉秋月玲瓏射粉黃君去青山在青山青未改花落又花開春風不相待寂寞子雲居黃昏鳥雀疎斗轉藤蘿清夢穩十年長鋏不歌魚海上白鷗依短棹南風一曲相思調他日琵琶正待君秦松漢栢從渠老

喪家犬

東家犬西家犬落日荒荒人去遠空堦如訴夜啼號我卧蒼山月正高主人浮海無消息遠屋

經旬不得食可憐毛骨聚荒崖狂童臨爨生歡色嗟哉人犬兩堪傷茅舍西風生暮凉晰日津頭重送客已封民瘼寄岩廊

長歌行

君不見漢之左内史襟懐落落功名疎課殿秪能妨寵位窮秋不忍頻催租又不見南陽太守劉文饒飄飄意氣淩紫霄蒲鞭一下吏人悦訟堂常許燕來巢當時天子重民瘼刑罰能輕稅能薄百辟分頭沛主恩村村烟火甘藜藿而今

四海多征塵不見嬉嬉含哺人我問重關坐泌水繫霜滿地對花顰秋風動萬里秋月當天起可憐窮海負租人身安不畏他鄉死雲晶晶雨冥冥漠漠風烟混太清有能平賦平刑者願祝吾皇錫百朋

貧家女兒曲

貧家女兒惜花朶三枝兩枝鬓邊嚲蛾眉鴉髻凈娟娟錦棚自繡鴛鴦坐十二樓中明月光吳絲蜀桐清夜長織羅霧縠鳳凰舞夜翠秋金滿

函鋌粧成多自媚手撚芙蓉碎那知樓外有貧家寂寂空房時掩淚時掩淚常珊珊自拂青衫布上斑可憐窗外玲瓏月正照庭中杼軸閑

孫家婦

翁家女兒孫家婦翠眉蟬鬓茸荊布徘徊燕婉入君門持箕弄箒供朝暮夫婿元非蕩子流肯乘寶馬東西遊紅顏皓齒正年少交歡並影來中洲一朝雪霰摧芳芷抱病夫君何日起盈盈淚點濕裙裾綢繆直欲夫前死秋風千夜吹幃幃寂寂空庭花亂飛忍將羅帕傾鉛粉夫婿猶能問敝衣夢裡雙雙頓步行綱常為重死為輕從他鳴鳳翔鸞侶一任朝雲暮雨情

趙早妾

誰家有女氣赫烈不甚為婢復為妾綱常元不擇人擔表表丈夫易蹉跌德門兩見趙家姬羅巾一片懸孤節妾夫本是蕩子流蛮素為君妾不羞忽逢恩愛鏡鸞破楊柳櫻桃無限愁愁心知幾許倚幃時對語那知貉秀心一繫千鈞縷

相看默默弄琵琶先倩春風掃落花香散亂紅留不住忍隨流水泛天涯青絲牢綰同心髻向隅勇絕哀聲細可憐半夜月空明露巾剩有傷心淚君不見河陽金谷石家楼明珠十斛買風流落霞半壁粉花碎千古無人吊栢舟

六月晦日喜雨戲柬李石鹿

微風動萬里密雲來西郊膏澤奄忽施聊沃大釜焦知君獨坐仲宣樓應為柴門破寂寥曾無好事動君歡綈袍唯念故人寒我欲老龍吸盡

東海水散爲飛雨成波瀾來槎直上青雲端除
令得爲玉皇案下史坐令雨暘時若常使天下
居民安

壽劉墀石會丈

松枝分五粒一雨成天漿光泛鸚鵡杯丹暈笑
蓉牀疑是碧波漲東海飛酒茅堂壽觴茅堂
歲歲增光彩半天唯有朱霞在夫子高風我出
塵囊中百斛梅花春飲君酒作君賓滌筆題詩
狂殺人何時與君同到武陵源喚出秦人莫避
秦

玉斗歌

玉斗秦王府中居秦王愛比明月珠假令貴德
不貴玉未必紛紛逐秦鹿鴻門宴會去如林鳴
鍾伐鼓戟森森項伯能爲翼蔽舞龍淵寶玦消
爲塵屈卮歌倒日西墜堂下驚轟堂上醉當筵
定約劉鴻溝遂令玉斗須臾碎斗碎耐教天下
安楚王暴比秦王最郤咲關中狡猾徒即輸秦
寶贏秦地白璧雙雙從斗行璧存斗滅兩無情
此斗能成范增死彼玉不延項籍生嗟哉寶玉
竟何益强秦伯楚一時傾

趙比部席上賦

前年楚水送君行短劒長歌喚恨生野蛾撲撲
弄春晴今夜秦淮把君酒一庭涼月鷓鴣鳴
故國兵戈花事非海棠無伴減容輝湖東草堂
人跡稀尊前練色堪娛目今夜深涼酒力微一

送道者入山

華陽洞口女蘿衣此去華陽歸不歸海客無心

乘釣艇三山常睹白雲飛白雲欲伴浮生住金
管仙人攀玉樹玉樹枝枝掛白雲仙人望我意
殷勤待得春風捲盡衣上土青天碧海長隨君

苦風行

六月終旬風怒號橫波捲雨翻衝茅武安祠前
樹摧折開府園中花亂飄官塘之西禾已沒村
村盡向東南發春時鋤草亦備人今日爲人鋤
不歇東南之土瀕斥鹵七歟二登終歲苦海隄
如漲總途涯歇爲人傭何處所風兮風兮莫太

顛煩君吹到御堦前化作陽和敷萬里蒼生重
見太平年

送金画史壽親南歸

故國春風花滿堂美人歸去日初長翠娥金管
薄羅裳嚴君先生誚綺季不若一翁錢少陽
最愛君家水墨圖莊椿十丈影扶蘇白雲常繞
小成都老翁横眠對尊酒呼兒騎鹿飯青芻

寄徐仲業

廣平去後梅花唫倏忽相思三歲整携琴載酒
海陵西明月照人千萬頃高歌獨漉與君聽水
濁涯深草自青一寸鬌絲千片泪白雲深處起
孤亭

沈山人詩 卷四 九

沈山人續集卷之五

五言律詩

喜盧首乾潘啓明二文學草堂過訪

年光湖上暮誰與慰幽偏堂静堪留客波平好
放舡入村欣二妙携具感重憐所幸鱸魚美囊
中得酒錢

此夕是何夕草堂明客星呼盧童子笑歌郢老
妻聽冉冉懸紅炬娟娟瀉綠醽藩籬都不限兒
輩共忘形

信宿餘歌笑瓶中酒易赊喜逢村徑菊猶有雨
三花素壁摛瑤草青天落彩霞岷峨真不忝茅
屋有光華

白日羲皇並晴簷鳥雀親何妨暫来往寧不惜
沉淪洗酌兒非懶烹葵意頗真衰顏如不棄一
月惱比憐

盧綸雄八斗潘岳冨三車袖有金光草顏如蕚
緑華倚席交加醉題詩翰墨斜畐書俱閱過與
盡一乘槎

沈山人詩 卷五 一

湖上雙龍遠沙邊一鶴孤書函齊亂帙酒債了
新沽草閣詩成澁江村日欲晡應知鳴鳳侶萬
一念潛夫
小閣徘徊坐寒燈不肯明喧呼懷昨夜放浪愧
平生老去嗟朋輩年来遠市城含悽一假寐虗
院落風聲

簪翁兄灸艾

衰病唯醫藥行藏只弟兄近来多白髮意欲餌
黄精橐財三年艾舟移十里程頹言同杖屨樽

酒見昇平

謝宗弟潤甫為簪兄灸艾

溽暑煩吾弟針砭念老兄翩翩鴻鴈侶急急鶺
鴒情門戸闢君重聲華自我輕江湖隨釣艇無
暇問長生

宿牛首寺

珠林逢日暮法界入雲深幕捲幢朧月烟迴縹
緲禽洞幽僊梵靜星沒島鐘沉偃卧歸蓬蓽香
林何處尋

遊祖堂

祖堂行亦險塵界到應難不負十年夢幾虗三
尺竿纖雲低拂水琪樹巧當闗數紙書金簡山
僧共破顏

登獻花巖

花獻黄金界樓懸紫翠峰鍾聲環碧落錫影亂
丰茸藥採南星草僧逢北斗客欲歸還眷眷避
世間蒼節

宗比部招飲徐氏園亭

公子園林好高臺出鳳凰向人花鳥靜近藥水
亭香傲吏然吳曲山翁狎楚狂一尊逢故舊餘
興引杯長

雨花臺

匝道陳王脆分林礙綺羅吳姬能縱酒越女亦
高歌紫燕喧行市丹軿藉淺莎青春如喚客聊
此駐中阿

宴韓正郎官舍

揮觴韓僕射彈琵沈雲卿慈海耳新味山堂憶

故情多才憐楚澤細雨問商耕為語平生事萬
金一笑輕
夏日漫言
清夏坐孤徑短墻萦紫蘿探巢林鳥集振錫院
僧過迓照光詞屋飄風入棹歌文園思酌海如
此白鬚何
鬚白不堪染病多仍苦吟鵲聲如報客稚子欲
敲針襟袍園泉洽年華海國深孤舟斜日外一
繫子山心

池荷
水檻徘徊坐池荷面面開日將朝影亂風送便
香來未買紅粧咲先經白髮催興來仍對酒榮
落未須哀
村暮
濄濄湖水滿晚來秋氣清風搓空翠冷雨洗夕
陽明歲月杯中剩詩歌象外成青天一片闊何
處塞鴻鳴
苦雨

積浦雲濛密環村雨沸騰影昏朝捲幔聲急夜
懸燈愁引催逋夢貧懷耐久朋野鷗還泛泛餘
興不堪乘
十日山房坐雨濃人過稀沙頹鳥迹没風急棟
花飛倚杖望朝霽穿林生夕暉西宫多妙蠋切
莫點朝衣
贈江右凌公十西賔
有美西江客瀟然抱短琴依沙聊結屋對酒細
論心袖有題橋筆囊無賣賦金草深聽絡緯淅

淅作秋唫
日暮孤亭迥羈懷此夕多三江天外遠九日客
中過氣色青雲冥文章白玉珂曉窓明月在莫
問夜如何
荅黄學究
湖上日初暮苑邊荷正紅詩篇從長者舟楫趂
歸風作賦憐潘岳投書愧馬融天池靜秋碧雲
雨老蛟龍
細細參軍律飄飄刺史才胡琴元未買荊玉底

須哀家近雲邊住詩於谷口裁黃花沿曲浦無
數為君開

遣興

世事拋全慣饔飧糲不嫌江花從漫興茅屋任
居年紫邏含風細青山隔水偏此生多妙賞真
不媿顛連

寄許上舍性之

秋風天上客萬里摘蟾蜍玉露沾衣知清光上
鬢踈遥遥司馬賦寂寂子雲居故國風塵淨逢

人好寄書

憶西隣

斜陽照孤屋搔首憶西隣不厭明農話常懷並
舸親石濠仍吠犬禪海正宜人隻櫓依沙近他
鄉避世民

攜家移散舫僦地入深林巳盡流亡淚猶懸恐
懼心斷雲悲別穗旅雁落孤音去去武陵路茫
茫何處尋

菊譜成有作

菊自何年種悉藝苑中狎余常作客對爾漸
成翁最愛歸来好還憐出處同霜華利如剪忻
慣九秋風

園林真不俗藉爾慰荒蕪灌水從童僕芟蘩走
老夫過逢不覺倦應接巳全踈秋色那能駐傳
芳入畫圖

點染東籬意殊非楚澤材秖緣三徑裡不肯四
時開披卷常拈酒看題不買裁乾坤浮日夜任
爾雪霜摧

送王化遠會試

霜落江雲碧星明驛漏寒風塵催短劒花鳥入
長安獻賦依雙鳳看題駐八鸞封書報朋舊莫
忘寄哀殘

漢月依人遠秦川遶路斜望通天府國春入上
林花王勃才名舊班超歲月賒無勞念蓬轉宅
日有光華

君到金華省應逢王節郎為言悲白者作賦巳
盈箱谷口舊籬舍箒中新稻粱還看讀書處東

壁有餘光

送袁二子雲會試

袁浒江東彦蘭臺有令名獨傳鸚鵡賦重上鳳凰城北斗頻彈劒南冠此羈纓曉馳銜疊嶂飛霰點金鉦

御道瞻天表明河接帝闉風鳴霄漢翼日射綺羅塵染翰彤廷曉看花紫邏新夔龍應有賦共沐鳳池春

昔年同意氣頴石憶春絫君有風雲志余多山水情簪中無白髮天下有蒼生後日思玄度烟波一釣輕

冬夜聚飲王化遠宅用前韻賦得二首

群公舒嘯外星斗一庭寒柱石虗司馬蒼生起謝安天池需躍鯉雲際早翔鸞他日懐今夕黃花慰嬾殘

短劒開新匣深杯破夜寒爐邊吟謝眺洛下卧袁安命賦頻催蟻分箋漫拂鸞群才驚八斗獨愧燭花殘

哭姪

長日悲吾姪無時淚去流從伊追不遂剩想見何由並坐傷前事相看抱隱憂詎知銷骨毀山嶽與沉浮

孤嫠猶未定二女不同歸恨擬終身慣行看萬事非所親連夜哭吾淚徹明揮小苑徘徊坐風花次第飛

哭姪孫

待爾傳衣鉢猶憐汝不聰如何苕蕾質也逐落花風視汝孙無異親予祖亦同一棺仍並殯慟殺白頭翁

病劇猶號父身危尚克家無時去藥物長日自衣[illegible]為別巾沾血傷心鏡掩花可堪垂白者迈為汝共嗟

村居

別圃臨幽墅乘春玩物華一川如意水滿眼稱心花野菽兼菰出湖魚帶酒賒長笳還短棹城市忘為家

滄洲常縶舸非與世相違到處空彈鋏經年自掩扉惠風吹鹿野晴日在漁磯近覺交情懶不妨人跡稀

懷兄

吾兄逢世難憔悴命如絲有子官為累看孫路已迷親朋一洒淚兒女各成悲易得沾巾血難為入夢思

顛沛已若此其如運落何間關恒疾病天地有干戈生理蕭蕭薄年華冉冉多秪應排悶起臨水看餘波

菊徑容閑步茅堂愜賞心兄來依泌水弟與濯塵襟似紙人情薄如淵世難深天涯渺何處我欲覓知音

東潘啓明

旻徑牟黃獨長渠覆綠荷暑消風拂水院靜月垂蘿薜芷懷人遠尊罏入饌多無能空白首寄興五絃歌

芳杜微風入紅蓮曲沼通嶺雲接落日潭樹貫長虹粉堞青霄外秋光紫邏中封書寄朋舊杯酒野人同

青雲遊子意明月故人心宅近蒼梧野牀閑綠綺琴一囊緣病減三徑為花深待汝秋江上来為梁父吟

湖上

湖上栖茆屋悠然愜賞心荷翻翠羽蓋蟬韻紫瓊琴舜谷垂花藕商雲接地陰相看俱不厭明月落青襟

兄至

開懷坐當午兄蕩小舟来旋汲浮瓜水重調却暑梅卧榻書千卷看花菊滿臺塤篪亦何幸相對白頭杯

綠水清籬舍紅蓮漾薜蘿湖天舒咲傲魚鳥亦經過不厭青袍舊能忘白髮多岷峨餘興在衰病欲如何

秋風

秋風動林壑梳篳生新涼山引敬亭霧路加靈

泊香梧葉紛紛急郵聲汎汎長裁青歆寄遠先
為達潯陽

懷俞仲貞

鄉路通淮楚斜陽在薊門雲連千嶂出川繞數
家村星斗裝金劍鶯花媚綠尊幾時乖一偭湖
上草堂存
愛汝非凡品憐余一病夫隋堤連小苑蜀雪取
長途白髮江湖迥蒼梧鷺鷥孤那能三百里縮
地共招呼

懷宗公守

燕道三千里魚書億萬金相思無者意垂老故
人心青海外鶴近白雲岑悴漂有時過泌水為
爾一抽簪
廣樂張金谷高臺出紫鶯滴懸醴酒地時拂進
賢冠寂寞蒼苔色吁嗟綠綺彈恐孤山水約長
日弄漁竿

寄宗子培

浪跡怡魚鳥停歌誤薜蘿北山何日採南國幾
時過燕翼浮烟歛楊苍落照多佩蘭人不見愁
絕綠漁簑
鳴鳳君家物歌魚昔者心青霄誰獨步白髮抱
深林池上珊瑚草花邊翡翠禽瑶天明月好元
不隔江潯

與劉國珍諸交宴李氏園亭

孤亭排竹起飛閣對花開木綠鴛鴦沼風生鸑
鷟臺蘭氣薰衣析山光覆酒杯吳歌所妙雪惟
畏角聲催

暘柳邊城館芙蓉帶雨堂瑶天浸鳥下[illegible]一
松長華髮清輝客金貂白面郎揮戈能駐日杯
斝有餘光

新秋飲李鴻臚宅歸柬劉國珍

昨日攜尊酒紅亭就午薰笙歌不散客杯斝欲
浮君空[illegible]冷秋聲[illegible]澗水聞可堪垂釣者獨
抱坐紛紜
交誼憑君重人情自我疎青霄千嶂月白日一
牀書寂寞延陵劍瀟條阮籍車鹿門真忝竊應

不負蘧盧

喜俞仲貞選歸

郊居坐寥廓湖上一書来為報白雲子已歸明月臺裹巾緑病減策杖為花開未啓逢君宴先浮行慶杯幾時還踦鶴何處歆棲鸞末契金蘭少清宵草閤寒江雲千里夢渭水十年干漫擬相逢好衜懸離别難

鮮應儒母夫人壽

丹壁行人府清風孟母門樓迎東海日山拱北堂樽宮錦酬衣線庭歌求教言一巵虛左席時倚緑槐軒淑氣開帷幄晴曛蕩綺羅青春嘉會好華髮故人多孝養黄金筭文章白玉珂馳封天上近巵酒注恩波

袁刺史應擢東歸

流光一何迅别尔八年過忽漫清宵會憐予雙鬢皤話别驚戎馬看粜問薜蘿倚林歌罷宴歌者謂如何論文當日事講武是何年首蓿秋肴馬星霜夜控弦捷飛千嶂靖轂轉萬大憐同學如君少花枝笑白巔幸洽山房坐笙歌慰寂寥好風輕拂燭細語漫通宵星斗檣竿去風雲劍氣遥不知滄海上金甲可曾銷

寄許性之廣文

無限林塘興幽人不可招月明淮甸柳風度淛江潮白鴈書難寄蒼梧葉未凋懷人應有賦紈扇坐清宵絳帳圖書府名邦館閣都雲間非倚馬海上負遺珠漢室虛前席高陽卧酒徒幾時陳桂醑與爾說真吾

秋雨茹菊感然興思

一雨荒三徑兩年能幾花高枝柔畏日細雨亂浸沙老去偏憐汝湖南已作家收綸無一事玩對日初斜

由雲封日暈焚土乞秋光不願豐囊錯偏宜着菊裳白髮從渠短清標評爾長草堂終有賦幽意不曾忘

懷人

秋夜懷人遠亭深見雁蹤銅章宗刺史王簡李尚書濯錦清江闊懸魚帝者居遲天明月在應亦念吾廬

泛舟

一片南湖闊孤舟坐八旻雨晴花點點風細水粼粼鼓枻驚林鳥看蓮失釣綸鴟夷渺何處延想結芳隣

送盧首乾設帳海上

行色江亭暮離情客路遥挾書東到海把劒上凌霄獨夜青藜火新霜白板橋深秋莫惆悵裁賦慰漁樵

海上携書去湖天雁到初蹉跎司馬髮搖落子雲居短鋏氤龍氣中[illegible]下塵袖中何所有一片洛陽書

觀樵

谷口煙霞古雲連漢畤平夷歌泉石冷野燒鷓鴣鳴寒吹因風奏斜陽自水生共嗟霜徑遠斵愛釣絲輕

俱懸王質斧不束買臣書雲黑雨来急霜寒雁到初上庖直負汝中饋亦愁余且脫登山屐壺觴就草廬

種菊

曉霧蘙蘢葱看花小苑中枝枝清愛月葉葉冷侵風散步蟻封毀微吟鳥夢通兒童莫頻喚幽興覺還濃

共有編籬興誰如惜菊情驚風頻起坐听雨到無聲抱甕催僮僕題詩寄友生殷勤時曳屐如在畫中行

病犬

籍爾常司戶短墻無寇来身老十年力病嗟旬日哀脫盂虛糲食殘草卧荒苔留得敝帷在莫深童僕猜

雨餘惜菊

雷聲喧歷亂園菊雨中欹捲士含風冷新陰入照移爪膚還尉葉顧影復看技低亞如虓酒幽懷欲訴誰

淫雨望李使君北山

一雨昏清晝波濤落遠聲鳥翻衝樹入蛙急戴泉鳴甫有流亡屋奚堪粟米征寇君如可惜豈獨慰蒼生

山翁天下士故國老臣心久矣川難濟年來水益深迢迢雲外節忽忽海邊音暫止從仍去須史沭傅霖

雨餘寄城中諸友

貧家湖上遠看菊憶深杯踞坐野雲合劇歌田詖催阡阡春轂滿處處芷花開一月風光異柴門護緑苔

一蘿猶在樹三徑已沉沙忽漫盈川水能舒滿眼花披啚成悵惘撫景惜年華豺虎須史事城隅未卜家

積雨

雨師怒何極屋角盡飛茅紫電耀龍窟黑風吹鵲巢花枝全亞地簷溜漫通郊僕僕悲田父何因遂酌匏

何處傾三峽猶疑瀉八溟驚濤天外落戰鼓地中鳴夜起呼燈坐朝来傍險行捕漚喧稚子白髮轉關情

瀧澍浹朝昏經旬未啓門草生瓜瞇步萍約女蘿根田鼓村村歇江蘺岸岸繁不知禾黍地茅屋幾家存

沈山人續集卷之六

上海圖書館藏

七言律

白下留别宗子培

路轉春江草色殷别離無柰鳥關關秣陵十日烟花㗨澤國經年畫舫閑水落釣臺飛紫雉月臨仙觀見青山秋雲冉冉丹霄近手把蟾蜍拍馬還

宿真州

城子山邊立馬臺天涯北望意徘徊誰云一帯星河近坐聽三年鼓角哀傳柝津梁喧夜語闌心樓櫓廢春杯龍門鳥道遥遥盡月色江聲故故來

夜過揚州懐俞氏弟兄不能奉訪緑含弟湖東卧病也

津亭催吏夜關啓打鼓畫隨官舫行北風喧喧萬浪起孤村遥遥双泪傾故人不來燭花暗山窻半掩春愁生寸腸那堪仍百結一夜相思鷄亂鳴

聞中于氏

問

郊堂日落坐飛花浦溆風來燕子斜賈誼有書收痛哭莊周無緒了南華夜深鳴雨垂垂過春盡行雲冉冉遮白髮自傷零落久一湖鷗鷺伴浮艖

憶宗子相

粉署曾爲仙吏客緑尊微雨聽長吟誰憐草閣知音在愛坐蟾光到夜深二月都門重秣馬一春亭館自鳴琴南來燕雁參差下惆悵都傳與客心

萬里中原南北路兩年閩越鼓鼙聲安危揔荷汾陽略詞賦兼傳太白名香動五雲懸玉珮月寒千嶂落金英南方擬作招魂賦芳草離披喚恨生

蟋蟀秋唫情自牽瑶函金櫝來遠天蘭膏照夜細洒淚玉琴流水虛張絃開卷深慚白雪賦閉門常誦黄庭篇冥冥江漢歲云暮有時訪爾君山巔

寄徐少府

湖上風林悲遠天水光山色净娟娟黄茅雨歇
坐今夕玉笛聲蹤懷往年細草孤城開府淚空
江獨夜子猷舡裁書為報京華使夜夜河聲草
閣前

江籬黯黯雲蒼蒼思君望空断腸七年不共
燈火笑九秋誰問芙蓉裳綠鬓向隅泣嫠婦黄
葉滿庭鋪夕陽稜稜病骨不堪把常買參苓充
藥囊

寄李尚賓

憶昔分香接令公薰莜初倚玉芙蓉青山不啓
藏書甕白首今登落雁峰曙色曉瞻鵷鷺觀月
明低度射千叢何年再奉華池會問訊重栽石
上松

不賦長楊已十年飄零羸得萬夫憐江花細細
孤舟在鳳彩霏霏曉夢牵畫閣昔曾收李勣銀
河今已誤張騫烟波萬里如相憶重寄湖南草
樹篇

湖上喜維楊俞仲式仲貞二伯仲并令姪
希曾孥舟見訪

空村寂寂客來稀門掩苔花一徑微黄犬吠人
方倚杖綠楊艤舸欲斜暉金英對酒堪饒笑玉
露鋪庭莫問衣此會絕奇真不忝盤飧賸有北
山薇

寄胡僉憲

馬蹄芳草憶京華曾過龍圖學士家但覺春風
生俎豆不知明月到窓紗東歸多病惟囊藥南

去無人問匊花安得輕橈隨彩鷁白湖秋水泛
流霞

朱旛討日下荆吳明月揚州有夢無錦字風塵
傳草閣美人顏色在冰壺消埃報主雙蓬鬓風
雨懷人一敝廬尊酒相逢正無那楚天凉冷雁
聲孤

苦雨寄解行人應儒

溪雲捲雨入荒村水荇牵波到鹿門莽莽夕陽
三徑在凄凄茆屋数家存清秋不負黄金竿白

髮空辜翠竹園若見河陽花下史爲言匙筯亦
江蘩

寄袁二進士

南湖一片浸菰蒲湖上斜陽照病夫數畝鳧鷖
新占水蒲村風雨夜催租徐吾近喜分東璧袁
閣行看賦上都獨有衰顔依釣艇楚江風急雁
聲孤

寄進士王三丈

湖南草堂翻薜蘿一春白髮怯干戈茫茫世路
惟釣艇忽忽光陰仍織梭君今已賦長楊謊我
則其如短鋏何借問吹篪吳市者五湖獨不愛
漁蓑

寄令尹鄒若虛

閑看流水對斜暉松菊頻年愛爾歸多買水田
供酒幔每緑花事惜春衣海邊擬罷青苗賦湖
上應存白板扉高館張筵容短髮儘揮詞賦領
光輝

寄石鹿官拜秩宗

逕瞻北斗煥神京又喜春官授古卿典禮彤廷
垂玉立退朝青瑣踏花行西宮奏對先擒草東
觀脩書舊有聲幸際聖皇牽綫冕倘因吁咈問
蒼生

重闈洞啓肅千官李白才高衆所歡花疊宮衣
飄翡翠日薰仙佩入鵷鸞帝城春色應多借草
徑霜痕不耐看歲歲風塵淹白髮幾時歌舞向
長安

寄舍弟潤甫

薊門楊柳向東垂落日裁書款寄誰醉後看雲
鄉國夢朝回聽雨鶺鴒詩黄金市上花開滿紫
邏籬邊鴈到遲極地漁樵生計足逢人莫問洛
中饑

黄金疑見重登臺珠履連歡稱舉杯鴻鵠天風
吹汝翼池塘春草動吾哀上臣書札翩翩下故
國征徭日日催忽憶浣花溪裡笑不妨杜甫日
崔僨

高子明過訪

君来看菊紫薇園一徑莓苔過雨痕白舫自依芳草渡青旂不掛石濠村且將棋局淹司馬莫散盤飧出庶門詞賦從来多誤汝百年巖得一開尊

懷盧首乾文學

一第迢遥憶送君兩年蕭瑟阻論文看花對水成孤坐把酒臨崖是獨醺江上小堂春又老洛中鄉社席誰分蟾蜍一擿秋風起詞賦千章訪白雲

同陵公十柳下觀蓮

楊柳風来颭綠荷撈人遥唱木蘭歌紅香的的沾衣滿翠盖娟娟挹露多呉楚交遊三載重江湖踪跡此生過茂陵未老相如渴肯負烟霞白露蓑

村疃漫成柬陸約之

侵曉竞天萬里清高齋獨對槿花明秀峰點點雲間合白鳥時時水面輕漢室新書懷陸賈溢江佳句愧宣城寄身且喜風塵遠一片南湖草樹晴

青雲朗落菊花叢白舫霄停蕙畹東何顯今年閑稅史子山雙鬢動秋風茅堂枕石看朱竹几封塵廢碧筒首蓿葡桃客易老幾時花月一尊同

寄徐養浩

經年垂釣紫蘿陰司馬元無賣賦心折柳有時聽白苧飛花隨意灑青襟千門落日孤舟在上里浮烟獨樹浮寄語崑崙徐孺子莫因蕭瑟買胡琴

小園對菊忽徐大醫至賦此併謝

憶昨西園曾種汝短節斜徑亦沾衣高秋揔漫陶潜興此日猶開處士扉白首崔頹人事寡遠村風雨客情稀憑君指點東籬意童子重来報落暉

水亭受暑昏歆睡況乃小舟挐日来少婦僕僕懸藥餌大賢逕逕從草萊家通奕世追往眷人對白頭興好懷把酒莫放百杯歆頃刻月明随

[illegible]回

與陳其善泛舟過東湖別業

湖上遠天流楚雲湖中鷗鷺白紛紛淒龍忽送千門雨一水翻迴萬頃文爾客長安今幾度予於風月已平分從君莫問崑崙路三尺峯頭掛夕曛

槿林落日鷺湖東懷抱逢君小院中楚客看花新涕泪吳歌廢酒舊郫筒滄波日駐頹顏在銀漢虛勞送夢通優恤幾時傳

聖詔可能談笑慰飄蓬

獨坐

風生五柳髩如絲獨坐高齋動所思雲合羣微通蔣徑雨牽蘿薜上丸茨問津虛渡銀河口訪藥猶懸弱水湄四海風塵驚歲晚吳鈎常在使人悲

胡廣文泰安將歸

知君遥别汶陽城魯國諸生遠送行石壁桃花空照日水簾明月正關情尊鱸遥爾滄江暮風雨催歸白芷生後夜悲歌聽擊楫一尊慷慨淚霑纓

夏日赴曾一丈子齊飲

六月廣文開草堂刺桐花發短泥墻穿簾紫燕元相逐入饌清蘇亦自香萬樹錦雲通帝里一燈殘雨共山房白頭對酒交情在十日沾衣得不妨

憶宗學憲子相

空齋寂歷靜花開錦字琅函憶楚材南國白雲虛度鳥北山芳草廢登臺尚留詞賦傳金馬豈有音書問草萊一夜斷腸明月在況瞻箕斗近三台

憶碩令尹行可

稼穡日來懸我廬無人馳刺問閑居薜蘿衣敝不堪紉鸚鵡賦多空復書湖畔六月槿花落驛路五年瑶草虛念君望君不可作且令兒子結陳朱

答王南宮

珍重琅函對水開春風十月動蒿萊雲連漢水迷孤嶂月擁郎星近上台清賞一時推濬仲激揚多處有澹臺知君不忘寒燈宴滿壁題詩待舉杯

荅袁濱州

碧湖殘雨漾寒流持刺何人問敝裘五馬不淹開府信二難能泛剡溪舟花潭細札行金玉茆屋新詩見馬劉昨夜思君銀燭短曉山將月到濱州

袁氏二秀才見訪不遇

經年無客欵柴門秋盡猶憐紫菊存景倩不曾頻問主東陽惟許自開尊匡廬已荷題凡鳥鶴髮何緣起晏温賴有兒曹自城市燃燈一夜炙香蓀

寄許令尹

廣平寒雪報梅花疎影橫窓月正斜鄉梦東歸懸結社故人西向憶通家五雲不掛河陽柳雙伎能繁鄭圃瓜同住水門堪泛艇海田三月細

鳴蛙

賞菊

秋圃忽於佳節近黃花不待白衣開長憐蔣詡今安在愛讀陶潛歸去來紫翠參差迎落照手神旖旎欲啣杯交情老去惟君重坐向山窓潑綠醅

竹裡茆堂半掩扉黃花能待主人歸清秋不負雙蓬鬢晚節何孤一釣磯籬角插旄長護鳥瓶中得水漫沾衣文園病卧猶憐汝相對分明怨恨稀

東陸鳳山

大雅争傳自法門高齋長憶借春温紫雲乍起衡山鼎彩翰驚飛李賀軒細草窓虛臨泌水扁舟鷗鳥負沙暄相逢欲問南華秘共採葡萄泛碧尊

東陸潛虛

花覆長垣鶴在田博山銅雀滿牀前不妨地主能留客正值山人欲問禪沈約空懸青玉案荏

機不負白雲篇黄花如對蒼顔咲期與登壇看
草玄

送凌真吾歸新建

前年未共賞花杯今歲花殘君歌西江上星霜
真念汝洛中風雪却憐才淒淒芳草斜陽渡隱
隱寒花細雨臺總爲陽關堪墮泪扁舟不見待
君開

與子三年坐竹谿莫因簡畧負幽棲雲中已誤
鵾鵬翻櫪下真淹騕褭蹄細雨長楊看白髮寒
宵短劍對青藜從知此會真難得記取茆齋舊
滑稽

觀樵有感

握牘觀樵事頗奇海鷗時向接籬窺夕陽送暖
輝輝滿野色催寒故故遲萬里鴻飛天上近一
年秋盡境中知商山已許從人老爲報簪纓且
莫疑

寶樹遥遥隔五陵小軒斜日亦虚凭催喚肯歇
青藜火酩酊猶懸玉井冰白髮漸於人事寡碧
窗不啓夜光凝挑燈細讀楞嚴呪恍惚如參最
上乘

陳元卿病愈

老去交遊散彩雲晚風麋鹿不堪群却看司馬
還多病歇取圖書手自焚雨後青山仍萬里酒
邊白髮正斜曛舊醅未對黄花盡五月林頭留
待君

城郭西風悲暮角曉來使者訊文園藥裹不撿
靈樞秘草閣重開稚子門湖上烟波能待汝尊
前薛荔亦沾恩好同白苧歌明月田首鷺看五
丈原

東李鴻臚

肯舒幽意到滄波明月秋雲長薜蘿一尺劍一凌
從爾去關雎三百待余歌山中偏稱開黄菊幕
下無因聽玉珂强歇從人縱杯飲青雲白髮奈
愁何

細雨閑林花氣柔孤村落日正關愁一春延佇
聞喧鳥滿地飛花到白頭搨柳東風傳氣象共

磬秋水念交游近来田舍渾多侶共醉新篘看
飯午
寄孫殿元
四十逢君又別君寒宵燈火伴微醺手標似種
三花樹逃興如吞五色雲買盡黄金猶有賦書
餘白練已無裙南山北斗應多述莫使蕭條海
上羣
帝城奕奕九閽開献納何辜鄙下村紅樹早依
仙仗立錦雲新惹御香来關心朝野紆籌策駐
馬風塵問草萊他日山中懐庾信不妨使者走
黄埃
悼徐言夫
八月逢君洛下来小庭期對菊花開浮埃忽負
清秋色此日全停濁酒杯風捲断雲憐聚散雪
侵衰鬓憶崔嵬年華揔老心猶壯昨歳新從帝
里囬
交游奕世托葭莩同看梅花到白鬚兒女情多
煩涕泪山林日短共桑榆百年猷訟雙蓬鬓十

尺帛藏一丈夫肯取居龍何事業瀟川明月照
孤株
贈李山翁
煙霞多病卧蘭茗幸着黄冠際
聖朝鷗鷺一江流滚滚蘼蘿滿地雨瀟瀟動随
麋鹿行猶徤獨抱珊瑚意頗驕落日紛紛豺虎
亂石門深處隱漁樵
從叔杏翁八十壽
四壁圖書光海屋滿庭春色白燕臺我家福祉
惟翁在他日恩輝有弟來天畔微風傳鶴唳梅
邊細律奏花開火微直對栽瓜地一片輕雲護
緑苔
寄王大藩
年來雙鬓白紛紛木國蕪葭憶送君同渡故人
成遠夢倚樓楊柳泣寒雲滇南受簡争多事海
上彈冠迥出群作賦幾時重載刻聽鶯臨水坐
斜曛
對菊

生事驚心未肯忘惜花終日坐花傍綠雲細落
三千片翠黛平分十二行曉徑裳衣露宿雨夜
衾爪甲帶餘香若教旖旎當重九不數蓮花似
六郎

沆山人續集卷之七

五言排律

秋思

野情寄籬菊秋興在湖鷗風偃平川草雲橫曲
渚舟軒車長日靜樵牧小亭留旖旎花侵戶徘
徊月在鉤陶潛元有宅趙瑕豈無樓驥足悲千
里龍光射九秋才懸金馬賦衣戀黑貂裘築室
依雲谷登山記石頭滄江曛白日綠草卧青牛
我欲騎鯨去蒹葭與轉幽

送盧首乾設帳海上

遊子海邊棹幽人湖上情瑤編三百里華髮數
千莖慷慨青萍劍迢遞白玉京非時趋客路何
日綏王程叢石悲瑶草臨風拂紫瓔射鵰頻有
想歌鳳欲無聲阮籍勞長嘯侯生廢左迎風塵
徒擾擾雲日故晶晶冊鳳需時出靈芽豈稟征
暫浮秋木去還抗曉雲行玉露消荷晚金天麗
斗明一卮堪洒泪方寸正懸旌斜日分襟易殘
盂覆酒輕斷風吹不盡江上數流萍

贈鄙仲源

萬里悲揺落秋風振客衣寰中新譽滿海上舊家非買地開賓逕持戈惜落輝飛花仍對酒浮世已忘機返照洪鋤木春山伴採薇壺懸青海月園閉紫荊扉野招同隠桃源待獨歸參苓飛却老莫遣故情違

中秋憶仲子

憶昔吾兒逝中秋第幾過不禁漣漪未其奈月明何野嘯親魑魅賓筵負綺羅笙歌空外静蟋蟀水邊多命豈文章拙頻非麴米酡感時悲王樹揮泪泗烟蘿花市沉衣履庭陰沒咲歌自矜雙緑鬢嬌有一青蓑莫𢹂栖单鴙秋江鳴夜罟泉臺成窀莫歳序撚蹉跎世業憐孫小生涯咲鬢皤近来亡廢酒何以慰風波

李封翁夫婦雙壽

珍重尚書府徽音太姒家鳳媒元有托龍種已無差玉井含清冽金柯散麗華天香雲外落豹霧月中縣霜劍蛟文合霓旌雉羽斜紫庭依日角碧水泛星槎聖酒沾宸賞宮衣拜寵嘉齊封雙白髪芝盖幾烏紗家擅寰中勝人窺海内誇已同旁瑁貴不學馬融奢白壁聯雙穗黄金爛九葩南山歌裡壽北海席前花青鳥迴雲幄仙娥薦笋茶銀箏聽未竟持酒促琵琶

沅山人續集卷之八

七言排律

秋日奉訪徐沅二隱君

短薜長蘿壓詰川新詩細札米家舡白頭撫景成三笑金錯看囊只一錢莫謂休文能作賦豈教郭泰獨登仙一尊幸捧新秋月二頃寧慙負郭田平碧小樓開綠野高門香碗出紅鮮冉三折栁維歸舫重複臨流啓別筵恋恋剡溪還泛雪期期流水冉張絃蓬牕半啓微風入禾雨初收落照懸歸梦定于黄葉下釣臺元在白雲邊

沅山人詩 卷八

沅山人續集卷之九

五言絶句

治隴

宿草岡頭月栖雲隴上烏照人無照夜一聽一聲孤

朝来壓杦築荷鍤款黄昏精雨連魂碎飛花與泪繁

義滅黄金錯恩懐白水村一杯千點淚不向野人言

咫尺原上草西風魂魄悲相將聚靈寢霜露共棲遅

一燈黄卷夜兩榻白頭親何處悲秋月應憐戲綵人

親恩從小狎童子即能歌深夜坐杯茗恩情懒獨多

音容久乖隔饒夢亦空倘因高隴就只在白雲中

輕絲争日月舞子亦親年猶餘滿懐淚期與落

沅山人詩 卷九 一

黄泉

幽棲
白雲覆茆堂青虫掛蘿樹人臥蓼花舟雙鳧自来去

犬眠縁吏去人静覺村空獨坐蟾蜍夜先唫蟪蟀風

田家
草盛稻苗稀農時已自違呼兒賣黄犢憂税不憂饑

歳不問豊歉官家急者租寧芟隴頭樹莫賣水中蒲

秋夕
玉露催刀尺秋風颭薜蘿清氷正堪採何處木蘭歌

重憶菊
月出仍三徑幽魂何處尋藤蘿猶在樹細影落青襟

孤宇坐還立綿綿幽恨生蕙葭供暝色絡緯送秋聲

十日山房坐因風拂釣磯苔花行處滿人跡過来稀

高枝
極嗟風格在豈云筋力疲凌晨與隣叟先吊最高枝

小憇
掃石坐清書不聞人語喧冥冥雙鳥去天畔夕陽舡

觀書

汗簡朝摩後青藜夜裝餘嘗官渾忘却予欲盡焚書

垂竿
鱸魚味正美野芹蘋入炊漁人不肯貫秋風吹釣絲

陳節推留飯
飲顫金釵菜魚流白鳳膏也應知汗血曾否見風濤

春遊

解舸泛中流烱波晴浩浩黃犢眠春風牧兒鬪
新草

夜坐

露湿梧桐滿星明河漢踈波平月皎皎流影上
窓虚

蕩槳

蕩漾湖南曲悠然叩短艣沙崩寒鷺起波動夕
陽翻

懷人

向晚懷人立孤亭對水開寒空一鴈下疑自薊
門来

巠虎剸金刀風濤落彩毫琵琶妙新譜莫唱欝
輪袍

短恨

露滴孤亭涨風射嫠牉酸哀哀杞梁妻向隅生
夜寒

昨日倚閭人今朝掩閨泣逰天日難暮斜陽度
窓隙

新月喧碧水殘影在簾鈎笛聲何處起短髮不
勝秋

緣[illegible]悲白麻黃口奠芳醑抱愁坐今夕泣涕不
成[illegible]

沙寒絕鳥道湖波翻白楊數回臨水立怨殺杜
鵑啼

形影烱猶在依稀隔窓語梦覺竹風凉童子夕
延佇

白雲任秋草鶺鴒啼荒沙何日埋寒骨悲風吹
日斜

齋心

萬籟此俱寂孤月正當空欲放籠中鳥還栽石
上松

短劍

短劍倚孤壁復看離離黒常懷季子心不作田
文客

偶成

秋月年年滿人情日日踈江清磐石冷候雁過

来初

啼鳥頻驚梦飛花欲近人秋霜相識早戀戀白綸巾

八月湖水清扁舟不知處兩岸夕陽紅玄蟬在高樹

水國蒹葭冷玄雲慘慘垂黃昏時度鳥啾啾欲依誰

西樓

明月揺碧空芙蓉落秋渚金篆裊龍烟院深人自語

古意

山徑横石門斜陽在秋草少小未離鄉不識巳陵道

秋月

凈洗南塘路孤峯嶺外斜芙蓉墮池水玉笛照誰家

閨思

青海千山月黄河萬頃雲塞鴻秋盡到江雨夜深閨

巧雲

閶闔千門柳蜺崙萬片峰誰騎金孔雀頻摘紫芙蓉

采石揺空翠羲陽控紫旻騎鯨東去者莫是謫仙人

山中訪友不遇

石室封瑶草金烏宿落暉山中人不斬拾得白雲歸

惆悵金莖露徘徊緑綺琴啓關如喚客飛出紫瓊禽

塞上曲

旌旗揚碧空紫騮嘶晚風胡天澌鷹隼羌笛怨梧桐

騣裹玉連錢環營説左賢吹笳坐明月一夜不曾眠

夜夜空挑戰無人識虜情健兒解胡語偷出受降城

獲鯉

錦鯉獲江皋庖人呼濁醪情知有尺素不忍試
金刀

閨情

日日望行驂荷花落碧潭白雲浮桂醑秋色在
江南

飛鳥翠淒淒芙蓉帶淺霜自然堪下淚不為聽
鳴蛩

送道者入山

君騎黃鶴去我採白雲歸蘭槳依沙渚淒鳧拂
浪飛

滿斗

滿斗孫之七吾齡六十三未期仁者壽先已獲
多男

憶姪

數畦香稻熟滿架豆花開誰為傳淒淚殷勤到
夜臺

影似飄蘺含魂疑戀竹枝不逢人對語明月下

空帷

憶子

病多親藥物計拙憶吾兒忍拂三年櫬還悲兩
鬢絲

今年應葬汝隴水華門東影落棲烏樹相逢夢
亦空

憶銜孫

拂紙書新淚抛書慰老兄吾衰且不定為汝結
深情

自遣

淌入金莖露愁深紫鳳臺秋光如會意昨日一
花開

白髮羞看鏡清秋且放杯老妻抱孫子索我教
啼詩

赴郡情偏懶看花病已蘇忽逢賣魚者童子逐
船呼

書懷

歲月易蹉跎浮名竟若何難將一樽酒重見魯

陽戈
人壁摩飛棟意中俱買仝從他窮到骨不賣口
高眠
夏日
小院納涼時薰風吹水渭山窓閣筆罷野老替
吟詩
淅淅風生砌花香夜闔閭坐餘蛙鼓歇明月滿
[illegible]無虛

甲子夏五月第八孫生
代耕耻無祿含飴復有孫桑弧增氣色甲子在
中元

沈山人續集卷之十
七言絕句
寄陳元卿
一池荷葉半池蓮紅白花開映水鮮寄與湖翁
何處在江籬漠漠又秋天
綠水青萍浪採名菰菰不見雨新晴北風吹落
江南曲任是貪眠梦亦醒
草㠶沙晴春浪平年年唯聽水禽鳴江湖亦有
垂綸者不釣鱸魚只釣名

秋去秋来風自清花開花落掩柴荊艷歌不似
山歌好莫恠經年不上城
将過西疇觀獲
江湖愧我交遊少避逅逢人笑語賒為報西疇
隣舍道今年黃菊不開花　時園菊為水所沒
淫雨積徑園蓊盡萎秋懐蕭瑟聊短賦
腸斷東園明曙暉苔花滿地草菲菲湘裙楚袖
俱零落何處消魂望白衣
[illegible]枝如許露垂垂此夕淵明歆對誰青障日沉

空掩袂白楊風起憶編籬

與李鴻臚夜話

子夜月明庭水空玉潭光射錦芙蓉江鄉何處
無秋色只有青山在剡中

玉笛聲疎花氣柔忽驚身世在玄洲乘閑話起
飛瓊事一片輕雲過斗牛

銀河一水接西宮月在僊人玉笋中紫鳳隔雲
聲細細清陰滿院意重重

漏入晨星露溼衣氷心一片寄芳菲武陵溪口
桃花笑不見扁舟帶月歸

劉一丈國珍誕晨

長揖脩竹古時園白石狻猊尚倚門欲問風流
文獻在青山明月共開尊

花光嵗嵗尊中滿世態時時醒後真十二樓臺
楊柳月也分山色到西隣

杏花卮酒不堪携折得紅渠渡水西共倚胡床
聽山鳥年光畫向夕陽啼

山房頡石冣多情白髮宣城浪有名六十年来

山水癖不因陶寫亦虛生

遣興

別墅無人晝輞川桃花新水白年年囊中留得
千緡在不買胡琴列酒前

秋懷

幼女溪頭學浣紗不將簪珥怯鄰家上流莫汚
芙蓉水常對西風數落花

秋光

蒲眼秋光不可期西風一夜水平池鱸魚初上
仍垂釣黃菊都殘畫剪籬

送徐汝賢入監之京

南湖一曲送行舟撩亂湖翁兩鬢秋淮水西頭
沂北去夕陽長路為君愁

城頭片片彩雲飛君去應須覲紫薇若見鹿山
黃閣老為言湖上水卬扉

平明雨後見秋風公子乘舟氣頗雄莫向咸陽
羨遊俠且留一劍答飄蓬

依君北望憶長安曾入重闈次第看若到錦雲

宮市裡祝君先買水晶冠
水晶冠子緑荷衣自買青山自採薇傳與錦城仙吏道歸來先訪舊漁磯

秋思

交交鸂鶒水平坡野渡無人唱棹歌一片輕帆滿襟涙桐花落盡夕陽多

送道者入山

烟島微茫何處求崐崙頂上紫雲浮道人跨鶴東西去長笛一聲天際頭

赤城山下白雲庵庵裡仙人紫石潭書罷黄庭明月小天鷄不唱桃清酣

秋聴未着凌天衢命予賦詩即遵天衢題也九六首村居即事

秋光淡淡蛩音細海色冥冥鳥梦酣明月倒看天似洗銀河漢夾白雲庵

樹頭片片掛青蘿樹下層層佈緑荷樵子遠從沙際渡不驚鷗鴨亂清波

野人貰酒無以應之

湖邊殘暑一亭孤湖上漁人貰酒無安得床頭盈瓮取看君狂飲自喧呼

失瓜

十畝瓜田處處通犂歸亦許野人同不知在昔青門者短竹踈籬插幾重

秋曉

孤亭短榻對滄洲水碧玲瓏十日秋月色漸低天欲曙吳歌唱出水西頭

漁者

汀洲並舸自相親一夜桃源寄此身殘月在天風乍起隔溪催喚打魚人

附

癸亥秋夜與雨翁聯榻因索翁賦詩翁即題即賦殊不久停滯也因附二絶以紀其敏　凌天衢

詩成倚馬竟如何競病才華恐未多我自分題翁自賦滔滔誰為决江河

長門久慕黄金賦海上今逢白髮翁夜半吟

詩無紙筆口中片片吐芙蓉

望胡二丈不至

兩月望君君不歸秋風又進薜蘿衣已留明月
孤舟在莫待紅蓮花盡飛
何處紅亭勞問津曉烟啼豹客愁新芷花落處
田田水迢遞城西舊主人

惜菊

風風雨雨妬花枝親自遮培挼接籬銀藥金盆
看守別常將小蓋護參差

乍晴乍雨妬花天憔悴花奴守院邊忽報又凋
銀躑躅當中留得勝金蓮
未明先啓鎖花關繞到花邊又却還怕見金莖
新涕泪憑闌四顧損朱顏
陶潜歸去倦吟詩只藉黄花對酒巵傳與東籬
司令者乞留餘剩伴鵙夷

賦得努力加飱飯

胡馬依依向北風南枝蕭瑟雀巢空長干蕩子
娼家女不道相思落鏡容

採蓮曲

纖白擅郎二十餘隔舡抛水濺紅蕖妾家住在
横塘口三十六鱗來寄書

田父

漁舫處々開新市茅屋村々掛短帘實疑草温
眠落日今年不欠酒家錢

悼李暉

惆悵天涯重可哀薊門誰似李暉才不知何處
悲秋月化作寒灰怨落梅

湖上雜言

鷗落平沙莎草寒短袍長日弄漁竿無人肯念
相如渴欵買櫻桃春已殘
長垣獨樹自成村落盡楊花河水渾細雨霏々
春欲暮漁家烟火對柴門

獨坐

鬓委魚沉共寂寞西風白髮坐蕭々誰將一束
紅葉過覡斷籬邊獨木橋

幽人

鋪茵卧處秋雲落把葉吟餘白雁来花徑十年無客掃殷勤不厭野棠開

曉窓明月

十二峯頭開小軒高秋明月送嬋娟天鷄喚醒羲皇夢忽有樵人来問玄

右題多凌天衢所命夜卧而口占者也

布衣可終身寵禄豈足頼　元藉詩

白苧新成稱躰裁年年秋盡見花開簪纓寂是無情物不到陶潜徑裡来

良時無停景　傅休奕

花下流光一轉圓秋風前日落江蘩白頭莫遣嬋娟笑夜半張燈啓緑尊

非必絲與竹山木有清音　左大沖

師涓去後久稀音誰碎王門一曲琴夜半山高風在樹分明彈出白頭吟

門有車馬客　陸士衡

園丁常恐闌臯礙童子惟忻雉尾長不惜為君顛抹馬莫令顛倒着衣裳

重了 看

種菊

曉色催人開竹籬行行个个弄柔枝甚叢最愛繩床净睡到斜陽也不知

催喚山妻共起床不教三徑一時荒栽花元是閑人事却笑閑人日日忙

十月寒江春水流片帆隨月到楊州玉人不是吹簫客悔别黄花一度秋

夜坐

耿耿銀河低碧波涓涓玉露下池荷蒼梧水遠

夜堂净自見山人着薜蘿

草堂獨坐

燕子重来如對語芰荷初長即相親尋常不到市城去行徧六街無故人

悶

花萎魚沉共寂寥西風白髮坐蕭蕭誰將一束紅蕖過魂斷籬邊獨木橋

跋沈山人詩後

庚子之歲先君以貢事寓金陵承恩寺中適江右老學究久病謀歸無以爲装因向先君曰予有板刻一付乃公鄉人詩也桑梓之遺遠人之急先生得無意乎讀之知爲興化沈山人詩山人亦素善先君者也乃出槖中装易之及欲刷行而中多殘缺徧索於昭陽親友絶無此集幾欲付之丙丁今年春偶從閩友方伯効館中檢得舊本始能校閲詮補復爲完刻然書成而先君已不及見矣俯仰今昔感慨係之夫是刻也覓之同邑同時而絶不可見乃一得于豫章之人一得于八閩之友相去數千里相隔數十年而又皆與予父子相遇不亦奇哉九原有知先君子亦可藉手以謝山人矣因識其始末如此云

萬曆癸丑夏日盂城後學王百祥書於風木堂中